화폐

PSYCHOLOGY OF MONEY PSYCHOLOGY OF MONEY PSYCHOLOGY OF MONEY PSYCHOLOGY OF MONEY PSYCHOLOGY OF MONEY

심리학

PSYCHOLOGY OF MONEY PSYCHOLOGY OF MONEY PSYCHOLOGY OF MONEY PSYCHOLOGY OF MONEY PSYCHOLOGY OF MONEY

아드리안 펀함 · 미첼 아질레 공저

김정휘 · 박재흥 · 백영승 · 김정인 · 이재일 공역

학 지 사
www.hakjisa.co.kr

THE PSYCHOLOGY OF MONEY
by Adrian Furnham & Michael Argyle
Copyright ⓒ 1998 by Adrian Furnham & Michael Argyle
All rights reserved.

역자 서문

이 책은 인간의 삶에서 참으로 중요한 돈(화폐, Money) 문제를 경제적 관점에서가 아닌 심리학적 관점에서 저자들이 이 분야에 대한 풍부한 식견을 가지고 다룬 책입니다.

돈이 인간 생활에서 얼마나 중요하며 어떻게 영향력을 행사하는가를 다루면서 인간이 결코 돈 문제에서 자유로울 수 없다는 것을 강조하고 있습니다.

이 지난하고 고독한 작업을 하면서 옮긴이들에게 심리학이야말로 모든 학문 분야에서 쓰임새가 광범위하게 활용되고 있음을 다시 확인하는 계기가 되었습니다(의학, 약학, 인지과학, 미학, 문학, 예술 분야, 사회과학 연구방법, 생리학, 건강 심리학, 육아, 교육학, 사회학, 환경, 인간 공학, 산업 공학, 영재교육·심리학, 화폐, 경제심리학, 색체심리학, 노인심리학, 소비자 행동론, 사회인지론, 여성심리학, 성(sex, gender) 심리학, 통증, 교통심리학, 가족 치료, 생물 심리학, 먹거리 심리학(The Psychology of eating) 등 앞으로 계속 심리학의 활용 영역이 늘어나 그 목록이 추가될 것으로 생각합니다.).

원 저자들이 밝힌 것처럼 이 책은 심리학자들을 비롯하여 학계에서 경시되어 왔던 돈 문제를 해박한 지식과 경륜, 격조 높은 통찰력을 발휘하여 흥미롭게 다루고 있습니다.

이 매력적인 책은 인간 생활·삶과 관련된 연구 및 논의 주제로서 돈이 어찌하여 성과 죽음보다도 더 많이 금기시(Taboo)되고 있는가를 고찰하고 있고, 참고문헌 목록에서 확인할 수 있는 바이지만 이 책의 저자들은 그 동안 많은 연구 업적을 여러 전문 연구지(Journal)에 발표해 온 중견 학자들입니다.

이 책은 이 분들의 경제 심리학/화폐에 대한 그 동안의 연구·저술·실제적 경험이 농축되어 펴낸 사회 심리학적 조망에의 결정체라고 생각됩니다.

이 책은 사람들이 돈을 위해서, 돈으로, 그리고 돈 때문에 발생하는 불합리하고 비도덕적이며 노골적이고 이상한 행동들에 대해서도 심리학의 관점에서 기술하고 있습니다. 아울러 돈에 관해서 인류학자, 경제학자, 사회학자들이 지각하고 있는 기존의 관점을 뛰어 넘어서 돈이 인간을 행복하게 만드는지, 돈에 대한 이상한 태도가 발생되는 이유, 기부행위 등 사람들이 돈에 대해 갖고 있는 심리학적 의미와 믿음과 태도가 유발되는 방식, 화폐를 사용하는 방식 등에 관해서 다루고 있습니다.

이 책은 독자들에게 관심을 끌 만한 다음과 같은 문제들을 다루고 있습니다

- 인간은 왜 돈을 소유하려고 열망하며 어디에 돈을 쓰는가
- 도박을 즐기는 이유는
- 중독이 될 정도로 도박을 동기화 시키는 요인은 무엇인가
- 도박 행위를 설명하는 심리학 이론은
- 왜 개인과 기업가, 재벌들은 회계사까지 동원해서 탈세를 하려고 머리를 쓰며 당국에서는 탈세를 방지하려고 온갖 지략을 동원하는가
- 돈에 관해서 기독교–특히 청교도–윤리는 무엇을 어떻게 가르치는가
- 경기와 정신장애의 유관성은, 납세와 탈세의 심리
- 구매자의 유형, 저축·비저축인의 재정 상태에 대한 지각 형성
- 어떤 사람이 빚을 지며 어떤 사람이 부자가 되는가
- 부자들은 어디에 돈을 쓰며 부자가 되고 싶어하는 이유는
- 돈 많은 억만장자의 생활 태도는
- 보수와 관련된 공정성, 불공정성 개념은 어떻게 설명되는가
- 선물의 심리를 어떻게 설명하는가, 가난에 대한 견해는
- 물질주의와 사람의 행복도와의 관계는
- 증가하는 재산이 인간의 행복감에 어떤 영향을 끼치는가
- 돈이 사람을 과연 행복하게 하는가, 많은 돈을 소유할수록 인간은 더 행

복한가

- 보수를 많이 받는 것이 행복에 별로 기여하지 않지만, 다른 사람보다 보수를 적게 받는다는 것이 불만에 큰 영향을 준다는데 그 이유는
- 사회학의 관점에서 가족의 기능은 어떻게 설명하는가
- 돈이 진실로 직무수행에 있어서 강력한 동기요소이거나 만족을 주는 요소라면서 여러 관련 연구들은 부(富)와 행복간에 관련성이 없다는 것을 보여 주고 있는데, 이 현상을 어떻게 해석해야 하는가
- 돈이 많은 사람(기관)들이 기부(자선)하는 이유와 효과는
- 자선 · 기부를 동기화하고 보상하는 요건(심성)은 경제적인가, 심리적인가
- 건강과 행복간의 관계는, 세금의 용도는
- 돈으로 과연 행복을 살 수 있는가
- 기독교의 청교도 윤리관은 돈에 대해 어떤 해석을 했는가
- 납세자와 탈세의 심리, 돈과 도박, 정신 병리, 저축의 동기
- 사람들이 인간사를 돈에 귀인시키는 의미
- 어떤 사람이 빚을 지며 사람들은 왜 저축을 하는가
- 저축을 하거나 저축하지 않는 사람이 재정 상태에 대한 지각 형성의 차이는
- 저축과 도박 행위를 설명하는 심리학 이론은
- 인간은 돈을 왜 소유하려고 열망하며 부자들은 그 많은 돈을 주로 어디에 쓰는가
- 경제 변동과 정신 장애의 유관성
- 어떤 사람이 부자가 되며 부자들과 보통 사람이 돈을 쓰는 방식에서 어떤 차이가 있는가

이 책에서 다루지 않은 중요한 문제들도 있습니다. 예컨대,

- 돈 벌기와 돈 쓰기의 유관성
- 돈을 지혜롭게 관리하는 방법
- 돈이 부(富)를 창출하는 방법(선 · 후진국 재벌들간에 재산증식 수단에 차이가

있는가)

- 가난, 빈곤과 돈, 부유함, 정치 행태, 국가 발전 양태와의 유관성
- 카네기, 록펠러, 빌 게이츠 같은 재벌이 자선 사업을 하는 이유
- 더러운 돈과 깨끗한 돈이 공존하는 데 따른 생활 철학
- 부정 · 부패와의 관련성, 성공과 돈, 축재, 부유함과 돈의 관련성, 권력과 재벌의 관계
- IMF와 같은 인플레, 주가 폭락, 금융대란이나 호 · 불경기와 정신장애의 유관성, 돈 씀씀이(관리)와 관련된 경제교육의 내용과 방법
- 사회 병리 현상의 하나로 보이는 부유한 사람들과 가난한 사람들을 위한 법이 다른 현상과 사회 정의 · 돈과 관련성에 대한 깊이 있는 설명이 없다.
- 많은 사람이 부자가 되고 싶어하는 이유는
- 돈 많은 억만 장자의 생활 태도는
- 보수와 관련된 공정성, 불공정성 개념은 어떻게 설명되는가
- 돈이 없을 때(개인과 집단이) 어떤 상황이 되는가
- 인간다운 인간으로 살아가는 데 돈의 중요성과 유관성
- 하나님의 피조물인 인간의 얼굴을 한 자본주의의 본질과 실천 방법
- 교회에서는 왜 돈이 필요한가, 돈이 없으면 교회에서도 대접을 못받는가, 헌금의 정의롭고 성경적인 용도는, 신앙생활과 경제력의 관련성
- 가난 · 빈곤과 돈 · 부유함과의 유관성
- 성공과 돈 · 축재와의 관계, 경제 공황에 따른 위기 관리와의 유관성

돈과 정치 · 기업 · 기술력 · 외교력 · 군사력, 전쟁(도발성), 국력과 국가적 부(富)와의 관련성, 심 · 신의 황폐함과 경제적 부유함간의 유관성, 부유한 사람 또는 권력층과 가난한 사람을 위한 법이 어떻게 다른가 : 예컨대, 우리나라에서 풍자적으로 얘기되는 有錢無罪, 無錢有罪, 법을 공정하고 정의롭게 집행해야 하는 준법 행정기관과 돈(뇌물)의 연결고리, 정치적 부패, 공직자의 부정 · 부패, 탈세자와 돈의 유관성, 금융기관 · 직원들의 도덕적 해이

(moral hazard)에 관해서는 깊이 있고 중량감 있는 문제 제기와 논의가 안 되어 있습니다.

이 책에서 저자들은 돈과 관련된 청교도 윤리에 대해서 다음과 같은 견해를 밝히고 있습니다.

돈과 자주 관련되어 온 한 가지 정서는 바로 죄의식입니다. 이것은 금욕주의, 극기, 반 쾌락주의, 청교도 가치와 관련되어 있습니다.

첫째, 시간, 돈, 자원, 심지어 정서와 같은 것들의 제한과 보존, 유지를 강조한다. 만약 돈이 아주 풍부하다면 그것에 대해 어떠한 통제를 행사할 이유가 없는 것이다. 이러한 의미에서 우리는 통제력을 행사할 어떤 욕구를 잃어버릴 수 있다.

둘째, 청교도주의는 방종, 낭비, 과소비의 죄악에 대해 설교하고 있다. 성실함, 시간 엄수, 절약, 절제와 같은 가치들은 이러한 신념을 갖거나 이렇게 사회화된 사람들은 돈을 버는 것에 관해서나 돈을 지출하는 것에 대해서 더 많은 죄의식을 갖게 만들었다.

셋째, 청교도주의(Puritanism)는 돈의 개념이나 심한 노동을 통해서 공정한 보상을 받는 것에 대하여 호의적이었다. 돈을 너무 쉽게 획득하거나 (예 : 도박이나 유산·탈세에 의한 획득) 부정직하거나 죄를 지어서 획득하는 것(예 : 탈세), 그리고 특히 돈을 함부로 지출, 낭비하는 것을 반대했다.

넷째, 가치관의 혼돈, 사회·인간 병리(病理)와 연결 고리인 우리 시대의 매우 유감스러운 물질주의, 배금주의 만연에도 불구하고 많은 사람들은 저축, 절약과 관련된 청교도주의의 잠재적 요소를 생활 가치로 내재화하여 생활하고 있다.

다섯째, 돈(money)과 관련된 신교도 직업윤리 신념이 안전, 수집, 구두쇠 그리고 저축과 관련이 있고 아울러서 자율성, 근면, 권력과도 관련이 있다. 신교도 직업윤리의 중심은 돈에 대한 강박관념을 성공(그리고 총애 · grace)의 표시로 보며 그래서 이것이 신교도 직업윤리 신념들(protestant work ethic beliefs)의 강력한 심리적 지표가 된다.

여섯째, 돈을 신성시하거나 돈 · 부에 특별한 의미를 부여한 바 있는 유대~ 신교도 윤리는 돈에 대하여 역설적인 관점을 나타냈다. 즉 정직하게 돈을 번 사람들은 생존능력이 뛰어나고 심지어는 고결하게 여겨지며 돈을 축적하고자 하는 욕구를 제거하는 것은 비난받는다. 그래서 기독교 신자들에게 이타적이고 금욕적이며 사심이 없어야 한다는 것을 요구하고 있는 반면에 열심히 일하고 돈을 벌며 솔직하게 말해서 자본주의적이 되기를 요구한다. 신성한 것과 세속적인 것이 쉽게 혼합될 수 있다는 태도를 취한 것으로 보아 절충적인 관점을 지향했다고 해석할 수 있다.

이 책은 돈, 부, 재산, 돈과 관련된 병리현상을 심리학에의 관점에서 분석, 해명한 책이므로 이 기회에 돈과 관련된 세 가지 이야기를 인용, 소개하여 돈이 인간 생활사와 이해관계가 얼마나 중요하게 얽혀 있는가에 대한 성찰을 돕고자 합니다.

부자가 되는 재테크는 검소하게 사는 것

어떤 사람이 백만장자에게 물었다. 부자가 되는 비결 세 가지만 가르쳐 주세요.

그러자 백만장자는 이렇게 대답했다. 첫째, 검소하라! 둘째, 또 검소하라! 셋째, 그리고 또 검소하라!

이러한 말이 요즘에는 잘 통하지 않는 것 같다. 최근 로또복권의 기하학적인 금액에 당첨된 사람이 속출하다보니 많은 사람이 근검절약 정신을 "티끌 모아 쓰레기"라고 무시해 버린다. 단기간에 횡재를 하는 일확천금이나 한탕

주의에 물들어서 '요행수'에 뛰어들고 있는 느낌이다.

실제로 부자들에 대한 보고서는 일확천금이 아니라 근검절약에서 공통점을 찾을 수 있다. 미국의 백만장자들은 우리의 선입견과는 다르게 산다. 대부분 부자들은 비싼 브랜드의 맞춤복보다는 평범한 기성복을 입는다. 아무리 비싼 옷도 세월이 지나면 좀이 쓸고 담뱃불에 구멍이 난다는 것이 그들의 옷에 대한 철학(?)이다. 실제로 고가의 옷은 부자가 아니라 겉만 번지르르한 기업체 중간 간부나 '폼생폼사' 하는 빈 껍데기 사람들이 많이 찾는 걸로 조사되었다.

또 부자들은 빚을 내거나 신용카드로 물건을 사는 걸 싫어한다. 어떤 부자에게 왜 당신은 신용카드를 쓰지 않나요? 하고 질문을 하니, "나는 내 주머니에서 돈이 나가는 걸 직접 보고 싶소"라고 답변했다. 실제로 필자가 만난 부자들도 대부분 신용카드를 쓰거나 대출을 받는 것을 꺼려 하시는 분이 많았다.

또 부자들의 돈에 대한 생각은 일반인들과 상당히 다르다. 돈이란, 모으기 위해서 있는 것이지, 쓰기 위해서 있는 게 아니라는 생각을 가지고 있다. 그래서인지 부자들은 놀랍게도 좋은 음식, 멋진 집, 비싼 자동차. 그리고 레저와 휴식 보다는 열심히 일하고 돈을 모으는 데서 즐거움을 느끼고 감동을 받는다고 한다.

많은 사람들이 워런 버핏하면 주식 투자로 세계 최고의 거부(巨富)가 된 인물로만 기억하지, 그가 허름한 와이셔츠에 햄버거를 좋아하며 중고차를 타고 다니고 음식점에서 제공되는 공짜 와인 대신에 돈으로 달라고 청구하는 구두쇠라는 사실은 간과하고 있다.

우리가 부자가 되는데 실패하는 이유 중 가장 많은 부분은 돈을 많이 벌지 못해서가 아니라, 번 돈의 지출을 통제하고 관리하는 데 실패했기 때문이다. 부자가 되고 싶다면 돈 버는 재테크 방법보다는 검소함을 먼저 배우는 게 확실하고도 빠른 길이라고 실제 부자들은 말해주고 있다.

〈문순민 · 하나은행 압구정 중앙지점장, 조선일보, 1999. 12. 24. 제24561호〉

진정한 부자의 길—돈을 지배하는 법

아버지를 통해 본 돈과 삶

① 돈은 모든 악의 근원이다. 필요하나 중요하진 않다.
② 돈을 제대로 아는 것이 힘. 돈의 부족함이 바로 악의 근원.

미국의 투자분석가 로버트 기요사카와 공인회계사 샤론 레흐트가 쓴 '부자 아빠, 가난한 아빠'(황금가지 · 형 선오 옮김)는 투자와 투기에 명확한 경계선을 그으면서 돈벌기에 대한 고정관념과 편견을 깨뜨리고 있다.

저자 가운데 한 사람인 기요사키의 친아버지는 미국 하와이주 교육감을 지낸 교육자였으나 늘 카드대금과 주택융자금에 시달리며 쪼들리는 삶을 살았다. 그러나 그의 절친한 친구 아버지는 초등학교도 제대로 나오지 못했으나 적잖은 부를 축적했다.

기요사키는 성장하면서 돈에 대한 두 사람의 근본적인 사고방식의 차이를 발견한다. 그의 아버지는 자녀들에게 "돈은 모든 악의 근원이다. 돈은 필요하지만 중요하지는 않다"고 가르쳤다. 반면 친구의 아버지는 "돈을 제대로 아는 것이 힘이다. 돈이 부족한 것이야말로 모든 악의 근원이다"라는 인식을 지녔다.

기요사키는 두 사람을 통해 "가난한 사람들은 돈에 의해 인생은 물론 영혼까지 통제 받지만 진정한 부자는 '돈의 속박'에서 벗어나 되레 돈을 지배하고 있다는 것을 체득했다"고 말한다. 물론 그가 말하는 부자는 부정한 방법으로 부를 축적한 '졸부'가 아니라 건전한 투자를 통해 돈을 버는 사람들이다. 저자들은 "20세기형 '재맹(財盲) 부모'가 N세대의 자녀들에게 21세기형 금융지식을 전달해줄 수는 없다"고 강조한다. 그래서 이들은 부자들에게 배워야 할 교훈을 알려준다. 우선 돈에 대해 제대로 알려는 노력을 포기하지 말라고 조언한다. 금융지식과 투자원칙, 시장의 법칙 등을 끊임 없이 탐구해

'금융 IQ'를 높여야 한다는 것이다.

저자들은 "세금은 부자들에게 세금을 거둬 빈자에게 나눠주는 '로빈후드 이론'에 불과하다. 대부분의 직장인들은 1년의 절반 동안 '뼈빠지게' 일해 번 수입을 모두 세금으로 내야 하기 때문이다."

이들은 또 부자가 되려면 '내가 투자한 기업이 망하면 어쩌나' 등과 같은 '어쩌지' 불안감, 경제흐름을 알려 하지 않는 게으름, 돈만 생기면 차를 바꾸고 더 큰 집을 장만하는 잘못된 재테크 습관 등은 반드시 버려야 한다고 강조한다. 저자들이 철저하게 자본의 논리로 무장돼 있다는 것을 감안하고 읽는다면 '약'이 되는 내용도 적지 않다.

백만장자는 창조적이며 허식 없어

美 재산가 상위 1% 분석

상당수 미국 백만장자들은 명문대 모범생이거나 좋은 배경 출신이 아니라 오히려 남들보다 뭔가 떨어지는 사람들이었다는 조사 결과가 나왔다.

미국 작가 토머스 스탠리는 미국의 백만장자 1천 3백명을 조사해 쓴 '백만장자의 정신'이란 책에서 "백만장자들은 타고난 재능에 기대기 보다는 자신들의 능력에 맞는 직업을 선택했으며 뛰어난 분석 재능은 없더라도 창조적이고 허식이 없다는 공통점이 있다"고 밝혔다.

또 이들은 한 가지 목표에 집중하며 면밀히 계산한 뒤 위험을 받아들이고 목표가 정해진 뒤에는 일반 사람들보다 열심히 일한다는 것이다.

분석 대상이 된 백만장자들은 평균 재산 9백 20만달러, 연소득 74만 9천 달러로 소득이 미국 내 상위 1% 이내인 사람들이다. 이들은 또 평균 54세에 같은 배우자와 28년간 결혼생활을 유지하고 있으며 자녀는 3명 정도다.

백만장자의 절반 정도가 기업가이거나 기업 고위임원이다. 이들 가운데서 자신들이 똑똑해서 성공했다고 여기는 사람들은 거의 없었고 대신 성공의 비결로 정직과 절제, 원만한 인간관계와 배우자의 내조, 근면 등을 꼽았다.

저자 스탠리는 "입학 성적과 경제적 성취와는 아무런 관련이 없다는 것을 이번 사례분석을 통해 알게 됐다"며 "백만장자들 가운데는 매우 명석한 사람들도 있긴 했지만 많지는 않았다"고 말했다.

〈중앙일보, 2000. 2. 8. 제10904호〉

Marx(1977)는 돈의 얼굴을 다음과 같이 묘사했습니다.

돈은 충실함을 불신으로, 사랑을 증오로, 미덕을 악덕으로, 악덕을 미덕으로, 고용인을 고용주로, 고용주를 고용인으로, 어리석음을 지성으로, 지성을 어리석음으로 변화시킨다. 돈은 심지어 모순되는 특성들과 사물들조차 다른 어떤 특성으로 교환시킬 수 있다.

돈이 무엇이길래 돈 때문에 웃고 울며 생사가 좌우되는가. 돈보다 인간이 더 고귀한 존재이고 인간이 돈을 만들어내고 이용하는 주인이지만 상황에 따라서 주인인 인간이 돈에 속박되고 억울하며 스트레스를 받게 되고 속박, 부자유하게 되는~ 삶의 현실 속에서 돈의 본질, 순기능·역기능을 알아야 사연 많은 이 세상에서 제대로 생존이 가능하다는 것을 배웠습니다. 이 귀한 책을 우리말로 국내 독자들에게 소개할 수 있는 돈과 가까워진 기회를 2000년 초에 갖게 되어 고맙게 생각합니다.

젊은이를 가르치며 학자로서의 삶을 지향하는 역자들은 아마도 부자, 재산의 축재와는 거리가 먼 일평생을 사는 것 같습니다.

이 책의 저자를 소개하면,

아드리안 펀함(Adriam Furnham)은 영국의 런던대학교 심리학 교수로서 『문화 충격』(Culture Shock, Stephen Rochner와 공저)을 포함하여 무려 25권의 학술도서의 저자입니다. 그 중에 대표적인 저서 몇 권을 소개해 보면,

『청교도 직업 윤리』(The Protestant Work Ethic, 1990), 『상보 의학』(Complementary Medicine, 1997), 『작업 행동 심리학』(The Psychology of Behaviour at Work, 1997) 등이 있습니다.

이 책의 참고문헌 목록을 보고 확인할 수 있는 것처럼 경제심리학 연구지, 경제 행동 및 조직 연구지, 조직 행동 연구지 등에 많은 연구 논문을 발표하는 등 매우 활력있는 활동을 하는 학자로서 많은 역할을 하고 있는 것을 확인할 수 있습니다.

공저자인 미첼 아질레는 옥스퍼드 부루크대학교의 심리학과 명예 교수입니다. 역시 심리학 분야에서 많은 학술 전문서적을 출판한 바 있는데 그 중에 널리 보급된 책은 『일상 생활 심리학』(The Psychology of Everyday Life, 1992), 『사회 계층 심리학』(The Psychology of Social Class, 1994), 『종교 행동, 신념, 경험 심리학』(Benjamin Beit-Hallahmi, The Psychology of Religious Behaviour, Belief and Experience), 『행복 심리학』(The Psychology of Happiness, 1987), 『직업에 대한 사회 심리학』(The Social Psychology of Work, 1989) 등이 있습니다.

한국 심리학계에서 처음 시도되는 화폐 심리학 책의 출간을 뜻깊게 생각하며 이 책이 나오기까지 연세대 김송이 선생의 애정이 담긴 노력, 사명감을 갖고 고독한 교사의 삶을 지향하는 제자 전은주 양의 헌신적인 노고에 고마움을 느끼며 아울러 이 책이 출간되도록 도와주신 김진환 사장님과 편집부 직원 여러 분의 각별한 배려하에 우리말로 소개하게 되었음을 감사드립니다.

2003년 3월
옮긴이 대표 김 정휘 씀

차 례

제1장

| 화폐 심리학 | 23 |

1. 간과되어 온 주제/ 23

2. 화폐 심리학/ 28

3. 화폐에 대한 경제학자들의 관점/ 34

4. 화폐의 역사/ 37
   1) 현 금/ 42
      ⑴ 주화/ 42
      ⑵ 지 폐/ 43
      ⑶ 은행/ 44
   2) 신용카드/ 47

5. 경제 인류학과 원시 화폐/ 49

6. 화폐 사회학/ 53

7. 화폐에 관한 여성학적 관점/ 57

8. 문학작품을 통해 본 화폐/ 60

9. 소비자 만족과 여론 조사/ 62

10. 화폐의 사회 심리학/ 65

11. 화폐에 관한 심리학 이론/ 67

12. 이 책의 주제들/ 73

제2장 돈에 대한 사람들의 태도와 믿음 79

1. 들어가는 말/ 79
2. 돈이 갖는 심리적 의미/ 80
3. 돈의 '신성함' 혹은 그 특수한 의미/ 81
4. 화폐 윤리학/ 85
5. 돈에 대한 사람들의 태도/ 89
6. 경제적 믿음 측정하기/ 104
7. 실제 통화에 대한 가치지각 실험/ 106
8. 결 론/ 110

제3장 아동과 청소년들의 경제적 사회화에 대한 이해 113

1. 들어가는 말/ 113
2. 아동의 돈과 관련된 개념 발달/ 114
3. 경제적 사고의 발달에 대한 연구/ 119
   1) 돈의 의미와 중요성/ 119
   2) 가격과 이윤/ 122
   3) 은행 체계에 대한 이해/ 124
   4) 소유와 소유권/ 126
   5) 가난과 부/ 128
   6) 아동들은 어떻게 그리고 왜 저축하는가?/ 131
   7) 비교 문화, 계층과 성 차이에 따른 경제적 사고영역/ 132
4. 경제적 사회화를 위한 중요한 방식: 용돈/ 135
5. 경제 세계를 이해하는 경제 교육/ 146
6. 상업적 연구/ 150
7. 돈과 관련된 아동과 부모 교육/ 154

1) 아동을 위한 도서/ 154
2) 부모를 위한 도서/ 157
8. 결 론/ 164

제4장 돈과 일상생활 : 저축, 도박과 세금 167

1. 들어가는 말/ 167
2. 소비/저축의 심리학/ 171
1) 돈을 저축하는 주된 동기에 따른 이론들/ 176
2) 저축에 대한 사람들의 태도와 습관/ 181
3. 채무의 주요 결정 요인들/ 185
4. 도박을 하는 심리학적 기능/ 187
1) 정신분석 이론들/ 191
2) 성격에 기초한 성향/ 192
3) 확률과 수익 분배의 평가/ 192
4) 사회학 이론들/ 194
5) 다른 접근 방법들/ 196
5. 세금의 성격과 유형/ 199
6. 결 론/ 205

제5장 돈에 대한 비정상적인 행동 : 돈과 정신건강 207

1. 들어가는 말/ 207
2. 돈에 대한 정신분석/ 212
3. 화폐 병리의 정서적 기초/ 216
1) 안전의 상징/ 218
2) 권력의 상징/ 220
3) 애정의 대체물/ 221

4) 자 유/ 223

4. 화폐 병리 측정하기/ 228

5. 돈과 관련된 장애의 치료/ 235

6. 돈과 정신장애/ 236

7. 결 론/ 237

제6장 돈에 대한 탐욕(축재) 241

1. 소유물들이 각 개인에게 미치는 상징성/ 241
1) 소유물이 필요한 이유/ 247
(1) 생물학적 욕구/ 247
(2) 인간 소유물의 보편성/ 247
(3) 생활을 향상시키기 위해 사용되는 소유물/ 249
(4) 상징으로서의 소유물/ 251

2. 역사와 문화/ 253
1) 소유물에서의 집단 차이/ 258
(1) 성 차/ 258
(2) 계층 차이/ 260
(3) 연령 차이/ 261
2) 소유물의 주된 종류/ 263
(1) 토지와 주택/ 263
(2) 자동차/ 265
(3) 의 복/ 268
(4) 가재 도구/ 271

3. 결 론/ 273

제7장 돈과 가족 경제학 275

1. 가족 경제학/ 275

2. 가사 노동의 공유/ 278

3. 수입과 지출의 통제/ 283

4. 자녀의 경제학/ 287

5. 돈과 확대 가족/ 291

6. 가족으로부터의 선물/ 295

7. 선물에 관한 10가지 질문/ 296
   1) 얼마나 많이 주는가?/ 296
   2) 누가 가장 많이 주는가?/ 297
   3) 누가 수혜자인가?/ 297
   4) 문화적인 차이가 있는가?/ 298
   5) 여러 경우에 따른 선물?/ 299
   6) 누가 왜 선물을 교환하는가?/ 301
   7) 선물의 의미는 무엇인가?/ 302
   8) 돈은 선물로 적절한가?/ 303
   9) 선물은 관계를 강화시키는가?/ 304
   10) 선물주기에 있어서 과소비가 있는가?/ 305

8. 선물 경제/ 306

9. 유 산/ 307

10. 결 론/ 310

제8장 직장인의 동기요소 : 임금 313

1. 직장인에게 중요한 동기요소?/ 313

2. 인센티브 제도/ 314

3. 노동자의 공정한 1일 작업량: 공정성과 상대적 박탈감/ 323

4. 내재적 동기와 외재적 동기/ 328

5. 일하고자 하는 경제적 동기/ 332

6. 결 론/ 335

제9장 기부 문화 337

1. 각 시대별로 살펴본 기부의 형태/ 337

2. 얼마나 많은 돈이 기부되는가?/ 340

3. 누가 기부를 받는가?/ 344
   1) 소 득/ 344
   2) 연령과 성/ 348
   3) 가족 크기/ 349
   4) 종교의 중요성/ 349
   5) 자선행위와 관련된 성격/ 350
   6) 국가별 차이/ 350

4. 언제 돈을 기부하는가?/ 352
   1) 기부 요청자와 기부자 간의 관계/ 355
      (1) 기부 요청자의 매력과 다른 특성들/ 355
      (2) 비언어적 의사소통/ 356
      (3) 상호교환/ 357
   2) 수혜자들과의 관계/ 358
   3) 다른 기부자들과의 관계/ 360
      (1) 모방과 동조성/ 360
      (2) 책임감의 혼란/ 361
   4) 기부를 요구하는 여러 방식의 효과/ 361
      (1) 큰 액수 대 적은 액수/ 361
      (2) 작은 요청부터 먼저 하기/ 362
      (3) 상호적인 양보/ 363
      (4) 좋은 기분 만들기/ 363
      (5) 나쁜 기분 몰아 넣기/ 364

5. 자선 기부에 대한 태도/ 365

6. 자선 기부에 대한 설명/ 368
   1) 기부 행위에 대한 경제적 보상/ 368
   2) 이타성/ 370
   3) 종교와 도덕의 효과/ 371
   4) 집단적 관심/ 372

7. 팁의 의미와 기능/ 373

8. 결 론/ 380

제10장 부자들의 유형분석과 경제패턴 383

1. 부의 불평등/ 383
2. 부자가 되는 다양한 방법/ 387
3. 부자들이 돈을 지출하는 방법/ 391
4. 돈이 개인의 생활에 끼치는 영향/ 393
5. 소득과 부의 격차에 대한 공적인 관점/ 394
6. 결 론/ 399

제11장 돈이 사람을 얼마나 행복하게 하고, 얼마나 동기화시키는가?: 경제적 모형 403

1. 들어가는 말/ 403
2. 돈은 사람을 행복하게 만드는가?/ 404
3. 비교와 기대/ 417
4. 행복의 다른 근원들; 돈으로 이것들을 살 수 있는가?/ 419
   1) 여가 활동/ 420
   2) 사회적 관계/ 423
   3) 건 강/ 426
   4) 정신 건강/ 430
   5) 행복의 중요한 근원으로서의 직업/ 433
   6) 성격과 행복도/ 436
   7) 긍정적인 생활 사건들과 분위기 유도/ 439
5. 돈이 인간을 동기화시키는가?/ 444
6. 돈이 행동하는 방식에서의 변차들/ 446
   1) 돈의 상징적 가치/ 447

2) 돈에 대한 다양한 태도들/ 447

3) 사회화와 돈/ 448

4) 저축, 소비, 도박과 과세/ 448

5) 돈의 병리학/ 448

6) 소 유/ 449

7) 가족에서의 돈/ 449

8) 자선 단체에 기부하기/ 451

9) 직 업/ 451

10) 부 자/ 451

11) 돈과 행복/ 452

7. 결 론/ 452

참고문헌/ 455

찾아보기/ 494

화폐 심리학

1. 간과되어 온 주제: 화폐

심리학자들은 인간의 이해할 수 없는 행동과 노력에 관하여 다양한 측면들에 관심을 가져왔다. 크리스마스 심리학, 그리고 중국 심리학처럼 다양한 주제에 관한 서적, 논문, 보고서들이 있다. 우울, 죽음과 그림에 관한 심리학 논문들도 많이 있다. 그러나 채무에 관한 심리학 논문은 거의 찾아볼 수 없다. 우리는 성에 관한 심리학, 선택의 심리학에 대해 그리고 심지어는 음악에 관련된 심리학에 대해서도 상당히 많이 알고 있으나, 돈을 저축하고, 지출하는 것에 관한 심리학에 대해서는 아는 것이 거의 없다.

심리학을 인간 행동에 관한 과학이라고 정의할 정도로[1] 자신의 학문 분야에 대해 자긍심을 가지고 있는 학문이지만 심리학의 전 영역에서 가장 간과되어 온 주제 중의 하나가 화폐 심리학이다. 아마도 이 책이 출판된 1998년 이전까지 어떤 심리학 서적의 부록이나 색인에서도 화폐라는 단어는 찾을 수 없을 것이다. 이것은 일반 서적뿐 아니라 조직행동에 관한 전공 서적에도 언급되어 있지 않을 것이다. 대부분의 사람들은 직업이나 조직 행동을 다루는 심리학 서적들이 직무 동기요소로써 돈의 힘이나 임금의 상징성을 논의하기를 기대할 것이다. 그러나 조직 행동론을 다룬 최신 자료에서도 그러한 내용은 거의 찾아볼 수 없다.

왜 심리학자들은 화폐라는 주제를 간과해 왔는가? 선물의 의미와 기능에 관한 인류학 서적들은 많이 있다. 또한 부유한 사람과 가난한 사람들의 행동, 그리고 이들간의 큰 격차가 사회에 끼치는 영향을 다룬 흥미롭고도 중요한 사회학 문헌들도 있다. 사회학자들은 다양한 사회 계층의 사람들이 돈을 소비하고 저축하는 방식과 이들이 자신을 다른 계층의 사람들과 비교함에 따라 상대적 박탈감을 인식한 결과에 흥미를 가져왔다.

그러나 앞으로 살펴 보겠지만 모든 심리학자들이 화폐라는 주제를 경시해 온 것은 아니다. 프로이트는 화폐가 갖고 있는 많은 무의식적 상징들을 제시하며 불합리한 화폐 행동들을 설명하였다. 행동주의자들은 화폐 행동이 발생하고 지속되는 방식을 밝히려고 노력하였다. 인지 심리학자들은 주의, 기억, 그리고 정보처리 과정이 화폐를 다루는 데 있어서 체계적인 오류를 발생하게 하는 방식을 밝히려고 하였다. 몇몇 임상 심리학자들은 강박적인 절약가, 낭비가, 도박꾼에게서 나타나는 화폐와 관련된 병리학적 행동에 더 많은 관심을 가졌다. 발달 심리학자들은 아동들이 경제 세계로 통합되어 가는 시기와 방식, 그리고 그들이 화폐를 이해하는 방식에 관심을 가졌다. 또 최근에는 경제 심리학자들이 사람들이 저축하는 이유와 탈세 및 세금기피 전략에 이르기까지 화폐를 사용하는 방식의 다양한 측면들에 많은 관심을 기울이고 있다.

---

1) 옮긴이 註: 심리학자인 Boring은 "인간이란 어떤 존재인가? 이 질문에 대하여 해답을 찾아내려고 노력하는 과학을 심리학"이라고 정의를 내렸다. 10년 전까지만 해도 대부분의 심리학 개론서에서는 심리학을 단순히 "인간과 동물의 행동을 과학적으로 연구하는 학문"이라고 정의했는데, 오늘날에는 많은 심리학 교과서들이 그 행동에는 사고, 학습, 감정, 경험, 느낌, 지각, 기억, 창의력, 영재성들을 포함한다고 지적하고 있다. 따라서 이제는 심리학을 "행동과 정신과정에 대한 과학적인 연구"라고 정의한다. 최근에는 심리학의 제 4세력으로 인지 심리학을 지목하고 있다. 오늘날에는 인지 심리학이 현대 심리학 연구 주제에 주류를 이루고 있는 경향이 짙다. Coon(1985)은 심리학은 인간 행동을 기술하고 이해하며 예언하고 통제하는 것을 주기능으로 하는 과학이라고 정의했다.

그러나 여전히 화폐 심리학은 간과되고 있다. 화폐는 여전히 금기시되고 있는 주제이다. 여러 서구 사회에서 성과 죽음이 사회적으로 그리고 모든 연구의 금기 목록에서 삭제되고 있는 반면, 화폐라는 주제에 대해 논의하고 논쟁하는 것은 여전히 무례하게 여겨진다. 심리학자들은 화폐행동들에 대한 경제학자들의 주장이 다소 합리적인 것이거나 아니면 '관심 영역' 밖에 있는 것으로 여겨왔다. 이 주제는 심지어 뇌 해부학을 이해하고 정신분열증의 원인을 밝히는 것과 같은 더 긴박한 관심들과 비교해서 사소한 것으로 생각되기조차 하였다. 경제학의 경우 화폐에 대해서는 많은 것을 언급해 왔지만, 개인들의 행동에 대해서는 거의 관심을 기울이지 않았다. 경제학자와 심리학자 모두 일상적인 화폐 행동에서 분명하게 나타나는 불합리성을 알아차리긴 했지만, 이에 대한 언급을 주저해 왔다.

린드그렌(Lindgren, 1991)은 심리학자들이 화폐와 관련된 모든 것들이 경제학의 영역 내에 있는 것이라고 가정해 왔기 때문에 화폐와 관련된 행동들을 연구하지 않았다고 지적하였다. 그러나 경제학자들 또한 이 주제를 회피하여 왔으며, 화폐 그 자체보다는 화폐가 가격, 신용에 대한 요구, 그리고 이자율 등에 영향을 주는 방식에 관심이 있었다. 또한 사회학자들처럼 경제학자들도 국가, 사회 그리고 특정 집단들이 화폐를 사용, 지출하고 저축하는 방식을 알아내기 위해서 거시적인 수준에서 상당한 연구를 진행한다.

물론 이 책에서 화폐와 관련된 경제 이론들의 범위와 복잡성을 공평하게 평가하는 것은 불가능하다. 경제학자와 심리학자들 모두 화폐가 사용되는 방식을 이해하고 예측하고자 하는 유사한 목적을 가지고 있지만, 이들은 두 가지 점에서 차이가 난다. 경제학자들은 거시적 수준에서 계층, 집단, 그리고 국가들이 특정 조건에서 화폐를 사용, 지출하고 저축하는 방식 등 총체적 자료에 관심을 갖는다. 이들은 사람이 아닌 가격, 임금 등의 행동에 대한 모형 구축에 관심을 갖는다. 이러한 점에서 경제학자들은 개인과 소집단 간의 차이에 관심을 갖는 심리학자들 보다는 사회학자들에 더 가깝다. 경제학자들이 국가나 시장에서의 화폐 공급, 수요, 변동을 모형화하거나 이해하는 것을 목적으로 삼는 반면, 심리학자들은 다양한 믿음이나 배경을 가진 개인들로 구성된 다양한 집단들이 화폐를 사용하는 방식과 이유를 이해하는 것에 관심을 갖는다. 경제학자들에게는 개인차가 '오차 변량'인 반면, 사회 심리학에서는 '주 원료'가 된다. 둘째로, 경제학자들이 상당한 경제적 지식을 가진 사람들의 합리적인 결정에 관련된 화폐 사용법을 밝히려고 하는 반면, 심리학자들은 사람들이 논리적이거나 합리적이라는 사실을 당연한 것으로 여기지 않는다. 논리적인 요소보다는 심리적인 요소가 사람들이 화폐를 사용하는 방식을 유도한다는 사실이 자연스럽게 심리학자들을 매혹하였다.

레아와 웨블레이는 다음과 같이 말하였다:

그 동안의 이러한 간과를 이해하기 위해서 멀리 볼 필요가 없다. 심리학자들은 화폐가 또 다른 사회 과학인 경제학에 속해 있기 때문에 화폐에 관해 생각하지 않는다. 경제학자들은 화폐에 관해 알려진 모든 것을 우리에게 알려 줄 수 있다; 합리성 자체에 결점이 있듯이 행동에도 불규칙성이 있다. 이것이 바로 심리학자들이 이해하고자 하는 것이다. 그러나 그런 것들은 중요하지 않다. 경제 심리학자들처럼, 우리는 경제학자들의 확신과 심리학자들의 소심함 모두를 인정하지 않는다.

(1981, p.1)

화폐 심리학이라는 제목으로 출판되는 많은 서적들이 있다(예: Lindgren, 1991).[2] 저술의 동기가 밝혀지지는 않았지만 대부분의 서적들은 돈을 버는 '비법'을 담고 있을 것이다! 부자가 되는 비법, 마법의 탄환 혹은 '일곱 개의 계단'을 찾는 것에만 사로잡혀 있는 대부분의 사람들은 아마도 부자가 되기는 힘들 것이다. 끈덕지고 한결같이 돈에만 전념하는 것은 비록 부(富)가 뜻하지 않게 우연히 성취된다 하더라도 불행해질 수도 있다. 부자가 되는 것은 우연이나 기회가 맞을 뿐 아니라 발견이나 통찰력을 개발하는 방법과 시기를 아는 총명함이기도 하다.

---

2) 옮긴이 註: 유사한 성격의 관련 자료를 소개한다. :
   Klebanow S. Lowenkopf E, L, (Eds.). (1991) *Money and Mind*, New york : Plenum Press.

많은 저명한 작가들은 화폐와 관련된 문제들에 관해 생각하고 기술하여 왔다. 마르크스는 자본주의 사회에서의 물신 숭배에 관해 언급하면서, 사람들이 필요하지 않은 것을 생산하고 그것에 특정한 의미를 부여했다고 주장하였다. 베블렌은 가격이 비싼 특정 상품이 지위 상징의 수단으로 추구된다고 믿었다. 그러나 고가품에 대한 이러한 수요는 공급을 증가시키고, 이것은 다시 다른 상품으로 관심을 돌리는 소비자들에 의해서 가격이 낮아지고 수요가 줄어드는 결과를 창출한다. 저명한 경제학자인 갈브레이스는 그 사회의 영향력 있는 세력(Powerful forces)이 수요를 창출하게 하는 힘을 가지며, 그래서 화폐를 소비하는 방식에 영향력을 행사한다는 데 동의하고 있다.

이 책은 여러 분야들에 걸친 다양하고, 흩어져 있는, 단편적인 내용들을 모아서 의미가 통하게 서술하였다. 그리고 화폐와 화폐에 관련된 의미와 행동들 전반에 대해 종합적이고 사회 · 경험적인 심리학의 관점을 제공하고자 한다. 이 책의 일관된 주제는 냉정하고 논리적이며 합리적인 사람들이 화폐를 획득, 저장, 소비하는 방식이 아니라, 엄밀하게 말하면 그 반대이다.

화폐를 연구하고 이론화하는 거의 모든 사회 과학들, 특히 심리학의 중심이 되는 특징은 사람들이 화폐와 관련해서 행동하는 방식에 대한 경제학 모형의 비판이었다. 실험 게임을 사용한 것에서(Vlek, 1973) 단순한 면접에 이르는(Haines, 1986) 모든 종류의 연구들은 사람들이 화폐와 관련해서 나타내는 매우 불합리한 믿음과 행동들을 입증하여 왔다. 소비 심리학자들은 소비 시장에서 가격과 품질간의 관계를 보여 주었고, 소비자들이 불합리하게 행동하는 예들을 보여 주었다. 사실, 소비자들이 어느 정도 '약화된' 합리성 모형에 따라 움직이는지의 여부가 항상 분명한 것은 아니다(Hanf and von Wersebe, 1994). 심지어 몇몇 경제학자들은 '합리적인' 행위자가 기대-효용 모형의 기본적인 원리의 일부를 위반하는 것이 가능하다고 지적하면서, 합리성 모형을 비판하였다(Anand, 1993). 또한 스탠리(1994)도 실험 경제학자들이 불합리성을 규명하기 어려운 반면 '바보같은' 경제적 행동을 합리화하는 것이 쉬울 수 있다라고 지적하였다. 우리는 경제학자들에 의해서 오랫동안 지지되어 온 냉정하고, 논리적인 효용 · 이익 극대화 모형(utility and profitmaximisation model)과는 아주 다른 방식으로 행동하는 것을 보여 주는 심리학 문헌들을 소개하고자 한다.

더 나아가서, 우리는 인류학자, 경제학자, 그리고 사회학자들의 경계를 넘어서고자 하며 화폐가 사람들을 행복하게 만드는지, 화폐에 대한 이상한 태도가 어디에서 유래하고, 어떤 사람들은 왜 돈을 모두 다른 사람에게 기부하고, 귀중하고 가치 있는 소유물이 종종 아무 가치가 없어지는 이유가 무엇인지와 같은 의문을 제기하고 이에 답하고자 한다. 즉, 이 책은 사람들이 화폐에 대해 가지고 있는 심리학적 의미와 화폐에 대한 이들의 믿음과 태도가 유발되는 방식, 그리고 이들이 성인이 되어 화폐를 사용하는 방식을 설명하고자 한다.

2. 화폐 심리학

부자가 되고자 하는 꿈은 누구나 가지고 있을 것이다. 어떤 문화권에서나 부에 관한 동화와 민간에 전승되는 이야기들이 있다(Wiseman, 1974). 화폐에 대한 이런 꿈은 몇 가지 주제들을 갖고 있다. 하나는 화폐가 안전을 가져다 준다는 것이며, 다른 하나는 그것이 자유를 가져다 준다는 것이다. 화폐는 자신의 성공을 뽐내기 위해서뿐만 아니라, 과거에 자신을 모욕했거나, 무시했거나, 굴욕감을 준 사람에게 보복하기 위해서도 사용될 수 있다. 문학 작품들에서 나타난 많은 주제들 중의 하나는 부가 권력이 없는 사람들을 권력이 있게 하고 사랑받지 못한 사람을 사랑받게 만든다는 것이다. 부는 모든 것을 치유할 수 있는 능력을 지닌 대단한 변화의 원동력이다.[3] 그래서인지 극단의 부를 추구하는 과정에서 때로는 부에 대한 공통된 열망과 극단적인 행동들이 보여진다.

그러나 화폐와 관련된 두 가지 종류의 다른 동화가 있다. 그 하나는 화폐

---

[3] 옮긴이 註: 한국의 매스 미디어에서 사회 · 정치적인 은유로서 자주 풍자되는 말로 유전무죄(有錢無罪), 무전유죄(無錢有罪)가 있다.

와 부가 좋은 삶을 누리기 위한 단순한 조건이라는 것이다. 이러한 의미의 화폐는 즐겁게 사용되어야 하며, 모든 것을 더 좋게 만들기 위해서 현명하게 사용되어야 한다는 것이다. 또 다른 종류의 이야기는 돈을 위해서 사랑과 행복을 희생시키는 무자비한 파괴자에 관한 것으로, 결국은 돈을 얻지만 그것이 자신에게 아무 소용없는 것이라는 것을 알게 된다는 내용이다. 그들이 할 수 있는 것은 자신이 처음 돈을 모았을 때와 같이 광신적으로 돈을 다 써 버린다는 것이다. 돈과 관련된 이러한 이야기들이 나타내고자 하는 도덕성에 유의하자.

돈이 가지고 있다고 믿는 환상적인 힘은 그것을 추구하는 것이 매우 강력한 동인이라는 것을 의미한다. 과거의 연금술사나 오늘날의 화폐 위조자들처럼 화폐는 실제로 만들어질 수 있다. 석유, 황금과 같은 자연 자원을 통해서 화폐는 발견되고 개발될 수 있다. 특허와 생산품을 통해서 화폐는 증대될 수 있다. 또한 성공적인 투자로 인해 증식될 수도 있다.

금세기에 걸쳐서 개발도상국에서 선진국으로, 그리고 농촌에서 도시로의 집단 이동이 있었다(Furnham & Bochner, 1996). 모두 더 많은 돈을 가진 새로운 생활을 꿈꾸었다. 연고도 가족들도 없었지만 돈벌이가 사람들을 불러 모았다. 네트워크와 연줄이 종종 축재의 기초가 되었다. 이러한 환경에서 보통 사람들은 화폐에 속지 않도록 예방하는 방법과 기회를 만드는 방법 등을 더 많이 인식해야만 했다. 그러나 금세기 말에 와서, 사람들은 돈을 버는 형식에 덜 매료되었다. 보수당의 전 수상인 에드워드 히스는 '자본주의의 추하고 수용할 수 없는 얼굴'에 대해 말하였다.

개방적이고 당당하게 돈을 추구하는 것과 어떠한 희생을 감수하고서라도 무자비하게 돈을 추구하는 것의 수용 가능성은 특정한 역사적 시기에 따라 달라지는 것 같다. 1980년대와 1990년대에는 돈을 원한다고 말하는 것이 사회적으로 아주 수용 가능한 것으로, 심지어는 바람직한 것으로 여겨졌다. 탐욕, 권력, 그리고 '화폐 게임'에 대해 언급하는 것이 수용되었다. 그러나 이러한 언급은 주식 시장이 잘 운영되고 경제가 번창할 때에만 발생하고, 이러한 시기에만 사회적으로 인정을 받는 것으로 보인다. 금세기에 여러 번의 주식 대폭락이 있은 후에는 돈을 옹호하는 식의 대화는 저속하고 부적절하며, 사회적 양심의 결핍을 나타내는 것으로 간주되었다. 그러나 국가 경제의 특정한 상태는 비록 그것이 필수적으로 개인의 경제적 성공에 영향을 준다 하더라도, 개인들이 경제적 성공을 위해 그들 나름대로의 방식으로 돈을 벌고자 하는 것을 막지는 않는다.

화폐는 그 자체로는 활성이 없다. 그러나 어느 곳에서든 화폐는 특별한 권한을 갖는, 특별한 의미를 부여받게 되었다. 심리학자들은 화폐에 대한 태도(사람들이 화폐를 추구하기 위해 하는 행동과 화폐를 가지고 하는 행동들의 이유)와 화폐가 인간 관계에 어떠한 영향을 끼치는지에 대해 흥미를 가지고 있다.

사회에서 화폐의 유효성은 이제 화폐 자체의 내재적이거나 물질적인 속성보다는 그것에 대한 사람들의 기대에 의존한다. 화폐는 사회적 약정이며, 또한 화폐에 대한 태도는 모든 사람들이 다른 사람들의 반응이 어떨 것이라고 생각하는 것에 의해 결정된다. 그래서 화폐가 변화하거나 매우 불확실한 가치 때문에 '문제 있는 것'이 될 때, 환금은 더 어렵게 되고 심지어 물물교환을 하는 방식으로 되돌아 갈는지도 모른다. 이러한 '대변혁'의 시기 동안, 장기간에 걸쳐 형성되고 당연시 되었던 믿음들은 도전을 받게 되고, 많은 사람들은 예전에는 불명확하게 가졌던 개념과 가정들을 정교하고 분명하게 만들게 된다.

카루터스와 배브(1996)는 미국 남북 전쟁 이후 금화를 지지하는 금은통화론자와 지폐를 지지하는 지폐통화론자의 화폐 대안 논쟁을 주목했다. 현재 미국 사회에서 논쟁 중인 화폐 관련 이슈들은 지폐 시기에 미국인들이 논쟁했던 중요한 특성들을 거의 포함하지 않는다. 화폐는 통상을 촉진시키는 비정치적이고 중성적인 수단으로 인식되고 있다. 앞에서 언급한 두 가지 대안이 있었던 '지폐 시대'는 화폐의 속성에 대해 날카롭고 총체적이고 경쟁적으로 생각했던 시기이다. 금은통화론자는 아니더라도 많은 사람들이 화폐제도가 중요한 분배 효과를 가지며, 승자와 패자 집단으로 구분짓는다고 믿었다. 지폐 시대는 사회 제도가 문제시 되어 더 이상 당연한 것으로 여겨지지 않을 때 급진적인 변화의 가능성이 많다는 사실을 입증하였다. 이것은 유럽의 국가들이 새로운 유로화를 위해 자신들의 통화(파운드, 마르크, 프랑)를 포기한 오늘날 유럽연합에도 적용이 된다. 이러한 변화는 불안과 이슈가 유발될 때까지 중요하게 고려되지 않았던 문제들을 완화시키는 것 같다.

화폐란 무엇인가? 새 옥스포드 사전에는 화폐를 다음과 같이 정의하고 있다:

돈(화폐 · 貨幣, money)　　　벼락 부자병(막대한 상속을 받은 여자가 무력감, 권태감, 자책감 따위를 갖는 병적인 증상), (옮긴이 註 : 1장 77~78쪽에 관련 설명 자료 참조), 연체금(잔금), 자산, 은행권, 현금, 자본, 환전, 수표, 동전, 잔돈, 신용카드, 금융상의 신용대부 변경, 통화, 배상금, 부채, 이익 배당금, 신부의 이혼 지참금, 소득, 기부금, 재산권, 지출, 재력, 재산, 이자, 투자, 법화, 대여, 촌지, 이익, 저당권, 자금 따위의 밑천, 지폐(어음, 증권), 지출, 세습재산 지불, 급료, 금전, 연금, 용돈, 수익금, 경제적 · 물질적 이익금, 송금, 물자, 수입원, 저축, 은화, 영화, 매상고, 세금, 여행자 수표, 임금, 필요한 자금, 수단, 돈, 상금, 직불카드, 종자 돈

앞의 정의는 이 책의 뒷부분에서 논의될 화폐와 관련된 이슈들 모두에 대해 어느 정도의 개념을 제공한다. 화폐는 매우 다양한 정의를 가지고 있을 뿐만 아니라, 여러 의미와 여러 사용법들을 가지고 있다(부록 A에는 화폐에 주어진 명칭들과 화폐가 사용된 관용어가 제시되어 있다. 이러한 용어들의 단순한 개수가 그 사회에서 화폐의 중요성을 입증해 준다. 이 번역판에서는 생략함.).

비록 다양한 심리학 패러다임이나 전통들이 화폐 심리학에 적용되긴 했지만, 화폐에 관한 총괄적인 심리학 '이론'은 없다. 정신분석 이론, 피아제의 인지발달 이론, 행동주의자들의 학습 이론이 여기에 포함되며, 최근에는 경제 심리학에서 나온 흥미로운 개념들이 포함되고 있다. 행동주의 연구들은 화폐가 조건화된 강화가 되고, 그래서 가치 있고 의미 있는 대상이 되는 방식에 관심을 가져왔다. 이러한 분야의 연구들은 동물들에 관한 연구로 제한된다.

　　동물 연구들뿐 아니라, 행동주의자들이 '화폐' 이론을 정신병 환자(특히 정신분열증)나 비행 청소년과 재범자와 같은 임상 집단에게 효과적으로 적용한 '토큰 경제'에 관해서도 상당한 양의 문헌들이 있다. 토큰 경제는 자신이 포함된 경제 체계로서, 이 체계 내에서 고객(환자)은 적절하게 행동하는 것에 보상을 받게 되고, 갖고 싶어하는 물건들을 살 수 있다. 이를 통해 사치스러운 고급품들을 획득한다(Ayllon & Azrin, 1968).

　　많은 연구들이 토큰 경제의 이점을 보여 주고 있으나(Ayllon & Roberts, 1974), 한편으로는 임상적 근거에 대해 다양한 비판을 받고 있기도 하다. 비판의 내용들은 다음과 같다. 처치하지 않은 통제 조건에서만 연구하여 비교 연구가 거의 없기 때문에 토큰 경제가 다른 조건들보다 더 나은지 혹은 나쁜지를 알기가 어렵고, 종종 개인적 욕구보다는 제도적 욕구에 초점을 맞추며, 전체 기구내에 있는 개인의 많은 권리들을 위반하고, 가장 중요한 사실로는 조건화된 행동이 토큰 경제가 작용하지 않는 새로운 환경에 일반화되지 않는다는 것들이다(Bellack & Hersen, 1980).

　　마지막으로, 행동주의 접근에 기초한, 다양한 인지적 과제에 끼치는 화폐 동기의 영향에 관한 문헌들이 아주 많다는 것을 지적해야만 한다(Eysenck & Eysenck, 1982). 이러한 연구들의 대부분은 화폐 보상을 통한 동기유발이 주의를 통제하고, 다시 기억에 영향을 주는 학습을 통제함을 입증하고 있다.

　　레아와 동료들(1987)은 화폐에 관한 수많은 중요한 심리측정적 연구들뿐 아니라, 화폐에 관한 실험 심리학 및 사회 심리학이 있음에 주목하였다(제2장 참조). 이들은 우리가 화폐의 상징적 가치를 인지하고 있는, 화폐에 대한 새로운 심리학 이론에 주의를 기울여야 한다고 주장한다. 마지막으로 이들은 심리학자들이 그동안 사람들이 화폐에 관해서 불합리하거나 비합리적인지에 대해 논쟁하고 입증하는 것에서 벗어나서 합리적인 것보다 덜 합리적인 경제적 행동을 수용, 인정하고 심지어 격려하는 많은 제도들과 의식들로 눈을 돌려야 한다고 믿고 있다. 진실로, 사회 심리학자들은 항상 심리학을 사회화하고 사회학을 개별화하는 것을 자신들의 과업으로 여겨 왔기 때문에 사회 집단, 조직 및 제도가 보통 사람들의 화폐에 대한 믿음과 행동에 강력

달러의 기원

고유 화폐 없던 이주민들, 스페인 은화 '페소'에서 따와

▶ 어 원

요아킴스탈러에서 파생돼

끝 부분 thaler가 dollar로

▶ 지폐는 언제

1860년대 남북 전쟁 기간 중

북군서 전쟁비용의 조달 위해 발행

▶ '강한 달러' 계기

1944년 브레턴우즈체제로

국제 기준 통화된 후에 각광

미국 달러는 식민지 시대에 통용됐던 스페인의 은화 페소(Peso)에서 유래됐다. 당시 고유의 화폐가 없었던 이주민들은 8레알(real)에 해당하는 스페인 은화 1페소를 1달러로 정해 사용했다. 또 이 은화를 8쪽으로 쪼개 1달러보다 작은 돈으로 썼다. 1페소짜리 은화를 4분의 1로 쪼개면 25퍼센트가 되는 식이다. 달러를 표시하는 $는 페소의 약자인 PS에서 유래됐다고 한다. 지금도 미국인들 사이에서 '페소'는 달러의 속어로 사용된다.

달러(dollar)라는 말은 요아킴스탈러(Joa-chimsthaler · 보헤미아의 Joa-chimsthal 광산에서 나온 은으로 만든 주화라는 뜻)에서 유래됐다. 이 말의 끝 부분 탈러(thaler)가 달러(dollar)로 바뀐 것이다. 달러는 미국 외에 캐나다 · 호주 · 홍콩 등에서도 공식 화폐 단위로 사용되고 있다.

현재와 같은 달러 지폐가 나온 것은 1860년대 남북 전쟁 기간중이다. 당시 북군의 연방정부는 전쟁 비용 조달을 위해 4억 3천만 달러 상당의 푸른색 지폐를 발행했다. 달러를 지칭하는 또 다른 말인 그린백(greenback)은 지폐의 색깔에서 유래됐다. 연방정부는 당시까지 자체 화폐를 발행했던 수천 개의 지방 은행에 대해 세금을 매기는 한편 국립은행법을 정비, 그린백의 공신력을 높였다. 또 1913년 연방준비제도이사회(FRB)가 설립됨으로써 달러는 미국의 공식 화폐로 자리를 잡았다.

1944년 브레턴우즈 체제에 의해 국제 외환 체제의 기준 통화가 됨으로써 미국 달러는 '세계의 돈'의 지위에 올랐다.

〈경향신문, 1999. 5. 18.에서 인용함〉

한 영향력을 끼칠 수 있고 또한 가질 수 있는 방식을 이해하는 데에만 관심을 기울여 왔다.

3. 화폐에 대한 경제학자들의 관점

대부분의 도서관에서 '화폐'라는 용어가 적혀 있는 책을 많이 볼 수 있지만, 거의 대부분은 경제학 분야에서 찾아볼 수 있는 것들로 화폐 이론을 다룬 책들이다[4]. 예를 들면 화폐 정책 금융 시장과 자본 시장, 내부화폐, 화폐, 정치 그리고 정부 정책, 화폐, 수입 그리고 자본간의 관계 등이다.

경제학자들은 화폐가 구리, 은, 금, 종이 등과 같은 물질에 따라 분석되는 것에 유의한다. 화폐를 유통시키기 위해 안전 보증을 해 주는 은행이 상당한 양의 화폐를 신용한다. 더 나아가서 은행 예금은 중요한 장점을 지닌다: 그것은 편리하고, 전적으로 동질적이며, 내재적으로 가치가 있는 것이 아니라, 단지 '종이로 만든 화폐' 즉 지폐임을 나타내는 것이다.

경제학자들간에 이론적 논쟁점과 정책적 의미에 대해 논란이 있는 반면, 상당한 일치점도 있다. 쿨본(1950)은 논쟁적이지 않은 자명한 사실들을 다음과 같이 지적하고 있다 : 화폐는 가치 평가와 지불의 수단으로 정의되는 것으로, 계산의 단위와 일반적으로 수용 가능한 교환의 매체이다. 화폐는 계산의 추상적 단위로, 가격을 표시하기 위해 사용된 '수학적 도구'이다. 화폐는 계산을 할 때 정확성의 공통 지표이다. 화폐가 법적 지위를 갖기는 하지만 일반적인 용인성의 '상업적' 개념은 화폐에 관한 어떠한 정의에서도 필수적인 요소이다. 화폐는 휴대 가능해야 하며, 내구성이 있어야 하고, 나눌 수 있어야 하며, 식별이 가능해야 한다. 계산의 공통 단위는 적절한 크기여야 한다. 화폐는 이제 더 이상 내재적으로 가치가 있을 필요가 없다. 물물교환 경

---

4) 옮긴이 註: 경제학자들이 번역하거나 저술한 책들이 주로 출간되어 있다.
  申泰煥 옮김(1992), 화폐론(J. M. Keynes, 1930. *A Treatise on Money*) 上, 下. 서울 : 박영사

제에서 엄격한 관습에 의해 고정되었던 교환 비율은 경제 성장을 억제하였다. 물물교환과 달리, 화폐에 기초한 체계는 구매력을 창출하고, 모두가 만족하는 교환을 가능하게 한다. 시간이 지남에 따라 화폐는 결점을 갖게 되고 다른 어떠한 내구재가 현재와 미래의 가치들을 연결할 수 있는지 미지수로 남아 있다. 화폐는 화폐의 대부(貸付)를 의미할 수도 있다 : 그래서 화폐를 빌릴 수 있는 금융 시장이 있고, 화폐의 가격은 그 화폐를 빌리는 이자율을 지칭하게 된다. 종종 명목 자본과 법적 자본간에는 차이가 있다. 실질 자본은 실제 상품과 서비스를 의미한다. 명목 자본은 실질 자본에 대해 동의된 그 당시의 가치를 일컫는다; 반면 법적 자본은 회사들이 고정된 이자와 이익 배당을 지불하는 양을 일컫는다.

화폐를 지칭하는 다음과 같은 다양한 전문 용어들이 있다.

1. 법화 : 지불의 법정 형태
2. 통화 : 주화, 지폐, 그리고 만질 수 있는 모든 교환 매체. 지폐, 동전과 같은 현금 이외에 수표나 신용카드 등 지폐나 동전을 대신하는 지급 수단도 포함되고 현금화할 수 있는 예금도 포함된다.
3. 현금 : 통례적으로 지불하는 것으로, 특히 주화 및 지폐와 같은 교환 매체의 동의어
4. 상품 화폐 : 예를 들면 금속으로서의 가치가 액면 가치와 동등한 금화
5. 대표 화폐 : 상품 화폐로 자유롭게 전환될 수 있는 지폐
6. 법정 불환 지폐 : 주정부가 법정 화폐가 될 것이라고 말한 화폐
7. 은행 화폐 : 개별 은행이 발행한 지폐와 은행 예금
8. 대용 화폐 : 법정 지폐 및 지폐를 포함하는 모든 예금액
9. 신용 대부 : 지불이나 환불에 대한 신뢰; 모든 은행 계좌는 신용거래이다.
10. 당좌 대월 : 사람들이 자신이 예금한 것보다 더 많이 찾아 쓰는 일종의 신용 대부의 형태
11. 자금 : 사업체를 운영하는 데 필요한 돈

화폐의 기능은 잘 알려져 있다.

1) 화폐는 교환의 매체이다 : 지폐나 신용카드와 같은 플라스틱 화폐는 내재적으로 가치가 없는 반면, 상품과 서비스로 교환하기 위해 사용될 수 있는 가치의 보증서이다.

2) 화폐는 계산의 단위이다 : 화폐를 사용하여 상품의 값을 판단할 수 있다.

3) 화폐는 가치를 저장한다 : 썩거나 깨지기 쉬운 상품과 달리 화폐는 썩지 않으나 시간의 흐름에 따라 특히 정치적으로 불안정한 시기에는 그 가치가 변화한다.

4) 화폐는 연기된 지불의 기준이다 : 일용품들이 실제로 시장에 나오기 전에 사고 팔 수 있다.

좋은 화폐의 특성은 무엇인가?

첫째, 휴대 가능성으로, 쉽게 운반되어야 한다 : 전자 화폐나 플라스틱 화폐는 너무 쉽게 이동 가능해서 법망을 교묘히 피해 가기도 한다.

둘째로, 좋은 화폐는 내구성이 있다 : 마모에 잘 견딘다. 주화가 20년에서 30년 정도 지속될 수 있는 반면, 지폐는 닳기 때문에 6개월 정도밖에 지속되지 않는다. 주화는 플라스틱을 포함해서 어떤 것으로도 만들 수 있지만, 흔히 금, 은 그리고 동의 상징을 따른다.

셋째로, 좋은 화폐는 분식 가능성을 확증해 주어야 한다 : 이는 화폐의 정확한 가치를 즉각적으로 인식 가능해야 한다는 것이다.

넷째로, 화폐는 동일해야 한다 : 어떤 지폐나 동전도 다른 것들과 똑같이 수용 가능해야 한다. 아주 희귀한 동전이라 하더라도 만약 공적 통화라면, 채무의 수용 가능한 교환과 지불의 역할을 할 수 있어야 한다.

다섯째로, 화폐는 안정적이어야 한다 : 화폐의 가치는 매우 엉뚱하거나 예측 불가능하게 변화하면 안 된다.

마지막으로, 화폐는 제한되어야 한다 : 화폐의 공급은 통제되어야 하며, 만약 그렇지 않다면 너무 희귀하거나 너무 풍부해져서 안정성을 심각하게 변화시킬 수 있다.

화폐는 어디로 가는가? 이것은 어떻게 순환하는가 : '임금, 급료를 포함한 상품과 서비스의 실질가치'를 창출하기 위해 돈을 번다. 화폐는 '필수품'과 같은 생산품들을 구매하고, 즐거움을 위해 소비되며, 저축을 하는 데 지출된다. 화폐는 미래의 번영을 위해 투자된다. 마지막으로 화폐 체계를 통제하고 불황과 인플레이션 모두를 예방하려고 하는 정부의 시도인 화폐 관리가 있다. 경제학자들은 개인들의 일상적인 화폐 행동에는 관심이 없지만, 항상 그것을 설명하기 위해 자료들을 수집하고 이론들을 형성하는 데 관심이 있다.

4. 화폐의 역사

초기의 인간에 관한 기록들에서 '행상, 물물교환 그리고 교환'이라는 어휘가 나타난다. 현금이 없거나 과세를 피하고자 하는 사람들이 오늘날까지 여전히 사용하고 있는 물물교환제는 분명한 단점을 가지고 있다. 단점들은 다음과 같다. 첫째, 두 사람의 요구가 일치해야 한다. 즉, 교환을 하는 상대방들이 다른 사람이 가지고 있는 바로 그것을 원해야 한다는 것이다. 둘째로, 물물교환은 가치를 측정할 수 없다. 셋째로, 교환된 물품의 상대적 가치로, 이것은 더 큰 가치를 가진 하나의 물품과 더 적은 가치를 가진 여러 개의 물품을 교환하는 것은 가능한 반면, 더 적은 가치를 가진 오직 하나의 물품만이 필요할 때처럼 나누어질 수 없는 물건인 경우 이러한 물물교환이 이루어질 수 없다. 넷째로, 물물교환은 쉽게 지연될 수 없어서, 어떤 물품들은 부패해서 비교적 빨리 소비될 필요가 있다.

이러한 물물교환 거래가 더 정교해짐에 따라, 사람들은 표준 항목에 따라서 '가격'을 평가하는 습관을 형성하게 되었고, 이것을 다시 교환의 매체로서 선호하게 되었다(Morgan, 1969). 그래서 가축, 노예, 아내, 의복, 곡식, 조개껍질, 석유, 포도주뿐만 아니라 금, 은, 납과 청동이 교환의 매체로서의 역할을 하게 되었다(<표 1-1> 참고). 종종, 종교적 물체인 교회 예배용 제구나 모형, 소형 도구가 교환 매체가 되기도 하였다. 독일의 전후 시기 동안에는 커피와 담배가 교환 매체였으며, 1980년대 전쟁으로 피폐된 앙골라에서는 병맥주가 그러한 기능을 수행하기도 하였다. 금세기 중반에 이르기까지 뉴기니아에서는 돼지뿐 아니라 별보배 고등어 껍데기가 매우 인기 있는 교환 매체였다.

다른 물건들과 교환하기 위해서 가축이나 황소를 사용하는 것은 상인들에게 좀 귀찮은 체계였다. 상인들 모두가 교환에 동의하도록 하는 데 많은 시간이 걸렸다. 이들이 교환해 온 물건들의 품질이 다양했던 것처럼, 동물의 질적 특성도 다양하였다. 화폐로서 사용될 때 가축과 황소는 휴대와 분식이 가능하였으나, 내구적이지도, 나누어지지도 혹은 동질적이지도 않았다.

표 1-1 화폐로 사용된 비일상적인 물품들

물 건	사용된 장소
구슬	아프리카와 캐나다 일부
맥주	현재 앙골라
수퇘지	뉴헤브리디스
버터	노르웨이
시가	전쟁 포로 수용소 및 전후 유럽
코코아 열매	멕시코
별보배 고등어 껍데기	전세계(남태평양 제도, 아프리카, 아메리카, 고대 영국)
낚싯바늘	길버트 제도
여우 모피	뉴칼레도니아
검은 마멋의 모피	러시아
곡물	인도
괭이와 단검	콩고
쇠 막대기	프랑스
칼	중국
식용 쥐	이스터 섬
소금	나이지리아
조개 껍데기	솔로몬 제도, 태국, 신 영국, 파라과이
가죽	알래스카, 캐나다, 몽고, 러시아, 스칸디나비아
돌	남태평양 제도
담배	미국
고래 이빨	피지

화폐 발달의 다음 단계는 지중해를 중심으로 한 상업 국가들이 교환의 목적을 위해서 금속을 사용하기 시작하면서부터이다. 사용된 금속은 금, 은 그리고 구리였다 : 필요로 하는 만큼 정확했고, 일반적으로 수용 가능할 만큼 유용하고 장식적이었으며, 이것들의 질적 특성은 시간에 따라 변하지 않음에 있다. 금속 화폐를 사용한 최초의 사람들은 기원전 2100년경에 은괴를 만든 카파도치아의 아시리아인이고 추정하고 있다. 아시리아인들은 심지어 우리가 '이자'라고 부르는, 대부와 채무를 위한 지불에 관련된 원시적인 은행 체계를 가지고 있기도 하였다.

기원전 11세기에 이르러서, 금괴와 합금괴가 상인들간에 거래되었다. 합금은 자연스럽게 발생한 금과 은의 혼합물이다. 금과 은의 합금 막대(bar)나 덩어리는 그것들의 무게가 다양해서 주화는 아니었지만, 상인들이 물건을 교환하고 화폐의 형식으로 동물들을 사용한 것에 비해서는 상당한 이점들을 가지고 있었다. 금속은 썩거나 부패하지 않으며, 그래서 지연된 지불이 가능했다. 그러나 이러한 금속 막대는 부피가 커서 손에서 손으로 쉽게 이동되지 않았다. 이것들은 나누기가 어려웠다. 금속 바의 질과 양은 동일하지 않았다; 합금에서 금과 은의 비율이 다양하였다. 세계 각지에 있던 상인들은 종종 다른 무게들을 사용했고, 그래서 물건들이 상호 교환될 수 있기 전에 모든 금속 막대들의 무게를 측정해야 했다.

상인들은 정확한 가치를 확인하기 위해 금속들의 무게를 측정해야 했기 때문에, 자신의 금속 막대에 표시를 하는 방식으로 그 가치를 명확히 규명하고자 하였다. 나중에 쉽게 들고 다닐 수 있는 더 작은 조각의 금속들이 생산되었고, 이전의 더 큰 조각들과 같은 방식으로 표시되었으며, 상인들이 인식 가능하게 되었다.

처음에는 얼마나 많은 양의 금속이 가축들과 교환되어야 하는지가 명확하지 않았다. 결국에는 금, 은 혹은 구리의 양이 그 지역에서의 황소의 가치와 동등하게 만들어졌다. 그리스인들은 이러한 척도를 '텔런트'라고 불렀다[5] : 구리 텔런트는 60파운드의 무게가 나갔다. 바빌로니아인들은 무게의 단위로 셰켈을 사용하였다 : 60셰켈이 1마나와 동등한 가치였고, 60마나가 1

빌투와 동등하였으며, 빌투는 그리스의 구리 탤런트의 평균 무게였다.

작은 조각의 금속에 표시를 하는 과정은 아마도 기원전 700년, 소아시아의 리디아인들이 한쪽 면에는 사자의 머리를 다른 한쪽 면에는 발톱이 표시되어 있는 합금의 조각을 새겼던 시기에 이루어졌을 것으로 보인다. 이와 유사한 주화의 사용이 에게해(海), 아테네, 코린트, 키레나이카, 페르시아, 마케도니아 등으로 퍼져 나갔다. 또한 중국, 일본과 인도는 이 시기에 주조 화폐를 사용하고 있었다.

몇몇 교환 매체들은 무게로 측정되었고, 다른 매체들은 개수로 세어졌다. 결국 주화는 그것이 가진 속성들이 그것의 무게와 순도를 보증하기 때문에 두 가지 원리 간에 타협되어 무게를 측정하지 않아도 되었다.

금속판은 중동 지역과 중국에서는 기원전 10세기 이전에 사용되었다. 기원전 7세기에 이르러 화폐를 다양한 금속에 따라 종류별로 구분하고 그 품질을 보증하기 위해서 동전의 표면과 뒷면 모두에 인쇄하게 되었다. 오늘날에 와서야 한 국가의 주조 화폐가 다른 국가에서도 사용될 수 있었으며, 실제 그렇게 되어야 했다.

화폐가 임금 지불 수단으로서의 역할을 할 수 있게 되면서 사회의 많은 부분에 혜택을 가져올 수 있었다. 심지어 노예들조차 주인에게 음식을 제공받는 것 대신에 수당을 지급받게 되었다. 귀금속 주화의 기원은 기원전 407년 펠로폰네소스 전쟁으로 거슬러 올라간다 : 대단위 거래에는 금을, 소단위 거래에는 청동을 사용했고 주화에 자신의 얼굴을 새긴 최초의 사람은 알렉산더 대왕이었다. 로마인들은 정치적 목적을 위해서 주조 화폐의 모양을 다양하게 했으나 자국의 재정적 필요에 맞추기 위해서 화폐의 가치를 조작하기도 하였다. 특히 네로 황제는 주화의 무게를 감소시켜서, 통화신용의 위기를 유발하였다.

금세기가 되기 전까지 상업거래에서 지불의 수단은 예외 없이 귀금속으로

---

5) 옮긴이 註: 화폐의 단위로 쓰여졌으나 오늘날은 영재교육(gifted education)에서 영재성 (giftedness)이나 재능(talent)의 의미로 쓰이는데 이 중에서 재능은 성경상으로는 돈 버는 재주(재능, talent)를 뜻하기도 한다.

만든 주화이거나 지폐 혹은 주화로 바꿀 수 있는 은행 계정이었다. 불환 지폐와 그러한 지폐로 환불할 수 있는 계정은 매우 최근에 발달한 것으로, 현재 선진 경제국가에서 내적 거래를 위해서 귀금속을 대치하고 있다. 이것은 공적 신용을 보유하는 한 많은 편리한 혜택을 가지고 있지만 남용되기 쉬우며, 또한 짧은 역사에서도 실패한 경우가 있다. 많은 서구 사회에서 은행은 불량 채무, 무능력 혹은 그들이 예측할 수 없었던 재정적 위기로 인해 파산하였다. 때때로 투자가들은 정부에 보상을 받았으며, 어떤 경우에는 그렇지 못하기도 하였다. 교환할 수 없는 통화를 채택한 정부들은 그 가치를 유지하기 위해서 막중한 책임을 갖게 되었다. 지폐도 전자(電子)적으로 이전되고 있어서, 전에 한번도 가 본 적 없는 외국 은행을 통해서 그 나라의 지폐와 주화를 받을 수가 있다.

화폐의 역사에 접근하는 방식은 다양하다. 일상적으로 원시 화폐에서 시작하여, 주화의 첫 사용, 은행업, 신용과 금은 본위의 사용, 마지막으로 불환 지폐와 플라스틱 화폐를 살펴볼 수 있다. 쵸은(Chown, 1994)은 화폐와 관련된 개념들을 다음과 같이 설명하고 있다. 은이나 금으로 주화를 제조하는 데에는 돈이 들며, 조폐국은 '화폐 주조세'로 알려진 차액(이익을 포함한)을 부과한다. 발행자가 속일 수 있으며, 주조 화폐의 가치를 저하하여 여분의 이익을 창출할 수도 있다. 만약 이것이 발견된다면 국민들은 '총액'이 아니라 '정금(正金)'으로 주화의 가치를 평가할 것이다. 주화의 구매 가치는 가치 저하 없이도 변화할 수 있다; 화폐를 주조하는 금속 그 자체의 거래가치가 변화할 수도 있다. 화폐 체계는 주화를 깎아 내고 위조하는 것에 의해서 위협받을 수 있으며, 심지어 통치자와 시민들이 정직하다고 하더라도 화폐가 마멸되는 것도 신경써야 한다.

중세와 근대 초기의 주화는 금속의 적절한 무게를 함유할 것이 기대되었다. 두 가지 이상의 금속을 사용하는 것은 여러 문제들을 야기하였다. 이것들은 삼본위제이지만, 금과 은의 관계인 '복 본위제(bi-metallism)'와 '잔돈'의 두 가지 문제들로 구성되었다. 이러한 새롭고 더 복잡한 주조 화폐는 또한 '유령화폐'와 '계산화폐'라는 정의상의 문제들을 유발하였다. 중세 말기에는 한 나라에서 유통되는 화폐 유형이 한 가지 이상이었다. 이것은 동시대의 회계사에게도 그러하였겠지만, 근대 역사가들에게 심각한 문제를 제기하였다. '유령화폐' 단위들은 유통에서 사라진 실제 동전들에 기초한 이름을 가진 계좌들로 구성된다. 물론 이것은 가치 하락과 복 본위제 그리고 낙전때문에 발생한 것이다.

화폐는 교환 매체 및 가치의 저장 뿐 아니라 '회계의 단위'로도 사용된다. 채무를 기록하거나 변제할 수 있으며, 또한 어떤 체계에서는 상업자들이 자신들의 계좌를 유지하는 데에 필요하다. 이러한 목적을 위해서 계산 화폐를 갖는 것이 편리하였다. 이것은 금, 은 본위제나 매우 예외적으로는 검은 돈에 기초할 수 있다. 두 가지 체계가 종종 같이 존재하였다. 주화의 실질 가치는 계산화폐의 적절성 때문에 유동적이므로 이것은 종종 과거의 실적에 기초되었다. 화폐는 현금으로 사용될 수도, 은행에 저축될 수도 있었다.

1) 현 금

저금통이나 상자의 의미를 갖는, 프랑스어인 caisse에서 유래한 현금은 '즉시 지불 가능한 화폐 또는 현금화하기 쉬운 화폐'를 말한다. 전통적으로 이것은 주화와 지폐라는 두 가지 형태로 존재한다.

(1) 주 화

표준 주화는 그 금속의 가치가 동전 표면에 새겨진 것과 동등한 것으로, 드물지만 수집을 위해 사용되기도 한다. 대용 주화가 더 일반적이다 : 여기서 금속(혹은 플라스틱)의 내용물은 액면 가치보다 적다. 유대인의 셰켈은 처음에는 금속의 무게였으나, 그 후에 특정한 주화가 되었다. 처음에 수도원에서는 도둑질이 있을 수 없다고 생각되었기 때문에 수도원이 조폐국으로 이용되었다.

전쟁이나 정치적 위기는 종종 그 나라 통화의 가치를 떨어뜨린다. 귀금속 주화는 줄로 깎이고 점점 불순물이 더 섞여, 대용 주화에 그 자리를 양보하게 되었다. 그러나 표준으로 시작된 주화마저도 나쁜 목적에 사용될 수 있었다. 진실하지 못한 왕이 금화의 가장자리를 문질러 금속을 떼어 내거나, 전쟁을 수행할 돈을 구하기 위해서 은화에 납을 포함시키기도 하였다. 헨리 8세 동안, 1544년에 주조된 주화는 1543년에 주조된 주화보다 은 함량이 1/8이나 적었으며, 1551년까지 이러한 방식으로 동전이 주조되어, 1551년 주조된 주화는 원래 은 함량의 1/7만을 포함하였다.

표준 주화의 개념은 그것이 금속의 무게와 순도를 보증하는 주화여야 한다는 것이었다. 이러한 개념은 주화의 내재적 금속 가치가 액면 가치와 같지 않다는 점에서 대용화폐가 생기기 전까지 적용되었다.

(2) 지 폐

지폐는 우선 고액을 다루기가 쉽기 때문에 도입되었다. 둘째로, 주화는 17세기가 시작되면서 발달된 세계 무역의 증가량을 감당할 만큼 충분히 생산될 수 없었다. 셋째로, 필수 불가결하게 무역을 통해서 금속 조각들을 교환하는 것보다 더 많은 이득을 주는 사용법이 있음이 증명되었다. 마지막으로, 수표, 크레디트 카드 등의 지폐는 거래되는 현금의 양을 감소시키고 범죄의 가능성을 감소시킨다고 주장되었다.

현금은 상인의 귀금속을 보관하고 있는 금은 세공인들이 상인들에게 영수증을 준 것에서 발달되었다. 이 시기에 이러한 영수증은 비록 실질 가치와 동일하지 않았다 하더라도 채무의 지불 수단으로 수용 가능하게 되었다. 은행이 인쇄한 은행 지폐는 20세기에 처음으로 나타났다. 제1차 세계대전 초기까지 영국의 지폐는 금으로 교환될 수 있었기 때문에 태환 지폐로 불렸다. 그러나 이제 모든 지폐는 불환 지폐이다. 태환 지폐의 분명한 단점 중 하나는 지폐의 발행과 공급이 상품의 공급이 아닌 정부나 은행 등의 발행처가 가지고 있는 금의 양과 관련된다는 점이다. 태환 지폐의 또 다른 단점은 가격이 단순하게 금의 공급에 의해서가 아니라 세계 시장에 의존한다는 것이다. 정부는 다른 나라를 고려하지 않고서는 자국의 가격을 통제할 수 없다. 분별 없는 정부는 문자 그대로 자신들이 바라는 만큼의 돈을 찍어 낼 수 있고,

이는 물건은 너무 적은 데 비해 돈은 너무 많아져, 화폐의 가치를 떨어지게 한다.

중국은 명조 시대(1368-1644)에 화폐를 발행했고, 반면 유럽에서는 1656년 스웨덴이 처음으로 지폐를 발행하였다. 지폐는 국내와 국가 간에 매우 다양한 변동과 액면 가치를 가질 수 있다. 또한 그 모양, 크기, 색, 장식도 상당히 다양하다. 지폐는 즉각적으로 채무 지불을 가능하게 했기 때문에 화폐의 조건을 만족시켰다. 수표, 우편환, 크레디트 카드, 전자 화폐, 전자식 금전출납 등은 때로 대용 화폐로 언급되지만 '화폐로 주장되고' 있다.

(3) 은 행

골드스미스 가(家)는 첫번째 은행가였다. 이들은 예치된 금의 특정 비율만을 보유하고 나머지는 투자를 했다는 점에서 준비은행이 되었다. 금세기에 은행을 소유했던 많은 사람들은 이들이 준비금이나 '유동 화폐'가 충분하지 않을 때 지불을 필요로 하는 계좌에 즉각적으로 지불할 수 없었기 때문에 실패했다. 은행이 유지하고 있는 현금 비율이나 실제 현금의 양은 그 은행에 예치된 모든 금액의 6~10% 정도이다. 예탁금의 20~25%는 거의 즉각적으로 현금화할 수 있는 '대용 화폐'로 유지된다.

기독교 교회는 특히 유대교 신자들에게 허용되었던 고리대금과 고리대금 업자를 반대하였다. 이슬람 역시 이자를 인정하지 않았으며 기독교보다 더 열성적으로 이자를 금지하였다. 교회법은 기독교인들에게 단기간 동안 이자 없이 돈을 빌려 주었으나 약속한 기간에 돈을 갚지 못한다면 교회에서 갚을 기한을 연기시키는 것을 가능하게 하였다. 십자군 전쟁과 산업혁명은 사람들에게 자본의 필요성을 느끼도록 했고 금융업에 상당한 원동력을 제공하였다. 많은 토지를 가지고 있으며 부유한 상인이었던 골드스미스 가(家)는 투자가와 사업가들에게 돈을 빌려 줌으로써 근대 은행업을 개척하였다.

은행들은 유동자산 보유 비율과 선호되는 대부 패턴을 조작함으로써 매우 강력한 기관이 되었다. 그러나 은행이 돈을 빌려 주는 유일한 기관은 아니었다. 예를 들어 영국의 경우, 주택 조합은 집을 구매하는 사람들에게 대부를 해 주며, 주택금융은 분할불 구입 거래를 위해서 돈을 빌려 주고, 보험 회사는 차용자가 이용 가능한 다양한 자금을 가지고 있었다. 화폐와 수입 및 자본 간의 관계는 다음과 같이 요약될 수 있다.

첫째, 화폐는 다음의 것들을 지불하는 데 있어 유통되거나 손에서 손으로 이동된다.

1) 국가적 수입의 일부분을 형성하는 상품과 서비스
2) 수혜자의 관점에서는 수입이지만, 국가적 수입은 아닌 환과 중개지급 결제
3) 국가적 자본의 일부분이 되는 현존하는 실질 자산의 거래
4) 소유주의 관점에서는 자본이지만, 국가적 자본의 일부분은 아닌 재정적 요구의 거래

화폐는 또한 증권으로 보유되기도 한다. 그러나 증권은 소유하고 있는 시간에 따라 매우 다양하며, 보유하는 의도도 다양하다. 증권에서의 화폐는 그것을 소유하고 있는 사람의 자본이지만, 외국인들에게 이용 가능할 수 있는 형태가 아니라면 국가적 자산은 아니다. 새로운 화폐는 은행 대부에 순익을 추가함에 의해서 창출될 수 있으며, 화폐는 은행 대부의 순익 지불에 의해서 파괴될 수 있다. 폐쇄된 사회의 경우, 수입과 지출은 동일하지만 개인에게 있어서는 그렇지 않다. 개인들은 자신의 수입보다 더 적게 지출할 수 있으며, 자신의 주식이나 다른 자산을 추가할 수도 있다. 또한 자신의 주식이나 다른 자산을 감소시키거나 차용함에 의해서 자신의 수입보다 더 많이 지출할 수도 있다.

영국 사람들에게 있어서 '영국의 번화가의 큰 은행'은 화폐의 주된 공급처이다. 이들은 수표 발행의 주요 출처로도 여겨지는 은행에서 돈을 빌리고 빌려 준다. 대략 영국 성인들의 3/4 이상이 경상 계정이나 당좌 예금을 가지고 있으며, 과거 5년 동안 주택 조합을 포함한 계정이 상당히 증가하였다.

수표는 대략 300년 전에 교환 가능한 영수증이나 약속 어음의 사용에서 유래하였다. 처음에는 불법이었고 매우 비도덕적인 것으로 여겨졌으나, 편리성이 곧 도덕적 고려점을 능가하게 되어 적법하게 되었다. 1931년까지, 금

예탁금이 책임질 수 있는 것보다 더 많은 경화를 발행할 수 없다는 국가적 의무가 있었다. 사실상 이 시기까지는 모든 사람들이 물건의 값어치만큼 지폐를 지불하려면 유통되는 금이 충분했어야만 했다. 오늘날, 영국에서 국민 모두가 액면 가치의 금을 요구한다면, 은행과 정부는 하룻밤 새 파산하고 말 것이다. 영국 은행의 금고에는 발행된 통화 유통액의 1/3 가량을 책임질 수 있는 금이 현재 예치되어 있다. 사실 액면가의 금을 받는 것은 더 이상 가능하지 않다.

최근까지 영국과 미국 은행 간에 가장 큰 차이는 영국의 경우, 은행 계좌를 개설하기 위해서 돈뿐 아니라 보증인들도 있어야 했다. 새로운 계좌를 개설하려면 기존 은행 계좌를 보유하고 있는 사람의 신원 보증을 제공해야 했으며 그 과정 또한 대략 2주 정도의 시간을 필요로 했다. 미국과 현재 대부분의 선진국에서는 수표를 책임질 수 있는 만큼 계좌에 돈이 적립되어 있다면 누구나 대부분의 은행에서 즉시 계좌를 개설하고 수표책을 받아서 이것을 사용할 수 있다. 이러한 방식이 뉴욕주에서 사용되는 이유 중 하나는 이곳에서는 돈을 갚을 자금없이 수표를 쓰는 것이 범죄이기 때문이다. 영국에서는 갚을 수 없는 수표로 인해 감옥에 가지는 않는다.

또한 은행이 서로 경쟁하는 미국에서, 계좌를 개설하고 고정된 금액을 예치하면 이자를 받을 수 있다. 영국 은행도 특히 젊은이들이 자신들의 은행에 계좌를 개설하도록 하기 위해 이러한 추세를 모방하였다.

전세계의 은행들은 서로에게 돈을 빌려 준다. 이러한 은행간 대출제도는 더 큰 규모의 은행들이 작은 은행들보다 적립된 금액이 더 많고, 모든 은행들이 매일 자신들의 계정을 맞아 떨어지게 해야 하기 때문에 발생한다. 만약 당신의 현재 계좌에 많은 돈을 예치해 둔 은행이 은행간 대출시장을 통해서 이자를 창출했다 하더라도, 그 돈에 대한 어떠한 이자도 당신에게는 지불되지 않는다. 미국에서는 모든 계좌에 있는 돈들은 비록 낮은 이율이긴 하지만 이자를 벌어들이며, 이러한 체계는 역시 다양한 다른 이름으로 영국에서도 점차 실시되고 있다. 어떠한 은행도 이러한 계좌들을 포기하지 않고, 더 많은 고객을 끌어들이기 위해서 자신들의 이익을 어느 정도 감소시키고 있다.

2) 신용카드

신용카드는 다른 어떠한 유형의 대부보다도 많은 이윤을 창출하며, 많은 경우 매년 25% 이상의 이자율을 올리고 있다. 1995년에 영국 은행 연합의 바클레이 카드는 카드 보유자 수가 거의 2,600만 명에 달한다고 추정하였다. 은행별 카드 보유자 수는 다음과 같다.

바클레이	900만명
내셔널 웨스트민스터	440만명
트러스티 은행	380만명
미들랜드	330만명
로이드	130만명
스코틀랜드 은행	130만명
스코틀랜드 왕립 은행	90만명
협동조합은행	90만명
지로은행	60만명
핼리팩스	40만명

1990년대 중반에 영국 은행이 수행한 연구 결과에 따르면, 모든 영국인 성인들의 대략 절반 정도가 직불 카드를 소유하고 있다. 더 나아가 미래에는 성인들의 1/3 정도가 주된 지불 방법으로 직불 카드를 사용할 것으로 예측하였다. 면접을 한 6명의 성인 중 한 명이 직불 카드의 속도와 편리성이 상품과 서비스를 선택하고 이를 위해 지불하는 방식에 실제로 영향을 준다고 말하였다. 모든 카드 보유자의 1/5이 상점이 직불 카드를 받아들이느냐의 여부가 돈을 지출하는 곳을 선택하는 데 영향을 끼친다고 답하고 있다.

영국에서 신용카드 및 직불 카드로 사용된 지출액은 1996년 9월이 가장 높아서 그 전 해의 같은 달보다 31%가 증가한 7조 3천억 원을 소비하였다. 뿐만 아니라, 영국 상점에서 신용확장, 청약 회계 등으로 사용된 점포카드(한국의 백화점 카드와 유사한 기업이 발행하는 유통카드)는 600만개에 달하였다. 많은 사람들이 신용카드를 사용함으로써 매우 높은 이자율로 인해 많은 빚을 안고 있다. 이러한 대부는 신용을 항상 단기로 유통되게 하였고, 놀랍게도 자신들의 신용카드로 빌린 돈을 한 달 넘게 지불하지 않은 사람의 수는 아주 적었다. 모든 종류의 카드 사용은 직선적 관계라기보다는 지수 함수적으로 증가하고 있으나, 아직 시장이 포화 상태에 달한 것으로 보이지는 않는다.

플라스틱 화폐 발달에 있어 최근 개념은 경제적으로 통제되고, 개인의 '지문이 인쇄된 카드'이다. 이 카드는 조만간 일반적으로 사용될 것으로 보이며, 그 크기는 현재 신용카드 정도로 작아질 것이다. 이 카드는 사람들이 물건을 구매하거나 기계에서 현금을 인출할 때는 언제나 즉각적이고 직접 지불할 수 있도록 은행 계좌와 연결된 신용 한도액을 소지자가 직접 점검하는, 작은 액정-크리스탈 스크린이 부착되어 있다. 이 카드는 단파 송신장치에 의해 컴퓨터와 연결되고, 이 컴퓨터는 카드의 계좌를 유지시키고 신용 회사나 상점에서 각각의 사용할 대금을 지불을 하게 하여 전체적인 비용을 절약한다. 또한 이 카드는 계산기, 신분증, 그리고 방향 탐지기의 기능도 가지고 있으며, 여행과 통화에 대한 일반적 정보와 지역 정보를 얻을 수 있는 방식으로도 사용될 수 있다.

이 카드는 플라스틱의 표면에 있는 초현미경적인 감지 기능으로 소유자의 접촉으로만 기능할 수 있기 때문에 다른 사람에게는 무용지물이 된다. 전체 구조는 송신장치, 소형 컴퓨터, 계산기, 그리고 액정-크리스탈 스크린을 포함하는 매우 낮은 밀도의 물질로 이루어진 마이크로 칩으로 구성된다.

현재 개인용 컴퓨터에서 '홈 뱅킹'을 하는 사람들이 늘어나고 있다. 확실히 화폐는 전과 달리 전자적으로 소비되며, 이 때문에 많은 은행 점포가 폐점될 것으로 보인다. 돈을 분배하는 자동 장치와 전자적인 의사소통수단의 발전은 은행에 직접 찾아가야만 하는 사람의 수를 점점 감소시키고 있다.

조폐(造幣)

　기록을 보면 우리나라에서 돈다운 돈이 처음으로 모습을 보인 것은 10세기 말이었다. 고려 초기인 성종 15년(996년), 당시 왕조가 지배 체제 정비의 일환으로 주조해 유통시킨 철전(鐵錢)이 그것이다. 그로부터 1세기가 지난 1097년(숙종 2년)에는 최초의 조폐기관이라 할 주전관(鑄錢官)을 두어 동전인 해동통보(海東通寶)를 발행했다 하니 우리 조폐의 역사도 어언 900년을 넘어선 셈이다.

• 지폐, 즉 종이로 만들어진 화폐의 유통은 7~9세기 종이를 발명한 중국에서 시작됐다고 한다. 우리나라에서는 고려말 닥나무 종이로 만든 저화(楮貨)가 선을 보였으나 조선조 이후에는 엽전인 상평통보(常平通寶)가 주된 화폐였다. 그러나 1876년 개항 이후 외국과의 통상 거래가 빈번해지면서 근대적 화폐의 필요성이 높아짐에 따라 1883년 상설 전문 조폐기관으로 전환국을 설치하고 새로운 금화와 은화를 제조했다.

• 오늘날과 같은 화폐가 발행되기 시작한 것은 1909년 일제가 한국은행을 설립한 이후이다. 한국은행은 한일합병 후인 1910년 12월부터 화폐 발권을 시작했다. 이듬해 조선은행으로 이름이 바뀌었던 한국은행은 1950년 6월 제 이름을 다시 찾았고, 1951년 10월 한국은행권의 인쇄와 주조를 전담할 한국조폐공사를 설립했다. 처음 부산에 있던 조폐공사는 1973년 4월 지금의 대전으로 옮겨왔다.

〈동아일보, 1999. 6. 11. 제24219호〉

5. 경제 인류학과 원시 화폐

심리학과 달리 인류학은 오랫동안 경제학과 소비에 관심을 기울여 왔다

(Douglas & Isherwood, 1979). 경제 인류학은 개인들의 사회적 관계에 있어서 경제적 측면들에 관련된 것이다. 이 영역에서 상당히 잘 쓰여진 권위 있는 도서들이 몇 권 있긴 하지만, 폴라니의 저서가 가장 널리 알려져 있다. 인류학자들은 오랫동안 거의 모든 경제 개념, 사고, 이론들이 산업 자본주의라는 한 가지 유형의 경제학(산업 자본주의)에만 기초한다고 인식해 왔다. 어떤 학자들은 최대화, 공급, 수요와 같은 근대의 경제적 개념들이 원시 사회에도 똑같이 적용 가능하다고 주장한 반면, 다른 학자들은 이를 확증하지 못하고 있다.

경제 인류학의 주된 과업의 하나는 다양한 문화에 나타난 많은 유형들을 연구하여 인간 사회에서의 경제적 보편성을 찾아내려는 것이다. 예를 들어, 저축과 투자를 통해서 수요를 지연시키는 것은 어떤 문화에서는 좋은 것으로 인식되지만, 대부분의 원시 문화에서의 자원은 식량과 피난처를 위해 쓰여야만 했다고 지적하고 있다.

첫째로, 모든 경제가 공통적으로 가지고 있는 것을 지적해야만 했다. 달튼 (1971)은 세 가지 특성을 지적하였다.

- 재화와 서비스의 획득이나 생산에 대해 강제적인 규칙을 가진 구조화된 배열
- 자연자원, 인간의 협동, 그리고 기술이 지속적이고 반복되는 경향성을 가지고 물질과 서비스를 제공하도록 결합하는 규칙
- 시장, 화폐, 계산도구, 외부와의 무역 등의 형태로 존재하는 유사한 제도적 실제

그러나 경제의 조직, 수행, 변화, 성장과 발달에 관련된 차이들이 달튼에게 더 많은 영향을 주었다.

인류학자들은 물물교환, 시장, 상품과 부의 분배, 소유권과 재산을 포함하는 경제 활동의 모든 측면들에 관심을 가져왔다. 이들은 다양한 원시 사회들의 경제 행동간에 유사성이 있다고 주장하고 있다. 선월드(1932)는 대부분의 원시 경제가 실패한 속성의 특징은 생산이나 교환을 통해서 이익을 얻으려는 어떠한 욕구도 없었다는 것이라고 주장하였다. 많은 학자들이 가치의 상

징들, 화폐의 진화 단계, 그리고 조개 껍데기, 개의 이빨, 소금과 구리 장신구 등과 같은 물물교환의 단위로 사용된 물건들의 수와 유형들을 연구하였다. 재산으로 여겨져 저장된 물건들과 일상적으로 사용된 물건들 간에 그 물건이 이익을 창출할 수 있는 자본으로 여겨지는지, 같은 종류에 속한 다른 물건들의 실제적인 출처인지를 다양하게 구분하였다. 화폐에 대한 인류학적 연구들에서 흥미로운 것은 화폐로서 사용된 물건 뿐 아니라 원시 화폐조차 현재 화폐들이 하는 많은 기능들을 충족시키지 못했다는 사실이다.

경제학자들이 가치, 분할가능성 등과 같은 화폐의 비사회적인 측면들에만 관심을 기울이는 반면, 인류학자들은 개인의 역할과 그것이 발생하는 사회적 맥락과 관련해서 상호적이고 분배적인 거래에서 사용된 화폐의 기능에 관심을 기울여 온 것 같다. 화폐로서 기능을 수행한 것이 무엇이건 간에 상호교환뿐 아니라 화폐의 습득과 양도는 종종 도덕적이고 법적인 강한 의무와 시사점들을 갖는 주요한 사건이며, 이것은 다양한 지위 권리와 사회적 역할들을 변화시켰을 것이다. 원시 사회에서 화폐는 사회적 의무를 이행하기 위해 아주 드물게 사용된 상호적이고 분배적인 지불의 수단이었기 때문에, 화폐의 휴대 가능성과 분할 가능성은 별로 중요하지 않았다. 서구 방식의 화폐 도입은 그 지역 고유의 화폐를 대치하는 것 이상으로, 그 나라의 사회 조직에 필수불가결한 반항을 띠게 된다. 서구 방식의 화폐는 상업적이거나 비상업적인 지불 모두 일상적인 시장 거래에서 돈을 벌어들이는 것을 가능하게 하기 때문이다. 귀족, 가족 및 친족의 손윗사람이나 가장은 현금을 벌어서 그것을 자기 마음대로 사용할 수 있는 평민이나 손아랫 사람들에 대한 통제력을 잃게 되었다.

인류학에서 전하고자 하는 것이 바로 이것이다 : 화폐는 각 문화, 경제의 전통적인 거래 방식에 의존하는 화폐의 사용과 분리되어서는 어떠한 의미도 갖지 않는다. 화폐는 화폐가 수행하는 기능 뿐이다. 인류학자인 더글러스 (1967)에 의하면, 화폐 의식은 내적인 상태를 눈에 보이는 외적인 표시로 나타낸다. 또한 화폐는 사회적 경험을 매개하고, 가치를 측정하는 기준을 제공한다. 화폐는 현재와 미래를 연결해 준다. 그러나 화폐는 공공기관이 신용을 가지고 있을 때에만 경제적 상호작용을 강화하는 화폐의 역할을 수행할 수 있다. 만약 화폐에 대한 신뢰가 흔들린다면, 통화는 아무런 소용이 없다. 화폐의 상징은 그것이 신용을 가질 때에만 효력을 가질 수 있다. 이러한 의미에서 모든 화폐는 그것이 가짜건 진짜이건간에 신용에 의존한다. 더 많은 총체적인 수용 가능성을 가진 또 다른 통화와 비교하지 않는다면 가짜 화폐는 없다. 원시 의식은 그것이 인정되는 한 가짜 화폐가 아닌 좋은 화폐와 유사하다.

이처럼 경제학자들이 상업적 이슈들에 관련해서 화폐의 기원을 보는 반면, 인류학자들은 벌금과 세금의 지불뿐 아니라 신부를 사는 돈, 헌금, 지위 상징과 같은 화폐의 비상업적인 기원을 강조한다. 확실히 비상업적인 지불을 위해 사용된 화폐는 그것이 상업적인 목적으로 사용되기 전에 발생한 것으로 보이며, 이것은 인류학자들의 화폐 기원에 관한 이론들이 옳았음을 시사해 준다(Lea et al., 1987).

인류학자들은 이미 어떤 문화권에서든 화폐의 기능으로 존재한 항목들을 통해 화폐의 다양성이 있음을 강조하였다. 이제 위대한 예술품들은 순수하게 미학적인 객체이기보다는 오늘날에는 투자의 대상으로 보여진다. 더 나아가서 인류학자들은 항상 화폐의 상징과 종교 의식에 사용되는 소품들의 상징적 가치에 민감해 왔다. 이러한 결과는 화폐의 가치가 변화하지 않을 때에는 국가가 자신의 통화를 변화시키고자 결정할 때 나타난다. 유러화의 도입에서 보듯이, 지폐와 주화의 상징은 많은 열정과 고찰의 근원이다.

그렇게 많은 것들이 다양한 유형의 가치를 가졌기 때문에, 인류학자들은 화폐에 대한 우리의 이해를 풍부하게 해 주었다. 주화와 지폐는 의식적으로 그리고 상징적으로 우리 사회에서 널리 사용된 화폐의 단지 한 가지 유형일 뿐이다. 심리학자들은 최근에 화폐에 대한 인류학적 통찰을 더 많이 인식하게 되었다.

6. 화폐 사회학

경제학, 정치학, 그리고 사회학 간의 관계는 분명하지 않다. 경제 심리학의 하위 영역들과 연구 분야가 중복되는 것과 마찬가지로 경제 사회학도 그러하다. 스펜서, 뒤르캠, 그리고 베버와 같은 초기 사회학자들은 노동력 분배의 사회학적 시사점들과 사회가 법, 관습, 규범에 의해서 경제 기관간의 협동과 공평한 상호교환을 조절하고자 하는 방식을 인식해 왔다(Smelser, 1963). 대부분의 경제 사회학은 진보된 자본주의 사회를 검증해 왔다.

경제 사회학자는 특히 사회적 조직이 회사나 병원과 같이 형식적 조직인지, 이웃이나 놀이 집단과 같은 비형식적 조직인지, 혹은 인종 집단과 같은 확산된 조직인지에 관심을 가졌다. 개인들이 그 안에서 하는 역할, 발달하는 행동 규준들, 암묵적으로 혹은 명시적으로 가지고 있는 가치들, 그리고 그것이 부과하는 구조들 모두가 경제 사회학자들의 제도화 개념에 중심이 된다.

사회학자들은 또한 현존하는 합의들을 도덕적으로 정당화하거나 공격하기 위해서 사용될 수 있는 화폐와 경제 이데올로기들에 관심을 갖고 있다. 또한 경제 사회학자들은 화폐보다 이것을 창출하고 통제하기 위해 만들어지는 조직의 속성에 더 많은 관심을 기울여 왔다. 이들은 물론 임금 차별, 임금 협상과 같은 것들에 관심을 가지고 있지만 항상 사회적 집단의 수준에서 살펴보았다.

사회학자들은 애덤 스미스와 칼 마르크스와 같은 사회 이론가들 및 정치 경제학자들을 자신들의 영역에 속하는 인물이라고 강력하게 주장하고 있다. 다윈과 프로이트의 뒤를 이어 근대의 가장 영향력 있는 사상가의 한 명인 마르크스는 화폐에 관해 다음과 같이 기술하였다. 그는 화폐가 진정한 인간과 자연 능력들을 단지 추상적인 표상으로 변형시켰다고 주장한다. 더 나아가서 그는 화폐를 개인과 사회적 유대에 대해서 파괴적인 힘을 갖는 것으로 보았다. 왜냐하면 그것이 믿음을 불신으로, 사랑을 증오로, 증오를 사랑으로, 미덕을 악덕으로, 악덕을 미덕으로, 고용인을 고용주로, 어리석음을 지성으

로, 지성을 어리석음으로 변화시켰기 때문이다.[6]

사회학자들은 화폐망과 이것을 작용하게 하는 기술적, 제도적, 사회적 기제에 관심을 갖는다(Dodd, 1994). 이들은 화폐 정치, 화폐 제도, 경제 이론과 환경의 사회적 결과들을 연구한다.

사회학자들은 인류학자들처럼, 화폐의 물질론적 정의를 거부하고, 화폐 거래가 수반되는 사회적 관계에 초점을 두는 경향이 있다. 사회학자들은 근대의 화폐가 모든 가능한 화폐의 기능을 충족시키는 일반적인 목적을 갖는다는 경제 개념을 거부한다. 그러한 모든 기능들을 동시에 수행하는 화폐의 형태는 존재하지 않는다. 법정 화폐는 실제로 가치 저장의 용도로는 거의 사용되지 않는다. 지폐와 주화는 문자 그대로 그것들을 구체화하지 않고 가치의 본위를 나타낸다. 만약 구체화했다면, 지폐와 주화는 법정 화폐 이상의 가치가 있을 것이다. 수표, 크레디트 카드, 그리고 환어음은 오직 지불 수단으로서만의 역할을 한다. 이러한 다양한 형태의 화폐는 필수적으로 다른 기능들을 충족시킨다.

사회학자들은 통제, 특히 화폐 공급의 통제와 인플레이션, 디플레이션, 그리고 경제 불황을 통제하려는 시도에 관심을 갖는다. 또한 정보의 연결망인 화폐 연결망에 관심을 갖고 있다. 도드(1994)는 연결망이 그렇게 정의되기 위해서 5개 요소들이 포함되어야 한다고 제안하고 있다. **첫째**, 연결망은 구분되는 연결망 내에서 각각의 화폐 형태로 표준화된 계산 체계를 포함할 것이며, 이러한 체계에 의해서 어떠한 가격을 가진 것들도 상호교환이 가능할 것이다. **둘째**, 연결망은 미래와 관련된 기대들이 유도될 수 있는 정보에 의존할 것이다. 화폐는 이것이 후에 다시 사용될 수 있다는 가정하에서만 지불 가능하다. **셋째**, 연결망은 그것의 공간적 속성과 관련된 정보에 의존할 것이다. 특정한 화폐가 사용되는 지역의 제한은, 결국에는 지불 체계의 운영을

---

6) 최근에 우리는 여러 가지 사회 병리적인 현상으로 인해 有錢無罪, 無錢有罪라는 개탄의 소리와 함께 지명도가 높은 공인이나 고위직 공무원 개인에게 높은 지위(신분)에는 그에 상응하는 도덕적인 의무가 따른다(noblesse oblige)는 직무 윤리가 요구되고, 고위 공직자들에게 이러한 사회 정의가 요구되어야 한다는 자성론이 제기되고 있다.

관리하는 제도적 틀을 지칭하기는 하지만 초기에는 위조를 예방하도록 고안된 도구에서 유래되었을 것으로 보인다. 넷째, 연결망은 일시적이고 최종적인 계약 관계의 지위와 관련된 일상적으로는 규칙의 형태로 있는 법적인 정보에 기초할 것이다 : 돈을 지불하는 것은 문자 그대로 완전히 청산한다는 것이다. 마지막으로, 연결망의 작용은 타인의 행동과 기대에 대한 지식을 전제로 삼는다. 이것은 보통 경험에서 유래하지만 의도적으로 추구될 수 있으며, 심지어는 구매될 수도 있다. 그러한 정보는 화폐의 추상적인 특성에 대한 신뢰를 형성하는 데 필수적이다. 화폐 거래는 종종 비인간적이고, 은밀하게 이루어지기 때문에 연결망이 이에 대처할 수 있어야 한다. 연결망은 전형적인 사회학적 수준의 분석을 반영하는 추상적인 총체적 개념이다.

사회학자들은 어떠한 사회에서도 화폐의 사용, 인식, 그리고 이해가 화폐 연결망이 작용하는 방식에 영향을 주며, 그 역도 성립한다는 것에 동의하고 있다. 어떤 사회 내에서 화폐의 존재는 물물교환의 체계에서 내재해 있던 불확실성을 경감시켜 주는 역할을 한다. 특정 상품의 공급과 수요 간의 불균형, 미래의 공급과 수요 수준들에 관련된 정보 부족, 타인들의 신용에 대한 불안, 상호교환에 수반되는 상품들의 확실성, 그리고 그것들이 형성하고자 하는 계약들과 같은 불확실성은 사회적 문제들이다. 그러한 불안정성에 대한 다양한 사회의 반응은 이러한 문제들을 다루는 제도를 확립해 준다. 경제적 불확실성을 창출하는 사회적, 정치적, 문화적 실제들은 첫번째 실례에서 화폐 연결망의 존재를 위한 조건이다. 바로 이러한 이유에서 화폐는 사회학 연구의 타당한 초점이 된다. 즉, 사회학의 주요한 초점이 되는 화폐를 통제하기 위해 사회가 발전시키는 것이 바로 제도들이다.

제리저(1989)는 '화폐의 사회적 의미'라는 논문에서 모든 질적인 구분들을 추상적인 특성들로 동질화하면서, 화폐를 궁극적인 객관화 대상으로 정의하는 공리적인 개념을 거부하였다. 그녀는 많은 사회학자들이 화폐 그 자체와 시장 과정들이 사회적 영향들에 영향받지 않는다는 경제학자들의 문화적이거나 사회적인 제약이 없는 가정을 수용하였다고 믿고 있다.

그러나 모든 사회학자들은 문화적 요소와 사회적 요소들이 현대 사회에서 화폐의 사용, 의미와 발생에 영향을 주는 방식을 주장하고 증명하여 왔다고 주장한다. 제리저(1989)는 화폐의 특별한 경제 사회적 기초가 원시 사회와 고대 사회에서처럼 현대 경제 체계에서도 강력한 것으로 남아 있다고 믿고 있다. 인류학과 심리학뿐 아니라, 화폐에 대한 사회학적 개념에 중심이 되는 것은 다음의 기본 사항들이다. 첫째, 화폐가 현대 경제 시장의 주요한 합리적 도구로서 역할을 하는 반면, 시장 영역 밖에 존재하며 문화적 요소와 사회~구조적 요소들에 의해서 형성된다. 둘째로, 다양한 종류의 화폐들이 있다; 각각의 특정한 화폐는 일련의 특정한 문화적, 사회적 요소들에 의해 공유되며, 질적으로 구분된다. 셋째로, 화폐의 일반~목적 유형의 한 가지 가정에 기초한 화폐의 기능과 속성들에 대한 고전적인 경제 목록은 한정적이다. 시장 현상으로써 화폐에만 배타적으로 초점을 두었기 때문에, 전통적인 경제 관점은 비시장 매체로써 화폐들의 복잡한 속성들을 인식하지 못하였다. 다양하고 더 포괄적인 이해가 요구되며, 이는 특정한 화폐는 나누어지지 않고 휴대 가능하지 않으며, 매우 주관적이고 이질적일 수 있기 때문이다. 넷째로, 공리주의적 화폐와 비금전적인 가치들 간의 가정된 이분법은 잘못된 것인데, 왜냐하면 특정한 환경 하에 있는 화폐는 대부분의 개인적이고 독특한 사물들처럼 단 하나이고 교환 가능하지 않을 수 있기 때문이다. 마지막으로, 화폐의 자유와 검증되지 않은 권력은 지지할 수 없는 가정들이다. 문화와 사회적 구조는 화폐의 유통과 유동성에 심오한 통제와 제약들을 가함으로써 화폐 주조 과정에 필수적으로 제한을 가한다.

특별한 경제 요소들은 체계적으로 (1) 특정 용도로 사용되는 특정 화폐처럼 자금 등을 특정 용도에 지정하는 화폐의 사용, (2) 다양한 사람들에게 특정 화폐를 다루도록 지정하는 화폐의 사용자, (3) 각 특정 화폐의 분배 체계, (4) 다양한 화폐들의 통제, (5) 다양한 자원들을 특정 용도와 연결하는 화폐의 자원들을 억제하고 형성한다.

특수 화폐나 근대 화폐의 사회학을 증명하기 위해서 사회학자들은 남편, 부인, 그리고 자녀들의 돈, 그리고 가족 생활과 성적 관계의 변화하는 개념들이 가족들간에 화폐가 사용되는 방법에 어떠한 영향을 주는지 보기 위해

가내 화폐를 연구하였다. 이것은 뒷부분에서 자세하게 다루어질 것이다. 가내 혹은 가족 화폐는 매우 특별한 종류의 통화이다. 그것의 출처에도 불구하고, 일단 돈이 가계 내로 들어오면 분배와 용도는 시장과는 아주 다른 규칙에 따르게 된다. 성 역할과 가족 구조에서의 변화만이 화폐의 의미와 사용에 영향을 준다. 가내 화폐의 사용법과 태도는 화폐와 시장 경제의 도구적이고 합리적인 모형이 필요함을 보여 준다. 가정에서의 화폐는 사회 관계의 구조와 각 가족의 독특한 체계에 의해 변형된다. 마찬가지로 제도화되고 자선적인 선물과 부정한 돈은 모두 독특한 사회적 의미를 갖는다.

사회학자들이 인류학자 및 심리학자들과 공유하는 것은 개인들, 집단, 사회, 그리고 문화가 화폐에 대해 갖는 의미와 그러한 의미들이 화폐의 사용에 영향을 끼치는 방식에 대한 관심이다. 더 나아가서 이들은 특히 제도들이 모든 형태의 화폐를 사용하는 방식에 관심을 가지고 있다.

7. 화폐에 관한 여성학적 관점

화폐 사용에 있어서 과거와 현재의 성 차이와 화폐를 획득, 저축, 소비하는 유형에서의 성 차이 모두는 이 책의 뒷부분에서 논의될 것이다. 최근에 여성학자들은 여성과 화폐에 관해 아주 구체적인 주의를 기울이고 있다. 이것은 급진적이고, 일상적이지 않은 도발적인 관점이다. 랜달(Randall, 1996)은 성적 학대가 아닌 금전적 학대가 "우리가 그것을 전염성 테러 행위라고 합법적으로 부를 정도로 충분히 만연되어 있으며, 피해를 주고 있다고 주장하였다"(p.11). 그녀는 여성은 돈에 대해 말하지 않도록 조장되어 왔다고 믿고 있다[7]. 여성들은 이 주제에 관해 말하는 것에 수치심과 죄의식을 느끼게 되고, 자신들이 얼마나 많이 벌고, 얼마나 많이 지출했는지에 대해 압박받는다.

---

7) 사회적인 성(Gender) 문제를 심리학의 관점에서 최신 경향을 반영, 격조있게 다룬 다음 문헌에서도 돈, 경제(Economy) 문제를 다루지 않았음을 확인할 수 있다.
Brannon. C (1999) *Gender : Psychological Perspectives,* Boston : Allyn and Bacon

　학자들은 여성들이 얼마나 많이 벌고, 얼마나 많이 필요로 하고, 소비하고, 저축하고, 혹은 가지고 있는지를 말하는 것이 아주 어렵다고 말하고 있다. 여성학자들이 말하는 것처럼, 화폐는 지배의 수단이다. 소녀와 여성들은 계산서 지불, 납세 신고서 작성, 은행 통장 개설과 같은 가계 재정에서 고의적으로 제외된다. 어떤 여성학자들은 최근까지 여성의 자아 성취감은 자신의 가족에게 돈이 얼마나 많이 있는지, 자신과 돈과의 관계가 어떻게 인식되고 다루어지는지, 그리고 자신이 돈에 대한 태도가 어떠한지와 직접적으로 관계된다고 믿고 있다. 여성학자들은 여성이 특히 노동력을 착취당하고 있다고 주장한다; 여성이 남성보다 서비스를 더 잘해야 한다는 사상에 지배당하고 있다. 직업 유형, 이러한 것들이 말해지는 방식, 보수 등에서 상당한 불균형이 있다. 예를 들어 건설, 정밀 기계업, 납공업, 그리고 다른 전형적인 남성 직업과 같은 거친 직업들은 일반적으로 수당이 많은 반면, 학교 교사와 같이 여성이 선호하는 직업들은 저임금이다.

　여성학자들은 사회가 여성을 보는 방식뿐 아니라, 여성이 자기 자신을 보는 방식에도 급료가 중요한 차이를 결정짓는다고 믿는다. 직무 기술은 중요하다. 예를 들면 심리학자나 상담자와 비교되는 정신과 의사, 의사 보조원이나 간호사들에 대응되는 의사, 수위 대 관리인, 배우 대 연예인, 교수 대 교사, 가게주인 대 점원 등이다. 전자에 언급된 일련의 직업들은 대부분 남성이 갖게 되는 지위를 일컬으며, 반면 여성은 전형적으로 후자에 언급된 직업들과 관련된다. 이러한 논쟁들은 때로 옳다고 인정된 진부한 것으로, 이러한 전형을 변화시키고자 많은 집단이 노력해 왔다.

　또한 여성 자원봉사자들의 경우처럼 주부가 경제적으로 착취되어 왔다고 주장되기도 한다. 가난의 여성화는 부의 남성화의 결과로 보여진다. "화폐라는 언어는 당신의 것, 나의 것, 우리의 것이라는 용어로 계속 기술되고 있다. 여성들은 당신의 것이라고 할때는 포함되지 않으며, 내 것에도 보이지 않으며, 우리의 것에서도 너무 작은 부분만을 공유하고 있다"(Randall, 1996, p.23). 결혼과 이혼의 문제는 경제적 문제가 항상 표면화되는 부분이다.

　많은 작가들은 화폐에 대한 정신 병리학적 태도가 종종 성과 음식에 대한

美 남편보다 돈 잘버는 여성 급증

여성의 지위가 향상되면서 보수도 좋아져 미국에서 남편보다 돈을 더 많이 버는 여성이 갈수록 늘어나고 있다. 생계에 대한 기여가 남편보다 더 큰 여성의 비중은 이제 미국에서 직장을 가진 주부의 3분의 1에 육박, 5명 가운데 1명 꼴에도 못미치던 지난 1980년대와는 격세지감을 느끼게 하고 있다. 워싱턴 포스트는 지난 1998년 현재 남편보다 소득이 더 많은 주부는 1천 50만명으로 1988년의 7백 80만명에 비해 35%가 증가했다고 2000년 2월 27일 보도했다.

주부들의 소득 향상은 ▲여성들의 상근직 취업 추세 ▲육아 때문에 직업에 지장을 받지 않으려는 경향 ▲30년 전만 해도 남성 전용으로 여겨졌던 분야에 대한 여성 진출 등이 주요한 요인으로 꼽혔다.

경제·사회학자들은 맞벌이 부부들 스스로도 주부의 소득이 늘어나면서 집안일과 육아, 경제력, 자존심, 기대감 등 결혼생활의 다른 측면에서 균형이 깨지고 있다는 점에 동의하고 있다. 워싱턴대학의 사회학자 줄리 브라인스의 연구는 맞벌이 부부 가정에서 나타나는 재미있는 현상을 보여 준다. 연구에 따르면 일정 수준까지는 아내가 돈을 많이 벌수록 남편이 집안 일을 더 많이 하지만 아내의 소득이 남편의 소득을 넘어서면 남편이 집안 일을 등한시하게 된다는 것이다.

남편보다 더 많이 버는 아내의 비율은 고학력자일수록 높아 대학원 졸업 이상인 기혼 근로여성의 43.5%가 해당되며 대졸 35.5%, 대학중퇴 29.3%, 고졸 22.8%, 고교중퇴 24.4%로 각각 나타났다.

〈경향신문, 2000. 2. 29.〉

태도와 혼합되는 방식을 지적하고 있다. 과식, 신용카드 과잉지출 등 성 차이에 따른 난잡한 행위는 불안함을 억누르거나 내적인 공허함을 채우려 하는 것과 같은 심리적 욕구에서 나온 결과들이다. 때로 쇼핑치료 효과라고 불리는 더 나아진 느낌을 위해 흥청망청 구매하는 것은 개인 병리가 아닌 사회병리로 보여진다. 위조 수표를 사용하고, 신용카드로 사기를 치거나 물건을 훔친 여성들의 경우 전형적으로 수년간 감옥에서 복역을 하는 반면, 수천만

명의 사람들에게 큰 사기를 친 남성의 경우에는 마치 휴양지와 같은 개방된 감옥에서 짧은 기간 복역을 하는 것으로 '보상'을 받는다.

여성학자들은 사회가 어느 정도 변화하고 있으며, 많은 여성들이 화폐와 더 건전한 관계를 맺고 있다는 증거가 있음을 인정하고 있다[8]. 그러나 강력한 사회적 전통은 여성들을 가부장 사회의 희생자로 남아 있게 한다.

실험 연구결과 여성학자들의 주장은 받아들이지 못하는 반면, 화폐의 사용에 있어 유의미한 성 차이가 있음은 증명되고 있다. 미국 여성과 남성들의 심층 면접을 통해서, 프라이스(Price, 1993)는 남성들이 화폐와 관련해서 자신감이 더 많으며, 행동이 더 독립적이었고, 더 많이 위험을 감수하고 도박을 하는 반면, 여성들은 부러움과 박탈감을 더 많이 느낀다고 하였다. 남성의 경우 화폐가 자신의 자아 정체성, 자아 존중감, 권력감과 아주 많이 연결되어 있는 반면, 여성의 경우에는 물건을 사고 자신들이 현재 즐길 수 있는 단순한 수단을 의미하는 경우가 더 많았다.

8. 문학작품을 통해 본 화폐

극작가, 시인, 소설가, 그리고 현인(賢人)들이 화폐에 대해 쓴 많은 글들은 오래되고 종합적인 명문집이 될 만하다(Jackson, 1995). 편집자들은 그러한 서적이 '비록 몇몇의 음울한 학문의 더 우아하고 날카로운 산문 문장가들이 시인들 이외에도 자신의 지위를 얻긴 하지만'(p.vii) 그 자체로서 경제학 분야의 연구는 아님을 지적하고 있다.

문학 작품들은 화폐에 관련된 보통 사람들의 경험에 관한 공상, 정신 이상, 공포를 잘 보여 주고 있다. 사랑과 죽음 이외에 화폐보다 저자들에게 더

---

8) 한국의 경우 맞벌이 가정이 증가하고 있고, 가정 생활의 주도권(전업)이 주부에게 위임됨에 따라 가계 경제의 관리, 운영의 책임을 여성(주부)이 행사하는 경우가 일반화되고 있으며, 따라서 여성들이 금전 문제에 보다 많이 관여하고 있다. 이것과 목소리 큰 여성의 증가와 관련이 있다고 생각한다.

매력적인 주제는 거의 없었다.

많은 사람들이 초서의 『도둑과 사기꾼』과 디킨즈의 『스크루지』를 알고 있다. 작가들은 금전에 대한 탐욕을 풍자하고, 부자들의 오만을 강조하며, 돈만을 사랑하는 사람들에 대해 격분하고, 혐오하며, 경멸한다. 잭슨(Jackson, 1995)은 근대 소설이 돈의 개념을 많이 이용하고 있다고 주장한다. 소설들은 종종 낭비가, 도박꾼과 자선가, 횡령자와 약탈자, 사기성이 있는 은행과 은행가, 상인과 임금 생활자, 금전광과 이익에 급급한 젊은 시골 청년 등을 기술하고 있다. 소설은 돈의 기제가 모든 수준의 사회에서 인물들을 끌어내거나 그들이 운명을 향해 천천히 움직이거나 들어가는 방식에 주의를 기울이게 한다.

작가나 문학 작품들은 종종 냉정하고 무자비한 시장의 계산에 반대하여 인간의 가치를 용맹스럽게 옹호하는 반물질론자인 것으로 보여져 왔다. 비세속적인 시인 대 사악한 자본가의 그림이 그려진다. 이것은 잦은 경제적 불안정성으로 세속적이 되는 실용적인 작가들보다는 이상적인 독자들의 관점일 것이다.

많은 작가들은 그들 문화에서 돈에 대한 불일치와 모순적인 가치를 느끼고 표현한다. 그래서 그 자체의 목적을 위한 예술은 탐닉이고 사소한 것이지만, 돈을 위해서 하는 예술은 아무튼 저속한 '잡문'으로 여겨지기도 한다. 즉, 문학적 양심은 돈의 유혹을 뿌리쳐야만 한다.

> 가장 분명한 것은, 돈과 문학은 모두 X가 Y라고 말하는 그 자체를 넘어서는 어떤 것을 나타내기 위한 인습적 체계들이다. 시는 우리가 그것이 나이팅게일이나 갈가마귀를 나타낸다는 것을 믿기를 요구한다; 주화는 우리가 그것이 많은 양의 밀이나 많은 노동시간을 나타낸다는 것을 믿기를 요구한다. 돈이나 문학 모두 인간이 만약 두 가지 인습 모두가 은유를 만들고 그 은유를 이해하는 능력의 산물인, 한 가지가 또 다른 유사하지 않은 것을 대치할 수 있음을 이해하는 능력이 없다면 가능하지 않을 것이다. 내 사랑은 장미 꽃잎이며, 한 덩어리의 빵은 몇 푼 안 되는 돈이다.
>
> (Jackson, 1995, p. x iii)

많은 작가들은 돈을 다음과 같이 표현한다:

> 돈은 은유이고, 이동하고, 다리이기 때문에 '그것은 이야기한다'. 단어와 언어들처럼, 돈은 공동으로 성취된 노동, 기술, 경험의 저장소이다. 그러나 돈은 또한 문학 작품처럼 전문가들의 전문 용어이다; 그리고 문학 작품처럼 언어와 질서의 시각적 측면들을 강렬하게 만들고, 시계가 공간으로부터 시간을 구분하는 것처럼, 돈은 다른 사회적 기능들로부터 노동을 구분한다. 심지어 오늘날에도 돈은 농부의 노동을 이발사, 의사, 기술자 혹은 배관공의 노동으로 해석하는 언어이다. 광대한 사회적 은유, 다리 혹은 번역자처럼 돈은 문학 작품과 유사하게 어떠한 사회에서도 교환을 가속화시키고 상호의존적인 유대를 강화시킨다. 문학 작품이 그러한 것처럼, 돈은 정치 조직이나 연중 행사를 확장하며 통제한다. 그것은 공간과 시간 모두에서 약간 떨어져서 하는 행위이다. 매우 박식하고 분절적인 사회에서, '시간은 돈이며, 돈은 다른 사람들의 시간과 노력의 저장소이다'.
>
> (McLuhan, 1964)

사람들이 돈을 사용하고 남용하는 것에 대한 작가와 소설가의 관찰은 여전히 사회 과학자들의 글보다도 더 명쾌하고 비틀려 있으며 통찰력이 있다. 인류학자나 심리학자와 유사하게 소설가는 돈의 상징성, 매력적인 힘과 개인들이 이것을 얻기위해 하는 이상한 행동들을 자세히 설명하고 있다.

9. 소비자 만족과 여론 조사

대부분의 선진국들은 경제적 낙관주의나 비관주의와 같은 일반적인 주제뿐 아니라 특정한 사물에 대한 돈의 소비와 같은 특정 주제에 관해 알아보기 위해서 정규적인 사회 조사나 여론 조사를 실시한다. 이러한 것들은 정부, 신문사, 제조업자, 광고주, 연구자들에 의해서 의뢰되며, 이들 모두는 국가 혹은 특정 집단이 자신의 돈을 소비하는 방식에 대한 총체적인 그림을 얻기를 원한다.

35년 이상 넘게 심리학자들은 돈에 관련된 소비자 행동에 관심을 가져 왔다(Katona, 1960). 그 이래로 미국 정부는 무엇이라고 부르건간에, 소비자 만족지수에 주의를 기울이고 있다. 경제학자들의 관점에서 볼 때 이것은 미약한 자료이겠지만 소비자 지출의 강력한 예측 요인이기도 하다. 보통 낙관주의나 비관주의와 관련해서 설명되는 분위기와 만족에 대한 미약한 자료들은 실제로 정부가 경제적 성장의 증거에도 불구하고 재선되지 못하는 이유를 설명해 준다.

갑작스런 경제적 충격은 국민들의 인식에 강력하지만 지연된 효과를 나타낸다. 불황기에는 사람들은 마음대로 쓸 수 있는 현금을 투자하는 것에 대해 극히 조심스럽다. 이러한 시기 동안 나쁜 경제 뉴스의 중요성은 과장되고, 좋은 뉴스는 의심받거나 잊혀진다. 그래서 불경기에는 경제적 호전을 나타내는 수많은 정확한 지표들을 무시하고, 실제로는 저성장을 나타내게 된다.

마찬가지로 낙관적이고 국가 신임을 받는 시기에 사람들은 화폐 유통을 급속하게 증가시키는 등 성급하거나 심지어는 돈을 헤프게 쓰기도 한다. 증가된 소비는 이익을 증가시키고, 직업을 창출하며, 경제에 고무적이고 증폭적인 효과를 가진다. 정말로 이러한 분위기는 경제적 조건들이 변화한 이후까지도 만연된다.

경제학자들은 미래를 예측하기 위해서 통화의 강도, 화폐의 비용, 무역 수지 수치와 같은 확실한 자료들을 선호한다. 한편, 경제 심리학자들은 화폐와 관련된 행동들이 부분적으로는 사람들의 태도, 감정, 믿음에서, 심지어는 일시적인 분위기에서 유래한 것이라는 점을 강조한다. 그래서 이들은 소비자 만족지수에 주의를 기울인다. 사람들은 때때로 자신이 이해하지도 인식하지도 못한 강한 충동들을 충족시키기 위해서 소비하고 저축한다. 아마도 많은 잉여자금이나 정치적 불안등의 소문에 당황하여 사람들은 그들이 그렇게 집단적으로 행동하는 동안, '경제적으로 비이성적'이 되는 것을 분명하게 보여 줄 수 있다. 돈은 사회에 봉사하는 하인이지만 또한 사회의 주인이 될 수도 있다.

카토나(Katona, 1975)는 미국에서 실시한 대규모 조사에서 소비자 정서, 기대, 열망이 소비자의 지출과 저축에서의 변화, 어떤 목적을 위해 지출을 하는 중요한 변화 정도를 나타내 준다는 것을 보여 주었다. 더 중요한 것은, 기업과 정부가 지불한 임금의 변화량이 소비자들의 수입 변화에 끼친 영향보다 더 많이 경제 변동에 기여한다는 점이다.

그 결과로써 태도와 기대가 경제 예측에 결정적이라는 것이 인정된다. 기대는 안정적이어서, 낙관주의에서 비관주의로 혹은 그 역으로 변화하는 데에는 상당한 시간이 걸린다. 소비자 부문이 경제에 중대한 영향력을 행사할수 있다는 것이 입증되어 왔다. 더 나아가서 소비자들의 태도와 기대는 수입혹은 경제지표들의 경향을 따르지 않는다. 그래서 '느껴진 만족감' 요소는모든 경제 지표들이 경제 하락을 보여 준 이후에도 잘 지속된다. 마찬가지로모든 지표들이 강하게 긍정적인 경향성을 보여 준다 하더라도 '느껴진 만족감' 요소로 회복되지 못하는 경우도 있다.

카토나는 자신의 인상적인 자료들을 기초로 해서, 총체적인 화폐 관련 태도의 주요한 변화들은 좋은 이유가 없다면 유발되지 않는다고 주장하였다. 더 나아가서 이러한 변화의 기원은 그 사실 이후에서야 결정된다. 그래서 주어진 시기에 모든 객관적인 변화들과 관련된 경제적 정보는 그 결과로 나타나는 태도의 변화들을 예측하지 못한다. 또한 태도의 변화를 주로 유도하는뉴스, 법 등의 특정한 요소들은 시간, 집단에 따라서 다양하다. 이처럼 어떤주어진 시기에 발생한 태도 변화를 설명하는 데 성공적이었던 객관적인 변인들은 또 다른 시기에는 성공적이지 않을 수도 있다.

소비자 만족도는 그 사회의 경제 분위기의 단편적 모습을 그려 준다. 이러한 분위기는 경제적 조건들의 결과이면서 동시에 원인이다. 이것은 변하기는 쉽지만 엉뚱하지는 않다. 이것은 정부, 기업 그리고 연구자들에게 집단과개인들 모두의 화폐 행동을 설명해 주는 예측 모형에 포함되는 유용한 자료를 제공할 수 있다.

10. 화폐의 사회 심리학

　사회 심리학적 개념, 방법, 그리고 이론들은 화폐 행동을 기술하기 위해서 사용되어 왔다. 확실히 화폐나 그 밖의 것에 대한 태도의 측정은 사회 심리학의 중심이다. 태도들이 형성되고 변화되는 방식, 그리고 그것과 화폐 행동과의 관계는 사회 심리학자들에게 핵심적인 질문이다. 사람들이 자신의 사회적 세계가 가난, 부, 저축, 투자, 도박과 같은 화폐 행동의 모든 측면에 대한 설명과 귀인을 형성할 수 있다는 것을 이해하는 방식 또한 사회 심리학자들에게 관심거리이다. 사람들이 의식적으로 자신과 타인들을 비교하는 사회~비교 과정들은 사회 심리학자들에게 상당한 관심의 대상이다. 사회~비교 과정은 도처에 산재해 있다 : 많은 사람들이 '이웃 사람에게 지지 않으려고 허세를 부리는 것' 은 화폐 행동의 기본적인 특성이다.

　개인차와 성격 특질의 역할은 화폐 관련 태도와 행동에 대한 연구에서 대단히 중요하다. 다양하지만 명확한 화폐 신념과 행동들이 서술될 수 있다는 것은 모든 일반인들에게도 인식 가능하다. 일반인에게 있어 이것은 거의 대부분 유형학(typologies)과 관련해서 언급된다. 성격 이론가들과 사회 심리학자들은 성격 특질의 기원과 이것이 화폐 행동뿐 아니라 개인차를 인지적, 심리적, 사회적으로 유발하는 과정들의 속성들과 관련되는 방식을 기술하는 데에 더 많은 관심을 기울여 왔다. 성격 이론가들은 정신분석학, 심리측정학 등 매우 다양한 전통들로부터 성격과 화폐에 대한 관점을 모두 취해 왔다.

　화폐에 관련된 몇몇의 사회-심리학 연구들은 실험실에서 수행되어 왔으나, 최근까지 대부분의 연구들은 면접, 관찰, 질문지를 사용하여 왔다. 한 가지 아주 특이한 심리학 실험은 '진짜' 화폐보다는 '대용화폐'를 유통시킨 '모형 경제' 를 사용하고 있다. 이것은 감옥, 학교 혹은 정신 병원에서의 담배일 수도 있다. 그것들은 다양한 화폐, 대용화폐 행동과 경제 과정들이 입증될 수 있는 전적으로 폐쇄된 작은 사회를 제공한다. 일반 국민의 낙관주의, 비관주의에 대한 대규모 조사는 쇼핑에 대한 현장 관찰연구들처럼 특히 유용하였다(2장의 돈에 대한 믿음과 행동, 경제적 믿음 척도 참고). 치료자들의 면접 또한 검증 가능한 가설들로 바뀔 수 있는 많은 자료들을 제공하였다.

레아와 동료들(Lea et al., 1987)이 경제 심리학에 관한 자신들의 저서에서 지적한 것처럼, 일상 생활에는 화폐와 관련된 많은 영역들이 있으며, 이것들은 경제 심리학과 사회 심리학 연구들을 필요로 한다. 그 예로 금전적 보상이 직업의 선택, 직무 만족도, 그리고 생산성과 관련되는 방식을 들 수 있다. 구매 의도, 실제 구매 행동, 습관적 구매와 상점에서의 행동에 있어서 주요한 화폐 요소들은 무엇인가? 왜 사람들은 저축을 하며, 특정한 문화에서 절약 윤리는 어디에서 나온 것인가? 왜 사람들은 이타적으로 보이는, 돈을 기부하는 행동을 하는가? 어떤 요소들이 기부 행위를 결정지으며, 이러한 행동은 경제적으로 합리적인가?

도박에 관련된 흥미로운 일련의 질문들이 있다 : 사교성 도박과 병적인 도박 간의 차이는 무엇인가; 어떠한 사람이 무엇때문에 도박을 하고, 왜 도박을 하는지 이를 결정하는 요소는 무엇인가? 도박과 유사하게 연구에서 흔히 금기시되는 주제인 세금 기피와 탈세에 대한 질문들도 매우 흥미롭다. 과세가 직무에 대한 동기를 감소시키는가 혹은 다양한 종류의 직업들을 선택하는 데 있어 영향을 끼치는가?

화폐와 관련된 태도와 믿음들은 상호교환, 재산, 소유권, 그리고 직업과 같은 다른 경제적 개념들과 필수적으로 밀접한 관련을 맺고 있다. 후자의 것들은 사회의 권력 기반과 관련된다. 이처럼 사람들의 화폐 관념이 이들의 정치-경제적 이데올로기와 밀접하게 관련된다는 것은 당연한 것처럼 보인다.

화폐의 사회 심리학은 주로 화폐 개념과 태도의 습득에 관련된 것이다; 다양한 형태의 화폐들에 상징과 의미를 부여하고, 화폐 개념을 그 사회의 다른 싱징들 및 그것의 습관적 사용과 관련짓는 것을 말한다. 총체적인 자료에 근거한 경제학자들의 합리적, 효용성-최대화 접근 방법은 심리학적 수준에서는 그다지 유용하지 않다. 사회 심리학자들은 자신과 타인들의 화폐에 관한 신념, 행동, 그리고 동기에 대한 보통 사람들의 설명에 관심을 갖는다. 그러나 화폐 동기 이론들은 반드시 모든 다른 동기적 이슈들과 통합될 필요가 있다.

경제 체계와 사회 체계는 개인에게 영향을 끼치며, 아울러서 개인들은 경제 및 사회 체계에 영향을 끼친다. 보통 사람들은 단순하게 그들의 태도, 성격이나 동기들을 기초로 한 경제적 현상의 최대 원인은 아니며, 지배적인 경제 세력과 직면하여 무능한 앞잡이나 인형도 아니다.

11. 화폐에 관한 심리학 이론

레아와 동료들(1987)은 자신들이 화폐의 심리학 '이론'이라고 부르는 것을 발전시켰다. 이론이라고 부르기에는 너무 방대할지 모르지만, 이들은 사회 심리학자들과 경제 심리학자들이 이 주제에 접근하는 방식을 구체화하고자 하였다. 이들은 화폐가 구매될 수 있는 상품들뿐 아니라, 자원들 및 그것이 획득되는 방식을 나타낸다고 주장하고 있다. 그것의 의미는 또한 형태에서 유래된다. 이들은 가치를 표현하는 화폐의 기능이 다양한 측정 수준에서 수행될 수 있다고 믿고 있다.

1. 명목 : 화폐는 등가 수준에서만 작용한다. 즉, 특정한 종류의 화폐를 가진 사람들은 특정한 품목의 물건이나 서비스를 구매할 수 있다.
2. 서열 : 화폐는 서로간에 더 크거나 더 적은 것을 나타낼 수 있는 다양한 형태를 갖는다.
3. 간격/비율 : 우리가 20달러와 30달러의 차이가 70달러와 80달러 간의 차이와 같다는 것을 알고 수용하는 것처럼 절대 영점과 비율 척도를 갖는다는 것을 의미한다.

이들의 이론은 화폐가 아주 상징적이라는 것이다. 화폐를 향한 행동과 화폐를 가지고 하는 행동들은 역사적이고 발달적인 관점을 통해서만 이해될 수 있다. 원칙적으로 화폐는 교환 가치를 나타내지만, 화폐가 사용되는 방식에 영향을 주고 심지어는 일반적인 적용 가능성을 제한할 수도 있는 많은 부수적인 의미들을 갖는다.

화폐의 비경제적 속성들은 은행과 같은 큰 기관의 경우에는 직접적으로 관련되지 않지만, 개인들에게는 확실히 적용된다. 화폐가 상징하는 것은 개인과 집단마다 다양하지만, 이러한 상징들은 그 수가 제한되어 있으며 시간에 따라 안정적이다. 따라서 이것들은 기술되고 범주화될 수 있다. 그러나 돈이 갖고 있는 심리적 속성들이 어떠한 것인지를 질문하기 보다 이러한 속성들이 돈을 쓰는 행동과 돈을 향한 행동에 어떠한 영향을 주는지를 질문하는 것이 더 유익할 것이다. 그래서 특정한 주화나 지폐는 그것의 신기함, 무게 혹은 명료성 때문에 다른 것들보다 먼저 소비될 수 있다. 유사하게 지폐 대신에 주화를 사용하는 것은 소액 거래를 조장하는 효과를 가질 것이다. 10파운드, 5파운드 같은 특정한 액면 금액의 지폐는 하루 평균 임금으로 지불되는 특정한 양을 위해 필요한 것 같다. 이처럼 사람들은 화폐가 동시에 다양한 욕구들을 충족시키기 때문에 그것을 획득할 수 있고, 획득하며, 획득하고자 한다.

레아와 동료들(1987)이 우리에게 화폐에 관한 새로운 이론을 제시했는지 아닌지는 분명하지 않다. 그러나 이들은 개인적인 심리적 분석 수준에서 화폐에 관련된 어떤 중요한 사실들에도 주의를 기울이게 했다.

첫째, 매우 복잡한 사회에는 다양한 유형의 화폐가 존재한다. 신용카드, 은행 수표, 개인 수표, 상품권 등은 모두 같은 분량의 금액을 나타낼 수 있다. 그러나 사람들이 경제적으로 같은 양을 나타내는 총액을 인식하고 사용하는 방식은 똑같지 않을 수 있다. 신용카드는 편리해 보이지만 부과되는 이자율과 안정성 결여 때문에 매우 '많은 비용이' 들 수 있다. 반면, 신용카드의 색깔과 형태는 강력한 지위 상징이 될 수도 있다. 은행 수표는 인기가 있고 저장하기가 쉽지만, 만약 오래되고 더러워진다면 사용하는 데 있어 더 이상 매력적이지는 않을 것이다. 지폐는 더 쉽게 소비되고 추적이 불가능하게 획득될 수 있다는 장점이 있다. 그러나 지폐는 위조될 수 있고 그래서 아무런 가치가 없을 수 있다. 개인 수표는 더 안전할 수 있으나 은행 수표보다 교환이 수월하지 않으며 정보처리와 관련된 은행 업무들 때문에 아주 적은 단위일 경우 실제적으로 가치가 없을 수 있다. 더 나아가서 개인 수표는 신분을 보장하는 특정 수단이 없다면 수용될 수 없다. 마지막으로, 상품권은 선물이기 때문에 가장 '달콤한' 종류의 화폐일 것이다. 그러나 특정 상점에서, 특정 상품에 대해서만 사용할 수 있기 때문에 유용하지 않을 수 있으며, 받은 상품권의 가격보다 적게 지출할 때 항상 거스름돈을 받을 수 있다는 것을 확신할 수 없다.

주화와 지폐가 상징적 가치를 가진다는 사실은 이것들이 실제 액면가에 대해 아주 다양한 비율로 경제에서 유통된다는 것을 의미한다. 선호되고, 매력적이고, 깨끗하고, 저장하기 쉽고, 안전한 화폐는 이러한 속성들을 가지고 있지 못한 주화나 지폐들보다 더 쉽게 사장된다. 그 다음에, 통화 변화는 주화와 지폐의 상징성에 부합되는 의미들에 따라서 적대적인 저항에서 즉각적인 채택에 이르는 여러 반응을 만나게 될 것이다.

비록 다양한 형태의 화폐들과 관련된 주요한 상징적 요인들의 철저한 목록을 작성하는 것이 가능할지라도, 심지어는 집단들이 다른 상징에 비해 특정한 한 가지 상징을 더 많이 선호한다는 것이 입증된다 하더라도, 화폐에 관한 심리학 이론들은 그 상징이 행동과 관련될 때에만 유용할 것이다.

레아와 동료들(1987)에 따르면, 이상적인 화폐의 심리학 이론들은 다음의 세 가지 요소들을 갖고 있다:

1. 상징의 발달과 관련된 요소들로서 특히 특정 문화, 특정 개인의 경우, 형태, 색, 그리고 조각상은 특별한 가치와 중요성을 갖는다. 그래서 통화의 크기, 색, 그리고 조각상은 국가마다 차이가 있다. 지난 10년 간에 걸쳐서 홍콩, 남아프리카, 구 소련연방과 유고의 경우에서처럼 이것이 정부의 주요 변화들에 따라 어떻게 변화하였는지에 유의하자.

2. 상징 그 자체와 관련된 요소들. 주화, 지폐, 수표와 같은 통화의 전통적인 형태에서 더 근대적인 형태(심미적인 기쁨을 위해서가 아니라 투자를 위해서 구매하는 예술품)까지 모든 형태의 통화들에 부합되는 범위와 의미들.

3. 돈의 사용과 관련된 요소들. 특정 형태의 화폐가 저축되고 다른 형태의 화폐는 소비되는 이유; 어떤 화폐가 다른 화폐보다 더 안전하다고 생각되는 이유; 어떤 화폐가 다른 화폐보다 더 사적이고 더 바람직한 이유. 화폐가 선물로서 수용 가능하지 않은 이유와 카지노에서 현금보다 칩을 사용하는 이유. 정말로 화폐의 의미는 그것이 사용되는 방식에서 더 많이 관찰 가능하다.

그러나 이 책에서 우리는 앞에 나열된 주제들에 덧붙여서 많은 다른 질문들에 대한 해답을 제시하고자 한다.

화폐는 심리적으로 교환 가능하지 않다. 이것은 가치가 있으며, 가치의 척도이다. 이것은 개인과 사회에 의해서 특정한 의미가 부여된 복잡한 상징이며, 부분적으로는 경제력에 의해 이것이 사용되는 방식을 지정하기도 하는 상징이다. 심지어 통속적이고 고지식한 심리학자와 경제학자들조차도 자신이 속한 사회에 대해 개인을 연결하고 기술해 주는 피드백 고리를 가진 여러 인과관계의 이슈를 인식하고 있다. 개인들이 지속적이고 중요한 화폐 행동을 보여 준다는 것은 인정해야만 한다. 개인들은 경제에 따라 행동하며, 개인들의 총체적인 행동이(때로는 그 수가 거의 없긴 하지만) 경제적 사건을 형성하기도 한다. 한편, 개인들의 경제적 지위와 그 사회의 상황은 그들이 얼마나 많은 돈을 가지고 있는지를 결정할 뿐 아니라, 그들이 그 돈을 어떻게 보고 있는지도 결정한다. 우리는 우리의 경제를 형성하며 경제는 우리를 형성한다. 특정한 경제의 법과 역사는 모든 시민들의 의식적이고 무의식적인 행동에 크건 작건간에 영향을 끼치고 있다.

화폐에 관심을 가졌던 주요한 사회 과학들간의 가장 기본적인 차이들 중의 하나는 사람들이 자신의 돈에 관련해서 이성적으로, 논리적으로 믿고 있는 기본적인 가정들과 관련된 것이다. 계량 경제학자들과 이론가들이 경제적 행동에 관한 매우 정교화된 수학적 모형을 개발하는 반면, 이들은 항상 개인의 합리성에 대해 기본적 공리를 수용하고 있다. 한편, 심리학자들은 보통 사람들이 경제적 추론을 하는 데 있어 논리적 실수를 보여 준다는 사실에 기뻐한다. 사회학자들과 인류학자들은 또한 규준, 의식, 관습, 법과 같은 사회적 세력들이 지속적으로 집단과 개인 모두의 행동들을 비합리적이기 보다는 합리적이 되게 하는 방식을 증명해 왔다.

합리적인 것의 반대는 충동적이고, 변덕스럽고, 예측 불가능한 것이다. 경제학자들은 제한된 지식, 지능 및 통찰력을 가진 사람들이 있다는 것을 수용한다. 그리고 비합리적인 절차를 사용하는 비합리적인 동기를 가진 사업가들은 성공하기 보다는 실패할 것이라는 것을 알고 있다. 인간의 나약함이나 좋지 않은 추론을 반영하는 경제적 행동들은 결국에는 경제적 발전에 거의 영향을 끼치지 못하는 단기간의 탈선으로 분류된다.

전체적으로 합리적인 이슈는 어려운 주제이다. 무보수로 일을 하고, 자선을 베풀고, 복권을 사는 것은 모두 비합리적인 것으로 여겨질 수 있다. 이것은 종종 매우 좁은 관점의 합리성을 취할 때 발생한다. 분명히 일은 많은 사회적 혜택을 제공하는 반면, 도박은 자극적이다. 경제학자들이 종종 '합리적'이라고 의미하는 것은 수입을 최대화 시키는 방식으로 행동한다는 것이다.

최적화나 최대화처럼 합리성에는 다양한 동의어들이 있다. 그러나 레아와 동료들(1987)이 지적한 것처럼, '우리는 실제 인간의 행동 선택을 분석하면서 합리성 가정이 잘 입증되지 않고, 일반적으로 유용하지 않으며, 때로는 분명하게 거짓이라는 것을 알았다' (p. 127). 그러나 이들은 경제학자들이 합리성 가정들을 사용하는 것은 합당하다는 것을 믿고 있다. 또한 이들은 경제 심리학이 합리성 질문에 대해 가지고 있는 선입견이 무익함을 지적하고 있다. 개인들의 행동이 합리적이고, 최대화하거나 최적화하는 것이 무엇인지를 정의하려는 시도보다는 최대화하는 것이 무엇이고 왜 그렇게 하는 것에 우리의 주의를 돌려야 할 것이다. 만약 이것이 연구자들을 그러한 행동의 내용을 무시하도록 이끈다면 합리성에 사로잡히는 것이 오히려 무의미한 것일 것이다.

필수적으로 합리성 논쟁은 다음의 네 가지 수준들에서 제시될 수 있다:

1. 가장 엄격하고 잘 수용할 수 없는 경제적 합리성의 의미는 사람들이 거의 물질적으로만 동인(動因)이 가능하며, 완전한 지식과 냉정한 논리 모두를 가진 사람들은 물질적인 만족을 주는 것들간에 '합리적으로' 선택한다는 것이다. 이러한 설명은 이론적으로나 경험적으로 신뢰를 받지 못했다.

2. 두 번째 설명은 사람들은 항상 경제적 상황들과 관련해서 합리적으로 믿고 있다는 것이다. 사회와 개인들은 아마도 '경제적으로 살고 있을 것이다'. 이러한 생각의 문제점은 비록 제품의 생산과 가격에서 원시 사람들과 현대 사람들 모두 합리적으로 행동하는 것을 보여 주는 것이 가능하기는 하지만, 경제적인 선물-주기 행동 내에서 상품을 교환하는 데 있어 종종 아주 비합리적으로 행동한다는 것이다. 이러한 의미에서, 모든 개인들과 사회들은 합리적이기도 하면서 동시에 비합리적이기도 하다.

3. 세 번째 입장은 합리성을 단순하게 이론이나 모델을 기초로 하는 일시적인 일련의 가정으로 취급하는 것이다. 합리성은 만약 유용하지 않거나 그 자료가 이론에 적합하지 않다면 개정되거나 거부될 수 있는 개념적 단순화의 형태이다. 많은 사회 과학자들은 이러한 수준의 분석에 만족할 것이다.

4. 마지막 분석 수준은 경제적 합리성을 '제도화된 가치'(Smelser, 1963)로 다루는 것이다. 이것은 심리학적이거나 사회학적인 가정 이상의 것이지만, 개인이나 조직체들이 열망하는 행동의 표준이다. 이것은 사람들이 따르거나 일탈하는 표준이며, 사회적 통제 개념을 포함하고 있다.

카토나(Katona, 1975)가 언급한 것처럼, 진정한 질문은 소비자들이 합리적인지 비합리적인지가 아니다 : 소비자들의 판단은 태도, 습관, 사회-문화적 규준, 집단 구성원들에 의해 형성된다는 것이다. 사람들은 인지적 지름길, 경험의 법칙, 관례들을 선호하며, 이들은 거의 변덕스럽지 않으며, 심리학자들에게 있어서 결코 이해될 수 없다. 유사하게 전체 집단의 행동은 합리적 행동의 가정된 형태들과 아주 다른 논리적 패턴들을 따른다. 자신들에게 이용 가능한 모든 대안들을 주의깊게 반영하는 소비자들은 거의 없다. 이들은 종종 과거 결정들의 세부 사항들을 잊어버리고, 자신의 참조 집단과 자신이 어떻게 다른지에 대해 항상 명확히 구분하는 것은 아니며 최근의 경제 자료들에 대한 정보를 거의 갖고 있지 않다. 간단히 말해서 소비자들은 정신-논리적으로 행동한다. 사람들은 기부하고 도박하는 것과 같은 화폐와 관련된 행동들로부터 여러 가지 혜택을 얻는다. 그래서 이들은 자신의 수입을 최대화하지 않는 방식으로 행동함으로써 심리적 혜택을 '보상받는다'.

심리학 연구는 사람들이 자신의 돈에 있어서 경제적으로 합리적이지 않음을 되풀이하여 보여 주고 있다. 이들이 돈을 저축하고 지출하는 방법, 자신의 세금 문제를 다루는 방식, 돈을 빌려 주거나 거저 주는 방식, 그리고 일을 해서 돈을 획득하는 방식은 종종 경제학자들의 공리들을 좌절시킨다. 비록 비논리적이거나 비합리적이라고 시인하는 사람은 거의 없지만, 대부분의 사람들은 화폐와 경제적인 일에서 '합리적으로' 행동할 만큼 충분히 교육받지 못했다. 물론 중독자와 신경증 환자와 같이 자신의 행동이 자기 파괴적이라는 것을 알지만 그것에 대해 어떠한 것도 할 수 없어 보이는 극단적인 경우의 개인들도 있다. 대부분의 사람들은 자신들이 돈에 대해 민감하다고 믿고 있으며, 알려져 있는 선택에 대해 추론하며 다른 사람들의 실례들을 따른다.

화폐에 대한 심리학 이론들은 화폐 합리성을 가정하지도 않으며, 화폐와 관련해서 일반적인 사람들의 불합리성과 비합리성의 수많은 예를 달가워 하지도 않는다. 그러나 보통 사람들의 일상적인 화폐 관련 태도, 믿음과 행동들을 획득하고 보여 주는 방식을 이해하고자 하며, 그것을 자신들의 과업으로 설정하고 있다.

12. 이 책의 주제들

화폐 심리학에 대한 관심이 다소 엉뚱하고, 연구자들은 사람들이 돈에 대해 생각하고 사용하는 방식의 아주 특정한 특성들에 관심을 가져왔기 때문에 경제학과 달리 심리학에서는 화폐에 대한 주요한 이론이 없다. 그러나 이 책에서는 매우 흥미롭고 중요한 이론들을 소개할 것이다.

첫째, 화폐에 대한 기본적 태도 즉, 심리학적 중요성과 상징에 대한 연구들이 있다. 화폐는 신성시되고 세속적인 것 모두로서 여러 의미들을 가지고 있다. 더 나아가서 돈을 획득하고 사용하는 방식에 대한 윤리적 쟁점들이 있으며, 이는 화폐에 대한 태도가 다른 이데올로기와 신앙적 믿음과 관련됨을 의미한다. 심리측정가들은 최근에 화폐 관련 태도들의 다중-요인 척도를 고안하고 이를 타당화하는 것에 더 많은 흥미를 가지고 있다. 이 질문지는 연구의 좋은 시작점이 되며, 특히 화폐 관련 태도와 믿음이 대체적으로 사회에 어떻게 분포되어 있는지를 아는데 유용할 것이다.

둘째로, 발달 심리학자들은 아동과 젊은이들이 사회적 세상과 경제적 세상에 대한 이해를 어떻게 습득하는지에 많은 관심을 가져왔다. 연구들은 특히 아동들이 화폐의 의미, 가치와 기원에 대한 지식을 언제 어떻게 획득하는지, 그리고 은행업, 가격, 이윤, 소유, 소유권, 저축 등과 같은 특정 개념들을 언제 이해하게 되는지에 집중되어 왔다. 대부분의 부모들은 자신의 자녀들이 돈과 관련된 지식과 분별 있는 습관을 습득하는 것을 돕고자 하며, 용돈을 사용하는 과정을 통해서 이들을 교육하고자 시도한다. 은행, 학교, 상점과 같은 다양한 조직들 또한 아동들의 구매력 때문에, 아동들의 화폐 습관에 관심을 가져왔다.

셋째로, 사람들이 일상 생활에서 돈을 사용하는 방식에 대한 관심이 증가하고 있다 : 예를 들면 소비와 저축 습관, 언제 왜 도박하는지, 과세에 어떻게 반응하는지. 이러한 습관들은 초기 아동기의 양육, 성격, 개인과 그 국가의 특정한 경제적 상황 등 많은 것들을 반영한다. 정치인, 은행, 그리고 다른 제도들은 과세, 이자율의 통제와 같은 다양한 기제들을 통해서 소비와 저축을 통제하는 것에 분명한 관심을 가지고 있다. 그러나 이것들은 그들이 통제할 수 있는 요소의 수가 제한되어 있기 때문에 제한된 성공만을 하고 있다. 병적인 도박, 탈세, 개인 부도에 관한 연구들은 중요한 응용 연구임이 틀림

없지만, 여전히 심리적 관점에서 일상의 소비와 저축행동을 이해하는 것에
대한 관심도 집중되고 있다.

넷째로, 우리는 심리학자들이 돈에 대한 광기와, 오히려 아주 이상하고 예
외적인 경우에 관심을 기울일 것을 기대한다. 특히 정신분석학자들은 화폐
병리학의 정서적 기초에 관해 상당히 많이 저술해 왔다. 이들은 돈이 다양한
개인들의 자유, 사랑, 권력, 안전을 나타내기 때문에 사람들이 병리적 방식으
로 돈에 대해 반응한다고 믿는다. 그래서 강박적인 수전노, 값싼 물건을 찾
아다니는 사람들, 광신적 수집가, 돈을 조작하는 사람들, 제국주의자, 사랑을
팔고 사는 사람, 돈을 오직 그들의 삶에서 해방시켜 주는 것으로만 보는 사
람들이 있다. 이 분야 치료자들은 초기 훈련과 가족 경험의 중요성, 그리고
사회의 태도들이 병리학의 다양한 형태들을 조장하거나 하지 못하게 하는
방식을 강조한다. 또한 화폐 병리학을 측정하려는 다양한 시도를 해 왔다.

다섯째로, 돈은 부분적으로는 실제 욕구를 충족시키기 위해서, 부분적으로
는 생활 활동을 확장시키기 위해서, 그리고 부분적으로는 자아 존중감과 정
체성을 향상시키기 위한 상징으로써 얻어지는 소유물들을 획득하기 위해 사
용된다. 개인의 소유에 대한 최근 연구는 이들이 얼마나 많이 비화폐적 의미
를 불어넣는지를 보여 주고 있다.

여섯째로, 우리는 돈이 함께 소유되는 방식, 아동에게 주고 개인에 의해 통
제되는 방식 등을 통해 돈이 가족 내에서 어떻게 작용하는지를 고려할 것이
다. 가족 단위는 작은 사회를 반영하며, 특정한 행동을 지키게 하기 위해 다
양한 규칙들이 제도화된다. 가족 사회학은 가족들이 돈을 저축하고, 소비하
며, 분배하는 방식에 있어 역사적인 패턴과 현재 패턴 모두에 대한 관점을
제공한다.

일곱째로, 경제학자들은 주로 사람들이 돈을 획득하고, 저장하고, 저축하는
방식에 관심을 가져온 반면, 심리학자들은 사람들이 돈을 언제 기부하고 왜
기부하는지에 관심을 가져왔다. 많은 사람들은 정기적으로 종종 많은 돈을
자선단체에 기부한다. 더 나아가서 그들은 생일, 크리스마스 등의 날에, 특히
그들을 필요로 할 때면 가족과 친구들에게 많은 것을 준다. 어떤 사람들은

부자 병이라는 독감 (애플루엔자 바이러스)을 아시나요

전세계 인구의 5%에 불과하면서도 전체 지구 자원의 3분의 1을 쓰고 전체 쓰레기의 절반을 버리는 나라, 미국.

최근의 경기호황으로 연간 소득이 10만~50만달러(약 1억1000만~5억6000만원)인 가정이 1990년에서 1997년 사이에 두배 가까이 늘어났다.

이 '소비의 나라'에선 최근 돈의 병, '애플루엔자' 바이러스에 감염되지 말자는 사회캠페인이 한창이라고 미국의 PBC인터넷방송이 전했다. 애플루엔자란 '부(Affluence)'와 '인플루엔자(Influenza · 유행성 감기)'의 합성어. 양적 성장에만 매달려온 삶이 소비지향성과 물질만능주의로 갈수록 피폐해지고 있다는 깨달음에서 비롯된 운동이다.

미국인들이 평생동안 광고를 보는 시간은 평균 1년. 20세기가 되기 전 평균 100만개의 광고에 노출된다. 이 때문일까. 미국인은 쇼핑하느라 일주일에 6시간을 소비하지만 자녀와는 40분을 놀아주고, 맞벌이 부부의 경우 하루 평균 12분 대화를 나누는 기형적인 삶을 살고 있다.

1958년에 1%에 불과하던 컬러TV 보급률은 현재 97%로 늘어났으나 미국인들의 행복지수는 지금과 비교할 수 없이 '가난했던' 1957년에 가장 높았다. 1996년 한 조사에서 86%가 "소비를 줄임으로써 오히려 행복을 찾았다"고 응답한 것은 소비와 행복과의 상관관계를 잘 말해준다.

'애플루엔자 감염 방지' 사회운동을 벌이고 있는 제시 오네일은 "부자가 돼야한다고 믿는 사람들, 많이 가질수록 더 행복하다고 믿는 사람들은 '골든 게토(금의 감옥)'에 스스로를 던져 넣는 사람"이라고 경고한다.

특히 미국의 경제지 월스트리트저널은 최근 갑작스럽게 부자가 된 부모들이 자녀를 망칠 우려가 크다며 "부모가 돈이 많든 적든 버릇없는 아이로 키우는 지름길은 잘못된 행동을 나무라지 않거나 규율을 안지켜도 내버려 두는 것"이라고 지적했다.

"부모세대와는 달리 거저 풍족함을 누리게 된 자녀들에게 물질만이 중요한 것이 아님을 가르쳐야 한다"는게 이 신문의 주장이다.

PBC인터넷방송의 '애플루엔자 자가 진단법'을 소개한다. 병이 깊은 사람은 '자가 치료법'을 오려 붙여두는게 좋다.

〈동아일보, 2000. 1. 26. 제24415호〉

교회에 십일조를 바치고, 다른 사람들은 유언과 자신의 돈을 남겨 줄 사람에 대해 많은 계획을 세운다. 이러한 행동들은 경제적 관점에서 볼 때 불합리한 것으로 보여진다.

여덟째, 물론 '직장에서의' 돈이라는 전체적인 주제에 대해서도 상당한 관심이 있다. 예를 들면 사람들이 돈의 기능에 따라 동맹파업에 들어가는 것은 언제이고 왜 그러한가, 그들이 선호하는 지불 방식, 그리고 심지어 팁을 주는 이유와 같은 주제들이다. 대부분의 사람들은 자신이 일을 해서 돈을 취득하지만 사람들이 받는 돈의 양에는 예외가 있다. 자본가들의 상당한 양의 이윤과 관련된 급료와 회사 간부의 높은 봉급은 특히 간호사, 교사와 같은 직업과 비교했을 때, 자주 문제를 유발시킨다. 똑같이 흥미롭고 놀라운 것은 급료와 직무 만족도 간의 상관관계가 그리크지 않다는 것이다.

마지막으로, 우리는 다음과 같은 기본적인 질문을 고려할 것이다. 돈은 인간을 행복으로 이끄는가? 부자는 사회에 혜택을 주는가? 사람들은 갑작스런 부에 어떻게 적응하는가? 그리고 기본적으로 남성의 경제 모형은 옳거나 유용한가?

벼락부자병 자가 진단

① 로고가 멋진 티셔츠라면 기꺼이 돈을 더 지불하겠다.
② 새옷을 사면(예정되지 않았던) 모임이 열리는 법이다.
③ 이멜다가 부러워할 만큼 구두를 가지고 있다.
④ 감기에 걸리면 옷은 벗고 히터의 온도는 높인다.
⑤ 돈만 많이 준다면 싫어하는 일이라도 40년은 너끈히 일할 수 있다.
⑥ 우울할 땐 쇼핑으로 나를 달랜다.
⑦ 자주 사용하지 않더라도 운동기구를 사는 편이다.
⑧ 신용카드로는 거의 물건을 사지 않는다.
⑨ 죽을 때 많이 가진 자가 인생의 승자다.
⑩ 가족이나 친지와 함께 즐기는 여가는 대부분 돈이 들지 않는다.
⑪ 내 자신이나 다른 사람의 가치를 나(또는 그)의 소유물로 평가하지 않는다.

⑫ 꼭 필요한 일이 아닐 때 한푼도 낭비하지 않는다.
⑬ 광고가 자녀에게 미칠 악영향이 걱정스럽다.
⑭ 출근할 땐 카풀을 하거나 자전거 또는 대중교통을 이용한다.
⑮ 지금 쇼핑가고 싶다.

※ 1~9번, 15번 문항은 '그렇다' 2점, '아니다'에 0점, 10~14번 문항은 '그렇다'에 0점, '아니다'에 2점, 합산결과 총점이 10~15점이면 정상.
16~22점은 경고(비교적 약한 애플루엔자가 감염)
23~30점은 벼락 부자병의 자가 치료법을 외워야 한다.

〈동아일보, 2000. 1. 26. 제 24415호〉

쉽게 해볼만한 자가 치료

① 물건을 사기전에 자문한다. 꼭 필요한지, 대체할 만한 물건을 가지고 있지는 않는지, 빌릴 곳은 없는지 등등. 또 내가 그 돈을 지불하기 위해 몇시간 일해야 하는지도 따져본다.
② 쇼핑몰을 피하고 대신 하이킹을 가라.
③ 대중교통이 이로운 점을 구체적으로 계산해 보자. 비용이나 시간 또는 대중교통을 이용함으로써 얻게 되는 마음의 여유 등.
④ 광고에 대해 비판적이 되라.
⑤ 지역사회의 봉사활동에 참여해 보라.
⑥ 의식적으로 돈을 물쓰듯 해보라. 몇몇 사치품은 기쁨을 줄 수도 있다. 그러나 기쁨을 얻기 위해 꼭 비싼제품일 필요는 없다는 걸 깨닫게 된다.
⑦ 집에 머물면서 게임을 하고, 빵을 굽고, 사랑하는 사람을 꼭 껴안아보라.
⑧ 예산을 세운다. 얼마를 벌어서 얼마를 쓰는지를 계산해 본다. 모든 돈은 당신의 인생을 소비한 대가로 받은 것이다. 당신은 만족스러운 방식으로 돈을 사용하고 있는가.
⑨ 절대로 낭비하지 않는 검소한 사람인듯 행동해 보라. 그리고 난 뒤엔 실제로 그렇게 되도록 노력해 보라.

〈동아일보, 2000. 1. 26. 제24415호〉

돈에 대한 사람들의 태도와 믿음

1. 들어가는 말

20세기가 시작된 이래, 여러 분야의 사회 과학자들은 돈과 관련된 사회적, 정서적 가치와 의미들을 고찰하여 왔다(Wiseman, 1974). 돈에도 정서적인 의미가 있고, 상징성이 있다는 사실은 이미 언급하였다. 그것은 곧 돈의 정수 (essence)가 의미를 수반함을 의미한다. 예를 들어, 화폐유통에 주화를 도입하거나 혹은 주화를 제거하는 것은 기존의 방법에 익숙해 있던 사람에게 격렬한 항의를 유발시킨다. 또한 현금 대신에 신용카드를 사용하는 것이 돈을 사용하고 인식하는 방식을 변경시킨다.

돈은 벌기보다는 쓰기가 더 쉽다. 그리고 돈의 의미를 확실히 정의하는 것보다 돈을 버는 것이 더 쉽다. 우산이나 깡통 따개처럼, 돈도 용도에 의해서 주로 정의된다. 돈으로 가격을 제시하고, 상품과 서비스에 대한 대가를 지불하고 부채를 갚고 은행을 이용하는 것이 아주 단순한 매체이다. 그러나 돈에 대한 사람들의 태도와 믿음을 측정하는 것이 가능하다. 사람들은 돈에 대해 아주 다양한 관점을 가지고 있으며 이것은 그들의 연령, 사회 계층, 부, 정치적 신념, 그리고 그 외 여러 가지 요소에 따라 달라진다.

본 장에서는 돈에 대한 태도, 그것을 측정하는 방법, 돈의 의미, 그리고 우리가 주화와 지폐를 인식하는 방법 등을 살펴보고자 한다.

2. 돈이 갖는 심리적 의미

모든 연구자들과 이론가들은 사람들이 현금을 물건, 서비스, 상상으로 변형시키는 심리적 마술에 어떻게 사로잡혔는지를 언급하여 왔다. 제5장에서 살펴보겠지만, 돈은 우리 안에 있는 비합리성을 나타낸다. 즉, 돈은 인간을 가장 냉담한 수준에서 행동하도록 끌어내리며 탐욕, 질투, 분개, 그리고 두려움을 방출하게 한다. "돈에 대한 심리적인 상처를 가지고 있는 사람들은 지폐를 원래의 목적대로 사용하지 못한다"(Forman, 1987, p.2).

돈이 심리적 의미를 갖게 되는 정도는 와이즈만(Wiseman)이 인용한 다음의 글에서 자명하게 나타난다.

> 병적 도벽이 있는 사람이나, 남자가 가지고 있는 것들을 고갈시키는 여성들에게 있어서, 이들이 항상 가지고자 열망하는 돈은 이들을 억압해 온 일련의 투사된 사물들을 상징한다. 혹은 굶주림에 대한 두려움에서 돈을 잠재적인 식량으로 여기는 우울한 속성을 가진 사람들도 있다. 돈이 자신의 권력을 나타내주는 사람, 작은 돈의 손실도 거세로 경험하는 사람, 혹은 위험에 처할 때 일종의 '예방적 자기 거세'로 돈을 희생시키는 경향이 있는 사람들도 있다. 뿐만 아니라 돈을 취하고, 주고, 혹은 보유하는 순간에 이에 대한 태도에 따라서 돈을 저축하거나 지출하는 사람, 혹은 돈의 진정한 중요성을 고려하지 않고 아주 강박적으로 저축과 지출 사이를 오락가락하는 사람들도 있다.
>
> 이러한 겉보기에 같아 보이는 단순함 뒤에는 많은 다른 의미들이 있다. 사형에 해당하는 큰 죄인을 고발한 사람에게 주는 보상금은 신부의 지참금과 다르며, 왕의 특권 따위의 대가로 지불하는 속전(deceptive)은 복권 당첨금과 같은 종류의 재산이 아니다. 돈의 위대한 교환 가능성은 현혹성을 갖고 있다는 것이다. 이것은 우리가 '여성을 돈으로 산' 경우처럼 이들의 신체적 형태인 외양만을 사게 해 주

지만, 샀다고 생각하는 것도 곤란하다.

(Wiseman, 1974, pp. 13~14)

스넬더스와 동료들(Snelders et al., 1992)은 돈이 많은 형태를 띠고 여러 의미를 가지고 있다고 주장한다. 일련의 비교문화적으로 수행된 실험에서, 이들은 화폐 개념의 원형을 평가하려고 하였다. 이들은 돈의 정의와 경계가 정확하게 구체화될 수 없음에도 불구하고 지속적이고 효율적으로 사용되고 있음을 알았다. 근대와 고대 사람들 모두에게 돈은 신비한 특성을 가지고 있다. 마술, 종교, 과학의 혼합에 실패했던 연금술사들에게도 돈은 여전히 매력적이었다. 금전적 문제를 다루는 여론 조사원과 임상 심리학자들에 따르면, 대부분의 사람들은 자신의 일상적인 문제들이 대부분 상당한 양의 돈을 가지고 있다면 해결될 수 있는 것이라고 믿고 있다. 돈에 관한 신화, 우화, 그리고 의식들은 근대 사회가 되면서 증가하였고, 회계사와 보험 설계사, 주주와 공제 조합 및 주택 조합에 이르기까지 상당한 화폐 신봉자가 있다.

3. 돈의 '신성함' 혹은 그 특수한 의미

경제학자에게 있어서 돈은 거의 대부분 세속적이어서, 불경하게 다뤄지지도 소홀히 여겨지지도 않는다. 즉, 돈은 평범한 것일 뿐 특별한 것이 아니다. 그러나 어떤 사람들은 돈을 신성시하여, 돈을 경외하고, 숭배하고, 경애한다. 벨크와 웰렌도르프(1990)는 돈의 신성함에 도전하는 것은 바로 돈의 획득과 사용에 관련된 신화, 신비, 의식 등이라고 지적하고 있다.

모든 종교에서 특정한 사람, 장소, 사물, 시대와 사회 집단들은 총체적으로 신성한 것으로 정의되고 있다. 신성시되는 것들은 특이하고 유일하며, 세속적인 세상과 분리된다. 신성시되는 물건과 사람들은 선이나 악의 힘을 가질 수 있다(제6장 참고). '선물, 휴가 여행, 기념품, 가족 사진, 애완 동물, 수집품, 가보, 가정, 예술, 골동품, 그리고 유명 사람들과 관련된 물건들은 많은 사람들이 신성시하는 것들이다'(Belk & Wallendorf, 1990, p.39). 본질적으로 이것들은 보호되며 특별한 것으로 고려된다. 예술품과 수집품 등은 많은 사람들이 신성시하는 개인적인 우상이다. 더욱이, 가보는 신비하고 연결고리가 약한 조상들과 연결하는 역할을 한다. 따라서 이것들은 '감성적 가치' 이상의 가치를 가질 수 있으며, 어떤 사람들은 가보를 소홀히 여기거나 망가뜨리는 것이 악운이나 악령을 불러들인다고 믿고 있다.

신성시되는 물건과 달리, 세속적인 물건들은 상호교환이 가능하다. 이것들은 세속적인 사용 가치에 따라 평가된다. 신성시되는 물건들은 기능적으로 사용하지 못하며, 교환하여 세속적인 물건으로 전환할 수 없다. 만약 신성시되는 물건들을 돈으로 교환한다면 그것은 세속적인 세상과 부적절한 접촉을 하는 것이기 때문에 그것의 신성한 지위를 모독하는 것이 된다.

서구 사회에서는 돈이 그 정의상 모든 교환을 위한 매체이지만, 여전히 특별한 것에는 사용할 수 없다. 돈은 너무 중성적이고 단조롭기도 하고, 평범해서 특별한 경우에는 사용되지 못한다. 서구 사회에서는 돈으로 신부를 살수 없고, 죄를 없앨 수도 없으며, 공직을 살 수도 없다. 우리가 이 책의 뒷부분에서 살펴보겠지만, 돈은 여러 이유 때문에 선물로는 적절하지 않다고 생각된다. 또한 돈은 사랑을 측정하기에는 너무 정밀하여 계산적으로 보이며 선물로서도 적합하지 않다.

기묘하게도, 유대-신교도 윤리는 돈에 대해 역설적이다. 정직하게 돈을 번 사람들은 뛰어나고 심지어는 고결하게 여겨지며, 돈을 축적하고자 하는 욕구를 제거하는 것은 비난받는다. 또한 신자들에게 이타적이고, 금욕적이고, 사심이 없을 것을 요구하는 반면, 동시에 열심히 일하고, 돈을 벌고, 솔직하게 말해서 자본주의적이 되기를 요구한다. 그 상황에서는 신성한 것과 세속적인 것이 쉽게 혼합될 수 있다(Furnham, 1990).

또한 벨크와 월렌도르프(1990)는 돈이 신성시되는 의미가 성(gender) 및 계층과 관련된다고 믿었다. 그들의 주장에 의하면 여성은 돈을 교환할 수 있는 사물과 관련해서 생각하는 반면, 남성은 돈의 소유와 돈이 내포하는 권력과 연관지어 생각한다. 다시 말해서, 여성이 다루는 모든 돈은 세속적인 반면에,

남성이 사용하는 돈 중 일부는 신성시된다. 근로자 계층의 남성들은 대부분 자신의 수입 중에서 신성하지 않은 사적 쾌락을 위해서 쓸 적은 돈만을 남기고, 세속적인 가계를 관리하게 하기 위해서 대부분을 아내에게 일임한다. 그러나 중류층의 남성들은 총체적인 가계 지출을 위해서 자신의 수입 중 적은 액수만을 아내에게 일임하고 지금도 여전히 그렇게 유지되고 있다. 우리가 뒤에 다시 살펴보겠지만, 중류계층의 부부들은 돈을 사용할 권리를 공유하는 것 같다.

벨크와 월렌도르프(1990)는 진정으로 즐거워 하지 않은 일에서 얻어지는 돈은 궁극적으로 세속적인 것이지만, 자신의 열정으로 얻어진 수입은 신성한 것이라고 주장한다. 즉, 예술가는 세속적인 돈을 얻기 위해서 상업적인 작품을 만들 수 있고, 신성한 돈을 얻기 위해서 영혼을 쏟아 붓는 작품을 만들 수도 있다. 고대 그리스에서부터 20세기 유럽에 이르기까지, 돈을 버는 사업은 타락의 요소를 가진 것으로, 결국 부자는 존경할 만한 '명예'를 얻지 못하고 단지 벼락부자의 행동만 부각되었다.

그래서 자원 봉사는 신성한 것이며, 반면 이와 똑같은 일을 수당을 받고 하는 것은 세속적인 것이다. 누군가가 어머니나 주부에게 수당을 준다면 이것은 신성한 의무를 세속적인 의무로 만드는 것이기 때문에 어떤 사람들에게는 터무니없는 일로 보이기도 할 것이다. 그러나 매춘부의 행위는 신성한 행위를 형식적인 사업적 교환으로 변형시킨다. 어떤 장인과 예술가들은 자신의 서비스를 팔지만, 현행 이율이 아닌, 거의 '적당한' 가격에서 거래된다. 이것은 이들의 목적이 부(富)를 축적하는 것이 아니라 합당한 수입을 벌어들이는 것이고 자신들의 작품에 부담을 지우지 않기 위한 것이다.

대단한 부를 축적하고자 하지 않는 사람이 힘든 노동을 통해 얻은 돈처럼, 열정을 실행해서 얻어지고, 특히 그것이 많은 금액이 아니라면, 돈은 신성한 것이다. 불로소득은 나쁜 것으로 생각되며, 그것을 소유하고 있는 사람의 금력행사를 견제한다. 심지어 그가 그것을 신성한 용도로 사용하고자 한다 하더라도 그러하다. 세속적인 돈을 얻기 위한 노동은 만약 노동자가 극단의 탐욕과 욕심을 버린다면 어느 정도 신성시될 것이다.　　　　　　　　　　　　　(Belk, 1991, p.55)

마지막으로 벨크(1991)는 돈을 신성하게 사용하는 것에 대해 기술하고 있다. 만약 어떤 사람이 가격에 너무 많은 신경을 쓴다면 돈은 '세속화' 될 수 있다. 신성화 기제는 보통 앞에서 언급한 신성화된 물건들의 구입뿐 아니라, 선물과 기념품의 구입과 자선단체에 기부하는 것을 포함한다. 목적이 돈을 특별한 중요성이나 의미를 갖는 물건으로 변형시키는 것이다. 신성한 것으로서의 돈과 선물로서의 돈은 분명히 일용품으로서의 돈보다 더 신성하다. 자선을 베푸는 것은 그것이 사적인 희생을 포함하고, 공개나 조세경감을 통해 사적으로 얻는 것이 없을 때만 신성한 선물이 된다. 마찬가지로 희귀한 예술품, 종교적 사물들을 다시 찾고 원형을 복구하기 위해 사용되는 돈은 그것을 신성하게 만든다.

반면에 사적인 용도로 모든 돈을 보유하는 것은 반사회적이고, 이기적이고, 비열하고, 나쁜 것으로 여겨진다. 신성한 돈을 세속의 돈으로 변형시키는 것은 특히 나쁜 것으로 생각된다. 많은 사람들은 특정한 물건을 돈으로 바꾸는 것을 거부하고, 그것을 나누어주는 것을 더 선호한다. 돈은 사물의 신성함을 침범한다. 마찬가지로 사람들은 자기가 자발적으로 도와주었던 사람들이 대가로 제공하는 돈은 거절한다. '선량한 사마리아인들' 은 자비를 베품으로써 자신의 도움을 세속적인 교환보다는 선물의 영역으로 생각하였다. 그리고 도움의 선물은 또 다른 선물과 교환된다.

여기에서 논쟁점은 다음과 같다 : 돈의 지배적인 관점은 그것의 세속적인 의미에 집중된다. 이것은 금전 거래를 개인에 관련된 것이 아니고 신성한 돈이 없는 것으로 보는 공리주의적인 관점이다. 그러나 이것은 돈이 선과 악 모두의 의미를 가질 수 있는 수집가들, 선물 제공자들, 자선 기부자들의 비논리적인 행동들을 고려할 때 분명해진다. 더 나아가서 돈이 우리의 태도에 크게 영향을 끼치는 것은 바로 이러한 신성시되는 의미들 때문이다.

4. 화폐 윤리학

탕(1992, 1993, 1995)과 동료들(Tang & Gilbert, 1995; Tang et al., 1997)은 화폐 윤리척도(the Money Ethic Scale; MES)에 대해 많은 실험 연구를 하였다. 탕은 돈에 대한 태도들이 선과 악이라는 정서적 요소, 성취, 존중, 자유와 어떻게 관련되는가 하는 인지적 요소, 그리고 행동적 요소들로 구성된다고 믿고 있다. 그는 아주 간단한 중다 차원 척도를 개발하고 타당화하기 시작했다. 769 명의 피험자들에게 처음에는 50문항을 검사하여, 5개의 요인들로 이루어진 30개의 쉬운 진술문으로 축소하였다. 질문 문항과 요인들의 명칭은 〈표 2-1〉에 제시되어 있다.

이 척도의 내적 신뢰도는 적절하였고 더욱이 다양한 가설들이 검증되고 확증되었다. 돈의 예산을 세우는 능력은 연령 및 성과 등과 상관이 있다. 수입이 많은 사람들은 돈이 자신의 성취를 나타내며 덜 나쁘다고 생각하는 요인 3의 경향이 있었다. 반면 젊은이들은 돈을 나쁜 것으로 더 많이 보았다.

신교도 윤리 의식이 높은 집단은 자신의 돈에 대해 예산을 세웠다고 보고하였으며, 돈을 악한 것, 자유, 권력으로 보는 경향이 있었다. 이에 비해 레저 윤리 의식이 높은 집단은 돈을 악한 것, 성취, 자유, 권력보다는 좋은 것으로 보는 경향이 더 많았다. 또한 예측한 것처럼, 경제적 가치와 정치적 가치는 성취, 존중, 자아 존중감, 권력과 긍정적으로 관련되었으며, 사회적 가치와 종교적 가치는 성취 및 권력과 부정적 상관이 있다.

탕(1993)은 이 척도를 번역하여 대만에서 사용하였다. 그는 대만 학생들의 돈에 대한 태도는 자신의 사적인 경험뿐 아니라 내적 가치, '참조 틀', 그리고 문화와 일관됨을 알았다. 그의 연구 결과들은 돈에 대해 낮은 기대를 하는 사람들이 그렇지 않은 사람들보다 더 행복하고 스트레스를 적게 받는 경향이 있음을 보여주었다. 즉, 반물질주의는 보편적으로 자각할 행복감과 관련되었다.

또한 탕과 길버트(1995)는 내적인 직무 만족도는 돈이 자유와 권력의 상징이라는 개념과 관련되는 반면, 외적인 직무 만족도는 돈이 나쁜 것이 아니라는 개념과 관련된다고 하였다. 이들은 조직 스트레스가 낮다고 보고한 근로자들이 정신 근로자이건 육체 근로자이건 간에 내재적으로 건강하다고 하였다. 더 나아가서 자신의 돈에 대해 주의깊게 예산을 세웠다고 주장한 사람들은 더 나이가 많고 수입이 낮았으며, 자아 존중감이 높고 조직 스트레스가 적었다. 이전처럼, 신교도 직업윤리가치를 가진 사람들은 돈이 성취를 나타내며 내재적으로 좋은 것이라고 생각하는 경향이 있었다.

이 척도의 축소형을 사용해서 탕(1995)은 사람들의 돈을 향한 일반적인 긍정적 태도들, 즉 돈은 성공을 나타내며 악한 것이 아니고, 주의깊게 예산을 짜는 것은 가치가 있다는 것을 나타내는 화폐 윤리 척도의 총점과 관련된 많은 상관요인들을 발견하였다. 이 연구 결과, 돈에 대해 매우 긍정적인 태도를 보이는 사람들은 강한 경제적, 정치적 가치를 표현하지만, 종교적 가치는 표현하지 않았다. 그리고 이들은 나이가 더 많고, 임금에 대해 낮은 만족도를 갖는 경향이 있었다. 돈을 가치 있게 여기는 사람들은 상대적으로 더 많이 불만족하는 것 같으며, 이는 의심할 바 없이 실제 임금과 기대 간의 지각된 불평등성 때문인 것으로 보인다고 탕은 결과에서 밝히고 있다. 또한 탕(1995)은 생산성에 대한 보상을 해주는 다양한 방법들이 있다고 주장하였다. 예를 들면 직무 재설계, 목표 설정, 변동급, 의사결정의 참여 등이다. 화폐 윤리 의식을 가진 사람들은 일상적으로 외적 보상에 의해 동기화되고, 이윤이나 이득, 보너스와 다양한 보상금 지불 방법을 공유하는 것에 많은 관심을 보이며, 또한 이것에 의해 만족하였다. 즉, 화폐윤리 의식을 가진 사람들은 분명히 물질주의적이며 금전적 보상에 민감하다.

탕과 동료들(1997)은 축소형 MES를 비교 문화적으로 분석하여, 미국, 영국, 대만의 근로자들을 비교 연구하였다. 연령, 성, 교육수준을 통제한 후에 미국 근로자들은 '돈은 좋은 것이며', 자신들이 '돈에 대한 예산을 매우 잘 짠다'고 생각하였다. 그들은 축소형 화폐윤리척도(MES, Money Ethic Scale)에서 조직에 기초한 자아 존중감, 내적인 직무 만족도에서 가장 높은 점수를 받았다. 대만 근로자들은 신교도 직업 윤리를 가장 많이 가지고 있었으며,

표 2-1	화폐윤리척도(MES)의 요인 부하량

문 항

요인 1 : 선(good)

1   돈은 우리의 모든 생활에서 중요한 요소이다.

2   돈은 좋은 것이다.

17   돈은 중요하다.

46   나는 돈이 매우 가치가 있다고 생각한다.

24   돈은 가치가 있다.

36   돈은 나무에서 자라지 않는다.

27   돈은 사치품들을 살 수 있게 해 준다.

14   돈은 매력적이다.

45   나는 돈을 저축하는 것이 매우 중요하다고 생각한다.

요인 2 : 악(evil)

15   돈은 모든 악의 근원이다.

4   돈은 나쁜 것이다.

21   돈을 지출하는 것은 돈을 잃는 것이다(낭비하는 것이다).

32   돈은 수치스럽다.

19   돈은 아무 쓸모 없다.

37   한 푼이라도 저축하는 것이 한 푼이라도 버는 것이다.

요인 3 : 성취(achievement)

5   돈은 그 사람의 성취를 나타낸다.

9   돈은 내 인생에서 가장 중요한 것(목표)이다.

8   돈은 성공의 상징이다.

3   돈으로 모든 것을 살 수 있다.

요인 4 : 존중(자아 존중감, respect, self-esteem)

20   돈은 지역사회에서 사람들이 당신을 존경하게 만든다.

31   돈은 존경할 만하다.

25   돈은 당신의 유능성과 능력들을 표현하는 것을 도울 수 있다.

12   돈은 당신이 많은 친구들을 사귈 수 있게 해 준다.

요인 5 : 예산 세우기(budget)

47   나는 내 돈을 매우 조심스럽게 사용한다.

48   나는 내 돈의 예산을 아주 잘 짠다.

43   나는 이자나 벌금을 물지 않기 위해서 청구서는 즉각 지불한다.

문 항
요인 6 : 자유(권력, freedom, power)
11   돈은 당신에게 자율성과 자유를 제공한다.
7   은행에 있는 돈은 안전의 표시이다.
29   돈은 당신에게 당신이 원하는 것을 가질 기회를 제공할 수 있다.
30   돈은 권력을 의미한다.

출처 : Tang(1992)
각주 : N=249

'존중'에서 가장 높은 점수를 받았으나, 내적인 직무 만족도 점수는 가장 낮았다. 영국 근로자들은 '돈은 권력을 의미한다'고 하였으며, 가장 낮은 외적 직무 만족도를 보였다.

미국 근로자들은 다른 나라의 근로자들보다 '자기-지향성'이 높은 문항들에서 높은 점수를 받았다. 확실히 미국과 같이 개별화된 사회에 속한 사람들은 집단주의 문화의 사람들보다 '자기 지향'이나 '심리적 장의 중심으로서의 자아'가 높은 문항들과 척도에서 높은 점수를 받는 경향이 있었다.

대만 근로자들은 신교도 직업 윤리 의식을 가장 많이 가지고 있었다. 이들의 경제적 성공 때문에, 이러한 근로자들은 돈이 제공할 수 있는 존중의 중요성을 점차 더 많이 인식하고 있는 것 같다. 더구나 '성취'와 '존중' 요인들은 유의하게 상관되었다. 대만의 근로자들은 돈이 성취를 의미한다는 아주 강력한 믿음을 가지고 있다. 이러한 결과들은 경쟁이 경제적 성장의 강력한 자극요인이라는 개념을 지지하는 것으로 보였다. 매슬로우의 욕구-위계 이론에 따르면, 낮은 수준의 욕구가 만족될 때, 높은 수준의 욕구가 더 중요하게 된다. 대만 사람들은 오랜 기간 동안 평화와 경제적 성장을 즐겨 왔으며, 세계 경제에서 주요한 역할을 담당하고 있다. 따라서 대만 국민들은 과거보다 성취와 존중의 표시로서 돈에 더 많은 관심을 가지게 되었을지도 모른다. 경제적인 환경과 문화적인 환경은 국민들의 돈에 대한 믿음에 중요한 역할을 담당하는 것으로 여겨진다.

이러한 결과들 중 어떤 것도 직관과 반대되지 않으며, 탕은 많은 사람들이 관찰한 것(동남 아시아의 성공적인 경제 성장)이 근면과 경제적 보상을 강조하는 매우 물질주의적이라는 것을 경험적으로 증명하고 있다.

5. 돈에 대한 사람들의 태도

　사회 심리학자들과 심리측정가들은 돈에 대한 태도를 측정하는 것에 특히 관심을 가져왔다. 루프트(Luft, 1957)는 개인의 주급이 그가 동료에 의해 지각되는 방식을 결정짓는다고 하였다. 가설적으로 미국에서 부유한 사람은 비교적 건강하고 행복하고 잘 적응하는 것으로 여겨졌던 반면, 가난한 사람은 잘 적응하지 못하고 불행한 것으로 여겨졌다. 그러나 미국이 아닌 다른 나라의 일련의 연구들에서는 이러한 결과가 나타나지 않았다. 림(Rim, 1982)은 성격과 돈에 대한 태도의 관계를 살펴보았다. 그 결과 안정적이고 외향적인 사람은 불안정하고 내향적인 사람보다 돈에 대해 더 개방적이고, 편안해하고 근심이 없는 것으로 보였다. 그러나 성격 변인들은 돈에 대한 태도와 행동의 아주 약한 예측요인인 것으로 보였다.

　베르니몬트와 피츠패트릭(Wernimont & Fitzpatrick, 1972)은 다양한 사람들이 돈에 대해 갖고 있는 의미들을 이해하기 위해서 40개의 형용사 쌍을 7점 척도로 평정하는 의미 판별 접근방법(10개의 형용사 쌍을 7점 척도로 평정하는)을 사용하였다. 500명이 넘는 미국인들을 대상으로 비서, 토목공, 간호사, 기술 관리자와 같은 다양한 사람들을 표집하였다. 요인 분석결과 해석 가능한 많은 요인들이 나타났으며, 이는 수치스런 실패, 깔보거나 조롱하는 태도, 도덕적 해악, 안정성, 사회적 비수용, 보수적인 사업 가치였다. 응답자들의 직장 경험, 성과 사회 경제적 수준은 이들의 돈에 대한 인식에 영향을 끼치는 것으로 나타났다. 예를 들어 고용 지위의 경우, 고용된 집단은 더 많이 긍정적이고, 바람직하고, 중요하고, 유용한 것으로 돈을 보는 반면, 실직한 집단은 사람을 긴장시키고, 귀찮고, 불행한 것으로 본다고 나타났다.

　다른 연구자들은 돈을 향한 사람들의 태도를 측정하는 도구를 고안하고자 하였다. 루빈슈타인(Rubinstein, 1981)은 돈에 관한 독자들의 태도와 감정을 연구하고, 이들의 생활에서 돈의 중요성과 돈이 유발하는 관계, 그것이 이들의 친밀한 관계에 어떠한 영향을 끼치는지에 대한 생각들을 알기 위해서 '현대 심리학' 을 위한 화폐 조사를 고안하였다. 이러한 질문들 중 일부는 후에 '마이다스' 척도와 조합되었으나, 어떠한 통계도 제시되지 않았다. '나는 진정으로 돈 쓰는 것을 즐긴다', '나는 값에 상관없이 내가 원하는 것은 거의 항상 구입한다' 의 문항들에 의해 분류된 자유로운 소비자들은 확실히 자신을 부인하는 '구두쇠들' 보다 더 건강하고 더 행복한 것으로 보고되었다. 돈에 인색한 점수가 높은 사람들은 낮은 자아 존중감을 가졌으며, 자신의 재정 상태, 개인적 성장, 친구와 직업에 대해 덜 만족하였다. 이들은 또한 자신과 조국의 미래에 대해서 더 비관적이었으며, 많은 사람들이 불안, 두통, 성에 대한 관심 결여와 같은 고전적인 정신 육체적 징후들을 보고하였다. 비록 20,000여 명이 넘는 응답자들이 어느 정도 잘 분포된 모집단에서 추출되긴 하지만, 이 결과들은 단순 비율로만 분석되었으며, 개인차 변인들은 거의 고려되지 않았다.

　루빈슈타인(1981)의 연구 자료는 놀라운 결과들을 드러냈다. 예를 들어 그녀의 연구 표본의 절반 가량이 그들의 부모나 친구들 모두 자신의 수입에 대해 알지 못한다고 말하였다. 표본의 1/5 이하가 그들의 형제들에게는 말한다고 하였다. 이들은 항상 돈에 대해 생각하나 거의 이야기하지 않으며, 오직 몇몇의 사람에게만 이야기하는 것으로 보였다. 예측하건대, 수입이 증가하는 것만큼 부를 감추려는 비밀과 욕구도 증가하는 것이다. 방대한 자료에서 사람들을 '돈에 대해 만족하는', '중간의', 그리고 '돈에 대해 불만족하는' 집단으로 분류하였다. 이러한 분류는 다양한 다른 질문들에 대해서 기본적으로 차이가 났다(표 2-2 참조).

표 2-2 돈에 만족하는 사람들과 고통받는 사람들

다음의 조사는 사람들이 자신의 재정적 상태에 얼마나 만족하는지, 얼마나 걱정하는지, 이들에게 있어 돈이 두려움이나 걱정과 관련되는지를 질문한 것이다. 이들의 대답은 상위 1/4은 '만족', 하위 1/4은 '고통'으로 분류되어 점수화되었다.

	만족(%)	고통(%)
작년의 인플레이션이 당신의 생활 방식을 실제로 변화시켰습니까?		
네, 상당히 많이 변화시켰습니다	5	40
네, 어느 정도 변화시켰습니다	26	45
아니오, 거의 변화시키지 않았습니다	46	12
아니오, 전혀 변화시키지 않았습니다	22	2
나는 내 친구들의 대부분이 _____을 가지고 있다고 생각한다.		
내가 가진 것보다 더 많은 돈	17	59
나와 비슷한 정도의 돈	42	32
나보다 더 적은 돈	41	9
당신의 현재 수입과 비교해서, 당신은 얼마나 빚을 가지고 계십니까?		
수입보다 더 많이	0	12
불안함을 느낄 정도로	4	44
별로 많지 않음	37	26
아주 적거나 전혀 빚이 없음	59	17
나는 내가 가질 수 없는 어떤 것을 항상 원하고 있는 것 같다.		
아주 일치함	7	50
일치함	35	42
일치하지 않음	37	7
전혀 일치하지 않음	20	2
당신의 주된 두려움은 무엇입니까?		
전혀 없음	24	6
충분한 돈을 가지고 있지 못한 것	10	63
사랑하는 사람을 잃는 것	43	56
살아가는 데 충분할 정도로 벌지 못하는 것	19	52
경력을 쌓지 못하는 것	14	40
병드는 것	41	51

작년에 당신을 괴롭혔던 것은 다음 중 무엇입니까?

계속적인 걱정과 불안	7	50
피로	24	49
외로움	16	47
무가치함	6	34
두통	10	33
불면증	10	28
죄의식	6	26
체중	13	25
성에 대한 관심 결여	12	25
절망감	4	24

출처 : Rubinstein(1981)
각주 : 응답자들에게 자신에게 해당하는 모든 것에 답하도록 하였기 때문에, 백분율을 합하면 100% 이상이 될 수 있다.

돈에 만족해 하는 집단은 돈이 자신을 지배하게 놓아 두기 보다는 자신이 돈을 지배하는 것 같았다. 예를 들어, 너무 비싼 어떤 것을 구매하고자 할 때 이들은 그것을 사기 위해서 저축을 하거나 그것을 잊어버린다. 대조적으로 돈으로 고통받는 사람들은 신용카드로 그것을 구매하는 경우가 더 많다. 돈으로 고통받는 사람들이 어떻게 정신 신체적인 질병을 더 많이 가지게 되는지도 유의하자.

또한 루빈슈타인은 성 차이도 살펴보았다. 남편들이 취업 주부들보다 2배 정도 자신의 수입에 대해 '내 것은 내 것이야' 라고 느끼고 있었다. 만약 부인들이 남편보다 더 많은 돈을 번다면, 이들의 절반 이상 정도가 돈때문에 다투게 될 것이다. 흔히 생각하는 것과 다르게 남성과 여성은 자신들의 인생에서 일, 사랑, 부모 역할과 재정적 상태를 똑같이 중요하게 생각하고 있었다. 그러나 남성은 여성보다 돈에 대해 더 많은 자신감과 자기 확신을 가지고 있었다. 이들은 여성보다 자신의 재정 상태에 대해 더 행복해했고 더 많이 통제 가능하다고 느끼고 있으며, 앞으로 더 많은 돈을 벌 것이라고 예측했다.

남성과 여성이 돈에 대해 반응하는 방식은 흥미롭고 예측 가능한 정서적

| 표 2-3 | 돈에 대한 반응에 있어 남성과 여성 간의 정서적 차이들 | |

작년에, 당신은 다음의 것들과 돈이 연관된 적이 있습니까?

	남성(%)	여성(%)
걱정	75	67
우울	57	46
분노	55	47
무기력감	50	38
행복감	49	55
흥분	44	49
부러움	43	38
화남(원한)	42	31
두려움	33	25
죄의식	27	22
공포	27	16
불신	23	25
슬픔	22	20
존경	18	19
무관심	16	16
수치심	13	9
사랑	10	13
증오	8	7
악의	9	8
보복	2	5
없음	2	5

출처 : Rubinstein(1981)
각주 : 응답자들에게 자신에게 해당하는 모든 것에 답하도록 하였기 때문에, 백분율은 합하
면 100% 이상이 될 수 있다.

차이들이 있었다(표 2-3 참조).

루빈슈타인이 실시한 조사는 어떤 시기의 한 시점에서 특정한 모집단의 돈에 대한 태도, 믿음, 행동들에 대한 매력적인 단편 모습들을 제공한다. 이러한 결과들을 통계적으로 더 완전하고 주의깊게 분석하지 않았다는 점이

유감스럽다. 그러나 다른 연구들은 이 분야의 심리 연구에서 사용하기 위한 타당한 도구들을 개발하는 것에 집중되었다.

한편, 야마우치와 템플러(1982)는 완전하게 심리측정화된 화폐태도척도 (Money Attitude Scale; MAS)를 개발하고자 하였다. 처음에 선정된 62개 문항에 대한 요인 분석 결과, 권력-특권, 보유시간, 불신, 품질, 그리고 갈망으로 명명된 다섯 개의 요인이 나타났다. 이 자료로부터 신뢰할 만하다고 증명된 29개 문항이 선정되었다. 마키아벨리즘, 지위에 대한 관심, 시간 가용성, 강박적 행동, 편집증, 불안과 같은 다른 척도들과의 상관과 같은 부분 타당화는 이 질문지가 다른 유사한 이론적 구인들을 측정하는 도구들과 관련되었음을 보여주었다. 가장 흥미로운 것은 돈에 대한 태도가 개인의 수입과는 독립적이었다는 것이었다. 이 연구자들은 화폐태도척도가 부부의 태도간에 불일치를 검증하기 위해 실제 임상에서 사용될 수 있다고 주장하고 있다.

그레샴과 폰테노트(1989)는 돈을 사용하는 데 있어서 성 차이를 화폐태도척도를 사용하여 살펴보았다. 이들의 연구 결과, 권력-위신, 불신-불안, 보유-시간, 품질의 요인이 나타나서, 앞의 연구와 유사하지만 다른 요인들을 찾아내어 위의 요인 구조를 확증하지 못했다. 보유-시간 요인을 제외하고 모든 요인에서 분명한 성 차이가 나타났다. 기대와 달리, 많은 대조적인 관점들에도 불구하고 남성보다 여성이 돈을 권력 투쟁의 도구로 더 많이 사용하는 것 같았다. 선행 연구들과 일관되게, 이 자료는 여성들이 일반적으로 남성들보다 돈에 관해 더 걱정이 많으며, 또한 자신들이 구매하는 제품과 서비스의 질에 더 많은 관심이 있음을 나타내고 있다.

최근의 비교문화 연구에서 메디나와 동료들(1996)은 화폐태도척도를 사용해서 멕시코계 미국인 대 유럽계 미국인의 돈에 대한 태도를 살펴보았다. 문헌 고찰을 한 후에, 이들은 4개의 비교문화 가설을 세우고 검증하였다: 유럽계 미국인과 비교해서, 멕시코계 미국인들은 권력-위신과 보유-시간에서 더 낮은 점수를, 그러나 불신-불안과 품질에서는 높은 점수를 받을 것이라는 가설을 세웠다. 그러나 오직 두 개의 가설만이 통계적으로 유의한 결과를 나타내었으며, 이 중 하나는 가정한 것과 다른 방향의 결과가 나왔다. 멕시코계 미국인들은 보유-시간과 품질 점수가 더 낮았다. 연구자들은 라틴 아메리카의 소비자 행동에 관련된 문헌들에서 멕시코계 미국인들 사이에서 논의된 방식을 다시 한 번 생각해 봐야 한다고 제안하고 있다. 여기에서 다양한 인종적, 국가적 문화들이 돈에 대해, 그리고 아마도 저축, 지출, 도박하는 것과 관련된 행동들에 대해 다른 태도들을 가지고 있음이 분명해진다. 시간과 통제에 대한 태도는 돈에 대한 태도의 중요한 문화적 상관요인이다.

맥클루어(1984)는 물건 사는 사람들 159명에게 지출 습관, 재정 상태에 대한 지각된 통제력, 자신의 생활에서 돈의 중요성, 금전적 사생활에 관한 선호, 돈에 관련된 갈등 등을 제시하여 22개 항목으로 구성된 돈에 관한 질문지와 세 가지 성격 검사를 실시하였다. 그는 외향적인 사람들이 내향적인 사람들보다 더 낭비적이고, 덜 인색한 경향이 있음을 알아냈다. 자신의 돈에 대해 강한 통제감을 느끼는 사람들은 일반적으로 불안이 더 적었으며, 더 외향적이었다. 또한 신경증적이고 내향적인 사람들은 안정적인 내향적 사람들과 비교했을 때 돈이 자신의 인생에서 더 많이 중요하다고 생각했으며 돈에 대해 더 사적이었다. 이러한 성격과의 분명한 관계에도 불구하고, 연구 결과들은 질문에서 측정한 태도들이 성, 교육, 직업이나 종교의 인구학적 특성들의 차이들과 관련되지는 않았음을 보였다.

최근에 펀햄(1984)은 다음의 세 가지 목적을 가지고 연구를 수행하였다 : 1) 영국에서 돈에 대한 믿음과 행동들을 측정하기 위한 유용하고 다중측면적인 도구를 개발하기 위해서, 2) 다양한 인구학적 변인들 및 사회적, 직업적 믿음과 사람들의 돈에 대한 믿음 및 행동 간의 관계를 살펴보기 위해서, 3) 과거와 미래에 사람들의 돈에 대한 믿음과 행동들의 결과를 살펴보기 위해서 이 연구에서 사용된 태도 진술문들은 pp.96-100에 제시되어 있다. 이 진술문들은 '돈에 대한 비정상적인 행태'에 관한 서적들(제5장 참고), 루빈슈타인(1981)의 조사 연구, 그리고 돈에 대한 사람들의 태도에 관련된 면접, 문헌 고찰과 같은 많은 자료에서 참고되었다. 이들은 이러한 태도, 믿음, 가치들이 개인들의 성격, 인구학적 지위, 생활 방식과 관련된다고 기대되는 기초 요인들을 반영한다고 기대하였다. 이것이 통계적으로 수행되었기 때문에 이러한 문항들을 요인들로 분류하거나 범주화하기 위해 어떠한 예비 연구도 없었다.

연구 결과 다음과 같은 6개의 분명한 요인들이 나타났다 : 1) 강박 관념(문항 28, 43, 45 등), 2) 권력/지출(문항 3, 16 등), 3) 보유(문항 7, 9 등), 4) 안정/보수주의(문항 14, 55 등), 5) 부적절성(문항 27, 32), 6) 노력/능력(문항 51, 53, 54).

예측한 것처럼 나이가 많고 교육수준이 낮은 사람들은 어리고 교육수준이 높은 사람들보다 자신의 아동기가 더 가난했다고 믿었으며, 이것은 평균적으로 증가된 생활수준과 그 사회의 계층 구조 모두를 반영하는 것이다. 전반적으로 피험자들의 과거의 돈에 대한 인식에서는 거의 차이가 없었으나, 미래의 돈에 관련해서는 많은 차이가 있었다. 나이가 많은 사람들은 젊은 사람들보다 미래에 대해 더 많이 걱정했으며, 아마도 그들이 가족, 자녀와 내 집 마련에 더 많은 재정적 책임감을 가졌기 때문일 것이다. 부유한 사람들은 가난한 사람들보다 미래에 대해 더 많이 걱정하였다. 정치적으로 보수당을 지지하는 우익은 자국의 경제적 미래가 밝다고 믿었으며, 반면 노동당을 지지하는 좌익과 매우 소외되면서 보수적인 사회적 태도를 가진 사람들은 더 나빠질 것이라고 믿었다. 비록 이러한 질문들이 모호해 보일지 모르지만, 사람들은 저축하고, 지출하고, 투자하는 것과 관련된 미래 경향에 관한 자신의 믿음에 따라 행동하기 때문에 이 결과는 결코 사소한 것이 아니다(Rubinstein, 1981). 만약 우리가 미래의 경제 추세가 더 나빠질 것이라고 믿는다면, 우리는 이 사태를 피하기 위한 조치를 취할 것이기 때문이다.

표 2-4 돈에 대한 믿음과 행동

1. 나는 종종 내가 필요로 하거나 원하지 않는 것을 세일을 하거나 가격 할인을 하기 때문에 구매한다.

2. 나는 쾌락보다 돈이 우선이다.

3. 나는 때로 사람들에게 인상을 남길 필요도 원하지 않지만 그것들이 그 때 가질 수 있는 바로 그것이기 때문에 구매한다.

4. 심지어 내가 충분한 돈이 있을 때조차 나는 종종 의복과 같은 필수품들

에 돈을 지출하는 것에 대하여 죄의식을 느낀다.

5. 내가 구매를 할 때마다 사람들이 나에게서 혜택을 얻는다는 것을 나는 '알고' 있다.

6. 나는 나에게는 인색하지만, 다른 사람들에게는 종종 바보스러울 정도로 돈을 지출한다.

7. 나는 종종 내가 살 수 있건 없건 간에 '나는 그걸 살 만한 여유가 없어' 라고 말한다.

8. 나는 항상 내 지갑이나 주머니에 얼마의 돈이 있는지를 거의 알고 있다.

9. 나는 그 양에 상관없이 돈을 지출하는 결정을 하는 것이 어렵다.

10. 나는 내가 산 거의 모든 것에서 그 가격에 대해 논쟁하거나 깎아야 한다고 생각한다.

11. 나는 누구에게나 빚지지 않음을 확실히 하기 위해서 식당이나 영화관 등에서 내 몫 이상의 것을 지불하려고 한다.

12. 만약 내가 선택을 한다면, 나는 월급보다 주급을 선호할 것이다.

13. 나는 신용 카드보다 현금 사용을 선호한다.

14. 나는 은행 계좌에 얼마나 많은 돈이 있는지를 항상 알고 있다.

15. 만약 내가 지난달에 남은 돈이 있다면, 나는 그것을 모두 쓸 때까지 불안함을 느낀다.

16. 나는 때로 나를 좋아하는 친구들에게 매우 관대해짐으로써 우정을 '산다'.

17. 나는 돈을 갖고 있는 것이 아무런 가치도 없음을 알고 있을 때조차, 종종 나보다 돈이 많은 사람들에게 열등감을 느낀다.

18. 나는 종종 나를 좌절시키는 사람들을 통제하거나 위협하기 위한 무기로써 돈을 사용한다.

19. 나는 때로 나보다 돈이 적은 사람들의 능력, 성취와 상관없이 이들보

다 우월감을 느낀다.

20. 나는 돈이 모든 내 문제들을 해결할 수 있다고 확고히 믿는다.

21. 나는 종종 내 개인적인 재정 상태를 질문받을 때 불안하고 방어적이 된다.

22. 어떤 목적에서든 어떤 것을 구매하고자 할 때, 나의 첫번째 고려사항은 가격이다.

23. 나는 개인의 임금이나 봉급에 대해 질문하는 것이 무례한 것이라고 믿는다.

24. 만약 내가 이웃보다 어떤 것에 대해 더 많은 돈을 지불한다면 이에 대해 바보같다고 느낄 것이다.

25. 나는 종종 돈을 경멸하며, 돈을 가지고 있는 사람들을 멸시한다.

26. 나는 언제 돈이 바닥나고 현금이 언제 필요로 할지 결코 확신하지 못하기 때문에 돈을 저축하는 것을 선호한다.

27. 내가 저축한 돈의 양은 결코 충분하지 않다.

28. 돈은 내가 진실로 의지할 수 있는 유일한 것이라고 느낀다.

29. 나는 돈이 모든 악의 근원이라고 믿는다.

30. 우리가 돈으로 구매하는 것과 관련해서 나는 우리가 지불한 것만 가질 수 있다고 믿는다.

31. 나는 돈이 우리에게 상당한 권력을 가져다 준다고 믿는다.

32. 돈에 대한 나의 태도는 우리 부모와 아주 유사하다.

33. 나는 개인이 버는 돈의 양이 이들의 능력 및 노력과 밀접하게 관련된다고 믿는다.

34. 나는 항상 신속하게 요금을 지불한다(전화, 수도세, 전기세 등).

35. 나는 종종 내가 좋아하는 웨이터/웨이트리스에게 상당한 팁을 준다.

36. 나는 돈을 버는 데 사용되지 않은 시간은 낭비된 시간이라고 믿고 있다.

37. 나는 식당이나 상점에서 청구서가 과도하게 부과되었다고 생각할 때 조차 웨이터가 나에게 화를 낼지도 모르기 때문에 그것을 지불한다.

38. 나는 종종 내가 우울할 때 나 자신에게 돈을 지출한다.

39. 어떤 사람이 나에게 빚을 졌을 때, 그것을 갚으라고 이야기하기가 겁난다.

40. 나는 절대적으로 해야만 할 때까지 은행을 제외하고 다른 사람들에게 돈을 빌리는 것을 좋아하지 않는다.

41. 나는 사람들에게 돈을 빌려 주기를 선호하지 않는다.

42. 나는 내 친구들 대부분보다 내가 더 유복하다고 생각한다.

43. 나는 그것이 충분한 양이라면 실제로 돈을 위해 합법적인 어떠한 것이라도 할 것이다.

44. 나는 음식이나 꽃과 같은 썩기 쉬운 것들보다 지속되는 것들에 돈을 지출하는 것을 선호한다.

45. 나는 나의 경제적인 승리(임금, 부, 투자 등)에 자부심을 느끼며, 내 친구들이 이에 대해 알게 한다.

46. 나는 내 친구들 대부분보다 더 가난하다고 생각한다.

47. 내 친구들 대부분은 나보다 돈이 더 적다.

48. 나는 친구와 친척들에게 내 상세한 재정 상태를 숨기는 것이 일반적으로 현명한 것이라고 믿는다.

49. 나는 내 배우자(애인 등)와 돈에 대해 종종 논쟁한다.

50. 나는 개인의 봉급이 이들의 능력을 평가하는 데 있어 매우 유용하다고 믿는다.

51. 나는 내 현재 수입이 내 직업을 고려할 때 내가 받아야 할 적당한 수준

이라고 믿는다.

52. 내 친구들의 대부분은 내가 가진 것보다 더 많은 돈을 가지고 있다.

53. 내 현재 수입은 내 직업을 고려할 때 내가 받아야 할 적정 수준보다 더 적다고 믿는다.

54. 나는 내 재정적 상태에 대해 이를 변화시키기 위한 권력과 관련해서 거의 통제하지 못한다고 믿는다.

55. 내가 알고 있는 대부분의 사람들과 비교해서, 나는 이들보다 돈에 대해 더 많이 생각한다고 믿고 있다.

56. 나는 내 재정 상태에 대해 아주 많이 걱정한다.

57. 나는 돈과 내가 돈으로 할 수 있는 것에 대해 종종 공상을 한다.

58. 나는 거지나 술 취한 사람들이 돈을 요구할 때 거의 돈을 주지 않는다.

59. 나는 돈을 저축하는 내 능력이 자랑스럽다.

60. 영국에서 돈은 우리가 서로간에 비교하는 방식이다.

헨리와 빌헬름(1992)은 자아 존중감과 돈에 대한 태도 간의 관계를 조사하기 위해 펀햄(1984)의 도구를 사용하였다. 이들은 예측한 것처럼, 강박적인 낭비가들은 '정상적인' 소비자들보다 비교적 낮은 자아 존중감을 가지고 있으며, 자아 존중감을 향상시키기 위해 돈의 상징적 능력을 반영하는 태도를 갖고 있음을 밝혔다. 연구자들은 다음과 같이 기록하고 있다.

기술적으로, 본 연구의 결과들은 강박적인 낭비가들의 표본과 '정상적인' 소비자 표본 간에 6개의 돈에 대한 태도와 믿음 차원들 중 5개에서 유의한 차이가 있음을 보여 주고 있다. 강박적인 낭비가들은 '정상적인' 소비자들보다 문제의 해결책으로 돈의 중요성에 몰두하고 비교의 수단으로써 돈을 사용하는 경향이 더 많았다. 뿐만 아니라 강박적인 낭비가들은 지위와 권력을 반영하는 방식으로 돈을 지출하고자 하는 욕구를 더 많이 보고하였다. 그러나 강박적인 낭비가들은 '정상적인' 소비자들보다 돈에 대한 전통적이고 보수적인 접근방식은 덜 취하였다. 또한 강박적인 낭비가들은 자신들이 특히 친구들과 비교해서 자신의 욕구를 충족시키기에 충분한 돈을 가지고 있지 못하다고 더 많이 보고하였다. 마지막으로 강박적인 낭비가들은 '정상적인' 소비자들보다 돈을 지출하는 것과 관련해서 더 많은 갈등을 느끼는 경향이 있다고 보고하였다.

(Hanley & Wilhelm, 1992, p.16~17)

린(Lynn, 1991)은 또한 펀햄(1984)의 척도 중 몇 문항만을 사용하여 43개 국가에서 돈에 대한 태도의 국가별 차이를 살펴보았다. 그는 여러 연구들에서 사람들이 금전적 동기를 제공받았을 때 더 많은 직무 노력을 기울인다는 것을 보여 주었다고 주장하였다. 그러나 돈이 사람들에게 인식되는 중요성에서 차이가 나고, 돈을 얻기 위해서 더 열심히 일하는 정도에서는 차이가 가능하며, 돈과 관련된 가치의 강도에서도 국가별 차이가 있을 수 있다.

대부분의 국가에서 돈의 가치와 1일당 수입간에는 통계적으로 유의한 부적인 상관관계가 있었다. 부유한 국가의 국민들은 돈에 대해 더 적은 가치를 부여했다. 성별로는 남성이 여성보다 돈에 더 많은 가치를 부여하는 일반적인 경향을 보여 주고 있다. 대부분의 나라에서 남성의 점수는 여성의 점수보다 높았으며, 오직 인도, 노르웨이와 트랜스케이에서만 이러한 경향이 반대로 나타났다. 이러한 성 차이에서 가능한 설명은 남성이 일반적으로 더 경쟁적이라는 것이다. 또한 나라들마다 돈의 가치와 경쟁성 간에 높은 상관관계가 나타났다.

이러한 결과들은 관련된 미국 연구들과 유사하였다(Rubinstein, 1981; Yamauchi & Templer, 1982). 돈에 대한 태도들은 결코 단일 차원이 아니어서 요인분석 결과, 정신분석 이론에서 도출된 가설적인 요인들뿐 아니라(Fenichel, 1947), 야마우치와 템플러(1982)의 연구에서 나타난 권력, 보유 및 부적절성과 같은 요인들과 매우 유사한 6개의 분명하게 해석 가능한 요인들이 산출되었다. 이러한 요인 중 일부가 불안과 강박증의 임상적 특성들과 더 밀접하게 관련된 반면, 다른 요인들은 권력 및 돈을 획득하는 방식과 더 밀접하게 관련되었다. 또한, 어떤 요인들은 다른 요인들보다 인구학적 변인 및 믿음 변인들과 관련된다는 것이 증명되었다. 돈에 대한 강박 관념은 성, 교

표 2-5 **경험적 연구들 : 방법론적 속성들과 돈에 대한 태도에 영향을 끼치지 않는 인구학적 요인과 성격 요인들**

경험적 연구들	사용된 척도	표본	피험자	지 역	화폐 태도에 영향을 끼치는 요인	화폐 태도에 영향을 끼치지 않는 요인
Wernimont & Fitzpatrick(1972)	의미 차별 척도 수정판(MSD)	533	대학생, 기술자, 수녀	미국의 중서부 도시	직장 경력, 사회 경제적 수준, 성	—
Yamauchi & Templer(1982)	화폐태도 척도(MAS)	300	다양한 직업을 가진 성인	LA와 캘리포니아주의 프레스노	—	수입이 화폐태도에 영향을 끼치지 않음
Furnham(1984)	화폐 믿음과 행동 척도 (MBBS)	356	대학생	잉글랜드, 스코틀랜드, 웨일즈	수입, 성, 연령, 교육	—
Bailey & Gustafson(1986)	화폐 믿음과 행동 척도 (MBBS)	—	대학생	미국의 남서부 도시	성(gender)	—
Gresham & Fontenot(1989)	화폐 태도 척도의 수정판	557	대학생과 이들의 부모	미국의 남서부 도시	성	—
Bailey & Gustafson(1991)	화폐 태도와 행동 척도의 수정판	472	대학생	미국의 남서부 도시	민감성, 정서적 안정성	—
Hanley & Wihelm(1992)	화폐 믿음과 행동 척도 (MBBS)	143	—	피닉스, 투손, 덴버, 디트로이트	강박적인 행동	—
Tang(1992)	화폐윤리척도 (MES)	769	대학생, 학교 직원, 관리자 등	테네시 중부 도시	연령, 수입, 직업 윤리, 사회·정치·종교 가치	—
Tang(1993)	화폐윤리척도 (MES)	68, 249	대학생	대만	—	—
Bailey & Lown(1993)	돈에 대한 과거와 미래 척도(MPFS)	654	대학생과 이들의 친척 및 다른 교수들	미국의 서부 지역	연령	—

경험적 연구들	사용된 척도	표본	피험자	지 역	화폐 태도에 영향을 끼치는 요인	화폐 태도에 영향을 끼치지 않는 요인
Bailey et al. (1994)	화폐 믿음과 행동척도 (MBBS)	344, 291, 328	대학생들과 관련된 고용된 성인들	미국 : 아칸손, 유타 호주 : 빅토리아, 뉴사우스웨일스 캐나다 : 밴쿠버, 브리티시 컬럼비아	지리적 위치	—

출처 : Medina et al. (1996)

육과 수입, 그리고 모든 믿음 변인들, 즉 소외감, 신교도 직업 윤리, 보수주의 등에 따라 유의한 차이가 있었던 반면, 부적절성 요인은 어떠한 변인들에 대해서도 유의한 차이를 나타내지 않았다. 이러한 차이들은 정신분석 이론에 의해서 예측되지 않았다. 또한 소외감은 아주 분명하게 구분되지 않았으며, 따라서 돈에 대한 믿음 및 태도에 대한 편협한 임상적 접근에 의문이 제기된다는 사실을 주목해야 할 것이다.

이러한 연구들은 인구학적, 국적 및 성격 요인들이 돈에 대한 믿음 및 행동과 관련된다는 것을 지적하고 있다. 일관된 유형의 결과가 있긴 하지만, 대단위 표집과 비교 연구가 적기 때문에 확실한 결론을 도출하는 것은 어렵다. 여성, 나이든 사람들, 낮은 사회 인구학적 배경을 가진 사람들과 신경증적 증세가 더 많은 사람들은 돈에 대해 많이 걱정하는 것 같다.

메디나와 동료들(1996)은 연구자들에 의해 개발된 돈에 관련된 많은 질문지들과 돈에 영향을 끼치는 가능한 요소들을 표로 작성하였다(표 2-5 참고). 이것은 이 분야에 종사하는 미래 연구자들에게 아주 유용한 도표이다. 또한 이것은 지난 25년간 돈에 대한 태도에 있어 심리측정적인 관심을 보여 준다. 이 표에 제시된 것은 이 분야의 연구에 관심이 있을 때 선택할 수 있는 다양한 질문지들이다. 질문지 선정은 아마도 세 가지 점에 의존해야 할 것이다: 측정하고자 하는 것과 가장 관심 있는 차원, 질문지의 심리측정적 특성들, 구체적으로 신뢰도와 타당도, 그리고 질문지의 길이와 원래 사용된 국가와 같은 실제적인 고려점들이다. 그러나 이 표는 각 질문지의 요인 구조와 질문지들 간에 상호 중복되는 부분을 제시하고 있지는 않다. 많은 질문지들이 돈에 대한 강박관념, 돈을 보유하는 것에 대한 걱정, 권력의 원천으로서의 돈과 같은 유사한 차원들을 공유하고 있다.

6. 경제적 믿음 측정하기

돈에 대한 믿음들은 단순하고 일반적인 경제적 믿음에 포함되어 있다. 그러나 경제적 믿음을 평가하는 좋은 도구들은 거의 없다. 비록 보수주의와 권위주의를 측정하기 위한 많은 질문지들이 있지만, 이것들은 모두 일반적인 사회적 태도를 측정하기 위한 것들이다. 더구나 이러한 검사들은 종종 모든 점수들이 같은 방향에 있고, 문항들의 대부분이 모호하거나 문화 특정적이라는 사실을 포함하여 여러 근거에서 비판받고 있다. 따라서 연구자들은 신뢰할 만하고 타당하며 경제적이고, 짧고 단순 정확한 도구를 개발하고자 하였다(Wilson & Patterson, 1968).

펀햄(1985a)은 경제적 믿음에 관한 새로운 도구를 개발하기 시작하였다. 이 검사의 이론적 근거는 그동안 매우 성공적이라고 입증된 윌슨과 패터슨 (1968)의 보수주의에 대한 문구 측정을 기초로 하였다(Wilson, 1973; Eysenck, 1976).

그래서 여기에 제시된 해결책은 문항의 명제적 형태를 포기하고 단순하고 간단한 명칭의 목록이나 다양하고 친숙하며 모순적인 이슈를 나타내는 문구를 제시하는 것이다. 이러한 이슈에 관련된 대화와 논쟁들을 하는 과정에서, 응답자들은 이미 일반적인 전집에서 자신들의 위치를 나타내며, 최소한의 평가 반응 범주로 즉각적으로 이들의 '위치'를 알 수 있다고 가정된다. 이러한 문항 형식은 그것이 인지적 과정, 과제 갈등, 문법적 혼란과 사회적 바람직성의 영향력을 감소시키는 하나의 진보이다.

(Wilson & Patterson, 1968, p.174)

비록 이러한 형식이 중다차원적 척도로부터 단 하나의 점수만을 산출할 뿐 아니라(Robertson & Cochrane, 1973), '시대에 맞추고(caught in time)' 지속적으로 최신 자료로 바꿔주어야 하는 단점을 지니고 있지만(Kirton, 1978), 이것은 빠르고 반응 양식을 감소시키기 때문에 많은 이점을 가지고 있다.

펀햄은 정당-정치 팜플렛과 선언서, 근대 영국 정치학 교재, 정치적 믿음

| 표 2-6 | 경제적 믿음 척도(The economic belief scale) : 지시문, 문항, 형식과 점수화 |

경제적 믿음

다음의 내용들 중에서 당신이 지지하거나 믿는 것은 무엇입니까?

네 혹은 아니오에 동그라미를 쳐 주시기 바랍니다. 만약 정말로 확실하지 않다면 ?에 동그라미를 치시기 바랍니다. 옳거나 틀린 답은 없으며, 이것들에 대해 논의하지 마시고, 단지 처음에 생각되는 것에 동그라미를 치시면 됩니다.

모든 문항에 대답해 주시면 고맙겠습니다.

1. 국영화(nationalization)	네 ? 아니오		11. 동맹파업	네 ? 아니오
2. 자기 충족감	네 ? 아니오		12. 비공식적인 불법 고용	네 ? 아니오
3. 사회주의	네 ? 아니오		13. 상속세	네 ? 아니오
4. 자유 기업	네 ? 아니오		14. 보험 체계	네 ? 아니오
5. 노동 조합	네 ? 아니오		15. 의사당(council housing)	네 ? 아니오
6. 저축	네 ? 아니오		16. 사립 학교	네 ? 아니오
7. 폐쇄된 상점	네 ? 아니오		17. 시위(picketing)	네 ? 아니오
8. 통화주의	네 ? 아니오		18. 이윤	네 ? 아니오
9. 공산주의	네 ? 아니오		19. 부유세(Wealth tax)	네 ? 아니오
10. 민영화(privatization)	네 ? 아니오		20. 공공 지출 삭감	네 ? 아니오

출처 : Furnham(1985a)

각주 : 점수화(홀수 문항의 경우 네＝3, ?＝2, 아니오＝1 / 짝수 문항의 경우 네＝1, ?＝2, 아니오＝3).
　　　점수가 높을수록 더 경제적인 좌익(사회주의자) 믿음을 가진다.

과 견해에 대한 질문지를 포함하는 여러 출처에서 많은 문항을 선정하였다. 척도의 기초를 형성하기 위해서 문항들의 전집으로부터 50개의 문항을 선정하였다. 대략 그 문항의 절반 정도가 좌익을, 나머지 절반 정도가 우익의 정치·경제적 관점을 나타내고 있으며, 그로써 반응, 범주 오류를 통제하였다. 주의깊은 자료 검증을 통해서 〈표 2-6〉에 제시된 것과 같이 20개 문항으로 목록을 축소시켰다. 더 나아가서, 이러한 문항들은 아주 다양한 정치적 믿음들을 구분지었다. 돈과 이와 관련된 이슈들은 분명하게 정치적으로 관련되며, 이러한 간편형 척도로써 '우익' 혹은 '좌익'의 사람들이 자신들의 경제적 믿음과 관련해서 얼마나 다양한지를 측정하고자 하였다. 우익, 좌익의 경제적 믿음을 가진 사람들의 비율은 사회·정치적 조건들에 의존하여 종종 시간이 흐름에 따라 변화한다. 이 척도의 심리측정적 타당도는 증명되고 있는 반면, 이것이 돈과 관련된 연구에는 아직 사용되고 있지는 않다.

7. 실제 통화에 대한 가치 지각 실험

돈에 대한 태도들은 실제 통화에 대한 국민들의 반응을 아주 구체적인 수준에서 살펴봄으로써 연구되어 왔다. 연구의 한 가지 이유는 통화에 대한 대중의 오해나 오용이 그것이 변화하는 것에 대한 반발에 따른다는 것이다. 비록 '플라스틱'과 '전자' 화폐에 의해 추월 당하기는 했지만, 지폐와 주화는 여전히 대부분의 국민들에게 있어 돈의 물리적 형태이다. 국가 통화에 대한 태도를 살펴보는 것은 확실히 돈에 대한 태도와 관련된 통찰력을 제공해 준다.

1947년에 수행된 한 가지 실험은 여러 국가에서 주화 심리학에 관한 많은 연구를 유발하였다. 브루너와 굿맨(1947)은 가치와 욕구가 정신 신체적 지각에 매우 중요한 역할을 한다고 주장하였다. 이들은 다양한 일반 가설들을 세웠다. 사물에 대한 사회적 가치가 크면 클수록 그러한 강조에 더 많이 영향 받을 것이며, 사회적으로 가치있는 사물에 대한 개인의 욕구가 크면 클수록 행동적 결정 인자들이 더 많이 작용할 것이다.

부유하거나 가난한 10세 아동들에게 동전의 크기에 상응하는 동그란 불빛의 크기를 측정하게 하였다. 또 다른 통제 집단의 아동들에게는 동전과 같은 크기의 마분지로 만든 동그라미와 동그란 불빛의 크기를 비교하게 하였다. 예측한 것처럼 이들은, 동전이 마분지로 만든 회색 동그라미보다 그 크기에서 더 크며, 동전의 가치도 더 크다고 판단하였고, 실제 크기와 피험자가 선택한 크기간의 편차가 더 컸음을 밝혔다. 또한, 가난한 아동들이 부유한 아동들보다 동전의 크기를 상당히 과잉 추정하였다. 더욱이, 이것은 현재의 동전과 기억 속의 동전 모두에 적용되었다.

이 실험이 주관적인 가치와 객관적인 욕구가 실제로 물리적 사물의 지각에 영향을 끼치는 것을 보여 주었기 때문에 이 연구는 상당한 관심을 유발시켰고, 많은 복제연구들이 수행되었다. 여러 나라에서(McCurdy, 1956; Dawson, 1975) 다양한 동전과(Smith et al., 1975) 포커 칩을 가지고(Lambert et al., 1949) 연구들이 수행되었으며, 비록 결과마다 약간의 차이가 있긴 했지만, 연구 결과는 일반화가 가능하였다. 타이펠(Tajfel, 1977)은 대략 20개의 실험들이 '과잉추정 효과'를 나타냈으며, 오직 두 개의 실험만이 부적 결과를 산출하였다고 하였다. 거의 모든 연구자들이 동기를 제공하거나 가치가 있는 자극이 크기, 무게, 밝기뿐 아니라 중대성에 대한 피험자의 지각 판단에 영향을 끼쳤음을 밝혀낸 것이다.

또한 다른 방법론을 사용해서 가치, 크기 가설을 살펴본 두 가지 연구가 있다. 하치콕과 동료들(1976)은 '가난한 나라의 국민들이 부유한 나라의 국민들보다 주관적인 욕구가 더 큰지, 그리고 국가의 주조 화폐가 욕구 수준을 제도적으로 표현하는지'(p.307)를 알아보기 위해서 84개 국가의 1인당 수입과 통화의 평균 크기를 비교하였다. 이들은 1인당 GNP와 각 국가에서 조폐된 모든 주화의 평균 크기간에 $-.19(p<.05)$의 상관이 있으며, 1인당 GNP와 가장 가치가 적은 주화의 크기간에는 $-.25(p<.025)$의 상관이 있다고 하였다. 이들은 이러한 자료가 심리적 관점으로부터 제도적 수준의 자료를 살펴보는 것이 실제적으로 유용함을 나타내는 것이라고 결론내렸다. 각 나라의 가장

낮은 수준의 주화와 비교될 때 특히 차이가 더 많이 나타났다. 가난한 나라의 정부는 비록 낮은 가치의 주화가 매우 적게 구매된다 하더라도, 만약 주화에 상당한 크기와 무게가 주어질 수 있다면 적어도 심리적으로 안심시키는 원리를 사용하는 것으로 보였다.

펀햄(1985a)은 소액 동전의 가치 지각에 관한 관찰 연구를 하였다. 피험자들의 행동은 동전에 대한 그때의 지각된 가치 지표라고 가정되었다. 구체적으로, 주화의 가치는 그것이 주워 올려지는 횟수와 선형적 관계가 있을 것이라고 가정한 것이다. 영국에서 가장 적은 액수의 동전 네 가지를 거리에 떨어뜨리고, 그 동전을 본 사람들이 반응하는 방식을 관찰자들이 기록하였다. 200명이 넘는 사람들을 관찰하였는데, 가장 적은 액수의 동전(1/2펜스)을 본 사람들 중 56명이 동전을 무시하였고, 44명은 1펜스 주화를, 16명은 2펜스 주화를, 10명은 5펜스 주화를 무시하였다. 화폐가 금기시되고 또한 정서적으로 부과된 주제라는 사실 때문에, 이와 같이 쉽게 눈에 띄지 않는 측정은 고인플레이션 시기, 실직이나 주조 화폐가 변화한 시기에는 특히 유용하다고 결론내렸다.

실제 주화 및 지폐와 관련된 심리적 요소들은 약간의 주의를 받아 왔다. 브루스와 동료들(1983a)은 영국의 현 통화 체계에 존재하는 다양한 주화들과 비교해서 그것의 가치가 상대적으로 적은 두 개의 새로운 주화가 도입된 것에 관심을 가졌다. 이것들은 소액의 동전이 생산가가 싸고, 다루기가 쉬우며, 다른 나라의 주화를 영국 주조 화폐에 맞추기 위해 만들어졌다. 정부기관에 의해 많은 연구들이 수행되었다. 일련의 예비 연구들에서 이들은 주화를 더 가치 있어 보이게 만드는 것은 주화의 색이 아니라, 그것의 두께와 정교한 가장자리 처리라는 것을 알았다. 더 나아가서 영국에서 유통되는 보통 동전보다는 '7각형 주화'가 더 가치 있게 여겨졌다. 주요 연구에서 이들은 자국의 성인 피험자들이 주화의 가치를 전달하는 특성들에 관해서 특정한 '규칙'을 따르는 것을 알았다. 이러한 규칙들은 주화의 모양, 색, 가장자리와 측면에 관한 것들이었다.

두 번째 일련의 연구에서 브루스와 동료들(1983b)은 영국의 새로운 1파운드짜리 주화가 현존하는 주화들과 혼용되는 정도를 살펴보았다. 이들은 새로운 주화가, 가치는 1/12이고 다른 색을 띠었으나 유사한 원주를 가진 주화와 쉽게 혼동될 수 있음을 알아냈다. 각각 다른 가치를 가진 주화가 같은 모양과 원주를 가질 경우, 각 주화의 구분이 가능하도록 더 가치가 많은 주화의 두께를 두껍게 하여 그 무게의 차이를 충분히 크게 하는 것이 가장 중요하다. 이들은 대중에게 혼란을 주는 문제들을 연구하기 위해서 주화가 유통되기 전에 더 많은 인간 환경 공학의 작업이 필요하다고 결론내렸다.

브루스와 동료들(1983a, b)의 두 가지 연구는 사람들이 자국의 통화를 지각하는 방식과 관련된 것들이었다. 그러나 사람들이 자신과 친숙하지 않은 주화들을 규명하는 방식과 관련해서 수행된 연구들도 있다. 펀햄과 와이즈만(1985)은 영국에 한 번도 와 본 적이 없고, 영국 통화 전체를 본 적이 없는 60명이 넘는 미국인들에게 모든 영국 주화들을 보여 주었다. 오직 한 명의 피험자만이 그 가치에 맞게 주화들의 순위를 매길 수 있었다. 표본의 절반 이상이 가장 적은 가치의 1펜스, 1/2펜스의 상대적인 가치를 규명할 수 있었던 반면, 표본의 1/3 이하의 사람들은 상위 가치의 5개 주화들의 순위를 정확하게 규명하였다. 두 번째 연구에서 연구자들은 4~5세와 9~10세 아동들에게 모든 주화들을 보여 주면서 영국 주화에 대해 다양한 질문을 하였다. 예를 들어, '어떤 동전으로 가장 많은 것들을 살 수 있을까?', '10펜스 동전을 지적해 봐'라고 하자, 9~10세 아동들은 대략 90% 이상이 정확한 응답을 한 반면, 4~5세 아동들은 종종 틀린 대답을 하였다. 4~5세 아동들은 미국 성인들이 했던 것과 동일한 원리에서 그렇게 반응했던 것 같았다. 즉, 선택을 하게 했을 때, 아동들과 외국의 성인들은 크기가 그 주화의 가치와 정적으로 상관되며, 은화가 동이나 금색을 띤 주화보다 더 많은 가치가 있다고 가정하였다.

또한 화폐의 인식에 끼치는 인플레이션의 영향을 살펴본 두 연구가 있다. 한 연구는 주화를 사용하고, 다른 연구는 지폐를 사용하였다. 피험자들에게 종이로 만든 동그란 주화나 직사각형의 지폐를 보여 주고, 정확한 크기를 추정하게 하였다. 리(1981)는 피험자들이 인플레이션에 따라 동일한 주화들의 크기를 과대 추정하는 경향이 있음을 보여 주었다. 즉, 피험자들은 오래된 이전의 십진제 통화의 이름(2실링)을 새로운 이름인 10펜스의 주화보다 더 높은 가치가 있다고 추정하였다. 비록 여러 대안적 가설이 있긴 하지만, 가장 만족스런 설명은 인플레이션이 같은 크기의 동전의 실제 가치를 축소시켰기 때문에, 그것들을 더 가치가 적은 주화로 지각한 것으로 보인다. 펀햄(1983)은 지폐에서도 같은 현상이 나타난다는 증거를 발견하였다. 피험자들에게 1979년에 유통이 금지된 1파운드짜리 지폐와 현재 유통되고 있는 1파운드짜리 지폐의 모양에 상응하는 직사각형을 찾게 하였다. 지폐들은 색, 모양, 디자인에서 약간 차이가 났으나, 크게 보면 유사하였다. 예측한 것처럼, 피험자들은 예전의 지폐의 크기를 과대 평가하였고, 새 지폐는 과소 평가하였다.

이를 고려해 보면, 이러한 연구들은 가치/욕구 화폐-인식 가설과 실제 화폐의 지각된 크기에 끼치는 인플레이션의 영향에 대한 증거를 제공해 준다. 이러한 결과들은 단지 실제 주화와 지폐보다는 화폐의 추상적이고 모호한 개념을 추정할 수 있다. 정말로, 이러한 결과들은 더 가난한 사람들이 화폐의 위력을 과대 추정하는 것과 같은 비실험적 관찰들이 옳다는 사실을 확인해 준다.

8. 결 론

모든 사람들이 실제 통화뿐 아니라 화폐의 추상적인 개념에 대해 아주 복잡한 일련의 태도들을 가지고 있다는 전제에 대해서는 대부분 동의할 것이다. 화폐는 분명히 상징적이고, 도덕적이고, 정서적인 의미를 지니고 있다. 이러한 태도는 사람들이 돈을 사용하는 방식에서 중요한 역할을 한다. 즉 이들이 강박적인 절약가인지 방탕한 낭비가인지, 돈이 고통이나 쾌락을 포함하는지, 그리고 신성시되거나 세속적인지를 구분하는 것이다. 인류학, 사회학, 그리고 심리학 문헌들에서 분명히 드러나는 것은 화폐는 결코 무가치하지 않으며, 돈을 냉정하고, 무관심하며, 경제적이고 합리적으로 사용하는 사람은 거의 없다는 것이다.

이 분야의 연구자들은 자기보고식 질문지를 통해서 화폐 태도들의 기본적 구조를 이해하고자 하였다. 과거 25년에 걸쳐서 거의 12개의 다양한 도구들이 화폐 태도의 기초가 되는 기본적 차원들을 연구하려는 목적으로 만들어지고 심리측정적으로 검증되었다. 요인들의 기본적 개수나 기술되어야 하는 방식에 대해서는 일치되지 않았지만, 약간의 중복되는 부분은 있을 수 있다. 예를 들어, 많은 도구들은 돈이 어떤 사람이 다른 사람에게 영향을 주고 인상을 남기기 위해 사용될 수 있는 그 어떤 것으로 보여지는 권력, 위신, 지출에 대한 태도들을 보여주고 있다. 또한 대부분의 도구들은 절약하고, 투자하고, 돈의 사용을 주의깊게 계획하는 것과 관련된 보유 요인들에 대한 증거도 알아냈다.

화폐에 대한 태도를 측정하고자 한 자기보고식 질문지뿐 아니라, 화폐 윤리와 같은 구체적인 개념들이나 경제적 믿음과 같은 일반적인 개념들에 관련된 연구들도 있다. 이러한 연구들이 보여 주는 것은 화폐에 대한 태도들이 정치적 믿음과 투표 의도와 같은 것들과 필수적으로 관련된다는 것이다.

질문지 연구들뿐 아니라 실험 사회심리학자들은 아동과 성인들이 자국의 주화와 은행 지폐들에 반응하는 방식을 살펴보았다. 지폐의 가치와 크기에 대한 추정간의 관계에서처럼 매우 일관된 결과들이 관찰되었다. 사람들이 돈을 사용하고, 인식하며, 이에 반응하는 방식은 분명히 중요한 이슈이다. 연구들이 보여 주는 것은 바로 강력한 감정들로 그것이 채색된다는 것이며, 모든 연구들이 중심 주제들을 확증하고 있다는 것이다.

아동과 청소년들의 경제적 사회화에 대한 이해

1. 들어가는 말

최근까지 젊은이들을 대상으로 이들의 경제적 믿음과 행동의 유관성을 연구한 자료는 거의 없었다(Furnham & Lunt, 1996). 지식 기반의 내용에 반대되는 것으로서, 지식과 믿음이 획득되는 방식에 대한 연구들은 더 적었다(Berti & Bombi, 1988; Haste & Torney-Purta, 1992). 최근에 와서야 연구자들은 소비, 저축, 마케팅 그리고 일과 관련된 지식과 같은 경제적 이슈들에 대해 젊은이들이 어떻게 생각하는지 연구하기 시작하였다.

물론 교육자들은 매우 오랜 기간 동안 이러한 논점들에 대해서 관심을 가져왔다. 금세기가 시작될 무렵에도 아동과 화폐에 관심을 가진 논문들은 있었다(Kohler, 1897; Dismorr, 1902). 그 이후에도 화폐에 대한 아동들의 지식과 일을 한 경험과 같은 것들에 상당한 연구와 관심을 기울여 왔다(Witryol & Wentworth, 1983; Mortimer & Shanahan, 1994).

아동과 청소년들의 경제적 사회화를 자세히 검증하는 것은 학구적 관심일뿐만 아니라 응용학문적인 관심이기도 하다. 1996년에 영국의 14~16세 청소년들이 사용할 수 있는 현금은 일주일에 10.53파운드였다. 이것은 아르바이트로 번 돈 4.62파운드, 부모로부터 받은 용돈 3.07파운드, 그리고 나머지는 친구나 친척들로부터 선물로 받은 돈으로 구성되었다. 심지어 5~7세 아동들도 매주 2.41파운드를 지출하였다(Walls Monitor, 1996). 독일의 7~15세 아동들은 1988년에 부모로부터 받은 용돈과 선물로 받은 돈이 75억 마르크(190억 파운드)이었으며, 12~21세 젊은이들의 지출은 그 해 330억 마르크(820억 파운드)에 달하였다. 대부분의 서구 민주사회에서 18세 젊은이들은 은행 계좌를 가질 수 있으며, 투자를 할 수 있고, 채무를 질 수도 있다.

젊은이들의 경제에 대한 이해와 인식의 다양한 측면들, 화폐와 소유에 대한 태도, 소비와 지출 습관들은 학교에서 경제 원리들을 교육할 때뿐만 아니라 심리학자, 교육학자, 마케팅에 종사하는 사람들, 그리고 심지어는 경제학자들과도 관련된다(Furnham & Stacey, 1991; Lunt & Furnham, 1996).

2. 아동의 돈에 대한 개념

아동들은 경제에 관해 무엇을 알고 있는가? 이들은 경제에 관한 자신들의 지식을 어떻게, 그리고 어느 연령에서 획득하는가? 경제에 관한 이들의 지식과 믿음은 성, 연령, 국적, 사회 · 경제적 배경, 화폐에 대한 경험들에 의해서 어느 정도 차이가 있는가? 이 분야에서 가장 중요하고 실용적인 연구는, 피아제의 관점에서 일, 돈, 상품, 생산 수단과 소유권을 아동들이 어떻게 구성하는지와 같은 이슈를 살펴본 것으로, 두 명의 이탈리아 여성(Berti & Bombi, 1988)에 의해 수행되었다. 이들은 일련의 매우 창의적인 면접과 게임놀이 등의 연구들을 통해 아동들이 이윤과 같은 경제적 개념들과 은행과 같은 제도들을 이해하는 방법과 시기를 기술하고자 하였다.

런트(1996)는 아동의 경제적 사회화에 관한 연구가 세 가지 단계로 이루어져 왔다고 제안하였다. 첫째, 아동이 경제적 생활에 대한 이해를 발달시킨다는 것을 보여주는 몇 편의 기술적 연구들이 있었다. 둘째, 연구자들은 인지

발달 단계에 관한 피아제 이론에 입각하여 경제적 문제들에 대한 아동들의 이해를 기술하고자 하였다. 셋째, 경제적 이해에 관한 인지 발달 양태를 설명하기 위해 사회적 요소들을 도입한 연구들이 진행되고 있다. 이러한 '제3의 물결'은 1980년대 중반 이후에 경제적 사회화에 대한 연구들이 활발히 진행되고 있음을 보여 주고 있다.

슈트라우스(1952)는 돈과 관련된 개념 발달을 검증한 첫번째 사람들 중 하나였다. 그는 1952년 연구에서 네 살 반에서 열한 살 반까지의 아동 66명을 면접하고, 아동 발달에 대한 피아제식 개념을 사용하여 9개의 발달 단계들로 분류하였다. 슈트라우스에 따르면, 아동의 돈에 대한 개념은 돈으로 어떤 것을 살 수 있다고 믿는 것에서 시작하여, 사춘기 무렵에는 완전히 성인의 수준으로 돈을 이해하는 단계로 발달한다. 6년 후에 단찌거(1958)는 아동의 사회성 개념 발달이 피아제의 인지 발달의 이론적 모형에 적용될 수 있는지를 검증하기 위해서 5~8세 아동 41명에게 돈, 부자와 가난한 사람, '보스'에 대해서 질문하였다.

단찌거는 직접 경험이 그 다음 수준의 개념으로 발달하도록 조장한다고 믿었다. 그의 연구에서 아동들은 생산의 측면보다는 경제적 교환에 대한 이해의 수준이 더 높은 것으로 나타났으며, 그는 이것을 아동들이 일과 관련된 경험이 아니라 구매하는 경험을 했다는 사실과 관련지었다.

슈톤(1962)은 돈과 자본의 축적에 대해서 6~13세 아동 85명을 면접하였다. 연령, 지능, 사회 경제적 배경과 상관없이 이들 응답의 대부분은 개념화의 초기 단계에 속하였으며, 경제 개념 발달에 있어서 직접 경험의 중요성을 강조하였다.

야호다(1979)는 근로자 계층에 속하는 6~12세의 스코틀랜드 아동 120명을 대상으로 면접자는 고객과 공급자의 역할을 하고, 아동들은 가게 주인 역할을 하는 역할 놀이 연구를 하였다. 아동들의 반응은 구매와 판매 가격간의 차이가 현실화되었는지에 따라 군집화되었다. 연구 결과들은 대부분의 아동들이 대략 11세가 될 때까지 이윤의 개념을 이해하지 못하고 있음을 제안하였다. 이에 뒤이은 면접 결과, 이윤 개념에 대한 아동의 이해 발달은 3단계를 거쳐 발달하였다. 첫번째 단계에서는 이윤에 대해서 전혀 모르던 아동들이 이윤을 관찰된 의식으로 개념화한다. 두 번째 단계에서는 비록 두 활동 간의 가격에 차이가 없긴 했지만 구매와 판매가 점차적으로 서로 연관된 것으로 인지하는 행동 체계를 보인다. 마지막 단계에서 가게 주인이 부과하는 가격과 지불하는 가격 간의 차이를 이윤으로 이해했다.

뷰리스(1983)는 인지 발달상 각각 전조작기, 구체적 조작기, 형식적 조작기에 속한 32명의 아동들의 대답으로부터 질적인 인지 단계의 연속과정을 통해서 지식이 발달한다는 피아제 관점을 지지하였다. 최근에 라이저(1983), 슈크와 버키(1985), 그리고 시본과 웨크스트롬(1989)도 이러한 결과들을 지지하였다. 또한 슈크와 버키(1985)는 단찌거처럼 아동들의 경제적 이해가 그들 자신의 경제적 경험에 따라 어느 정도 달라진다는 점을 강조하였다.

시본과 웨크스트롬은 아동들의 경제에 대한 지각을 사회적 존재로서 도덕적·사회적 규준에 의해 추동된 homo sociologicus의 관점으로, 더 나이가 많은 아동들의 경우에는 경제적 존재로서 개인적인 쾌락의 만족을 위해 추동되는 homo economicus 관점으로 특성지었다. 그들은 8, 11, 14세의 세 연령 집단 중에서 가장 어린 연령 집단에게 경제 담당자에 대한 개념과 활동에 대해 질문할 때, 먼저 담당자들이 행복할지 불행할지를 물어 보는 것이 필요하다고 느꼈다. 예를 들면 '신발 소매업자들은 신발 가격의 하락에 대해 행복할 것이다. 왜냐하면 "사람들이 돈을 절약할 수 있으니까"' 등이다. 어린 아동들의 대답은 다른 사람들을 개인적인 만족을 위한 수단, 제약이나 장애들로 보는 경제적 사고라기 보다는 다른 사람들이 자신의 행동을 중요한 것으로 승인하는지 혹은 승인하지 않는지 등 다른 사람들을 고려하는 도덕적이거나 '기독교적인' 것으로 나타났다. 그러나 더 나이가 많은 아동들은 경제를 자신의 부를 증가시키기 위한 기회 탐색과 같은 도구와 개인의 행위로 지각했다.

그동안 비록 아동의 경제 개념 발달에 관한 피아제식 관점을 지지하는 여러 연구들이 있긴 했지만, 이러한 연구들은 단계들의 수가 각기 다양하였다. 이것은 다음과 같은 몇 가지 이유 때문인 것으로 생각된다. 피험자의 연령 범위, 각

표 3-1	경제적 이해의 발달 연구들에서 나타난 시기, 표본, 단계			
연구자	연 도	피험자 수	연령 범위	단 계
Strauss	1952	66	4.8 ~ 11.6	9
Danziger	1958	41	5 ~ 8	4
Sutton	1962	85	1 ~ 6학년	6
Jahoda	1979	120	6 ~ 12	3
Burris	1983	96	4/5, 7/7, 10/12	3
Leiser	1983	89	7 ~ 17	3

연구마다의 총 피험자 수, 그리고 단계들간의 경계를 정의하는 데 있어 정확성의 정도가 다양하였다.

〈표 3-1〉에는 단계의 수, 전이 시점, 각 단계의 이해 내용들이 제시되어 있다. 최근의 연구 경향은 하위 단계들이 조합되어 있는 것으로 보이긴 하지만, 세 개의 광범위한 주요 단계들을 1) 이해하지 못함, 2) 약간의 분리된 개념들을 이해함, 3) 분리된 개념들을 완전히 이해함으로 정의내리고 있다. 하지만 이러한 단계들이 다양한 경제 개념에 대한 아동의 이해가 항상 동시적으로 발달한다는 것을 의미하는 것은 결코 아니다. 단찌거(1958)가 강조했던 것처럼, 아동들은 일에 대한 경험은 하지 않았지만 구매와 판매에 대한 경험을 했기 때문에 구매와 판매에 대한 아동의 이해는 일에 대한 이해보다 더 한층 발달할 것이다.

모든 단계 이론들은 다음과 같은 모호한 가정들을 많이 가지고 있는 것으로 보인다. 발달의 연속 과정은 고정되어 있다. 아동과 청소년들이 반드시 발달해 나가는 이상적인 최종 상태가 있다. 어떤 행동들은 선행 능력들과는 아주 달라서, 우리가 아동이나 청소년들을 어떤 단계에 속하거나 속하지 않는 것으로 규명할 수 있다. 이와 대조적으로 비단계 이론들은 환경 요소들이 발달적 반응들의 다양성을 창출하는 더 많은 능력을 가진다고 보기 때문에 사람들이 반드시 하나의 최종 단계로 진보해 간다고 보지는 않는다. 이 이론에서는 연속선의 끝부분에서는 대부분의 젊은이들이 단계들 사이의 짧고 갑작스러운 전환을 하면서 특수한 몇 가지 단계 중 하나에 머문다는 것을 보여 준다.

경제적 요소들이 사회와 대인간 관계에서 권력의 기저를 형성하고, 따라서 아동이 발달시키는 개념과 이데올로기가 교육학자들과 정치가들에게 주요한 관심거리가 된다는 점은 특별하다(Webley, 1983, 1996). 그러므로 그 사회의 경제적 구조와 아동의 환경을 경제적 경험에 노출시켜 특징짓는 것은 중요하며, 필요성은 경제 개념들을 다른 개념들의 발달과 구분짓는 측면이다. 이러한 의미에서 역사와 정치에 대한 이해와 마찬가지로, 경제에 대한 이해도 물리, 화학, 기상학에 대한 이해와는 차이가 있다. 사회적 가치와 이데올로기는 전자가 아닌 후자에 언급된 것들과 밀접한 관계에 있으며, 이것들을 이해하는 데 많은 영향을 끼칠 수 있다.

인지 단계 이론에 대한 비판도 증가하고 있다. 다킨슨과 엠러(1996)는 인지발달 접근이 국민들을 비차별화된 대중으로 모호하게 다루며, 경제적 지식의 결정요인으로서 사회 계층의 역할을 무시한다고 주장한다. 이들은 사회적 역할이 다양한 사람들 간의 경제적 거래를 발생시킨다고 믿고 있다. 경제와 사회는 뒤엉켜 혼합되어 있으며, 아동이 사회화되는 더 넓은 사회적 세상과 구분되는 분명하고 단순한 경제 지식의 영역은 없다. 다양한 사회적 집단들은 다양한 경제적 지식을 소유한다. 부에 관한 지식은 발달이 느리며, 맥락 효과들은 경제적 결핍보다는 경제적 지식의 사회적 분포를 반영한다. 이들은 체계적인 계층 차이가 있어서 근로자 계층의 아동들은 임금 차별의 기저로써 개인적 노력을 강조하는 반면, 중산층 아동들은 자격의 중요성을 인지하고 있다고 주장한다. 이들은 이러한 귀인의 차이가 자격이 없는 것을 정당화시키고, 사회적으로 분배된 경제적 자원 그대로의 상태를 강화하는 이기적인 편견을 야기한다고 주장한다.

이와 유사하게, 라이저와 가닌(1996)도 분배 체계를 선택하는 데 있어서 사회적 결정요인들에 대한 연구를 하여 인구학적, 사회적, 심리적 변인들 간의 복잡한 관계를 보고하였다. 증가된 경제적 개입은 자유 기업들에 대한 지원과 관련되었다. 중산층 청소년들은 자유 자본주의 관점을 지지한 반면, 근로자 계층의 청소년들은 자격이 부족함을 더 많이 고려하였다. 따라서 사회적 조건들은 가정 내에서의 재정 분배 체계에 영향을 끼치며, 경제에 대해 특정 지향을 하는 소비자들을 창출시키고, 이것은 다시 그 경제의 현존하는 사회적 조직을 재생산하게 된다.

돈과 관련된 경험은 분명히 부모의 사회화, 학교와 일상에서의 경험들뿐 아니라 인지적 동기화를 통해서 아동들과 청소년들이 얼마나 빨리 경제적 세계를 이해하게 되는지를 결정짓는다. 이러한 많은 요소 중 어떤 것이 가장 강력한 '교육적 효과'를 나타내며, 그것은 어떻게 작용하는가?

3. 경제적 사고의 발달에 대한 연구

경제 세계의 다양한 측면을 아동이 어떻게 이해하고 있는지에 관한 연구도 상당 부분 수행되긴 하였지만, 이것들은 특정 주제에 집중되어 있는 것으로 보인다(Berti & Bombi, 1988). 예를 들어 내기하기, 세금, 이자율, 경제 변동 혹은 인플레이션에 관한 젊은이들의 지식에 대한 연구는 거의 없다. 비록 옛 유고에서 수행된 자브코벡과 폴릭(Zabukovec & Polic, 1990)의 연구에서 아동의 대답들은 분명하게 '어려움'이 항상 경제적 세계에 노출된 그 상황에 의존한다는 것을 보여 주면서 인플레이션 등의 당시 경제적 상황의 측면들을 반영하긴 했지만 이러한 개념들이 아동들이 이해하기에는 너무 어렵다고 여겨지기 때문일 것이다. 그러나 소유와 소유권, 부와 가난, 기업, 가격, 임금, 화폐, 구매와 판매, 이윤과 은행 같은 주제에 대한 상세한 연구들이 있다. 서구 사회에서 모든 경제적 상호작용의 공통 요소는 화폐이며, 화폐에 대한 이해는 모든 다른 개념들의 선행 요건이 된다.

1) 돈의 의미와 중요성

임상가인 매튜스(Matthews, 1991)는 성인이 될때까지 자신의 부모에게 받았던 다음의 '메시지들'을 기록하였다. 그들이 그렇게 잘 기억할 수 있다는 사실과, 그러한 것들이 화폐에 관한 이들의 지속적인 행동에 영향을 끼쳤다는 사실은 초기 사회화의 힘을 보여 주는 것이라 할 수 있다.

- 어머니는 가난한 사람들만 천국에 갈 수 있다고 말씀하셨다.
- 아버지는 범죄자들만 부자가 된다고 말씀하셨다.
- 부모님은 우리가 돈을 가지고 있다는 사실을 그 누구도 알지 못하게 할 것을 나에게 주의시켰으며, 그것들이 우리에게 불운을 가져올 수도 있음을 주지시켰다.
- 부모님은 테니스장이 있는 집을 살 정도로 우리가 부자이기 때문에 내가 인기 있는 아이라고 말씀하셨다. 그들은 나에게 아주 솔직하게, 만약 우리가 돈이 없었다면 우리는 친구들도 가질 수 없을 것이라고 말씀하셨다.
- 부모님은 내가 커서 성공을 해야 한다고 말씀하셨고, 재정적으로 성공하지 못하게 된다면 결국 '자선을 받는 존재'가 될 것이라고 말씀하셨다.
- 어머니는 항상 똑똑한 여성이라면 자신이 돈을 벌 수 있는 능력이 있다는 것을 남성들이 알게 해서는 결코 안 된다고 말씀하셨다.
- 아버지는 남성은 자신이 돈을 가지고 있다는 것을 여성들이 알게 해서는 결코 안 되며, 여성들이 자신에게서 돈을 뺏을 방법을 찾게 놓아 두어서도 안 된다고 항상 말씀하셨다.
- 부모님들은 돈을 버는 '비법'이 있긴 하지만, 우리 가족의 어느 누구도 그것이 무엇인지를 알지 못한다고 말씀하셨다. 많은 돈을 버는 것은 오직 '다른 특출한 사람들'만이 가능한 것이었다.
- 아주 부유하셨던 부모님은 내가 애원하지 않고서는 나에게 한 푼도 주시지 않으셨다. 그들은 우리가 '하루아침에 무일푼이 될 수 있다'는 것을 결코 잊어서는 안 된다고 하셨다. 때로 나는 내가 깨어났을 때 배고프고 추울 수 있다는 두려움 때문에 눈을 감는 것이 두려워서 잠자리에서 깨어 있는 상태로 누워 있었다.

(Matthews, 1991, pp.70~71)

돈은 오늘날 거의 모든 경제 활동의 기초가 되기 때문에, 이에 대한 완전한 이해는 신용이나 이윤과 같은 더 추상적인 개념들의 분명한 선행요건이 된다. 아동은 부모가 어떤 것을 구입하거나 파는 것, 용돈을 버는 것 등을 보고 처음으로 돈과 접하게 되지만, 여러 연구에 의하면 아동이 스스로 돈을 사용하는 것이 반드시 돈의 의미와 중요성의 완전한 이해를 의미하는 것은 아니다. 어린 아동들의 경우, 가게 주인에게 돈을 주는 것은 단순한 의식일 뿐이다. 이들은 돈의 기원뿐 아니라, 주화의 다양한 가치와 교환의 목적을 인식하지 못한다. 따라서 아동들은 더 추상적인 개념을 숙달하기 전에 돈의 속성과 역할을 이해할 필요가 있다.

노동의 대가로 돈을 지불받는 것에 관한 아동들의 개념을 연구하기 위해서, 버티와 봄비(Berti & Bombi, 1979)는 자신들이 생각하기에 돈을 이용할 수 있는 시기인 3~8세 아동을 각 연령 수준에서 20명씩 100명을 면접하였다. 이들도 단계 이론을 만들었으나, 구체적으로 돈에 집중하였다. 네 가지 반응 범주가 나타났다. 수준 1의 아동들은 돈의 기원에 대한 어떠한 개념도 없었다(아버지는 자신의 주머니에서 돈을 꺼낸다). 수준 2의 아동들은 돈의 기원을 노동과는 독립된 것으로 여긴다(누군가 혹은 은행은 돈을 필요로 하는 모든 사람에게 돈을 준다). 수준 3의 아동들은 물건을 구매할 때 상인들이 주는 잔돈을 돈의 기원으로 명명했다. 오직 수준 4의 아동들만이 노동을 그 이유로 언급하였다. 4~5세 아동들은 대부분 수준 1의 대답을 하였고, 반면 6~7세와 7~8세 아동들은 대부분 수준 4의 대답을 하였다. 노동의 대가로 지불받는 수준 4의 개념은 돈의 기원을 이해하기 위한 선행요건인 노동의 개념을 아동들이 아직 이해하지 못한 수준 2와 3에서의 자발적이고 잘못된 다양한 믿음에서 발달한다. 비록 이 수준에서 아동들은 자신의 부모가 가정 밖 활동에 참여하고 있다는 것을 때로 인식하긴 하지만, 노동을 언급하지는 않았으며, 심지어는 노동의 필요성조차 알지 못하였다.

2년 후에, 버티와 봄비(1981)는 3~8세 아동 80명을 대상으로 돈의 개념과 가치에 대한 또 다른 연구를 수행하였다. 그들은 슈트라우스(Strauss, 1952)와 다른 연구자들의 연구를 기초로 해서 6개의 단계를 선정하였다 : 단계 1은 지불에 대한 어떠한 인식도 없음, 단계 2는 의무적 지불(화폐의 다양한 종류들을 구분하지 못하며, 돈으로 어떠한 것도 살 수 있다), 단계 3은 화폐 유형들 간의 구분을 함(모든 돈이 더 이상 동등한 가치가 있는 것이 아니다), 단계 4는 돈이 충분하지 않을 수 있다는 것을 인식함, 단계 5는 돈과 사물 간의 엄격한 관계

를 앎(정확한 양이 주어져야만 한다), 단계 6은 잔돈을 정확하게 사용함. 실험
결과는 처음의 네 가지 단계는 전조작기 아동들에게서 분명하게 나타나는
반면, 뒤의 두 가지 단계에서 수학적 계산이 성공적으로 적용되었다.

폴리오와 그레이(Pollio & Gray, 1973)는 7, 9, 11, 13세의 아동 및 대학생
100명을 대상으로 '잔돈 거슬러 주기 전략' 연구를 수행하였으며, 이 결과
13세가 되기 전의 모든 연령 집단은 잔돈을 정확하게 주지 못하였다. 어린
피험자들은 잔돈을 줄 때 그들에게 더 친숙한 소액의 주화를 선호한 반면,
나이가 든 아동들은 모두 이용 가능한 주화들을 사용하였다. 최근의 연구들
은 아동들의 실제 화폐 행동들을 살펴보고 있다. 예를 들어, 아브라모비치와
동료들(Abramovitch et al., 1991)은 용돈을 받은 캐나다 아동들이 그렇지 않은
아동들보다 돈에 관해 더 정교화되어 있는 것 같다고 하였다. 이러한 주제는
후에 더 자세히 다루어질 것이다(pp.126~136 참고).

2) 가격과 이윤

구매는 아동이 가장 먼저 참여하는 경제 활동 중 하나이다. 구매와 판매를
이해할 수 있기 위해서는 많은 선행요건이 요구된다. 즉, 아동들은 가격과
이윤으로 단순한 구매와 판매 행위에 오히려 복잡함을 보여주는 돈의 기능
과 기원, 잔돈, 소유권, 고용인들에게 지불되는 임금, 가게의 지출과 가게 주
인의 수입, 사적 자금의 필요성 등에 대해 알아야 한다. 퍼스(Furth, 1980)는
이러한 개념이 네 가지 단계를 거쳐 획득된다고 하였다 : 1) 지불에 대한 이
해가 없음, 2) 고객의 지불은 이해하지만 가게 주인의 지불은 이해하지 못함,
3) 고객과 가게 주인의 지불 모두를 이해하고 이를 연결짓지만, 가게 주인의
지불에 대해서는 이해하지 못함, 4) 이러한 모든 것들을 이해함.

야호다(Yahoda, 1979)는 아동이 공급자로부터 물건을 구매하고 고객에게
물건을 판매하는 역할 놀이를 사용해서, 세 가지 범주로 구분하였다 : 1) 이
윤에 대해 이해하지 못함(두 가지 가격이 모두 지속적으로 동일함), 2) 전이 시기
(반응들이 혼합되어 있음), 3) 이윤을 이해함(판매 가격이 구매 가격보다 항상 더 높

음).

점차적으로 통합되는 하위 체계들의 개념을 지지하면서 버티, 봄비와 드 베니(Bombi & de Beni, 1986)는 8세 아동에게 가게와 공장 이윤에 대한 개념이 양립할 수는 없다고 하였다. 훈련을 받은 후에 가게 이윤에 대한 이해가 향상되었음에도 불구하고, 아동들은 가격이 마음대로 설정된다고 생각하면서 자신들이 획득한 지식을 공장의 이윤으로 전이하지는 못했다. 버티, 봄비와 드 베니(1986)는 훈련을 통해 아동들의 이윤에 대한 이해가 향상될 수 있음을 보여 주었다. 아동 자신의 예측과 실제 결과 간의 모순을 아동이 해결해 나가도록 조장하는 훈련과 구매를 게임으로 구성하여 아동에게 정보를 주는 일상적인 개별 지도 훈련은 모두 효과적인 것으로 나타났다. 그러나 사후 검사 결과들은 수학적 능력의 결핍 때문에 아동이 이윤에 대한 올바른 개념을 갖기에는 어떠한 경험도 그 자체로 충분하지 않음을 보여주었다. 그럼에도 불구하고, 버티와 동료들은 수학적 능력이 필수적이긴 하지만 '아동들이 아직 숙달하지 못한 경제 주제들에 대해 이야기하게 하는 것은 학습에 장애가 되기보다 야호다(1981)가 다양한 상황들에서 발견한 것처럼 일종의 훈련 그 자체가 되면서 이들의 발달에 기여한다.'고 하였다(Berti et al., 1986, p.28).

또한 펀함과 클리어레(Furnham & Cleare, 1988)는 11~16세 아동들을 대상으로 한 연구에서 가게와 공장의 이윤을 이해하는 데 차이가 있음을 발견하였다. '11~12세 아동들 중에서, 7%의 아동들은 가게에서의 이윤을 이해하였으나, 69%의 아동들은 이윤을 공장을 시작하기 위한 동기로 언급하였으며, 20%의 아동들은 이윤을 공장을 시작하게 된 이유로 언급하였다'(p.475). 이윤의 추상적 개념에 대한 이해는 먼저, 구매와 판매의 기본적 개념에 대한 이해에 의존하며, 다양한 단계들을 거쳐 발달한다. 6~8세의 어린 아동들은 어떠한 체계에 대해서도 이해하지 못하며, 거래를 '심화된 목적 없이 단순하게 관찰된 의식'으로 생각한다(Furth et al., 1976, p.365). 8~10세의 아동들은 가게 소유주가 물건을 팔기 전에 먼저 그 물건들을 구매해야 함을 인식하고 있다. 그럼에도 불구하고 이들이 이렇게 하기 위해서 돈이 고객에게서 나오고 구매 가격은 판매 가격보다 항상 낮아야 한다는 것을 이해하는 것은 아니다. 이들은 구매와 판매를 두 개의 서로 연관되지 않은 체계로 인식한다. 10, 11세가 되어서야 아동들은 이러한 두 가지 체계를 통합할 수 있게 되고, 구매와 판매 가격 간의 차이를 이해할 수 있게 된다. 경제 개념들을 이해하는 데 있어서 경험 요인이 영향을 끼치기 때문에 이러한 연령대는 물론이고 아동들마다 혹은 문화마다 약간씩의 차이가 난다. 이윤과 가격의 개념에 대한 분명한 정치적 시사점들 때문에, 젊은이들이 그 개념을 이해하게 되는 시기와 방법뿐 아니라, 특히 이들이 그것을 추론하는 방식을 살펴보는 것도 흥미로울 것이다.

3) 은행 체계에 대한 이해

야호다(1981)는 은행의 이윤에 대해서 12, 14, 16세 아동 각각 32명씩을 면접하였다. 그는 우리가 예치한 원금보다 많이, 적게 혹은 같은 양의 돈을 찾아가는지, 그리고 차용한 원금보다 더 많이, 적게, 같은 양을 갚아야 하는지를 물어 보았다. 이것을 바탕으로 하여, 그는 여섯 개의 단계를 구성하였다.

1. 이자에 대한 지식이 없음(같은 양의 돈을 찾아가고 갚기)
2. 예금 이자만 있음(원금보다 더 많은 돈을 돌려 받고, 차용한 것과 같은 양의 돈을 갚기)
3. 대출 이자와 예금 이자가 있지만, 예금 이자가 더 많음
4. 예금과 대출에 대해서 같은 이자
5. 대출의 경우 더 높은 이자(이해했다는 증거가 없다)
6. 대출의 경우 더 많은 이자(정확하게 이해함)

아동의 대부분이 가게 이윤의 개념은 완전하게 이해했지만, 14, 16세 아동의 1/4정도만이 은행 이윤을 이해하였고, 많은 아동들은 이윤을 창출하는 기업으로서 은행을 인식하지 못하였다. 이들은 "은행을 관리하는 원리가 친구들 간의 거래에 기초가 되는 원리들, 즉 친구에게 어떤 것을 빌려 주었다면,

똑같은 것을 되돌려 받을 것이며, 더 많거나 더 적게 돌려받는 것은 '불공정' 한 것이라는 점과 유사하다"고 생각했다(p.70).

엔지(Ng, 1983)는 홍콩에서 위와 똑같은 연구를 수행하여, 같은 발달적 경향을 밝혀냈다. 그러나 홍콩 아동들은 10세에 은행의 이윤에 대해 완전하게 이해하여, 좀더 조숙함을 보였다. 같은 연구로부터 그는 야호다의 여섯 개 단계 외에 두 가지 단계를 추가하였다(0=어떠한 개념도 없는 단계, 2b=대출에 대해서만 이자가 있음).

뉴질랜드에서 수행된 엔지(1985)의 연구는 이러한 추가된 2단계를 확증하였으며, 뉴질랜드 아동들이 홍콩 아동들에 비해 2년 정도 '뒤져 있음'을 입증하였다. 엔지는 이것을 '홍콩인들의 높은 수준의 경제적 사회화와 소비자 활동, 그리고 그 사회의 기업 윤리 탓으로 돌리고 있다……다시 말해서, 이들의 성숙은 사회 경제적 이해를 형성하는 사회 경제적 현실을 반영하는 것이다' 라고 하였다(pp.220~221). 이러한 비교는 많은 선진국가들에서 유사하지만, 항상 유사한 것은 아니라는 것을 나타낸다. 따라서 아동들이 경제 활동으로부터 격리되거나 노출되는 정도 혹은 참여하는 정도가 결정적인 요소로 보인다. 즉, 아시아와 일부 아프리카 국가에서 아주 어린 아동들은 가게에서 아르바이트를 하거나 때로는 그들에게 한 명의 '성인'이 하는 일을 담당하기를 기대한다. 이러한 상업적 경험들이 필수적으로 이들의 발달에 영향을 끼친다는 것이다.

타카하시와 하타노(Takahashi & Hatano, 1989)는 일본의 8~13세 아동들을 대상으로 은행 체계에 대한 이해 정도를 검증하였다. 대부분의 아동들은 예금과 대출 기능을 이해하였으나, 은행의 이윤을 산출하는 기제는 이해하지 못하였다. 더 어린 아동들은 은행을 안전한 예금 상자로 생각할 뿐 어느 누구도 주식회사로 생각하지 못했다. 위의 연구자들은 사회적 인지가 그렇게 어려운 이유에 대해 의문을 제기하고, 이에 대한 해답으로 다음의 네 가지를 제시하고 있다. 첫째, 아동이 정치적 · 경제적 활동에 참여하는 기회가 매우 제한되어 있다. 둘째, 학교에서 아동들에게 은행에 대해 가르치지 않는다. 셋째, 인간은 인간 조직을 이해하기 위한 '사전에 프로그램되어 있는 어떠한 인지적 도구'도 가지고 있지 않다. 마지막으로, 은행은 스스로 자신들이 무엇을 하는지에 대해서 고객을 교육시키려 하지 않는다. 그러나 대부분의 국가에서 은행들은 젊은이들에게 매우 열광적으로 은행에 대해 교육시키고자 노력하고 있다.

4) 소유와 소유권

소유와 소유권의 주제는 정치학과 경제학에 모두 관련되지만, 주로 경제적 이해와 관련된 심리학자들의 연구에서 검증되어 왔다. 버티와 동료들(Berti et al., 1982)은 생산 수단과 이것의 소유주에 관한 아동들의 개념을 연구하였다. 이들은 4~13세의 아동 120명을 대상으로 1) 생산 수단의 소유권, 2) 생산품의 소유권, 3) 생산품 사용에 대한 아동들의 지식을 알아보기 위해서 세 가지 영역에 대해 면접하였다. 아동들의 응답으로부터 이들은 다음의 다섯 가지 수준을 구성하였다.

1. (a) 생산 수단의 소유주는 그것과 공간적으로 접촉하는 사람이다. 예를 들어 버스는 승객들에 의해 소유된다.
   (b) 공산품과 농산물은 어느 누구에 의해서도 소유되지 않으며, 어느 누구나 그것들을 소유할 수 있다.
2. (a) 소유주는 사물을 적절하게 사용하거나 이에 대해 직접적인 통제를 할 수 있는 사람이다. 예를 들어 공장은 근로자들에 의해 소유된다.
   (b) 소유주는 사물과 가장 밀접하거나 이것을 사용하고, 구성하는 사람이다.
3. (a) 소유주는 생산 수단을 이용하고, 타인이 그것을 이용하는 것을 통제한다.
   (b) 생산품에 대한 소유권은 생산 수단의 소유권을 통해서 설명되었다 ('보스'는 고용인들과 생산을 공유해야 한다).
4. (a) 지시를 내리는 소유주와 고용주 간의 차별화

　　(b) '보스'에게 속하는 생산품

5. (a) 소유주(위계의 꼭대기에 있는)와 보스(소유주와 노동자 간의) 구분

　　(b) 생산품은 생산 수단의 소유주에게 속하며, 고용인들은 임금으로 보상
　　　받는다.

　생산 수단의 소유권에 관한 아동들의 개념은 연속적으로 발달하지만, 그 속도는 다양하다. 예를 들어 '보스~소유주' 개념은 공장의 경우에는 8~9세에, 버스는 10~11세에, 지역에 대해서는 12~13세에 발생하는 것 같으며, 이는 아마도 본 연구 대상의 85%가 시골 생활을 직접적으로 경험하지 않았기 때문으로 보인다. 아주 적은 아동들만이 아버지의 근로 환경을 직접적으로 경험하긴 했지만, 이들은 아버지가 자신의 직업에 대해 하는 이야기를 많이 듣고 이러한 정보를 획득하였다. 뉴질랜드에서 크램과 엔지(Cram & Ng, 1989)는 5~6세, 8~9세, 11~12세 아동 172명을 면접하여 아동들이 소유권을 주장하기 위해 사용한 보증 방식을 기록함으로써 개인 소유권에 대한 아동들의 이해를 검증하였다. 나이가 많을수록 더 높은 수준의 보증 방식을 선호하고, 낮은 수준의 보증 방식을 거부하였지만, 상관의 방향에서는 경향성만 있었다. 이미 어린 연령 집단의 89%가 소유에 대한 이유로 '선호'를 거부했으며, 나이가 중간인 집단과 가장 많은 집단에서는 98%로 증가하였다. 이에 반하여, 다른 두 가지 수준에서 차이는 더 분명하였다. 이것은 5~6세 아동들이 개인적 욕구와 소유권을 구분할 수 있음을 의미한다. 이것이 초기 연구들과 반드시 모순되는 것은 아니지만, 자기중심적 소유권 보증이 발달의 아주 초기 단계에서 발생하는지, 그리고 그 시기가 언제인지를 밝히기 위해서는 본 연구 대상 아동들보다 더 어린 아동들을 면접하는 것이 필요하다.

　모든 연령의 아동들에게 소유의 가장 중요한 속성은 사물에 접근하고 이를 사용하는 것을 통제하는 것이다. 자신을 더 적극적인 소비자로 인식하는 더 나이가 많은 아동들의 경우에 소유는 종종 권력과 지위, 그리고 개인적 자유와 안전의 증가를 의미한다. 이것은 소유권이 공유되는 사회나 키부츠 같은 집단의 젊은이들이 아주 다른 방식으로 소유에 대해 이해하고 있음을

시사한다.

생산 수단과 관련된 개념들은 구매와 판매의 개념과 유사하게 발달하는 것 같다. 이것들은 또한 시스템에 대한 이해도 없는 단계에서 시스템들 간에 관련성을 짓지 못하는 단계, 즉 생산 수단의 소유주가 생산품을 팔지만, 그가 근로자들에게 지불할 돈을 어떻게 획득하는지를 이해하지 못하는 지식으로, 그리고 근로자들의 임금과 판매 과정들을 연결짓는 체계를 통합단계로 발달하며, 이것은 그 아동의 상대적인 논리 수학적 능력에 의존한다. 비록 이러한 개념들이 똑같은 연속적 발달과정을 따르는 것 같긴 하지만, 그러한 경험적 성숙 정도와 교육적 요인들이 각 개념의 발달에 똑같이 기여하는지, 어느 정도 기여하는지, 그리고 어떻게 기여하는지는 알 수 없다.

5) 가난과 부

1975년에 진세르(Zinser)와 동료들은 학령 전 아동들의 나누기 행동에 있어 수혜자의 부유한 정도의 중요성을 알아보기 위해서 연구를 수행하였다. 아동의 대부분은 부유한 수혜자에 비해 가난한 수혜자와 공유하는 것을 더 선호하였다. 이들은 또한 두 집단 모두 고가치의 품목보다는 저가치의 품목에 더 관대하였으며, 이러한 결과는 4~6세 연령에서 일관되게 나타났다. 이러한 행동은 두 가지로 설명할 수 있다.

1. 사회적 가치. 예를 들어, 사회는 어린 아동들에게 가난한 사람들이 부유한 사람들보다 공유하는 수혜자로서 더 가치가 많다는 것을 인식시켜 왔다.
2. 공감. 예를 들어, 지각된 욕구는 공유하도록 동기화된 아동들에게 정서적인 반응을 각성시키며, 이는 다시 정서적인 반응을 감소시킨다.

위노키와 시에겔(Winnocur & Siegal, 1982)은 가족 구성이 다른 네 가지 집단으로 구성된 12~13세, 16~18세 96명의 청소년들에게 남성과 여성 근로자 간에 보상을 할당하는 것에 대해 질문하였으며, 그 결과 욕구에 대한 고려가 연령에 따라 감소하였다. 나이가 더 많은 피험자들은 동등한 노동에 근거한 경우 공평한 수당을 받는 것을 선호한 반면, 어린 피험자들은 가족 욕구가 임금에 반영되어야 한다는 개념을 지지하였다. 그러나 경제적 조정에 대한 인식에서는 어떠한 성 차이도 나타나지 않았다. 이것은 어린 아동들은 사회적 인간 관점에서 판단하며, 나이가 더 많은 아동들은 경제적 인간 관점에서 판단한다는 세본과 웨크스트롬(Sevon & Weckstrom, 1989)의 제안을 확인하고 있다.

리히(Leahy, 1981)는 5~7세, 9~11세, 13~15세, 16~18세의 네 가지 연령 집단과 네 가지 사회 계층에 속한 아동 및 청소년 720명에게 부유한 사람들과 가난한 사람들을 기술하게 하고, 이들의 차이와 유사성을 지적하게 하였다. 이들의 응답은 기술 유형에 따라 군집화되었다.

1. 주변 범주(소유, 외모, 행동)
2. 중심 범주(특질과 사고)
3. 사회중심적 범주(인생~기회와 계층~의식)

기술문을 보면 주변적 속성을 사용하는 것은 연령이 증가함에 따라 상당히 감소하여, 청소년들은 중심 범주와 사회중심적 범주를 강조하였다. 이것은 부자와 가난한 사람을 관찰 가능한 특성뿐 아니라 성격 특질에서도 차이가 나는 다른 종류의 인간으로 인식한다는 것을 의미한다. 낮은 계층의 피험자들은 가난한 사람들의 사고와 인생의 기회를 더 많이 언급하여 이들의 관점을 더 많이 수용하였으며, 중산층의 피험자들은 가난한 사람들의 특질을 '특이한 사람들의 것' 으로 인지하며 기술하였다. 전체적으로, 부유한 사람과 가난한 사람들에 대한 기술문과 비교에서 계층과 인종 간에 일치된 결과가 나타났다.

두 개의 이론적 모형으로 이러한 결과들을 설명할 수 있다. 첫째, 인지발달 모형은 후기 청소년기에 복잡한 사회 체계들의 속성에 대한 인식이 증가한다고 주장한다. 둘째, 일반적인 기능주의 모형은 사회계층 체계의 속성처럼, 사회화가 다양한 계층과 인종 내에서 획일성을 낳으며, 사회 제도에서 안정성을 유지하게 한다고 주장한다.

스테이시와 싱거(Stacey & Singer, 1985)는 근로자 계층의 14세, 17세 청소년 325명에게 질문지를 주어, 펀햄(Furnham, 1982)에 뒤이어 가난과 부의 속성과 결과에 대한 이들의 인식을 알아내고자 하였다. 연령과 성에 상관없이 모든 응답자들은 가난과 부를 설명하는 데 있어서 가족 환경을 가장 중요한 것으로, 운을 가장 중요하지 않은 것으로 평가하였다. 이러한 결과는, 청소년들이 사회중심적 범주들을 다른 두 가지 범주들보다 더 중요하게 생각한 것으로 나타난 레아히(Leahy, 1981)의 연구 결과와는 약간 차이가 나서, 가난과 부의 내적 귀인과 외적 귀인을 모두 중요한 것으로 평가하였다. 이러한 결과가 나타난 이유는 첫째, 본 연구에 참여한 연구 대상들이 모두 근로자 계층이고, 둘째, 펀햄(1982)이 밝힌 것처럼 높은 사회 경제적 배경의 피험자들이 가난에 대해서 더 많이 개인주의적인 설명을 하는 경향이 있는 반면 낮은 사회 경제적 배경의 피험자들은 사회적 설명을 더 중요하게 여기는 경향 때문인 것으로 보인다.

연구자들 대부분은 사회 경제적 환경, 돈에 대한 개인적 경험, 형식적 교육, 부모 양육의 실제 등과 같은 외적 자극이 아동의 경제적 사고 발달에 많은 영향을 끼치며, 초기 지식에 기여한다는 것에 동의한다. 예를 들어, 폴란드의 8, 11, 14세 아동 87명을 대상으로 한 연구에서 우신스키와 피에트라스(Wosinski & Pietras, 1990)는 가장 어린 연령의 아동들이 특정 측면들, 예를 들면 임금의 정의, 모든 사람에게 똑같은 임금을 줄 가능성, 공장을 착수할 가능성 등에서 다른 집단들보다 더 나은 경제적 지식을 가지고 있음을 밝혔다. 이들은 이러한 아동들이 폴란드의 경제 위기 상황하에서 태어나고 살았다는 사실에 귀인하여 설명하였다. 이들은 물자 결핍, 물가 폭등, 인플레이션을 경험하였고, 자신의 가족과 TV 프로그램들에서 이러한 문제들에 대해 논의하는 것을 들었다. 이것은 또한 '사회 경제적 이해를 형성하는 사회 경제적 현실'을 반영한다(Ng, 1983, pp.220~221).

6) 아동들은 어떻게 그리고 왜 저축하는가?

소누가-바르케와 웨블리(Sonuga-Barke & Webley, 1993)는 모든 경제적 행동들처럼 저축에 대한 아동의 행동과 이해가 사회 집단 내에서 형성되며, 제도와 다른 사회적 요소들과 기관에 의해 지원을 받는 특정 개인에 의해 이행된다고 주장하고 있다. 이들은 연구자들의 경제 활동에 아동 중심적 관점이 필요하며, 따라서 아동을 자원 분배와 같은 전형적인 경제 문제들을 해결하는 등 권리를 가진 경제적 대행자로 여겨 검증해야 한다고 믿고 있다. 이들은 이 주제에 대한 몇 편의 문헌이 아동이 나이가 들어감에 따라 단순하게는 더 많은 돈을 갖기 때문에 더 많은 돈을 저축하는 것으로 보인다고 주장한다. 그것이 자유 재량적이거나 계약적이긴 하지만, 이것은 확실히 자발적임에 틀림없다.

아동의 저축에 대한 연구들은 그동안 거의 없었으며(Dickins & Ferguson, 1957; Ward et al., 1977), 웨블리와 동료들이 이 분야에서 선구자적인 연구를 수행하고 있다(Webley et al., 1991).

소누가-바르케와 웨블리(1993)는 저축이 은행이나 주택 조합과 같은 하나 이상의 다른 제도와 관련해서 만들어진 일련의 행동들의 특성과 관련해서 정의되지만, 또한 문제를 해결하는 실제이며 더 구체적으로는 수입, 속박 문제에 대한 적응적 반응이라고 주장한다. 아동들은 지출에 대해 속박을 받으며, 지출된 돈은 획득하기 전까지 다시 지출될 수 없다는 것을 학습해야만 한다. 그래서 모든 구매는 다양한 형태의 상품들, 같은 범주 내에 있는 다양한 상품들, 그리고 심지어 지출과 지출하지 않는 것을 결정하는 것이다.

다양한 방법론을 사용하고 매우 창의력이 뛰어난 일련의 실험 연구들에서, 소누가-바르케와 웨블리(1993)는 아동들이 저축을 화폐 관리의 효과적인 형태로 인식하고 있음을 알아냈다. 이들은 은행에 돈을 저축하는 것이 방어적인 기능과 생산적인 기능을 모두 형성할 수 있다는 것을 인식하고 있다. 그러나 부모나 은행, 주택 조합이 아동들에게 돈의 기능적 중요성을 가르치는 것에는 관심이 없는 것으로 나타났다. 단지, 어린 아동들은 저축하는 것이 사회적으로 승인되고 보상받는 것 같았기 때문에 가치있게 여겼다. 그들에게 저축은 경제적 기능이 아닌, 적법하고 가치 있는 행동으로 보이고 이해된다. 이들은 나이가 들어감에 따라 이러한 가정들을 이해하고 이에 도전하는 것으로 보이지만, 저축하는 것이 필수적으로 실용적인 혜택을 갖는다고 보고 있다.

7) 비교 문화, 계층과 성 차이에 따른 경제적 사고 영역

여러 국가에서 다양한 연구가 수행되었지만, 구체적으로 문화간 차이를 연구한 것은 거의 없다. 퍼비(Furby, 1978, 1980a,b)는 소유에 대한 미국과 이스라엘 아동의 태도를 비교하여, 키부츠 아동과 다른 집단의 아동보다 미국과 이스라엘 피험자들 간에 더 많은 차이를 나타냈다고 하였다.

가장 종합적이고 광범위한 연구는 라이저와 동료들(Leiser et al., 1990)이 최근에 실시한 비교 문화 프로젝트인 'Naive Economics Project' 이다. 이 연구는 알제리, 오스트레일리아, 덴마크, 핀란드, 프랑스, 이스라엘, 노르웨이, 폴란드, 옛 서독, 옛 유고의 10개 국가 8, 11, 14세 아동 900명을 대상으로 하였다. 연구된 주제들은 다음과 같다.

1. 이해 : 누가 무엇을, 어떻게, 왜 결정하나(가격, 임금, 저축과 투자, 조폐국).
2. 추론 : 아동들은 국가 차원의 경제적 사건들의 결과를 얼마나 잘 평가하는가.
3. 태도 : 아동들은 개인의 경제적 운명을 어떻게 설명하는가.

여러 국가에서 실시된 선행 연구들과 마찬가지로, 연령에 따라 현저하게 향상되었다. 그러나 참여한 국가간에 아동들의 응답에는 약간의 차이가 있었다. 이것은 다양한 정치적·경제적 체계들과 전체 국가의 번영 정도 때문일 수 있다. 가시적인 경제적 요인으로 정부가 지배하는 것은 아동들의 응답에서 나타나는 빈도에 의해 반영되었다. 각 사회의 가치와 태도의 차이, 예를 들어 서구 민주국가에서의 더 개인주의적인 태도, 종교, 직업 윤리, 무신론 또한 이슬람 국가와 기독교 국가에서의 다른 도덕기준 등과 면접 조건의 미세한 차이들이 모두 국가별 다양한 반응의 이유가 될 수 있다. 더구나 각 국가에서 90명의 피험자들로 이루어진 표본의 크기는 대표적인 비교 문화 연구를 하기에는 충분하지 않을 수 있다. 그러나 이러한 차이들은 경제 체계들이 작용하는 방식에 대한 아동의 이해가 사회 학습 모델에 의해 주장되는 것처럼, 그 아동이 속한 환경의 다양한 요인들에 의해서 영향을 받는다는 것을 보여 준다.

계층 차이는 여러 국가의 다양한 연구에서 매우 비일관적이라고 보고되어 왔다. 어떤 경우에 계층 차이에 대한 약간의 지표가 있긴 했지만, 이것들은 전체적으로 보고된 연령차만큼 유의하지는 않았다. 어쨌든 각 나라에서 비교 가능한 피험자들을 찾는 것은 어렵다(예 : '중산층 계층'은 알제리와 서독에서 서로 다른 의미를 가졌을 것이다). 로란드-레비(Roland-Levy, 1990)는 상당한 경제 사회화 문헌들이 연령, 성, 사회, 문화 그리고 국가별 차이들을 보여 주고 있다고 주장한다. 그녀는 다음과 같이 기술하고 있다 : '기초가 되는 변인들이 실제로 각 경제가 인식되는 방식의 차이들을 설명할 수 있는지를 질문하는 것이 바람직할 것이다. 만약 그것이 연령이 아니라면, 그것은 사람들이 일상 생활을 살아가는 방식이며, 그들이 이미 경험했던 것이며, 또래와 가족들과 같은 다른 사람들이나 그 사회의 제도적 환경과 그들 간의 관계뿐 아니라 문화와 사회 계층의 전통을 반영한 것일 것이다.' (p.480)

버가드와 동료들(Burgard et al., 1989)은 엠러와 다킨슨(Emler & Dickinson, 1985)이 옛 서독에서 실시한 연구를 스코틀랜드에서 다시 실시하였다. 이들은 중산층과 근로자 계층의 8, 10, 12세 아동 140명과 이들의 부모 67명을 대상으로 의사, 교사, 버스 운전기사, 청소부들의 수입과 소비를 추정하였다. 엠러와 다킨슨(1985)은 사회 계층에 따른 상당한 차이를 발견했으나, 스코틀랜드 표본에서는 어떠한 성차도 발견하지 못했다. 서독에서는 유의한 연령차가 있었으나, 실제로 부모와 아동 모두에게 어떠한 사회 계층차도 나타나지 않았다. 이러한 결과에 대해 가능한 설명은 서독 사회에서 사회 경제적 차이는 영국보다 덜 자명하다는 것이다. 더구나 부모와 아동들의 수입 추정 치에 있어서 어떠한 상관도 나타나지 않았다. 연구자들에 따르면, 이것은 '계층과 관련된 사회적 표상이 발달적 변화를 능가한다는 엠러와 다킨슨 (1985)의 주장'(p.285)에 상당한 의구심을 던지게 한다.

비슷한 몇몇의 연구들에서도 성에 따른 차이가 보고되었다. 이러한 현상 을 측정하기 위해서 아주 구체적으로 연구를 시작한 연구자들이 있었던 반 면, 쿠릴스키와 캄벨(Kourilsky & Campbell, 1984)은 '1) 기업에 대한 아동의 인식과 직업에 대한 성-정형화에서의 성 차이를 측정하기 위해서, 그리고 2) 아동의 위험 감수, 인내심, 경제적 성공에서의 차이를 평가하기 위해서' (p.53) 연구를 수행하였다. 8~12세 아동 938명이 10주에 걸쳐 경제학을 교 육하는 기관 프로그램에 참여하였다. '모형사회(mini-society)'라고 불리는 이러한 게임을 하기 전에, 아동들은 기업을 주로 남성의 영역으로 인식하였 다. 모형사회를 경험한 후에도, 아동들은 기업에 대해 어느 정도 정형화된 생각을 가지고 있었으나, 이러한 정형화는 감소되었다. 이러한 경향성은 또 한 직업에 대한 성-정형화에서도 관찰될 수 있었다. 모형사회에서 여아들은 여성에게 적절하다고 생각하는 직업의 수를 더 많이 증가시켰다. 성공(모형 사업에서 벌어들인 이윤), 인내(완수될 때까지 그 과업을 고수하는 것)와 위험 감수 (손실과 불이익에 노출되기)에 대한 평정의 경우, 남아와 여아들은 유사한 결과 를 나타냈으나, 여아들은 처음의 두 가지 범주에서 약간 더 우위에 있었다. 따라서 8~12세 아동을 대상으로 한 이 연구에서 성공적인 기업과 관련된 주요 속성들에서 어떠한 성차도 나타나지 않았다. 실제로 여성 기업가가 거 의 없다는 사실은 전통적인 성 사회화와 같은 다른 이유에 기인하는 것이 틀 림없다.

경제적 사고 영역에서의 성 차이는 대부분 자녀들의 다양한 양육 방식과 그 사회에서 여성들이 수행하는 역할에 기인하는 것 같다. 만약 한 명의 부 모가 집에 남아 있거나 시간제 근무를 한다면, 그것은 보통 어머니일 것이 다. 아버지는 어린 자녀들에게 직장에서 가정으로 돈을 가져오는 돈의 출처 로 보여진다. 아동들이 중요하게 생각하는 대부분의 사람들, 가령 대통령,

'사랑', 교장, 성직자 등은 남성이다. 그래서 아동들은 이미 그들이 성장하는 동안 남성과 여성이 다른 역할을 한다고 인식한다. 이것은 다른 나라들에서도 자명해 보인다. 예를 들어, 우신스키와 피에트라스(Wosinski & Pietras, 1990)는 자신들의 연구에서 나타나는 성 차이를 폴란드에서 경제적 문제들이 전통적으로 여성보다는 남성에게 남겨져 있는 것처럼, 전통적인 성 사회화로 분명하게 귀인시키고 있다. 다른 연구는 여성들이 서아프리카에서처럼 돈을 '통제'한다는 것을 분명하게 보여 주고 있다.

쿠릴스키와 캠벨(1984)의 연구는 교수가 아동들의 성 역할이라는 '현실'에 대한 인식을 변화시키는 것을 도울 뿐 아니라 이들의 경제적 지식을 증가시키기도 한다는 것을 보여 주었다.

4. 경제적 사회화를 위한 중요한 방식: 용돈

경제적 사회화에 대한 문헌들을 고찰하면서, 스테이시(Stacey)는 다음과 같이 결론 내리고 있다.

> 인생의 첫 10년 동안, 아동의 경제적 사회화는 매우 부유하거나 매우 가난한 가정의 아동들을 제외하고는 자신의 사회적 배경에 의해 강하게 영향을 받지 않는 것으로 보인다. 그 다음 10년 동안의 발달에서 사회적 차이는 보다 자명해지는 것으로 보인다.
>
> (1982, p.172)

부모가 금전적 문제와 경제적 문제에 대해 자신의 자녀들을 사회화하는 한 가지 중요한 방식은 조건없이 혹은 노동의 대가로 매주 또는 매월 주는 용돈을 통해서이다. 이것을 미국 사람들은 'allowance', 영국 사람들은 'pocket money'라는 용어로 부르는 경향이 있다. 최근까지 이 분야에서 수행된 학구적 연구는 거의 없었으며, 대부분의 정보는 마케팅 연구에서 유래하고 있다. 예를 들어, 영국에서 용돈에 대한 정기적인 조사는 버드의 Eye

Walls에 의해 수행되어 왔다. 이 조사 결과, 1989년에 평균 용돈은 일주일에 1.40파운드였으며, 이는 연령에 따라 증가하였다. 남아는 여아보다 약간 더 많은 용돈을 받았으며, 스코틀랜드 자녀들이 받는 평균 용돈은 영국 남서부 지역의 절반 정도의 수준이었다. 어떤 해에는 용돈이 인플레이션 비율보다 더 적게 인상되고, 어떤 해에는 더 많이 인상되었지만, 1975년 이래로 인플레이션과 보조를 맞추다가 1989년에는 용돈이 전반적으로 25% 더 증가하였다(Walls, 1991). 〈표 3-2, 3-3, 3-4, 3-5〉는 17년 동안의 영국 자료이다.

또한 프랑스 조사 결과도 이와 유사하였으나, 부모들은 아동들이 받는다고 한 것보다 실제로 더 적은 양의 용돈을 준다고 하였다. 이것은 부모들은 용돈 자체에만 초점을 두는 반면 아동들은 그들이 받는 모든 돈을 계산하기 때문인 것으로 해석된다(Micromegas, 1993). 용돈은 프랑스 4~7세 아동들의 수입의 100%를 차지한다. 그러나 13~14세 아동들의 경우 14세 아동들의 절반 가량이 정기적으로 일을 하기 때문에 그들 수입의 14.5%만이 용돈으로 충당되므로 용돈이 중요한 사회화 대행자가 되는 시기에 대한 시사점을 제공해 준다.

무엇이 적절한지에 대한 개념은 지난 100년간 극적으로 변화하여 왔다. 학구적 연구들의 확고한 기초가 부족함에도 불구하고 부모들이 자녀들의 경제적 사회화를 돕도록 안내하는 핸드북과 논문들은 많이 출판되었다. 금세기 초기에는 부모가 자녀의 노동에 대해 수당을 지불하는 것을 금했으나, 현재는 일을 하지 않아도 정기적으로 용돈을 주는 것이 지지되고 있다(Zelizer, 1985).

1930년대와 1940년대에는 돈의 사용과 관련해서 아동을 훈련하는 것에 대한 연구 활동과 논문들이 상당하였다. 예를 들어, 프레베이(Prevey, 1945)는 돈과 관련해서 청소년 자녀들을 훈련하는 100명의 미국 부모들의 실제를 연구하였다. 이들은 연구 결과를 통해서 부모들이 돈의 사용과 관련해서 자녀를 훈련하는 데 있어 여아보다 남아에게 더 가치있는 경험을 제공한다고 결론내렸다. 이것은 돈을 버는 경험에 대한 부모의 격려와 가족의 경제적 지위, 금전적 문제 그리고 지출과 목표에 대해서 자녀들과 논의하는 것에서 특

표 3-2	1975~1996년까지 일주일 단위로 받는 용돈의 평균		
연말(1월)	용돈의 양(펜스)	변화율(%)	매년 인플레이션 비율(%)
1975	33	—	—
1976	36	+ 9	16.5
1977	45	+25	15.8
1978	62	+38	8.3
1979	78	+26	13.4
1980	99	+27	18.0
1981	113	+14	11.9
1982	95	-16	8.6
1983	122	+29	4.6
1984	105	-14	5.0
1985	109	+ 4	6.1
1986	117	+ 7	3.4
1987	116	- 1	4.1
1988	123	+ 6	4.9
1989	140	+14	7.8
1990	149	+ 6	7.7
1991	169	+13	9.3
1992	182	+14	4.5
1993	187	+ 1	1.7
1994	205	+ 6	3.5
1995	205	+ 1	3.3
1996	240	+ 20	3.5

출처 : 갤럽이 조사한 Walls(1991)의 Pocket Money Monitor. 인플레이션 자료는 소매 가격 지표에서 구함 (모든 상품).

히 두드러졌다. 이들은 부모가 돈의 사용과 관련해서 자녀를 훈련하는 실제 가 초기 성인기 이후에 재정적 자원을 활용하는 능력과 정적으로 관련된다고 보고하였다. 성인이 된 후에 돈과 관련된 습관은 돈을 버는 경험을 격려하는 부모의 실제 및 가족의 재정적 문제들과 지출에 대해 고등학생 자녀들과 논의하는 부모의 실제와 밀접하게 관련된다.

전반적으로 돈을 사용하는 것과 관련된 아동기의 경험과 돈 관리와 관련

표 3-3	1987~1996년 동안 친구와 친척으로부터 선물로 받은 평균 금액						
연도	전체	남아	여아	5~7세	8~10세	11~13세	14~16세
1987	53	51	55	43	44	54	73
1988	53	54	52	49	55	55	53
1989	72	70	75	57	71	74	95
1990	77	78	77	59	67	63	133
1991	88	96	80	71	70	105	116
1992	91	99	82	61	93	107	106
1993	100	111	91	89	113	99	103
1994	104	101	107	95	104	100	118
1995	115	96	135	134	95	105	125
1996	110	91	135	116	97	93	134

출처 : Walls(1991)의 Pocket Money Monitor.

표 3-4	1987~1996년 동안 토요일 아르바이트에서 번 일주일 평균 소득				
연도	전체	남아	여아	11~13세	14~16세
1987	53	60	46	32	183
1988	43	44	40	49	124
1989	68	68	67	49	276
1990	86	88	83	60	348
1991	118	127	108	61	465
1992	101	104	97	87	372
1993	103	94	112	64	424
1994	113	132	94	52	444
1995	88	95	81	52	338
1996	122	111	134	44	462

출처 : Walls(1991)의 Pocket Money Monitor.   (단위 : pence)

표 3-5	1987~1996년 동안 연령과 성에 따른 일주일 총수입의 평균						
연도	전체	남아	여아	5~7세	8~10세	11~13세	14~16세
1987	220	219	220	84	121	228	458
1988	208	213	201	100	154	236	351
1989	271	273	269	124	161	280	605
1990	354	323	385	129	190	353	916
1991	396	411	381	148	235	401	920
1992	386	411	359	127	249	428	851
1993	415	428	403	167	272	404	977
1994	430	452	408	198	263	395	946
1995	418	408	428	214	234	430	890
1996	485	451	526	241	281	432	1053

출처 : Walls(1991)의 Pocket Money Monitor.   (단위 : pence)

된 그 이후의 능력 간에 나타난 관계는 아동이 가능한 한 많은 가치있는 경험을 하도록 부모들이 계획을 세우는 것이 중요함을 강조해 주었다. 돈을 버는 경험을 제공하고 고등학교 자녀들이 전체적으로 가정의 재정 상태에 친숙해지도록 돕는 것이 중요한 요인으로 나타난 것이다[1].

이러한 부모의 실제가 바람직한 결과를 갖게 된다는 증거는 무엇인가? 마샬과 마그루더(Marshall & Magruder, 1960)의 연구는 돈과 관련된 부모의 교육 실제와 아동의 돈에 대한 지식 및 사용 간의 관계를 구체적으로 검증한 첫 연구이다. 여기서 다음과 같은 많은 가설이 검증되었다. '부모가 아동에게 용돈을 준다면 돈을 사용하는 것에 대한 지식이 더 많아질 것인가.' 그리고 '아동이 돈을 저축한다면 돈의 사용에 대해 더 많은 지식을 가질 것인가.' 예측한 대로, 아동의 돈에 관한 지식은 돈에 대한 경험의 정도. 즉 지출할 돈이 있는지, 돈을 벌고 저축하는 기회가 주어졌는지, 돈을 지출하는 것에 대한 부모의 태도 및 습관 등과 직접적으로 관련되었다. 즉, 사회화와 교육이

---

1) 옮긴이 註 : 이러한 논점에 따라서 옮긴이는 경제적 독립과 자본주의 생활방식에 적응하는 것, 즉 자본주의 사회에서 돈이 황제 노릇을 하므로 자녀들에게 돈 관리하는 것을 가르치고 배우고 실천하도록 하는 생활태도 습득을 청년기와 그 이후의 매우 중요한 발달과업으로 지목, 예시(例示)했다(김정휘, 주영숙.(1998) 교육심리학 탐구(전정판), 서울 : 형설출판사. 70).

아동이나 청소년들의 경제적 현상에 대한 이해에 중요한 영향을 끼치는 것으로 보인다. 그러나 이들은 부모가 자녀에게 용돈을 주었을 경우에 자녀가 돈에 대해 더 많은 지식을 가질 수 있다는 가설은 밝히지 못했다. 또한 아동에게 돈을 벌 수 있는 기회를 주었을 때 이러한 경험이 없는 아동보다 돈의 사용에 관해 더 많은 지식이 있는지도 밝히지 못하였다.

이후의 연구에서, 마샬(Marshall, 1964)은 용돈을 받은 아동과 그렇지 못한 아동 간에 재정에 관련된 지식과 책임감과 관련하여 어떠한 차이도 없음을 밝혔다. 즉, 용돈을 받은 아동과 용돈을 받지 못한 아동들은 재정에 관련된 지식과 책임감에 대한 10개의 측정 중 어떤 것에서도 평균 점수에서 차이가 나타나지 않았다. 그러나 자녀들에게 용돈을 준 부모들은 다른 방식으로 자녀들이 돈을 지출하는 문제를 다루었던 부모들과 비교했을 때, 돈에 관한 몇 몇 행동과 태도에서 차이가 났다. 즉, 그들은 1) 돈을 사용하는 데 있어 더 다양한 경험을 아동에게 제공하였고, 2) 돈을 지출하는 목적에 대해 자녀에게 더 분명하게 하였고, 3) 자녀들이 더 많은 돈을 지출하였음을 시인하도록 하였으며, 4) 자녀들이 집 밖에서 돈 버는 것을 허용하거나 격려하였다. 그러나 두 집단의 부모들은 이 밖의 다른 돈에 대해 교육하는 행동과 태도들에서는 차이가 나지 않았다. 그러나 초기 연구들은 몇 가지 모순되는 결과들을 보고하고 있으나, 이것은 표본의 크기가 작은 것에 기인한다.

최근에 에이브라모빗치(Abramovitch)와 그의 동료들(1991)은 실험용 가게에서 소비하는 방식이 아동의 돈에 관한 경험에 의해 영향을 받는지를 연구하였다. 6, 8, 10세의 참여자들에게 실험용 장난감 가게에서 지출할 돈으로 신용카드 형태나 현금으로 4달러를 주었으며, 이 가게에는 가격이 50센트에서 5달러까지 하는 다양한 물건들이 있었다. 용돈을 받았던 아동들은 현금과 신용카드 조건하에서 대략 $2.32 대 $2.42 정도의 비슷한 양의 돈을 지출했으나, 용돈을 받아 보지 못했던 아동들은 현금을 가졌을 때보다 신용카드를 가졌을 때 더 많은 양의 돈을 지출하였다. 실험용 가게가 문을 닫은 이후에 아동들에게 친숙한 물건들, 예를 들어 운동화, 텔레비전 등의 가격이 어느 정도일지를 물어보는 가격 검사를 실시하였다. 그 결과, 용돈을 받은 경험이 있는 아동들은 나이가 더 많은 아동들처럼 이 검사에서 더 높은 점수를 받았다. 이러한 결과들은 용돈을 받는 것이 화폐 활용능력을 발달시킨다는 사실을 입증한다. 용돈을 받는 집단과 받지 않는 집단의 소득간 차이가 없기 때문에, 우리는 이것이 단순히 돈에 관련된 경험의 양의 결과일 것이라는 가능성을 배제할 수 있다.

제한된 증거들이 용돈이 효과적이라고 주장하긴 하지만, 부모들은 경제적 사회화의 수단으로서 용돈의 잠재성을 제한적으로 사용하는 것 같다. 소누가-바르케와 웨블리(Sonuga-Barke & Webley, 1993)는 부모가 자녀에게 저축하는 것을 가르치기 위해서 용돈을 사용하는지에 구체적으로 초점을 맞추어 연구하였다. 이들은 대부분의 부모들이 용돈을 저축하는 돈이 아니라, 지출되는 돈으로 여김을 알았다. 저축을 조장하기 위한 약간의 노력이 있긴 했지만(예 : 아동이 저축한 금액에 상응하는 것을 제공함으로써), 이러한 기회는 거의 지속되지 않았다.

아마도 부모-자녀간의 금전의 이동에 대한 가장 상세한 분석은 뉴슨(Newson & Newson, 1976)의 연구일 것이다. 이들은 7세 아동 700명을 대상으로 광범위한 연구를 수행하였다. 이들은 연구 대상 아동들 대부분이 용돈의 총액을 셀 수 있었으며, 때로 복잡한 장려금 제도도 계산하였다고 하였다. 어떤 아동들에게는 벌금을 부과하기 위해서 제도화된 돈을 주었으며, 또 다른 아동들에게는 임금의 대체물로 돈을 주었다. 반면 어떤 아동들은 돈을 얻기 위해서 '일'을 해야만 했다. 연구 대상의 50%가 넘는 아동들은 정규적인 소득 이외에도 부모로부터 돈을 받았지만, 성이나 사회적 차이는 없었다. 이것은 아동들이 일주일에 얼마나 많은 돈을 받는지가 매우 다양하기 때문에, 이를 결정하는 것이 어렵다는 것을 의미한다. 그러나 이들은 아동들의 불로소득과 저축에 있어서 사회 계층간의 차이를 발견하였다. 중산층의 아동들은 근로자 계층의 아동들보다 더 적은 돈을 받았으며, 더 많은 돈을 저축하였다. 즉, 비숙련직 근로자 계층 아동의 52%는 항상 일주일 안에 돈을 지출하였고, 반면 전문직이나 준전문직 아동들의 10%만이 그렇게 하였다. 연구자들은 다음과 같이 결론을 내리고 있다 : '수중에 돈을 가지고 있는 것은 좋은 생활을 즐기는 것과 동등한 것이다 : 돈과 즐거움 간의 관계는 구체적이며 직접적이다······ 근로자 계층의 아동들은 용돈을 사용하는 데 있어서 이미 이러한 전통적인 생활 양식에 빠져들기 시작하고 있다'(p.244).

편햄과 토마스(Furnham & Thomas, 1984a)는 용돈의 분포와 사용에 있어 연령, 성, 계층에 따른 차이를 밝히고자 영국의 7∼12세 아동 400명을 대상으로 연구하였다. 이들은 아동들의 나이가 많을수록 더 많은 돈을 받으며, 저축, 차용, 대출과 같은 더 '경제적인 활동'에 참여할 것이라고 예측하였고, 이것을 입증하였다. 계층 차이도 나타나서, 근로자 계층의 아동들은 중산층의 아동들보다 더 많은 돈을 받았으나 더 적은 돈을 저축하였다. 그리고 중산층 아동들은 근로자 계층 아동들보다 용돈을 받기 위해서 가사일을 해야만 했으며 자신이 저축한 용돈을 부모들이 살피도록 내버려두는 경향이 있다고 보고하였다. 그러나 전반적으로는 계층 차이가 거의 나타나지 않았다.

또한 편햄과 토마스(1984b)는 용돈을 통해서 아동을 경제적으로 사회화 시키는 것에 대한 성인들의 인식을 연구하였다. 200명이 넘는 영국 성인들을 대상으로 자녀들에게 용돈을 얼마나 많이 그리고 얼마나 자주 주어야 하는지, 그리고 용돈을 벌기 위해서 일해야 하고, 그것을 저축하는 것에 대해 격려해야 하는지와 같은 믿음에 대해서 질문을 실시하였다. 그 결과 여성은 남성보다 용돈을 주는 항목의 종류에 대해서 사전에 자녀와 상의하는 것과 나이가 더 많은 자녀에게는 매달 용돈을 주는 것을 더 선호하였으며, 매해 자녀의 용돈을 점검하는 것을 더 선호하였다. 이러한 남녀간 차이 모두는 여성이 아동을 더 책임있는 개인으로 다룬다는 것을 보여 주고 있다. 이것은 직장 여성이건 전업 주부이건 간에 여성이 자녀와 더 많은 접촉을 하고 따라서 자녀의 능력을 더 잘 이해하기 때문일 수도 있다.

예측한 것처럼 연령 차이도 나타나서, 나이가 젊은 성인과 비교해서 나이가 더 많은 성인은 아동이 오락에 돈을 더 적게 지출하고 도서 구입 등에 더 많은 돈을 지출하기를 기대하는 것 같았다. 더 나아가 청장년보다 나이가 더 많은 성인은 남아가 여아보다 약간이라도 더 많은 용돈을 받아야 한다는 것에 동의하였다. 청장년은 또한 가사일을 수행한 대가로 용돈을 주는 것을 선호하였으며, 용돈을 성인과 아동 간의 계약적 약속으로 보았다. 중산층의 성인은 근로자 계층의 성인보다 자녀에게 용돈을 주는 것을 선호하였으며, 더 어린 시기에 자녀에게 용돈을 주는 것을 선호하였다. 중산층 성인의 90% 이상이 8세가 되면 아동들이 용돈을 받아야 한다고 믿는 반면, 근로자 계층 성인은 70% 정도만이 8세 아동들이 용돈을 받아야 한다고 믿고 있었다. 또한 모든 중산층의 성인은 10세가 되면 용돈 제도가 도입되어야 한다고 믿었으나, 근로자 계층 성인의 84%만이 이에 동의하였다. 심지어 어떤 근로자 계층의 응답자들은 용돈 제도를 전혀 신뢰하지 않았다. 유사한 계층 차이가 아동이 용돈을 받아야 하는 시기에 관련된 질문에서 나타났다. 중산층 성인의 91%가 아동들이 매주 용돈을 받아야 한다고 믿었던 반면(4%는 아동들이 필요로 할 때 준다고 응답함), 근로자 계층의 경우 79%가 그렇게 대답하였다(16%는 자녀들이 용돈을 필요로 할 때 준다고 응답함). 더구나 근로자 계층의 성인은 남아가 여아보다 더 많은 용돈을 받아야 한다고 믿는 사람이 유의적으로 더 많았다.

이러한 계층 차이에서 나타난 결과들은 아동기 사회화에 대한 선행 연구들(Newson & Newson, 1976) 및 일반적인 계층 차이에 대한 수치들과 그 맥을 같이 한다. 즉, 근로자 계층의 성인은 중산층의 부모보다 더 후에 그리고 더 변칙적으로 용돈을 주기 시작한다. 그러나 편햄과 토마스(Furnham & Thomas, 1984a)의 연구에서는 연구 대상의 연령 범위가 더 넓었기 때문일지도 모르지만, 더 적은 차이가 보고되었다.

밀러와 융(Miller & Yung, 1990)은 용돈에 대한 미국 청소년들의 인식에 초점을 두고, 실제들을 보고하였다. 이들은 성인의 개념과는 대조적으로 청소년들이 용돈을 재정적인 측면의 의사 결정을 하고 금전 관리를 하는 데 있어 자립심을 조장하는 교육적 기회로 이해한다는 증거를 발견하지 못하였다. 대부분의 청소년들은 용돈을 기본적인 지원의 형태이거나 근로 소득으로 여긴다. 앞의 연구자들은 청소년들에게 있어서 용돈의 중요성은 용돈을 받았다는 그 자체가 아니라 수령 조건이 평가되는 방식, 근로 의무의 정도, 그리고 소득의 양적 제한, 사용과 원천징수라고 주장한다. 가족 안에서 용돈은 사회화의 다른 모든 영역들과 체계적으로 연결되어 있다. 청소년들의 자아 개념, 결혼을 지연시키는 데 관련된 계획, 평등한 성 역할 등은 사회적 관계 들과 관련되며, 또한 의사결정과 용돈 실제에 위계적으로 참여하는 것과도 관련된다. 연구자들은 다음과 같은 점에 주의를 기울이고 있다 : '용돈은 아 동에게 좋거나 나쁜 것으로 분류되어서는 안 되며, 오히려 용돈을 관리하는 방식이 가치와 관점을 스며들게 한다…… 우리가 말할 수 있는 것은 아동들 의 용돈이 자기관점과 평등한 상호작용을 하게 할 때, 이것이 아동의 성취를 심화시키는 발달을 조장한다는 것이다' (p.157).

용돈에 대한 이러한 모든 연구들은 아동기의 경제적 사회화에서 용돈의 역할이 중요하긴 하지만 분리해서 고려해서는 안 된다는 것을 나타낸다. 부 모들은 또한 '휴가비용', '만화책' 등 다양한 자원들을 제공하며, '부 모가 주는 패키지' 는 전체로서 고려되어야 한다. 특히, 우리는 아동들이 다 른 자원들에서 얻은 돈을 어떻게 사용하는지, 그리고 청소년들이 돈을 벌었 던 경험과 관련해 어떻게 그 이후의 개인적 재정 관리에 영향을 받는지를 고 려할 필요가 있다. 우리는 또한 4장에서 논의될 다양한 정신적 측면들이 아 동들의 소득의 다양한 출처들에 기원을 두고 있는 정도에 대해 알고자 한다.

여러 국가에서 실시된 최근의 연구들은 용돈을 자세히 다루고 있다. 페더 (Feather, 1991)는 호주에서 부모의 추론과 가치, 그리고 이들이 자녀에게 주 는 용돈 분배 간의 관계를 검증하였다. 그는 제공되는 용돈의 양이 아동의 연령과 아주 자연스럽게 관련되지만, 또한 강력하고 조화로운 가족 단위를 조장할 필요성에 대한 믿음과도 관련된다고 하였다. 즉, 더 나이가 많은 아 동의 경우에 부모는 독립심 훈련과 아동의 욕구 충족을 더 중요한 요소로 보 았으며, 어머니와 아버지 간에 약간의 차이가 나타났다. 부모의 직업 윤리는 용돈의 양에 영향을 끼치지는 않았으나, 용돈이 부모의 다른 가치 및 행동과 밀접하게 관련된다는 증거가 있었다.

플리너와 동료들(Pliner et al., 1996)은 캐나다에서 가족 내에서 용돈 제도에 대해 연구하였다. 이들은 용돈 제도가 많은 서구 사회의 가정에서 선호되는 체계이긴 하지만, 기초가 되는 학습 기제가 무엇인지에 대한 연구는 거의 없다고 하였다. 이들은 용돈을 받았던 아동과 그렇지 않은 아동을 비교하여 많은 실험을 하였다. 용돈을 받았던 아동은 신용을 더 잘 사용할 수 있었으며, 상품의 가치를 더 잘 평가하였다. 이러한 기술들은 또한 연령에 따라 증가하였으며, 용돈 제도가 소비자에게 필요한 기술을 획득시키는 것으로 나타났다. 플리너와 동료들은 용돈 제도가 아동들이 재정적으로 박식해지고 노련해지기 위해 필요한 신뢰와 기대의 관계를 유발하기 때문에 이러한 제도가 작용한다고 제안하고 있다.

　라사레스(Lassarres, 1996)는 프랑스에서 가장 좋은 분배 전략은 가족 예산에 대하여 의논을 하여 용돈을 주는 것이라고 하였다. 용돈 체계가 효과적이게 하는 기제는 그것이 가정 내에서 재정적인 문제들에 대해 논의할 기회를 주는 가능성이다. 라사레스는 부모가 자녀에게 용돈을 주는 다양한 이유들은 자녀가 성장함에 따라 변화한다고 하였다. 용돈은 점차 증가하는 자녀의 욕구를 통제하려는 시도이다. 따라서 간단한 용돈 체계가 종종 최초로 도입되어, 점차적으로 완전한 용돈 체계로 발달하게 되며, 이 때 쌍방간에 다양한 의무들을 포함하게 한다.

　룬트(Lunt)는 다음과 같이 말하고 있다.

　　우리가 시도해 본 연구로부터 부모와 교육자들에게 경제적 사회화에 끼치는 가능한 긍정적 영향과 잠재적인 위험에 관련해서 어떤 충고를 할 수 있을까? 여러 연구들에서 재정적 현상들에 대한 초기 경험을 제공하고, 아동에게 예측과 의무를 경험하게 하여 부모와 신뢰의 관계를 형성하는 용돈 제도의 이점들에 관련해서 점차 많은 동의를 하고 있다.

　　　　　　　　　　　　　　　　　　　　　　　　　　　　(1996, p.8)

　용돈 제도를 사용하는 것은 부모가 자녀에게 돈과 용도상의 돈의 기능에 대해 가르칠 수 있는 아주 좋은 기회를 제공한다. 이와 관련된 연구 결과들은 강한 계층 차이를 보여 주고 있으며, 돈을 얻고 지출하는 방식에 대한 논의가 주어진 돈의 양이나 이 체계가 도입된 시기만큼 중요함을 나타내고 있다.

5. 경제 세계를 이해하는 경제교육

이론 교육은 젊은이들이 경제 세계를 이해하는 한 가지 수단이다. 화이트 헤드(Whitehead, 1986)는 2년에 걸쳐 'A' 수준(12학년)의 경제학 수업을 들은 결과로써 학생들의 경제적 이슈에 관한 태도의 궁극적인 변화를 검증하였다. 16~18세의 피험자들은 실험 집단 523명과 통제 집단 483명으로 분류되었다. 사용된 질문지들은 경제 지식이 아닌 경제 태도를 검증하였다. 예를 들어, '가장 효율적인 경제 체계로서의 사기업', '자본주의는 생산적 노동에 대한 완전한 가치를 근로자에게 주지 않음으로써 근로자들을 착취하기 때문에 부도덕하다'와 같은 문항들에 대해 동의 또는 불일치를 측정하였다. 보수적이거나 급진적인 태도로 표현된 문항들에서 실험 집단과 통제 집단의 반응들은 상당히 일치하였다. 실험 집단과 통제 집단은 전체적으로 세 가지 문항에서만 완전하게 다른 관점을 나타냈다. 비록 이 척도의 18개 문항 중에서 6개 문항에서만 그러하였지만, 'A' 수준의 경제학을 공부한 학생들은 자본주의에 대한 경제적 태도가 유의미 하게 변화하였다.

또한 이와 유사하게 오브라이언과 잉겔스(O' Brien & Ingels, 1987)는 경제 문제들과 관련해서 젊은이들의 가치와 태도를 측정하는 도구인 경제-가치 항목표(The Economic-Values Inventory; EVI)를 개발하여, 경제학에 대한 이론 교육이 학생들의 경제 태도에 영향을 끼친다는 자신들의 가설을 확증하였다. 그들에 의하면 경제학을 가르치는 것은 특정한 경제 맥락에 대한 아동들의 이해를 증가시킬 뿐만 아니라, 부모로부터 대부분 영향을 받거나 심지어 부모를 직접적으로 본받은 자신들의 가치와 태도를 정밀하게 살펴보게 해준다. 또한 사회적 의존성을 더 잘 이해하는 것은 편견에 의문을 제기하는 것을 학습하게 하며, 더 성숙해지는 데 기여한다.

교과 과목으로서 경제학은 대부분의 국가에서 대학 이전이나 어떤 경우에는 고등학교 이전에 가르치지 않는다. 그러므로 9년이나 10년의 교육을 받은 후에 더 이상 진학을 하지 않는 청소년들의 대다수는 경제학 수업을 들을 수 없다. 그러나 경제 지식은 관찰에 의해서는 결코 학습될 수 없기 때문에, 경제 (학의) 교육은 반드시 필요하다.

쿠릴스키(Kourilsky, 1977)는 경제적 지식이 있는 시민으로 교육하는데 있어서 유치원도 그 시기가 빠른 것이 아님을 입증하였다. 교육 프로그램인 '유치원-경제학'에서, 아동은 이미 회귀성, 의사결정, 생산, 전문화, 소비, 분배, 수요·공급, 사업, 돈과 물물교환에 대한 개념들을 획득하고 있다. 그녀의 연구는 5~6세 아동 96명을 대상으로 실시되었다. 그 결과, 유치원-경제학의 피험자와 통제 집단 피험자들의 점수 간에 유의한 차이가 나타나서, 교육을 하는 것이 유의한 향상을 이끌었다는 것을 입증하였다. 연구된 9개의 주제 중에서 4개의 주제는 70% 이상의 숙달 수준을 보였으며, 전체 평균은 72.5%였다. 40명의 초등학교 교사들이 같은 도구를 사용하여 검증한 결과, 숙달 수준이 평균 68.5%였기 때문에 평균 숙달 수준은 70%로 결정되었다. 이것은 아동들이 발달적으로 너무 어려서 학습하기 힘들다고 생각된 개념들이 실제로는 학습 가능함을 보여 주고 있다. 즉, 아동들이 경제적 의사결정에서 성공한 것은 단순히 나이가 들었다기 보다는 교육·교수와 더 많이 관련된다는 것이다. 그녀는 또한 학교, 가정, 부모-아동의 어떠한 성격 유형들이 경제적 의사결정을 가장 잘 예측하는지에 관심을 가지고, 6개의 예측 변인들을 검증하였다. 부모 보고, 언어 능력, 성숙 수준, 일반적 능력, 사회적 능력, 주도성 등의 연구 결과, 처음의 세 가지 변인이 경제적 의사결정의 성공을 가장 잘 예측하는 것으로 나타났으며, 가장 강력한 변인은 부모의 보고로 총 변량의 62%를 설명하였다.

유치원에서 경제학을 가르치는 것에 대한 부모들의 태도는 매우 긍정적이어서, 부모들의 96%가 호의적이었으며, 91%는 경제 프로그램이 나머지 다른 학년에서도 계속되어야 한다고 생각하였다. 어떤 부모들은 자녀들이 자신보다 경제학에 대해서 더 많이 알고 있음을 알고는 당황했으며, 이에 관한 지식을 증가시켜야겠다고 생각했음을 언급하기조차 하였다. 이러한 결과들과 경제적 상호 의존성과 맥락에 대한 아동과 성인들의 일반적인 무지는 경제 교육을 가능한 한 빠른 시기에 하는 것이 중요하다는 것을 보여 주고 있다.

웨블리(Webley, 1983)는 '우리는 물리 세계에서처럼 직접적으로, 그리고 다른 것의 중재를 통한 교훈적인 두 가지 방식으로가 아니라, 행동에 실제로 참여함으로써 주로 경제적 세상의 측면들을 학습하기 때문에 구성의 속성이 다양할 것이다'라고 지적하였다.

경제(학)교육 연구에 관한 경제교육 학회지에서, 데이비슨과 킬고어 (Davidson & Kilgore, 1971)는 초등학교 학생들을 대상으로 하는 경제 교육의 효율성을 평가하는 모형을 제시하였다. 다양한 사회 경제적 배경을 가진 24개 학급에서 504명의 2학년 아동들을 대상으로 하여, 피험자들을 한 개의 통제 집단과 두 개의 다른 실험 집단으로 구분하였다. 통제 집단의 학생들에게는 정규적인 사회 연구 교과과정을 교수하였으며, 첫번째 실험 집단에는 아동용 선택의 세계(The Child's World of Choices materials)를 교수하였고, 두 번째 실험 집단의 경우 여기에 추가적으로 교사들을 연수 교육시켰다. 분석 결과, 두 개의 실험 집단은 통제 집단보다 처치 후에 측정한 초등학생용 경제이해검사(Primary Test of Economic Understanding ; PTEU)에서 더 유의하게 높은 점수를 받았으나, 실험 집단 간에는 유의한 차이가 없었다. 더 낮은 사회 경제적 배경을 가진 학교의 학생들은 다른 학교의 학생들보다 처치 전과 후에 모두 경제이해검사에서 유의하게 낮은 점수를 받았다. 이 실험에 의하면 초등학생들은 기본적인 경제 개념들을 학습할 수 있으며, 이것과 관련된 이해의 발달이 측정될 수 있다고 결론내릴 수 있다. 또한 특수하게 고안된 자료들은 학생들의 이해 발달을 촉진하였으나, 교사에게 경제 교육을 하는 추가 프로그램은 학생들의 향상에 어떠한 유의한 효과도 끼치지 못했다.

아동에게 경제 개념을 교수하는 '방법'과 관련해서 웨이트(Waite, 1988)는 아동의 개념 이해를 촉진시키는 것이 수많은 다양한 전략들을 사용하여 성취될 수 있다는 것을 보여주는 사례 연구에서 보듯이, 아동이 활동의 중심이 되어야 한다고 주장하였다. 아동의 경제적 인식이 교실 밖의 정보를 통해서 획득되기 때문에, 사례 연구들을 이용하는 것은 아동에게 경제를 교육시키는 좋은 방식인 것으로 보인다. 람셋(Ramsett, 1972)은 또한 전통적인 강의방식 대신에, 심층적인 논의와 설명의 기초로서 경제학과 직접적이거나 간접적으로 관련된 일상생활의 사건들을 사용할 것을 제안하였다. 예를 들어, 만약 어떤 학생의 가족이 부모의 새로운 직장 때문에 다른 곳으로 이사가야 한다면, 교사는 이것을 고용, 소득 등에 대해 논의하는 기회로 삼을 수 있다는 것이다.

최근에 취마와 하린스키(Chizmar & Halinski, 1983)는 초등학교에서 경제학을 가르치도록 고안된 일련의 TV 영화 프로그램인 '교환'이 기초경제검사 (the Basic Economic Test; BET)의 수행에 끼치는 효과를 기술하였다. 그 결과는 다음과 같다.

1. 교육 기간이 증가됨에 따라, '교환'을 이용한 학생들의 점수 증가율이 더 유의하게 컸다.
2. '교환'을 이용한 학생들의 경우에는 점수에서 어떠한 성차도 없었던 반면, 전통적인 방식으로 수업받은 학생들의 경우에는 성이 학생들의 점수를 통계적으로 유의하게 예측하였다. 즉, 여아가 남아보다 더 높은 수행을 하였다. 학년과 경제학에 관한 교사 훈련은 기초경제검사 수행에 유의하게 긍정적인 영향을 끼쳤다(McKenzie, 1971; Walstad, 1979; Walstad & Watts, 1985 참고).

이 결과들은 남아가 전통적인 교수 방법보다는 '교환' 조건에서 더 잘 수행하였기 때문에, 여기에서의 성 차이가 교수 방법에 귀인될 수 있음을 지적하고 있다. 이러한 전제하에서, 다른 연구들에서 보고된 성 차이도 이것에 원인이 있을 수 있는지를 검증하는 것은 흥미로울 것이다.

한센(Hansen, 1985)은 초등학생에게 경제학을 가르치는 것이 효과적임을 입증하면서, 이러한 주제를 초등학생들의 교과 과정에 포함시켜야 한다고 주장하였다. 그는 아동들과 경제 교육에 관한 기초 지식들을 다음과 같이 간단히 요약하였다. 아동이 초등학교에 입학하기 전 초기 몇 년 동안 발생한 것은 성인기까지 지속적인 영향을 끼친다. 아동들은 경제 개념들을 획득할 수 있으며 이전에 생각했던 것보다 더 빠른 시기에 그렇게 할 수 있다. 이 시기에 다양한 경제 자료들과 교수 방법들이 이용 가능하며 또한 효과적이다. 그리고 평가 절차가 이용 가능하며, 새로운 절차들이 개발될 수 있고, 지속적인 개선이 필요하다. 경제 교육 프로그램들은 교사들이 경제학에 정통했을 때 학생들이 더 성취함을 보여 준다.

오늘날 초등학교에 경제학을 도입하기에는 다른 과목들보다 우선 순위로 여겨지는 읽기와 산수에 비해 경제학의 기회 비용이 너무 높다고 여겨진다. 그러나 경제학이 그 자체로 연구되는 주제로 고려되지 않고, 교과 과정에서 다른 과목들과 경쟁하지 않으며 또한 산수와 같이 이미 현존하는 과목과 연계해서 경험된다면 이러한 문제점들은 극복될 수 있다.

6. 상업적 연구

은행, 주택 조합, 보험 회사, 그리고 다른 금융기관들은 화폐에 대한 아동의 태도에 관심을 가져왔으며, 이것은 아마도 사람들이 자신이 이용하는 금융기관을 거의 바꾸지 않는다고 믿기 때문일 것이다. 많은 기관들은 교사와 학생을 대상으로 하는 교육 자료들을 만들어 왔다. 다음은 영국의 경우이다.

1. 국립 웨스트민스터 은행은 10~11세 아동에게 예산, 금융 서비스와 저축, 대변과 차변 같은 개념들을 가르치기 위한 교사용 지침서, 비디오 테이프 그리고 학생용 자료를 만들었다.
2. 펄 보험 회사는 14~16세 아동을 대상으로 기회와 변화라는 자료를 만들었다. 이것은 돈의 비용, 보험금 등을 설명하는 내용으로 구성된다.

은행과 주택 조합은 돈의 사용과 관련해서 많은 지식에 기초하여 판단을 하고 효과적인 의사결정을 하는 능력인 경제적 박식함에 관심을 가져왔다. 젊은이들은 재정적 이슈에 대해 자신들이 알아야 할 필요가 있는 것, 즉 정보를 어디에서 찾아야 하는지, 그리고 정보를 다루는 방법들을 알아야 할 필요가 있다. 이들은 다음과 같은 것들을 알아야 한다:

- 화폐 제도 : 물물교환, 화폐 주조, 화폐의 기능 등
- 화폐 서비스 : 금융 기관의 범위(은행, 보험 회사, 주택 조합), 계정 유형, 지불 방법, 대출 금리 등
- 소득 : 소득의 출처(취업, 기업, 투자, 조세경감) 등
- 소득의 처분 : 투자, 구매, 저축, 직접세와 간접세 등
- 주요 경제 개념과 이슈들 : 공급과 수요, '화폐의 가치', '기회와 비용', 인플레이션 등

많은 금융기관들은 경제적으로 박식한 학생들로 인한 혜택을 알고 있으며, 학교 교과과정에 이것이 포함되어야 하는 필요성을 주장하여 왔다. 이들은 경제적 지식이 다음과 같은 특정한 이점들을 가지고 있다고 주장한다.

- 개인적인 화폐 관리에 대해서 지식에 근거한 판단을 하는 유능성을 발달시킴으로써 젊은이들의 일상생활과 학교에서 성인 생활로의 전이를 도와주는 특별한 기술과 지식을 발달시킨다.
- 여러 대안들을 평가하고, 그것의 가능한 결과를 생각하게 하는 것과 같은 과정 기술들이 발달하도록 도와준다.
- 학생들의 일상생활과 더 많이 관련시킴으로써 더 넓은 개념 영역, 예를 들어 경제적 인식들을 구축해 나가기 위한 유용한 시작점이 될 수 있는 주제들을 제공해 준다.
- 수리사고 능력, 문제해결 능력, 그리고 기술, 계획과 같은 기본 기술들을 발달시키기 위한 실용적 수단을 제공해 준다.

다른 금융기관들은 자체 연구를 하였다. 영국에서 거의 50만명의 회원을 가지고 있는 저축 클럽인 Halifax Quest Club을 소유하고 있는 헬리팩스 주

택 조합은 정기적으로 자체 조사 자료를 발표하고 있다. 1991년에 9∼11세 아동 2,000여명을 대상으로 실시한 조사 결과는 다음과 같다.

1) **용 돈** : 일주일에 평균 1.40파운드였으며, 이는 1990년에 비해 30페니가 증가한 것이다. 이것은 부분적으로는 더 많은 아동에게 용돈의 전부나 일부를 스스로 벌도록 요구하였기 때문일 수 있다. 1990년과 마찬가지로 10명의 아동 중에 8명이 정기적으로 용돈을 받았다. 영국 북쪽 지방의 젊은이들은 매주 아주 많은 양의 용돈을 지속적으로 받아 온 반면, 남동 지역과 서부 지역의 아동은 자신들이 더 적은 용돈을 받았다고 보고하였다.

2) **소 득** : 아동의 51%가 가사를 도운 대가로 용돈의 전부나 일부를 벌었는데, 이는 1년 전의 44%보다 증가한 것이다. 특히 스코틀랜드는 59%, 북아일랜드는 57%였다. 설거지, 청소, 잠자리 정리하기 등이 이들의 가장 공통된 일이었다.

3) **저축 경향** : 젊은 저축인들의 모임인 핼리팩스 리틀엑스트라 클럽 회원의 대략 절반 가량이 자신의 수입 중에서 지출하는 것보다 저축하는 양이 더 많았으며, 23%는 모든 용돈을 저축하도록 요구받았고, 특히 남동부와 런던의 경우에는 27%였다. 오직 9%의 아동들만이 자신이 받은 모든 용돈을 지출하였다. 그 해에 아동들은, 자전거나 컴퓨터와 같은 어떤 목적을 위해 저축하는 비율이 더 높아졌다. 그러나 특히 좋아하는 것은 휴가와 장난감이었다(43%).

4) **소비 습관** : 용돈은 주로 사탕류의 과자를 사는 데 지출하였고 이 경향은 전년도의 48%에 비교해서 42%로 감소하였다. 여아는 남아보다 장난감을 사는 것에 용돈을 더 적게 지출하였는데, 이것은 여아가 남아보다 더 빨리 성숙하는 경향을 보여주는 것이다.

13∼16세의 십대들의 경우, 시간제 수입은 전년도의 9.80파운드에서 평균 12.70파운드로 증가하였다. 16세 아동의 62%는 일주일에 평균 18.20파운드를 벌었으며, 이것은 12세 아동의 11%만이 평균 5.10파운드를 번 것과 비교

된다. 여아들이 남아들보다 일주일에 평균 30퍼센트를 더 많이 번 반면, 이 차이는 여아가 남아보다 평균 1.30파운드를 더 많이 벌었던 1990년 이래로 실제로 줄어들었다. 대부분 공통적으로 하고 있는 일은 신문 배달(31%)과 가게 점원(25%)이었다. 그 밖에 아기 돌보기(12%), 가사·정원 가꾸기(9%), 그리고 웨이터·주방 일(9%)이었다. 북아일랜드의 십대들은 더 오랜 시간 동안 일을 하였다.

이러한 청소년들의 절반 이상이 자신의 수입 중에서 지출한 금액보다 저축한 금액이 더 많았으며, 수입 모두를 저축한 경우도 9%에 달하였다. 남아가 여아보다 자신의 수입을 모두 저축하는 비율이 약간 더 높았다(11% 대 7%). 그러나 십대들과 더 어린 아동들의 저축 습관 간에는 차이가 있는 것으로 보였다.

16세 청소년들은 전년도보다 자동차를 구입하기 위해 저축을 하는 비율이 더 적었으며(44% 대 22%), 자전거나 모터 달린 자전거, 특히 산악용 자전거를 원하는 십대들은 더 많아졌다(전년도 5% 대 7%). 그 밖에 다른 십대들은 컴퓨터 장비 및 소프트웨어(8%), 음악용품·스테레오 장비, 의류 및 선물(각각 6%)을 사기 위해 저축하였다. 예측한 것처럼, 14세 아동들 중 5%가 새로운 운동화를 구입하기 위해 저축하였다.

전반적으로 돈을 소비하는 가장 인기있는 방식은 외출, 의류 및 서적, 잡지 구입이었다. 어린 연령의 아동들은 컴퓨터 장비와 식음료에 돈을 더 많이 지출하였고, 나이가 더 많은 아동들은 외출, 의류, 레코드, CD, 비디오 테이프와 만화에 돈을 더 많이 지출하였다. 또한 남아에 비해서 여아가 만화와 관련해서 돈을 더 많이 지출하였으며(남아의 경우 2%에 비교해서 28%), 반면 여아에 비해서 남아가 컴퓨터 장비에 더 많은 돈을 지출하였다(남아의 경우 29%, 여아의 경우 3%).

7. 돈과 관련된 아동과 부모 교육

아동과 청소년들이 경제 세계에 대한 이해를 중요한 것으로 지각하기 시작하면서부터 이들과 이들의 부모 모두를 대상으로 하는 서적과 논문들이 다수 출판되어 있다.

1) 아동을 위한 도서

와이아트와 힌델(1991)은 『저축과 소비를 이해하는 똑똑한 아이들을 위한 안내서』라는 책에서, '돈을 관리하기 위한 완전한 기술'을 제공할 것을 주장하고 있다. 중산층의 미국 아동들을 대상으로 한 이 서적은 돼지 저금통과 함께 학습을 촉진시키고자 한다. 그들은 아동들에게 부모와 자신의 용돈에 대해서 논의할 것을 권장하고 있다. 제안된 질문들은 다음과 같다 : 내가 얼마나 많이 벌 수 있을까? 내가 내 용돈을 가지고 살 수 있는 것으로 기대되는 것은 무엇일까? 내가 얼마나 자주 용돈을 받을까? 내가 용돈을 받기 위해서 어떤 일을 해야만 하나? 만약 내가 허드렛일을 하지 않는다면 무슨 일이 일어날까? 내가 용돈을 더 많이 벌기 위해서 다른 일을 더 할 수 있을까? 내 용돈 중에 얼마를 저축해야 하나? 그 나머지 용돈으로 내가 좋아하는 것을 하거나 살 수 있을까?

이 책에서는 또한 돈을 버는 방법에 대해 조언을 하고 있다. 그들은 8~13세 아동들이 할 만한 일로 세차하기, 낙엽 청소하기, 눈 치우기, 잔디깎기, 개 산보시키기 혹은 신문 배달을 권하고 있다. 또한 아동들에게 금전출납부를 기록하고, 매주 예산을 세우고, 저축하기를 권하고 있다. 또한 저자들은 저축뿐 아니라 쇼핑에 대한 조언도 제공하고 있으며, 채무의 결과, 도박의 어리석음, 세금의 필요성에 대해서도 논의하고 있다.

렌돈과 크란즈(Rendon & Kranz, 1992)는 십대 청소년들에게 초점을 맞춘 책을 출판하였다. 이들은 한편으로는 교육적으로, 다른 한편으로는 심리학적으로 접근하고 있다. 이 책 내용의 절반 가량은 역사적이며 교훈적이다. 이 책에서는 자본주의자와 사회주의자들의 경제학을 보는 견해 차이, 인플레이션과 불경기의 속성, 주식 시장이 운영되는 방식, 그리고 정부가 경제에서 담당하는 역할과 같은 것들을 설명하고 있다. 그러나 이 책은 또한 매우 심리학적이기도 하다. 저자들은 화폐에 대한 태도를 결정짓는 많은 변인들이 있다고 주장하고 있다. 렌돈과 크란즈는 다양한 요인이 젊은이들의 화폐에 대한 태도에 영향을 준다고 믿고 있다. 여기서 제안되는 요인들은 다음과 같다 : 이들이 지역사회의 다른 사람들보다 많거나 적은 혹은 같은 양의 돈을 가지고 있는지의 여부, 자신들의 가진 것보다 적거나 많은 돈을 가지고 있는 사람들과 얼마나 친밀하게 살아가는지, 그런 사람들에 대해 얼마나 많이 듣고 있는지, 그들 부모의 현재 금전적 상황이 그 부모가 성장할 때와 전혀 다른지의 여부, 그리고 이들과 이들 가족들이 TV, 영화나 서적 등에서 보는 많은 사람들의 상황과 비교해서 자신들의 상황에 대해 어떻게 느끼는지 등이다.

이들은 이러한 요인들이 가난과 부 모두에 대한 사람들의 반응 양식을 형성한다고 주장한다. 아주 가난한 것은 사람들에게 수치심이나 분노의 감정을 가지게 할 수 있다. 이들은 모든 사회에서 화폐에 대해 다음과 같이 분명하지만 종종 구분되는 의미를 전달함에 주목하고 있다. 자신의 가족을 부양할 수 없는 사람은 실패한 인생임에 틀림없다, 옷을 잘 입지 못하는 사람은 자신에 대해 낮은 자아 개념을 가지고 있다는 것을 드러내는 것이다, 기분이 나쁠 때 자신을 위해서 선물을 사는 것이 기분을 더 좋게 만들 수 있다.

또한 렌돈과 크란즈(1992)는 화폐에 대한 태도가 정치적 신념과 분명하게 연결되어 있다고 주장한다. 이들은 정당에 대한 편견 없이 보수당, 자유당, 급진당에 대한 원형적 신념을 구성하였다. 또한 독자들에게 영화와 TV에서 묘사되는 돈의 위력에 대한 경고도 하고 있다. 더 나아가서 십대의 친구들 간에 돈의 이슈가 아주 중요한 것으로 고려되고 있다. 이들은 다양한 메시지들이 다음의 내용과 부합되는지의 여부를 고려할 것을 부탁하고 있다 : 만약 당신이 친구들이 제공할 수 있는 것들을 제공할 만한 여유가 없다면 당신은 이들에게 속하지 못할 것이다, 당신은 다른 사람들보다 어떤 사람이 더 많은 돈을 가지고 있는 것에 대해 개방적으로 말할 수 없다, 다른 사람들보다 더 적은 돈을 가지고 있다는 것은 무엇인가 잘못된 것이 있다는 것이다.

이들은 독자들에게 돈은 금기시되는 주제이며, 사회가 돈에 대해 매우 복잡하고 모호한 메시지를 전달하고 있음을 경고하고 있다. 그러나 광고를 하고 광고를 보는 것에서 일자리를 찾고 일을 얻는 것, 일을 줄 수 있는 고용주에게 접근하는 것, 그리고 고용주와 고용인 모두가 가지고 있는 기대의 속성에 대해서도 분명하고 유용한 충고를 하고 있다. 또한 이들에게 '예산을 성공적으로 세우는 비법', 신용카드의 특성, 저축하는 방식에 대해서도 이야기하고 있다.

저자들은 십대들이 가지고 있는 돈의 주요한 출처가 부모라는 것을 정확하게 지적하고 있다. 따라서 이들은 부모의 화폐 신념이나 행동이 십대에게 많은 영향을 끼칠 수 있으며, 끼치고 있다고 지적하고 있다. 이들은 십대 독자들에게 부모에게 가해지는 다음과 같은 금전적 압력들을 이해하라고 제안한다 : 직업을 잃는 것에 대한 두려움, 직장 생활이 지루하거나 불유쾌하지만 이만큼 급료를 줄 만한 다른 직장을 구할 수 없는 것에서 오는 좌절감, 충분한 돈을 가지고 있지 못한 것에 대한 걱정, 자녀들에게 더 나은 생활을 제공하지 못하는 것에 대한 죄의식, 노년의 경제적 안정에 대한 걱정, 특별한 어떤 것을 구매할 수 있을 정도로 충분히 저축할 수 없는 것에 대한 좌절, 신용카드, 개인 대출, 저당(저당권 설정의 주택 대출 등)을 통해 빚을 지는 것에 대한 걱정. 이러한 내용의 기저에 깔린 의미는 이처럼 부모의 화폐에 대한 신념들이 특정 압력과 결합되어 있기 때문에, 이들이 변덕스럽고, 비합리적이고, 실망스럽게 행동하게 될 수도 있다는 것이다. 그래서 저자들은 청소년 독자에게 부모의 화폐 행동의 어떤 측면이 특히 자신에게 좌절감을 주는지를 확인, 규명하여 이에 대해 부모에게 말할 것을 권하고 있다. 그러나 만약 부모가 강박적인 도박꾼, 낭비가 혹은 축재가라고 생각될 때에는 이를 도와줄 수 있는 상담 전화번호를 제공하였다.

2) 부모를 위한 도서

특별히 부모들을 위해서 출판된 화폐와 관련된 흥미로운 서적들이 많이 있다. 주식 중매인인 데이비스와 테일러(Davis & Taylor, 1979)는 '용돈에 대한 해답을 원하고…… 자녀들이 돈을 벌고 저축하기를 원하고…… 일이 책임감을 가르칠 수 있다고 믿으며…… 성인 세계의 현실에 대해 자녀들을 준비시키는 데 관심이 있는 부모들'을 위해서 『아이들과 현금』이라는 책을 출판하였다. 저자들은 부모가 두 가지 딜레마를 가지고 있다고 믿고 있다. 첫째, 부모 자신이 합리적이고 공정하다고 느끼는 방식으로 자녀를 포함시키고 정보를 이들에게 제공하기 위해서 가족 화폐 문제를 다루는 방식. 둘째, 책임 있고 생산적인 성인이 되게 하기 위해서 자녀에게 필요한 기본적인 화폐 기술과 태도를 획득하게 하는 방식이다. 이들은 모든 아동이 경제적 현실에 대한 기본적인 이해를 필요로 하며, 일을 가지는 것이 중요한 교육적 경험이며 사회화 경험이라고 믿고 있다.

따라서 이들은 아동에게 부적절한 메시지를 전달하는 돈의 오용에 주의를 기울이고 있다. 돈이나 선물을 사랑의 대체물과 '질적인 시간'으로 사용하는 것은 잘 알려져 있는 것으로, 이것은 특히 아동이 자기 신뢰를 발달시키는 기회를 부인하게 하는 부정적 효과를 가지고 있다. 또한 부모는 특정 행동을 하지 못하게 하거나 조장하기 위해서 뇌물을 사용하지만, 그 힘은 사용함에 따라 감소하게 되고 후에 심각한 갈등을 초래할 수도 있다. 친척, 이웃이나 교사와 같은 제3자에게 돈에 관한 협의 사항을 규정하게 하는 것은 아주 현명하지 못한 방법일 수 있다. 화폐에 대한 규칙을 적용하는 데 있어서 일관성이 결핍되는 것도 현명하지 못한 행동으로, 이것은 혼란을 야기하고 경제 생활을 과도하게 급변하게 만들 수 있다. 자녀에게 비밀로 하는 것 역시 공통적인데, 이는 부모가 자녀에게 가족의 재정상태에 대해서 아주 무관심하게 만들고, 현실에 대해 매우 왜곡된 생각을 갖게 하기 때문에 바람직하지 못하다. 마지막으로 돈에 대해 이상하거나 신경증적인 태도를 갖는 것은 부모가 자녀에게 좋지 않은 모델을 제시하는 것이므로 매우 어리석은 행동이다.

데이비스와 테일러(1979)는 자신의 관점에 대한 실증적인 증거들을 제공하지 못했지만, 경제적 인지 발달과 관련해서 더 광범위한 피아제식 관점을 취하고 있다. 이들은 모든 아동이 아주 특정한 화폐 기술들을 학습할 필요가 있다고 믿고 있다. 이것들은 다음과 같다.

- 돈 지출하기 : 희귀성, 가격 차별화, 필수품의 선택과 같은 개념들에 대한 이해
- 예산 세우기 : 금전적 계획을 세우고 실천하기
- 저축하기 : 만족 지연의 중요성과 혜택 알기
- 차용하기(borrowing) : 차용의 개념과 대가(代價) 알기
- 돈 벌기 : 능력을 팔고, 위험을 감수하는 것을 학습하고, 경쟁을 이해하는 것에 의해서

이 사항들은 용돈 제도가 아동에게 돈의 가치와 책임감의 기초를 가르치는 가장 좋은 방법이라고 말하면서, 이 제도의 중요성을 강조하고 있다. 이들은 부모가 용돈과 자녀의 노동을 결부시키지 않는 다섯 가지 용돈 제도와, 자녀의 노동과 연관시키는 한 가지 제도를 사용하고 있다고 주장하고 있다.

1. 돈은 필요로 할 때 준다(비정기적이고, 비계획적이고, 불규칙하게)
2. 임무 제도로, 수행된 일에 대한 효과적인 지불을 하는 제도
3. 책임감과 연결된 용돈으로, 수행된 일에 따라 주어지는 용돈
4. 어떠한 조건도 없는 용돈으로, 책임감 없이 정기적으로 지불
5. 조건은 없지만, 지출이 감독되는 용돈 제도
6. 조건은 없지만, 책임감이 있는 용돈 제도

이들은 권장되는 용돈 제도를 위해서 다음의 열세 가지 구체적 사항들을 제시하고 있다.

1. 당신이 사용할 용돈 제도는 시작할 무렵 자녀에게 충분히 설명되어야 한다.

2. 용돈은 자녀의 나이가 대략 6세나 7세에 주기 시작한다.

3. 용돈의 액수는 합리적이어야 하며, 자녀가 지출 정도를 책임질 수 있다고 기대될 때 연령이 증가함에 따라 그 액수도 증가해야 한다.

4. 부모와 자녀는 용돈으로 사용할 수 있는 지출의 종류에 대해서 사전에 의견을 조율해야 한다.

5. 어린 자녀에게는 매주 같은 양의 용돈을 주어야 하며, 십대 중반의 자녀들에게는 매월 지불되어야 한다.

6. 용돈은 항상 주어야 하며, 노동 수행을 조건으로 하면 안 된다. 그것은 원칙적으로 지지될 수 없으며, 또한 아동의 행동에 영향을 줄 수도 없다.

7. 일단 용돈의 액수가 결정되면, 자녀들이 자신이 가진 돈을 전부 지출했다 하더라도 정해진 액수 이상의 돈을 주어서는 안 된다.

8. 자녀에게 지출에 대한 의사결정을 하도록 허락해야 한다.

9. 자녀에게 전체 가족을 위해서 자신들이 해야 할 책임이 있는 일을 자녀와 동의하에 할당해 주어야 한다.

10. 일을 하는 것에 대해 자녀가 어떠한 수당을 기대하거나 받게 하면 안 된다.

11. 할당된 집안 일을 하지 못한 것으로 인해 용돈의 액수가 감소되거나 용돈을 주지 않는 것은 바람직하지 않다.

12. 정해진 것 외의 일을 한 것에 대해서 자녀들에게 돈을 지불할 능력이 있는 부모들은 그렇게 해야 한다.

13. 용돈의 액수를 결정하고 다음 해에 해야 할 일을 결정하기 위해서, 매해 자녀의 생일에 1년 정리를 해야 한다.

(Davis & Taylor, 1979, p.50)

데이비스와 테일러(1979)는 아동을 가족 예산 계획에 참여시키는 것이 이들에게 아주 많은 혜택을 준다고 믿고 있다. 저자들은 부모가 자녀에게 경제 세계에 대해 교육하는 것을 돕는 데 상당한 관심을 가지고 있다. 예를 들어, 이윤의 개념과 관련해서 이들은 다음과 같은 기본적 질문을 하고 이에 대한 답을 해 주고 있다 : 이윤은 무엇인가? 이것이 아동에게 어떤 차이를 가져오는가? 대부분의 기업들은 얼마나 많은 이윤을 창출하는가? 이윤은 어디로 가는가?

물론, 저자들이 자유시장 자본주의자들이라는 사실은 분명하다. 이들은 통화론자인 애덤 스미스(Adam Smith)식 관점에서 직업이 창출되는 곳과 합당한 가격에 최고의 물건과 서비스를 제공하는 경쟁의 혜택에 대해 설명하고 있다. 이들은 사람들이 세금을 내야 하는 이유와 이것이 그렇게 높은 이유에 대해서도 솔직하게 설명하고 있다. 이들은 또한 부유한 사람들에게 누진 부과세를 매기는 것이 왜 생산적인 것에 반대되는 것인지도 주목하고 있다.

간단히 말해서, 이들은 수용초과 인플레와 물가상승 인플레, 이것이 아동에게 어떠한 영향을 끼치는지, 그리고 어떻게 멈춰질 수 있는지에 대해 설명하고 있다. 이들은 부모에게 저축하는 것과 심지어는 투자에 관한 질문에도 명쾌한 대답을 하고 있다. 그러나 이 책 내용의 반 정도는 아동들이 직업을 얻도록 도와주는 내용인데, 이것은 저자들이 시간제 노동의 혜택이 받는 돈보다 더 중요하다고 믿기 때문이다. 이들은 아동이 일을 함으로써 얻는 혜택 여섯 가지를 제시하고 있다. 1) 노동은 아동에게 시간 관리의 중요성을 가르쳐 준다. 2) 세상이 경쟁적이라는 것을 가르쳐 준다. 3) 창의적 혁신이 경제적 성공으로 이끌 수 있음을 가르쳐 준다. 4) 모든 지출에 대한 결정이 선택임을 가르쳐 준다. 5) 실패가 정상적인 것임을 가르쳐 준다. 6) 실패는 재난이기 보다는 유용한 학습 경험일 수 있음을 가르쳐 준다.

더 나아가 데이비스와 테일러(1978)는 자녀에게 일을 하도록 격려하는 것이 학교 과제나 어떤 다른 중요한 활동들을 소홀히 여기게 할지도 모른다는 부모들의 의구심을 해소해준다. 이들은 직업을 갖는 것이 매우 긍정적인 학습 경험이기 때문에 부모들이 이를 격려하고 안내해야 하지만, 지나친 도움은 피해야 한다고 주장한다. 아동이 돈을 번다는 개념을 발견하고, 이전에 아무도 시작하지 않았던 새로운 직업 기회를 창출하고, 심지어는 직업 모임을 시작하도록 격려해 주어야 한다. 저자들은 부모에게 자녀가 자신의 사업을 시작하도록 격려하고, 생산품과 서비스를 광고하도록 격려하는 방식을 열정적으로 가르치고 있다. 마지막으로 저자들은 자녀가 가업을 전수받고 부모가 하는 일과 돈을 벌기 위해서 어떻게 하고 있는지를 이해시키기 위해서 부모의 사무실로 데리고 가야 한다고 권고하고 있다.

이와 유사하지만 최근에 고드프리(Godfrey, 1995)는 한 저서에서 부모가 자녀에게 돈의 가치와 사용에 대해 교육하는 것을 돕고 있다. 아동 은행을 설립한 은행가인 저자는 '금전적으로 역기능적인 가족'을 다루는 TV에 출연하고 있다. 그녀는 다음과 같은 내용에 주목하고 있다:

아이들이 돈에 대해 알지 못한다는 사실이 아이들을 해칠 수 있다. 아동기 때의 나쁜 경제 습관은 이들이 성장했을 때 더 나쁜 문제들을 낳을 수 있다……

너무 많은 빚을 지는 것은 한 가정을 해칠 수 있다. 이혼 가정 중 90%가 근본적으로 금전적인 문제에 그 원인이 있다. 이러한 문제는 당신을 결코 헤어나올 수 없는 구멍으로 밀어넣을 수 있다. 그 결과는 주위의 만류에도 불구하고 완전하게 회복할 수 없는 당신의 신용평가로 인해 당신의 집을 잃어버리는 상황까지 이르게 된다. 만약 당신이 돈의 가치를 제대로 알지 못한다면, 당신은 쉽게 속고 말 것이다. 당신의 자녀에게 경제적 현실을 이해하도록 가르치는 것은 자녀가 인생에서 기대하지 않았던 변화들을 다루도록 준비시키는 가장 좋은 방법이다. 인생은 공평하지 않다. 우리는 모두 그것을 알고 있지만, 그러한 불공정에 직면할 때마다 여전히 충격을 받는다. 우리는 정서적으로 황폐화되지 않기 위해서 견고하게 기초를 다져야 한다. 돈이 남녀 관계에서 유일하게 중요한 부분은 아니며, 이것에 대한 잘못된 이해가 이혼의 주요한 원인이다. 자연적으로 이것은 모든 기업이나 고용인·고용주 관계의 중심이며, 또한 '누가 점심값 낼래?'와 같은 단순한 상호작용에서 학령기 아동들과 친구들 간에 발생하는 빌려 주고 빌려 가는 행위의 우정에서까지 나타나기도 한다.

(Godfrey, 1995, p. 17)

고드프리(1995)가 미국에서 34,000명을 대상으로 한 조사 결과는 〈표 3-6〉

표 3-6	미국에서 아동의 돈에 대한 태도		
질 문		네(%)	아니오(%)
내가 성장했을 때, 나는 아버지가 일년에 돈을 얼마나 버는지 알았다.		23	77
나는 우리 가족의 저당이나 집세 등이 얼마인지 알았다.		30	70
나는 우리 가족이 들고 있는 보험 보상의 종류를 알았다.		23	77
나는 초등학교를 졸업하기 위해 나에게 드는 비용이 얼마인지를 알았다.		26	74
나는 내 자녀들이 경제적 현실에 대해 더 많은 것을 알았으면 좋겠다.		91	9
나는 돈에 대해서 내 자녀들을 교육시키는 방법을 더 잘 이해했으면 좋겠다.		73	27

출처 : Godfrey(1995)

과 같다.

이러한 결과들은 이 영역에서 노동의 필요성을 확증해 주었다. 저자들은 욕구와 욕심을 구분하는 것이 기본적으로 중요하며, 따라서 고정 경비와 유동 경비를 구분하는 것이 중요하다고 믿고 있다. 이러한 구분은 일을 하는 것에 대한 협상 가능한 규칙 대 협상 불가능한 규칙으로 이어진다. 그녀는 학령 전 아동, 학령기 아동과 십대들을 대상으로 하는 경제 · 화폐 교육에 대해 고려하고 있다.

학령 전 아동의 경우에 가게 주인 놀이뿐 아니라 '가게 안에서 역할을 하는' 쇼핑 연구 게임들과 같은 다양한 게임들을 제안하였다. 교육 전략은 용돈 제도를 위한 다음의 권고 사항들에서 분명하게 보여진다.

- 학령 전(3세) 아동에게는 특정한 일을 한 것에 대해서 지불하는 형태로 용돈을 주어야 한다.
- 돈을 받기 위해서 일을 하는 것은 용돈이 자연스럽게 기대되는 것을 넘어서는 특정한 일련의 집안 일들에 기초함을 의미한다.
- 3세 아동들은 일주일에 3달러를 받으며, 6세 아동은 6달러를 받는다.

즉, 당신은 자녀가 한 살씩 나이가 들어감에 따라 1달러씩 더 주어야 한다.

고드프리(1995)는 학령기 아동들은 용돈에 대해서 세금을 내야 한다고 제안하고 있다. 학령기 아동들에게 자신들이 '가정의 구성원'이며, 자신의 수당의 15%는 세금으로 내야 한다는 것을 말해야 한다. 이들은 또한 자선을 위해서 10%를 기부해야 할 필요가 있다. 더 나아가서 만약 이들이 저축을 한다면, 저축에 대한 이자도 이들에게 주어야 한다. 고드프리는 경제적 문제들에 대해서 개방적이고 솔직하게 논의하기 위해서 가족회의를 열 것을 강력하게 권고하고 있다. 문서화된 협의 사항은 준수되어야 하며, 그 일지가 기록되고 유지되어야 한다. 여기에는 주요 물품의 구입, 휴가 계획, 자선과 선물 주기 등을 검증할 수 있는 항목들이 포함되어야 한다. 또한 가족들의 돈을 모두 모아 두는 가족 은행을 만들고, 가족 전체가 그것을 관리하고 돈을 지출하는 방식에 대해 논의해야 한다고 권고하고 있다. 더 나아가서 가족 은행은 신용 방침에 대해 분명하게 명시해야 한다. 만약 아동이 용돈을 받을 시기보다 앞서서 용돈을 빌려 간다면 아동은 그것을 3주 후에 이자를 포함해서 갚아야 한다. 또한 아동이 성장함에 따라 이들이 담당하는 집안 일은 더 어려워지며, 이러한 일에 대해 책임을 져야 한다는 것을 가르쳐야 한다. 이 때 이들에게 주어지는 메시지는 가족의 일원으로서 아동이 집안일과 일시적인 일을 하는 것에 자발적이어야 한다는 것이다.

아동이 성장하면서 돈을 빌리고, 빌려 주고, 거래를 함에 따라 이들에게 언어적 계약, 협상 그리고 거래의 일반 규칙들의 중요성을 가르칠 수 있다. 또한 물건의 파손, 가게 좀도둑질에 대한 가족과 지역사회의 가치가 소비자 행위와 함께 논의되어야 한다. 예를 들어, 청소년기 이전의 아동들에게 다음과 같은 간단하지만 중요한 소비자 개념들을 가르쳐야 한다. 가장 좋은 가격에 가장 좋은 물건 구매하기, 상점의 방침 알기, 영수증 꼭 받기, 할인 기간 동안 물건 사기, 자신의 권리 알기 등이다.

십대가 되면, 가족의 구성원이라는 개념은 야간 외출 금지와 같은 다른 개

넘들로 확대될 수 있다. 더 나아가서, 이들에게 금전적인 포트폴리오를 시작하는 것 뿐 아니라 신용카드와 예산 세우기에 대한 좋은 실제들을 가르칠 필요가 있다.

8. 결 론

아동과 청소년들이 돈과 경제 원리에 대해 이해하기 시작하는 방식과 시기는 중요하다. 룬트(Lunt)는 다음과 같이 주장하고 있다.

> 경제 활동에 아동을 점차적으로 포함시키는 소비자 사회의 확장과 현대 사회에서 젊은이들의 상대적인 풍족함은 아동이 경제에 대해 학습함에 따라 경제에 적극적으로 관여하는 아동을 만든다. 따라서 아동을 경제에 몰두하게 하는 것은 상당한 '사회적 문제'가 되며, 다양한 이슈들이 연구들을 활성화시킨 것으로 보인다…… 현금에서 신용 경제로의 변화, 가정 소유권의 증가와 보통 사람들에 의한 다양한 형태의 복잡한 경제활동의 증가는 경제적 유능성이 복잡성과 다양성을 증가시킴을 의미한다. 현대 소비자들은 복잡한 경제에 몰두하며, 경제적 이해와 관련해서 우리 모두에게 만들어지는 수요가 지속적으로 발달하고 있다. 현대 서구 사회의 정치적 쟁점은 이제 소비자 경제를 포함하여 경제를 관리하기 위한 다양한 접근들에 대한 주된 질문이다.
>
> (Lunt, 1996, p. 14)

아동과 청소년이 돈에 대해 알고 있는 것이 무엇이고 돈으로 하는 것이 무엇인지에 관한 연구는 이들의 증가하는 구매력 때문에 아주 중요하다. 아동이 나이가 들어감에 따라 이들은 돈의 속성과 그것이 사회에서 사용되는 방식을 이해하기 시작한다. 이들의 생각과 이해는 동기화와 경험에 의해서 영향받는다. 전자가 영향을 끼치기 쉽지 않은 반면, 후자는 쉽다. 다양한 집단들이 젊은이들의 금전적 박식함과 지각 있는 행동을 증가시키는 것에 관심을 가지고 있다. 부모들도 용돈 제도와 다양한 논의 및 집안일 분배를 통해서, 자녀에게 돈을 현명하게 획득하고, 지출하며 저축하는 것을 가르치려고 하고 있다.

학교 역시 경제적 행동을 직접적으로 교육하고 모델링하는 데 있어서 중요한 역할을 한다. 제조업자들뿐 아니라 은행과 다른 금융 기관들 또한 분명한 이유에서 젊은이들과 이들의 돈에 관심을 가지고 있다. 젊은이들이 특정한 '건전하지 못한' 금전 습관을 획득할 경우 이것은 변하기 힘들다는 일화적이거나 경험적인 증거들이 있다.

또한 경제적 이해가 점차 획득되는 방식과 인식 가능한 단계들을 통해 진행됨을 보여 주는 연구들이 있다. 성, 사회 계층, 윤리적이고 국가적인 문화에 의해 결정되는 개인적 경험은 젊은이들이 화폐에 대한 이해를 획득하는 방식과 시기에 강력한 영향을 끼친다. 선진국인 서구 사회의 아동들이 개발 도상국의 아동들보다 인지 발달의 많은 측면에서 더 많이 발달해 있는 것으로 보이는 반면, 경제와 화폐에 대한 이해의 측면은 그 반대이다. 이것은 주로 개발 도상국의 아동들이 일상의 경제 활동에 직접적으로 관여하고 있기 때문이다. 5세 아동들은 부모들과 떨어져 있는 동안 과일 가게에서 '길들여지고', 곧 변화에 대한 지식을 획득하게 된다.

돈에 관해 아동과 부모들을 교육하는 방법이 완전하게 일치하지 않는 부분이 있는 반면, 일치하는 것들도 있다. 용돈 제도의 세부 사항에 대해서는 자녀들을 교육시키기 위한 부모 대상 지침서들이 증가하고 있다. 이것은 수사적 기교가 많고 그 자료는 적지만, 여러 나라에서 중요하지만 간과되고 있는 영역들에 대해 더 좋은 질적인 연구를 하도록 자극하기 때문에 변화하고 있다.

돈과 일상생활 : 저축, 도박과 세금

1. 들어가는 말

 자신의 돈을 규칙적으로 행복하게 지출하는 사람들이 있다. 이들은 도박을 즐길 수도 있고, 병적으로 쇼핑을 해서 '소매(小賣) 치료법'을 받는 사람일 수도 있다. 많은 경우에 이들은 자신의 돈 씀씀이에 있어서 무모하고, 제멋대로이며, 변덕스럽고, 현명하지 못하다. 한편 분별 있고, 자기 통제적이며 현명한 사람으로 여겨지는 주의깊은 저축가들도 있다. 이 장에서 우리는 돈과 관련된 일상의 행동들, 즉 저축하고 소비하는 패턴들, 도박을 하는 사람들과 그 이유, 그리고 세금 기피, 탈세와 같은 꽤 까다로운 문제들을 살펴볼 것이다.

 많은 사람들은 정기적으로 돈을 차용한다. 이들은 신용카드로 많은 액수의 돈을 '빌려 쓰며', 전적으로 현재를 위해서만 살아 간다. 그러나 저축가들은 불확실한 미래를 위해 소비를 억제함으로써 만족을 지연하는 대가로 보상을 받는다. 도박에 중독된 사람들은 종종 저축에 중독된 사람들만큼이나 도박에 열중해서 다루기 힘들다. 중독적인 화폐 행동과 강박적인 화폐 행동에 대해 셰론(Scherhorn, 1990)은 이 둘 사이의 차이를 다음과 같이 분명하게 규정하고 있다: 중독성 행동은 그 강렬함 때문에 통제력을 잃어버리지만, 초기에는 스스로 하고 싶어하는 욕구이다. 한편, 강박적 행동은 자신과 조화되지 않는 행동을 경험하게 되는 달갑지 않은 압력에 의해 통제된다(p.34). 우리는 또한 납세(세금을 회피, 탈세하는 것)와 관련된 태도와 행동들을 살펴볼 것이다. 일상적인 화폐 행동의 아주 비이상적인 병리적 형태들에 대해서는 제5장의 '화폐와 정신병리'에서 집중적으로 다룰 것이다.

프라이스(Price, 1993)가 지적한 것처럼, 화폐 심리학은 돈과 관련한 자아개념 즉 부유한 사람들은 비열하다, 열심히 일하면 부자가 된다는 믿음, 돈을 잘 챙기는 것이 자기 자신을 잘 챙기는 것이다와 같은 가치들을 포함한다. 이러한 의미에서 돈은 사람이 돈을 사용하는 방식에 필수적으로 영향을 끼치는 강력하고 복잡한 관련성을 갖는다.

사회학자들은 오랫동안 사회 내에서 돈의 중요성을 인식하여 왔다. 마르크스는 다음과 같이 기술하고 있다: '돈은 신뢰를 불신으로, 사랑을 증오로, 미덕을 악덕으로, 악덕을 미덕으로, 고용인을 고용주로, 고용주를 고용인으로, 어리석음을 지성으로, 지성을 어리석음으로 변화시킨다…… 돈은 심지어 모순되는 특성들과 사물들조차 다른 어떤 특성으로 변화시킬 수 있다'(Marx, 1977, pp.110~111). 사회학자인 심멜(Simmel, 1978)도 사회 내에서 돈의 중요성을 강조하여, 돈이 대부분의 사람들에게 목적을 성취하기 위한 수단으로 여겨진다고 하였다.

많은 성인들은 경제학에 대해 무지함을 자인하고 있다. 어떤 경우, 이들의 황당한 무지함은 실제로 이들의 호기심을 봉쇄한다. 그러나 사람들은 과세와 같은 경제 및 화폐와 관련된 이슈에 대해 어떤 수준에서 강한 관점을 가지고 있다. 사람들은 대체로 가족, 직장, 사회에서 돈의 분배에 관심을 가지고 있다. 이들은 화폐를 사용하는 것에 민감하며, 이것에 깊은 인상을 받는다. 보통 사람들은 부유한 사람과 가난한 사람들 간의 차이, 생산 비용과 가격, 소득 분배, 과세, 근로 시간, 판매 등에 대해 알고 있으며, 이에 대해 논쟁한다.

스웨덴에서 돈에 대한 일상적인 사고를 연구한 베르그스롬(Bergström, 1989)은 경제에 관한 이해의 복잡성이 연령에 따라 증가하며, 대부분 개인의 직장생활과 사회적 역할에 의해서 영향받는 것 같다고 하였다. 따라서 여성들은 단순하고 구체적인 경제적 논쟁을 선호하며, 남성들은 더 추상적인 논쟁을 선호하였다. 흥미롭게도, 여성이 남성보다 자기 자신을 그 지역사회의 일부로 더 많이 간주하였으며, 갈등이 사회의 자연적인 상태라고 느꼈다.

루나와 퀸타닐라(1996)는 돈에 대한 태도를 개인적 요소와 사회적 요소로 구분하였다. 돈은 사람들에 의해 교환되는 물건과 서비스의 상징이며 인공물이고, 교환지수와 소비지수가 높은 사회에서는 특히 더 그러하다. 사회화 과정에서 사람들은 돈을 사회적이고 개인적인 표현 형태로 가치 평가하게 된다. 어떤 사람들은 돈을 아주 중요하게 생각하며, 자아 실현, 개인적으로 추구하는 것, 그리고 자아 존중감의 지표로 생각한다. 반면 다른 사람들은 돈의 가치를 그렇게 높게 평가하지는 않는다. 돈의 가치를 평가하는 정도는 소비 패턴과 소비 만족도와 관련된다.

또한 우리가 개인적 가치를 평가하는 데 돈을 사용하는 것도 사실이며, 자신의 노력에 대해 타인들이 기꺼이 지불하는 돈에 비례해서 자기 자신의 가치를 평가하는 경향이 있는 것도 사실이다. 범죄자의 사회적 지위가 희생자의 사회적 지위보다 더 높다면 이 범죄자는 수감될 확률이 더 적으며, 수감된다고 하더라도 감옥에 가기보다는 단순하게 벌금을 물거나 지역사회에 봉사하게 되는 경우가 더 많다는 증거들이 여러 나라에서 밝혀지고 있다(Black, 1976). 결국 부유한 사람들과 가난한 사람들을 위한 법이 서로 다르다는 점이 종종 언급되어 왔다.

만약 정말로 돈이 사회적 권력을 부여한다면 그것의 가치를 추론하는 것은 어렵지 않을 것이다. 돈은 사회적 적절성이나 가치의 지표로 쉽게 여겨질 수 있다. 경제적 지위는 조직 구조와 더 넓은 사회 구조 내에서 사람들의 지위의 원인이며 결과이다. 권력이 강할수록 더 많은 보상을 받게 되며, 경제적 지위가 뇌물이나 평판, 교육 수준이나 개인적인 사회적 연결망의 강도나 복잡성과 같은 매개 변인들을 통해서 더 권력있는 지위를 얻는 것을 도와준다는 것도 사실이다.

　지위와 권력은 사람들이 입는 옷과 이용하는 자동차와 같은 것들로 표현된다. 대체적으로 내재적인 가치를 가지고 있는 특정 디자이너나 사치품들의 중요성은 그것의 상징이나 의미를 나타내는 중요성만큼 높거나 중요하지 않다. 사람들은 경제적인 성공에 명성을 부여하며, 그것들에 경의를 표한다. 이들은 돈으로 자유와 독립을 살 수 있다고 상상한다(5장 참고).

　확실히 돈은 정서적 상태와 행복감에 극적인 영향을 끼칠 수 있다. 기대하지 않았던 승리나 세금 청구가 행복감에 끼치는 영향은 강력한 단기적 효과에서 중기적 효과에 이르기까지 광범위 할 수 있다. 확실히 조직 내에서 받는 임금은 자아 가치에 대한 지각에 영향을 끼친다. 일반적으로 관리자들은 고용인들보다 30~40% 더 많은 임금을 받으며, 경영자들은 관리자들보다 30~40%의 급료를 더 받는다.

　사람들이 자신의 과거의 돈에 관해 하는 보고는 얼마나 정확한가? 이들의 기억이 정확한가 혹은 이들이 과거 물가에 대해 감성적으로 과소 추정하거나 과잉 추정하는가? 켐프(Kemp, 1991)는 독일과 뉴질랜드에서 두 가지 연구를 수행하였다. 그는 독일인들이 전년도의 일반적인 물가와 특정 물건의 가격들을 아주 정확하게 추정할 수 있었으나, 15년 전의 물가에 대해서는 과잉 추정하는 경향이 있다고 하였다. 이 연구 결과는 인플레의 장기적 영향을 사람들이 과소 추정한다는 것을 보여 주는 여러 국가에서 실시된 다른 유사한 연구들을 확증하는 것이다(Kemp, 1987). 두 번째 연구에서 그는 사람들에게 과거의 물가를 추정하기보다는 과거 물가가 변한 시기를 추정하게 하였다. 일반적으로 최근의 물가 변동은 너무 최근으로 추정하였고, 오래 전의 물가 변동은 더 오래된 것으로 추정하였다. 과거 물가에 대한 체계적인 오류가 아주 강력해 보였다. 켐프(1991)는 이것이 인플레가 끼치는 미래의 장기적인 영향을 사람들이 과소 추정한다는 것을 의미하는 것으로 추측하였다. 더 나아가서 인플레가 낮은 시기 동안에조차, 일시불 보험제도에 투자함으로써 얻어질 수 있는 실수익을 과장하는 것이 당연하다.

　물론, 경제적 사실들뿐 아니라 화폐에 대한 태도와 행동에 대한 기억이 잘 회상되지 않는다는 사실은 연구에서 중요한 시사점을 갖는다. 특히 사람들이 젊은 시절 동안 돈을 저축하고 소비하는 방식에 대해 의문을 제기할 때는 더욱 그러하다.

　아주 심각한 인플레에 사람들이 적응하는 것을 도와주고, 유복한 사람들이 좀도둑이 되는 이유와 같이 일상생활에서 돈을 사용하는 측면 중에 연구할 가치가 있는 것들이 있다. 그러나 이 장에서 우리는 저축, 채무, 도박 그리고 과세의 네 가지 주요 이슈에 관해 살펴볼 것이다. 이러한 각각의 것들은 중요하고 흥미로운 이론적, 응용 심리학적 질문들이며, 사람들이 돈에 귀인시키는 의미들에 대한 통찰력을 제공해 준다.

2. 소비/저축의 심리학

　화폐 심리학에서 직접적으로 연구되지는 않았지만, 쇼핑에 관련된 소비자 심리학 문헌들이 상당히 많이 있다. 예를 들어, 소비자의 생활양식 측정기술인 전형적인 사이코 그래픽이나 생활양식 분석에서, 맥도널드(McDonald, 1994)는 구매자의 유형이 아주 다양하다는 심리 측정적인 증거를 발견하였다. 그 유형은 다음과 같다.

- 가치를 우선시 하는 구매자 : 가격과 품질의 가장 이상적인 조합을 획득하는 데에 주로 관심이 있는 사람들. 아마도 돈에 대해 강박관념에 사로잡힌 사람일 것이다.
- 유행을 우선시 하는 구매자 : 최근 스타일과 종류에 관심을 가지며, 이미지 지향적이고 정서적이다. 이 경우에 돈은 권력이나 자아 존중감을 높여 주는 것으로 여겨진다.
- 신용을 우선시 하는 구매자 : 신뢰를 형성한 곳에서 반복적으로 구입하며, 품질과 이미지 모두에 관심을 가진다. 이 경우에 돈은 안정성의 근원이 된다.

- 특정한 고려가 없는 구매자 : 변하기 쉽고 변덕스러우며 비일관적이다. 이 경우에 돈은 강력하게 갈등적인 의미들을 가지고 있다.
- 오락적 측면을 우선시 하는 구매자 : 쇼핑의 재미있고 즐거운 측면에 가치를 둔다. 돈은 쾌락 욕구를 만족시키는 주요한 수단이다.
- 정서적 측면을 우선시 하는 구매자 : 혼란스럽고 충동적이며, 덜 체계적이다. 돈은 사랑의 상징이다.

어떤 것들은 특정 물건에, 다른 어떤 것들은 특별한 종류의 물건에 기초한 것과 같이 사이코 그래픽은 많은 단점을 가지고 있다. 때로 연구자들은 연구 대상의 집단 분포를 보여 주는 백분율을 제공하고 있긴 하지만, 이러한 자료 들은 오히려 신뢰하기 어렵고, 특정 국가에 제한되어 있다. 그럼에도 불구하 고 사람들이 똑같은 제품에 돈을 사용하는 매우 다양한 방식을 이 방법으로 기술할 수 있다. 우리가 예측할 수 있는 것처럼, 이러한 유형의 사람들은 돈

표 4-1   호경기와 불경기에 개인 저축의 변화와 관련된 가정들

요 인	불 경 기	호 경 기
1. 할부 구입	• 신용을 많이 사용함에 따라 저축액이 감소하지 않기 때 문에 예금이 증가한다.	• 신용을 많이 사용함에 따라 저축액이 감소하기 때문에 예금이 감소한다.
2. 비일상적인 현금 지출	• 은행 계좌에서 많은 돈을 인 출해도 저축액이 감소하지 않 기 때문에 예금이 증가한다.	• 은행 계좌에서 많은 돈을 인 출하면 저축액이 감소하기 때문에 예금이 감소한다.
3. 소득 증가의 빈도 와 크기	• 소득이 증가하는 빈도와 양이 더 적어서 예금이 감소한다.	• 소득이 더 자주 그리고 많이 증가하기 때문에 예금이 증 가한다.
4. 저축 동기의 강도	• 사람들이 저축하려는 동기가 강하기 때문에 예금이 증가 한다.	• 사람들이 저축하려는 동기가 더 적어지기 때문에 예금이 감소한다.

출처 : Katona(1975)로부터 인용함.

을 매우 다양하게 사용하며, 분위기 요인에도 부분적으로 기인한다(Babin & Darden, 1996). 사람들이 가게에서 물건을 사는 방법, 이유와 시기에 관한 연구들에서 매우 분명한 것은 이들의 행동이 경제학자들이 제안한 합리적 모형을 거의 따르지 않는다는 것이다.

물건의 품질을 판단하는 데 있어 사람들이 종종 감각보다는 가격에 더 많이 의존한다는 것을 분명하게 보여 주는 연구들이 있다. 값이 싸다는 것은 수준 이하의 품질이라는 의미를 함축하고 있다. 많은 사람들은 가격과 실제 품질 간에 상당한 관련이 있다고 믿고 있다. 그래서 '우수한 품질의' 제품을 생산하는 사람들은 이것들이 할인되어 판매되는 이유를 설명하려고 노력해야 한다(Lea et al., 1987).

이와 마찬가지로, 새로운 브랜드가 도입될 때 특가의 오류에 관한 증거가 있다. 더 값이 싸고 가격이 할인될 때에는 새로운 브랜드가 이미 형성된 브랜드에 대항해서 경쟁력을 갖지만, 일단 가격이 주요 경쟁품에 대해서 상업적으로 비교될 수 있을 만큼 올라가면 판매는 극적으로 감소할 것이다. 고객들은 할인된 물건이 다른 물건들과 비교해 품질이 같거나 더 좋다고 하더라도 그 물건의 가치가 더 낮다고 믿는다. 이러한 증거에도 불구하고 대부분의 사람들은 가격에서의 차이가 품질에서의 차이를 정확하게 반영한다는 희미한 희망을 가지고 있다(Lea et al., 1987).

환크(Fank, 1994)는 위험 감수, 가계 꾸리기, 돈과 자산을 관리하는 것을 측정하는 두 개의 질문지를 개발하였다. 이 질문지들은 각각 600개 이상의 문항으로 구성되어 있으며, 60개의 주 요인으로 요인 분석되었다. 그리고 나서 이 요인들은 질문지 문항으로 전환되어 225명의 독일 남성들에게 질문이 실시되었다. 이것으로 다시 요인분석을 한 결과, 60개 문항은 13개 요인으로 축소되었고, 이것으로 다시 요인분석을 하였다. 최종적으로 3개의 요인이 추출되었다: 사치(사치품에 대한 낙관적인 선호로, 돈이 문제를 해결한다고 믿는다), 투자와 투기(투자와 투기에 관심을 가지고 있으나, 냉정하게 손해를 수용한다), 저축과 근면(저축과 엄격한 금전적 통제를 강조한다).

환크는 위험 행동이 돈을 관리하는 많은 주제들의 기초가 된다고 믿었다.

그는 자신의 연구 표본에서 극도로 위험에 대해 적대감을 가지고 있는 경우뿐 아니라 그 반대의 극단을 나타내는 경우가 아주 많음을 알아냈다. 일상생활에서 돈에 대한 태도와 믿음이 쇼핑 및 지출과 얼마나 관련되는지는 아직 연구되지 않고 있다.

사람들은 왜 저축하는가? 경제학보다는 오히려 심리학에서 저축 행동에 관한 약간의 제한된 연구를 수행해 왔다. 카토나(Katona, 1975)는 미국에서 수년에 걸친 조사를 하여 사람들이 저축을 하는 이유에 일관된 패턴이 있음에 주목하였다. 가장 공통적으로 사람들은 질병, 실직과 같은 긴급사태를 그 이유로 들고 있는데, 이는 자신들의 미래가 불확실하기 때문에 그 때 필요한 자금을 보유해야 한다고 느끼기 때문이었다. 두 번째 주요한 걱정은 은퇴(노후)로, 비교적 젊은 사람들(30대)이 응답하였다. 또 다른 이유로는 자녀 교육과 집을 구매하는 것(그리고 더 적긴 했지만 내구재의 구입)이었다. 카토나는 다음과 같이 말하였다:

> 무엇보다도, 나중에 소비하기 위해서 혹은 뒤에 더 나은 생활을 하기 위해서 저축을 한다고 응답한 사람들은 좀처럼 없었다…… 둘째로 이자나 배당금으로 부수입을 벌거나 유산을 남기기 위해서 저축을 한다고 대답한 사람들도 거의 없었다… 대체적으로 조사 결과, 사람들이 저축을 하는 것에는 매우 가치 있는 목표가 있었다. 저축은 중요한 가치들과 관련되었으며, 노력하고 애쓸 만한 가치가 있는 목표로 여겨졌다. 저축을 하지 않는 것은 후회할 만한 것이며, 때로는 도덕적으로 옳지 않은 행동으로 생각하였다. 우리 시대의 매우 유감스러운 '물질주의'의 팽배에도 불구하고 많은 사람들은 절약과 결부된 청교도주의의 잠재적 요소를 가치로 가지고 생활하고 있다.
>
> (1975, pp. 234~235)

카토나는 저축가들의 인구학적 속성들이 어느 정도 저축의 정의에 따른다고 주장하였다. 자유 재량 저축은 계약 저축에 비해 중년기의 고소득자들이 주로 이용한다. 그러나 저축은 번성기와 불경기, 그리고 금리에 따라 달라진다고 주장된다. 영국 자료에 따르면(Central Statistical Office, 1996, p.116) '저축률'은 1996년 현재 3.3%이지만, 1980년대 말에는 마이너스 값이었다. 그러나 연금과 저당 계약상의 지불을 포함한다면, 그 비율은 10%를 넘을 것이다. 지아노텐과 라에이지(Gianotten & van Raaij, 1982)는 소득과 자신감에 따른 소비자 신용과 저축을 검증하였다. 이들은 저축을 할 수 있다는 기대가 시간이 흐름에 따라 안정적인 반면, 저축의 효율성은 순환 패턴을 보인다고 하였다. 네덜란드에서 실시한 이 조사에서 젊고 부유한 응답자들은 저축할 수 있는 것에 대해 긍정적인 기대를 가지고 있었지만, 부유한 응답자들은 낮은 동기를 가지고 있었다. 이들은 저축 계좌보다 채권, 주식, 부동산을 선호하였다. 일반적으로 전반적인 경제적 상황에 대해 낙관적인 사람일수록 더 많이 저축할 것을 기대하였으나 저축의 효율성은 전반적인 경제적 기대와 관련되지 않았다. 이처럼 저축이 소득과 저축에 대한 기대, 동기에 의해 결정된다고 보는 카토나 모형은 저축에 관한 제도를 연구하는 데에만 적용된다.

경제학자와 심리학자들은 이러한 이슈에 대해 유사하게 정의하진 않았지만, 많은 관심을 가져왔다. 보통 사람들과 달리 경제학자들은 은행 계좌의 잔액뿐 아니라 분할 방식 지불(instalment paying)도 저축으로 보고 있다. 영국처럼 주택 소유 비율이 높은 나라에서 저축을 하는 가장 공통적인 방법의 하나는 저당권 설정의 주택 대출이다. 주택 소유자의 경우, 주택이 그들의 가장 가치 있는 소유물이며, 자신의 자녀들에게 남겨 주기를 희망하는 것이기도 하다. 주택 대출을 이용해서 저축하는 것은 매우 정기적이고 계약적이며, 제 삼자의 세금 공제 후의 소득으로 쉽게 지급된다. 그러므로 재산의 가치가 갑자기 떨어지고 주택 대출이 재산의 가치보다 더 높을 때, 사람들은 상당한 분노와 고통을 경험하게 된다. 저축은 임시일 뿐 아니라 보험, 연금이나 저당권 제도를 통해서 계약적으로 이루어질 수 있다. 소누가-바르케와 웨블리(Sonuga-Barke & Webley, 1993)는 저축이 경제적 기능에 관한 중요성과 관련해서 두 가지 형태의 저축 이론이 있다고 하였다. 첫째, 합리적 행위에 대한 개인적 개념을 기초로 한 이론이다. 이 이론에서 저축은 구체적으로 경제적 관심에 의해 동기화된다고 주장된다. 사람들은 나중에 소비하기 위해서 혹은 이자를 받기 위해서 저축한다. 둘째로, 저축이 그 자체로 사회적으로 수용 가능한 목표라는 개념과 초기 아동기에 발달한 추동에 대한 반응을 기초로 한 이론들이 있다. 이 이론은 저축이 경제적 관심들에 의해 구체적으로 동기화되지 않는다고 주장한다. 이 분야 이론가 중 일부는 경제적 기능을 최고로 보는 반면, 다른 이론가들은 그렇지 않게 생각한다.

카토나(Katona, 1975)는 자발적인 저축과 비자발적인 저축을 구분하면서, 이러한 저축은 대출로도 확장될 수 있다고 하였다. 비자발적인 저축은 저축하고자 하는 의도나 의사결정이 없어도 발생한다. 정규 지불 체계를 통해서 가스비를 내는 가정은 세금 중 일부를 환불받게 되는 연말에 자신들이 비자발적으로 저축해 왔음을 알게 될 것이다. 역으로, 만약 이들이 가스 회사로부터 청구서를 받는다면, 이들은 비자발적으로 대출받아 온 것이다. 물론 자발적인 저축과 대출은 서로 반대 개념이지만 약간 특이한 형태를 띨 수도 있다. 코르데스와 동료들(Cortes et al, 1990)은 주정부에 소득세를 더 많이 낸 것이 미국의 모든 국민들의 납세 신고서 3/4에서 발견되며, 추가로 지불된 평균 액수는 1,000달러(650파운드)라고 하였다. 사람들은 강요된 저축에 참여하기 위해서 세금 제도를 이용하며, 뒤에 상환받게 된다. 카토나는 더 나아가서 두 가지 형태의 저축을 구분하였다. 첫째, 연금 계획과 같은 계약 저축으로 이것은 어떠한 새로운 의사결정도 요구하지 않는 고정된 정규 의무이지만, 개인들이 저축 그 자체를 항상 의무로 여기지는 않는다. 둘째로, 자유 재량 저축으로, 이것은 다양한 장소에서 소득을 예금하는 것이며, 예비금을 축적하는 수단으로 여겨진다.

1) 돈을 저축하는 주된 동기에 따른 이론들

케인즈(Keynes, 1936)는 사람들이 돈을 저축하는 여덟 가지의 주된 동기나 목적이 있다고 하였다. 여덟 가지 동기는 다음과 같다:

1. 예방 조치 : 예측할 수 없는 뜻밖의 사고에 대비해서
2. 장래 대비 : 현재와는 다른 미래에 예상되는 소득과 자신이나 가족의

욕구간의 관계를 위해서(노후, 교육)

3. 계산 : 이자와 저축금액이 증가하는 것을 즐기기 위해서(차후에 소비를 더 많이 하는 것이 현재의 작은 소비보다 선호되기 때문에)

4. 향상 : 대부분의 사람들은 점차적으로 생활 수준이 향상되기를 기대하기 때문에 점차 증가하는 지출을 즐기기 위해서

5. 독립 : 독립심과 어떤 것을 하기 위한 권력을 즐기기 위해서(비록 특정한 행위에 대한 명확한 의도가 없긴 하지만)

6. 사업 : 투자나 사업을 위한 자본을 확보하기 위해서

7. 긍지 : 타인에게 재산을 남겨 주기 위해서

8. 탐욕 : 순전히 욕심을 만족시키기 위해서

유명해진 한 구절에서 케인즈(1936)는 다음과 같이 적고 있다:

> 이러한 고려 사항들은 실소득이 증가함에 따라 대체로 소득 중에 저축하는 비율이 점차 증가하게 만든다…… 우리는 실제 소득이 증가할 때 증가한 소득의 양만큼 소비가 증가하지 않으며, 그래서 더 많은 양의 돈이 저축된다는 것을 현대 사회의 기본적인 심리적 규칙이라고 생각한다.
>
> (Keynes, 1936, p.96)

그러나 케인즈의 개념은 사회학자들뿐 아니라 경제학자들에 의해서도 도전받고 있다. 예를 들어, 듀에센베리(Duesenberry, 1949)는 저축하는 경향성을 소득의 절대적 수준과 구분 지으면서, 개인이 속한 사회 집단의 소득 분포에서 개인의 상대적 위치와 같은 사회적 요인들과 더 직접적으로 관련된다는 사회학 이론을 제안하였다. 그러므로 소득이 증가한 기간 동안에는 저축률이 일정하게 유지되어야 했다. 즉, 고소득자들은 자신에게 가해지는 모든 사회적, 문화적 요구 조건들에 만족할 수 있고 또 저축을 할 여유도 있지만, 저소득자들은 모든 돈이 문화적 욕구를 충족시키는 데 지출되어야 하기 때문에 저축을 할 만한 충분한 돈이 없다. 듀에센베리는 소비 지출이 타인의 소비와 비교됨으로써 강하게 영향을 받으며, 효용 지수가 절대적인 소비 지출

보다는 상대적인 소비 지출에 따른다는 개념에 기초하여 자신의 이론을 정립하였다. 따라서 기대는 시간이 지남에 따라 소득의 변화와 함께 변하지만, 어떤 주어진 시점의 기대가 소비자 행동에 끼치는 영향은 실제 소득의 변화를 능가하며, 표현된 만족 수준은 상대적인 경제적 조건과 강하게 관련된다. 그러므로 모든 사람들의 소득 증가가 모든 사람들의 행복을 증가시키지 않는다는 것은 놀랍지 않다(개인에게 적용되는 것이 사회 전체에는 적용되지 않는다, Easterlin, 1973).

듀에센베리의 개념들은 사람들이 자신이 속해 있는 집단에서 제공되는 사회적 준거틀 내에서 행동한다는 준거 집단 개념의 맥락에서 이해될 수 있다(Hyman, 1942). 이 개념은 정신 장애와 소비자 행동과 같은 다양한 문제에 적용되어 왔으며, 항상 개인이 집단의 독특한 가치를 준거틀로 삼는 데 있어서 결정 요인과 평가와 자기평가 과정의 결과를 체계화하는 것을 그 목적으로 한다. 따라서 가난하다거나 부유하다고 느끼는 것은 개인의 절대적인 소득과 저축에 의해서라기 보다는 자신이 선택한 준거 집단과 비교한 상대적 박탈감에 따라 정해진다. 더구나, 돈을 저축하는 것에 대한 개인의 습관과 믿음은 부분적으로는 개인의 준거 집단의 규준과 위치에 의해 결정될 것이다. 이러한 관점으로부터, 돈을 저축하는 것에 대한 개인의 습관과 믿음은 절대적인 소득이나 부보다는 준거 집단의 저축 규준에 의존할 것이다. 만약 준거 집단이 미래에 안전한 소득원을 갖기 위해서 소득 중에 아주 많은 양을 저축한다면, 각 개인도 이와 유사하게 행동한다. 또한 준거 집단이 거의 저축하지 않고 즉각적인 쾌락을 가져다 주는 물건과 서비스에 돈을 지출하는 것을 더 선호한다면, 개인들도 이와 유사하게 행동한다.

가장 영향력 있는 경제 이론들은 오늘 저축을 하는 주요한 동기는 내일 소비할 수 있기 위해서라고 가정한다. 즉, 사람들은 지금 소비하는 것과 나중에 소비하는 것 간에서 선택을 하고 있다는 것이다. 대부분의 이론적 연구들은 개인이 인생 주기에 따라서 소득의 변이를 어떻게 다루는지와 관련된 주제에 집중되어 왔다. 이러한 이론 중 가장 잘 알려진 것은 모딜리아니와 부룸베르크(1954)가 개발한 인생 주기 가설이다. 탈러는 이에 대해 다음과 같

이 간략하게 요약하고 있다:

> 인생 주기 이론에서 가장 중요한 것은 바로 다음과 같은 것들이다. 어떤 시기에도 현재 소득, 순수 자산, 그리고 미래 소득을 포함하는 당신 재산의 현재 가치를 계산하라. 당신이 이러한 돈으로 들 수 있는 연금의 수준을 계산하라. 그리고 나서 실제로 그러한 연금을 들었다면 당신이 받을 수 있다고 생각되는 액수만큼만 지출하라.
>
> (Thaler, 1990, pp.193~194)

대부분의 사람들에게 있어서 이것은 매우 어려운 계산이다. 이 이론은 사람들이 효율성을 최대화하기 위해서 나머지 인생 동안 얼마나 많이 소비할 수 있는지를 합리적으로 결정하고, 어떤 해에 이러한 수준의 소비와 소득 간의 차이가 저축된 양(또는 차용한 양)일 것이라고 주장한다. 젊은이들은 소비하기 위해서 돈을 빌릴 것이며, 중년의 성인들은 은퇴를 대비해서 저축하고, 노인들은 이렇게 저축한 돈을 지출한다. 이것을 '낙타 등' 모양의 저축 프로파일이라고 한다. 노인들은 대부분 자신의 돈을 자녀들에게 남겨 줄 계획을 세운다. 어떤 사람들은 이것이 심층적인 사회생물학적 욕구의 표명이라고 주장해 왔다. 그래서 정부가 노인들이 장기적인 복지를 위해 이들의 집을 팔아야만 한다고 주장할 때 그 사회에서 많은 반론이 제기된다. 이와 유사하게 중류층 사람들은 종종 고용의 불안정에 많은 관심을 가지고 있으며, 예기치 못한 조기 은퇴에 대해 걱정한다.

최근에 프리드만(Friedman, 1957)은 순수하게 경제학적이고 합리적인 입장에서 영구적인 소득-저축 이론(income-saving theory)을 제안하였다. 이 이론에서 저축은 여유 있는 사람들의 잔여 재산을 모아 둔 것이 아니라, 미래를 위한 준비라고 가정하였다. '실제' 소비자들은 영구적인 소득을 확보하고, 자신의 소득을 인생 주기에 따라 고르게 분배하기 위해서 저축한다. 물론 여러 자료들이 이러한 가설을 지지하거나 반박하기 위해 제공될 수 있지만, 아직은 저축하는 동기가 진실로 경제학자들에 의해 제안된 것과 같은지 아닌지는 경제학 분석이나 통계적 분석에 의해 밝혀지지 않고 있다.

이러한 이론들이 훌륭하긴 하지만, 이것들은 실제 자료들과 일치하지 않는다: 소비와 저축은 소득에 아주 민감해 보인다. 젊은이들과 노인들은 인생 주기 가설에 따르면 지출해야 하는 양보다 더 적은 돈을 지출하며, 중년기 성인들은 아주 적은 돈을 저축한다. 더 심각한 문제는 은퇴를 한 사람들의 경우 가계 지출이 급격히 감소하고, 자녀들의 출가와 잘 계획된 연금 때문에 종종 저축이 증가한다는 것이다. 나이든 많은 사람들은 자녀나 손자들에게 이전되는 세대간 자본에 대해 걱정하고 있다. 사람들은 예전에 비해 아주 늦은 시기까지 돈을 상속하지 않고 있다.

전형적인 인생 주기 모형은 사람들이 최적의 소비 계획을 수행하고 나서 그것을 고수한다고 가정한다. 성인들을 대상으로 한 연구에서 프리드만의 모형에 기초해서 저축 계획을 세웠다고 응답한 경우가 아주 적었다는 것을 보여줌으로써 이 이론을 반박하는 것은 매우 쉽다. 사람들은 경제학자들이 믿는 것보다 비합리적이다. 또한 저축은 반드시 금리에 따라 증가하지도 인플레에 따라 감소하지도 않는다(Lea et al., 1987). 또한 사람들이 만족을 지연시키는 것은 매우 어려우며, 만약 지금 더 작은 보상을 받는 것과 나중에 더 큰 보상을 받는 것간에 선택을 해야 한다면 이들이 즉각적인 작은 보상을 취할 것임을 보여 주는 증거들이 많이 있다.

그러나 셰프린과 탈러(1988)는 행동주의적인 인생 주기 가설을 보완하는 이론을 제시하였다. 이들은 사람들을 원시안적인 계획자와 근시안적인 실행자의 두 가지 범주로 구분하고, 이 두 가지 부류의 사람들은 합리적으로 행동하지만 서로 선호하는 것이 다르다고 하였다. 계획자는 인생 전반의 효용성을 최대화하는 것에 관심을 갖는 반면, 실행자는 즉각적인 만족을 원한다. 그래서 계획자는 자신이 부여한 규칙에 투자하고, 실행자의 행동을 통제하기 위해서 연금 계획을 통해서 정규적으로 저축하게 하는 것과 같은 외적 규칙을 사용한다.

셰프린과 탈러(1988)는 또한 서로간에 아주 독립적으로 조작되는, 처분할 수 있는 많은 정신적 계좌를 가지고 있다고 제안하고 있다. 단순하게 유형화된 설명에서, 이러한 계좌들은 소득원에 따라서 계층적으로 현재 처분 가능한 소득, 자산, 그리고 미래 소득으로 조직화된다. 사람들은 이러한 다양한 계좌로부터 다양하게 돈을 지출한다. 이들은 현재 소득의 대부분은 지출하고, 미래 소득은 거의 지출하지 않으며, 자산은 이 둘의 중간 정도 수준으로 지출한다. 이것이 사람들이 저축하는 동시에 차용도 하고 있다는 것을 의미한다는 것에 주목하자. 이들은 자신이 지금 저축한 액수만큼을 보조받지 못한다면, 다시 채워 넣을 수 없으리라는 두려움 때문에 자신이 예금을 계속 유지하고 있는 동안에는 대출 상환을 은행이 확신하리라는 것을 알고 자동차 구입 자금을 빌린다.

셰프린과 탈러(1988) 모형의 마지막 특성은 소득이 수혜자가 인식하는 방식에 따라서 다르게 지출된다고 주장하는 준거를 개념이다. 이것은 정신적 계좌의 개념과 아주 유사하지만, 이것이 전체 이론 내에서 특징적인 것이 무엇인지가 명확하지 않다.

행동주의적 인생 주기 가설은 아주 놀랍다. 이것은 저축과 관련된 일부 자료를 잘 설명해 주지만, 더 흥미로운 것은 이것이 분명하게 심리학적이라는 것이다. 두 개의 자아 모형은 단순해 보이긴 하지만, 경제학과 심리학 모형들을 조합하는 첫 단계이다. 인생 주기 모형을 수정했음에도 불구하고 이 접근법은 여전히 실행자와 계획자 모두의 선호에 따라서 합리적으로 '행위한다'는 합리적 행위 개념에 확고하게 기초하고 있다.

2) 저축에 대한 사람들의 태도와 습관

펀햄(1985c)은 영국에서 돈을 저축하는 것에 대한 사람들의 태도와 습관의 결정 요인을 밝히고자 하였다. 비록 사람들이 주식, 투자, 투기와 같은 다양한 수단을 통해서 저축하긴 하지만, 이 연구의 주된 초점은 돈을 저축하는 것이었다. 저축에 대한 태도는 양육 방식 및 생활 양식에 깊게 뿌리내리고 있으며, 이와 연결되어 있다고 가정된다(Lewis et al., 1995). 이 연구는 다음과 같은 목적을 가지고 수행되었다. 1) 저축에 대한 신념의 구조를 알아보고, 케인즈(1936)와 카토나(1975)가 주장한 것처럼 거의 모든 사람들이 저축에 대해서 긍정적인 태도와 신념을 가지고 있는지를 알아보고자 하였다. 2) 소득이나 다른 변인들이 저축 습관과 가치의 가장 강력한 결정 요인인지를 밝히기 위해서 이러한 신념과 습관의 인구학적, 심리학적 결정 요인을 검증하고자 하였다. 3) 케인즈, 듀슨베리, 프리드만, 그리고 카토나의 개념들을 비교하기 위해서 사람들이 저축하는 방식에서 부분적으로 드러나는 저축 동기를 알아보고자 하였다.

첫째로, 저축에 대한 태도가 결코 단일차원이 아니며, 저축의 혜택 대 무용론, 어떻게 저축해야 하는가, 저축이 부를 보장해 주는지, 그리고 저축에 함축되어 있는 극기와 같은 신념들을 포함한다는 것이 입증되어 왔다. 카토나의 초기 연구는(1975) 돈을 저축하는 것이 보편적으로 긍정적인 목표로 고려되었으며, 이것은 아마도 청교도 직업 윤리와 관련되었던 것 같다. 펀햄의 연구(1985c)는 이러한 가정 두 가지 모두가 돈을 저축하는 것이 쓸모없다고 믿는 사람들이 있기 때문에 영국에서 반드시 지지되는 것은 아니며, 또한 전반적인 청교도 직업 윤리가 저축 습관 및 저축 신념들과 강하게 관련되지 않는다는 것을 증명하였다. 이러한 차이가 나타난 데에는 다양한 이유가 있다. 예를 들어 1960년대 초기에 영국의 침체된 경제적 분위기와 비교하여 미국의 풍족함, 두 나라의 정치 및 복지 제도의 차이, 표집의 차이 등이다. 심지어 저인플레 시기에도 돈을 저축하는 전통적인 형태의 혜택에 대해서 보편적으로 긍정적인 믿음이 있는 것 같지 않다.

펀햄은 연령이 저축과 직접적이고 직선적인 관련이 있으며, 교육 수준은 교육을 가장 많이 받은 사람들과 가장 적게 받은 사람들이 저축에 대해 부정적인 관계를 가져 저축과 곡선적인 관계였지만 투자는 그렇지 않았다. 소득이 증가했을 때 저축의 무용론에 대한 믿음이 감소했다는 점만 제외하고는 소득은 저축 신념에 따라 차이가 나지 않았다. 소외는 저축의 무용론에 대한 믿음과 정적 상관이 있는 반면, 보수적인 신념과는 부적 상관이 있었다. 사회적 태도가 보수적일수록, 저축하는 것을 더 중요하게 생각하였다. 정기적으로 저축을 하는 정도와 소득 중에서 저축한 비율은 실제적으로 연령만 제외하고 어떠한 차이도 나타나지 않았다. 소득은 어떠한 유의한 차이도 나타내지 않았으며, 프리드만(1957)이나 듀슨베리(1949)의 주장은 지지되지 않았지만, 케인즈(1936)의 주장은 지지되었다. 이러한 결과들은 고소득자가 저소득자보다 저축을 더 적게 한다는 것을 의미하는 것은 아니고, 오히려 저축한 돈의 비율은 똑같았으며 그래서 자유재량 저축의 개념에 이의를 제기한다는 것이다. 사람들은 자신의 소득의 일정 비율을 계속 저축하기 위해서 물건 구입을 보류하는 것이 가능하다. 그러나 다른 연구들은 기대되는 부와 소득에 따라서 저축이 증가한다고 결론내렸다.

룬트와 리빙스톤(1991a)은 저축하는 사람과 저축하지 않는 사람을 구분하고, 순환성 저축과 총 저축액을 예측하기 위해서 다양한 경제적, 인구학적, 심리학적 변인들을 사용하였다. 이들은 사회 인류학적 관점에서 저축이 사회적, 도덕적 맥락에 의해 조절되며, 특정한 사회적 의미들을 발생시킨다고 주장한다. 그리고 저축이 개인의 일상생활들, 대처전략, 그리고 사회적 관계망과 관련된다고 보았다. 이들은 저축가, 비저축가, 그리고 저축을 하고 있는 비저축가를 구분하기 위해서 250여명의 영국 성인들에게 20페이지 분량의 질문지를 주었다. 또한 순환성 저축과 총 저축액 모두를 예측하기 위해서 회귀분석을 하였다. 저축가들이 비저축가보다 소득과 교육 수준이 더 높았으며, 더 낙관적이었다. 이들은 또한 다음과 같은 결과를 나타냈다.

- 자신의 부모보다 자신이 금전 관리를 더 잘했다고 생각했다.
- 자신의 부모가 지금의 자신과 같은 나이였을 때에 비해서 자신이 더 낫다고 느꼈다.
- 몇 년 내에 더 잘 살게 될 것이라고 기대했다.
- 전체적으로 경제가 잘 움직이고 있다고 생각한다.
- 덜 숙명론적인 믿음을 가지고 있었으며, 자신의 재정 상태를 적절히 통제하고 있다고 느꼈다.
- 타인의 금전적 문제들의 원인은 자제력 결여라고 믿었다.
- 어떤 것을 좋아한다고 느낄 때마다 지출을 자제하였다.

저축을 하지 않는 사람들은 스스로를 외부 사건의 희생양이라고 생각하지만 일이 잘못 진행될 때는 스스로를 몹시 비난하는 등 재정 상태에 대한 통제력을 포기하였다. 또한 저축을 하지 않는 사람들은 자신의 재정적 상태에 대해 친구나 친척들에게 말하지 않아서, 자신의 재정적 상황을 사적인 것으로 유지하였다. 그에 비하여 저축을 하는 사람들은 친구와 친척들과의 대화를 통해서 금전 관리 방법에 대한 사회적 지원과 대처 방식에 대한 정보를 얻었다. 즉, 저축을 하지 않는 사람들은 스스로를 외적인 환경의 희생자로 느끼고, 스스로를 비난하고 당황해하는 방식으로 대처하였으며, 사회적 지원을 이용하지 않았다. 또한 저축을 하는 사람들은 여기 저기서 물건을 구입하는 사람들과 비교해서 몇몇의 단골 상점에서만 쇼핑을 하였다. 저축을 하지 않는 사람들은 신용카드가 인생을 복잡하게 만들어, 유용하기도 하지만 동시에 문제가 되기도 한다고 생각하였으나, 반면 저축을 하는 사람들은 이와 달랐다. 이러한 결과는 저축을 하지 않는 사람의 융통적인 전략과 저축을 하는 사람의 단순화 전략과 부합된다. 전반적으로, 저축을 하는 사람들은 재정, 예산 세우기, 모든 일을 단순하게 하는 것에 대한 개인적 통제력을 믿는 반면, 저축을 하지 않는 사람들은 이러한 일들이 인생을 더 복잡하게 만들었으며 자신은 통제할 수 없다고 느꼈다.

룬트와 리빙스톤(1991b)의 연구는 인상깊었는데, 여기서 이들이 실제 순환성 저축을 예측하는 데 있어 변량의 65%를 설명하였다. 경제적 변인들이 가장 많은 부분을 예측하였으며, 이는 총 저축을 예측한 경우에도 그러하였다. 사람들이 저축했던 총 액수는 심리학적 변인들에 의해서는 예측되지 않았으나, 대신 수입과 인구학적 변인들에 의해서 설명되었다. 그러나 사람들이 정기적으로 저축한 돈의 양은 향락적인 가치관, 구매 행동, 그리고 사회적 연결망과 같은 다양한 심리학적 변인들에 의해 예측되었다.

리빙스톤과 룬트(1993)는 저축과 차용 간의 관계에도 관심을 가졌다. 습관적으로 저축하는 사람이나 정기적으로 저축하는 사람은 차용자들과는 다른 심리학적 동기를 가지고 있어서, 채무를 일상생활의 실패나 비정상적 부분으로 보는 것으로 나타났다. 저축을 한 사람과 저축을 했던 사람들은 채무를 가지고 있었지만, 채무를 가지고 있으면서 저축한 돈이 없었던 사람들보다는 더 낙관적으로 느꼈으며, 자신의 생활에 대해 통제를 하고 있다고 느꼈다. 채무는 도덕적 이슈와 관련되며, 저축은 낙관주의와 관련되는 것으로 보였다.

달벡(1991)은 저축된 돈은 종종 경제적 위험에 대한 보호책으로 사용되며, 따라서 개인의 위험에 대한 선호가 아마도 이들의 저축에 영향을 끼칠 것이라고 주장했다. 논쟁점은 위험 감수가 전체 순자산, 채무, 유동 자산, 그리고 자본의 총 가치와 관련되는 아주 안정적인 특질이라는 것이었다. 위험을 감수하는 경향은 16개 문항으로 구성된 질문지에 의해 측정되었다. 예측한 것처럼 조심성 많고, 위험에 적대적인 피험자들은 위험을 감수하는 피험자들보다 채무는 적고 은행에 더 많은 돈을 저축하고 있었지만 위험, 전체 순자산, 그리고 갑작스런 지출을 관리하는 능력 간에는 아무런 관계가 없었다고 하였다.

저축에 관한 심리학 연구들은 아직 초보 수준이다. 사람들이 저축하는 곳, 이유, 그리고 이들의 저축 패턴을 결정짓는 것 등에 대한 더 많은 연구들이 필요하다. 더 중요한 것은 사람들이 저축하는 방법과 이유에 대해서 합리적인 경제 이론들은 검증받을 필요가 있으며, 이것은 축적된 경제적 자료를 검증하는 것 뿐만 아니라 대단위 표본 조사와 특정 집단에 대한 소단위의 연구들에 의해서도 검증되어야 한다.

3. 채무의 주요 결정 요인들

채무는 수취인이 즉각적으로 받기를 기대하는 돈을 자신의 의지와 관계없이 지불할 수 없는 것으로, 동의하에 지불을 연기하는 신용과는 반대되는 개념이다. 보통 채무는 주택대출 채무와 경제 주기에 따라 달라지는 소비자 채무로 나누어질 수 있다. 채무(debt)가 부나 가난의 표시인지에 대해서는 약간의 논쟁이 있다. 확실히 부유한 사람들이 종종 높은 수준의 채무를 가지고 있으나, 그들의 채무는 저소득자들처럼 선택이 아니라 필요에 의한 것이다.

레아와 동료들은 다음과 같은 여덟 가지 요소가 채무와 관련된다고 하였다:

1. 채무에 대한 태도와 사회적 지원에 대한 태도 : 사회가 채무를 기피하던 분위기에서 신용으로 수용하는 방향으로 바뀌었기 때문에, 현대 소비자 사회는 채무를 수용하며 심지어 조장하기도 한다.

2. 경제적 사회화 : 채무의 수용을 보고 자란 사람들이 또한 채무를 영속시킨다.

3. 사회적 비교 : 만약 사람들이 자신을 자신보다 더 부유한 부적절한 준거 집단과 비교한다면, 이들은 '분수 이상의 생활을 하게 되기 때문에' 쉽게 빚을 질 것이다.

4. 금전관리 방식 : 돈을 잘 관리하지 못하는 것은 비조직화된 생활 양식과 문제가 있는 재정 상태 모두를 반영한다.

5. 소비자 행동 : 사치품이 필수품이라고 믿는 부적절한 구매 패턴은 채무를 유발한다.

6. 시간 경계 : 시간 경계가 비현실적일수록 빚을 지기 쉽다.

7. 채무에 대한 태도 : 빚에 대해 걱정하거나 당황하지 않는다면 빚을 지기가 더 쉬울 것이다.

8. 운명론 : 사람들이 외적인 통제 소재를 더 많이 가질수록, 빚을 더 지게 될 것이다.

위에서 언급한 것들은 검증 가능한 일련의 가설이다. 이 분야의 연구가 드물긴 하지만, 몇 편의 연구에서 앞에 제시된 요소들이 제각각 영향을 끼친다는 약간의 증거를 제공하고 있다.

레아와 동료들(1995)은 채무의 주요 결정 요인들을 검증하려는 목적을 가지고, 연구 대상을 빚이 없는 사람, 약간 빚을 진 사람, 심각하게 빚을 많이 진 사람으로 구분하였다. 이들은 예측한 것처럼, 비채무자들이 채무자들보다 돈을 관리하는 능력이 더 많으며, 돈을 관리하는 자신의 능력에 대해서 더 높게 평가한다고 하였다. 채무자들은 비채무자들보다 시간 경계가 더 짧았다. 신용카드의 사용과 소비자 행동의 다른 측면들 또한 이러한 집단들에 따라 강하지는 않지만 차이가 있었다.

학생들의 채무와 관련된 연구에서 다비에스와 레아(1995)는 저소득이며, 높은 채무 집단인 학생들이 채무에 대한 태도에서 더 참을성이 많다고 하였다. 이들은 영국에서 140명의 대학 졸업자들에게 14문항으로 구성된 질문지를 가지고 연구를 실시한 결과 연령, 종교, 특정 소비 패턴, 그리고 운명론이 채무에 대한 태도와 관련됨을 밝혔다. 교육 수준이 더 높은 학생들이 채무수준이 더 높고, 채무에 대해 참을성이 더 많았다. 이들은 이러한 결과가 인생 주기 이론과 태도 변화에 대한 행동주의적 이론으로 설명 가능하다고 믿고 있다. 즉, 학생들의 태도는 환경이 변화함에 따라 변화하는 인생 주기 내에서 이들이 처한 특정 단계에 따라 달라진다.

룬트와 리빙스톤(1991a, b)은 개인 채무가 대중 매체와 일상 대화에서 어떻게 논의되고, 분석되고, 설명되는지에 관심을 가졌다. 두 연구에서 이들은 보통 사람들이 광고를 통한 상업적 압력이 물건을 사고자 하는 동기와 규준적 압력에 영향을 끼치며, 신용 체계와 자기 통제 결여 모두에 영향을 미친다고 믿는 것 같다고 하였다. 마케팅과 광고 압력에서 시작하여 신용 제도들과 사회비교 과정을 거쳐서 부주의하게 예산을 세워 결국은 저축은 하지 않고 빚만 지게 되는 등, 전문가에 비해서 문외한들이(lay People) 강력한 힘을 가진 것으로 보인다. 빚을 지고 빚을 갚는 사람들은 누구이며, 왜, 언제 그러한지에 대한 연구는 중요함에도 불구하고 그동안 무시되어 왔다.

4. 도박을 하는 심리학적 기능

사람들은 왜 도박을 하는가? 왈커(1995)는 도박에 관한 연구가 다뤄야 할 열한 가지 문제를 다음과 같이 지적하고 있다: '실제 만연되어 있는 문제가 되는 도박은 무엇인가?', '도박꾼들의 전형적인 성격 특성은 무엇인가?',

'도박과 관련된 인구학적 특성들은 무엇인가?', '도박이 사회에서 충족시키는 역할은 무엇인가?' 등등.

어떤 사람에게 있어서 왜 도박을 하는지에 대한 대답은 간단하다. 그것은 물론 쉽게 돈을 벌고 잘 살기 위해서이다. 그러나 정신분석학자들은, 대부분의 사람들에게는 아주 불가능한 일이긴 하지만, 어떤 사람들은 역설적으로 잃기 위해서 도박을 한다고 하였다(Bergler, 1958). 이 주장을 뒷받침해 주는 도박 중독자들의 사례가 종종 있다. 프로이트 학파의 일원인 페렌크취(Ferenczi, 1926)에 따르면, 주식 시장에서 항상 고민하거나 카지노에서 도박을 하는 사람들에게 친숙한 절대적인 확신이 바로 '유아기적 전능감'이 남아 있는 형태이다. 페렌크취는 영유아들은 자신을 나약하고 무능한 존재로 보지 않으며, 오히려 자기 주장을 하지 못하는 복종적인 성인들에 의해서 자신들의 욕구가 충족되는 전지 전능한 존재로 여긴다고 주장하였다. 영유아들은 자신들이 실제로 얼마나 약하고 의존적이고 무능력한 존재인지를 알 수 있는 수단이 없기 때문에 이렇게 전적으로 비현실적인 자아 개념을 유지할 수 있다. 시간이 흐름에 따라 이들은 현실과 접하게 되면서, 환멸적인 경험들을 하게 되고 이로 인해 인생사를 학습하게 된다.

성숙은 자신이 할 수 있는 것뿐만 아니라 자신이 할 수 없는 것이 무엇인지에 대해서도 학습하는 것을 의미한다. 우리들 대부분은 유치원에 다니게 되는 시기에 전능감을 잃게 되지만, 이것은 후에 특히 우리가 매우 많은 것을 원하고 그것이 무엇이건 간에 그것을 할 수 있다고 확신을 할 때 이따금 다시 나타나게 된다.

예를 들어, 투기꾼들은 자신이 바라는 대안이나 물건의 가격에 영향을 끼칠 것이 거의 없다는 것을 알고 있지만, 자신이 모든 것을 아는 것은 아님을 알고 있다. 가장 중요한 것은, 이들이 다른 관련된 모든 정보들과 비교해서 자신이 가진 정보가 얼마나 중요한 것인지를 알지 못한다는 것이다. 그래서 이들은 성공할 가능성을 알지 못한다. 그 가능성을 알지 못하는 것이 이들에게 자신이 알고 있는 것에 대해 과장된 가치를 매기게 한다. 이들은 매우 도박을 하고 싶어하며, 따라서 도박을 하기 위한 동기로 결코 잊어버린 적이 없는 유아기적 전능함의 마술을 필요로 한다. 이러한 유아기적 전능감은 이들이 일련의 손해를 본 후에 특징적으로 더 강력해진다. 이들은 재정적 지위가 약할수록 자신의 승리를 더욱 확신하게 된다.

와이즈만(Wiseman, 1974)이 말한 것처럼 "이것은 확실히 도박꾼들의 열정이다. 돈을 확 끌어 모은다는 것은 환각적인 앎의 상태가 되고, 그럼으로써 이들은 실제로 얻게 될 돈이 얼마일지를 알 수 있다. 우리는 그러한 확률의 법칙에 분명히 위배되고, 여전히 성공에 대한 확신감에 의해 수반되는 잘못 판단된 모험에서 실패로 향하는 추동이 작용하는 것을 보게 되어 있다"(p.47).

관찰 연구에서 도박 중독자들의 평온하거나 냉정한 표정 뒤에 자기 자신을 숨기고, 긴장과 흥분의 상태에 있음을 보여 주고 있다. 도박꾼들은 계속해서 경마 예상표를 읽고, 카드나 주사위 게임을 하고, 내기를 하거나 도박을 하기 위해 자금을 모으거나 빚을 갚기 때문에 긴장을 풀 수 없다. 알코올 중독자들이 미래의 '술이 떨어질 시기'를 대비하여 비밀 장소에 술을 숨겨 놓는 것처럼, 도박 중독자들은 심지어 개인적 욕구나 가족의 욕구가 절망적일 때조차 도박 이외의 다른 목적을 위해서는 결코 사용하지 않을 '도박 자금'을 비축해 둔다.

분명히 도박을 하는 모든 사람들이 중독자는 아니다. 수백 만의 사람들이 경마, 복권, 빙고 게임, 슬롯 머신에서 '정기적으로 노름'을 한다. 이것은 단순히 자극을 주는 재미로 보이지만, 그 사회가 공정하게 제공하는 것보다 더 많은 것을 가질 수 있다는 믿음을 갖도록 조장하기 때문에 여전히 건전하지 않은 것이라고 주장되고 있다.

국가적 수준에서 도박에 실제로 지출되는 돈의 액수를 추정하고자 상당히 노력했음에도 불구하고, 그 수치는 신뢰할 만하지 못하며, 아마도 실제로 도박에 사용된 돈보다 훨씬 더 적게 추정되었을 것이다. 여러 위원회에서 도박이 얼마나 많이 행해지는지를 감독하면서 도박의 경제적 중요성을 객관적으로 평가하려고 하였다. 정기적으로 많은 액수의 상금을 주는 국가적 수준의 복권 제도의 도입은 도박 습관을 급진적으로 변화시켰다. 지금은 한 달에 가계의 가처분 소득 중 도박에 얼마만큼 사용되었는지를 정확하게 파악하는 것이 전보다 더 어려워졌지만, 최근의 수치들은 일주일에 대략 2.12파운드 정도 된다고 제시하고 있다(Central Statistical Office, 1996).

사람들이 도박을 하는 방식과 이유를 이해하고자 하는 시도는 제한되어 왔으며 편파적이었다. 첫째, 도박은 사실과 부합되지 않는 도덕적 의미와 의견이 표현되는 매우 감정 표출적인 주제이다. 둘째 도박에 대한 사회학적, 심리학적, 정신의학적, 정신분석학적, 그리고 경험적 연구들은 비일관적이다. 셋째, 종종 오류를 범하고 판단을 흐리게 하는 이론가들과 연구자들 모두가 다음과 같은 세 가지 가정을 하였다:

1. 행동 하나로, 도박꾼들은 비도박꾼들과 구분될 수 있다. 이것은 연구자들에게 서로 다른 집단의 모든 구성원에게 공통적인 하나 혹은 두 가지 동기를 살펴보게 한 양적인 측면과 참여 정도의 측면 모두를 무시한다.
2. 도박을 하는 사람들은 똑같은 기본 활동에 참여하는 것으로 고려될 수 있다. 이것은 다양한 유형의 도박이 다른 경험과 보상을 제공하며, 다소간의 행운과 기술을 포함하고, 그 지역사회의 다양한 집단들에게 이용 가능하다는 사실들은 무시한다.
3. 도박을 하는 것에 대해 초기 의사결정을 어떻게 하는가에 관한 설명은 영구적으로 도박을 하는 이유와 밀접하게 관련될 것이다. 이 가정은 도박을 계속하는 것을 설명하는 동기가 또한 도박을 처음 시작하게 되는 이유를 설명한다고 잘못 가정하고 있다.

비록 강박적인 도박이 많은 관점에서 폭넓게 연구되어 왔지만, '정상적인' 비강박적인 도박꾼들을 대상으로 수행된 연구는 거의 없다. 비록 도박에서 이기고 지는 것에 대해 사람들이 지각한 확률에 관한 심리학적 연구들이 있긴 하지만, 현존하는 연구들은 대부분 사람들이 도박을 하도록 동기화시키는 것이 무엇인지를 설명하고자 한다. 도박꾼들과 비도박꾼들이 도박을 하는 이유는 자신의 행동에 대해 진실된 통찰을 하는 사람이 거의 없다는 사실뿐 아니라 위선과 오류로 인해서 보통 도외시된다.

1) 정신분석 이론들

정신분석학자들은 오랫동안 도박에 대해 관심을 가져왔다(Bergler, 1958). 프로이트(1928)는 병적 도박꾼이었던 작가 도스토예프스키의 사례를 검증하였으며, 병적인 도박을 다른 강박신경증적 특질, 특히 외디푸스 컴플렉스와 연결지었다. 그 이후의 연구들은 프로이트의 생각이 다른 도박꾼들에게도 일반화될 수 있음을 보여 주고 있다. 정신분석학적 사고의 중심은 강박적 도박꾼들이 희생과 불공평을 완미(玩味 : 흥미있어)하고 후회와 자기 연민에 빠지기 위해서 잃는 것에 관한 압도적인 욕구에 의해 추동된다는 개념이다. 버그러(1958)는 다음의 여섯 개의 특성들이 '병적인' 도박꾼들을 특성짓는다고 하였다.

1) 도박꾼들은 습관적으로 위험을 무릅쓰고 도박을 한다.
2) 도박꾼들의 게임은 모든 다른 흥미들에 앞선다.
3) 도박꾼들은 아주 낙관주의적이며, 패배와 손실로부터 그 어떤 것도 결코 학습하지 않는다.
4) 도박꾼들은 자신이 이길 때 절대 그만두지 않는다.
5) 초기 경고에도 불구하고 도박꾼들은 결국 너무 많은 모험을 한다.
6) 긴장과 전율(thrill)이 게임을 하는 동안 경험된다.

도박에 대한 정신분석적 설명은 개인이 도박을 하는 심리학적 기능을 구체화 한다. 도박의 기저는 아동기에 나타나며, 전형적으로 부모와 자녀 간의 결함이 있는 관계를 수반한다. 도박은 자녀가 어머니의 사랑을 재생산하는 수단이며, 자녀가 어머니의 사랑을 추구하기 때문에 아버지에 의해서 처벌받는 수단, 혹은 아동이 현실을 검증하는 수단일 수도 있다. 모든 정신분석학적 설명의 문제점은 검증 가능한 가설들을 생산하는 것이며, 그리고 나서 그것의 타당성에 대한 증거를 제공하는 것이다. 더 나아가서 많은 사람들에게 가설은 공상적이거나 분명히 잘못된 것이다.

2) 성격에 기초한 성향

다른 학자들은 강박적인 도박꾼들이 정신 물리학적으로 자기 각성의 소인이 만들어져 있다고 주장해 왔다. 로즈코우스키(Lozkowski, 1977)는 미리 조사한 자극 수준에 대한 선호도에 기초해서 피험자들을 분류한 후, 위험률이 높은 도박 상황과 위험률이 낮은 도박 상황에 노출시켰다. 높은 환경적 자극 수준을 선호하는 피험자들은 위험률이 높은 도박을 일관되게 더 선호하였고, 낮은 환경적 자극 수준을 선호하는 피험자들은 위험률이 낮은 도박을 선호하였다. 이것은 외향성과 감각 추구에 관한 여러 심리학 연구들과 밀접하게 관련된다.

또한 고프만(Goffman, 1961)은 도박이 일상생활에서 배제되어 온 위험 감수에 대한 반작용이라는 가설을 지지하였다. 그는 또한 직업이 도박과 관련된다고 믿었다. 연구 결과, 중간 정도의 위험이 있는 직업을 가진 사람들이 낮은 위험의 도박에 참여하는 반면, 아주 높은 위험이 있는 직업과 아주 낮은 위험이 있는 직업을 가진 사람들은 모두 높은 위험을 수반하는 도박에 탐닉하였다.

3) 확률과 수익 분배의 평가

세 번째 접근 방법은 도박 행위를 수학적이거나 인지적인 관점에서 논의해 본 것이다(Strickland et al., 1966). 이 접근 방법은 사람들이 도박을 전혀 하지 않는 이유가 아니라, 주로 개인이 여러 도박들 중에서 어떻게 선택을 하고 왜 하는지와 관련된 것이었다. 이 접근 방법에서는 개인이 논리적 의사결정을 하는 데 필요한 관련된 모든 정보를 알고 또 이해한다고 가정한다. 그러나 이 접근 방법은 관련된 인지적 변인들에 대한 체계적 처치를 제공하고

자 한다. 이러한 연구는 도박꾼들이 도박을 하는 데 있어서 객관적인 의미로 결코 논리적이거나 합리적이 아니라는 것을 보여 주었다. 예를 들어, 만약 룰렛 게임을 하는 사람이 합리적이라면 이들은 자신의 이익을 최대화하고 손실은 최소화하는 방식으로 행동할 것이지만, 이런 일은 발생하지 않는다 (Edwards, 1953). 실례로 이들은 승리할 가능성이 36 : 1인 하나의 숫자에 돈을 걸기보다는 승리할 가능성이 반반인 것에 돈을 건다. 그러나 사람들이 예측한 이득이 최대화되도록 내기에서 돈을 건다는 생각에 기초한 단순한 기대 이론들은 특정 상황에서만 지지된다. 좀더 복잡한 모형들이 특정 도박에서의 경제적 동기화와 관련해서 합리적인 설명을 제공한다고 하지만, 다른 형태의 도박이나 개인적 변이는 설명하지 못한다. 코헨(Cohen, 1972)은 도박에 관한 대부분의 실험 연구들이 다음의 두 가지 가정에 의존한다고 하였다. 1) 도박꾼들에게 있어서 내기를 하는 것의 가치는 각 결과의 효용성과 모든 결과들에 대해서 총합된 확률의 산물이다. 2) 그리고 도박꾼들은 효용성과 확률의 산물의 총합을 최대화하는 도박을 선택한다. 그러나 이러한 개념들은 주로 운과 기술에 대한 믿음, 위험 감수에 대한 주관적 속성 등과 같은 현저한 여러 심리적 변인들을 무시하기 때문에 비판받아 왔다.

　지적인 사람들은 선택의 요인이 최소화된 도박 게임, 가령 카드 게임을 선호하는 반면, 덜 지적인 사람들은 도박의 결과가 통제를 넘어설 가능성이 있는 게임을 더 선호하는 경향이 있다. 쉬마키(1979)는 이러한 접근 방법의 중심이 되는 도박에 관한 의사결정에 있어서 통계적 지식의 역할을 검증하였다. 그는 통계적으로 훈련받지 못한 피험자들이 다른 피험자들보다 특정한 위험 차원에 더 많이 집중함으로써 도박을 단순화하여 판단하는 경향이 있다고 하였다. 전략의 대가는 의사결정을 하는 데 있어 일관성과 확신감을 감소시키는 것이었다. 길로비치(Gilovitch, 1983)는 도박을 하는 데 있어 편파된 평가와 지속성을 검증하였다. 예측한 것처럼, 피험자들은 따는 것보다 잃는 것을 설명하는 데 더 많은 시간을 보냈다. 최근에 판단적 발견과 통제의 환상에 관한 매우 흥미로운 문헌들이 점차 증가하고 있으며, 이것들 모두는 경제적 관점에서 도박 행동의 합리성을 이해하는 문제를 강조하고 있다.

4) 사회학 이론들

도박에 관한 사회학 이론들이 다수 있다. 데버렉스(1968)는 도박을 자본주의의 모순에 대한 완전한 희생양으로 보는 구조적 기능주의 이론을 발달시켰다. 자본주의는 일종의 '합리적인' 경제적 이기심, 노력과 보상 간의 가시적인 관계의 경쟁, 생산자와 소비자 기능을 모두 하는 금융업과 신용의 제도적 기제들, 그리고 합리성을 따르고 위험과 운에 의존하지 말 것을 강조하는 청교도 직업 윤리를 조장하고자 한다. 스릴과 게임을 즐기는 이면 뒤에 있는 공격성, 그리고 실생활과는 차별화되는 피상적이고 단기간적인 문제 해결을 제공하는 동안, 도박은 자본주의 사회에서 좌절된 개인적 욕구와 사회적 욕구를 충족시키거나 금전적 제약, 합리성, 그리고 윤리에 저항하기 때문에 생존하고 번성한다. 혹은 더 단순하게는 자신의 상황을 지금보다 더 낮게 만들 수 있다고 믿는 사람들에게는 도박이 유일한 방식이기 때문에 발생하기도 한다. 이보다 더 중요한 것은 도박 행위는 궁극적으로 지속적으로 검증되어야 하는 행운에 대한 무지와 무능력을 강조하기 때문에 반종교적이라는 것이다. 사회학자들에 따르면, 이것이 바로 도박이 허용되긴 하지만 아직도 종종 원칙상 비합법적인, 도박에 대한 서구 사회의 모순적이고 이중적인 태도를 설명해 준다. 청교도 직업 윤리 가치가 가장 강력한 중류층에서 이러한 이중 감정이 가장 강하다. 다운에스와 동료들(1976)은 도박이 제한된 만족 지연과 운이나 운명에 대해 강한 믿음을 가지고 있는 근로자 계층 문화에 깊이 뿌리박혀 있다고 하였다. 물론 많은 근로자 계층은 마음대로 쓸 수 있는 현금이 적고 빚이 더 많아 돈에 대해 더 긴박한 욕구를 가지고 있다. 이것은 다양한 조사에서 입증되고 있으며, 더 낮은 사회 경제적 계층의 사람들이 주요한 몇몇 형태의 도박을 특히 더 많이 한다고 나타나 있다. 즉, 사회 계층은 모든 종류의 도박에 관련된 의사결정의 많은 부분과 관련되고 있다.

다운에스와 동료들(1976)은 도박 행위에 관한 다양한 이론을 검증하였다. 이들은 연령, 교육 수준과 같은 사회 경제적 특성들, 신념들, 여가 활동, 정치적 신념 등을 포함한 38개의 측정치를 독립변인으로 하여 연구하였다. 그들은 영국의 세 지역에서 대단위 표본을 추출하여 다음과 같은 다양한 이론을 검증하였다.

1. 사회적 무질서 : 사람들이 사회적 무질서를 경험할수록, 이들은 도박을 더 많이 한다. 도박을 하는 경향은 사회 경제적 수준과 역상관 관계이다.

2. 소외 : 사람들이 소외를 경험할수록, 자기주장의 표현으로 도박을 더 많이 한다.

3. 근로자 계층 문화 : 근로자 계층의 사람들은 중류 계층의 사람들보다 운이나 운명을 더 많이 믿기 때문에 도박을 더 많이 한다.

4. 의사결정 : 자신의 직장에서 의사결정을 하지 못하는 사람들은 의사결정을 할 기회가 많은 사람들보다 더 많이 도박을 한다.

5. 위험 감수 : 위험률이 높은 직업을 가진 행동 지향적인 사람들과 행동 지향성이 가장 적은 사람들이 도박을 가장 많이 한다.

몇몇 결과들은 위의 2와 3을 지지하는 것으로 나타났지만, 대부분의 사회학 이론들은 지나친 추론이어서 검증하기가 어렵다. 그러나 이러한 이론 중에서 공통된 점은 도박을 하는 성향과 관련된 주요 요인은 성격 특성이라기보다는 사회 경제적 환경이라는 주장이다.

비록 연구자들이 이러한 사회학 이론의 전반적인 장점을 평가하기 위해서 자신의 연구들의 제한점을 인식하기는 하지만, 이들은 자신의 연구 결과가 더 나은 이론 검증을 위한 유용한 토대가 된다고 믿고 있다. 사회 무질서 이론, 근로자 계층 문화 개념을 지지하는 어떠한 증거도 없었고, 위험 감수와 같은 다른 이론들은 확실하지 않았지만 약간의 지지 증거가 있었다. 그러나 이들은 계층과 무관하게 존재하는 도박의 강한 세대간 패턴을 발견하였다. 많은 계층에 걸쳐서 "도박 행위에 관한 이론들은 잘못된 근거를 가지고 있으며, 도박에 관여하고 도박을 하는 차이는 한 가지 부문에 집중된 요인이라기 보다는 사회 구조에 걸쳐서 만연되어 있는 요인들과 관련된다"(Downes et al., 1976, p.77)고 주장하였다.

코르니쉬(1978)처럼 다운에스와 동료들(1976)은 연구를 수행한 전체 표본에서 도박 행위의 분포 뿐 아니라 도박 활동에서의 사회적 변이도 살펴보았다. 이들은 구조기능주의와 의사결정 관점을 지지하는 결론을 내렸다. 이들은 도박에 관한 모든 거시 및 미시적인 사회학 이론들이 모호하거나 분명하게 기능주의적 분석에 의존하고 있으며, 따라서 사회학적 관점에서 도박의 의미를 찾을 필요가 있다고 강조하고 있다. 그러나 이들은 이러한 이론들이 좁은 의미에서 도박의 다양한 형태의 변이들을 적절하게 설명하지는 못한다는 것을 인정한다. 더구나 도박의 증가와 감소에 따르는 많은 신화들은 경험적이고 역사적으로 검증되어야 한다. 마지막으로, 이들은 도박에 대한 사회정책상의 시사점들을 고려하고 있다.

> 범죄를 저지르는 기업을 최소화하려는 사회적 목표는 도박을 해서 얻은 이윤에서 세금을 걷어들이고자 하는 국가 재정상의 목표와 충돌한다: 세입을 도박에서 끌어올수록, 불법(노름에서) 물주가 되는 것에 대한 유인도 더 강해진다. 그러나 전반적인 경향은 도박을 크게 보아서 '여가' 산업의 주요 요소로 보는 것이다.
> (Downes et al., 1976, p.212)

5) 다른 접근 방법들

앞에서 언급한 이론 외에도 도박에 관한 다른 접근 방법들이 있다. 구조주의자들이나 상황주의자들은 도박을 하도록 자극하고, 이를 계속하게 하거나 억압하는 환경의 주요한 특성들을 기술하고 규명하고자 한다. 고려되는 요소들은 다음과 같다:

1. 도박을 할 기회 : 복권의 주기, 도박장이나 슬롯 머신의 수, 그리고 경마, 개 경주의 수
2. 지출 간격 : 사람들이 내기의 결과를 알 수 있기 전까지 얼마나 오랫동안 기다려야 하고 또한 게임에서 이기기까지 얼마나 오랫동안 기다려

야 하는가

3. 이용 가능한 확률과 내기에 건 돈의 범위 : 아마도 아주 가변적일 것이다.

4. 개인적인 참여의 정도와 도박꾼들이 도박을 할 때 그리고 내기의 확률을 선택할 수 있을 때 더 적극적이라고 느끼는 것으로서 기술의 연습

5. 개인이 내기에서 이길 확률과 지출 비율

도박에 관해 더 인지적이거나 수학적인 모형들은 대부분 도박 행위가 사회적 사건이라는 점을 분명하게 지적한다. 예를 들어, 빙고, 경마 그리고 도박은 주로 사회적 사건들이며, 어떤 사람들의 경우 도박을 통해서 돈을 번다는 개념은 다른 사람들과 함께 하는 것에서 오는 이점보다 부차적인 것이다.

또 다른 접근 방법은 고전적 학습이론과 강화 스케줄을 강조하는 조작적 조건화 원리에 기초한다. 보통 간헐적인 강화 스케줄을 제공하는 도박은 비록 특정한 반응 패턴을 형성하기 위한 가장 좋은 계획은 아니지만, 아마도 가장 중독적이어서 장기간에 걸쳐 반응 패턴을 유지한다. 국가 수준의 복권 제도의 경우 강화 스케줄은 매우 낮지만 여전히 상당한 인기가 있는데 이것은 의심할 바 없이 그 상금의 크기에 상응하기 때문이다. 정말로 복권 사업을 조직하는 사람들은 복권 그 자체에 대한 흥미를 창출하는 데 더 효과적으로 보이는 당첨될 확률은 거의 없지만, 당첨될 경우 받은 상금의 액수가 더 많은 것을 선호한다. 선행 강화의 지속 시간에 따른 소거에 대한 저항을 살펴본 실험 연구 결과, 일치된 결과가 나타나지 않았다. 그러나 도박의 다양한 형태들간에 사건 빈도, 기대 가치 등과 같은 행동적 측면에 많은 차이가 있었다. 강화인은 개인마다 다르고, 게임의 유형에 따라서도 다른 것 같다.

분명히 코르니쉬(1978)가 강조한 것처럼, 사적인 개인차와 상황적 요소들 모두 모든 형태의 도박 행동의 발달을 이해하는 데 중요하다. 개인적 요소는 모든 형태의 도박에서 행동적 변량의 아주 많은 부분을 설명하는 인구학적이고 심리학적인 차이를 구분하려 하기 때문에 중요하다. 상황적 속성들은 도박의 사회적이고 경제적인 결과뿐 아니라 이용 가능한 강화의 범위, 빈도, 유형과 양을 제한하기 때문에 관련된다. 그러나 절충적 접근 방법이 모든 접

근 방법의 모든 측면들을 무비판적으로 수용하는 것을 의미하는 것은 아니다. 우리가 시도해야 할 것은 어느 이론이 특정한 사람들이 어떤 유형의 도박을 주로 시작하거나 유지하는지 혹은 이것 모두를 가장 잘 설명하는지를 기술하고자 하는 것이다.

왈커(1995)는 이 분야의 연구에서 입증되어 온, 사람들이 도박을 하도록 서로 간에 상호작용하는 아홉 가지 요소를 다음과 같이 목록화 하였다.

1. 문화 : 다양한 형태의 도박을 규정하거나 금지하는 문화
2. 준거 집단 : 다양한 유형의 도박 행동들을 모델링하는 개인들이 동일시하는 집단
3. 사회 학습 : 초보 도박꾼들이 도박의 기법과 결과를 학습하는 방식
4. 성격 : 도박의 특정 결과와 관련되는 개인차 요소들
5. 위기와 스트레스 : 도박이 대처 기제로 사용되는 정도
6. 여가 시간 : 도박이 여가 시간 활동의 중요한 측면으로 사용되는 정도
7. 사회적 보상 : 도박이 발생하는 사회적 접촉과 환경
8. 생리적 각성 욕구 : 사람들이 각성을 조절하기 위해 사용하는 흥분제로 도박이 기능하는 정도
9. 인지 : 도박 경험과 관련된 신념과 이해

앞에서 제기된 많은 다양한 도박 이론과 접근의 대부분은 심지어 본질적으로 아주 다른 것이더라도 유사한 문제점들을 공유하고 있다. 첫째, 어떤 이론들은 자신의 유용성을 검증하기 위해 사용되는 가설들이 분명하지도 않고, 검증 가능하지도 않으며, 거짓임을 입증하지도 못한다(Downes et al., 1976 참조). 둘째, 많은 이론은 매우 유사하며, 모순적이기 보다는 보완적인 것으로 보인다. 따라서 한 가지 증거는 한 가지 접근 방법 이상의 더 많은 접근 방법을 동시에 지지하거나 반박하기 위해서 사용될 수 있다. 셋째, 많은 연구가 지지하는 증거를 단순하게 제공하지는 않았다. 더구나 어떤 한 가지 이론에서 모순되는 예들을 인용하는 것이 결코 어렵지 않다. 이것은 특히 정신

역동적 접근 방법에서 그러하다. 넷째, 정신분석적 접근만 제외하고 대개 일반 이론들이기 때문에 개인의 도박 행동에 관한 특정한 예측이 항상 쉬운 것은 아니다. 다섯째, 사람들이 도박을 시작하고 계속하는 것을 설명하는 동기에 모호한 측면들이 있다. 개인차가 무시되기 때문에 같은 배경을 가진 사람들 중 어떤 사람들이 도박에 중독되고, 어떤 사람들이 보통 정도이며, 또 다른 사람들은 도박을 거의 하지 않는지에 대한 이유가 분명하지 않다. 마지막으로 가장 중요한 것은 많은 이론들이 특정 유형의 도박꾼이나 특정 유형의 도박에서 유도되어 왔고, 이것에만 적용 가능하다는 것이다. 즉, 강박적으로 룰렛 게임을 하는 사람들에 관한 연구 결과가 미식 축구에 도박을 하는 사람들에게는 유용하지 못할 것이다. 일반적으로는 사회 구조와 사회 경제적으로 결정된 표현 욕구와 관련지어 도박의 만연과 사회적 분포를 포괄적으로 설명할 수 있으며, 이는 경제적 동기화와 관련해서 더 단순한 설명을 하는 이론들을 보완하거나 상쇄할 수도 있다. 그러나 이것들은 특정한 동기와 특정 유형의 도박 간의 관계에 대한 더 자세한 정보를 제공하지는 않으며 의도하지도 않는다. 때로 그러한 정보를 제공하는 것으로 보이는 경우에는 일반 이론으로 위장하는 특정 설명이거나, 어떠한 도박 형태에 대한 설명과 실제로 일치하기 위해서 도박 행위에 관한 가능한 동기들을 제공하는 일반적인 설명이기 때문이다.

5. 세금의 성격과 유형

세금은 문명화된 사회에서 지불해야 하는 것이라고 주장되어 왔다. 즉, 우리가 안정적이고 지지적인 사회적 환경을 유지하기 위해서 지불하기로 한 불입금이다. 또한 특정한 사회적 혜택을 위해 지불하기로 암묵적으로 동의한 개인들 간의 사회적 계약이기도 하다. 세금을 부과하는 것은 정부가 운영되고 국민들이 정부에 기대하는 편의시설들을 제공할 수 있는 방법이다. 직접세와 간접세 등 많은 다양한 유형의 세금이 있다. 특히 미국에서 사람들은 소득세, 국세, 도시세, 그리고 물품세를 내야 한다. 세금은 모든 종류의 것들에 부과되며, 행동에 심오한 영향을 끼칠 수 있다. 18세기부터 금융 전쟁까지 영국 정부에 의해 부과된 창문 세금은 오늘날에도 벽돌로 만들어진 창문을 가진 조지왕조 시대의 아름다운 건물을 많이 볼 수 있게 하였다. 영국 자료에 따르면, 평균 소득세는 소득의 17%이며, 간접세는 소득의 21%이다 (Central Statistical Office, 1987).

결국 과세를 통해서 재정을 처리하는 정부의 능력은 국민이 자금을 조달받는 특정 프로그램과 일치한다고 느끼는 정도와 특정한 정책을 수행하는 사람들을 신뢰하는 정도에 달려 있다. 만약 국민이 그 정책을 인정하지 않는다면, 세금이 너무 높게 책정되었다거나 불공정하다고 느낄 것이다. 또한 권력을 잡은 정당을 싫어하거나 과세가 부패되어 있고 급변한다고 학습하거나 믿을 것이고, 납세자들은 불만을 품게 되고 세금납부에 대해 불만을 토로할 수도 있다.

세금은 항상 인기가 없었으며, 앞으로도 인기가 없을 것이다. 그래서 정부는 필요로 하는 세입을 올리기 위해서 간접적이거나 덜 분명하게 세금을 부과하는 방식을 찾으려 한다. 어떤 정부는 투표자의 분위기나 만연되어 있는 이데올로기를 이용한다. 담배, 술, 도박에 부과되는 죄악세(sin taxes)들은 당연히 인기가 있을 수 있고 그 국민의 건강에도 유익할 수 있다.

고통이 없고, 널리 수용되며, 문제가 없고, 걷어들이기 쉬운 세금은 존재하지 않는다. 그러나 누진과세의 개념에 대해서는 약간의 일치된 의견들이 있다. 예외가 있긴 하지만 대부분의 국가들은 소득의 고정된 비율을 과세하는 고정액을 피하고 있다. 대부분의 국가에서 '부유한 사람들을 괴롭히는' 시기심 때문에 부유한 사람들에게 높은 비율의 소득세를 부과하는 경우나 높은 비율의 소득세를 내는 사람들의 수를 극적으로 감소시키는 경우 등은 유동적인 당시의 정치적 분위기에 의존한다. 그러나 탈세자에 대한 엄격한 처벌과 세무 공무원에 대한 부정 방지 정책의 수용은 강력하게 지지하고 있다.

모든 입법자들은 국민이 원하고 기대하는 서비스를 제공할 수 있는 만큼 충분하면서도 인기가 없어서 저항하거나 탈세하지 않을 만큼의 세금을 알아내려고 노력하고 있다. 그러나 이러한 특정 지점이나 영역을 아는 것은 어려워서, 다양한 경제적 조건에 따라 변화한다. 여러 정부들은 이러한 문제를 해결할 방안을 찾아왔다. 스웨덴에서는 경제 발달과 생산을 조장하기 위해서 창의력과 기업에 완전한 자유를 줄 필요성을 인식하였으며, 과세 기준을 올렸다. 창업을 원하는 개인의 창의력은 발전 단계 동안에는 가능한 한 낮게 설정된 세율에 의해 조장된다. 사업이 잘 진행되어 갈 때 부과되는 세금은 초기의 관대함을 보충할 정도로 높아지지만, 이들의 경제적 동기가 억제되거나 파괴되지 않을 정도의 수준에서 설정된다. 스웨덴 정부는 또한 사업가들이 공공 사업을 계획하고, 고용인들을 훈련하고, 다양한 활동과 운영에 관여하는 것을 자발적으로 돕도록 조장한다. 이러한 협력적이고 참여적인 접근 방법은 납세자와 정부 간의 관계가 종종 험악하게 적대적으로 되는 다른 국가들에서 발생하는 것과는 아주 다르다.

세금 기피는 합법적이며, 탈세는 비합법적이다. 즉, 전자의 개념은 법적 틈새를 찾거나 면세를 최대화하는 것이다. 모든 정부는 세금 공제를 제공함으로써 저축, 주택 구입, 가족, 자선 기부 같은 특정 행동들을 권장하고자 한다. 그러나 탈세는 속이는 행위이며, 아주 널리 퍼져 있는 것으로 보인다. 사람들이 '모든 사람들이 속이고 있다'고 믿고 있는 곳, 그리고 지하의 검은 경제가 성행하는 곳에서는 탈세가 더욱 일반적이다. 만약 국민들이 세율이 부당하고 세금이 불공정하다고 믿는다면, 이들은 납세 신고를 '속일' 것이다(Lindgren, 1991). 탈세자는 종종 정부의 낭비, 무능함 또는 불공정을 지적함으로써 자신의 부정 행위를 정당화한다. 이들은 심지어 자신들이 범죄자이기 보다는 부패한 정부의 희생자라고 가정하기도 한다. 또 어떤 사람들은 정부가 외국에서 빌린 돈을 갚을 때 세금 기피 행위를 시도하며, 정치인들이 오히려 부정직하고 교활한 역사를 가지고 있다는 사실을 교묘하게 지적하기도 한다.

과세에 대한 정부의 재정적 정책에 관한 선호나 태도를 결정하는 것이 무엇인가? 영국에서 선거 선호는 정부 재정 정책에 대한 선호와 관련된 가장 중요한 요인일 것이다(Edgell & Duke, 1982, 1991; Lewis, 1982). 자유 민주당과 노동당을 지지하는 투표자들은 정치와 군사력에 지출을 증가시키는 것을 선호하는 보수당 지지자들보다 보건과 복지 분야에 지출을 증가하는 것을 선호하는 것 같다. 보수당 지지자들은 일반적으로 주 정부가 통제하는 것을 선호하지 않는 것과 마찬가지로 더 낮은 세금을 좋아한다. 보통 사람들은 비록 세금과 정부 지출 간의 재정적인 연관 관계에 대해서 거의 생각하지 않지만 만약 조사 질문에서 '재정적 연관 관계'가 구체적으로 언급된다면, 보건과 교육에 대한 지출을 증가시키는 열정은 약화될 것이다. 심지어 이러한 조건 하에서조차 노동당 지지자들은 일반적으로 앞으로 다가올 것에 대비해서 소득세를 더 많이 낼 준비를 하고 있다. 정부의 재정 정책에 관한 선호에서 이러한 차이들의 기초가 되는 것은 무엇인가? 스위프트와 동료들(1992)은 보수당과 노동당 지지자들을 구분짓는 것은 정의가 요구하는 것이 무엇인지에 대한 개념 차이가 아니라 이러한 필수 요건들이 오늘날의 영국에서 실제로 어느 정도까지 충족되는지에 대한 인식 차이라고 지적하였다.

정부가 복지의 제공과 분배에서 떠맡아야 하는 역할은 불가피하게 정치적 질문, 도덕적 질문과 관련된다. '복지 국가주의'의 중심 개념은 '자애로운 권력자'로 행동하는 정부 관료들이 소비자·투표자 들을 위해서 평등하고 공정하며 엄격한 지침에 부합되게 물건들을 분배한다는 것이다. 만약 국민들이 과세와 정부의 공공 지출 정책을 인정하지 않는다면, 이들은 다음 선거에서 이들에게 투표하지 않음으로써 자신들의 의사를 나타내어야 한다. 만약 정치인들이 재선출되기를 원한다면, 특히 선거가 다가옴에 따라 소비자·투표자들의 기대와 선호를 고려하는 것이 최대 관심사가 될 것이다. 몇몇 사람들은 재정에 대한 투표가 미국의 몇몇 주에 도입된 이유 중 한 가지는 정부가 충분히 반응적이지 않고 자신의 사욕을 채우는 것에 더 관심을 가지고, 그 결과로 임기는 증가하고 효율성은 감소한다는 점이라고 주장하고 있다. 그러나 공공 부문의 크기가 감소하기를 바라는 투표자들이 항상 재정에 대한 투표의 결과를 자신들 마음대로 하는 것은 아니다. 투표자들은 과세와 정부 지출 간의 재정적인 연관 관계를 더 많이 인식하고 더 많은 관심을 갖기 때문에 때로 '재정적으로 보수적'이 되기 보다는 정부의 지출 프로그램에 더 예민해지게 된다.

탈세는 도덕적이고, 경제적이며 법적인 이슈이다. 대부분의 서구 민주주의 사회에서 국민들은 법적 요구사항들에 순응한다. 그러나 심지어 세금이 합법적이고 정부의 지출이 바람직한 것으로 여겨질 때조차, 세금은 인기가 없다. 합법적 세금 기피와 불법적 탈세가 얼마나 만연되어 있는가? 다양한 여러 방법이 행동을 측정하기가 매우 어려운 탈세를 계산하기 위해서 사용되었다. 결과적으로 국내 총생산(GDP)의 2~10%가 손실되는 것으로 나타났다(Cowell, 1990). 우리는 사람들이 실제로 어떻게, 얼마나 많은 양을, 그리고 얼마나 자주 탈세를 하고 또한 그렇게 하려고 하는지에 대해서 거의 알지 못한다. 심지어 사심 없는 연구자들이 연구할 때 익명을 보장한다고 해도 정직하게 대답하는 것 같지는 않다. 또한 몇몇 나라에서는 '법적인 수단에 의한 탈세'의 가능성이 있기도 하다. 즉, 정부는 개인들이 더 많이 저축하고 은퇴를 위한 계획을 세우도록 세금을 면제해 주는 특별하고 특정한 체계를 제도화하고 있다. 이와 유사하게 많은 큰 조직체들은 납세를 피하는 법적 방법을 찾아내기 위해 회계사를 고용하고 있다.

왜 개인들은, 그리고 많은 중소기업과 대기업의 기업가들은 탈세를 하는가? 가장 간단한 대답은 사람들이 욕심이 많고, 경제적 성취에 의해 동기화된다는 것이다. 고전적 경제 모형(Allingham & Sandmo, 1972)에서는 탈세를 하려는 의사결정이 탈세로 인한 혜택과 손실에 의해 영향받는다고 가정한다. 이에 따르면 탈세가 발각될 것 같고 심한 형벌이 내려진다면 사람들은 거의 탈세하지 않을 것이다. 이런 전제에 대한 경험적 증거는 확실히 없다. 그러나 탈세에 관한 많은 사회학적인 모형이 있다. 특히 중요한 한 가지 모형은 보겔(1974)의 것으로, 그는 세금에 대한 태도와 탈세에 직, 간접으로 영향을 끼치는 세 가지 객관적 요소인 개인과 정부의 교환 관계, 사회적 지향, 탈세의 기회를 구체화한 이론적 틀을 제시하였다. 이러한 요소가 중요하다는 강력한 증거가 있으며, 조사 면접에서 종종 이러한 요소가 가장 중요한 설명 요인으로 규정되어 왔다. 그러나 특히 흥미로운 것은 바로 보겔의 납세자에 대한 유형 분류로 동일시, 그리고 순응에 대한 켈만(1965)의 구분에 기초한다. 즉, 자신의 신념을 변화시키지 않고 권력이 요구하는 대로 행동하는 것이다. 그러나 순응적인 납세자는 자신이 납세하지 않는다면 일어날 결과에 대해 두려워하기 때문에 납세를 하는 사람이며, 납세를 할 도덕적 권리가 있다고 믿는 사람은 아니다. 동일시는 존경하는 사람과 유사해지기 위해서 신념들을 변화시키는 것이다. 따라서 만약 친구가 탈세를 하고 그러한 친구를 존경한다면, 그 자신도 탈세를 하게 될 것이다. 내면화는 신념과 행동이 동일선상에 있도록 신념들을 진짜로 변화시키는 것이다. 보겔은 이러한 구분과 준수자와 일탈자라는 두 가지 납세자 행동을 조합함으로써, 조세 제도에 대한 반응을 여섯 가지로 분류하였다. 내면화된 준수자는 그렇게 할 도덕적 권리를 지닌다고 믿기 때문에 납세하는 반면, 내면화된 이탈자들은 똑같은 이유로 탈세를 한다. 동일시하는 준수자와 이탈자들은 자신의 준거 집단의 행동으로 인해서 납세를 하거나 납세를 하지 않는다. 순응적인 준수자들은 자신이 세금을 내지 않으면 닥칠 결과를 두려워하기 때문에 납세를 하는 반면, 순응적인 이탈자들은 잡힐 가능성이 낮다고 믿기 때문에 탈세를 한다.

두 번째 개념틀은 사람들이 탈세를 하기 위해서 오직 한 가지 의사결정만을 하지는 않는다고 주장한 스미스와 킨제이(1987)의 것이다. 각각의 의사결정에서 사람들은 물질적 결과, 규준적 기대, 사회 - 법적 태도, 그리고 표현 요소들을 비교해서 평가한다. 정부의 지출에 대한 태도와 조세 제도에 대한 태도가 전체적으로 가장 중요하게 고려된다. 많은 사람들이 과세와 정부 지출 간의 연관 관계를 인식하고 있지 않기 때문에, 정부 지출에 대한 태도는 그 체계를 향한 태도에 간접적인 영향을 끼치는 것으로 보여지며, 조세 체계는 그 자체가 물질적 결과에 간접적 영향을 끼친다. 표현적 요소는 오히려 다양해서, 이것들은 단순하게 주관적인 비용과 납세에 수반되는 혜택이다(이해할 수 없는 세금 형태로 인해 유발되는 분노처럼).

세 번째 접근 방법은 탈세를 사회적 딜레마로 보는 것으로, 베이겔과 동료들(1987)은 탈세 행동이 사회적, 심리적 조건에 따라 달라진다고 주장한다. 사회적 딜레마는 개안에게 최선인 것과 집단에게 최선인 것 간의 잠재적 갈

등을 수반한다. 이것에 관한 원형적이고 유명한 예로는 한 개인이 많은 동물을 방목한다면 이 개인은 혜택을 받지만, 대부분의 혹은 모든 사람들이 이렇게 한다면 모든 사람들이 고통을 받는 상황을 들 수 있다. 이와 유사하게 만약 한 개인이 탈세를 한다면 이로 인해 그 개인은 혜택을 받지만, 만약 너무 많은 사람들이 이렇게 한다면 전체 체계는 붕괴될 것이다.

6. 결 론

일상생활에서 산재해 있는 돈에 관련된 매력적인 연구는 인류학자, 경제학자, 심리학자 혹은 사회학자들에 의해 수행되어 각각 다양한 그림을 제공한다. 어떤 연구들은 개인차를 강조하는 반면, 다른 연구들은 화폐 행동의 사회적 맥락에 더 많은 초점을 둔다. 어떤 학자들은 도박, 강박적인 소비, 저축하지 않는 것 등의 동기를 자극 욕구와 개인들의 낮은 자아 존중감으로 본다. 다른 학자들은 상업적 압력의 중요성, 신용카드의 성장, 카지노와 사회비교 과정을 강조한다. 때로 어떤 개념은 사회 과학들을 연결시킬 수 있어서 위험 적대성은 경제학자들과 심리학자들 모두가 저축 행동을 설명하기 위해 사용하는 개념이다.

합리적인 효율 극대화 모형은 경제학자들의 설명이며, 심리학자들의 개인차와 발달적 접근에 의해 도전받고 있다. 그러나 심리학, 사회학, 경제적 요소가 모두 함께 할 때 일상의 화폐 행동을 가장 잘 설명할 수 있다는 것이 곧 분명해지게 될 것이다. 따라서, 사용 가능한 소득의 총합이 아마도 저축 행위를 가장 잘 예측하는 요인이겠지만, 위험 회피와 같은 특정 성격 요소를 고려함으로써 더 잘 예측될 수 있을 것이다. 이 연구에서 중다 요소, 다차원적 접근 방법은 가장 좋은 방법이 될 수 있다. 루이스와 동료들(1995)이 주장한 것처럼 경제학자들은 자신의 모형에 심리학자들의 개념을 통합하였지만, 진정으로 통합하지는 않고 있다. 이러한 영역에 관심을 가진 사회 과학자들은 가끔씩 다른 분야의 개념들의 중요성을 인정하면서도 이내 자신이 선호하는 개념과 방법으로 후퇴한다.

그러나 여러 학문 분야들은 서로 점점 더 밀접해지고 있다. 경제 심리학자들과 심리 경제학자들은 소비자 정서, '기분 좋음' 요소, 경제적 낙관주의, 비관주의에 대해 저술하여 왔다. 편햄(1997)은 최근에 이것을 아주 간단하게 측정하는 방식을 고안하였다.

능력에 반대되는 것으로서, 저축, 차용, 지출, 구매하는 자발성은 아주 많은 부분이 소비자 확신과 정서에 따라 달라진다. 특히 소비자 정서에 관해서 흥미로운 것은, 낙관적이건 비관적이건 간에, 그것이 경제에서 주목할 만한 움직임보다 먼저 발생한다는 것이다. 즉 낙관주의를 지지하는 변화들은 경제에서 눈에 띌 만큼 경기가 좋아지기 전에 발생한다. 똑같이 일반적인 소비자들의 우울한 비관주의는 경제가 하락하기 전에 발생한다.

앞에서 지적했지만 이 장에서 짚고 넘어갈 마지막 요점은 연구들이 돈과 관련된 일상생활 행동들을 무시했다는 것이다. 이 장에서는 네 가지 주제에 대해 강조하였으나, 다른 주제들은 고려하지 않았다. 예를 들어, 우리는 사람들이 개인적인 예산을 어떻게 세우는지, 혹은 특정하고 독특한 구매 습관은 어떠한지에 대해서 아는 것이 거의 없다. 부주의한 비저축가와 자제력이 있는 강박적인 저축가에 대한 보고는 보통 특이하고 극단적인 사례들을 기술할 뿐이며, 그러한 활동과 관련해서 '정상적인' 사람들의 행동에 대한 통찰력은 거의 제공하지 못한다. 그러나 이러한 연구들은 변화하고 있으며 다양한 연구 분야와 전통을 가진 연구자들에 의해 일상의 화폐 사용에 관한 모든 측면들도 관심이 증가하고 있다.

돈에 대한 비정상적인 행동: 돈과 정신건강

1. 들어가는 말

　많은 철학자와 극작가들은 사람들이 돈으로, 돈을 위해서, 그리고 돈 때문에 발생하는 불합리하고 비도덕적이며 노골적으로 이상한 행동들에 대해 기술해 왔다. 신문, 잡지, TV 프로그램들은 가난하게 살다 상당한 재산을 남기고 죽는, 강박적으로 절약하는 사람들과 축재가, 충동적인 소비자들에 자주 초점을 맞춘다. 충동적인 소비자들이 돈을 다 써 버리도록 충동받는 것처럼 강박적으로 절약하는 사람들도 절박함과 보복심 때문에 돈을 저축하도록 강요받는다. 강도, 위조, 횡령, 납치, 밀수, 그리고 모조품들은 모두 단순하게 돈때문에 생기는 일들이다.

　화폐 병리에 관해 잘 알려진 사례들이 있다. 미국의 억만 장자인 하워드 휴즈는 시간이 지남에 따라 점차 더 은둔 생활을 하고 편집 증세를 나타냈다. 영국의 비브 니콜슨은 자신이 몇 년 내에 많은 재산을 모으고 또 잃을 것이라고 내다 본 '소비, 소비, 소비' 철학으로 유명하였다. 돈에 대해 극단적인 인색함, 완고함, 그리고 규율을 가지고 접근하는 사람들을 관찰할 수 있는 반면, 사기꾼, 수완가, 부자인 것을 몹시 뽐내는 사람, 부주의한 낭비가들을 관찰하는 것도 가능하다. 와이즈만(Wiseman, 1974)은 분명하게 부를 축적하고 부자가 되고자 하는 생물학적인 동기는 없지만, '목적 없는 동기' 는 인간에게 알려진 가장 강력한 동기 중의 하나라고 하였다. 돈은 중독적이기도 하며, 염증을 일으키기도 한다. 그리고 동화 속에서 거부가 되는 꿈은 모든 시대의 모든 문화에 영향을 끼쳐왔다.

임상 의학자들처럼 언론인들도 보통의 정상적인 사람들이 돈과 관련해서 아주 비이성적으로 행동하는 사례들에 관심을 가진다. 전형적인 사례는 돈이 없는데도 돈을 지출하는 사람들이나, 그럴 필요도 없는데 만성적으로 지나치게 근검 절약하며 가난한 생활 양식을 유지하는 사람들이다. 돈에 관한 논쟁과 신랄함은 우정과 결혼생활을 긴장시키고 깰 수 있으며, 매우 지속적인 가족 불화를 유발할 수도 있다. 우리가 앞으로 살펴볼 것처럼, 돈은 다양한 사람들에게 다양한 것들을 의미한다. 그것은 곧 권력, 사랑, 자유와 안전 등이며 돈에 대한 비정상적인 행동이란 이러한 것과 관련된다. 그래서 수전노들은 싼 물건만 찾아다니는 사람들처럼 돈을 안전의 주요 원천으로 생각한다. 실업계의 거물들은 돈의 위력을 즐기며, 강박적인 도박꾼들은 돈이 가져다 주는 흥분을 즐긴다. 우리는 이 장의 뒷부분에서 돈과 관련된 다양한 신경증적인 유형을 살펴볼 것이다.

돈은 세율, 생활 비용, 재산의 가치 등으로 자주 논의되어 왔으나, 여전히 금기시되는 주제이다. 사람들은 저명 인사이거나 보통 사람이거나 상관없이 오래 전부터 자신들의 경제적 지위, 임금이나 잦은 재정적 거래들보다 자신의 성생활과 정신 질병에 관해 말하는 것이 더 행복해 보인다. 금전 문제에 관한 이러한 비밀주의는 우리 사회에서는 놀라운 것이지만, 모든 문화에서 그러한 것은 아니다. 동남 아시아의 개방적인 물질주의 문화에서는, 타인과 재정적 문제들에 대해 질문하고 자신의 문제를 개방적으로 논의하는 것이 수용 가능하다. 이것이 구혼을 할 때 거부되고 간과되거나 무시되는 요인이며, 결혼 생활 동안 지속적으로 논쟁되고, 많은 이혼 사례에서 초점이 된다. 주장이 서로 다른 사람들 간에 의지를 경쟁하는 것은 부드러운 태도를 가진 합리적인 인간을 비합리적인 고집쟁이들로 변화시킬 수도 있다.

돈이 금기시되는 주제로 남아 있는 많은 이유가 있다. 이것을 설명하기 위해서 다양한 이론들은 다음과 같이 기술하고 있다.

- 에티켓을 요구하는 부유한 사람들은 가난한 사람들이 혼자 힘으로 돈버는 방법을 알아내지 못하게 하기 위해서 돈에 관해 논의하는 것을 회피한다. 혹은 친구들과 친척들이 돈을 원하거나 부자인 것을 부러워하기 때문이다.
- 미신적으로 돈에 관해 말하는 것은, 돈이 없어져 버릴 수 있음을 의미한다.
- 돈자랑은 이를 시기하는 다른 사람들이 국세청에 신고하게 할 수도 있다.
- 만약 돈이 음식과 관련되어 있다면, 이에 대해 논의하지 않는 것이 배고픔, 욕구, 탐욕, 약점을 감소시킬 것이다.
- 만약 돈이 사람들의 도덕적 타락과 관련되어 있다면, 이에 대해 논의하지 않는 것이 죄의식을 없애는 방법일 것이다.
- 사람들은 돈에 관한 태도가 숨기고 싶은 사생활에 대해서 많은 것을 드러낸다는 것을 어느 정도 알고 있다.

이 장은 돈을 둘러싼 위선, 모순, 거짓말, 그리고 역설과 같은 화폐 병리에 관한 내용이다. 외부인들이 보기에 산업화된 서구인들은 돈에 관해 모순적이다. 많은 사람들이 돈을 지불할 수 있는 것만 가질 수 있다고 강조하지만, 싼 물건을 찾는 데에 많은 시간을 보낸다. 돈에 대한 탐욕은 악한 것이며 쫓아버려야 한다고 생각하지만, 부(富)가 존경을 만든다는 것도 분명한 사실이다. 예를 들어 부가 사회 계층의 좋은 지표가 되는 미국에서 돈은 개인 가치의 척도이다. 돈을 추구하는 사람들은 종종 돈을 가지고 있는 사람들의 협박과 굴욕을 참는다. 돈과 관련된 위선은 널리 만연되어 있어서, 돈은 공적으로는 부정되지만 사적으로는 추구되며, 세상에서 아주 중요한 것이면서 동시에 가치가 없는 것이라고도 말한다.

지금까지 제대로 알려지지 않은 것은 그 사회에서 화폐와 관련된 심리적인 문제들이 얼마나 공통적인가 하는 것이다. 화폐 병리를 설명할 수 있는 좋은 표본이 없었으며, 이러한 유형의 희귀성이나 보편성에 대한 양적 증거도 없었다. 극단적인 사례들이 잊혀지지 않고 너무 흥미롭기 때문에, 이러한 사례가 과잉 추정되었을 수도 있다. 한편, 이러한 금기시되는 주제와 '숨겨진 문제'에 관한 연구가 너무 적었기 때문에 한 사회에서 심각한 화폐 신경병리 증세를 가진 사람의 실제수를 과소 추정했을 수도 있다.

〈표 5-1〉을 보면 대다수의 사람들이 돈의 비정상성에 대한 항목에서 '아니오'라고 답함으로써 자신이 돈의 비정상성의 희생자가 아니라고 주장하

표 5-1 '돈의 비정상성' 하위 척도의 결과

질 문	(%) 네	(%) 아니오
1. 당신은 돈을 지출하고, 사용하거나 준 돈에 대해 하루 종일 걱정합니까?	29.3	70.7
2. 당신은 돈에 관해 특히 소득에 관해서 타인들에게 말하는 것을 주저하십니까?	28.4	71.6
3. 당신은 판매점에서 할인을 많이 하기 때문에 진짜로 필요하지 않은 물건을 사십니까?	19.2	80.8
4. 당신은 돈을 더 적게 지출하고 더 많이 저축하는 방식을 생각하기 위해서 당신이 이미 돈을 저축하고 있더라도 걱정이 되서 밤잠을 설친적이 있습니까?	14.0	86.0
5. 당신은 돈을 꼭 가지고 있거나 축적해 둡니까?	22.2	77.8
6. 당신은 정기적으로 신용카드로 당신의 지출 한계를 초과하여 사용합니까?	12.0	88.0
7. 도박을 하면 흥분 상태가 됩니까?	15.1	84.9
8. 당신은 여유가 있는데도 버스값을 절약하기 위해서 약속 장소까지 걸어갑니까?	13.9	86.1
9. 당신은 돈이 다 어디로 갔는지 혹은 월말에 남은 돈이 왜 하나도 없는지 계속적으로 의아해 합니까?	42.7	57.3
10. 당신은 돈을 사용해서 타인을 통제하거나 조절합니까?	3.7	96.3
11. 당신은 돈을 받는 것을 심각하게 거절합니까?	14.0	86.0

12. 당신은 쇼핑할 때 어떠한 물건이든 제시된 가격 모두를 지불하는 것에 분개합니까?	26.3	73.7
13. 당신은 종종 도박을 하고 많은 돈을 내기로 지출합니까?	3.7	96.3
14. 당신은 여가 시간의 대부분을 쇼핑을 하면서 보냅니까?	18.9	81.1
15. 당신에게 돈에 관해 질문할 때 죄의식이나 불안감을 느끼십니까?	34.5	65.5
16. 당신은 매달 청구된 금액을 지불할 수 있을지에 대해 점점 더 많이 걱정하십니까?	33.5	66.5
17. 타인에게는 돈을 지출하지만 자신에게 지출하는 것에 대해 문제가 있습니까?	35.2	64.8
18. 당신은 불안하거나, 지루하거나, 기분이 나쁘거나, 우울하거나 화가 났을 때 물건을 구입합니까?	33.7	66.3
19. 당신은 실제적인 금전 문제들에 관해 배우는 것을 꺼리십니까?	16.5	83.5
20. 당신은 하루 종일 당신의 재정 상태에 관해 생각하십니까?	31.3	68.7

출처 : Furnham(1996a, b)

였다. 그러나 이러한 문항의 1/4 정도에서 응답자의 30% 이상이 '그렇다'라고 답하였다. 이것은 왜곡된 분포임을 의미하는 것으로, 이것이 '정상적인' 전집이었으며 또한 거짓 대답을 할 가능성이 없었다는 사실에 비추어 볼 때 그다지 놀라운 사실은 아니다.

이 장은 특히 돈의 병리적 의미와 사용에 관한 내용으로 구성된다. 흥미롭고 특이한 사례 연구들이 많이 제시되며, 이론은 약간만 제시될 것이다. 사실 돈과 관련된 병리적 현상들을 설명하기 위해 개발된 화폐 특징적인 이론은 거의 없다. 이러한 이유는 첫째, 돈의 비정상성은 흥미롭지만 아주 특이하여 과학적 관심의 가치가 없다. 그러나 더 그럴 듯한 이유는 돈과 관련된 병리적 현상들은 돈이 단순하게 병리학의 초점이라는 것을 의미한다는 사실이다. 이것은 시간이나 오물과도 똑같이 관련될 수 있다. 즉, 한 가지 병리학이 초기 장애, 도벽, 성적 난혼과 같이 겉으로 보기에는 구분되는 병리적 현상들의 기초가 된다고 주장되어 온 것처럼, 화폐 병리학은 돈이 이러한 이슈의 초점이 된다는 점에서 거의 비본질적이다.

인류학자, 사회 심리학자, 사회학자와 신학자들은 모두 화폐와 관련된 병리적 현상에 대해 가능한 설명들을 다음과 같이 하였다.

- 초기 학습 경험 : 가난, 경제 불황 혹은 경제적으로 어려운 환경 속에서 성장하는 것이 어떤 사람에게는 많은 양의 돈을 확보하려는 동기로써 제안되어 왔다.
- 집단 간 경쟁 : 부유한 사람이 가난한 사람에게 보이는 동정과 가난한 사람이 부유한 사람에게 가지고 있는 시기와 증오는 집단 갈등의 기회를 제공한다. 안전, 지위, 평판, 자아에 대한 위협은 돈을 통제하고자 하는 시도에 대한 심리적 위협일 뿐만 아니라 강력한 힘으로도 작용할 수 있다.
- 윤리와 종교 : 돈에 대한 죄의식과 가난한 사람들에게 개인적으로 책임감을 느끼는 것은 많은 종교의 공통점이다. 종종 개인의 이상한 행동에서 야기되어 온 자기 부정, 자기 비하, 그리고 특정한 청교도 종파와 관련된 죄의식은 '너무 쉽게' 많은 돈을 획득하거나 너무 과시하는 것은 죄악이라고 가르쳤다.

그러나 돈과 관련된 개인차에 대해서 정형화된 이론은 정신분석분야 뿐이다.

2. 돈에 대한 정신분석

'성격과 항문기적 성욕'이라는 논문집에서 프로이트(1908)는 성격 특성이 특정한 원초적인 생물학적 충동을 막으려고 하는 것에서 기원한다고 주장하였다. 자신의 연구들을 모아놓은 이 논문집에서 그는 먼저 성인의 태도와 성욕의 산물인 돈과의 가능한 관계에 주의를 기울였다. 사실, 그는 뒤에 '행복은 선사 시대의 소망이 만족된 충족이다. 그것은 부가 너무나 적은 행복을 가져오기 때문으로, 돈은 유아기적 바람이 아니다'라고 썼다. 페니첼(1947)과 페렌크쥐(1926)와 같은 많은 정신분석 학자들은 이러한 개념을 발달시켰다. 페렌크쥐는 오물과 배설물에서의 원초적인 쾌락이 돈에 대한 사랑으로 발달한다는 개체발생적 단계를 기술하였다. 프로이트(1908)는 항문기에 고착된 사람들과 관련하여 주된 세 가지 특질을 질서 정연함, 인색함, 그리고 완고함으로 규명하였다. 이것들은 청결, 성실함, 진실성, 반항, 보복심과 관련된다.

　오닐(O'Neill)과 동료들은 완고함, 질서 정연함과 인색함으로 특징지어지는 항문기적 성격이 비항문기적 유형보다 배변 활동을 더 유머러스하게 즐긴다는 증거를 발견하여 정신분석 이론을 지지하였다. 이 이론에 따르면 모든 아동들은 대변을 배출하는 데 있어서 쾌락을 경험한다. 생애 초기에(대략 2세) 서구 사회에서 어떤 부모들은 배변에 대해 열정과 칭찬(긍정적 강화)을 보이고, 다른 부모들은 자녀들이 배변을 하지 않으려고 할 때 자녀를 위협하고 처벌하는(부정적 강화) 방식으로 자녀들을 배변 훈련시켰다. 배변 훈련은 자녀가 자율성과 가치감을 획득하고자 하는 단계에서 발생한다. 종종 배변 훈련은 자녀가 괄약근을 통제하고 있는지 혹은 부모의 보상과 강요가 그들의 의지에 순종할 것을 강요하는지와 관련해서 부모와 자녀 간의 갈등의 근원이 된다. 더구나 자녀는 결국 자신의 신체의 창조물인 배설물에 매혹되고 공상에 잠기게 된다. 한편으로는 배설물을 선물이나 매우 가치가 있는 것으로 다루고, 또 한편으로는 마치 대변이 더럽고 만질 수 없으며 즉각 처분해야 하는 것처럼 행동하는 부모의 이중적 반응에 의해 자녀의 혼란은 점점 더 심해지게 된다. 그러나 자신의 성공적인 배변에 대해 부모가 해 주는 칭찬에 매우 기뻐하는 아동들은 배설물을 자신이 신세를 지고 있다고 느끼는 사랑하는 부모들에게 주는 선물로 여기게 되며, 성장해서 선물과 돈을 자유롭게 사용하게 된다. 역으로, 해야만 할 때를 제외하고 배변을 거절하는 아동들은 후에 '금전적 변비(financial constipation)'를 갖는다.

이 이론은 만약 자녀가 배변 훈련의 경험에서 상처를 받게 된다면, 이 단계 동안에 적응하고 행동하는 방식을 보유하는 경향이 있다고 한다. 즉, **구두쇠**가 돈을 축적하는 방식은 부모의 요구 앞에서 자녀가 대변 배설을 거부하는 상징으로 보인다. 한편, **낭비가**들은 배설에 대한 부모의 권위에 복종한 결과인 승인과 애정을 회상하게 된다. 어떤 사람들은 애정을 받는 것과 배설·지출하는 것을 동등하게 여기고, 불안정하고 사랑받지 못하거나 애정 욕구를 가지고 있을 때에 더 많이 지출하는 경향이 있다. 돈에 대한 태도는 두 가지 양식이 있어서, 극히 긍정적이거나 극히 부정적이다.

1. 자신이 돈을 지출하고 나서 주의깊게 계산하십니까?	(네, 아니오)
2. 음식을 다 먹고 났을 때, 부엌이 왜 이렇게 되었는지 의아해하십니까?	(네, 아니오)
3. 심지어 아주 사소한 빚이라도 갚아야 한다고 생각하십니까?	(네, 아니오)
4. 다른 사람들의 방법을 사용하는 것보다 자신만의 방법을 생각해내는 것을 좋아하십니까?	(네, 아니오)
5. 어떤 일을 계획하는 것보다는 어떤 일을 하는 데 있어서 더 많은 즐거움을 느끼십니까?	(네, 아니오)
6. 소비에 대한 강력한 법이 있어야 한다고 생각하십니까?	(네, 아니오)
7. 다른 사람들보다 약속을 지키지 않는 사람에 대해 가장 화가 납니까?	(네, 아니오)
8. 어떤 일을 할 때 사람들은 관여하지 말고, 혼자서 일하기를 원하십니까?	(네, 아니오)
9. 대부분의 사람들은 자신들이 하고 있는 것에서 충분히 높은 기준을 갖지 못합니까?	(네, 아니오)
10. 오랜 기간에 걸쳐 변화하는 것보다는 마음의 결정을 빨리 내리십니까?	(네, 아니오)
11. 가장 평등한 이상의 근원이 부러움(시샘)이라고 생각하십니까?	(네, 아니오)
12. 당신의 돈이 견고하고 실제적이기를 원하십니까?	(네, 아니오)
13. 일단 어떻게 해야겠다고 결정을 하면 마음이 쉽게 변합니까?	(네, 아니오)
14. 당신은 체벌(體罰, corporal punishment)에 동의하지 않으십니까?	(네, 아니오)
15. 흡연을 불결한 습관이라고 생각하십니까?	(네, 아니오)

정신분석 입장에 대한 증거는 환자의 자유 연상과 꿈과 같은 일상에서 나온다. 프로이트 학파들은 또한 관용어구, 신화, 민속 자료, 전설에서 이론의 증거를 찾으려고 하였다. 또한 언어, 특히 관용어구의 표현들에서도 자료를 많이 찾을 수 있다. 돈은 종종 '부정한 돈'이라고 칭해지며, 부자는 종종 '지독한 부자'라고 불린다. 또한 돈으로 내기를 하는 것은 오물 및 배변 훈련과 관련된다. 그래서 포커를 하는 사람들은 돈을 '어린이용 변기'에 놓고, 주사위 게임을 하는 사람들은 '배설물 노름'(두 개의 주사위를 써서 하는 노름)을 하며, 카드 게임을 하는 사람들은 'dirty-Girty'를 하고, 모든 것을 잃은 도박꾼은 '청소하다'의 의미에서 쫓겨난다(4장 참고).

정신분석 개념들은 많은 실험 연구를 유발시켰다(Beloff, 1957; Grygier, 1961; Kline, 1967). 역동적 특성들을 측정하기 위해 만들어진 도구가 많지만, 크라이네(1971)는 항문기적 속성에 대한 자기 검사를 개발하였다. 이 척도는 앞의 표와 같은 질문들로 구성되어 있다.

이 척도는 영국뿐 아니라 가나에서도 사용되어 왔으며, 많은 연구를 유발시켰다. 예를 들어, 호워스(Howarth, 1980, 1982)는 항문기 척도가 신경증이나 정신병 척도와는 아주 다른 것임을 밝혔다. 그러나 오닐(1984)은 항문애가 처치하기가 어려운 것으로 여겨지는 시간 의식과 완고함 같은 다양한 A 유형의 특성들과 관련된다고 하였다.

힐(Hill, 1976)과 크라이네(Kline, 1972)는 항문기적 성격에 대한 실험 연구들을 고찰하였다. 이들은 모두 이 분야에서 행해진 연구들의 방법론을 비판하였으나, 정신분석학자들이 기술하여 온 항문기적 성격이 있다는 증거가 있다고 결론내렸다. 예를 들어, 스톤과 고헤일(Stone & Gottheil, 1975)은 직장 장애나 궤양 환자들이 항문기적 성격 구조를 가지고 있으며, 강박증을 가진 사람들이 분명하게 항문기적이라는 프로이트 개념을 검정하였다. 후자에 대해서는 약간의 증거가 있기는 하지만 관계가 약하며, 구강기적 특성과의 관계는 유의하지 않았다. 물론 심리측정적 증거의 질이 비판될 수 있다. 정신분석학자들은 크라이네와 같은 심리측정자들이 항문기적 성격의 개념을 이해하지 못했으며, 따라서 너무나 많은 항문기적 특질을 함께 조합하거나, 통찰력의 결핍이나 부정직성으로 인해 항문기적 성격들이 단순한 질문지에 정직하지 않게 응답되었다고 지적하였다. 간단히 말해서, 항문기적 특질에 대한 아주 적절한 증거들이 있지만, 이것이 돈과 관련된 이슈 간의 관계에 대해서는 다소 적은 것 같다.

3. 화폐 병리의 정서적 기초

프로이트 학파와 이들의 동조자들은 돈과 관련된 태도들이 다른 강력한 정서들을 위장시키고 있다고 주장하였다. 프로이트 학파의 연구자들은 밖으로 드러나는, 눈에 보이는 어떤 행동이 그 반대의 동기나 바램을 위장하거나 숨기고 있다는 역설에 주의를 기울였다. 즉, 가난한 사람들을 향한 동정은 어쩌면 증오나 인종적 편견과 위협감을 위장하는 것일 수 있다. 신체적 폭력으로 위협을 하거나 법적이거나 불법적으로 부와 이에 수반하는 지위, 평판, 자아를 제거하려는 정치적 권력은 강력한 동기이다. 가난한 사람들은 자신들이 매우 낮은 임금을 받고 일을 할 준비가 되어 있지만 비열함, 부정직, 운명의 가치가 쉽게 낙인찍히고 희생될 수 있기 때문에, 후자에 대한 심리적이고도 경제적인 위협을 받는다.

돈과 자주 관련이 있는 정서는 바로 죄의식이다. 이것은 금욕주의, 극기, 반쾌락주의의 청교도 가치와 관련되어 왔다(Furnham, 1990). 청교도주의는 방종, 낭비, 과소비의 죄악에 대해 설교하고 있다. 성실함, 시간 엄수, 절약, 절제와 같은 가치들은 이러한 신념을 갖거나 이렇게 사회화된 사람들에게 돈을 벌지 않고 지출하는 것에 대해서 죄의식을 더 많이 가지게 만들었다. 물론 청교도주의는 돈의 개념이나 힘든 노동을 통해서 공정한 보상을 받는 것을 반대하는 것이 아니라, 도박이나 유산에 의해서 돈을 너무 쉽게 획득하는 것, 부정직하거나 죄를 지어서 획득하는 것, 그리고 특히 돈을 마구 지출하는 것을 반대한다.

돈에 관한 죄의식은 불안, 부정직, 불행감, 심지어는 자기 혐오를 유발할 수 있다. 이러한 죄의식은 양심 가책을 느끼게 하고, 죄의식을 감소시키려고 한다. 골드버그와 레위스(Goldberg & Lewis, 1978)는 돈에 대한 죄의식이 우울 감으로 전이되는 정신 신체적 질병을 낳는다고 믿고 있다. 정신분석학자들 은 청교도 윤리를 교육받은 사람들이 부유함을 두려워하는 사례들을 기록하 였다. 이러한 두려움의 기저는 **통제감**의 손실이다. 돈은 개인을 통제해서, 사 람들이 사는 방식과 장소를 규정짓고, 친구 및 동료를 규정하고 배척하며, 자신의 사회적 활동을 자유롭게 하는 만큼 제한할 수도 있다. 또한 청교도 윤리는 시간, 돈, 자원, 심지어 정서와 같은 것의 제한과 보존 유지를 강조한 다. 만약 돈이 아주 풍부하다면, 그것을 통제할 어떠한 이유도 없게 된다. 이 런 상황에서 우리는 통제 욕구를 잃어버릴 수 있다. 신체적 요소나 정서에 관해 통제를 유지하는 것은 앞으로도 계속 안전할 수 있으리라는 환상을 사 람들에게 제공한다.

정신분석학자들은 갑자기 부자가 되어 자신의 부를 다룰 수 없게 되는 한 가지 이유는 자기 훈련과 부를 다루는 실제 경험이 결핍되었기 때문이라고 믿고 있다. '통제가 내면화되지 않고 현실적인 자기 훈련이 발달되지 않은 곳에서, 개인들은 안전함을 제공받기 위해 외적 통제에 의존한다'(Goldberg & Lewis, 1978, p.75). 많은 사람에게 있어서 어마어마한 양의 돈은 어떠한 결 과에도 상관없이 돈을 사용할 수 있다는 것을 의미하며, 이 때의 통제되지 않은 행동이 불안을 창출하는 것 같다. 역설적으로, 만약 돈이 고갈되거나 사라진다면 질서와 안전은 부활될 것이다. 더구나, 사람들의 생활에 갑작스 럽고 극적인 변화가 온다면, 돈을 다 사용하여 그것으로 모든 것을 사버리는 것이 정상으로 되돌아가는 것임을 의미할 수도 있다.

돈은 죄의식뿐만 아니라 안전을 나타낼 수도 있다. 미국에서 자수성가한 백만장자들을 대상으로 한 연구들은 이들이 다른 사람들보다 어렸을 때 부 모와 사별하거나, 부모가 이혼하거나, 다른 큰 상처를 더 받았다고 하였다 (Cox & Cooper, 1990)[1]. 정신분석학자들은 이러한 사람들이 성인기에 결코 다

---

1) 옮긴이 註 : 성공한 여성 또는 위인들의 인생을 분석하거나 아울러서 영재(gifted)나 재능

시 무일푼이 되지 않을 정도로 많은 돈을 축적한다고 믿는다. 이들은 생애 초기에 성인들의 책임을 맡아 왔기 때문에, 자신이나 다른 사람에게 자신이 부모에 대한 의존 욕구가 없음을 증명할 필요가 있다고 느낄 수 있다. 이처럼 부를 축적하려는 욕구는 신체적 안전이라기보다는 정서적 안전의 추구일 수 있다.

정신분석학자에게 있어서 돈에 대한 욕심은 항문기보다는 구강기와 밀접한 관련이 있다(Goldberg & Lewis, 1978). 이들은 여기서 돈을 지칭하는 '빵'과 '밀가루 반죽'이라는 용어에 주목하고 있다. 사회적 에티켓은 거의 고려하지 않고 돈을 추구하고 탐닉하는 사람들은 배고픈 사람이 음식에 대해 반응하는 것처럼 돈에 대해 반응한다. 이러한 행동은 불우한 유아기에 기인한다고 한다.

앞으로 살펴보겠지만, 정신분석학자들은 사람들을 화폐 병리의 기초가 되는 역동성과 관련해서 군집화하고자 하였다. 정신분석학자와 다른 학문적 배경을 가진 임상학자에게 있어서 돈은 심리적 의미를 지니며, 가장 공통적이고 강력한 것은 안전, 권력, 사랑, 자유이다(Goldberg & Lewis, 1978).

1) 안전의 상징

정서적 안전은 재정적 안전에 의해서 나타나는 것이다. 이 둘 간의 관계는 직선적인 것으로 여겨져 돈이 많으면 많을수록 더 안전하다. 즉, 돈은 정서적 구명 조끼이다. 있으면 안심이 되는, 아이들이 항상 가지고 다니는 작은

(talent)이 뛰어난 인물(예술가 · 체육인 포함)들의 경우 그렇게 되기까지의 인생 역정을 분석해 보면 공통적으로 많은 역경(逆境, adversity)과 절망을 극복하고 인간 승리의 삶을 살아왔음을 확인할 수 있다.

관련 자료를 소개한다 :

(1) 노은정, 모윤신 옮김(1997) 성공하는 여성들의 심리학(Lendrum, G. N. 1994. *Profiles of Female Genius*) 서울 : 황금가지.

(2) 김정휘 편저(1995) 영재 학생, 그들은 누구인가. 서울 : 교육과학사.

(3) 노혜숙 옮김(2000) 마음 가는 대로 해라. 서울 : 생각의 나무.

담요이며, 불안을 저지시키는 수단이다. 항상 그러한 것처럼 임상 보고와 부유한 사람들의 일대기에서 살펴본 기록 연구에서 이에 대한 증거를 찾아볼 수 있다. 그러나 안전을 위해서 돈에 의존하는 것은 사람들과의 관계를 소원하게 할 수 있는데, 이것은 의미 있는 타인들을 덜 강력한 안전의 근원으로 보기 때문이다. 스스로 자신의 주위에 정서적 담을 쌓는 것은 타인에게 상처 입고, 거부되거나 버려지게 되는 것에 대한 두려움과 편집증을 유발할 수 있다. 이 때 안전을 추구하는 사람들은 자기만족을 위해서 돈에 점점 더 의존하기 때문에 금전적 손실에 대한 두려움은 점차 커진다. 돈은 안전하다는 느낌과 자아 존중감을 지지해 준다.

골드버그와 레위스(1978)는 의식적이건 아니건 간에, 돈을 안전의 상징으로 여기는 몇 가지 '돈과 관련된 유형'을 구체화하고 있다. 이들은 양적 연구 결과보다는 질적 연구 결과를 더 많이 제공하였지만, 이런 다양한 유형의 존재에 대한 전형적인 '사례들'을 제공하고 있다.

1. 강박적 저축가 : 이들에게 있어서 저축을 하는 것은 자신에게 보상을 하는 것이다. 이들은 자신에게 무거운 부담을 지우고, 저축한 돈이 얼마이든지 이것이 안전을 제공하기에 충분하지 않다고 생각한다. 심지어 어떤 사람은 충분한 난방, 조명 혹은 영양가 있는 음식을 제공받는 것을 거부하기 때문에 신체적 질병에 걸리기도 한다.

2. 자기 절제자 : 이들은 저축가이긴 하지만 자신이 지워준 가난의 자기 희생적 속성을 즐기는 경향이 있다. 그러나 이들은 자신의 순교자적 행동을 강조하기 위해서 많은 양은 아니지만 타인에게 돈을 지출하기도 한다. 정신분석학자들은 이들의 행동이 종종 더 유복한 사람들을 향한 시기, 적대심, 분노를 위장한 것이라고 지적한다.

3. 강박적으로 싼 물건만을 찾아다니는 사람 : 이들은 그 상황이 '이상적'이고 그래서 즐겁게 돈을 쓸 때까지 돈을 광신적으로 보유한다. 판매자와 구매자 모두 정가에 돈을 지불하는 다른 사람들보다 자신이 한 수 위일 때, 이들은 전율을 느낀다. 이러한 승리감이 실제로 필요하지 않았을지

도 모르는 물건을 구매한 비합리성을 타당화해야 한다. 그러나 이들은 자신이 품질이 아니라 가격에 초점을 두기 때문에 무시당한다.

4. 광신적인 수집가 : 강박적인 수집가들은 내재적 가치가 별로 없는, 모든 종류의 것들을 축적한다. 이들은 애정과 안전의 근원으로서 인간보다는 물질적 소유물들에 의존한다. 이들은 점점 더 많은 것을 획득하지만, 어떤 것도 놓아 두지는 않는다. 수집을 함으로써 인생의 목표를 갖게 되며, 외로움과 소외감을 피할 수 있다. 물건들은 어떠한 요구도 하지 않으며, 잘 알려진 수집은 우월감과 권력감을 가져다 줄 수도 있다.

2) 권력의 상징

돈으로 물건, 서비스, 충성심을 살 수 있기 때문에 돈은 중요한 지위, 지배력, 통제력을 획득하는 데 사용될 수 있다. 돈은 적들에게 주어 포기하게 하거나 타협하여 문제를 해결하는 데에 사용될 수 있으며, 스스로의 방침을 분명하게 하기 위해 사용될 수도 있다. 돈 자체와 돈이 가져다 주는 권력은 전능감에 대한 유아기적 환상으로 돌아가고자 하는 것으로 보일 수 있다. 정신분석에 근거를 두고 있는 골드버그와 레위스(1978)에 따르면, 권력을 쥐고 있는 사람들의 돈과 관련된 유형 세 가지는 다음과 같다.

1. 조종자 : 이러한 유형의 사람들은 타인의 허영과 욕심을 이용하는 데에 돈을 사용한다. 그들은 타인을 조종함으로써 무기력감과 좌절을 덜 느끼며, 타인에게서 이익을 취하는 것에 어떠한 양심의 가책도 느끼지 않는다. 또한 이러한 유형의 사람들은 흥미로운 생활을 하지만, 이들의 관계는 모욕, 반복되는 경멸이나 무시 때문에 실패하거나 망하게 되는 문제들을 갖는다. 이들이 장기간에 걸쳐 잃게 되는 가장 큰 것은 성실함이다.

2. 제국주의자 : 이들은 독립심과 자기 신뢰감을 과도하게 가지고 있다. 자신의 의존 욕구는 억압하거나 부인하면서, 타인이 이러한 것에 의존하

게 만들고자 노력한다. 이러한 유형의 사람들은 결국 소외되고 소원해
지며, 특히 말년에 그러하다.

3. 대부 : 이들은 자신이 지배하고 있음을 느끼기 위해서 뇌물을 주거나
통제하는 데 사용할 많은 돈을 가지고 있다. 이들은 종종 굴욕감을 느
끼게 되는 것에 대한 분노와 지나친 민감성을 숨기며, 그래서 공적인
존경의 중요성을 감춘다. 그러나 이들은 충성심과 헌신을 돈으로 사기
때문에, 약자와 불안전한 사람들에게 매력을 느끼는 경향이 있다. 이들
은 타인이 가지고 있는 주도성과 독립성을 파괴하며, 보잘 것 없는 인
물인 아첨꾼들에게 둘러싸이게 된다.

골드버그와 레위스(1978)가 지적한 것처럼, 권력을 잡으려고 하는 사람들
은 아동들처럼 두려움을 느끼는 것보다는 격한 감정을 느끼며, 성인들처럼
분노를 더 많이 표현한다. 안전을 추구하는 사람들은 두려움에 위축되며, 권
력을 추구하는 사람들은 비난에 위축된다. 권력 추구자의 희생자들은 무력
하며 불안함을 느끼고, 자신을 강하고 유능하다고 생각하는 누군가에게 스
스로 소속시킴으로써 보복을 한다. 그들은 특히 돈을 충분히 가지고 있다면
'승자'를 뒤따르게 될 것이다.

3) 애정의 대체물

어떤 사람들에게 있어서 돈은 정서와 애정의 대체물이다. 즉, 애정, 충성
심, 자아 가치를 사기 위해서 돈이 사용된다. 더 나아가서, 선물을 주는 것에
내재되어 있는 상호성 원리 때문에, 많은 사람들은 상호교환되는 선물이 사
랑과 배려의 징표라고 가정한다.

1. 사랑을 돈으로 사려고 하는 사람 : 많은 사람들은 사랑과 존경을 돈으로 사
려고 한다. 예를 들어, 매춘 업소를 찾는 사람, 남에게 자랑하기 위해서
자선을 베푸는 사람, 자녀들을 버릇없이 키우는 사람들이 여기에 속한

다. 이들은 사랑할 수 없다는 것이 아니라 사랑받지 못한다고 느끼며, 자신의 관대함으로 타인들을 기쁘게 함으로써 거부감과 무가치함을 피하려고 한다. 그러나 이들에게 있어서 사랑을 서로 주고받는 것은 어려운 일이며, 때로 이들의 관대함은 자신들이 의존하고 있는 사람들을 향한 진정한 적대감을 위장한 것일 수도 있다(옮긴이 註 : Opera '사랑의 묘약'이 이 경우에 해당한다).

2. 사랑을 돈에 파는 사람 : 이들은 타인을 우쭐하게 만들기 위해서 애정, 헌신, 친애를 약속한다. 이들은 모든 종류의 반응을 위장할 수 있으며, 특히 사랑을 돈으로 사려고 하는 사람들에게 아주 자연스럽게 매력을 느낀다. 어떤 사람들은 정신 치료의 형태가 공급과 수요 법칙을 따르는 사랑 구매자 - 판매자 사이의 거래라고 주장한다. 즉, 애정을 사는 사람들은 치료자가 행복하게 판 우정을 산다. 사랑을 파는 사람들은 남을 돌보는 직업에 자연스럽게 끌린다.

3. 사랑을 훔치는 사람 : 절도광들은 무분별한 도둑은 아니지만, 그들에게 상징적 가치가 있는 물건들을 추구하는 사람들이다. 이들은 사랑에 굶주려 있지만 자신이 사랑을 받을 자격이 있다고 느끼지 않는다. 이들은 사랑에서 오는 위험을 감수하려 하고, 관대해지는 것을 매우 선호하지만, 아주 피상적인 관계만을 갖는 경향이 있다.

자녀들을 **사랑하기 때문에** 돈을 주는 부모가 있는 반면, 사랑을 거래하는 부모들은 **사랑 대신에** 돈을 준다. 이들은 사랑을 자유롭게 주거나 받는 것을 한 번도 배운 적이 없기 때문에 할 수 없이 사랑을 사고, 팔고, 훔친다. 프로이트 학파는 사랑을 사고, 팔고, 거래하고, 훔치는 것을 진정한 정서적 헌신에 대한 방어로 보며, 이것이 그 상황에서는 유일한 치료법이므로 이렇게 한다고 본다.

4) 자 유

자유는 다른 것들보다 더 수용 가능하며, 더 자주 돈에 관련된 의미로 인정받아 왔다. 돈은 일시적인 호기심과 관심을 추구할 시간을 살 수 있으며, 매일의 일과와 급료를 받는 일의 제한에서 사람을 자유롭게 해 준다. 골드버그와 레위스(1978)는 두 가지 종류의 자유 숭배자가 있다고 하였다.

1. 자유 구매자 : 이들은 질서, 명령, 심지어는 자유와 독립을 제한하는 것으로 보이는 제안들로부터 탈출하기 위해서 돈으로 자유를 산다. 이들은 사랑이 아닌 독립을 원한다. 사실 이들은 억압되어 있고, 의존을 향한 강한 충동에 대해 큰 두려움을 가지고 있다. 이들은 자유와 연대감이 동시에 경험될 수 있는 또 다른 '자유 정신'과의 관계를 갖는 것이 가능하다고 상상한다. 이들은 자주 신뢰할 수 없고 무책임한 존재로 보이며, 어떠한 종류의 관계에서도 사람들을 좌절시키고, 상처 입히고, 분노하게 할 수 있다.

2. 자유 투쟁자 : 이들은 돈과 물질주의가 많은 사람을 노예화하는 원인이기 때문에 이를 거부한다. 정치적 급진주의자, 기성 사회로부터의 이탈자나 전문 기술자들은 종종 수동-공격적이며, 내적 갈등과 혼란스런 가치를 해결하려고 한다. 동료 의식과 동료애는 반금전적 세력에 참여하는 데서 오는 주된 보상이다. 또한 이상주의는 감정에 대한 방어로 보인다. 만약 이러한 유형의 사람이 어떤 집단에 관여하게 된다면 상당히 많은 돈을 여기에 쓸 것이다.

자유의 기초가 되는 주제는 인생 초기에 경험하는 타인과 세상에 대한 의존성이 혜택을 주는 것이기보다는 위협을 주는 경험으로 인식되었다는 것이다. 이러한 유형학은 임상 관찰에 기초하며, 특정 이론의 용어를 통해서 해석된다. 어떤 경우에 있어서, 이것은 실험이나 더 광범위한 정상 집단의 자료에 의해 심층적인 증거를 필요로 하는 흥미로운 가설들을 이끌지도 모른다.

골드버그와 레위스(1978)는 심리치료사들이 돈의 비정상성을 부차적으로 중요한 것으로 본다고 주장한다. 또한 이들은 돈과 관련된 다양한 유형이 자연스럽게 자신의 특정한 욕구를 충족시키는 치료사를 찾아가게 한다고 주장한다. 따라서 권위에 관심이 있는 사람은 덜 관습적인 치료사를 찾게 되고, 안전을 추구하는 사람들은 그 지역에서 가장 값이 비싼 치료사에게 매력을 느낄 것이다. 거의 모든 치료사가 자신의 서비스에 대해 돈을 요구하기 때문에, 심리 치료를 받는다는 것은 자신에게 돈을 지출한다는 것을 의미한다. 그러나 비용은 여전히 치료사와 상담자 간에 비교적 금기시되는 주제이다. 분명하게 모든 치료사들은 치료 과정 동안의 서비스에 대한 대가를 지불하는 것과 지불하지 않는 것에 관한 공유된 의미를 이해할 필요가 있다. 또한, 지불을 한다는 것은 헌신을 보여 주는 것이다.

마지막으로 골드버그와 레위스(1978)는 심각한 금전적 문제로 이끄는 심리적 요소들을 구체화하였다. 이들은 다음과 같이 열 가지를 언급하였다:

1. 도박가의 오류 : 손해를 회복하려다 더 손해를 본다.
2. 욕심 : 조종자와 사기 전문가 간의 동맹
3. 두려움 : 합리적인 위험 감수를 억제한다.
4. 시기심 : 사람의 마음을 혼란하게 하여, 기회를 제한하고 정신 에너지를 소비하게 한다.
5. 분노 : 사업 관계와 협상을 파괴할 수 있다.
6. 자아 개념 : 자신이 부자가 되는 능력을 가지지 못했다고 믿는 자아 개념
7. 만족 : 단순하게 자신의 운명에 행복해 한다.
8. 성실 : 성취를 위해서 어떤 원리들을 희생할 준비가 되어 있지 않다.
9. 연민 : 경제적으로 바람직하지 않은 결정을 내리게 하는 정서적 관대함, 다정함, 배려심
10. 정조 : 사람들이 어떤 것들을 소유하기 위해서 부자가 되는 것을 가치 있게 여기지 않는 전통에 부합된 정조

특히 물질주의 사회에서 정서적 문제를 가지고 있는 사람들은 돈을 자신의 결점이 있는 행동 패턴으로 통합시킨다. 돈이 가치의 척도인 곳에서 그것은 강력한 정서와 이와 연관된 행동들에 매력을 느끼게 할 수 있다.

심리 치료자들은 돈에 관련된 신념과 행동들이 정신 현상과 분리되어 있는 것이 아니라, 전체로서 인간과 통합되어 있다고 믿는다. 돈을 억제하는 사람들은 타인으로부터의 칭찬, 애정 혹은 정보를 억제하는 경향이 있다. 자신의 재정 상태에 대해 걱정하는 사람들은 의존에서 오는 두려움이나 시기심에 관해 학습한 그 무언가를 가지고 있다. 치료사들은 사람들이 자신의 화폐 병리(money madness)를 이해하도록 돕고자 노력한다. 돈은 환상, 두려움, 바람의 초점이 될 수 있으며, 부인, 왜곡, 충동, 그리고 충동에 대한 방어와 밀접하게 관련된다. 즉, 돈은 다음의 내용과 관련될 수 있다:

> 갑옷, 열정, 존경, 자유, 권력과 권위, 흥분과 의기양양, 고립, 생존과 안전, 성적 능력, 승리와 보상. 따라서 돈은 무기나 피난처, 진정제나 자극제, 부적이나 음제, 만족을 주는 한 조각의 음식이나 따뜻하고 안락한 담요로 인식될 수 있으며…… 그러므로 저축을 하거나 지출하기 위해서 돈을 가지고 있는 것은 우리에게 충만감, 온정, 자긍심, 성적 매력, 완전성, 심지어는 불멸까지도 제공할 수 있다. 이와 유사하게 돈이 한 푼도 없는 경험은 공허감, 자포자기, 권위 실추, 취약성, 열등감, 무력감, 불안, 걱정과 시기를 가져올 수 있다.
>
> (Matthews, 1991, p.24)

정신분석학에 기초한 모든 임상가들은 금전적 성격이 쾌락을 추구하고 좌절을 회피하려는 원시적 욕망(id)과, 합리적이고 이성적인 자아(ego), 그리고 감독을 하고 도덕적인 초자아(superego)로 구성되어 있다고 본다. 이것은 종종 보고되어 왔지만, 주로 승리를 한 뒤에는 무기력해지고 우울해하는 사람들과 재정적 고갈 이후에 의기양양하고 심지어 고결한 체하는 역설적인 사람들을 설명해 준다.

마테우스(1991)는 화폐 병리의 유형학보다는, 미묘한 증후를 가진 가벼운 기행에서 온건한 화폐 신경증을 거쳐서 심각한 화폐 병리에 이르는 연속선을 가정하고 있다. 이러한 자료는 환자의 치료와 연속적인 워크숍을 통해 얻어졌으며, 이러한 방법이 의미하는 모든 가능한 제한점들도 기술되어 왔다. 더 나아가서 그녀는 돈에 관한 태도와 행동들이 가족, 친구, 교사, 그리고 이웃과의 상호작용, 문화와 종교적 전통, 현대 기술과 대중 매체에서 전달하는 메시지들과 같은 초기 아동기의 정서 역동성에 의해 영향받는다고 믿고 있다.

마테우스(1991)는 돈이 많은 기능을 한다고 보았으며, 이러한 기능들을 수정과 개념이라고 칭한다. 돈은 불신과 의심을 표현하기 위해 사용될 수 있고, 가족 구성원들 간의 연합을 조장하고 다른 구성원들을 배제하기 위해 사용할 수도 있다. 또한 조작을 조장할 수 있으며, 정서의 투사와 비난을 유발할 수 있다. 자연스럽지 못한 의존성을 조장하기 위해 사용될 수도 있고, 부모의 죄의식을 완화시키기 위해서도 사용된다. 진심에서 우러난 사과 대신에 제공되며, 가족 구성원들이 자신들의 목적이 무엇이며 누군가가 시작하고 있음을 말하지 못할 때 발생하는 경계선 문제를 표현하기 위해서도 사용될 수 있다.

또한 마테우스(1991)는 돈과 관련된 많은 장애가 '가족 장애'에서 학습됨을 관찰하였다. 그러나 가족들이 돈에 관해 보내는 메시지는 명백하면서 동시에 은밀하며, 종종 역설적이고, 불일치하고, 혼란스럽다. 부모들은 학교에서의 성공을 강조하면서 자신의 감정을 돈을 통해서 자녀들에게 표현할 수 있고, 또 그렇게 한다.

대부분의 문화권에서 여성은 남성보다 직접적으로 돈을 다루는 기회가 적었다. 용돈의 경우 여아의 경우는 아버지에게 애교를 부려서 돈을 받아 내도록 격려받는 반면, 남아는 아버지와 협상하게 한다. 따라서 어떤 여아는 경제적 수완을 발휘하는 것은 남성의 활동이라고 믿게 되며, 그러한 행위가 어느 정도 덜 여성적이게 한다는 두려움에 모든 금전적 문제를 꺼리게 된다. 한편 남아가 돈과 남성성을 동등하게 여긴다면, 이들은 돈을 가진 다른 사람들과 함께 있을 때 아주 무능함을 느끼거나, 자신의 '남성 재산'을 드러내는 수단으로서 자신이 가지고 있는 돈을 과잉 지출하게 될 것이다.

　정신분석학자들은 어떤 아동들은 부모의 메시지에 정확히 반대로 행동함으로써 반응한다고 지적한다. 우리는 이것을 돈과 관련해서 금전적으로 과잉적인 관심을 기울이는 부모의 자녀들은 낭비적이고 경솔하다는 것을 찾아볼 수 있다. 또 어떤 아동들은 자기 부모의 금전적 행동들을 더 능가하거나 과장하려고 한다. 또한 어떤 사람들은 돈에 아주 무관심하고 비세속적이다. 이들의 돈에 관한 태도에 공통된 주제는 돈은 가질 만한 가치가 없다는 것이다. 자신의 노동에 대해 공정한 금전적 결과를 받을 가치가 없다고 믿는 사람들은 결코 그것을 얻지 못할 것이다.

　그러나 초기 아동기와 후기 아동기의 경험들뿐 아니라, 문화 가치와 관습들도 돈과 관련된 행동들을 규정하고 금지한다. 사회적 가치들은 부자와 가난한 사람들이 어떻다는 것을 규정하며, 돈은 어떻게 벌어야 하는지, 소득이 어디에 지출되어야 하는지, 금전적 영웅과 반영웅은 누구인지에 대해서도 규정한다. 학교는 형식적이거나 비형식적으로 아동들이 재정적 태도와 습관을 갖도록 사회화한다. 마찬가지로 매체도 문화적으로 수용 가능한 금전적 가치와 습관들을 강조하는 경향이 있다. 또한 모든 사회는 기부하거나 타인에게 선물하는 등 돈을 희생하는 것에 대한 나름대로의 메시지를 가지고 있다.

　마테우스(1991)는 사람들이 너무 쉽게 빚을 지게 되는 많은 이유가 있다고 믿고 있다. 사람들은 자아 존중감을 위해 자신의 능력을 고양시키거나 자신에게 가지고 있는 환상을 충족시키기 위해서 많은 물건을 구매할 수 있다. 또 어떤 사람들은 어느 수준에서 돈이 싫다고 생각되기 때문에 가난하게 되거나 돈을 모두 없애 버리기 위한 무의식적인 욕구에서 과잉 지출을 할 수 있다. 혹은 자기 생활의 중요한 측면에서 만족하지 못하고 좌절을 느끼기 때문에, 그리고 정기적으로 지출함으로써 마음 속의 공허감과 불행한 환경을 제거시킬 수 있기 때문에 과잉 지출할 수 있다. 어떤 사람들은 강박적 행동이 가족에서 유전되거나 절약하는 습관의 가치가 높게 평가되는 원가족(family of origine)에 대한 반항으로써 과잉 지출할 수 있다. 그리고 또래들을 따라잡기 위해서, 혹은 자신들에게 '돈이 없어질 때까지 쇼핑하라'고 가르치는 매체의 메시지에 저항할 수 없기 때문에 과잉 지출할 수 있다.

또한 마테우스(1991)는 주식 시장에 투자를 하는 투자자들의 '집단사고'에 관심을 가지고, 이들의 욕심과 기이한 전문가에 대한 믿음이 극적인 재정적 성공과 실패로 이끌 수 있다고 하였다. 경제적 샤머니즘, 스타와 미신 모두는 매우 변화 무쌍하고 예측 불가능한 세상으로 만드는 데 결정적인 역할을 한다. 많은 사람들이 금전적 문제에 관한 불확실성과 불안정성을 경감시키기 위해서 아주 비이성적으로 행동한다.

돈과 관련된 문제들의 정서적 기초에 관한 문헌들은 확실히 매력적이다. 치료사들과 주로 정신분석적 배경을 가진 사람들이 쓴 문헌들은 또한 심각한 제한점들을 가지고 있다. 다양한 체계나 기술들 간에 명백하게 중복되는 부분이 있으며, 유형학이나 과정에 관해서는 어떠한 일치점도 없다. 더 중요한 것은, 주장의 대부분이 확증적인 경험적 증거가 거의 없다는 것이다. 이러한 개념과 과정들 대부분이 정확하게 기술된다는 것이 가능하긴 하지만, 이러한 것들의 타당성을 입증하는 객관적이고 경험적인 증거가 필요하다. 이러한 병리적 현상이 일반 사람들에게 얼마나 만연되어 있는지를 알 필요는 없다. 돈에 관련된 사회학과 전염병학 연구들에서 돈과 관련된 공통된 병리적 현상이 얼마나 있는지는 놀랍지만, 그 역(逆)은 그렇지 않다. 또한 모집단 전체에서 이러한 병리적 현상이 있다는 증거가 없으며, 이러한 문제들을 치료사가 치료했는지 아닌지에 대한 증거도 없다. 오랫동안 추측과 생각을 해 왔지만 이에 비한 증거가 거의 없기 때문에, 이 분야의 연구들은 이러한 개념들을 검증하기 위한 좋은 실험 연구들을 필요로 한다.

4. 화폐 병리 측정하기

포맨(1987)은 모든 신경증 중에서, 화폐 신경증이 가장 만연되어 있다고 주장한다. 모든 신경증의 과정들처럼 이것도 해결되지 않은 갈등을 수반하는데, 이러한 갈등은 부적응, 자기 좌절, 불합리한 행동들과 직접적으로 연관되어 있는 두려움 및 걱정과 관련된다. 돈으로는 사랑과 애정, 그리고 내적 평화, 자아 존중감이나 만족과 같은 정신 상태를 살 수 없으며, 권력, 지위나 안전과 같은 특별한 사회적 속성들도 살 수 없다. 포맨은 너무나 많은 사람들이 돈이 사랑이나 자아 가치, 혹은 자유, 권력 혹은 안전과 같은 것이라는 식의 단순한 방정식을 가지고 있다고 한다. 이에 그는 사람들이 자신의 신경증을 규명하는 것을 돕고자, 펀햄(Furnham, 1996b)이 평가하고자 했던 화폐 건전성 척도를 개발하였다.

포맨(1987)은 자신의 저서에서 고전적인 신경증 유형 다섯 가지를 다음과 같이 기술하고 있다:

1. 구두쇠 : 돈을 축적해 두는 사람. 이들은 자신이 인색하다는 것을 인정하지 않으며, 재산을 잃게 되면 어쩌나 하는 심각한 두려움을 가지고 있고, 불신하는 경향이 있다. 그러나 돈의 혜택을 많이 즐긴다.

2. 낭비가 : 강박적으로 지출하고, 자신의 지출을 통제할 수 없으며, 우울하고 무가치함을 느끼고 거부될 때 특히 그렇게 하는 사람.
   지출은 즉각적이지만 일시적인 만족이며 자주 죄의식으로 이끈다.

3. 실업계의 거물 : 전적으로 돈을 버는 것에 몰두하는 사람으로, 이것을 권력 지위와 승인을 얻는 최선의 방법으로 여긴다. 이들은 자신이 더 많은 돈을 가질수록 세상에 대해 더 많은 통제를 할 수 있고, 자신이 더 행복해진다고 생각한다.

4. 세일족 : 심지어 자신이 원하지 않더라도 싼 가격에 물건을 얻는다는 것이 이들에게 우월감을 느끼게 하기 때문에, 강박적으로 싼 물건을 찾아다니는 사람. 이들은 제시된 가격을 모두 지불해야 하거나 가격을 많이 깎지 못할 때 분노를 느끼고 우울해한다.

5. 도박꾼 : 이들은 운에 맡기는 것에 기분이 들뜨고 낙관적이다. 이들은 심지어 돈을 잃을 때도 자신이 승리할 때 성취하게 되는 권력감 때문에 그만두기가 어렵다.

포맨은 저축, 보험금과 세금, 유언장 작성, 신용카드 사용 같은 일상의 재
정적이고 경제적인 일들과 관련된 신경증의 세부 사항들에 관심을 기울이고
있다. 그는 똑같은 기본 병리와 관련된다고 제안되는 돈에 대한 컴플렉스를
가진 다양한 사람들 간의 관계를 직접적으로 연구하지는 않았다. 그러나 그
는 강제 선택형 질문지와 사람들이 자기 진단을 할 수 있는 방안을 개발하였
다. 이 개념은 어떠한 부분의 문항들에서 대부분이 일치한다면 그러한 병리
를 가지고 있을 수 있다는 것이다.

펀햄(1996b)은 포맨(1987)의 척도와 유형 분류에 대해 경험적 평가를 하였
다. 그는 이 분야에서의 대부분의 심리학 연구들이 제한된 '돈에 대한 컴플
렉스'에만 관심을 기울여 왔으며, 따라서 다차원적 질문지가 같은 장애의 다
양한 징후를 검증하는 이점이 있다고 주장하였다. 포맨(1987)의 다섯 가지
돈과 관련된 유형은 다른 심리적 변인들과 관련될 수 있다. 그러므로 낭비가
들이 신교도 직업 윤리와 정적으로 상관되지만, 모든 다른 척도들과는 부적
으로 상관된다고 예측할 수 있다(Furnham, 1990). 또한 **구두쇠와 실업계의 거
물** 유형은 신경증과 정적으로 상관될 수 있다. 그러나 이러한 다섯 가지 화폐
태도 하위 척도에 대한 개인 점수들이 노동에 대한 사회 정치적 신념 및 태
도와 아주 밀접하게 관련되며, 두 가지 모두가 부분적으로는 부의 발생과 분

표 5-2   척도들간의 평균, 알파, 그리고 상관

척 도	X*	SD	Alpha	M	S	T	B	G	T
구두쇠(Miser, M)	20.12	3.94	.43						
낭비가(Spendthrift, S)	20.46	4.47	.65	-.01					
실업계의 거물(Tycoon, T)	18.40	3.82	.56	.17	-.04				
세일족(Bargainer, B)	19.90	4.12	.56	.20	.24	.22			
도박꾼(Gambler, G)	25.21	3.41	.70	.10	.16	.29	.22		
병리 합계(Total Pathology, T)	103.58	11.79	.75	.51	.55	.60	.69	.55	
화폐 건전성(Money Sanity, MS)	35.73	2.91	.65	.24	.23	.32	.47	.19	.48

출처 : Furnham(1996b)
각주 : 상관이 .14보다 클 경우 p<.001임.
　* Forman은 점수가 23점 이상일 때 분명하게 건강하며, 7점보다 적을 경우 극히 병리적이라고 봄.

포에 관한 것이라는 것도 가능하다(Furnham, 1984, 1990). 편햄은 시장연구 회사에 의해 선정된 300명이 넘는 영국 성인들에게 질문지를 주어 연구하였다. 첫번째 연구 문제는 이러한 유형들간의 상관과 관련된 것이다(〈표 5-2〉참고).

또한 〈표 5-2〉는 하위 척도들간의 정적인 상관을 보여 준다. 이것들은 다양한 화폐 '병리'들이 어느 정도 중복됨을 보여 주긴 하지만 중복은 적다. 그러나 다섯 가지 하위 척도와 전반적인 병리 척도 간의 상관을 볼 때, 이 설문지가 일반적인 태도를 측정하는 것임을 알 수 있다. 다섯 가지 화폐 병리 점수들의 합의 알파값은 수용 가능한 0.75로 증가하였다. 따라서 화폐 병리는 독특하긴 하지만 일반적인 병리에 관한 질문지와 관련된다.

두번째 연구 문제는 다양한 유형들이 얼마나 내적으로 일관되는가 하는 것이다. 낮은 알파값 때문에, 50개 문항의 잠재 구조에 대한 초기 탐색적 요인 분석이 수행되었다. 그 결과, 도박과 낭비 척도의 문항들이 처음 두 요인에 대부분 부하되었다. 구두쇠와 세일족 척도의 문항들은 세번째 요인에 부하되었고, 이것은 두 가지 하위 척도들 간에 상당히 중복됨을 보여 주는 것이다. 10개의 척도 문항 중 세 문항은 다섯 번째 요인에 부하되었으나, 두 문항은 또한 첫번째 요인에 부하되었다. 이러한 결과는 내적 신뢰도와 상관 분

표 5-3	화폐 건전성 척도와 다른 자기 보고식 척도들 간의 상관						
	화폐 건전성[a]	구두쇠	낭비가	실업계 거물	세일족	도박꾼	병리 합계
직업 관여	-.05	-.01	.17**	-.17**	.02	.09	.00
직업 윤리	-.19***	-.13*	.12*	-.28**	-.18**	-.04	-.21**
조직 신념	-.10*	-.04	.06	-.01	.00	.04	.03
마르크스 관련 신념	-.29***	-.02	-.02	-.06	-.15**	-.06	-.12*
인본주의적 신념	-.11*	.22***	-.02	.03	.02	-.02	.03
여가 윤리	-.05	.08	-.23***	.12*	.03	-.06	-.02

출처 : Furnham(1996b)
각주 : *** p<.001 , ** p<.01 , * p<.05 (낮은 점수는 높은 '병리'를 나타냄)
　　a 화폐 건전성은 20개 문항으로 구성된 척도의 총 점수임.

석의 결과를 확증하는 것이며, 특히 도박과 낭비에 관한 하위 척도가 내적으로 가장 일관되고, 서로 간에 상관이 없었다는 점이 주목할 만하다.

〈표 5-3〉은 다양한 태도 척도와 6개의 화폐와 관련된 척도들 간의 상관관계를 나타내고 있다. 다양한 패턴이 다음과 같이 나타났다: 화폐 건전성 척도와의 상관의 3/4이 유의했던 반면, 도박에 관한 하위 척도와는 어느 것도 유의하지 않았다. 직업 윤리와 경제적 소외에 관한 신념은 화폐와 관련된 신념의 가장 일관된 상관 요인이다.

화폐 건전성은 직업 신념들과 부적으로 상관되었다. 예를 들어, 직업 윤리에 반대하는 여가 윤리, 직장에서의 개인적인 발달이 결과 산출보다 더 중요하다는 인본주의적 신념 척도, 대부분의 노동이 근로자들을 착취한다는 마르크스 지향적인 신념 하위 척도, 그리고 집단 내에서의 노동이 중요하다는 조직 신념 척도이다. 화폐 건전성은 네 가지 경제적 가치, 즉, 기업에 대한 신뢰, 경제적 소외, 정부의 복지국가 정책이나 경제 현상에 대한 믿음과 부적으로 상관되었다. 그러나 다른 세 가지 척도와는 정적으로 상관되어, 가격 결정, 반노동 조합 태도, 그리고 근로자들이 공정하게 대우받는다는 믿음에 정부가 관여하지 말아야 함을 의미하고 있다. 화폐 건전성은 또한 경제 비교 척도와도 관련되었는데, 이것은 화폐 건전성이 타인들과의 부정적인 비교와 관련됨을 나타낸다. 즉, 화폐 건전성은 낙관적이고 자유적인 경제적 '관점'과 관련되는 것이다.

돈과 관련된 다양한 척도의 상관은 다른 것들과 반대 경향을 보여 주는 낭비에 관련된 척도만 제외하고는 일관된 패턴을 보여 주었다. 이것은 구두쇠와 낭비가가 반대 개념으로 생각될 수 있기 때문으로 어느 정도 예상할 수 있다.

이 연구는 심리학에서 많이 간과되어 온 주제인 돈과 관련된 신념이나 행동의 태도간의 상관 요인과 인구학적인 상관 요인을 탐색하기 위해서 시작되었다. 이 연구에서 목록화된 척도들은 안면 타당도는 있지만, 약한 내적 신뢰도를 가지고 있다. 이것은 기술적인 측면 때문이긴 하지만 사회적 바람직성, 척도의 길이, 강제 선택형 형식과 같은 심리 측정적으로 일상의 돈과 관련된 행동들에 대한 타당한 척도를 고안하는 추후 연구가 필요함을 나타낸다. 똑같은 문제점이 화폐 태도와 관련된 다른 척도들에서도 나타난다(Wernimont & Fitzpatrick, 1972; Goldberg & Lewis, 1978; Furnham, 1984). 그러나 화폐 병리 척도합(〈표 5-1〉 참고)은 부분적으로는 척도의 길이 때문이긴 하지만, 아주 바람직한 내적 신뢰도를 갖고 있었다.

화폐 병리의 하위 척도는 구두쇠나 낭비가가 되는 것이 다른 하위 척도들과 관련이 없는 반면, 이들이 단순한 12개 문항으로 구성된 건전성 척도는 어느 정도 정적으로 상관이 있고, 모두 체계적으로 관련되었음을 나타내었다. 다양한 태도 척도와 대부분 분명하고 강력하게 상관된 것은 바로 이 척도였다. 그러나 화폐 병리 척도의 합은 또한 직업 및 경제와 관련된 신념 및 가치 척도와 관련되었다. 화폐와 관련된 다양한 태도를 분류하기 위한 임상학자, 조직 심리학자, 그리고 사회 심리학자들의 시도에도 불구하고, 이들이 고안한 설문지 대부분은 심리 측정적 특성이 약하다.

그러나 사람들이 직업 윤리에 젖어 있을수록 점점 돈에 '강박적이' 된다는 것을 보여 준 것은 바로 회귀 분석이었다. 사실 베버(Weber)의 논문 두 번째 장은 돈을 지출하는 것이 아니라, 돈을 축적하는 것에만 관련된 내용이다.

이러한 결과는 또한 정치적 신념, 신교도 직업 윤리, 그리고 성이 돈에 대한 태도와 통계적으로 상관이 있다고 보고한 편햄(1984)의 연구 결과와도 유사하다. 그는 정준 상관을 사용해서 직업 윤리를 지지하는 여성들이 돈에 대해 더 강박적이 되는 경향이 있다고 하였다. 유사하게 린(1991)도 신교도 직업 윤리 신념과 저축에 대한 태도가 밀접하게 관련된다고 하였다. 또한 돈에 관한 태도에 있어 일관된 성 차이를 발견하였다(Lynn, 1994). 화폐 윤리에 관한 탕의 연구(Tang, 1992, 1993)도 돈에 대한 태도와 직업 윤리 신념 간의 관계를 밝혔다.

신교도 직업 윤리에 관한 서적들의 역사적 관점과 실험 연구의 제한점 모두에 관심을 가진 직업 윤리에 대한 고찰에서, 편햄(1990)은 신교도 직업 윤리 신념이 안전, 수집, 구두쇠, 그리고 저축과 관련되지만, 자율성 및 권력과도 관련되었다고 하였다. 신교도 직업 윤리의 중심은 돈에 대한 강박 관념을 성공과 총애의 표시로 보며, 이것이 신교도 직업 윤리 신념들의 강력한 심리적 지표가 된다. 이 분야의 모든 연구자들은 돈에 대한 신념과 행동들이 아동기 초기에 형성되고 성인 생활에서 유지된다는 점을 강조한다. 만약 이것이 사실이고, 신교도 직업 윤리 신념이 돈과 밀접하게 관련된다면, 신교도 직업 윤리를 가진 부모가 자녀에게 신념을 가르치는 초기 사회화에 대한 흥미롭고도 중요한 통찰을 제공한다. 그러나 여기에서 해석상의 문제가 제기되는데, 이것은 너무 많거나 너무 적은 부모의 특정 행동이 돈에 대한 강박 관념과 관련되기 때문이다. 만족 지연을 훈련시키고 자율성과 모든 행동들의 필수적인 연관성을 강조하는 신교도 직업 윤리의 가치와 실제들은 이후의 화폐 신념 행동들과 더 많이 관련된다.

화폐 병리와 지속적으로 관련되어 온 두 번째 요소는 정치적 신념이다. 자신을 좌익으로 명명하는 사람들은 더 많은 병리를 가지고 있다. 이러한 변인이 직업이나 여가 윤리와 상관없이 화폐 병리를 예측하였다는 점에 주의를 기울여야 한다. 펀햄(1984)은 또한 정치적 신념이 돈을 향한 태도와도 관련됨을 보여 주었다.

화폐 병리는 도덕적 이슈 및 정치적 이슈와 밀접하게 연관된다. 프로이트에서 현재에 이르기까지 이 분야의 학자들은 돈이 사회 정치적 개념들인 자유, 권력, 안전, 자율성과 관련됨을 주목하여 왔다. 따라서 화폐 병리를 정신 질병의 또 다른 형태로 다루는 것은 부적절하지만, 빅토리아 여왕 시대의 사람들이 '도덕적 정신 착란'이라고 부른 것으로 취급하는 것은 적절할지도 모른다. 초기 아동기에 획득된 돈을 수집하고 처분하는 태도와 습관들은 신경증보다는 도덕성 및 이데올로기와 더 밀접하게 관련되기 때문이다.

이 연구는 비록 어떤 특정한 화폐 관련 태도들을 분명하게 개발하지는 못했지만, 포맨(1987)의 질문지가 이 연구에서 제공한 것과 같은 심리 측정적 평가들에 기초해서 추가적인 수정 작업이 필요함을 보여 주었다. 구체적으로 구두쇠, 거물, 세일족에 관한 하위 척도들은 더 높은 내적 신뢰도를 위해서 추후 연구를 필요로 한다.

5. 돈과 관련된 장애의 치료

포맨(1987)은 화폐 신경증을 가진 사람들을 돕는 데 성공적이었다고 여겨지는 일련의 치료들을 살펴보았다. 첫째로, 그는 인지 행동 치료가 부정적 태도들을 어떻게 설명하는지에 관심을 가졌다. 자기 파괴적인 사고는 자기 비난, 죄의식, 해결되지 않은 분노, 낮은 자아 존중감에 의해 특징지어진다. 이것들은 한 가지 부정적인 사건이 계속 이어지는 패배 패턴으로 보여지는 과잉 일반화, 또 다른 생각이 뒤따르지 않는 독단적 결론, 흑백 논리를 포함하는 왜곡 투성이이다.

첫 번째 단계는 환자들의 행동이 목적에 순응하거나 순응하지 않는 것에 대한 보상과 처벌 등의 계약을 하는 것이다. 그 다음은 돈과 관련된 자동화된 사고와 태도를 발견하는 것이다. 세 번째 단계는 이러한 사고들의 해로운 결과를 인식하고, 이것을 그 주제에 관한 건전한 사고로 대치하는 것이다. 마지막 단계는 새로운 건전한 사고와 일치하는 행동으로 변화시키는 것이다.

또 다른 권고할 만한 치료는 스트레스 예방 접종을 시도하는 스트레스 줄이기 혹은 체계적 긴장 이완법이다. 빈약한 의견이기는 하지만, 이 개념에 의하면 화폐 신경증이 스트레스에 의해 악화된다. 그 다음에 정신분석이 권고되며, 이것은 또한 단계를 밟아 진행된다.

자기 주장 훈련은 불합리한 금전 요청을 요청자나 요청을 받는 사람이 기분이 언짢지 않게 거절하도록 돕는 치료 방법이다. '생각 그만하기 치료'와 역할 놀이와 같은 다양한 치료 방법들이 있다. 그러나 치료에 대한 이러한 절충적인 접근 방법은 그것을 지지할 증거가 거의 없으며, 작용하는 과정들에 대한 완전한 설명도 없다.

치료자들은 분석에서 자신들의 환자에게 '요금을 청구하는' 등의 돈에 관한 문제를 적어 왔다. 성이나 죽음과는 달리, 돈은 여전히 금기시되는 주제이며, 헤인즈와 위너(1996)는 분석자들의 돈에 관한 콤플렉스와 실제가 환자들의 콤플렉스 및 실제들과 충돌할 수 있으며, 이것이 특별한 문제를 유발할 수 있다고 지적하였다. 즉, 치료비를 이야기하고, 청구서를 제시하고, 취소하는 것에 대해 요금을 청구하고, 치료비를 증가시키는 것이 문제들을 야기할 수 있다. 그러나 더 많은 치료비가 반드시 더 나은 치료를 의미하는 것은 아니다. 치료비는 치료의 결과를 보증할 수 없는 치료 과정에서 지불된다. 치료자들의 치료비는 이들의 자아 존중감, 전문가적 지위, 그리고 효능에 대한 신념을 확증한다. 따라서 이것이 환자에 의해 도전받을 때, 치료자들은 돈에 대한 자신의 태도와 직면해야 하고, 환자와 그 의미에 대해 협상해야 한다. 여기에서는 다시 자기 인식과 통찰이 가장 좋은 치료가 된다.

6. 돈과 정신장애

경제 변동은 스트레스의 큰 원인이 될 수 있다. 경제 대공황 동안의 심리적 우울뿐 아니라 금융 시장의 붕괴 이후에 뒤따르는 자살들은 인구학자, 경제학자, 그리고 사회학자들에게 경제적 변인들과 정신 건강으로 인한 병원 치료 및 자살과 같은 자료들간의 국가적 수준의 통계에서 어떠한 주목할 만한 변화가 있었는지를 살펴보게 할 것이다.

두레이와 카타라노(1977)는 사회 경제적 지위가 낮은 사람들이 중상류층의 사람들보다 정신적인 질병이 더 많다는 사실들을 두고 볼 때, 다양한 해석이 가능하다고 하였다. 첫번째 가설은 경제적 안정의 변화가 가난한 사람들에게는 대부분 부정적인 영향을 끼치며, 그 이후로 이들은 더 많은 심리적인 문제를 갖게 된다는 것이다. 더 나아가서 경제 변동은 사회적 응집력을 감소시키며, 소외와 자살을 증가시킬 수 있다. 1919년에서 1940년까지의 자료를 살펴본 피에르세(1967)는 미국의 주식 가격의 갑작스런 변화와 자살 간에 아주 강한 정적인 상관 관계가 있다고 하였다. 유사하게 브레너(1973)는 1914년에서 1967년까지 뉴욕 주의 정신병원 입원자료를 살펴보고, 이것과 제조업 고용 지표간의 분명한 관계를 밝혔다. 흔히 생각되는 것과 달리, 브레너는 경제호황 시기에는 특정 집단의 정신병원 입원이 증가한다고 하였다. 실직이 정신 건강을 손상시킨다는 주장은 너무 단순하다.

경제 변화와 정신 장애간의 격차 현상은 목표들을 계획하는 데 있어 매우 유용할 수 있다. 두레이와 카타라노(1977)는 만약 이들이 경제 변화와 행동 결과간의 관계를 풀어서 이해할 수 있다면, 이 연구는 무엇보다도 중요할 것이라고 주장한다. 한 연구에서 이들은 정신적으로 건강한 근로자들이 개념들을 잘 받아들였으나 이것에 관해 좋은 정보를 제공하지는 않았다고 하였다.

그러나 연구 관점에서 이들은 경제 변화와 행동 결과 모두가 회고적으로 측정되어야 한다고 주장하고 있다. 또한 자살과 정신병원 입원보다 덜 심각한 요소들이 고려될 필요가 있다. 더구나 분석의 심리학적 수준에 관한 관심 중에서, 개인의 대처 전략들이 경제적 변화의 결과와 치료 중재 모두에 어떻게 영향을 끼치는지에 초점이 맞춰져야 한다. 그리고 모든 종류의 결과 변인들, 즉, 생활 사건들, 심리적 증후들, 대처 전략에서의 변화, 정신건강 서비스에 대한 요구가 고려될 수 있다.

7. 결 론

화폐 병리에 관한 연구들은 거의 모두 정신분석학적으로 지향되었거나 사례 연구들에 기초하고 있다. 여러 연구자들은 비록 이들 간에 중복되긴 하지만, 비정상성의 다양한 유형 분류에 집중하고 있다. 기술된 것의 대부분은 화폐 병리가 사람들의 전체 생활에 영향을 주는 '심각한 사례' 들이다. 더 적긴 하겠지만, 정상적인 사람들도 이러한 '문제들' 의 일부를 경험할 것이다. 대부분의 사람들은 부주의하고 과도하게 지출하는 습관을 가진 사람들이 빚을 지고, 돈을 절제하는 사람들이 비열하고 인색하다는 것을 알고 있다. 대부분의 화폐 병리 증후군은 자연스럽게 다른 장애들과 관련된다.

이렇게 제한되긴 하지만 매력적인 연구들이 보여 주는 것은 돈이 안정, 안전, 사랑, 그리고 권력에 대한 심리적 필수 조건들을 충족시킬 수 있는 그 어떤 것을 상징한다는 것이다. 그러나 부분적으로 돈이 이러한 욕구들을 외적으로 만족시킬 수 있는 반면, 성취하고자 하는 심리적 속성들을 살 수는 없다. 많은 사람들은 성공하지 못하는 것이 충분한 돈을 가지지 못한 것에 기인한다고 가정하기 때문에 이것을 성취하기 위해서 더 많이 노력한다. 따라서 더 지독한 구두쇠이거나, 더 낭비하거나, 도박을 더 많이 하는 사람일수록 시간이 지남에 따라 상황은 더 나빠지게 된다. 더구나 이들은 돈에 대해 이중적 가치를 가지며 깨끗한 돈과 더러운 돈을 구분한다.

병리적인 화폐 유형을 구분하고 기술하고자 하는 시도들은 유형 분류와 관련된 문제점을 가지고 있다. 예를 들어, 범주 간에 중복되고, 한 범주에서 다른 범주로 넘어가기도 한다. 유형 분류는 오직 현저한 속성만을 기술하는 것이며, 종종 모순되는 것들도 있다. 범주는 종종 개방형이고 유동적이며, 어떤 범주는 병의 원인을 분명하게 진술하는 반면, 어떤 범주들은 그렇지 못하다.

'임상' 연구에 관해서는 두 가지 주요한 비판을 제기할 수 있다. 첫 번째 비판은 기초가 되는 증거에 관한 것이다. 많은 것들이 몇몇의 임상 심리학자들의 사례 기록과 관찰에 기초한다. 그러므로 우리는 이러한 문제들이 전체 전집에 얼마나 만연되어 있는지를 알지 못한다. 또한 우리는 '치료 기간' 이외에 다른 관찰자나 다른 방법에 기초한 어떠한 확증적인 증거도 가지고 있지 않다.

둘째로, 이러한 이론들은 모두 화폐 문제와 이슈들을 아동기 문제와 그 이후의 특정한 욕구를 만족시키는 것에 대한 어려움으로 거슬러 올라간다. 그러나 이 이론들은 다른 심리적, 사회학적, 경제적 요소들을 간과하고 있다. 생리학에 기초한 충동성 특질이 부분적으로는 돈을 지출하는 방식에 영향을 준다. 가족 크기, 부모의 사회 경제적 지위, 형제의 본보기 모두가 화폐 신념과 가치에 필수적인 영향을 끼치는 사회학적인 변인들이다. 또한 정치 경제적 변인들은 개인의 화폐 행동에 영향을 줄 수 있으며, 영향을 주고 있다. 예를 들자면 우리 사회가 기본적으로 공산주의나 사회주의적인지, 우리 사회에서 부의 분배가 어떻게 이루어지는가 하는 것 등이다.

　벼락부자에 대한 태도와 행동들은 개인에게 작용하는 사회학적 요소들을 입증해 준다. 모든 사회는 언제 어떻게 팁을 주고, 어떠한 선물이 수용 가능하고, 초대받았을 때 언제 초대해야 하는지와 같은 돈에 대한 에티켓을 발달시킨다. 사회는 어떤 경우에 병리적이 되는 돈과 관련된 행동들을 뒷받침하고, 규정하고, 금지한다. 전체로서의 사회는 병리적인 돈의 비정상성이 무엇인지, 단순한 기행인지, 완전히 정상인지를 규정짓는다.

돈에 대한 탐욕(축재)

1. 소유물들이 각 개인에게 미치는 상징성

물건을 소유하기 위해 많은 돈이 지출되고 있으며, 이는 우리가 돈을 필요로 하는 이유 중의 하나이다. 그러나 가치가 있다고 해서 간직하고 있는 몇몇 소유물들은 거의 금전적 가치가 없을 수 있다. 개인 소유물은 주택, 대지, 자동차, 동물, 의복, 가구, 가재도구 및 레저용품, 도서나 그림과 같은 수집품, 사진, 컴퓨터, 그리고 다양한 정보과학 기술품 등 그 종류가 매우 다양하다. 소유물의 일부는 '필수품'으로 생존하는 데 필수적인 것과, 전화기나 세탁기처럼 일상생활을 해 나가는 데 필요한 것들이다. 생활을 풍족하게 해 주고, 더 많은 것을 가능하게 해 주는 자동차나 TV와 같이 조금 덜 필수적인 품목들도 다양하다. 비록 그 일부가 투자의 대상으로 여겨지긴 하지만 자신을 표현하거나 자신의 사회적 지위를 고양시켜 주기 때문에 가치가 있는 보석, 고가구와 예술품과 같은 더 상징적인 물건들도 있다. 이러한 물건들은 옛 사람들의 집에 대부분 걸려 있던 것들에 관한 연구에서 나타나는 것처럼, 대부분 소유주에게 더 가치 있지만, 순간적인 가치보다는 역사 속에서 그리고 그 물건의 관련성에서 가치를 찾아볼 수 있다.

소유자가 '필수품'으로 여기는 물건이 있는가 하면, '사치품'으로 여기는 물건들도 있다. 경제학자들은 필수품을 가격이나 소득의 변화와 상관없이 똑같은 양을 구입하는 물건이고, 반면에 사치품은 여유가 있을 때에만 구입할 수 있는 물건으로 정의하고 있다(Douglas & Isherwood, 1979). 또한 사람들이 필수품으로 간주하는 것은 문화에 따라 달라진다. 예를 들어 TV는 생존을 위해 필수적이지는 않지만, 지금은 필수품으로 간주되고 있다. 생물학적 생존과 기본적 욕구를 위해 필요한 것들은 확실히 필수품이지만, '용도' 범주에 속하는 품목들은 다양하다. 룬트와 리빙스톤(1992)은 자신들의 연구 대상의 대다수가 전화기, 자동차, 세탁기를 필수품으로 분류하고, 한 명만이 오디오를 필수품이라고 간주한 반면, CD 플레이어, 비디오, 전자 레인지는 대다수에 의해서 사치품으로 간주되었다고 하였다. 필수품과 사치품 간의 경계는 여러 가지 품목이 사회에 참여하고 정상적인 사회 구성원들이 되는 데 필요해짐에 따라 변화한다. 타운젠드(1979)는 가난이 상대적이어서, 개인이나 가족이 식량을 구할 수 있는 자원이 결핍되어 있고, 자신이 속한 사회에서 널리 권장되거나 승인되는 일반적인 생활 수준과 오락 시설을 영위하지 못하고, 활동에 참여하지 못할 때 가난하다고 말할 수 있다고 하였다.

사람들이 돈을 원하는 주된 이유 중의 하나는 물건을 구매하기 위해서이다. 영국의 경우 지출의 42%는 자동차, 의복, 그리고 다른 비소비재들을 사기 위해 쓰인다.

사람들은 이러한 것들을 구매함으로써 자신이 행복해질 것이라고 믿고 있지만, 물건은 보통 금전적인 측면에서만 가치가 있다. 우리는 일부의 가치 있는 물건들이 거의 금전적 가치가 없는 사진과 기념품 같은 것들임을 알 것이다.

대부분의 영국 가정들이 가지고 있는 가장 값비싼 물건은 주택이다. 영국 전체 가정의 67%가 한 채의 주택을 소유하고 있다. 이것은 다른 유럽 국가들보다 높은 수치로, 평균 가격은 65,720파운드(1996년도 물가)이며, 정기적인 지출의 16% 정도가 주택 비용으로 지불되고 있다. 또한 영국 가정의 69%가한 대의 자동차를 소유하고 있고, 24%는 한 대 이상의 자동차를 소유하고 있다. 이들은 자동차 구입에 가계 지출의 5%를 지출하고 있으며, 자동차 유지 비용으로는 더 많은 돈이 지출되고 있다. 냉장고, 세탁기 등과 같은 가전 제품들은 8%에 달하며, 반면 비디오와 같은 레저용품들은 5%에 다다르고 있다. 〈표 6-1〉에서 보듯이, 새로운 기계 장치들이 만들어지고 판매됨에 따라 지속적인 변화가 있다. 다양한 상품과 서비스에 대한 지출분석이 〈표 6-1〉에 제시되어 있다.

표 6-1   일주일당 평균 가계 지출(1994~1995년)

척 도	파운드
의복과 신발	17.13
가계용품(household goods)	22.66
레저용품	13.89
주택(대부분 주택 대출 비용)	46.42
개인용품과 서비스(대략 물품들의 50% 정도로 추정됨)	5.40
자동차	14.47
합계	119.97
총 지출	283.58

출처 : Central Statistical Office(1995)

몇몇 연구에서 사람들에게 가지고 싶은 것이 무엇인지를 물어보았다. 룬트와 리빙스톤(1992)은 영국 옥스포드에서 219명에게 '50파운드와 200파운드 사이의 가격에서 당신이 진정으로 가지고 싶어하는 물건이 있습니까?' 그리고 200파운드와 1,000파운드 사이의 가격으로도 질문하였다. 이 결과는 〈표 6-2 a, b〉에 제시되어 있다.

이들이 가장 가치 있게 생각하거나 가장 보물이라고 생각하는 것에 대해 질문한 연구도 있다. 언급된 물건들은 응답자의 연령과 성에 따라서 아주 다양하였다(〈표 6-3〉 참고). 유사한 연구들이 칙센트미할이와 로흐버그할톤(1981)과 영국에서는 디트마(1992)에 의해 수행되었다. 이러한 연구의 특징은 금전적 가치와 관련해서 중요한 소유물로 여기는 것들, 예를 들어 주택, 의

표 6-2a	50파운드와 200파운드 내에서 당신이 진정으로 가지고 싶어하는 물건이 있습니까?

물 건	%
의복	19
대형 가전용품(전자 레인지, 회전식 건조기 등)	8
카메라/카메라 장비	6
주택 보수	6
컬러 TV	6
휴가	6
가구	6
전기 제품(카세트, 워크맨 등)	6
비디오	4
취미생활	4
정원용품/장비	4
CD 플레이어	3
타자기	3
신발	2
기타	2
자전거	2
카펫	2
하이파이 장비	2
커튼류	2

출처 : Lunt & Livingstone(1992)
각주 : ª '네' 라고 답한 응답자들의 43%에 의해 목록화된 물건들임.

복, 주방용품은 거의 언급되지 않았다는 것이다. 한편, 어떤 것으로도 대치될 수 없는, 감정이 담긴 물건들은 거의 금전적 가치를 지니지 않는다.

돈은 작지만 행복감에 긍정적인 영향을 끼치며, 이것이 소득이 낮은 사람들에게서 주로 발생한다는 사실은 11장에서 살펴볼 것이다. 소유물도 행복감에 긍정적 영향을 끼치지만, 연령마다 다른 물품들이 만족을 제공한다(Oropesa, 1995). 그러나 소득을 통제하여 조사한 결과, 소유물은 행복감에 어떠한 영향도 끼치지 않았다(Veenhoven, 1994). 유일한 예외는 자동차를 소유

표 6-2b	200파운드와 1,000파운드 내에서 당신이 진정으로 가지고 싶어하는 물건이 있습니까?

물 건	%
휴가(주로 외국여행, 1/3은 특정 장소)	22
자동차(종종 교환용 자동차, 중고차)	14
주택 보수(새 주방, 샤워 설비, 현관 등)	10
하이파이 장비	8
비디오	5
워드프로세서/컴퓨터(PC)	4
카펫	4
가구	4
주방, 대형 가전용품	4
자전거	4
CD 플레이어	4
음향 기기(피아노, 오르간, 엠프 등)	3
요리 도구	3
보트	3
식기 세척기	2
TV	2
정장	2

출처 : Lunt & Livingstone(1992)
각주 : [a] '네'라고 답한 응답자들의 52%에 의해 목록화된 물건들임.

하는 것이 긍정적인 효과를 갖는다는 것이다. 그러나 '물질주의자'로 명명되는 개인은 물건을 더 많이 소유하는 것이 더 행복하고, 성공하게 보이며, 자기 만족을 하게 한다고 믿고 있다(Richins & Dawson, 1992). 맥크랙켄(1988)은 비싼 물건을 구매하는 것이 욕심은 아니지만 현재나 미래에 이상적이고 더 행복한 시기를 추구하는 것이며, 이상적인 생활 방식과 연결해 준다고 하였다. 물건이 전달해 줄 수 있는 이러한 믿음에 대해서 일부에서는 생산품이 가져다 주는 이점들을 과다하게 주장하는, 광고의 영향으로 설명하고 있다. 비싼 물건들은 보험 비용이나 위험 등의 여러 문제들을 유발한다. 소득은 개인과 국가 모두에서 소득이 낮은 사람들의 행복감과 양적으로 상관된다. 가난한 사람들은 돈이 더 많은 식량과 다른 필수품들을 의미하여 만족감을 즉각적으로 증가시키기 때문이며, 반면 부자에게는 돈이 보석과 예술품 같이 즉각적으로는 덜 유용한 물건들을 의미하기 때문이다. 정말로 가지고 싶어하고 구매할 수 있는 것은 끝이 없지만, 부유한 사람들의 경우에 새로운 물건들이 생활에 많은 것을 더해 주는 것은 아니다.

소유물의 개수와 유형은 계층 차이가 있으며, 국가 간에도 사람들이 소유하는 것에는 상당한 차이가 있다. 즉, 개별화된 미국인들은 유럽인들보다 더 많은 것을 소유하고 있으며, 제3국가는 소유하고 있는 것이 아주 적다. 전통적인 사회는 사유재산이 아주 적으며, 재산의 대부분이 공동 소유이다. 특히 영구적인 주택이 없고 모든 것을 운반해야 하는 유목 민족들은 최소한의 재산만을 가지고 있다.

과거나 더 가난한 국가와 비교했을 때, 영국과 다른 산업화된 국가들은 1990년대의 '경제적 붐'의 시기에 많은 사람들이 소유물에 많은 돈을 지출하고, 백화점 쇼핑, 손쉬운 신용, 막대한 광고와 패션 잡지들의 출판 등 높은 수준의 '경제 활동'을 경험하고 있다. 사람들이 자동차, 전화기, 그리고 자신에게 아주 유용하다는 것이 입증되고 널리 퍼져 있는 어떤 물건을 살 필요가 있다고 설득당할 때처럼, 물건에 대한 욕구는 문화적 성장을 이끈다. 중앙 난방, 세탁기, 전자 제품들과 같은 물건들은 생활을 더 풍요롭게 만들었다. TV나 CD 플레이어와 같은 새로운 물건들은 여가 생활을 풍부하게 하였다. 더 큰 집이나 차의 경우처럼, 단순히 자신의 사회적 지위를 고양시키기 위해서 구매하는 물건들도 있다. 그리고 앞에 언급된 어떤 이유 이외에 '유행'에 맞추기 위해서 구매를 하는 경우도 아주 많다. 이것은 의복과 자동차, 인테리어 장식, 그리고 어느 정도는 거의 모든 소유물들에 적용된다. 사람들은 단순히 유행을 따라잡기 위해서, 그렇지 않으면 자신의 이미지를 손상시키지 않기 위해서 새로운 물건을 구매하게 된다. 물론 이들 잘못된 경향을 가진 유행 희생자(fashion victims)가 경제에는 유익할 수도 있다.

1) 소유물이 필요한 이유

(1) 생물학적 욕구

적어도 소유물의 일부는 생물학적 근거를 가지고 있다. 이것은 동물들도 소유물을 가지고 있다는 사실에 의해 지지된다. 동물에게 있어서 가장 중요한 '소유물'은 a) 영토, b) 잠자리나 둥지, c) 축적된 식량, d) 재산으로 여겨지는 암컷과 새끼들, e) 꾸미거나 장식을 위한 매력적인 물건들이다 (Beaglehole, 1931; Ellis, 1985).

동물들의 이러한 소유 행동이 '습득된 본능'인가? 이러한 개념은 일반적으로 영토와 다른 소유물이 먹이와 물, 안식처, 가족생활을 유지하는 데 직접적인 수단이 된다는 관점이 지지되면서 잊혀져 왔다. 그럼에도 불구하고, 이러한 동물 행동들의 학습되지 않은 패턴은 '본능적'인 것임에 틀림없다.

사회 생물학자들에 따르면, 이러한 학습되지 않은 동물 행동의 패턴들은 더 약하긴 하지만, 예를 들어 비언어적 의사소통과 성적 행동 혹은 이타성에서 나타나는 것들이다. 인간은 소유물에서도 이와 유사한 본능적 기저가 있는가? 대안적인 관점은 문화와 사회화의 강력한 영향이 인간에게 남아 있는 타고난 경향들을 압도한다는 것이다. 우리는 생애 초기에 어린 아동들이 장난감과 같은 물건을 어느 정도 소유하고, 이것 때문에 서로 다투는 것을 볼 수 있다. 이들은 또한 문화마다 다르긴 하지만, 생애 초기에 매력적이지만 일상적으로 아무 소용이 없는 물건들을 수집한다. 그러나 영토, 잠자리, 식량 공급은 동물뿐 아니라 인간에게도 중요하다.

(2) 인간 소유물의 보편성

전통적인 사회에 관한 인류학적 증거들은 호브하우스와 동료들(1915)이 300개의 사회를 조사한 결과에서 나타난 것처럼, 모든 사회에서 의복, 무기, 장신구에 대한 소유권이 있음을 보여 주었다. 더 발달된 사회에서는 토지나 영토, 주택, 가축, 도구와 상징적 물건들에 대한 소유권이 있었다.

- 영토나 토지 : 가장 단순한 형태의 부족, 수렵 채취민들은 특정 토지에서의 사냥 권리를 통제하고, 정착한 농경 부족들은 가축을 방목하고 경작을 하기 위해서 토지를 통제한다. 가장 원시적인 사회의 부족이나 씨족들은 공동으로 토지를 소유하며, 더 발달된 농경 사회에서는 토지가 개인이나 가족의 소유이다. 그리고 가장 발달된 부족들의 경우에는 뒷날 봉건 제도에서처럼 족장이나 귀족들의 소유이다. 때로 토지는 매우 풍부해서 뉴기니아에 사는 원주민들은 실제로 토지를 소유할 필요성을 느끼지 못한다(Hobhouse et al., 1915).

- 주 택 : 유목 민족과 같이 단순한 사회에서는 일시적인 숙박 시설만이 있으며, 보통 공동으로 소유된다. 개별 가족들이 자신만의 오두막을 가지고 일반적으로 더 많은 소유물을 소유하게 된 것은 바로 정착된 농경 사회의 발달과 함께 이루어졌다(Rudmin, 1990).

- 가 축 : 염소, 양, 소, 돼지 그리고 다른 동물들은 농경 사회에서 필수적인 역할을 한다. 가축들은 식량과 권력의 출처일 뿐만 아니라, 소유주의 부를 나타내는 지위의 상징이기도 하며, 심지어는 가축으로 아내를 살 수 있는 것처럼 일종의 화폐이기도 하다.

- 아 내 : 가족에게서 다른 곳으로 팔렸으며, 남편에 의해서 소유되고 통제되고 이용되었다. 재산의 한 형태이며, 보통 자신만의 권리는 가지고 있지 않았다. 자녀들 또한 재산으로 여겨져서 노동을 하여야 했고, 이들이 성장하면 팔 수 있었다.

- 도구와 무기 : 무기는 개인적으로 소유되어서, 흔히 말하는 것처럼 가장 보편적인 소유 형태 중의 하나이다. 카누는 공동 재산인 전쟁용 카누만을 제외하고는 보통 개인이 소유하였다(Beaglehole, 1931).

- 의 복 : 가장 보편적인 형태의 재산으로 생각될 수 있지만, 누어족과 딩카족 같은 수단의 부족들은 거의 아무것도 입지 않았다. 추가적으로 개인적 장식이 보편적이며, 정복한 적들의 두부와 같은 상징적 물건들을 포함한다.

- 상징적 소유물과 비물질적인 소유물 : 개인적 장신구에 추가해서, 그 중요성

이 전적으로 상징적인 소유물들이 있다. 이는 종교적 모형(icon)들뿐 아니라 부적, 주물, 토템 등을 포함한다(Belk, 1991). 쿨라의 트로브리안드 섬에서 유통되었던 장식된 조개껍질과 같이 가치가 있지만 그렇지 않다면 아무 쓸모 없는 다른 물건들이 예이다. 주로 쓸모없는 것이지만 Kwatkiutl Indian의 포틀래치에서 축제에 기부되었던 선물들은 선물을 기부한 사람의 지위를 고양시켜 주는 역할을 수행할 뿐이다. 어떤 소유물들은 의식에 관련된 권리를 가지거나 신비한 의례나 절차들을 아는 것과 같이 비물질적이다.

원시 사회에서 물건이 획득되는 방식은 단순하다. 한 가지 방식은 물건들을 단순하게 충당하는 것이다. 즉, 개인이나 가족이 어떤 시기에 그 물건을 가지고 있으면 그들의 것으로 간주된다. 의복이나 무기처럼 그것을 입거나 사용한 사람들의 것으로서 간주된다. 둘째로, 물건을 만드는 데 필수적인 노동을 한 사람에 의해서 획득된다. 셋째로, 물건을 물려받을 수 있다.

좀 더 발달한 사회에서 문화는 주로 물질 문명이 추가된 결과로서 변화한다. 따라서 더 나은 의복과 집이 만들어지고, 더 강력한 무기가 발명되는 것처럼 노동은 더 효과적으로 수행된다. 장기적인 역사에 걸쳐 주된 원동력은 동물과 마찬가지로 식음료, 안식처, 안전에 대한 욕구였다. 그러나 동물과 마찬가지로 소유물을 획득하는 데 있어서 분명한 생물학적 기초가 있었다.

(3) 생활을 향상시키기 위해 사용되는 소유물

원시 사회에서조차도 생물학적 욕구를 충족시키지는 못하지만 생활을 향상시키고 더 많은 것을 가능하게 하는 많은 소유물이 있었다. 이 소유물은 현대 사회에서는 더욱 다양해졌는데 네 가지 주요 범주로 구분하여 보면 다음과 같다.

1. 자동차, 자전거, 그리고 다른 이동 수단들은 우리가 일하러 이동함에 있어서 비교적 먼 거리도 빠르고 편하게 갈 수 있도록 만들었다. 또한 여

가활동을 풍요롭게 해 주었으며, 친구들과 친척들을 만나고 생물학적 동기 중의 하나인 배우자를 찾을 수 있게 해 주었다. 이동 능력으로 얻는 것들은 사회적으로 유용함에 틀림없다.

2. 오븐, 냉장고, 세탁기, 식기 세척기, 난방용품, 진공 청소기와 같은 가재 도구들은 가정 생활을 더 편하게 만들어 주고 많은 시간을 절약해 주었다. 가사 노동이 많았던 예전에는 가사 노동에 필요한 도구들이 중요한 소유물이었다. 이것은 가사 노동이 컴퓨터와 다른 전기 제품들과 관련되면서 다시 발생하고 있다.

3. 음향 설비, 스포츠 장비, 도서, 라디오, TV, 비디오, CD 플레이어와 같은 레저용품들은 더 다양한 여가활동을 가능하게 하였다.

4. 전화기, 컴퓨터, 팩스와 같은 의사소통 기기들은 사회적 접촉을 증가시켰으며, 정보를 다양한 측면으로 이용 가능하게 하였다. 여기에는 도서도 포함될 수 있다.

상징적 물건들은 심미적 장점이나 정서를 각성시키는 능력을 통해서 생활을 풍요롭게 한다.

소유물에 대한 유명한 이론은 어떤 것을 소유하는 것은 그것으로의 접근을 통제할 수 있고, 따라서 환경과 다른 사람에 대한 통제력을 높이는 것이라고 한 퍼비(1978)에 의해서 이루어졌다. 이것은 뒤에 기술될 아동들을 대상으로 한 연구에서 도출되어 성인들에게도 일반화되었다. 베간(1991)은 실험실 실험에서 더 적은 통제를 경험하도록 조작된 내적 통제가 강한 피험자들이 자신의 소유물들이 자신에게 더 많은 통제력을 주었다고 말함으로써 보상받았다고 하였다. 한편, 외적 통제자들은 더 많은 통제력을 행사한다고 판단된 다양한 것들을 선택함으로써 보상받았다. 그러나 이 연구에서 선택된 보석, 애완동물, 봉제 인형과 같은 품목들은 많은 통제력을 제공하는 것 같지는 않다.

(4) 상징으로서의 소유물

'더 단순한 민족들'이라는 소유물에 대한 고찰에서, 호브하우스와 동료들(Hobhouse et al., 1915)은 보편적인 종류의 소유물은 목걸이와 같이 자신에게 장식을 하는 것이었다고 하였다. 이것들은 즉각적인 생물학적 용도나 도구적 목적을 갖지는 않았지만, 그러한 장식이 보편적이었기 때문에 아마도 중요했을 것이다. 목걸이뿐 아니라 주택과 의복, 다른 소유물 모두는 디자인, 크기, 가격 등에서 소유자에 대한 추가적인 메시지를 전달한다. 에반스-프리차드(Evans-Pritchard, 1940)는 누어족의 창을 자아의 상징으로 기술하였다:

> 인간이 싸울 때 사용하는 창은 거의 인간의 일부로서, 늘 가지고 다녔으며……이들은 그것을 날카롭게 하거나 광택을 내는 데에 결코 게으르지 않았다. 이것은 누어족이 그것에 생명을 불어넣었다는 점에서 자신의 창을 매우 자랑스러워하고, 자신의 강함, 생명력, 그리고 힘을 나타내는, 자신의 연장이고 외적 상징이기 때문이었다. 그것은 자아의 투사이다.
> (Csikszentmihalyi & Rochberg-Halton, 1981, 인용).

프렌티스(Prentice, 1987)는 학생들이 소유물을 분류한 것에 기초해서 소유의 차원을 연구하였다. 소유의 차원은 다음과 같다. 즉, 자기 표현 대 도구적 차원, 오락 대 실용적 차원, 세련 대 일상적 차원, 위신 대 보편적 차원이다. 소유물은 지위의 상징이다. 다양한 자동차의 종류, 의상실, 도시 근교의 주택이 상징하는 위신에 대해서는 널리 동의하고 있다(Felson, 1978). 자동차는 우리를 원하는 곳으로 데려가 주지만, 또한 이것을 소유하고 있는 사람에 관한 메시지를 전달한다. 최신 모델이나 더 크고 값비싼 자동차를 운전함으로써 그 사람의 지위가 높아진다. 현대 사회에서는 의복과 다른 소유물들에 관한 유행이 변화한다. 베블렌(Veblen, 1899)은 부자들이 유행을 시작하면 다른 사람들이 이를 따라하고, 그래서 유행의 증폭현상이 있으며, 지위 상징이 변화한다고 주장하였다. 낮은 지위의 사람들이 이 유행을 채택하자마자, 부자들은 이들과 구분짓기 위해서 다시 새로운 유행을 선도한다는 것이다.

소유물에 의해 상징화되는 것이 사회적 지위만을 전달하는 것은 아니며,

집단 구성원임을 전달하기도 한다. 예를 들어, 축구팀 팬, 펑크족과 다른 젊은이들의 집단들은 자신이 속한 집단의 '유니폼'을 입음으로써 그 집단에 대한 연대를 나타낸다. 이러한 상징은 그 집단의 다른 구성원과의 결속을 나타내며, 공유된 일치감을 강조한다. 다른 상징은 집단 규준으로부터 이탈되었음을 보여 주는 독특함을 표현하며, 이것은 누군가가 과학적인 의사인지, 고교회파(譯註 : high church-교의 · 의식을 중요시하지 않는 영국 국교의 한 파) 목사인지, 좌익 정치인인지 등을 보여 준다. 남성인지 여성인지를 나타내는 신호를 보낼 필요는 거의 없지만, 예를 들어 동성연애자이거나 난혼자와 같은 성적 지향의 측면들을 표현하는 것은 보편적이다. 직업을 가진 여성의 경우 이들이 입는 의상에 의해서 남성성이나 여성성의 정도를 표시하는 것은 중요할 수 있으며, 이들이 직업을 얻을 수 있는지의 여부가 이것에 의존할 수도 있다. 이러한 전체 과정은 사물들에 대한 의미를 공유하고 있는지에 달려 있다. 그러나 이러한 공유된 의미들은 부자와 같은 특정 집단에 의해 창출되는 것이 아니라, 광고와 같은 매체(Dittmar, 1992)와 성직자들의 경우 '지위가 높을수록 더 검은 옷을 입는 것처럼' 다른 집단들의 규준에 의해서 더 많이 창출된다.

지위의 상징들, 여성성과 그 나머지 것들은 많은 연구에서 밝혀진 것처럼 타인들이 형성하는 인상에 영향을 준다. 비언어적인 신호는 언어적 신호보다 더 많은 영향력을 가질 수 있는데, 이는 단순히 타인에게 자신이 얼마나 부자이고, 유명하며 혹은 여성적인지를 말하는 것이 비웃음이나 불신을 조장할 수 있는 반면, 물질적 상징은 진실되어 보이기 때문이다. 이러한 '자기 제시'에는 직업을 얻는 것과 같은 즉각적인 목표나 다른 직업적 목적을 위해서, 자아 존중감을 고양시키기 위해서, 그리고 자아 개념 형성을 돕기 위해서 다음과 같은 몇 가지 동기가 있다. 이러한 모든 것들은 진실로 작용한다. 예를 들어, 뉴스 방송자가 '적절한' 옷을 입지 않으면 시청자들은 그 뉴스를 덜 믿고 덜 기억하는 것으로 나타났다(Harp et al., 1985). 만약 초라하게 옷을 입은 사람이 거리를 지나가는 사람들에게 사소한 도움을 요청한다면, 거의 도움을 받지 못할 것이다.

그러나 제공되는 정체성은 믿을 수 있는 것이어야 하며, 그것을 보낸 사람과 받는 사람 모두에게, 즉 소유물의 소유주와 관찰자 모두에게 수용 가능한 이미지를 타협하는 것이 필요할 것이다. 이 책의 저자 중 한 명은 자신이 프랑스 귀족임을 나타내는 문장 등으로 장식한 코트를 입고 다니는 사람을 알고 있는데, 어느 누구도 이것을 믿지 않는데, 이것은 현대에는 이러한 상징들을 포기해야만 하기 때문이다(Argyle, 1994).

상징으로서 소유물은 소유주에게 직접적으로 영향을 끼친다. 위크룬드와 골윗저(Wicklund & Gollwitzer, 1982)는 소유물이 상징적 자기 완성을 도울 수 있으며, 따라서 지각된 부적절성은 인상적인 장비, 옷, 서류 가방 등에 의해 보상된다고 하였다. 그러한 보상이 실제로 작용한다는 증거는 없다. 정말로 두꺼운 서류 가방은 낮은 사회적 지위의 표시로 보여질는지도 모른다. 우리는 뒷부분에서 자신이 소중하게 여기는 물건을 가지고 양로원에 들어가는 것은 노인이 자아상을 유지하는 데 도움이 되기 때문에 중요하다는 것을 보여 줄 것이다. 종종 강도를 당한 사람들은 자신의 물건을 잃어버렸거나 망가졌기 때문에 자아가 침해당했음을 느낀다고 보고한다.

소유물은 또한 소유주의 성격에 관한 정보를 제공해 줄 수 있으며, 여기에서 자기 제시는 덜 관련된다. 소유주는 단순히 자기 자신이며, 이들이 특정한 종류의 인간임을 보여 주고자 하는 것은 아니다. 디트머(Dittmar, 1992)는 강인함과 온정과 같은 측면의 성격이 부유한 사람과 가난한 사람들의 전형화를 통해서 알게 된다고 하였다. 뒤에 우리는 의복이 더 직접적으로 성격 특성들을 나타낸다는 연구들을 기술할 것이다. 가정은 '현재 사회적 지위, 흥미, 종교와 정치적 신념, 개인적 취향과 특성들을 표현할 뿐만 아니라 자신을 기술하는 역사'인 '정체성 자체'로서 기술되어 왔다(Dittmar, 1992).

2. 역사와 문화

물질적 소유물은 인간 역사와 문명 발달에 주요한 역할을 수행해 왔다. 증기기관, 물레, 그리고 많은 다른 '생산 수단'들은 직업 세계를 변화시켰고, 그것에 의해 생산될 수 있는 것을 많이 향상시켜 왔다. 또한 사람들 간의 관계를 변화시켰으며, 소유주, 노동자, 기술자, 그 밖의 사람들 간의 차이를 창출하였다. 새로운 종류의 물건들은 자동차, TV, 영화 등을 이용 가능하게 함으로써 직업뿐 아니라 여가 생활도 변화시켰다(Argyle, 1996).

또 다른 역사적 변화는 소유물에 대한 새로운 태도 발달과, 지위를 추구하는 개인이 자신의 사회적 지위를 고양시킬 물건을 구매할 수 있는 '소비자 사회'였다. 역사가들은 고대에도 왕실 측근들은 상당한 소비를 하였고, 1500년대 후반에서 1700년대 후반기 동안에는 유럽뿐 아니라 중국과 일본에서도 소비가 중요한 문화 현상이었음을 보고하고 있다. 귀족들의 영향, 대도시에 새로운 부유층의 출현, 그리고 문화적 혼란(Burke, 1993)과 같은 몇 가지 이유로 이러한 현상들을 설명할 수 있다. 이들 모든 국가에서 귀족들은 사치스런 옷, 음식, 가구와 예술품 등에 상당한 소비를 하였다.

그러나 오랫동안 소비는 귀족과 상업 계층에 속하는 가장 부유한 사람에게만 제한되었다. 중류 계층의 경우는 이 시기까지도 그렇지 못하였다(Weatherill, 1993). 즉, 이 시기에는 신흥 부유층들이 실크로 만든 옷을 입지 못하도록 금지한 '사치 규제법'이 있었으며, 일본에서는 두 채 이상의 집을 소유하는 것을 금지하였다. 유럽의 경우 개인적인 사치를 승인하지 않는 신교도 직업 윤리의 이데올로기적 제한이 있었다. 그럼에도 불구하고, 상당한 소비가 다른 사회 계층에 만연되어 있었다.

> 상당한 소비를 하며 사는 것으로 보이는 엘리트들의 사치스런 생활 양식 또한 이보다는 약하지만 축적되어 더 영향력 있게 증가하는 중류층의 생활 수준은, 매우 상업적이고 현금에 기초한 경제의 불평등을 아주 명백히 보이도록 하였다.
>
> (Langford, 1984, p.381)

이러한 문화 변동을 일으킨 것은 부분적으로는 사람들이 자신의 사회적 지위를 고양시키기 위해 더 많은 것을 사도록 설득하는 베블렌(Veblen) 원리

를 발견한 조시아하 웨지우드와 같은 사람들의 상업적 통찰력과 효과적인
마케팅이었다(McCracken, 1987). 그러나 이러한 개념들은 비판받아 왔으며,
예를 들어 가재 도구를 더 많이 획득하는 것은 지위 추구와는 관련이 적고,
단지 가사 생활을 더 쉽게 만드는 것과 관련이 있다고 주장하였다(Weatherill,
1993). 그러나 사회를 변화시키고 경제를 계속 유지하는 것은 바로 새로운
물건들의 유용성과 함께 사회적 지위에 대한 욕구이다.

〈그림 6-1〉은 전자 레인지, 비디오, TV, 세탁기, 전화기와 냉장고, 근래의
컴퓨터 소유까지의 급속한 성장률을 보여주고 있다. 비록 영국에서 1830년
과 1950년 간에 소비자 중심주의가 약간 느리게 성장하긴 했지만, 근로자 계

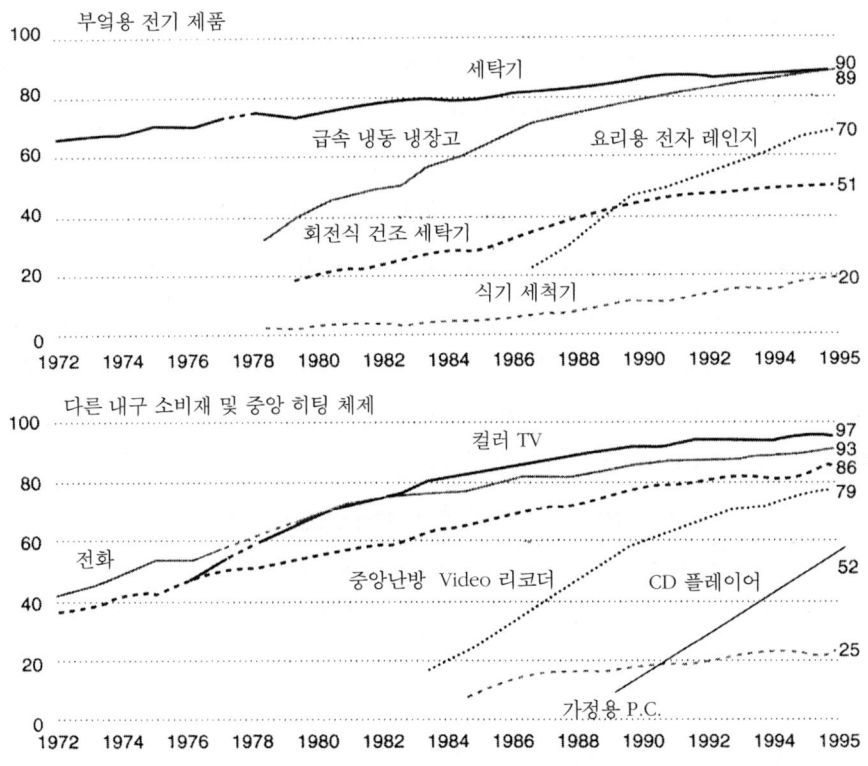

출처 : OPCS(1996)

〈그림 6-1〉 영국에서 내구 소비재들을 소유한 가구의 비율(1972~1994)

층이 이러한 소비 추세를 따라잡게 되기까지는 약간의 시간이 걸렸다. 대중소비가 현재 상황에 도달한 것은 20세기 중반으로 거슬러 올라가며, 이것은 대부분 TV를 보는 근로자 계층 소비자를 대상으로 해 온 TV 광고에 의해 가속화되었다(Agnew, 1993).

광고는 소비자 욕구의 성장과 유지에 있어서 중심 역할을 해 왔다. 광고는 종종 자동차는 얼마나 빠르고, 연료는 얼마나 더 적게 사용하고, 얼마나 더 안전한지 등 실제 욕구에 호소한다. 또한 광고는 더 애매하고 상징적인 욕구에 호소한다. 예를 들어 모든 브랜드가 같은 땅의 같은 유정에서 추출되는 서로 쉽게 구분될 수 없는 휘발유이면서, 다른 이미지를 제공해서 팔 수 있다. 소비재들은 '판매를 위한 상징'으로 기술되어 왔으며(Dittmar, 1992), 이것은 자동차와 같은 유용한 물건들과 상징적인 물건들 모두에 적용된다. 초기의 광고들은 베블렌 원리를 강조하였고 사회적 지위를 제공하였다. 이러한 광고들은 예를 들어, 특정한 모발용품과 화장품을 사용함으로써 로맨스의 성공을 전망하게 할 수 있다거나 특정한 상표의 휘발유를 구매하면 '자동차 경주 선수'가 될 수 있다는 이미지를 팔고 있는 것이다.

물질적 물건을 소유하고자 하는 욕구는 '물질주의'로 기술되어 왔으며, 마르크스 이후로 많은 사람들의 사회적 비판을 받아 왔다. 예를 들어, 스치토브스키(Scitovsky, 1992)는 우리가 '망쳐졌으며', 사회적 지위에 대한 충족될 수 없는 욕구로 인해 끊임없이 물건을 획득하는 습관을 갖게 되었다고 믿고 있다. 또한 1960년대 '반문화' 회원들은 더 단순한 생활 방식을 지지하고 중류 계층 생활의 안락을 거부하면서 이를 비판하였다.

리친스와 다우슨(1992)은 개인의 물질주의를 측정하는 척도를 고안하였다(Dittmar, 1992, 재인용). 이 척도는 사람들이 행복을 위해서 물건을 소유하는 것이 필요하다고 믿는지, 자신의 성공척도를 소유한 물건의 개수와 질에 의해서 판단하는지 등 물건을 소유하는 것에 부합된 중요성에 관한 질문들로 구성되어 있다. 이 척도에서 높은 점수를 받은 개인들은 덜 행복한 것으로 나타났으며, 이들은 종종 물건을 구매한 후에 더 실망하거나 걱정하였다. 벨크(1984)도 질투, 소유, 비관대성(non-generosity)에 관한 내용으로 구성된 물질주의 척도를 고안하였다. 여기서도 물질주의자들의 생활 만족도가 더 낮은 것으로 나타났다.

행복해지는 데 있어서 물질주의가 실패한 이유는 아마도 실제로 사람들이 개인적 성취, 삶의 의미, 성공, 행복이나 지혜와 같은 비물질적인 목표를 추구하기 때문이며 물질적인 것이 이러한 것들을 제공하지 못할 때 실망하기 때문이다(Dittmar, 1992). 카서와 라이엔(1993)은 젊은이들을 대상으로 세 가지 연구를 수행하여, 재정적 성공을 가족, 공동체 의식, 교우 관계, 혹은 자기 수용보다 더 중요한 목표로 평정한 사람들이 자기 실현, 활기, 자기 수용이 더 낮았으며, 불안과 우울에서 더 높은 점수를 가졌다고 하였다.

지크스젠트미할이와 로흐버그-할톤(1981)은 소비 그 자체가 목적이 되고, 많은 물건이 행복이나 사회적 지위를 가져다 줄 것이라는 믿음에서 점점 더 많은 물건을 끊임없이 추구하는, '말기 물질주의'를 비판하고 있다. 그러나 이들은 '목표를 발견하고 조장하기 위한 필수적인 수단으로서 사물들을 구매하는'(p.231) 또 다른 종류의 물질주의인 '도구적 물질주의'를 수용하고 있다. 우리는 음향 설비, 컴퓨터나 보트 등을 획득하는 방식이, 생활을 더 확장시킬 수 있는 방법이 될 수 있는지를 알 수 있다. 이러한 관점은 초기보다 덜 청교도적이고 특정 종류의 극기를 지지하는 소비자 중심주의에 대한 긍정적인 태도 발달의 한 예이다(Agnew, 1993). 증가하는 재산은 가난한 사람들의 행복감에는 영향을 주지만, 부유한 사람들의 행복감에는 영향을 끼치지 못하며, 소득 정도가 전국 평균 이상인 사람들에게는 거의 영향을 주지 않는다. 이러한 이유는 부유한 사람들이 구매하는 것들은, 예를 들어 보석과 골동품들처럼 종종 생활을 고양시키기 위해서 그렇게 하는 것이 아니기 때문이다. 이것들이 할 수 있는 것은 모두 더 나은 생활을 추구하는 데 있어 작은 역할만을 하고 있다.

1) 소유물에서의 집단 차이

(1) 성 차

성과 연령이 귀중한 소유물로 생각되는 것들에 끼치는 영향은 캄프트너의 연구(1991)를 참조할 수 있다(〈표 6-3〉 참고). 여성들은 보석, 사진, 은그릇을 가치 있게 여기고, 십대 소녀들은 의류를 가치 있게 여기는 반면, 남성들은 자동차를, 십대 소년들은 스포츠 장비를 가치 있게 여겼다. 또한 지크스젠트미할이와 로흐버그-할톤(1981)은 인구의 30%가 흑인인 일리노이의 에반스톤에서 315명의 미국인을 면접하여, '당신에게 특별한 물건들'을 목록화하게 하였다. 응답자들은 1,694개의 물건들을 목록화하였다. 남성은 TV, 스테레오, 음향 설비, 스포츠 장비, 자전거와 상패를 언급하였고, 여성은 사진, 그림, 식물, 식기류, 유지제품, 의류를 더 자주 언급하였으며, 이동 수단은 결코 언급하지 않았다. 연구자들은 남성들이 도구적 용도로 사용되는 물건들을 가치 있게 여기는 반면, 여성들은 가족 및 친구들과 연결을 시키고, 이것들이 가져다 주는 추억과 관계를 위한 물건을 가치 있게 여긴다고 결론내렸다. 이것은 피험자들이 자신이 목록화한 물건들을 선택한 이유에 의해 확증되었다.

리빙스톤(1992)은 소규모의 면접을 하여 남성과 여성이 가재 도구에 대해 서로 다른 태도를 가지고 있다고 하였다. 여성은 이러한 물건들을 가족 생활에 끼치는 영향과 관련해서 살펴본다. 예를 들어 전자 레인지는 남편의 저녁 식사를 데우기 위해서, 또 한 대의 TV는 자녀들이 다투는 것을 막기 위해서, 전화기는 생명선으로 본다. 한편, 남성은 이러한 물건들을 가족 생활에 끼치는 효과보다는 기능과 내재적 특성과 관련해서 본다. 간단히 말해서, 남성은 더 도구적인 방식으로 물건들의 가치를 결정하는 반면, 여성들은 부분적으로는 다른 사람들을 연상시키는 감상적인 가치로, 그리고 부분적으로는 가족 생활에 끼치는 영향력에 기초해서 물건의 가치를 결정한다.

표 6-3	가장 자주 언급된 귀중한 소유물들: 집단에 따른 상대적 비율					
	전 체		**남 성**		**여 성**	
아동기 중기 (n=112)	동물 인형(봉제)	26	스포츠 장비	28	동물 인형(봉제)	31
	스포츠 장비	16	동물 인형(봉제)	22	인형	15
	아동용 장난감	10	아동용 장난감	20	음악	12
	인형	8	소형 기구들	13	보석	12
	소형 기구들	8	베개/담요	4	책	10
청소년기 (n=249)	음악	13	음악	17	보석	16
	자동차류	11	스포츠 장비	17	동물 인형(봉제)	11
	보석	10	자동차류	11	음악	10
	스포츠 장비	10	소형 기구들	9	의복	9
	소형 기구들	8	의복	6	자동차류	6
성인기 초기 (n=72)	자동차류	21	자동차류	33	소형 기구들	6
	보석	17	음악	10	보석	22
	사진	13	사진	10	사진	16
	사건 기록집	8	보석	10	자동차류	13
	동물 인형(봉제)	5	사건 기록집	7	베개/담요	9
	베개/담요	5	수공예품	7	동물 인형(봉제)	7
	음악	5	사진	18	그릇/은그릇	18
성인기 중기 (n=72)	사진	13	보석	15	보석	12
	보석	13	서적	9	수공예품	10
	그릇/은그릇	11	스포츠 장비	6	사진	10
	수공예품	10	자동차류	6	사건 기록집	8
	서적	7	소형 기구들	6	가구	8
성인기 말기 (n=72)	사진	17	소형 기구들	26	보석	25
	보석	16	사진	17	그릇/은그릇	19
	소형 기구들	14	자동차류	11	사진	17
	그릇/은그릇	11	수공예품	11	종교용품	6
	수공예품	7	스포츠 장비	9	가구	6

출처 : Kamptner(1991)
각주 : 숫자들은 비율임(n=577).

(2) 계층 차이

지위 상징으로서의 소유물의 중요성에 대해서는 많이 언급되어 왔다. 따라서 더 높은 지위의 사람들이 더 많고 다양한 소유물을 가지고 있으며, 이들의 지위가 이러한 소유물로부터 규정될 수 있다고 기대할 수 있다. 이러한 일이 왜 발생하는가? 대부분의 소유물에 대한 소유권에서 상당한 계층차가 있으나 모두 그런 것은 아니다. 〈표 6-4〉에는 중앙 통계청(Office, 1995) 연구에 기초해서 이러한 것들이 제시되어 있다.

표 6-4 **가재 도구들의 소유권에 있어 계층차**

소유물의 종류	상위 10%	하위 10%
중앙 난방	97.2	74.3
세탁기	99.0	63.8
전화기	99.7	69.6
비디오	93.0	36.1
별장용 주택*)	8.8	0.6
회전식 건조기	74.3	18.7
전자 레인지	85.5	36.2
세척기	55.5	2.0
CD 플레이어	73.6	15.2

출처 : Central Statistical Office(1995),
*) 주말이나 휴가기간 중에 또는 손님 접대용으로 경치 좋은 곳에 주택을 마련 이용하는 용도로 생각됨.

디트머(1992)는 계층차를 검증하기 위해서 상당한 시도를 하였으며, 학생들뿐 아니라 실업가들과 실직자들을 대상으로 하였다. 그녀는 비록 실업가들과 실직자들이 가치 있게 여기는 기본적인 침식보다 골동품들을 더 가치있게 여기고, 감상적인 물건과 장식적인 작은 물건을 더 가치 있게 여기기는 하지만, 가치 있게 여기는 물건의 종류에서 두 집단간에 큰 차이는 없었다고 하였다. 그러나 이들이 소유물의 가치를 매기는 이유에서는 명확한 차이가 있었다. 실업가들은 물건을 개인 역사의 상징, 감상적 이유, 여가를 위한 가치가 있다고 여기는 반면, 실직자들은 즉각적인 유용성과 경제적 가치로 소유물의 가치를 평가하였다.

사람들은 다른 사람들의 사회적 계층의 지표로 소유물을 사용하는가? 만약 사람들에게 '주어진 목록의 두 개 중에서 어떤 사람의 계층을 말할 수 있는 가장 중요한 것이 무엇이라고 생각하는지'를 질문한다면, 많은 사람들은 직업이나 소득과 같은 주요 준거들만큼이나 '생활 방식'을 언급할 것이다(Reid, 1989). 또 다른 연구에서는 '돈을 지출하는 방식', '옷을 입는 방식' 그리고 '소유한 자동차'가 직업이나 소득보다 더 중요한 것으로 생각되었다(Reid, 1989). 분명히 소유물은 사회 계층의 지표로서 널리 받아들여진다. 면접 조사 목적을 위해 사회 계층을 측정하는 수단으로 거실에 무엇이 있는지에 관한 체크리스트를 통해서 소유물을 사용해 왔다. 최근 미국인들의 연구에는 '거실에 있는 오토바이'(-10), '유명한 예술가들의 유화 그림 원화'(+6)의 항목들이 포함되었다(Fussell, 1984).

디트머(1992)는 청소년들에게 부유한 가정이나 아주 가난한 가정에 있는 젊은 남성이나 여성의 비디오를 보여 주었다. 그리고 피험자들에게 비디오에 나오는 사람들의 속성을 평가하게 하였다. 근로자 계층과 중류 계층의 학생들 모두 비디오에 나온 부유한 가정의 사람이 더 지적이고, 학식이 있고, 성공했고, 약간 더 강인해 보인다고 판단하였으며, 반면 가난한 가정의 사람은 더 온정적이고, 더 친절하며 더 자기 표현적이라고 생각하였다. 똑같은 피험자에게 더 상류 계층과 더 하류 계층의 구성원들에게서 나타난다고 공통적으로 믿는 속성들을 판단하게 하였다(Argyle, 1994).

(3) 연령 차이

아동들은 대략 2세 이후에 '내 것'에 대해 아주 분명한 개념을 발달시키고, 장난감이나 아기용 그릇과 같은 것에 대해서 형제들과 다투는 것처럼 다른 아동들과 잦은 다툼을 한다. 3세가 된 아동들은 소유권에 대해 아주 분명한 개념을 가지고 있으며, 자신의 것이라고 말해진 장난감을 공유하는 것을 꺼려하고 이에 대해 방어한다(Eisenberg et al., 1981). 이들은 물건을 만약 '돈으로 샀고' 소유주의 권리가 존중된다면 그 물건을 소유하는 것이라고 느낀다(Staub & Norenberg, 1981). 아동 심리학자들은 이것을 '이기심'이라기보다는 자아 개념 발달의 일부분으로 보며, 퓨비(Furby, 1978)는 270명의 아동을 대상으로 면접을 하고, 아동들이 환경을 통제하려는 충동을 갖고 있다고 결론내렸다. 이들은 자신이 통제할 수 있는 것들을 발견하고, 이것들을 자신의 일부인 '소유물'로 고려한다. 이들은 이러한 물건에 타인이 접근하는 것을 통제할 수 있음을, 즉 자신이 다른 사람을 통제할 수 있음을 알게 된다.

편햄과 존스(1987)는 7~8세, 9~10세, 12~13세, 16~17세의 아동 102명을 연구하여, 소유물들이 다른 사람과 많은 관계를 맺고 있음을 알았다. 이들은 대부분의 아동들이 자신의 소유물을 사용하는 사람들, 특히 더 나이가 많은 아동들을 통제할 수 있다고 생각하며, 반면 더 어린 아동들의 대략 1/4 정도가 자신의 부모가 자신의 소유물을 통제한다고 생각함을 알아냈다. 대부분의 아동은 어떤 물건을 가족의 다른 구성원들과 함께 소유했으며, 어린 아동은 이러한 물건을 선호하였다. 아동의 절반 가량이 자신의 소유물을 빌려 줄 준비가 되어 있다고 말하였다. 어린 아동들은 자신이 좋아하는 사람들에게, 나이가 많은 아동들은 상대방의 욕구에 따라서 소유물들을 빌려 줄 준비가 되었다고 하였다. 더 어린 아동들은 부모가 준 물건들을 선호하였으나, 나이가 많은 아동들은 자신이 스스로 획득한 물건들을 더 선호하였다.

10~11세 아동들이 가장 소중히 여기는 물건은 봉제 곰인형과 장난감, 스포츠 장비들이었으며, 여아들의 경우에는 인형이었다. 미국 캘리포니아의 14~18세 청소년들의 소중한 물건은 음악, 자동차류, 스포츠 장비였으며, 여아들은 보석이었다(Kamptner, 1991). 영국 학생들이 가장 가치 있게 생각하는 다섯 가지 물건은 대부분 음향 설비, 사진과 기념품, 일기, 악기, 의복과 서적이었다(Dittmar, 1992).

성인들의 경우 가장 귀중하게 생각하는 소유물은 사진이었으며, 남자 성인은 소형 기구들과 자동차, 여자 성인은 보석과 은그릇을 귀중하게 생각하였다(Kamptner, 1991). 이러한 대답이 나온 이유는 가족과 친구의 연계, 즐거움과 추억 때문이었다. 지크스젠트미할이와 로호버그-할톤(1981)은 가장 나이가 많은 집단의 경우, 가장 소중한 물건은 대부분 사진이었으며, 가구, 서적, 예술품들도 있었다고 하였다. 이러한 물건들은 이것이 추억을 상기시켜 주고, 과거와 연결시켜 주며, 자아를 정의해 주고, 가족 및 친척들과 연결시켜 주기 때문에 중요하다고 말하였다.

노인들은 양로원에 가게 될 때 자신의 개인 소유물들을 가져갈 수 없는 것을 슬퍼하였다. 자신의 물건들을 가지고 있는 노인들은 요양원에서 더 잘 적응하였으며, 특히 이 물건들이 역사적 연속성과 다른 사람과의 연계를 제공할 때는 더욱 그러하였다(Wapner et al., 1990). 많은 학자들은 노인들과 정신병 환자들이 그동안 애용해 오던 물건을 곁에 두면 이들의 자아상을 유지시켜 주기 때문에 소유물 혜택을 강조하여 왔다(Dittmar, 1992). 사람들은 이민을 갈 때 오직 몇 가지의 물건만을 가지고 가거나 양로원에 들어갈 때도 자신에게 중요한 몇 가지 물건들만 가지고 간다. 이 물건들은 과거 생활을 기억나게 해 주고 타인과의 관계를 상기시켜 준다. 예를 들어 몰몬교도들의 일기는 이들이 신성한 의미를 가진 물건들을 포함하여 이러한 종류의 소유물들을 함께 가지고 왔음을 밝혀 준다(Belk, 1991).

디트머(1992)는 소유물들이 주로 통제에 관한 것이라는 퓨비 이론을 비판하고 있다. 왜냐하면 퓨비의 이론은 상징으로서의 소유물의 용도를 간과하기 때문이다. 아동들이 선호하는 물건들은, 예를 들어 장난감과 스포츠 장비들처럼 주로 상징보다는 사용하기 위한 것으로 보이는 반면, 노인들에게 가장 중요한 물건은 기념품들과 같이 상징적인 것이다. 그러나 의복, 신발, 그리고 유행하고 있는 다른 제품들을 가지고 있는 것은 아동들에게조차 매우 중요하며, 부모들에게는 막대한 비용을 유발시키므로 따라서 디트머의 비판은 아마도 옳을 것이다.

2) 소유물의 주된 종류

(1) 토지와 주택

동물들은 먹이, 물, 안식처의 자원이 있고, 잠자고 먹고 짝짓기를 하며 새끼들을 기르기 위한 보금자리나 다른 피난처가 있는 영역을 가진다. 전통적인 사회에서 인간들 또한 같은 목적을 위해서 토지와 오두막이나 다른 거주지를 가지고 있었다. 토지는 가축들이나 식량 생산을 위해 사용되었다. 도시의 성장과 더불어, 지금은 오직 소수의 사람만이 농촌에서 살고 있으며 토지를 소유하고 있다. 영국 국민은 대략 4%가 농사를 짓고 있으며, 이들의 대부분은 그 토지를 소유하지 못하고 있다. 우리는 8장에서 토지의 유산 문제를 살펴볼 것이다. 어떤 식량은 여전히 도시의 정원과 대여 경작지에서 재배되지만, 더 많은 토지들이 대부분 취미로 원예를 하는 사람들의 여가 활동으로 재배되고, 대부분의 정원에는 채소보다는 잔디와 꽃들이 자라고 있다.

그러나 거의 모든 사람들이 주택이나 아파트에서 살고 있으며, 영국 가구의 67%가 이들이 살고 있는 토지를 소유하고 있다. 25%는 그것을 완전히 소유하고, 41%는 주택 대부를 받고 있으며, 34%는 전세로 살고 있다. 영국에서 주택을 소유한 가구의 비율은 아일랜드(80%)보다 낮고, 독일(38%)보다 높다. 전문직에 종사하는 가구들은 주택을 더 많이 소유하고 있으며(86%), 이 중 75%는 저당권을 설정한 주택을 가지고 있다(Central Statistical Office, 1995). 1994년 영국에서 새 집이건 오래된 집이건 간에, 집에 지불된 평균 비용은 65,720파운드였다. 평균 가족 소득이 공제와 세금을 고려한 후에 15,570파운드이며, 집의 가치가 평균 연간 소득의 4.2배였다(Social Trends, 1996). 일주일간 주택에 지출된 돈은 평균 46.72파운드였으며, 여기에 보수 및 수리를 위해 또 다시 6.60파운드가 지출되었다(소득의 19%). 렉스와 무어(1967)는 '주택 계층'이라는 개념을 창출하여, 전적으로 집을 소유한 것에서 하숙집에 방을 임차하는 것에 이르기까지 6개의 계층으로 구성하였다. 이들은 모든 사람들이 이러한 위계에서 위로 올라가기를 원하고 교외로 이동하려고 한다고 믿었다. 그러나 지금은 도심에 사는 것을 더 선호하는 소수인들도 상당수에 달하며, 셋집으로 독립하는 것을 선호하는 또 다른 상당한 수의 소수인들이 있다(Couper & Brindley, 1975).

각 시기의 역사적 특징에 따라 주택은 거주할 사람들의 욕구를 충족시키기 위해 설계되었다. 1860년에서 1890년 사이에 세워진 옥스포드 북부의 큰 집들은 대연회장과 현관 근처에 서재, 하인들을 위한 계단실, 제일 위층에 하인들을 위한 작은 침실 몇 개를 가지고 있었다(Hinchcliffe, 1992). 그러나 현재에는 옥스포드나 어떤 지역에서도 그러한 집들은 건축되지 않고 있다.

주택은 대부분 가정의 주된 소유물로서 많은 욕구를 충족시킨다. 그렇다면 이것은 또한 상징적 의미도 갖는가? 대부분의 방문객들은 오직 거실, 홀, 식당만을 볼 수 있다. 고프만(1956)은 이것을 가족들이 방문객들을 위해 여흥을 마련하는 '전방영역'(응접실)이라고 명명하고, 주방과 다른 '후방영역'(방문객들의 접근을 허락하지 않는 지역)에서는 이러한 준비를 한다고 하였다. 이러한 관점을 지지하는 연구 결과들이 약간 있다. 칸터(1977)는 사람들이 자신의 주택을 이러한 방식으로 구분지어 생각하며, 남들에게 보일 수 있는 거실에 가장 좋은 그림과 값비싼 물건들을 놓아둔다고 하였다. 물론 미국의 중서부에서는 방문객들을 주방에서 맞이하는 것이 보편적인 것처럼, 이러한 주제에는 약간의 변이가 있다. 그러나 거실의 내용물로 그 가족의 사회 계층을 평가하는 것은 가능하며, 모든 사람들이 이것을 인식하고 있다.

지크스젠트미할이와 로호버그-할톤(1981)은 피험자에게 자신의 집에 대한 태도에 관해 질문하였다. 이들의 36%는 정서적으로 긍정적인 반응을 보였으며, 9%는 부정적 반응을, 55%는 중성적 반응을 보였다. 여성은 대부분 긍정적이었으며, 남자 아이가 가장 부정적이었다. 더 나이가 든 세대들은 여전히 같은 집에 살고 있었으며, 추억의 연속성에 가치를 두었다. 많은 사람들이 가정에서 가장 편안하다고 느끼는 '내부 공간'을 가지고 있었다. 아동들의 경우 이것은 자신의 침실이었으며, 부모들의 경우 거실이나 주방이었다.

(2) 자동차

이동의 욕구는 항상 있어 왔으며, 여러 해 동안 이것은 동물, 손수레 그리고 짐마차에 의해 제공되어 왔다. 그 다음 발달된 이동 수단은 자전거이며, 옥스포드와 캠브리지뿐 아니라 동부에서, 그리고 네덜란드에서는 지금도 여전히 이동의 주요 수단이며, 적은 양이긴 하지만 물건을 운송하기도 한다. 1990년에 자동차가 산업화된 사회에서 아주 중요하게 된 이래로, 자동차는 오염과 혼잡한 도로 등 사회적 문제들을 일으키고 있다. 자동차의 급격한 발달은 미국의 포드, 영국의 모리스 사에 의해서 촉진되었으며, 이 회사들은 전세계 인구를 목표로 하여 매우 싼 운송 수단을 판매하고 있다. 그러나 그 이후로 크라이슬러 사가 자동차를 지위 상징으로 이용하기 시작하면서 더 인상적인 운송 수단을 생산하여 포드사와 경쟁하였다(Stokvis, 1993). 따라서 자동차는 점차 더 커지고 더 강력해졌으며, 자동차는 운송의 유용성은 별도로 하고 점차 더 인상적이고 매력적인 물건이 되었다.

지금은 영국 가구의 69%가 한 대의 자동차를 보유하고 있으며, 24%는 두 대 이상의 차를 보유하고 있다. 첫 번째 자동차의 24%가 신용으로 구매되는데, 이는 집을 제외한 다른 어떤 물건들보다도 많은 것이다. 대부분의 사람들은 자동차를 사치품이라기보다는 필수품으로 생각하고 있다(Lunt & Livingstone, 1991a, b). 자동차는 우리가 가지고 있는 물건 중에서 주택 다음으로 가치 있는 것으로, 이것은 새 자동차와 중고차 모두 7,000파운드와 18,000파운드 사이의 가격이지만, 여전히 평균 연간 가계 소득의 상당 부분을 차지한다. 새로 나온 포드사의 에스코트를 사기 위해서는 평균 임금 노동자가 1,846시간, 대략 11개월을 일을 해야 하지만, 자동차는 7년 정도가 되면 그 가치가 현저히 떨어진다. 사람들은 자동차 유지비용으로 일주일에 평균 21.60파운드를 지출하며, 또 다시 차를 구입하는 데 14.50파운드를 지출하여, 총 가족 소득의 12%에 다다른다(Social Trends, 1996).

자동차는 일을 얻기 위해서 아주 유용하다. 영국 근로자의 68.3%가 평균 7 1/2마일의 거리를 일하기 위해서 운전한다. 이들은 또한 교회에 가고, 스포츠 센터나 다른 여가활동을 위해서 운전하며, 가족과 친구들을 만나기 위해 운전한다. 디트머(1992)는 특히 남성들이 주로 실용적인 용도에서 자기 차의 가치를 판단한다고 하였다. 친구의 수에 관한 흥미로운 통계 연구에서, 윌모트(1987)는 한 대의 자동차를 갖는 것이 평균 2.36명의 친구들을 추가시켜 주며, 또 다른 한 대의 차를 갖는 것은 또다시 같은 수의 친구들을 추가시켜 준다고 하였다.

사람들은 드라이브하는 것은 별도로 하고도 차를 이용해서 다른 유용한 일들을 할 수 있다. 킨제이와 동료들(1953)은 미국 여성의 38%가 사회적으로 더 제한을 받았던 시기에 자동차에서 성적 관계를 맺었다고 보고하였다. 물론 미국의 자동차들은 영국의 자동차보다 그 크기가 더 크다. 자동차의 지위 상징으로서의 역할은 널리 받아들여지며, 이것은 롤스로이스와 캐딜락을 소유한 사람들과의 면접에서도 확증된다. '내 캐딜락은 나에게 있어 가치 있는 것이 되었다…… 나는 고객들로부터 "당신은 부자다"라는 말을 들었다. 심지어 이에 분개하기조차 하는 사람들이 있긴 하지만 나는 상관하지 않는다. 이것은 당신이 아주 많은 돈을 벌고 있음을 보여 준다'(Csikszentmihalyi & Rochberg-Halton, 1981).

디트머(1992)는 연구 대상이었던 실업가들이 자신의 포르쉐, BMW, 람보기니를 아주 가치 있게 여김을 알았다. 정말로 자동차들은 그것의 가격, 메이커, 크기, 연도 등에 따라서 그것을 소유함으로써 지위 위계를 형성한다. 자동차는 다양한 소득 계층의 사람들에게 판매된다.

형용사 체크리스트를 사용한 미국의 한 연구는 몇 가지 메이커의 아주 다양한 이미지를 발견하였다. 시보레의 운전자는 '가난하고, 낮은 계층이고, 평범하고, 소박하고, 단순하고, 실용적이며, 일반적이고, 평균적이고, 값싸고, 여위고, 작고, 우호적인' 것으로 보여졌다. 뷰이크스의 운전자는 '중류 계층의, 용감한, 남성적인, 강한, 현대적인, 유쾌한' 것으로 생각되었다(Wells et al., 1957).

그러나 자동차는 지위 외에 다른 메시지도 전달한다. 마쉬와 콜레트(1986)는 자동차 운전자의 인식에 대해 면접하고, 몇 가지 차원의 자동차 선호 유형이 있음을 밝혔다.

1) 젊고, 유행을 따르고, 스포티하고, 공격적인 사람은 골프, 중년의 보수적이고 가족적인 사람은 볼보의 예를 들 수 있다.
2) 전문적이고, 성공한 지위 의식적인 남성은 로버 2000s, 온정적이고, 평범하고, 우호적이고, 모자란 사람은 시트로엥 2cvs의 예를 들 수 있다.
3) 젊고, 야망에 차 있고, 전문적인 여성은 메트로와 2CVs를 운전한다.

마쉬와 콜레트는 다양한 자동차들의 선호 유형을 밝혔다.

이러한 자동차 이미지 중 어떤 것들은 광고에 의해 창출되었다. 사륜 구동 자동차는 거친 남성성과 바위투성이 지형의 이미지와 함께 판매되어 왔고, 지붕을 접을 수 있는 컨버터블은 젊은이의 자유와 성욕의 이미지와 함께 판매되었다. 최면술에 걸린 피험자의 면접에서, 사람들이 자기 자동차에 대해 무의식적인 환상을 가지고 있다는 증거를 얻었다. 여기서 나타난 가장 공통된 주제는 권력, 성공, 성에 관한 것이었으며, 이것은 모두 자동차 소유주의 상상 속에 있는 환상에서 나온 것이다.

(3) 의 복

동물과 달리 인간은 추위로부터 몸을 따뜻하게 하고 보호하기 위해서, 또한 사적인 부분을 가리기 위해서 그리고 개인적인 장식을 위해서 옷을 필요로 한다. 〈표 6-4〉에서 보듯이 우리는 옷과 신발에 가계 예산의 평균 6%를 지출한다. 베간(1991)은 미국 학생들에게 자신이 가지고 있는 가장 선호하는 물건 다섯 가지를 열거하도록 하였으며, 그 결과 옷이 그 인기도에서 세 번째였다. 캄프너(1991)도 577명의 피험자에게 가장 소중히 여기는 물건 다섯 개를 열거하게 했는데, 옷이 청소년기 소녀들에게 가장 많이 언급되었다.

옷은 지속적인 유행의 변화 때문에 가장 급속하게 그 의미가 변화하는 소유물이다. 새로운 유행은 그 한계에 도달하고 변화가 역전될 때까지 전년도의 유행을 능가하려고 한다. 이것은 100년이 넘게 20~25년 주기를 가진 것으로 밝혀진 여성들의 치마 길이에서 나타났다(Richardson & Kroeber, 1940). 이것은 베블렌(1899)의 트리클 다운 이론에 상당한 영향을 주었으며, 그러한 이론들은 주로 의복에 기초하였다.

옷은 비록 중절모와 천으로 만든 모자, 그리고 나막신을 신던 시대에서 사용된 것보다 덜 하지만, 사회 계층과 함께 변화하고 이를 나타내 준다. 부유한 사람들은 비싼 상점에 가서 더 나은 재료와 솜씨로 된 의복을 구매하며, 보통 더 깨끗하고, 더 새롭고, 더 잘 손질된 옷을 선호한다. 상징하는 대로, 금으로 된 옷을 입고 있는 것은 그 자신의 역사를 말하며, 분명히 일을 하는 데는 적당하지 않은 하이힐 구두를 신는다(Veblen, 1899).

의복은 사회 계층 이상의 것을 전달할 수 있다. 뷰로휴스와 동료들(1991)은 피험자들이 이들의 방이나 기록과 같은 다른 정보들보다 의복이 개인의 성격을 더 잘 나타내 준다고 하였다. 이들에게 옷을 보여 주었을 때, 형식적 · 비형식적, 낙관적 · 비관적, 엄한 · 부드러운과 같은 많은 차원에서 자기 평가와 타인 평가 간에 더 많이 일치하였다. 기빈스(1969)는 영국 북부의 15~16세 소녀들을 대상으로 이들에게 여러 종류의 옷을 입고 있는 소녀들의 속성들을 판단하게 하였다. 이들은 옷을 입고 있는 사람이 속물이거나 장난끼 있는, 반항적인, 수줍음을 타는, 음주를 할 것 같다는 것을 의미하는 의상에 동의하였다. 그러나 이러한 정보가 전달하는 의복의 특성은 무엇인가? 예를 들어 많은 연구에서 짧은 치마와 밝은 색의 옷을 입은, 그리고 화장을 많이 한 소녀는 약하고 비도덕적이라는 것에 강하게 일치되었다(Hamid, 1968). 최근에는 야망에 찬 남성의 경우에는 말끔한 정장, 여성의 경우에는 검정색 복장을 하는 것이 '성공을 위한 옷차림' 이라고 권장되어 왔다. 이것은 인사 관리자들에게 직업 때문에 여러 종류의 옷을 입고 있는 사람들을 평가하게 한 연구에서 작용의 증거가 나타났다(Forsythe et al., 1985).

신체적 매력은 관계를 위해서 뿐만 아니라 직업과 임금을 위해서 여성들에게 매우 중요하다. 이것은 부분적으로는 얼굴과 신체의 형태에, 그리고 부분적으로는 머리 스타일과 몸차림에 의존하지만, 또한 의복이 말쑥하고 매력적이며 최신 유행인지 하는 것에도 의존한다. 마지막으로 의복은 개인이 속한 집단을 아주 분명하게 보여 준다. 사회 계층 집단 외에도 다른 집단들이 있다. 스킨 헤드[1], 펑크족[2]과 같은 반항적인 젊은이 집단이 있다. 경찰, 우체부, 의사와 간호사, 변호사와 판사들의 제복이 있다. 반항 집단, 정치적 집단, 직장 집단의 구성원들은 또한 이들의 외양으로 구별할 수 있다.

베블렌의 이론은 심멜(1957)에 의해 확장되었다. 추종자들이 모방을 하는

---

1) 옮긴이 註: 1970년대 초, 장발족에 대항하여 삭발한 전투적인 보수파 청년들.
2) 옮긴이 註: 1970년대 영국에 유행한 반항적이고 강력한 록 음악에서 유래한 기발한 머리 모양과 복장을 한 젊은이들.

동안 상위의 지위를 가진 집단은 스스로를 추종자들과 차별화하며, 새로운 스타일을 채택하는 것은 바로 이들이라고 심멜은 말하였다. 베블렌 주장이 의복에도 적용되는가? 초기 미국인들의 조사에서, 헐록(1929)은 여성들의 40%, 남성들의 20%가 높은 사회적 지위를 가진 사람들과 똑같아 보이기 위해 유행을 따르하며, 대략 절반 정도가 자신보다 사회적으로 열등한 사람들이 이러한 유행을 채택할 때 자신의 스타일을 변화시킨다고 보고하였다. 이것은 마치 이 이론이 1929년 미국에 작용한 것처럼 보인다. 그러나 패션의 모습은 그 이후로 변화하였다. 의류 산업은 이제 모든 가격 수준에서 새로운 스타일을 만들어 내고 있으며, 따라서 유행의 갭은 더 적다. 움직임은 수직적이기보다는 수평적이다(Kaiser, 1990). 어떤 유행은 펑크족과 다른 반항적 젊은이들의 스타일에서 상류층으로 이동하기조차 한다. 그럼에도 불구하고 여전히 유행은 지속적으로 변화하며, 유행에 뒤떨어지는 것은 멸시받거나 거부되며 지위가 낮은 사람으로 인식된다. 그러나 이것은 더 오래되고 더 단순한 사회 행동-동조 압력 모형(model of social behavior-conformity pressures)과 비행의 거부에 의해서 설명될 수 있다. 만약 패션을 주도하는 사람이 있다면, 이들은 상위 계층은 아니다. 왜냐하면 대부분의 사람들은 남들이 자신들과 같아지는 것을 좋아하지 않으며, 오히려 팝 가수, TV 주인공들과 다른 여론의 지도자들을 닮고자 하기 때문이다.

> 청으로 된 셔츠가 뉴욕의 블루밍데일즈에서 팔리고, 록스타인 믹 재거가 전세계에서 가장 옷을 잘 입는 남성으로 뽑히는 걸 보면, 유행 스타일은 위에서 형성되어 아래로 퍼진다고 하는 이론은 분명히 뭔가가 틀리다.
>
> (Blumberg, 1974, p. 494)

그렇다면 누가 새로운 스타일을 선도하는가? 옷에 있어서 유행의 리더는 젊고, 교육 수준이 높고, 높은 사회적 지위를 가지고, 모험적이며, 다른 방식에 잘 순응하지 않는 사람이다(Millenson, 1985). 이 책의 두 번째 저자는 예전에 옥스포드 여자 대학의 한 곳에서 연구를 수행하였는데, 그 곳에는 세 명의 유행 리더가 있다고 하였다. 한 명은 매우 부유했고, 또 한 명은 파리에서 모델을 하는 어머니를 가졌으며, 나머지 한 명은 의상실을 소유한 어머니를 가졌다. 그러나 캠벨(1992)은 한 가지 종류의 혁신가 그 이상이 있을 것이라고 생각하였다. 이들 중 일부는 남들에게 충격을 주고 싶어하는 '낭만적인 보헤미안들'이며, 다른 사람들은 작은 기술적 진보에 가치를 두는 자동차, 컴퓨터 등과 관련된 집단에 속한다. 캠벨은 추종자들은 공상에 잠기는 쾌락 추구자이며, 새로운 경험을 고대하고, 생활에서 어떤 다른 것을 고대하는 사람인 것으로 생각한다.

(4) 가재 도구

동물은 자신의 보금자리에 어떠한 가구나 설비도 가지고 있지 않으며, 전통적인 사회에서는 인간 또한 거의 갖지 않는다. 산업 문명의 발달은 집 내부의 상당한 성장을 가져왔다. 이러한 것들의 대부분이 유용하고, 노동력을 절감해 주는 장치들로, 생활을 더 쉽게 만들고, 하인 없이도 스스로 할 수 있게 해 주었다. 또 다른 것들은 여가 생활을 위한 것들이다. 우리는 〈표 6-2〉에서 평균 가족 예산의 8% 정도가 가사용품으로 지출되고, 또 다시 5%가 여가를 위한 물건들에 지출됨을 보았다. 이러한 품목의 대부분이 최근에 발명된 것이며, 〈그림 6-1〉에서 보듯이 1972년 이래로 전자 레인지와 비디오 부문에서 아주 급속한 성장이 있었다. 모두 그런 것은 아니지만, 〈표 6-4〉에서 보듯이 이러한 물건의 대부분을 소유하고 있는 사람들에는 상당한 계층 차이가 있다.

소중히 여기는 물건을 조사한 결과, 대부분 집 내부에 위치하였다. 소중하게 여기는 물건들이 목록에서 많이 나타나지는 않았지만, 가장 비싼 물건은 세탁기, 냉장고 등이었다. 이것들은 생활을 더 쉽게 해 주고 많은 시간을 절약해 주기 때문에 중요하다. 또한 가족 생활의 전체 패턴에 영향을 주기 때문에 시간을 절약하는 것 이상의 역할을 한다. 리빙스톤의 면접(1992)은 여성들이 전화기, TV와 전자 레인지가 가족의 생활에 가져다 주는 차이 때문에 이것들을 얼마나 가치 있게 여기는지를 보여 주었다. 세탁기와 전자 레인지에 의해 절약된 시간이 가장 중요하다고 생각한 피험자들도 있었다. 가구 점수는 소중하게 여기는 물건의 항목에서처럼 아주 높았으며, 이것 역시 예를 들어 식당 탁자 주위에 둘러앉는 것처럼 가족 상호작용 패턴과 밀접하게 연관된다.

그림이나 다른 수집품들처럼 레저를 위한 장비, 예를 들어, TV, 스포츠 장비, 악기들은 가재 도구들보다 더 가치가 있다. 우리는 이미 레저 장비들이 사람들이 할 수 있는 것을 확장시켜 주기 때문에 얼마나 가치가 있는지를 살펴보았다. 새로운 물건들이 고안되고 있으며 계속 팔리고 있다. 그 다음은 무엇인가? 컴퓨터와 더 복잡한 정보 기술, 정보와 오락의 멀티미디어, 인터넷은 현재 오락을 위해 주로 사용되는 것들이다.

또한 그림과 사진들은 개인적 역사의 기록으로서 가치가 있으며, 주택은 '정체성의 껍질 역할을 한다. 금전적 가치는 없지만 선물, 기념품, 가보, 골동품, 특별한 의미나 관계를 갖는 인형들처럼 그 물건을 소유한 사람에게 중요한 많은 물건들이 있다(Belk, 1991).

덜 일반적이긴 하지만 예술품과 조각들은 매우 비싸며, 따라서 부의 상징으로 사용되고, 부유한 사람들이 자신의 돈을 지출하는 품목 중 하나이다. 예술품들은 전문적 지식을 필요로 하며, 그래서 기호(taste)를 상징화한다.

수집품은 어떠한가? 가장 적극적인 수집가는 아동들이다. 뉴손(1976)은 4-7세 아동 대다수가 우표, 새의 알 등을 수집한다고 하였으며, 뒤에 어떤 사람들은 더 심각하게 수집한다. 포맨크(1991)는 사람들이 수집을 하는 동기를 알아내려고 하였다. 연구 결과 가장 공통된 이유는 1) 자아 존중감이나 자아의 확장, 2) 다른 수집가들과의 연결, 3) 과거와 연결함으로써 역사 보존하기, 4) 중독이나 흥분의 근원이었다.

수집하기는 진지한 여가활동의 일종인 취미로 고려될 수 있어서, 일단 흥미가 발달하기만 하면 계속되는 즐거움, 다른 수집가들과의 관계, 그리고 새로운 것이 발견될 때의 강한 기쁨의 근원이 된다(Olmsted, 1991; Argyle, 1996). 이것은 예를 들어, 양은 그릇과 오래된 앉은뱅이 저울을 수집하는 아르질레와 같이 잘 알려진 몇몇 사람의 수집가들에게 적용된다. 한편 서적은 다양하며, 대부분이 학문 서적이다. 어떤 의미에서 작가들은 책을 수집하며, 책은 이들의 생활 도구이며 과거 활동의 기록이기 때문이다. 이것은 또한 소유주의 박식함을 나타내는 일종의 자기 과시 역할을 하기도 한다.

3. 결 론

가계 예산의 상당 부분은 물건에 지출된다. 어떤 것들은 생활에 필수적이며, 다른 것들은 생활에서 수행될 수 있는 것들을 확장시켜 준다. 이러한 것 중 어떤 것, 예를 들어, 자동차, 전화기, 세탁기 등은 매우 유용하다. 보석과 고가구와 같은 것들은 주로 상징적이다. 그러나 유용한 것들도 종종 상징적이며, 보통 이웃을 따라하고자 하는 욕구 때문에 필요로 하는 것보다 더 비싼 최신 모델을 사게 된다. 새로운 자동차와 의복은 이것을 소유한 사람에게 쾌락과 만족감을 준다. 비록 이것이 끊임없는 지출과 소비에 대한 '물질주의적'인 태도를 이끌어 내더라도 그러하다. 그리고 가장 가치가 있는 소유물 중 어떤 것들은 사진과 기념품들로, 과거나 다른 사람들을 기억하게 하지만, 금전적 가치는 전혀 없는 것들이다. 소유물의 가격과 이것이 소유주에게 주는 가치 간에는 관계가 거의 없다.

벨크(Belk, 1991)는 물건은 단순한 일용품일 뿐 아니라, 그것을 소유할 때 '더 신비한 속성'을 갖게 된다고 하였다. 예를 들어, 시장 가격에 파는 것이 꺼려지고, 가격과 상관없이 기꺼이 그 물건을 사고, 다른 것과 그 물건을 교환할 수 없고, 더 이상 사용할 수 없을 때에도 그 물건을 처분할 수 없으며, 그 물건을 잃어버렸거나 망가졌을 때 우울해지고, 그 물건이 완전한 상태에 있거나 한 명의 사람으로 생각될 때 기분이 좋아진다는 것이다.

돈과 가족 경제학

1. 가족 경제학

　가족간에 돈과 물건을 상호교환하는 것은 가족 밖에서 상호교환하는 것과 아주 다르다. 약간씩 차이가 있긴 하지만 돈이 가족 밖에서 안으로 들어올 때 그 돈은 가족 구성원의 공동 재산이 된다. 가족 구성원과 친척들 간의 관계는 외부의 시장 경제와는 다르다. 이들간에는 특별한 유대가 있으며, 이 관계는 일생동안 지속된다. 가족 구성원이 서로에게 어떤 특정의 대가로 돈을 지불하는 것은 평범하지 않은 일로, 용돈의 경우처럼 돈이 이동하는 것은 노동에 대한 보답이 아니라 수혜자의 요구에 의한 것이다. 재산과 소득은 비형식적인 근거에서 거래 없이 공유된다. 가족은 종종 농장이나 가족 기업체와 같이 생산 단위이며, 무엇보다도 식량, 안식처, 그리고 가족의 모든 다양한 욕구를 위해 돈을 지출하는 소비 단위이다.

　단순한 사회에는 화폐가 없었으며, 일용품은 물물교환에 의해 교환되었다. 가족은 적어도 성이 다른 한 명의 성인과 이들의 자녀들로 구성되는 것이 보편적이다. 수렵 채취민들의 경우 일반적으로 핵가족을 이루고 있었으나, 축

산업과 농업을 하는 곳에서는 대가족이 더 보편적이었다(Nimkoff & Middleton, 1960). 아프리카의 팽이 문화에서는 발생하지 않았지만, 쟁기의 발명은 유럽에서 자본 축적을 가능하게 하였고, 씨족에서 독립된 가족의 발달을 이끌었다(Casey, 1989). 13세기 영국의 농부들은 봉건 제도하에서 땅을 경작하였다. 이들은 토지를 사거나 팔 수 있었지만, 지위, 연령, 그리고 가족에 따른 의무를 가진 사회의 일부분으로서만 그렇게 할 수 있었다(Homans, 1961). 따라서 형제들은 '혈연' 가족의 일부분으로서 서로를 돌보았다. 이들은 농장의 가축들 때문에 갑작스런 도움이 요구될 때도 서로가 필요하였다. 가구의 독립은 이들이 얼마나 많은 토지를 소유했는지에 의존하였다. 만약 소유한 토지가 2 에이커[1] 이하라면, 이들은 타인을 위해 노동을 하거나 상업에 종사해야 했다. 2~10 에이커 정도의 토지를 가졌을 경우에는 친척들과 같이 협력은 하였지만 독립적인 것은 아니었다.

산업혁명 이전까지 영국과 나머지 유럽 국가들에서 가족은 모든 구성원이 협력하여 농장이나 가내 공업에서 노동을 하는 중요한 생산 단위였다. 많은 가정이 자급 자족을 하였다. 16세기와 17세기 영국의 대부분은 대가족이었다. 국민의 39%가 8명 이상의 가족으로 구성되어 있었으며, 가족들의 1/4 정도가 자신의 가족으로 취급했던 하인들이 있었다. 이들은 주로 10세 이후에 집을 떠난 다른 가정의 아동들이었으며, 결혼할 때까지 하인으로 지냈다. 아주 소수의 가정만이 30~40명의 가족 구성원을 가졌으며, 이들은 12夜에 나오는 말보리오와 마리아와 같은 고참 하인과 앤드류경과 같은 먼 친척들에 의해 운영되었다(Laslett, 1983). 여성들은 특히 초기 신교도의 영향을 받아 사상 전환이 있었던 1800년 무렵까지 모든 종류의 노동에 적극적인 역할을 담당하였으며, 노동은 남성이 하는 것이고 여성은 가정에서 보조적인 역할을 해야 한다고 생각하였다(Pahl, 1984).

산업혁명 이후에 가장 공통적인 가족 형태는 남편, 부인, 자녀로 구성된 핵가족이었다. 핵가족이 산업혁명 이전에도 있었다는 증거가 있으며, 산업혁

---

1) 1에이커 = 약 4046.8m²

명 이후에 나타났다는 증거도 있다. 어떠한 경우든지 핵가족은 노동의 이동이 용이했던 산업화된 사회에서 많은 이점을 가진다.

　19세기 후반에 많은 여성들이 공장으로 일을 하러 나가고, 남성들 일부가 가정에서 가사 노동을 하긴 했지만, 실직이 많이 있었다(Pahl, 1984). 앤더슨(1980)은 1850년대의 프레스턴[2]에서는 가족들과 친척들이 궁핍한 시기 동안 상호 많은 도움을 주고받았다고 하였다. 어떤 남편들은 직장에서 녹초가 되어 집으로 와서, 부인에게는 가족을 부양할 약간의 생활비만 주고, 그 나머지는 취하도록 술을 마시는 데 사용했다. 이렇게 어려운 시기에는 친척이 부인들을 지원해 주었으며, 여성 친척들은 일종의 여성 노동조합의 역할을 하였다.

　20세기에 와서 가족의 상황은 몇 가지 방식에서 급진적으로 변화하였다. 초기와 1차 세계대전과 2차 세계대전 사이에는 직업을 가진 여성들이 거의 없었다. 그러나 2차 세계대전 이후에 많은 여성들이 직업을 가졌으며, 어떤 여성은 남편보다 더 많은 돈을 벌었고, '대칭적 가족' (Young & Willmott, 1973)을 이루게 되었다. 이에 따라 친척에 대한 욕구가 적어졌으며, 가족은 완전히 독립적인 핵가족이 되었다. 특히 근로자 계층의 가정은 더 가족 중심적이 되었다. 남성들은 이전보다 더 많은 가사 노동을 하였고, 여성들의 가사 노동은 전자 제품들에 의해 다소 경감되었다. 이전 세기에서 가정의 재정을 구분했던 일반적인 방식보다 더 나은 방법이 고안되었다. 2차 세계대전 이후로 모든 산업 국가에서 실직률이 높아지면서 전업제 고용이 감소하였다. 또한 자가 고용이 증가하였으며, 돈이 소유주를 바꿀 수 없는 '비형식적 경제' 가 증가하였다.

_____

2) 잉글랜드 Lancashire 주의 수도

2. 가사 노동의 공유

가사 노동은 시대와 상관없이 전 시기에 걸쳐 행해졌으나, 다른 직장과 달리 보수를 받지는 못했다. 그렇다면 누가 그것을 하고, 어떻게 보상받았는가? 간단히 요약해 보면, 비록 남편이나 다른 구성원들의 도움을 받기는 했지만, 여성들이 가사 노동의 대부분을 담당하였고, 노동에 대한 보수를 지급받지는 못했다. 47명의 영국 여성들을 대상으로 연구한 오클리(Oakley, 1974)는 일부 여성들은 가사 노동을 선호하였지만, 다른 여성들은 선호하지 않았으며, 가사 노동을 지루하고 반복적인 것이라고 생각하였다. 또한 여성들이 직물 공장과 사무실에서 수행하는 많은 노동도 지루하고 반복적이다. 그러나 로빈슨(Robinson, 1977)이 미국 전역을 대상으로 조사한 결과, 여성의 25%가 가사 노동에, 23%는 요리에, 17%는 쇼핑에 '상당히 만족'하였으며, TV 시청은 오직 17%의 여성만이 상당히 만족한다고 보고하였다. 많은 남성들은 요리를 여가활동의 한 가지 형태로 생각하였다. 따라서 가사 노동에 대한 오클리의 관점에 대해 몇 가지 의구심이 생긴다. 주부가 되는 것은 존경받지 못하는 직업이며 바보도 할 수 있다고 생각하고 있으며, 바로 이것이 사회적 소외로 이끌 수 있다. 한편 가사 노동을 잘 하는 것은 가능하며, 잘 정돈된 집, 잘 요리된 음식, 그리고 바르게 행동하는 자녀들은 긍지의 근원이 될 수 있고, 노동의 조건은 광산이나 많은 다른 노동 장소보다 더 안전한 것도 사실이다.

여성이 가사 노동의 대부분을 담당한다는 것은 의심할 여지가 없다. 심지어 전업제 취업을 한 여성들조차도 그러하다. 시간 예산에 관한 연구들은 직업이 없는 주부들이 일주일에 67.5시간의 가사 노동을 하고 있으며, 전업제 직업을 가진 부인들은 45.6시간, 전업제 직업을 가진 남성들은 26.2시간의 가사 노동을 하고 있다고 하였다. 만약 부부 두 명이 모두 전업제로 일을 하고 있다면, 부인이 가사 노동의 63.5%를 담당하고 있는 것이며, 만약 부인이 직업이 없다면 72%를 담당하고 있는 것이다(Henley Centre for Forecasting, 1985).

표 7-1	전업제 시간제 혹은 전업 주부들의 가사 노동과 다른 활동들에 보낸 시간		
	아내가 보낸 시간(시간)		
	전업 주부	시간제 취업	전업제 취업
총 가사 노동	23.7	21.5	12.7
자녀 양육	18.5	6.7	1.4
여가 활동	40.9	34.8	35.3
	남편이 보낸 시간(시간)		
총 가사 노동	2.4	3.4	3.9
자녀 양육	5.4	3.6	0.9
여가 활동	34.5	37.4	38.2

출처 : Horrell(1994)

호렐(Horrell, 1994)은 작은 규모이긴 하지만 일기 형식을 이용해서 110명의 가족을 대상으로 가사 노동과 다른 활동에 보낸 시간에 대해 상세한 연구를 했다. 이 결과는 〈표 7-1〉에 제시되어 있다.

〈표 7-1〉에서 볼 수 있듯이, 부인들은 전업제 직업을 가졌을 때 더 적은 가사 노동을 하고, 남편들은 약간 더 많은 가사 노동(1.5시간)을 하였지만, 남편들은 여전히 전체 가사 노동의 23%만을 수행하였다. 전업제 취업모들은 가사 노동 시간을 제외한 나머지 시간 동안 다른 부인들보다 자녀 양육을 하는 데 훨씬 더 적은 시간을 투자하였으며, 여가활동 시간도 더 적었다. 이들은 또한 잠을 더 적게 잤으며, 쇼핑하는 데 더 적은 시간을 보냈다. 부부와 함께 지낸 시간은 가사 노동을 위한 시간보다 훨씬 적었으며, 특히 식사를 준비하는 시간, 식사를 하는 시간, 그리고 자녀 양육 시간도 더 적었다.

부부가 같은 종류의 직업을 가졌을 때도 여전히 여성들이 가사 노동의 대부분을 담당하였다. 엘스톤(Elston, 1980)은 부부가 모두 의사인 400쌍을 연구한 결과 부인들은 여전히 쇼핑 85%, 요리에 81%, 아픈 자녀를 돌보는 데 80%, 청소의 51%를 담당는 것으로 드러났다(Reid & Stratta, 1989, 재인용). 만약 여성이 이러한 노동에 대한 보수를 받는다면, 1987년을 기준으로, 기술의 수준과 노동 시간에 비추어 일주일에 370파운드, 1년에 19,000파운드 정도가 적정 수준이 될 것이다(Legal and General, 1987). 여성이 남편에게 지원을 받고, 남편의 소득을 공유해 소비함으로써 일종의 보수를 지급받는다고 주장할 수도 있다. 그러나 이들은 자신이 한 것에 대해 보수를 받은 것이 아니며, 임금 인상이나 임금 협상도 없으며, 부유한 남성의 아내 대부분은 그러한 '보수'에 비해 더 적은 노동을 한다. 또한 가정 밖에서 일하지 않음으로써 부인들은 1990년도 물가를 기준으로 할 때 이들의 잠재적인 인생 전반에 걸친 소득의 약 46% 정도인 202,500파운드의 적은 소득으로 살아간다고 계산해 볼 수 있다(Joshi, 1992).

가장 원시적인 문화를 포함한 모든 문화에서 남편과 아내 간에는 상당한 노동의 분업이 있어서, 남편들은 힘든 바깥일을 하고, 아내들은 자녀를 돌보고, 요리와 그 밖의 가사 노동을 한다(Blood, 1972). 이스라엘의 키부츠는 원래 노동의 어떤 분업도 없는 것이었지만, 여성들이 자녀를 돌보기 위해서 가정으로 되돌아가고 이전과 같은 생활이 되었다. 이는 부분적으로는 자녀를 돌보고자 하는 욕구 때문이며, 초기에 키부츠에서 수행되었던 신체적인 노동을 요구하는 농장 작업 때문이었다(Blood, 1972). 영국에서의 현재 가사노동 분업은 〈표 7-2〉에 제시되어 있다. 〈표 7-2〉에서 보듯이 남성이 주로 하는 유일한 일은 장비수리이다. 여기에다 남성들은 자동차를 손보고, 정원에서 일하는 등의 일이 추가될 수 있다. 이와 유사한 미국의 연구에서 블러드와 울프(1960)는 남편들이 수선(70%), 잔디 깎기(66%), 눈 왔을 때 골목길 청소(61%) 등을 하는 것으로 나타났다.

왜 여성들은 보수도 받지 않고 모든 가사노동을 하는가? 몇 가지 가능성이 있다.

1) 팔(1984)은 남편들은 가정 밖에서 돈을 버는 데 자유시간을 더 많이 사용하고, 여성은 가사노동을 하는 데 자신의 자유시간을 사용하는 경제 전략을 따르는 것이라고 주장한다. 이것은 평균적으로 여성이 남성보다 더 낮은 급료를 받고 있지만, 돈을 버는 능력이 거의 없거나 전혀 없다고 가정한다.

| 표 7-2 | 1984년 영국에서 부부 지위에 의한 가사노동 분업 |

과 제	가사노동(과제)의 실제 분배(%)		
	주로 남편	주로 아내	평등하게 분배
가 사			
세탁과 다림질	1	88	9
저녁 식사 준비	5	77	16
청 소	3	72	23
쇼 핑	6	54	39
저녁 설거지	18	37	41
가계 수입과 영수증 관리	32	38	28
장비의 수리	83	6	8
자녀 양육			
아플 때 자녀 돌보기	1	63	35
훈육하기	10	12	77

출처 : Horrell(1994)

2) '자원 이론'은 남성이 더 강하기 때문에 밖에서 힘든 작업을 하고, 기계적인 기술을 가지고 있기 때문에 수리하는 일을 하며, 여성은 시간이라는 자원을 가지고 있기 때문에 나머지 일을 한다고 주장한다(Blood & Wolfe, 1960). 그러나 우리는 남편과 아내가 이용 가능한 시간이 같은 양일 때조차도 여전히 아내가 가정에서 대부분의 일을 하는 것을 보아 왔다.

3) 사회학에서 교환 이론은 남편의 경제적 지원과 아내의 가사 노동이 만족스럽게 상호교환되고, 이것이 이들의 깊은 애정관계를 이끈다고 주장한다(Scanzoni, 1979). 그러나 이것은 아내가 이러한 문제에서 거의 선택권을 갖지 못하며, 가사노동을 선호하지 않는다는 사실을 간과한 것이다(Heath, 1976).

4) 사회화를 통해서 가사노동이 여성의 몫이고, 여성은 가정 내에서 정체성을 찾을 수 있으나, 이것은 경제적으로 생산적이지도 않고 보수를 받지도 못하는 진정한 노동이 아니라는 문화적 가정들이 널리 퍼져 있다

(Oakley, 1974). 가사노동은 시장을 위한 것이 아니라 내적 소비만을 위한 것이기 때문에 진정한 노동으로 여겨지지 않으며, 관계의 일부분으로 수행되었기 때문에 노동의 대가를 지불받을 필요가 없었다. 그러나 산업혁명 이전 가내 공업을 하던 시기에는 이렇지 않았으며, 농장이나 오늘날의 중소기업에도 이런 주장은 적용되지 않는다(Delphy & Leonard, 1992). 그것은 남성이 밖에서 일을 하고 여성은 가사노동을 해야 한다는 일종의 이데올로기인 신념들이 깊이 뿌리내린 결과로 보인다.

5) 또 다른 가능성은 여성과 자녀 양육, 여성과 식사준비 간의 관계가 내재적인 생물학적 근거를 가진다는 것이다. 아마도 남성과 안식처의 제공 사이에도 유사한 관계가 있을 것이다. 이것은 노동의 분업이 모든 문화에 만연되어 있는 이유를 설명해 줄 수 있다.

여성이 유용하고 무보수의 근로자이기 때문에, 많은 문화권에서 보수를 지급받았다는 것은 그리 놀랍지 않다. '신부를 사는 돈'은 아내의 가족에게 아내의 손실을 보상해 주기 위해 남편이나 남편의 가족이 지불한 것으로, 상당한 양의 돈이나 가축으로 지불되었다. 이러한 실례는 점점 줄어들고 있지만, 투르크멘에서는 여전히 일반적이다. 베르디예브와 일야소브(1990)는 학생들에게 대단위 조사를 실시하여, 이들의 45%가 칼임(신부값 : 매매혼의 경우 남자가 신부집에 주는 돈)이 사랑과는 양립 불가능하다고 생각함을 알아냈다. 신부를 사는 돈은 부부가 남편의 가족이 있는 부락에서 사는 사회에서 더 공통적인 것으로, 아마도 자신의 가족과 부락을 떠나야 하는 신부를 부분적으로 보상해 주는 방편일 것이다(Murdoch, 1949). 이것은 보통 남편의 가족이 지불해야 하기 때문에, 남성이 결혼할 여성을 선택하는 데 있어서 남성의 가족들에게 상당한 권력을 제공해 주었을 것이다.

3. 수입과 지출의 통제

남편과 아내는 다양한 방식으로 소득을 분배한다. 보글러와 팔(1994)은 1,235쌍의 부부에게 사회적 변화와 경제생활 주도성 척도(the Social Change and Economic Life Initiative : SCELI)를 실시하여 몇 가지 방법으로 구분하였다. 각 방법의 빈도는 〈표 7-3〉에 제시되어 있다.

- 아내가 전체 수입을 관리 : 아내는 가족의 모든 수입을 관리하거나 남편에게 약간의 용돈을 준다. 이러한 체계는 강력하게 예산을 통제해야 하는 실직자 가정이나 은퇴자 가정 등 가장 가난한 가족에게서 나타난다. 또한 여성들이 취업한 경우 즉 맞벌이 부부의 경우에도 나타난다. 이 경우 아내는 사회보장제도의 혜택을 받으며, 더 이상 남편에게 의존할 필요가 없기 때문에 책임감이 있을 수 있다.
- 아내가 남편에게 일정액을 받아서 관리 : 남편은 아내가 관리하는 돈의 양을 통제하면서도 자신이 지불하는 계산서는 제외한다. 대체로 아내는 자신의 남편이 얼마를 버는지 알지 못한다. 이 경우는 남성 결속이 강하고 여성의 노동은 거의 없는 광산업과 어업과 같이 힘들고 전통적인 산업에서 일하는 기술직 근로자들에게, 그리고 자녀 양육의 시기 동안에 일

표 7-3 다양한 소득 공동관리 형태를 보여 주는 가계의 분배 체계

소득의 공동관리 형태와 관련된 가사의 분배 체계	%	N
아내가 전체 수입을 관리	27	343
공동관리 체계 중 아내가 주로 관리	15	205
공동관리 체계 중 아내와 남편이 함께 관리	20	250
공동관리 체계 중 남편이 주로 관리	15	191
남편이 전체 수입을 관리	10	118
살림을 꾸리기 위해 아내가 남편에게 일정액을 받아서 사용	13	153

출처 : Vogler & Pahl(1994)

반적이다. 아내는 자신이 받는 돈을 통제하지 못한다. 그러므로 남편은 초과 근무를 통해 더 많은 돈을 벌고자 하는 동기 부여를 받는다.

- 공동관리 체계 : 여기서는 부부 모두가 함께 가족의 수입을 이용한다. 이러한 체계는 예산에 대해 엄격한 통제를 할 필요성이 적은 부유한 가족과 신혼 부부, 그리고 나이가 들어서 아내가 일을 하고 있을 때에 나타난다. 공동 관리 체계의 세 가지 변이 형태는 〈표 7-4〉에 제시되어 있다.
- 남편이 수입 전체를 관리 : 아내가 수입 전체를 관리하는 방식과 유사하다.
- 부부가 각각 독자적 관리 : 비록 이 연구에서는 보고되지 않았지만, 아주 드문 방법으로 부부가 각각 자신의 수입을 개별적으로 관리하고 계산서를 지불하는 것이다. 동거를 하거나 동성애를 하는 쌍에게서 나타나며, 더 낮은 수준의 헌신을 나타낸다(Reid & Stratta, 1989; Morris, 1990; Pahl, 1995).

보글러와 팔(1994)은 1,211쌍을 대상으로 한 SCELI 조사에서 이러한 다양한 체계의 효과를 비교하였다. 공동관리와 아내가 관리하는 두 가지 방법의 경우가 가장 평등하였으며, 아내에게 가사노동 수당을 주고 남편이 전체 수입을 관리하는 경우 남성의 권력이 더 컸다. 개인적으로 지출하는 돈에 대해서도 유사한 패턴이 나타났다.

이 연구자들은 이런 다양한 체계들이 선택되는 조건들을 검증하였다. 첫째 가장 중요한 요소는 역사적으로 약간 변화하기는 했지만 부모가 사용하는 방법과 같은 '사회화'였다. 두 번째는 남편의 교육 수준으로, 가장 교육을 많이 받은 남성들은 공동관리를 수용하였고, 가장 교육 수준이 낮은 남성들은 아내가 전체 수입을 관리하는 방법을 수용하였다. 세 번째 요소는 여성의 취업과 가사노동 분담에 대한 남편들의 성 차별주의적인 태도였다. 성 차별주의적이 아닌 남편들은 공동관리의 방법을 사용하였다. 네 번째는 여성들의 직업 지위로, 전업제 취업을 한 경우에는 공동관리 방법을 사용하였다. 이 연구는 또한 피험자들과 이들의 부모를 비교했을 때 약간의 역사적인 변화를 밝혀 냈다. 부부 간에 평등한 방향으로 변화되었는가? 매우 불평등한 가사노동 수당은 지금은 거의 사용되지 않으며, 공동관리의 경우 공동재산이 약간 증가하였지만, 공동재산의 불평등한 형태들은 증가하고 있다. 여성들의 박탈과 관련된 여성 관리체계는 증가하여 왔다.

많은 여성들은 자신이 거의 통제력을 가지지 못한다고 느끼고 있으며, 만약 자신이 떠난다면 남편은 자신들이 더 나빠질 것을 알지만, 이들이 통제력을 가지기 때문에 더 행복하게 느낄 것이라고 생각하고 있다(Graham, 1987). 돈에 관한 불화가 부부 갈등의 가장 공통된 원인 중의 하나이며(Argyle & Henderson, 1985), 부부 치료에서 이것이 더 중요한 부분을 담당해야 한다고 주장되어 왔다(Poduska & Allred, 1990). 생활비의 일정액을 남편에게 받아서 꾸려 가는 체계는 대부분 결혼 불만족을 유발하고, 공동관리 체계는 결혼 불만족을 가장 적게 유발한다. 수입을 분배하는 과정은 아내들에게는 불명확할 것이며, 특히 남편의 수입에 대해 알지 못하는 경우에는 더 그러할 것이다. 그 결과로서 이들은 남편의 임금이 증가하여도 어떠한 이익도 얻지 못하며, 인플레로 인한 식료품비 증가에 대처할 수가 없을 것이다. 일상적으로 아내들은 식량과 정기적인 가계 운영비를 지불하는 반면, 남편들은 더 크고 덜 정기적인 것들을 지불한다. 권력의 균형은 돈이 지출되는 내역에 따라서 다르다. 에드겔(1980)은 영국 중류층 부부의 경우, 남편이 이사, 재정 상태와 자동차에 관련된 중요한 결정들을 하며, 아내는 음식, 그 외의 가계 지출, 자녀들의 의복 등에 관련된 중요하지 않은 결정을 한다고 하였다. 주택과 자녀의 교육과 같은 또 다른 중요한 영역들은 함께 결정하였다.

팔(1989)은 켄트에서 102쌍의 작은 규모이지만 대표적인 표준을 대상으로 연구하였다. 연구에 따르면 지출하는 것에 책임을 지고 있는 아내들은 자신의 의복, 음식, 자녀의 의복, 교육비, 신문과 서적, 기부금과 크리스마스 관련 지출에 대부분의 책임을 지고 있다. 남편들은 외식과 여행, 수리와 실내 장식, 밖에서의 음주, 자동차나 오토바이, 자신의 의복, 연료, 전화, 보험과 소비재 등의 대부분을 지불하였다.

비록 돈이 외형상으로는 모두 같게 보이지만, 그것은 특정한 목적을 위해

| 표 7-4 | '당신은 당신이 번 돈에 대해 어떻게 느끼십니까: 당신은 그것이 당신의 수입이라고 느끼십니까 혹은 그것이 남편의, 또는 아내의 것이라고 생각하십니까?' | | | |

수입의 소유주	남편의 수입		아내의 수입	
	남편의 대답(%)	아내의 대답(%)	아내의 대답(%)	남편의 대답(%)
돈을 번 사람	7	24	35	52
부부/가족	93	76	65	48
전 체	99	100	100	100

출처 : Pahl(1989)

서 '누구의 것이라고 지정되는' 것으로 보여질 수 있다. 특히 사람들은 자신이 벌어들인 돈을 더 많이 이용한다고 느낀다. 팔(1989)의 연구에서도 아내의 수입은 아내가 지출하는 것이라는 느낌이 아주 강했다(〈표 7-4〉 참고).

남편의 수입이 가족에게 속한 것으로 보이는 반면, 아내의 수입은 아내뿐아니라 많은 남편들이 아내의 돈으로 생각하였다. 브르고이네(1990)는 영국의 중류 계층 부부들을 면접하였다. 그녀는 대부분의 경우 돈을 더 많이 버는 남편에 의해서 통제되었고, 아내가 돈을 벌지 않았을 경우 아내는 돈을 지출하는 것에 조심스럽다고 하였다. 또한 이들은 자신의 돈이라고 명명할 수 있는 약간의 돈을 가질 필요가 있다고 느꼈다.

블러드와 울프(1960)는 미국의 디트로이트에서 900 가족을 조사하여, 의사결정을 하는 전반적인 권력은 부분적으로는 부부 각각의 수입에 의존하지만, 이들의 교육 수준, 지위, 교회와 다른 기관의 구성원 여부에 따라서도 영향을 받았다고 하였다. 백인 남편들은 흑인 남편보다 가족 내에서 더 많은 권력을 가지고 있었다. 연구자들은 이러한 결과를 남편과 아내 각각이 제공하는 '자원'과 관련하여 해석하였다. 이러한 교환 이론에서는 적은 보상을 제공하는 사람이 잃을 것이 많기 때문에 더 약한 지위를 가진다고 본다. 이 이론은 계부 가족들에 대한 크로스비-버넷과 질레스-심스(1991)의 연구에 의해서도 지지되었다. 부부간 권력은 주택의 이전 소유권, 독신이었을 때 행복했는가, 그리고 상대적인 연령에 의해서 증가되었다.

그러나 '돈이 권력을 이끈다'는 이론은 권력이 실제로 이용 가능한 대안들에 의존한다는 근거하에서 비판받아 왔다. 사실, 사회 심리학에서의 교환 이론은 비용에 대한 보상의 균형이 대안들보다 더 낮다면 사람들은 그 관계에 머문다고 한다(Thibaut & Kelley, 1959). 이러한 개념을 부부 관계에 적용한 히어(1963)는 부유한 남편이 강력한 위치에 있음을 관찰하였다. 이것은 아내가 다른 곳에서 그러한 보상적인 상황을 접하지 못하거나 어린 자녀들이 없기 때문이며, 반면 가난한 남편의 아내는 더 당연하다.

　때로 남편과 아내가 가족 사업체에서 함께 일을 하기도 한다. 만약 그것이 농장이라면 아내는 젖소의 젖을 짜는 것과 같은 일의 일부를 담당할 것이다. 가족은 일종의 가족 사업체로 기능한다(Willmott & Young, 1960). 영국의 공영 주택이 최근 많이 팔렸으며, 이것은 더 많은 사람들이 주택을 소유하게 하였고, 이들 중 일부는 집을 수리하는 기술을 가진 직업을 가져서, DIY 판매와 활동을 많이 증가시켰다. 가정집은 보통 공동으로 소유되고, 일정 기간 동안 막대한 이윤을 줄 수도 있으며, 주요한 가족 소유물이다. 또한 가족 생활과 레저의 중심이다.

4. 자녀의 경제학

　개발 도상국에서 아동들은 주요한 경제적 자산으로 여겨져 왔다. 자녀는 부모가 원하면 이용할 수 있는 재산으로 여겨져 왔다. 어린이들은 농업이 기계화되면서 빈도는 줄고 있으나 때로 3세나 4세처럼 어릴 때부터 농사를 짓는 노동자로서 들에 나가 일을 하였고 또는 가내 공업에 참여하는 등 가정에서 일을 하기도 하였다. 또한 자녀는 가족의 토지나 사업을 물려받았으며, 노인이 된 부모를 돌볼 것이 기대되었다. 산업혁명 이전 영국에서 아동이 농장이나 가사 노동에 필요하지 않고 가족이 이들을 부양할 수 없으면, 10세 무렵에 종종 부유한 가정의 하인으로 보내져 결혼할 때까지 그 곳에서 머물렀다. 이 시기에 많은 가정이 하인을 두고 있었으며, 대부분의 하인은 그 가정의 자녀들과 함께 살았다(Laslett, 1983). 19세기 영국에는 가정에 많은 하인들이 있었으며, 이들 중 대부분은 시골 노동자의 딸이었다(Scott & Tilly, 1975). 또한 많은 아동들이 일하기 위해 공장으로 보내졌고, 1870~1900년과 같은 최근에도 영국의 11~15세 아동들은 공장에서 일을 하였다. 아동 노동과 교육을 관장하는 법률이 일련의 변화를 통해 아동의 노동을 금지하자, 사람들은 더 적은 수로 구성된 가족을 구성하였다. 오늘날 자녀를 가질 수 없는 사람들과 양자를 삼는 데 어려움이 있는 가정들은 보통 가난한 나라의 가정의 자녀들을 많은 돈을 주고 입양한다. 1980년대와 1990년대의 중요한 변화는 미혼모나 이혼하여 어머니와 자녀로만 구성된 편부모 가정이 증가하였다는 것이다. 현재 미국 흑인 가족의 50%는 이러한 가족 유형으로 구성되어 있다.

그러나 아동들은 경제적 이유보다는 다른 이유에서 가치가 있다. 이들이 가져다 주는 기쁨과 정서적 만족감, 교제는 대부분의 부부에게 결혼 만족도의 주요한 근원이 된다. 자녀들은 또한 자극과 재미, 인생의 목적, 성인이 되

표 7-5 　자녀의 가치(표본에서의 백분율)

	여 자		남 자	
	부모	비부모	부모	비부모
자녀의 이점				
1차 집단 유대와 애정	66	64	60	52
자극과 재미	61	41	55	35
자아의 확장	36	34	32	32
성인 지위와 사회적 정체성	23	14	20	7
성취, 유능성, 그리고 창조성	11	14	9	21
도덕성	7	6	6	2
경제적 효율성	5	8	8	10
아들/딸로부터 기대하는 도움				
일을 하기 시작했을 때 급료의 일부를 주기	28/28	18/18		
가족의 위급 상황에 재정적 도움 주기	72/72	65/63		
노인이 되었을 때 재정적 지원해 주기	11/10	9/9		
집과 관련해서 도움 주기	86/92	88/91		

출처 : Hoffman & Manis(1982)

고 성숙해진다는 느낌, 그리고 성취감을 가져다 준다(Hoffman & Manis, 1982)(〈표 7-5〉 참고). 이들은 또한 지위의 상징이며 남자다움의 증거이다. 자녀의 수는 많은 요소들에 영향을 받는다. 가정의 직업 계층이 높을수록 자녀의 수는 적고, 아내가 교육을 많이 받았을수록 적은 수의 자녀를 원하는데, 이것은 아내가 직업을 가지고 있고, 교육 비용이 상당하다고 생각하기 때문이다(Argyle, 1994). 2차 세계대전이 끝난 후 미국이 번영했던 시기가 그 유명한 'baby boom'이었던 시기이다.

　자녀는 경제적이든 다른 어떤 것이든 양육 비용을 초래한다. 어머니는 육아 때문에 보통 몇 년 동안 일을 하지 못하고, 자녀들을 먹이고 입혀야 하며, 용돈을 주어야 한다. 자녀가 청소년이 되면 성인보다 더 많은 비용이 들어간다. 딸들의 결혼 비용을 지불해야 하고, 자녀들이 결혼할 때 집 장만을 도와주어야 한다. 영국의 사립 학교와 미국의 대학처럼 교육비는 상당한 양일 수 있다. 교육은 좋은 직업과 사회적 이동을 위한 좋은 방법이며, 부모는 자신의 자녀가 자신만큼 혹은 자신들보다 더 낫게 되기를 원한다. 아내가 자녀를 교육시킬 돈을 마련하기 위해 일하러 나갈 수도 있다. 자녀 양육비는 가계 예산의 많은 부분을 차지하는 상당한 비용이므로, 가난한 가족의 경우에는 충당하기 어려울 수 있으며, 모든 가족 구성원에게 그 밖의 다른 것들을 제공할 수 없게 만들기도 한다. 블러드와 울프(1960)는 재정적 비용이 자녀에 의해 가장 많이 유발되고 그 다음이 질병과 자녀 양육문제들이라고 하였다. 어린 자녀들은 어머니를 매우 힘들게 해서, 자녀가 영유아일 때는 자녀때문에 기진 맥진해지고, 격리되며, 우울해진다. 또한 이로부터 몇 년 후에는 결혼 관계를 파괴할 만큼 심각한 청소년과의 갈등이 있게 된다. 청소년 자녀와의 갈등은 부분적으로 돈에 관련된 것이다. 콩거와 동료들(1994)은 미국 아이오아 주의 451개의 가족을 연구하여, 가족이 경제적으로 어려울 때 청소년 자녀와 더 많은 금전적 갈등이 있었으며, 이것이 이들에게 적대감을 갖게 하고 반사회적이며 공격적인 행동을 갖게 하였다고 하였다.

　자녀가 집을 떠나는 연령은 문화권에 따라 다양하다. 영국 흑인 가정의 자녀들은 청소년기에 집을 떠난다. 중류 계층의 백인 가정에서는 대학을 가거나 이와 비슷한 시기에 집을 떠난다. 근로자 계층의 백인 가정에서는 자녀들이 더 오랜 기간 동안 집에 머물러서 20대 초반까지 머물며, 결혼할 여유가 있을 때 집을 떠난다. 20~24세의 많은 젊은이들이 여전히 집에 머물러 있으며, 이들의 대부분은 일을 한다(Leonard, 1980). 자녀들의 수입은 평균 가계 소득의 28%에 달한다. 이들이 처음으로 일을 하게 될 때, 이들은 '총임금' 체계를 따라서 자신이 번 돈을 모두 어머니에게 주고 어머니에게 용돈을 받는다. 이것은 수입이 적은 자녀들의 경우와 영국 북부에서 더 일반적이다. 조금 후에 이들은 기숙사같은 체계를 따르게 되고, 자신의 식대와 생활비로 어머니에게 일정량의 돈을 지불한다(Morris, 1990). 미국에서는 자녀에게 아무것도 부과하지 않는 것이 더 일반적이다. 영국의 연구에서 어머니들은 버릇없이 키우는 것이 자녀를 금전 문제에서 째째하게 만든다는 암묵적인 거래가 있었음을 시인하였다(Leonard, 1980). 남편과 아내의 관계처럼 더 많은 돈을 지불하는 자녀가 가정에서 더 많은 권력이 있었으며, 그들은 이러한 경우에 부모에게 독립적이고, 도전적이었다. 그들은 실직한 형제들을 돕기는 하지만 TV 채널을 선택하는 데 있어 우선권을 가지고 있었다(Blood & Wolfe, 1960).

자녀들은 보통 용돈을 받고 있으며, 이것은 3장에서 논의되었다. 부모는 자녀들이 11~15세가 되었을 때, 그리고 특히 나이가 많은 딸인 경우에는 가사 노동을 도와줄 것을 기대한다. 그러나 어머니가 일을 나가는 경우와 같이 과외의 노력이 필요할 때를 제외하고는 가사노동에 대해 보통 보수를 받지 않는다. 사실 어머니들은 여전히 가사노동의 대부분을 담당한다. 그러나 자녀에게 너무나 많은 가사노동을 요청한다면, 이들은 집을 빨리 떠날 것이다(Morris, 1990). 많은 자녀들이 신문 배달이나 주말에 아르바이트를 하는 등의 시간제 일을 하고 있으며, 이렇게 생기는 돈은 자신들의 여가활동에 지출한다.

부모는 어떤 의미에서 보면 가계 예산의 상당 부분을 소비하는 자녀에게 매우 관대하다. 아주 가난한 가정의 경우에 일을 하는 자녀에게는 아주 적은 양의 식대만 받고, 자녀 수입의 많은 부분을 자녀의 교육, 결혼, 집 장만에 지출한다. 우리는 앞부분에서 부모가 자녀에게 주는 것이 자녀가 부모에게 주는 것보다 7배나 많음을 보았고, 뒷부분에서 이들 유산의 대부분이 자녀에게 가는 것을 볼 것이다. 이것은 거의 어떠한 협상이나 거래도 없으며, 마찬가지로 가족 내부의 돈은 가족 밖으로 그 소유권이 넘어가지 않는다. 마치 가족의 돈은 공동 소유이거나 다른 사람보다는 몇몇 구성원에 의해서 소유되며, 다른 사람들에게 전해지기 전까지 소유된다.

　자녀를 위해서 돈을 쓰는 가장 기본적인 용도는 이들을 먹이고 입히는 것이며, 기본 관심은 신체적 행복감과 생존이다. 여기에서 부모가 자신의 유전자를 영속시키려고 동기화되었다는 사회 생물학적 요소를 엿볼 수 있다. 부모가 양자와 비교해서 친자식에게 더 많은 돈을 지출하는지에 대해서는 알려지지 않았지만, 공통된 경험에 의하면 그렇지는 않다. 그러나 의붓 자식과 비교해서 친자식들의 경우 아동 학대나 유기가 더 적다는 증거들은 있다 (Daly & Wilson, 1988). 이것은 어떤 종류의 조건화나 다른 정서적 학습이 발생하는 생애 초기에 이들 간에 친밀감이 더 많았던 것에 기인하는 부모와 자식 간의 유대 때문일 수 있다. 이것이 부모가 자녀로 인해 기뻐하는 이유를 설명해 줄 수 있다.

5. 돈과 확대 가족

　지금까지 핵가족 내에서의 경제적 관계들을 논의하였다. 이제 가족을 떠나 사는 자녀들과 이들의 부모, 성인 형제들 같은 다른 친족과의 경제적 관계를 살펴보고자 한다. 예전에는 친척들이 함께 경제적 단위를 형성하여, 같이 농장을 운영하는 것과 같은 큰 친족 집단을 구성하였다. 이제는 떨어져서 살며 재정적으로 독립되어 있지만, 여전히 경제적으로는 연결되어 있다.

　기본적인 형태의 상호교환은 건축물과 관련해서 발생한다. 지붕은 건축업자에 의해 수선되지만, 현 거주자나 친척과 친구들에 의해서도 수행될 수 있다. 대부분의 전통 사회에서는 집을 짓는 데에 집단의 협동이 필요하였기 때문에 친척들이 도움을 주는 것이 일반적이었다(Mead, 1937). 우리 사회에서도 역시 지붕 수리는 비록 다른 서비스와 교환되긴 하였지만 보수를 지불받지는 못하였다. 이것은 '비공식적 경제'의 일부이다(Pahl, 1984). 이러한 종류의 도움은 기술과 장비를 가진 사람들에 의해서 가장 잘 제공될 수 있었으며, 기술이 있는 육체 노동자들이 대개 이러한 일들을 하였다. 주택 내부와 주변에서 행해진 노동이 장기적으로 쇠퇴하고 있긴 하지만, DIY, 연장, 나무, 실내 장식, 정원과 자동차 유지 장비들의 판매가 상당히 증가하고 있는 것에서 알 수 있는 것처럼 이제는 이것이 역전되었다. 여성들이 가사 노동에 대해 보수를 받는다면 다림질하는 것도 돈을 지불받을 것이다. 그러나 여성들은 보수를 지불받지 않는 상황에서도 남편, 어머니나 형제를 위해서, 혹은 아픈 친척이나 이웃을 위해서, 혹은 돈이 지불되지 않는 비형식적 경제의 부분들인 좋은 사회 건설을 위해서 일을 한다(Pahl, 1984).

사람들은 성인 친척들로부터 많은 도움을 주고받는다. 힐과 동료들(1970)은 WA의 미네아폴리스의 3세대 가족의 연구에서 이것을 발견하였다(〈표 7-6〉 참고). 그러한 경제적 도움의 방향은 누가 더 잘 사는가에 달려 있어서, 돈이 부모로부터 자식에게 전수(傳受)되는 것이 일반적이긴 하지만, 부모가 은퇴하거나 자녀들이 특히 잘 살 때에는 역전되기도 한다. 경제적으로 성공했

표 7-6 친척에게 주거나 받은 도움(미국)

		부모	결혼한 자녀	조부모
경제적 측면	준 도움	41	34	26
	받은 도움	17	49	34
가정 관리	준 도움	47	33	21
	받은 도움	23	25	52
자녀 양육	준 도움	50	34	16
	받은 도움	23	78	0
질병	준 도움	21	47	32
	받은 도움	21	18	61

출처 : Hill et al. (1970)
각주 : 백분율은 사사오입하여 제시된 것으로, 모두 합하면 100%가 넘을 수도 있다.

표 7-7	친구와 친척에 의한 도움(백분율)			
		중류 계층	화이트 칼러층	근로자 계층
개인적 문제에 대한 조언	친구	64	67	39
	친척	34	33	58
재정적 대부의 출처	친구	26	23	9
	친척	74	73	86
자녀 질병 문제의 경우 주된 도움의 출처	친구	39	45	19
	친척	56	55	77

출처 : Willmott(1987)

다는 소식이 급속하게 순환되고, 많은 친척들이 그것을 공유하기를 기대하는 아프리카에서는 더 그러하다. 아프리카에서 대가족 관계망은 종종 복지국가의 한 가지 대안으로 여겨졌다. '아프리카에서 가족들은 보편적으로 끊임없이 관대함을 제공한다'. 그러나 항상 그러한 것은 아니다. 세레이와 동료들(1993)은 우간다의 에이즈 환자가 친척들의 음식과 돈 그리고 다른 가족 구성원에 대한 책임감 결여 때문에, 오히려 친척들로부터 제한된 도움을 받았다고 하였다. 영국에서 근로자 계층의 사람들은 심각한 도움이 필요할 때 친구와 대조되는 친척에게 도움을 바라지만, 이것은 런던에서 수행된 윌모트(1987)의 연구 결과처럼, 중류층에서는 그러한 경향이 더 적게 나타난다(〈표 7-7〉 참고).

앞에서 살펴본 것처럼 선물이나 유산의 형태로, 그리고 자동차를 사거나 학비를 제공하는 것과 같은 특별한 요구에 대한 재정적 도움의 형태로, 돈은 나이가 많은 친척으로부터 나이가 적은 친척으로, 부유한 친척으로부터 가난한 친척으로 전수(傳受)되었다. 또한 재정적으로나 직접 돌봄으로써 노인들을 많이 도와주고 있다. 영국에서 성인 7명 중에 한 명은 1985년에 무보수의 도움을 제공하였으며, 이는 한 시간에 7파운드 정도의 비용이 드는 것으로 내셔널 헬스 서비스의 전체 비용과 맞먹는다. 또한 예를 들어 다른 가족 구성원이 아픈 경우처럼 가정 내 많은 도움들이 있다.

친척은 또한 어린 구성원들의 직업에 많은 관심을 가지고 있으며, 이는 가족 전체로서의 번영과 사회적 지위에 영향을 끼치기 때문이다. 그러므로 친척은 직업과 관련해서 충고를 하고 도움을 주며, 특정 문화에서는 '족벌주의'가 일반적이어서 다른 지원자보다 친척에게 일자리를 제공한다. 영국에서 가족 사업에 젊은 친척을 고용하는 경우도 이와 유사한데, 친척이 파트너로 신뢰할 수 있다는 이유가 있지만 그것보다 먼저 끈끈한 유대 때문이다. 친구나 파트너를 '의형제'로 만드는 이유는 어떤 문화에서는 혈족 관계와 유사한 강도의 유대를 만드는 것으로, 만약 의형제 중 한 사람이 파트너를 망하게 내버려둔다면 그 사람의 피 속에 남아 있는 파트너의 피가 이 사람을 죽일 것이라고 믿는다(Argyle & Henderson, 1985).

중국에서 나이가 든 부모는 전통적으로 자녀들과 함께 살며 이들의 돌봄을 받는다. 그러나 문화혁명 이래로 노인들은 권위를 잃어버렸고 그 다음 세대들은 부모 돌보기에 예전보다 덜 호의적이다. 혁명이 일어나는 동안 노인들이 공산주의를 지지하고, 더 이상 토지를 물려받을 수 없게 되고, 신부를 사는 돈, 결혼과 주택 마련에 상당한 비용이 들었기 때문이다(Yang & Chandler, 1992). 대만에서는 대부분의 신혼 부부들이 남편의 부모와 같이 산다. 많은 부부들이 뒤에는 이사를 나가지만, 여전히 매일 부모님 댁을 방문하며, 상당한 재정적 도움을 제공한다(Freedman et al., 1978). 그러나 이러한 모든 이타성은 이타성을 베푸는 사람에게 혜택이 있다. 우리는 앞에서 받는 것보다 주는 것이 어느 정도 더 행복한 것이며, 양방향적인 사회적 지지가 주로 베푸는 사람에게 심리적인 혜택을 제공한다는 것을 살펴보았다(Maton, 1987). 이러한 사람들은 자신의 이익보다 타인의 욕구에 더 많은 관심을 가지며, 이것은 교환 관계보다 더 밀접한 '공동 관계' 이론과 일치한다(Clark, 1986).

영국에서 젊은 부부들은 시부모와 거의 함께 살지 않으며, 시어머니는 보통의 어머니들이 하는 것처럼, 자식에게 선물하기보다는 며느리에게 선물을 주는 것으로 나타났다(Fischer, 1983). 문자를 사용하기 이전의 어떤 사회에서는 시어머니 회피 현상이 있었고, 어떤 경우에는 시어머니를 보는 것이 금지되기도 하였다. 현대 사회에서 사촌 관계는 자발적인 형태의 친족 관계이지만, 오직 일부만이 접촉을 유지한다. 종종 이들은 조부모의 집에서 만나게 되며, 그 관계는 조부모가 생존해 있는 것에 의존한다. 사촌은 이종 사촌의 경우가 가장 가까우며, 이것은 자매들끼리의 유대가 더 강하기 때문이다. 아담스(1968)는 아동기때 동료였던 사촌끼리 더 가까이 머무는 경향이 있다고 하였다. 조부모는 사촌보다는 더 가깝게 접촉을 하는데, 이것은 두 명의 부모 자녀간의 유대가 강하기 때문이다. 조부모는 종종 손주들과 직접적인 연결을 하고 아주 밀접할 수도 있는데, 이는 훈육 책임이 없기 때문이다. 자매들간의 관계가 더 강한 경향이 있지만, 조부모 관계는 획득되어야 하며 자동적인 것은 아니다.

6. 가족으로부터의 선물

가족 재정의 획득과 분배는 난처한 주제가 될 수 있다. 지금부터는 선물 심리를 살펴보고자 한다. 선물은 가족, 친구나 친한 관계에 있는 타인들과 같이 알고 있는 개인들에게 주는 경우는 제외되는 일종의 자비이다. 더 나아가서 선물은 종종 상호교환되어서, 우리는 선물의 보답으로 무엇인가를 얻는다. 자비는 수혜자의 요구나 고통스런 상태에 대한 반응에서 주어지지만, 선물은 수혜자의 어떠한 실제 욕구와도 관련되지 않을 수 있다. 선물은 수당이나 뇌물과는 아주 다른, 자발적이고 자연스러운 애정 행위이며, 어떠한 보답도 추구하지 않는다(Carrier, 1995). 그러나 누구에게 크리스마스나 생일 선물을 주어야 하는지, 어떤 물건이 선물로서 적당한지, 그리고 이들이 어떻게 교환되어야 하는지와 같은 아주 구체적인 규칙들이 있다. 그러나 많은 액수의 돈이 거래되는, 가족 내에서 선물과 다른 금전적 측면의 상호교환은 시장 경제의 대안으로 여겨질 수 있다.

선물은 돈이나 도서 교환권과 같은 상품권으로 할 수 있으며, 대부분의 선물은 자신이 직접 만든 선물을 제외하고는 그 자체의 금전적 가치를 가지고 있다. 그러나 선물은 돈이 아닌 경우가 더 많으며, 오히려 돈은 선물하기에는 부적절한 것으로 생각된다. 선물은 가정에서 사용할 수 있는 물건이나 옷과 같은 실용적인 것일 수 있으며, 이 경우에 포장해서 선물함으로써 선물로 변형된다. 혹은 카드나 꽃처럼 실생활에 꼭 필요한 것이 아닐 수 있으며, 이 경우에는 주로 그것이 전달하는 의미가 중요하게 여겨진다. 선물은 그 크기와 상징에 의해서 메시지를 전달한다. 또한 돈을 선물하는 것은 주로 그 액수에 의해서 메시지를 전달한다.

선물은 오랫동안 거의 연구되지 않았던 이타성의 한 유형이기 때문에 심리학자들의 관심이 모아지고 있다. 선물을 대인간 매력에 관련된 심리학으로, 혹은 사회 생물학으로, 혹은 규칙과 의식의 사회 체계 기능으로 설명가능한가? 선물은 또한 인류학자에게도 많은 관심을 받아 왔다. 이들이 발견한 아주 복잡한 의식 중의 일부가 선물을 주는 제도였으며, 이것은 유사한 과정들이 우리 사회에서도 작용하는지와 같은 의문이다. 예를 들어 포틀래치의 경쟁적이고 지위-추구적인 의식, 쿨라에서 선물의 정교한 순환 등을 제기한다.

7. 선물에 관한 10가지 질문

1) 얼마나 많이 주는가?

선물은 가계 지출의 일부분을 차지한다. 데이비스(1972)는 영국 소비자 자료를 분석하여 예산의 평균 4.3% 정도가 자선을 포함하지 않은 선물로 지출되었다고 결론내렸다. 그러나 데이비스는 이것이 과소 추정된 것이라고 믿고 있다. 왜냐하면 이들이 직접 만들거나 재배한 선물은 포함되지 않았기 때문이다. 미국의 조사 결과도 이와 유사했는데, 예를 들어 가너와 와그너(1991)는 4,139 가구를 조사하여 가계 예산의 3.7%가 선물로 지출되고, 이것의 3/4이 크리스마스 선물로, 나머지는 생일과 결혼선물로 지출되었다고 하였다. 몇몇 다른 문화에서는 선물로 지출된 부분이 이것보다 더 많았다.

2) 누가 가장 많이 주는가?

다음의 네 가지 요소가 중요한 것으로 나타났다.

- **소 득** : 부자인 사람이 자신의 소득에 비례해서 평균적으로 더 많은 선물을 하지만, 그 비율 또한 소득과 함께 증가한다. 특히 소득이 중간 정도를 넘어서는 경우에 그러하였다. 이는 선물을 할 여유가 있는 사람들의 경우에는 선물이 어느 정도 사치품임을 나타낸다(Garner & Wagner, 1991).

- **교 육** : 소득과 상관없이 교육을 많이 받은 사람이 선물을 더 많이 하며, 이것은 아마도 이들이 더 넓은 사회 관계망을 가지고 있기 때문일 것이다.

- **성** : 남성이 여성보다 더 비싼 선물을 주는 경향이 있긴 하지만, 여성이 남성보다 더 많은 선물을 한다. 카프로우(1982)는 크리스마스 선물의 84%가 여성 혼자 하거나 남성과 같이 하는 등 여성에 의해서 주어졌으며, 16%만이 남성 혼자에 의해서 주어졌다. 여성은 여럿이 어울려 함께 선물을 하고, 선물 대신에 물건을 서로 교환하거나 크리스마스 저녁 식사를 제공하는 등 종종 크리스마스 준비를 맡고 있다. 또한 여성은, 북미의 웨딩 샤워처럼 다른 여자 친구들에게 많은 선물을 한다.

- **연 령** : 자녀들이 집을 떠나고 돈과 선물을 할 시간이 있는 중년기 사람들이 더 많은 선물을 한다.

3) 누가 수혜자인가?

대부분의 선물은 배우자, 그 다음은 자녀, 형제, 다른 친척 그리고 친구들과 같이 친밀한 가족에게 주어진다. 카프로우(1982)는 미국의 전형적인 중류 도시에서 크리스마스 선물에 대한 대단위 연구를 하였다. 그 결과, 자녀들은 자신이 부모에게 드린 것의 7배를 부모에게서 받았으며, 이와 유사한 비율이 세대차가 있는 다른 관계에서도 나타났다. 부모는 또한 교사, 의사, 사회 사

		대용화폐(5달러 이하)	옷 종류(5~25달러)	물건(25달러 이상)
직계 가족				
가까운 친척		19	56	26
먼 친척		28	59	13
타 인		49	56	3
		69	25	6

출처 : Caplow(1982)

〈그림 7-1〉 크리스마스 선물과 친족(미국)

업가들과 직장 부하들에게 선물을 주며, 이러한 경우에는 친족에게 준 것보다 더 작은 것들을 선물한다.

4) 문화적인 차이가 있는가?

　수렵채취 사회처럼 전통적인 사회의 사람들은 선물을 하지 않는다. 화폐가 없는 문화에서 선물은 생활의 중요한 부분이며 콰키우틀의 포틀래치와 트로브리안드의 쿠라와 같이 선물과 연관된 정교한 규칙과 의식들이 있다. 큐라에서는 두 종류의 조개껍데기를 섬 주위를 서로 반대 방향으로 순환시킨다. 이 조개껍데기들은 결코 사용되거나 소비되지 않고, 일용품으로 교환되지도 않지만, 이것의 교환이 다른 거래를 유지시켜 준다고 믿는다. 조개껍데기 각각은 어떤 의미에서 그것들을 계속 소유하고 있는 원 소유주를 가지고 있으며, 이것들의 '권리는 양도할 수 없다'(Mauss, 1954).

　이보다 더 발달된 제3세계의 문화에서는 확대 가족이 일반적이며, 그 곳에서는 현대 사회보다 친족에게 선물을 더 많이 한다. 그 예로 멕시코의 하우사 부족들은 소득의 10.6%가 넓은 범위의 친척들에게 선물로 지출된다. 하우사 부족의 경우에는 이 수치가 과잉 추정된 것으로 보이는데, 왜냐하면 그 백분율이 외부 소득에 기초한 것이고, 직접 만들거나 집에서 생산한 식량 등의 수입을 포함하지 않았기 때문에 실제로는 소득이 더 높고 선물에 지출된 비율은 더 적은 것으로 보인다(Davis, 1972). 파키스탄, 이집트, 터키, 포르투갈, 그리고 옛 유고에서 온 이민자들은 영국, 독일이나 다른 더 번영한 국가에서 일을 하면서 자신의 가족들에게 장기간 송금을 했다. 한편, 중국인들은 친구들에게 더 많은 선물을 하는데, 이는 중국 사회의 집단주의적 속성을 반영하는 것이다. 일본은 많은 선물을 준다는 점에서 특별한데, 대략 매월 26개의 선물을 주며, 이러한 선물은 특별한 선물 가게에서 구매함으로써 그 가치가 판단될 수 있고 동일한 가치(同價)의 선물을 되받을 수 있다. 이것을 개봉해 보면 기분이 나빠질지도 모르기 때문에 개봉되지 않은 선물의 순환을 이끌고, 선물 제공자 앞에서 개봉하지 않는다(Morsbach, 1977). 때로 선물은 영국에서도 순환된다.

　모든 문화는 선물에 관해 그 문화만의 규칙과 의식을 가진다. 취얼(1988)은 결혼 선물로는 돈을 주는 것이 정상적이고, 크리스마스 선물은 크리스마스 트리 주위에 전시되어야 하고 크리스마스 저녁식사 시간에 개봉되어야 하며, 결혼식 전날 신부의 여자 친구들이 웨딩 샤워를 해 주고 가재 도구 등의 선물을 주는 등의 캐나다 위니펙의 선물 문화를 기술하고 있다. 이러한 준비들은 영국과 독일에서는 다르다. 이러한 규율의 힘은 선물을 주는 것이 선물을 주는 이데올로기가 가정하는 것처럼 자발적이거나 자연스러운 것이 아니게 한다. 선물이 자발적이고 보답에 대한 기대가 없다는 것은 거짓이며, 선물은 게임에 들어가는 것이 아니라 애정의 표시이다.

5) 여러 경우에 따른 선물?

　선물의 가치는 경우에 따라서 매우 다르다. 〈표 7-8〉에는 취얼(Cheal, 1988)의 위니펙 연구에서 선물에 지출된 평균 금액이 제시되어 있다. 결혼

| 표 7-8 | 경우에 따른 선물의 금전적 가치 |

경 우	선물의 가치*	
	평균($)	표준 편차($)
기념일	85.70	266.90
출 산	23.10	23.30
생 일	27.00	40.20
약 혼	44.10	114.90
크리스마스	21.40	38.30
부활절	9.00	7.00
아버지 날	21.00	16.00
어머니 날	34.20	110.20
동창회	11.90	9.90
발렌타인 데이	8.60	7.20
방 문	22.10	28.10
결 혼	117.10	394.40
조 문	14.80	10.80
송별회	18.30	36.00
파 티	29.00	69.90
기 타	49.10	112.70

출처 : Cheal(1988)
각주 : * 직접 만든 선물은 제외됨(1982년, 모든 사례에서 면접자들이 다른 사람에게 한 선물 중 3.5%가 직접 만든 선물임).

선물로 가장 비싼 것을 주었으며, 그 다음이 기념일과 결혼 전 선물이었다. 생일 선물과 크리스마스 선물은 더 값이 싸고 더 다양하였다. 여러 연구들에서 결혼 선물로는 가재 도구나 돈과 같이 실용적인 것을 선호한다고 나타났다. 한편 부활절과 발렌타인 선물은 대부분 꽃이나 초콜릿이었으며, 이것들은 '도구적'이기보다는 '표현적'이었다. 생일 선물과 크리스마스 선물은 실용적이거나 표현적일 수 있었으며, 혹은 둘 다일 수도 있었다. 종종 이러한 선물로는 장난감이나 의복이 사용되었다.

보석을 교환하는 것으로 유명한 결혼 25주년 기념식(은혼식), 60주년 기념식과 다른 결혼 기념일에 관한 관습이 있으며, 광고에 의해 조장되지만 그대로 따라하지는 않는다. 제도 내에서 주어지는 선물의 경우 분명히 적절한 선물이 있다. 예를 들어 학업적인 상황에서는 서적이 일상적이다. 뒷부분에서 살펴보겠지만, 많은 다른 것들은 적절하지 않을 수도 있다.

6) 누가 왜 선물을 교환하는가?

선물의 상호교환(reciprocity)은 문화적 보편성으로 간주되어 왔으며 (Gouldner, 1960), 선물을 교환하는 도덕적 의무가 있다(Mauss, 1954). 단기간의 상호교환의 증거가 있으며, 이러한 원리는 기부를 유발하기 위해서 사용될 수 있다. 또한 실험실 실험을 통해서도 단기간의 상호교환의 증거가 나타나고 있다. 취얼(1988)은 선물의 53%가 매년 교환된다고 하였다. 영국과 미국의 연구에서 선물의 교환은 형제와 친구처럼 평등한 사람들간에 이루어지며, 크리스마스와 같은 특별한 날에 발생하였다. 그러나 크리스마스 선물은 동시에 주어지는 것이기 때문에, 타인이 줄 것을 예상하는 것에 의존한다. 이러한 분명한 상호교환에 대한 대안적 설명은 관여한 사람들이 누가 누구에게 선물을 주어야 하고, 어느 정도의 선물이 적절한지에 대한 규칙을 알고 있다는 것이다. 종종 생일 선물의 경우 상호교환이 있지만 결혼 선물의 경우에는 드물다. 이웃들이 어떤 일을 하거나 어떤 것을 빌려 주는 것에 있어서도 교환이 있다. 이들은 보수 받기를 원하지는 않지만, 예를 들어 케이크를 굽거나 차를 수리하는 등 이웃들의 시간, 기술, 노력들로 상호교환되는 것을 선호한다(Webley et al., 1983).

사회 심리학 이론에 따르면, 어떤 사람이 타인의 선물에 보답할 수 없을 때 자신이 그 사람과 권력에게 빚졌다고 느끼며, 심지어 자신이 열등하다고 느낀다. 선물과 호의는 그러한 결과를 낳을 수도 있기 때문에 때로는 회피되기도 한다. 즉, 실직자들은 술값을 낼 여유가 없기 때문에 술집에 가지 못하며 그 결과 사회적으로 소외된다. 정치인이나 그 밖의 공무원들은 부탁을 들어 주거나 뇌물을 받음으로써 고소당할 압력을 느끼기 때문에 선물받는 것을 피해야 한다.

　　분명히 상호교환적이 아닌 다른 관계도 있다. 우리는 자녀가 부모에게 주는 것보다 7배나 더 많은 선물을 부모가 자녀에게 준다는 것을 앞에서 살펴보았다. 유사한 차이가 조부모, 삼촌과 이모, 그리고 양육적인 가족 관계에 있는 어떠한 사람에게도 적용된다. 관계에 관한 연구는 사람들이 도움이나 다른 호의가 상호교환될 것으로 기대하는 '교환' 관계와, 그러한 보답을 바라거나 계산하지는 않지만 대신에 타인의 욕구를 고려하는 '공동' 관계를 구분하였다(Clark & Reis, 1988). 따라서 자녀나 다른 사랑하는 사람과의 관계는 공동 관계로 생각되며, 연로한 부모를 뒤에 돌보아야 한다는 것을 고려하지 않는 한 교환은 기대되지 않을 것이다. 그리고 선진 국가의 경우 자녀가 돌보는 노인의 수가 적긴 하지만, 세계적으로 노인들의 70%는 자녀에게 전적으로 의존한다. 여성은 남성보다 공통적이고 양육적인 관계에 더 많이 관여하며, 여기에서 성 차이가 더 일반적이다.

　　교사, 의사, 사회 사업가, 고용인에게 주는 선물에서도 이러한 선물이 스스로에게 과거의 호의에 대한 보답으로 보여지지 않는 한 상호교환성이 없다. 이것들은 모두 교환 관계로 보여질 수 있다.

7) 선물의 의미는 무엇인가?

　　선물을 준다는 것은 수혜자에 대한 관심이나 애정과 같은 어떤 의미를 전달한다. 따라서 선물을 주지 않는 것은 거부의 표시이다. 선물을 받아들이는 것은 또한 애정의 표시이며, 적어도 그 관계를 수용하는 것이다. 이러한 관심이나 애정의 정도는 선물의 비용으로 나타나며, 또한 그것을 고르고, 사거나 포장을 하는 데 취해진 노력에 의해 알 수 있다. 예를 들어 사진이나 보석과 같은 선물은 그 선물을 준 사람을 오랫동안 기억나게 하는 역할을 한다. 또한 선물은 예를 들어 집안의 귀중한 가보나 특별한 역사가 있는 물건들을 물려 주는 것과 같이 또 다른 방식에서 유대를 강화시킬 수도 있다.

　　선물이 잘못된 의미를 전달할 수도 있다. 데이비스(1992)는 바링스은행을 창시한 스코틀랜드의 귀족인 에쉬버튼경이 토마스 카알라일과 그의 부인을 크리스마스에 초대한 사례를 인용하여 선물이 잘못된 의미를 전달하는 방식을 설명하고 있다. 토마스는 선물로 조각그림 맞추기를 받았는데, 이것은 새로운 발명품으로 매우 적절한 선물이었다. 그러나 카알라일 부인은 검정색 실크 드레스를 선물받았으며, 이것은 보통 요리사에게 주는 선물이었기 때문에 받아들일 수 없었다. 뚱뚱하거나 키가 작거나 나이가 든 사람에게 옷을 선물하는 것은 방취제나 반점 연고를 주는 것과 같이 무례한 것이었다.

선물은 테니스 라켓, 롤러 스케이트, 망원경, 컴퓨터 혹은 새로운 관심 분야의 서적 등과 같이 새로운 관심이나 활동을 제안할 때는 또 다른 종류의 의미를 전달할 수 있다. 이것은 아동에게 공통된 유형의 선물이다. 그러나 아동들은 자신보다 어린 연령의 아동에게 적절한 선물을 받을 때는 아주 싫어한다.

8) 돈은 선물로 적절한가?

돈은 선물로 적절하지 않다고 종종 느껴진다. 웨블리와 윌슨(1989)은 학생들에게 다른 사람들에게 주는 다양한 선물들의 수용 가능성을 평가하게 하였다. 그 결과 돈은 모든 경우에 가장 수용할 수 없는 것으로 생각되었고, 특히 선물을 줄 사람이 더 높은 지위의 사람일 때 그러하였다. 이웃간에 교환의 일부로 빌린 음식이나 수행된 일의 경우에도 적절하지 않은 것으로 나타났다(Webley & Lea, 1993). 네덜란드 연구에서 경영학과 학생들의 41%가 돈이 선물로 수용 가능하지 않다고 생각하였으며, 이들은 실제 선물이 있었을 때 그리고 선물을 포장하는 것과 같이 노력이 들어갔을 때 그 선물과 기증자를 더 좋아하였다. 그들은 돈을 비인간적이고, 돈을 선물로 주는 사람은 게으르다고 생각했다. 그러나 그것이 요청된 것이고, 수혜자가 돈이 아주 많이 필요하거나 어떤 것을 사기 위해서 저축하고 있거나 혹은 기증자가 적절하지 않은 선물을 한다는 평판이 나 있을 때에는 수용 가능하였다(Pieters & Rodden, 1992). 아동들이 돈을 받는 것에 반대한다는 증거는 없다.

미국 중류 도시에서 크리스마스 선물의 9%와 캐나다 위니펙에서 크리스마스 선물의 7%만이 돈이었다. 한편 위니펙에서는 결혼 선물로 돈을 주는 것이 보편적이어서 부분적으로는 결혼식을 위해 지불되었으며, 이러한 양상은 그리스에서도 나타났다. 돈이 부적절하게 느껴지는 이유는 다양하다. 돈을 선물하는 것은 기증자가 선물을 고르는 것을 귀찮아한다는 것을 의미하고, 둘 간의 관계가 약하다는 상징이며, 상징적 의미가 거의 없고, 사랑의 정도를 측정하기에 너무 정확하기 때문이다. 마지막 설명은 잘못되었음에 틀림없는데, 이것은 선물로 주는 돈의 액수와 똑같이 돈이 적혀 있는 상품권들은 일반적으로 선물로 수용 가능하기 때문이다(Webley & Wilson, 1989). 만약 A와 B가 모두 서로에게 돈을 주었다면, 비록 이들이 서로에게 같은 가치의 선물을 주었다 하더라도 어리석은 것이다. 이것이 비경제적인 의미가 중요하다는 것을 보여 주는 것이다.

선물이 주로 애정이나 관심의 표시이며, 팔거나 살 수 없는 것이기 때문에 돈은 그 의미를 전달하는 만족스런 방법으로 보이지는 않는다.

9) 선물은 관계를 강화시키는가?

뒤르켐 이후로 사회학에서 사회 체계들에 대한 공통된 설명은 이것들이 관계를 강화시키고, 사회를 통합하는 기능을 한다는 것이다. 예를 들어, 인류학자들은 트로브리안드 섬의 쿠라가 그 섬들간의 평화로운 관계를 유지시켜서, 일용품 교환이 이루어지게 한다고 믿었다. 쉬얼(1988)은 더 나아가서 선물이 약한 관계를 강화시켜 주고, 특히 세 가지의 주된 선물교환 관계, 즉 배우자간, 부모-자녀간, 다른 친척들간은 이러한 지원을 필요로 한다고 주장하였다. 그러나 이러한 것들이 특히 약한 관계라는 증거는 없다. 친족 관계는 우정보다 더 오랫동안 지속되며, 따라서 강화시킬 필요가 있는 것은 오히려 우정이라고 주장될 수 있다. 또한 직장 동료와 상사와는 많은 긴장이 있으므로 선물을 주고 받을 필요가 있다. 가족 내부에서는 친척과 많은 긴장이 있으므로 이들이 가장 많은 선물을 필요로 한다. 그러나 선물은 특별한 관계를 강화하기 위해서 사용될 수 있다.

위의 세 가지 관계가 선물을 가장 많이 하는 것에 대한 대안적 설명은 사회 생물학에 비춰서 선물이 대부분의 유전자를 공유하는 사람들, 자녀와 형제, 다른 친족들에게 주어지며, 반면 배우자는 이들이 자녀를 출산하고 양육하는 데 있어서 도구적이기 때문에 선물을 한다고 볼 수 있다. 자녀는 부모보다 더 많은 선물을 받는데, 이것은 이들이 여전히 양육을 필요로 하기 때문이다. 그러나 카프로우(1982)는 양자들이 친자식과 같은 양의 선물을 받으며, 공유된 유전자가 없음에도 아내가 자신의 친척들뿐 아니라 남편의 친척들에게도 같은 양의 선물을 한다고 하였다. 이것은 공정성의 규칙이 가족 내부의 갈등을 회피하게 해 주기 때문이라고 말할 수 있다.

선물 배분에 있어 또 다른 설명은 배우자와 같이 가장 좋아하는 사람들에게 선물을 준다는 것이다. 그러한 선호는 유전적 관계에 기초할 수도 있으며, 애착심을 유발하는 초기에 공유한 가족 경험, 혹은 훗날에 있을 보상적 경험에 기초할 수도 있다. 선물을 받는 것은 애정의 표시로 해석되며, 때로는 확실히 그러하다. 그러나 우리가 일상적으로 매우 좋아하는 친구들은 작은 선물을 받거나 상품 교환권을 받거나 아무 선물도 받지 않는다. 친한 친척은 이들이 얼마나 떨어져서 사는지와 상관없이 선물을 받고, 거의 볼 수 없고 보답을 주지 않아도 여전히 선물을 주며(Caplow, 1984), 이런 것들 모두가 사회 생물학적 설명을 지지한다. 한편, 선물을 주는 것이 어느 정도 자신의 진정한 느낌을 유린하는 엄격한 규칙에 의해 지배되고, 공유된 유전자 영향을 수정하는 것을 볼 수 있다. 이러한 규칙들은 너무 엄격해서 가족들에게 선물을 주는 것이 결코 자발적이지 않게 된다. 따라서 선물은 사랑의 자발적인 표현으로 보여야 하지만 그렇지 않을 수도 있다.

10) 선물주기에 있어서 과소비가 있는가?

밴쿠버섬의 Kwakiutl 인디안들의 포틀래치는 인류학자들에게 계속적인 관심이 되고 있다. 포틀래치에서 복잡한 의식을 치르는 과정 중 재산을 내놓고 파괴하는 것은 사회적 지위를 추구하기 위해 매우 경쟁적인 방식으로 수행된다. 히스(1976)가 지적한 것처럼, 물건들을 주는 것보다 직업과 성취를 통해 지위를 얻는 우리 사회에서는 아주 적절하지 않다. 히스는 자신이 받은 것보다 더 큰 선물을 준 사람들을 우월하다고 느끼지는 않았지만 당황하거나 불쾌했다고 하였다. 한편, 부부들이 집을 장만하기 위해서 돈을 더 잘 사용할 수 있기 때문에, 아주 비싸고 경쟁적이고, 매우 낭비적인 결혼은 포틀래치의 요소들과 관련되어 있다.

8. 선물 경제

선물 경제는 시장 경제와는 아주 다르고, 돈을 기부하는 것과도 아주 다른 흥미롭고 특징적인 특성들이 많다.

매우 단순한 문화만을 제외하고 거의 모든 문화에서 대부분의 사람들은 전형적으로 자신들의 예산의 4~5%에 해당하는 선물을 한다. 남성보다는 여성이 선물을 더 많이 하고, 대부분의 선물을 친한 친족들에게 주며, 친구들에게는 더 적은 선물들을 한다. 서구 문화에서는 대부분의 선물이 크리스마스, 생일, 그리고 결혼식 때 주어진다. 동등한 사람들 간에는 상당한 상호 교환성이 있지만, 부모와 자녀 간에, 혹은 친밀하고 양육적인 관계에 있는 사람들 간에는 그렇지 않다. 선물은 일반적으로 준수되는 복잡한 규칙 체계에 의해서 지배된다. 그러나 이러한 체계가 약한 관계를 강화시키는 기능을 한다는 증거는 없으며, 오히려 선물 경제의 규칙은 유전적 밀접성과 관련해서 더 잘 해석될 수 있다. 한편, 선물은 애정을 나타내는 비언어적인 신호를 보내 주며, 또한 다른 많은 의미들을 전달한다.

과소비되는 결혼식이 포틀래치와 약간 유사하긴 하지만, 인류학적 모형들은 현대 사회의 선물 경제에는 적합하지 않다. 현대의 선물 경제는 조개껍데기가 기부자의 '양도 불가능한' 소유물인 Kula의 어떤 것들과도 일치하지 않는다. 돈과 재산이 있는 곳에서 선물은 곧 기증자와 분리되고, 심지어 선물이 이들을 기억하는 역할을 하더라도 그렇다.

경제학에서 선물 경제는 부분적으로 선물의 좋지 않은 상징력 때문에 돈이 정상적으로 선물로 사용될 수 없고, 종종 부적절한 것으로 생각된다는 점에서 시장 경제와 다르다. 추가적으로, 어떤 관계에서는 상호교환도 없다. 상호교환이 있는 곳에서 보답이 없는 것이 기대되고, 확실히 어떠한 거래도 없다는 것은 위선이다. 심리학의 경우 선물 경제는 그 기능이 아직 분명하지는 않지만 사회 생물학에 기초하는 규칙 체계로 보며, 반면 선물은 다른 비언어적 신호들과 매우 유사한 방식으로 스스로 기능한다고 본다.

9. 유 산

가장 큰 '선물' 은 유산으로 주어지며, 주로 친밀한 가족 구성원에게 주어진다. 가족들이 토지나 기업체를 소유할 때, 이것이 사회적 과정의 중요한 부분이다. 농장을 소유한 대부분의 사람들은 그것들을 물려받고, 나중에 살펴보겠지만 영국에서 아주 부유한 사람들 대부분은 많은 돈을 물려받았다. 요즈음 대부분의 사람들이 물려받은 재산의 주된 종류는 주택이다. 전통적인 사회에서는 종교적 의식 임무를 물려받았으며, 우리 사회 일부에서는 귀족의 직함과 자리를 물려받기도 했다.

봉건 시대 동안 토지를 가지고 있었던 사람들은 보통 자신의 큰 아들인 '장자' 에게 물려주었다. 봉건 시대에 여성들은 유산을 받지 못했으며, 오늘날 많은 농장 가족들의 경우에도 그러하다. 왜냐하면 아들이 딸이나 사위보다 농장에 더 오랜 기간 노력을 기울일 것이기 때문이다. 땅이나 농장을 물려줄 때, 장남에게 가장 많은 부분이 주어지는 것은 재산을 분할할 경우 땅이 너무 작아져 가족을 부양할 수 없기 때문이다. 아일랜드에서는 농장 가족의 1/3 정도가 여전히 이렇게 하고 있으며, 특히 농장의 크기가 중간 정도일 때 그러하다. 이것은 장남이 낮은 보수를 받고 오랜 시간 동안 일을 하지만, 결국은 자신이 물려받을 것을 알고 있다는 점에서 교환으로 보일 수도 있다. 이것은 오랜 기간에 걸친 협상과 이해의 결과인 것이다. 이것은 더 이상 일을 효율적으로 할 수 없는 연로한 부모가 아들의 보살핌을 받고 함께 산다는 점에서 심층적인 교환이다(Kennedy, 1991). 장남 외의 또 다른 아들들도 역시 거의 무보수로 몇 년간 농장에서 일을 하였을 것이나, 장남보다는 더 가난하고 더 낮은 지위로 살게 되었을 것이다. 그러나 프랑스와 영국 일부에서는, '혈연' 가족을 만드는 일종의 연합 유산이 있어서, 비록 한 명의 아들이 아버지의 토지를 물려받아도, 아들들은 서로 간에 가깝게 계속 살았으며, 강한 결속력과 상호 의무감을 가지고 있었다. 프랑스에서 1804년의 민법전은 자녀들이 평등한 유산을 받도록 하였다. 그 이후로 농장들은 비경제적으로 작아졌고, 실제로 한 명의 아들이 농장을 경영하고 돈은 다른 자식들을 교육시키기 위해 지출되었다. 민법전(Civil Code) 이면에 깔린 또 다른 동기는 귀족정치가 다시 출현하는 것을 막기 위한 것이었다(Casey, 1989). 미국에서도 1800년대 초기에 남부에 있는 주들에서 장자 상속권이 실행되었으며, 이 결과로 재산이 너무 작아져 자녀들은 서부로 이동해야만 했다(Matthaei, 1982).

오늘날 대부분의 영국 사람들은 토지를 소유하지 못하고 있지만, 주택을 소유하고 있으며 이것이 주로 물려 주는 재산이다. 뮨로(Munro, 1988)는 글래스고에서 전체 가구의 56%가 자신이 살고 있는 집을 소유하고 있다고 하였다. 부모가 죽은 후에 배우자가 물려받고 자녀에게 물려 주었으며, '자녀'들의 72%는 이미 소유주이면서 점유자였다. 사람들이 예전보다 장수하기 때문에, 주택을 물려 주는 것은 수혜자가 중년기나 심지어는 노인이 된 인생 후기의 일이다.

유산은 주로 가족들에게 주어지는데, 우선 생존해 있는 배우자에게 주어지고, 그 다음에는 자녀들에게 주어지며, 아주 드물기는 하지만 조부모나 가족 외의 다른 사람들에게도 주어진다. 아내는 남편이 아내에게 남기는 것보다 남편에게 유산을 덜 남긴다. 쟈데와 하디(1992)는 미국 캘리포니아에서 아내들의 42.4%가 자신의 재산을 남편에게 남겼고, 남편의 69.8%가 아내에게 재산을 남긴다고 하였다. 이것은 아마도 아내들이 남성들은 돈 버는 능력이 더 많다고 느끼기 때문인 것 같다. 젊은 아내와 재혼을 해서 자녀가 있는 사람들은 재산을 더 적게 남겨 준다. 오늘날 자녀들은 보통 똑같이 다루어지며, 만약 그렇지 않을 때에는 이들간에 많은 갈등이 있다.

　다양한 종류의 재산이 남성과 여성들에게 전해진다. 남자 자손들에게는 토지와 사업체를 물려 주는 반면, 여성들에게는 돈과 귀중품을 물려 준다. 과부들은 주택뿐만 아니라 주택조합 자금을 받는다(Delphy & Leonard, 1992). 프랑스에서 유산에 관한 연구는 가족들이 가족 사업체뿐만 아니라 신용과 사회적 관계 모두를 물려 준다는 사실을 밝혔다. 이것은 가족의 사회적 지위를 자녀에게 전해 주는 것을 가능하게 하였다(Bertaux & Bertaux-Wiame, 1988).

　이러한 결과들은 사회 생물학적 해석을 가능하게 하는데, 즉, 개인은 자신의 재산을 자신과 가장 많은 유전자를 공유한 사람인 자녀나 형제들에게 물려 준다는 것이다. 그러나 양자도 유산에서 친자식들과 똑같이 취급된다(Judge & Hardy, 1992). 이러한 유산 체계들은 부분적으로는 가족을 부양할 수 있을 정도로 농장의 크기를 유지하고, 프랑스 귀족주의의 재출현을 예방하는 것과 같은 사회적 문제들을 해결하기 위해 필요하였다. 또한 다양한 체계들의 출현에 관한 경험적 규칙성이 있다. 예를 들어, 남성들을 통해서만 이어지는 '부계' 유산은 아들과 이들의 가족이 아버지 근처에 사는 것과 같은 특정한 조건하에서 더 공통적이며(Murdoch, 1949), 반면 시장 경제와 직업과 재산으로의 접근은 원시 사회에서 한 가지 성으로만 재산이 물려지는 집단의 쇠퇴를 이끌었다(Blood, 1995).

　가족 내에서 재산이 전이되는 두 가지 주요한 유형이 있다. 원시 사회에서 결혼할 때 신부의 가족들에게 지불되는 '신부 사는 돈'이 있으며, 중세기의 '결혼 지참금'은 신부 가족에 의해 신부에게 지불된 것이다(Casey, 1989). 또 다른 중요한 전이 유형은 이혼할 때 아내에게 주는 것이다. 이러한 전이는 뒷부분에서 논의될 것이다. 사회학자들은 가족이 몇 가지 기능, 즉 성적 기능, 재생산 기능, 경제적 기능, 교육 기능을 한다고 믿는다. 이러한 기능 중 몇 개는 잃을 수도 있지만, 가족은 여전히 소비의 단위로서 중요하며, 젊은 이들의 사회적 지원과 사회화의 출처로서도 또한 중요하다(Fletcher, 1966).

10. 결 론

가족들이 합리적인 시장 경제로 작용한 것은 언제인가? 예를 들어 여성과 아동들이 농토나 가족 사업체에서 일을 하던 예전에는 더욱 그러하였다. 이것은 오늘날과는 다르다. 현재 가족 구성원들은 서로에게 수당을 지급하지 않고, 거래를 협상하지도 않는다. 돈이나 다른 소유물이 가정으로 들어올 때, 비록 일부는 타인들보다 이들에게 더 많이 통제되긴 하지만 많은 부분을 가족들이 같이 소유하게 된다.

이것은 친족 관계가 교환 관계가 아닌 공동 관계이며, 구성원들이 얻고 싶은 것보다는 필요로 하는 것을 타인들에게 주기 때문일 것이다(Clark & Reis, 1988). 어려운 시기나 다른 위기에 친족들을 돕는 것처럼 용돈도 이와 같이 작용한다. 이러한 방식으로 가장 분명하게 작용하는 것은 여성으로, 이들은 자녀들을 돌보고 친족 관계망을 밀접하게 유지시킨다.

여기에서 어떠한 합리적인 경제 체계도, 예를 들어 여성은 가사 노동을 해야 하고 남성은 가정 밖에서 돈을 벌어야 한다는 신념과 같은 사회 체계들을 창출하는 이데올로기들에 의해서 망쳐지게 된다. 돈은 소유주가 표시될 수도 있어서, 그것의 일부는 자신이 벌었기 때문에 혹은 음식을 위해 지출해야 하기 때문에 아내에 의해서만 지출될 수 있다. 친족들과 가까이 살거나 조부모를 돌봐야 하는 것이 필수적이라고 느낄 수도 있다.

부부간의 유대와 자녀에 대한 애착과 양육에는 생물학적 요소들이 있다.[3] 후자의 경우 수혜자인 자녀들은 부모에게서 많은 선물, 무노동 용돈, 무료 숙식, 그리고 결국에는 유산까지 받게 된다.

그러나 약간의 교환도 있다. 가족 중에서 주로 돈을 버는 사람은 이들이 원하는 것을 할 때와 의사결정에 더 많은 권력을 가진다. 이것은 배우자뿐

---

3) 옮긴이 註: 이 문제를 다룬 관련 자료를 소개한다.
  (1) 박성연, 도현심, 정승원 공역(1996) 부모-자녀 관계, -생태학적 접근-. 서울 : 학지사
  (2) 김정휘 저(2001) 영재성 발달에 영향을 끼치는 가족의 역할. 서울 : 교육과학사

아니라 자녀들에게도 적용된다. 더 많은 돈을 버는 사람들은 가사 노동을 더 적게 한다. 연로해진 부모들은 아기 돌보기와 같은 도움으로라도 보답할 수 있는 노동을 한다. 이것은 교환이 같은 종류의 보답으로 이루어진다는 원칙에 위배된다(Foa et al., 1993). 유사한 물건의 교환도 있다. 만약 가족의 한 구성원이 지붕을 수리하는 것과 같은 서비스를 한다면, 이것은 돈은 아니지만 어떤 종류로의 보답을 받을 것이다.

직장인의 동기요소: 임금

1. 직장인에게 중요한 동기요소?

　노동 문제를 다루는 대부분의 심리학 저서들이 돈에 대해서 언급하지 않고 있다는 사실은 새삼 사람들을 놀라게 만든다[1]. 어떠한 심리학 저서의 부록에서도 '돈'이라는 단어는 찾기가 힘들다[2]. 돈 그 자체는 보통 수행된 노동에 대한 보상의 하나로 보이며, 그 자체가 특히 중요한 것은 아니다. 그러나 보통 사람들에게 특히 자신의 직원들이 더 열심히 일하도록 동기화시키는 것이 어려운 관리자들에게 돈은 결정적이고 강력한 동기적 도구가 된다.

　펀햄(1996a)은 동기화 요소로서 돈의 위력에 대해 논평하였다. 심리학자들은 근로자들에게 직장을 평가하는 가장 중요한 요소를 물어 본 조사에서 상

---

1) 옮긴이 註 : 최신판 소비자 심리학에서도 돈에 관한 언급이 없으며 문제해결, 처방적 전개가
　　아니라 문화 이식 위주, 이론 중심으로 저술했다.
　　남승규(1999), 소비자 심리학. 서울 : 학지사.
2) 그 외에 심리학의 역사와 체계에 관한 책들에서도 돈에 관한 주제 항목이 없다.
　　이승복 외 옮김(1998). 심리학사(Kendler, H.H. (1987) *Historial Foundation of Modern
　　　Psychology*). 서울 : 학문사.
　　Goodwin, C. J. (1999) *A History of Modern Psychology*. New York : John Wiley & Sons,
　　　Inc.

대적으로 기준을 무시하는 결과를 나타내고 있다; '임금'은 '안전', '동료 근로자', '흥미로운 직무', '복지제도'와 같은 요소들에 이어 여섯 번째 혹은 일곱 번째로 중요하다고 응답하였다. 이것은 최근의 조사에서도 확인되고 있는데, 여기서 연금과 다른 혜택들이 임금 자체보다 더 가치 있는 것으로 나타났다. 확실히 돈은 중요하지만 다른 요소들과 비교했을 때는 꼭 그렇지도 않았다. 그러나 이러한 결과는 사람들이 자신의 동기를 정확하게 통찰하지 못하거나 사회적으로 바람직한 대답만을 했을 수도 있기 때문에 오도될 수 있다. 더구나 이러한 모든 조사들이 대표성이 있는 표본에서 수행된 것이 아니며, 이들의 다른 혜택과 단순한 임금 수준 때문에 고위 관리자들이 부수입이 적은 가난한 사람들의 돈에 대한 동기력을 과소 추정했을 수도 있다.

동기에 대한 심리학은 행동이 어느 정도 바람직한 보상과 연결된다면 직무 수행에 영향을 받을 수도 있다는 것이다. 일의 속도가 한 예이다. 사람들이 일하는 시간에 의해서 보수를 받을 때보다 그 결과에 의해서 보수를 받을 때 더 열심히 일한다는 것은 의심할 바 없다.

결근을 줄이는 유인자극 방안의 효과를 보여 주는 연구들도 있는데, 그 계획이 도입되자마자 즉각적으로 장기 결근율이 떨어졌으며, 그 계획을 중지하자 다시 결근율이 높아졌다. 또한 돈이 '다른 직장으로 옮기지 못하도록 고용주가 주는 은전'처럼 사람들을 조직에 계속 머무르게 하는 동기가 될 수 있다는 증거도 있다.

정말로 돈이 직무의 강력한 동기 요소이거나 만족을 주는 요소라면 왜 여러 연구들은 부유함과 행복간에 관련성이 없다는 것을 지속적으로 보여주고 있는가? 이 문제는 이 책의 11장에서 알아볼 것이다.

2. 인센티브 제도

모든 직업은 권고와 유인성을 가지며, 투입된 노동의 양과 산출된 임금이 일치하기를 희망한다. 사실 임금 노동 협정은 종종 매우 나쁘게 정의되는, 법적이고 심리학적인 계약이다(Behrend, 1988).

조직은 역사적 선례, 임금 조사, 직무 평가 등의 다양한 방법으로 급료를 결정한다. 이들은 시장 이자율을 충족시키거나 초과하기 위해서 경쟁업체와 비교해서 자신들을 평가한다(Miner, 1993). 확실히 금전적 보상이 목표 설정이나 직무 충실화 전략들보다 수행을 향상시키는 데 더 효과적이다.

거의 모든 사람들은 노동에 대한 보수로 돈을 받는다. 그러나 조직 안에서 돈과 수행의 관련 방식은 아주 다양하다. 조직 심리학자들이 관심을 갖는 문제는 다음과 같은 몇 가지 방식으로 작용하는 동기 요소로서의 돈의 위력이다:

1. 삯일 : 근로자들은 자신이 한 일의 양에 따라서 보수를 받는다. 이것은 근로자들이 직무의 단위가 계산될 수 있는 아주 반복적인 일을 할 때만 판단할 수 있다.

2. 단체도급 : 전체 집단의 작업이 임금의 기본으로서 사용되고, 임금은 이들 간에 나누어진다.

3. 월별 생산성 보너스 : 보장된 주급을 포함하여 전체 부서의 산출량에 기초한 보너스가 추가된다.

4. 근무일 계산 : 보너스가 동의된 작업 표준이나 비율에 따라 결정되는 것만 제외하고 유사하다.

5. 인사 고과 : 관리자, 사무 직원 등의 경우 수행된 작업의 양을 측정하는 것이 불가능하다. 대신에 이들의 보너스나 할증량은 다른 관리자들에 의한 근무 평가에 기초한다.

6. 월별 생산성 보너스 : 관리자들은 자기 부서의 생산성에 기초해서 보너스를 받는다.

7. 노사간의 이익 분배제 : 주급이 보장되며, 회사의 이윤에 기초해서 매년 혹은 격년마다 보너스가 지급된다.

8. 그 외 다른 종류의 보너스 : 제안에 대한 보너스 판매망, 신고객 개척왕,

결근율과 같은 부문에서 경쟁이 있을 수 있다.

9. 다른 급부금의 이용 : 고용인들은 의료 보험이나 부양 가족에 대한 보조와 같은 다양한 수당을 제공받을 수 있다.

고용인이 조직에서 일을 하는 것에 대한 대가로 받는 돈은 현금이건 은행 계좌로 예치되건 간에, 많은 다른 부가급부, 예를 들면 보험, 병가, 휴가, 연금과 관련되기 때문에 이것들을 구분하기가 힘들다. 만약 돈이나 임금 그 자체가 고용인들의 다양하고 중요한 욕구와 기본적인 욕구를 만족시킨다면, 좋은 직무 수행이 그것을 획득하는 데 필수적이기 때문에 좋은 동기 요소가 될 것이다. 그러나 고용인들의 욕구가 복잡하고 소득과 명확하게 관련되지 않는다면, 혹은 직무 수행의 질이나 양이 수당과 직접적으로 관련되지 않는다면, 그것은 아주 약한 동기 요소로 기능할 것이다.

관심을 주제는 임금과 수행을 연결시키는 개념인 수행과 관련된 임금에 대한 이슈들이다. 삯일과 이와 관련된 방법들은 숙련된 육체 노동자들에게 가장 많이 사용된다. 결과물에 의해 임금을 지불할 때의 직무 비율에 대한 연구가 많이 수행되어 왔다. 예를 들어, 일한 결과에 의해 임금을 지불하는

표 8-1	총괄 분석 결과 나타난 표준편차 단위로 표현되는 다양한 조직 중재들이 생산에 끼치는 평균 효과
중 재	표준편차 단위
금전적 보상	2.12
훈련	.85
의사결정 전략	.7
사회 기술적 변화	.66
목표 설정	.65
직무 재설계	.52
감독 방법	.51
목표에 의한 관리	.45
평가와 재투입	.41
업무 스케줄을 다시 조정하기	.3

출처 : Guzzo et al., 1985

방식을 도입한 영국의 여섯 개 공장에 대한 연구 결과, 생산량이 60% 증가하고 소득이 20% 증가한 것을 제외하고는 어떠한 다른 변화도 나타나지 않았다(Davison et al., 1958). 그러나 330개의 미국 중재 프로그램에 대해 총괄 분석한 결과, 금전적 인센티브제를 도입하는 것이 표준 편차의 2.12배가 증가하는 대단한 효과를 가진 것으로 나타났다(Guzzo et al., 1985, 〈표 8-1〉 참고).

이러한 결과들은 인센티브 제도가 도입될 때 노동 작업이나 공급 물자의 배급개선 등 일상적으로 다른 변화들도 있기 때문에 과장된 결과일 수도 있다. American Scanlon plan처럼 인센티브 제도가 집단의 수행에 기초가 될 때, 이것은 협동을 향상시키는 효과를 가지지만, 장려 임금 제도의 효과는 큰 집단에서는 더 적게 나타난다(Marriott, 1968). 개인의 기여를 측정하는 것이 어렵거나 혹은 바람직하지 않은 곳에서, 집단 장려 임금 제도를 실시하는 것이 가능하다. 기업체들의 1/5~1/4 정도가 장려 임금 제도를 실시하고 있는 반면, 많은 연구들은 그러한 제도가 있기 전이나 실시하지 않을 때보다 실시할 때 1/3에서 1/2 정도로 생산성이 증가하였다고 하였다.

장려 임금 제도가 또한 정기적으로 출근한 경우에 보너스로 주어질 때는 장기 결근을 감소시킬 수 있다. 이 제도는 이러한 제도 도입에 여러 사람들이 참여한 경우에 더 잘 운영되며(Steers & Rhodes, 1984), 임금률의 단순한 증가는 이직률의 감소에 극적인 효과를 가질 수 있어서 어떤 경우에는 370%에서 16%로 감소하였다(Scott et al., 1960). 더 많은 자유시간을 준다든가 더 많이 인정하는 것과 같은 비장려금 제도를 사용할 수도 있지만, 금전적 인센티브 제도가 가장 효과적이다(Guzzo et al., 1985).

이러한 제도의 문제점들은 특정 근로자가 더 높은 수준의 생산을 할 차별적 기회를 가질 때 유발된다. 즉, 어떤 근로자들은 그러한 임금 체계하에서 불공정하게 불이익을 받을 수 있다. 더 나아가서 개인의 생산성을 보상해 주는 장려 임금 제도는 근로자간의 협동을 감소시킬 수 있으며, 사실 종종 감소시키고 있다. 팀 생산성에 대해 보상하는 것이 분명한 해결책이지만, 팀의 크기가 증가함에 따라 그렇게 하는 것은 개인의 생산성과 이들의 임금 증가

간의 분명한 관계가 있는 것이 필수적이다. 존스(1991)가 주의를 기울인 것처럼, 장려 임금 제도가 없다면 조직에서의 생산성이 종모양의 곡선 형태를 띠는 '정상 분포'를 이루지만, 근로자들이 생산 기준에 관해 비형식적인 동의를 하게 될 때 이 제도를 도입하는 것은 때로는 생산성을 제약할 수도 있다. 이것은 증가된 생산성이 해고를 유발하거나 노동 비용을 삭감하기 위해서 임금률이 감소될 수 있으리라는 근로자의 두려움 때문일 것이다. 분명히 범위의 제한은 어떤 조직에서든지 부분적으로는 신뢰의 역사와 분위기를 따를 것이다.

현대에 와서 협동 작업에 대한 강조와 더불어(Furnham, 1996a), 집단 인센티브 제도들이 인기를 누려 왔다. 이윤 분배제가 그 좋은 예이다. 증가된 협동의 상승적 혜택이 개인 수행에 임금을 지불하는 이론적인 혜택을 상쇄할 수 있다고 가정된다. 이윤 분배 제도는 보너스가 노동력의 통제하에 있는 노동, 재료, 공급에서 측정 가능한 비용 감소에 기초하는 체계이다. 이러한 제도들은 심지어 후원자와 관리자까지도 포함하는 직장의 모든 구성원을 대상으로 한다.

전 세계의 노동 조합들은 개인 인센티브 제도가 불건전한 경쟁을 조장하고 사고와 피로를 증가시키고 나이가 많거나 숙련되지 못한 근로자들에게 불이익을 준다고 이를 반대하고 있다. 심지어 일부 노동조합들은 집단 인센티브 제도가 궁극적으로 노동의 질을 감소시킨다면서, 이를 반대하기도 한다.

관리직과 후원자의 경우 실적 임금 제도는 관리자, 감독자, 동료, 부하 직원들과 고객들이 수행한 평가에 기초할 수 있다(Furnham & Stringfield, 1994). 장려 임금 제도는 종종 판매직에도 적용되며, 기업의 85% 이상이 자신의 직원들에게 적용하고 있다. 관리자들은 자기 부서의 수행에 기초하여 보너스를 받는다. 그러나 많은 고용인들의 경우 생산성은 측정하기가 더 어렵기 때문에 인센티브 제도는 평가와 근무 평정에 기초한다. 이 제도의 큰 이점은 매우 융통성이 있어서 직무 수행의 많은 측면들이 스트레스에 대한 인내, 위임, 독창력, 구두 표현 등을 포함하여 보상받을 수 있다는 것이다. 존스(1991)

가 주의를 기울인 것처럼, 전반적으로 여러 증거들은 관리자들이 이러한 체계를 선호하고, 수행과 금전적 보상 간에는 분명하고 측정 가능한 보상이 있다는 것을 보여 준다. 그러나 공정한 체계를 도입하고 수행 평가자가 공정하고 차별화할 수 있다는 것을 확신하는 문제들은 많은 조직들이 실적 임금의 양을 심각하게 삭감한다는 것을 의미한다. 따라서 연공과 직무 수준은 실제 직무 수행보다 성과급에서 더 많은 차이를 보인다.

수행과 관련된 임금 체계의 주된 문제는 첫째, 수행도에 대한 평가가 중앙으로 몰리는 경향이 있다는 사실이다. 팀 내에서 개인들 간의 갈등이나 불안을 다룰 수 없다고 느끼는 관리자들은 과소 수행자들에게 과잉 평가를 하고, 더 나은 수행자를 과소 평가하여, 이 체계의 기본적인 원리들에 어긋난다. 그 다음으로 능률제 승급은 너무 작아서 효과적이지 않다. 역설적으로 더 높은 동기화와 노력이 필요한 경제적으로 어려운 시기에 실적 보너스의 양이 대폭 삭감되는 경향이 있다.

실적 임금제를 둘러싼 비밀들은 많은 고용인이 자신의 임금을 다른 동료들과 비교할 방법이 없어서 공평하게 실시되는 체계의 이점을 알 수 없게 한다. 만약 잘 운영되기만 한다면 실적 임금의 양이 생활 비용과 같은 다른 증가와 구분됨을 보여 주는 개방형 체제가 가장 효과적일 것이다. 이것은 많은 관리자가 자신의 동료와 하급자들의 임금을 과잉 추정하고, 자신의 상사의 임금을 과소 추정한다는 사실에도 부분적으로 기인한다. 이러한 경향성은 임금에 대한 만족과 수행과 지각된 보상 간의 관계를 감소시킨다.

그러한 체계들의 목표는 분명해서, 좋은 수행자들이 직무 수행과 실적 보상 임금 간의 관련성을 알고 기뻐하며, 만족하고, 계속 열심히 일하고자 동기화되어야 한다는 것이다. 또한 좋지 않은 수행자들도 수당을 받기 위해서 '더 열심히 노력' 하도록 동기화되어야 한다.

다양한 유형의 실적 임금 체계들이 있으며, 이것은 적용되는 사람이 누구인지, 수행이 어떻게 측정되는지, 어떤 인센티브 제도가 사용되는지에 따라 달라진다. 어떤 조직의 경우에는 실적 임금의 도입이 성공적이지 않은 것으로 나타났다. 여러 가지 병에 만병통치약으로 팔았기 때문에, 심지어는 예전에 불만족했던 직원들을 더 격분시키고 소원하게 하는 등의 실패를 낳았다. 실적 임금 체계가 실패한 이유들은 다음과 같다.

첫째, 임금과 수행의 관계가 자주 나쁘게 지각된다. 많은 고용인들은 자신의 수행 수준에 대해 부풀려진 개념을 가지고 있으며, 이것은 수당에 관한 비현실적인 기대로 전이된다. 이렇게 왜곡될 때 고용인들은 불만을 갖게 되고, 이 제도가 없어지기를 원하게 된다. 종종 수행에 기초한 임금의 비율이 기본 임금과 비교해서 너무 낮을 수 있다. 즉, 조심성 많은 회사가 너무 적은 자본으로 시작한다면 좋은 수행과 나쁜 수행을 차별화하지 못할 것이고, 제도 전체의 신뢰를 위협할 수 있다.

가장 공통된 문제는 많은 직무에서 객관적이고 적절하며 측정 가능한 결과가 없다는 것이 심각하고 종종 배타적인 수행 평정을 사용하게 한다는 사실에 있다. 이것들은 관대성, 후광 효과와 같은 체계적 오류의 영향을 받기 쉬우며, 이러한 체계 오류때문에 이것들을 불신하고 부당하게 만든다.

실패한 또 다른 주요한 원인은 관리자들과 노동 조합의 저항이다. 이러한 제도가 의존하고 있는 관리자들은 자신들이 분명해지고, 좋지 못한 수행에 직면해야 하고, 행동적으로 더 성공적인 것에 보상을 하도록 강요받기 때문에 이러한 변화에 저항한다. 노동 조합은 항상 평등성에 기초한 체계보다 공정성에 기초한 체계에 저항하는데, 이것은 평등성에 기초한 체계가 총체적인 거래 개념을 과다하게 하기 때문이다.

더 나아가서 많은 실적 임금 계획들은 수당을 주는 수행 측정들이 조직 전체로서 총합된 수행 목표들과 관련되지 않았기 때문에, 즉 조직에서 가장 중요한 수행의 측면과 관련되지 않았기 때문에 실패하였다. 조직은 근로자들이 자신의 수행을 향상시킬 수 있음을 확신시켜 줘야 한다. 만약 더 높은 임금이 더 높은 수행을 하게 한다면, 근로자들은 수행 향상을 믿을 것이다. 실적 임금 계획들이 다음의 여러 단계를 취한다면 잘 작용할 수 있을 것이다. 첫째, 보너스 체계는 실적 임금이 기본 임금의 비율과 연결되지 않도록 사용되어야 하지만 기업 재원들로부터 할당되어야 한다. 그 다음으로, 그룹은 관련된 똑같은 양을 유지하면서 넓게 만들어져야 한다. 저임금 고용인들의 경우 0~

20%, 고임금 고용인의 경우 0~40% 정도가 좋다. 수행 평가에는 관리 평정자들이 이들의 평가를 설명하는 것을 심각하게 고려하여야 한다. 따라서 이들은 직무에서 행동을 정확하고 공정하게 평가하는 방법을 포함한 훈련을 받을 필요가 있다.

정보 체계와 직무 설계는 수행 평가 제도와 병행 가능해야 한다. 더 중요한 것은 만약 조직이 팀워크를 취하고 있다면, 집단과 부서 수행이 평가에 포함되어야 한다. 개인의 실적 임금 부분을 팀 평가에 기초하는 것이 가능하며, 이것이 선호될 수도 있다. 마지막으로 주요한 개인 성취를 인정하기 위한 특별한 수당은 연간 실적 할당과는 독립적으로 고려될 필요가 있다.

간단히 말해서 마이너(Miner, 1993)는 어떠한 종류의 인센티브 제도가 잘 운영되기 위해서는 다음과 같은 다섯 가지 조건이 충족될 필요가 있다고 주장한다.

1. 고용인들은 그 제도하에서 받을 수 있는 여분의 돈을 가치 있게 여겨야 한다.
2. 고용인들은 단지 높은 수행에만 신경을 써서 건강, 직업 안정성과 같은 중요한 가치들을 잃지 않도록 해야 한다.
3. 고용인들은 지속적으로 일할 기회를 가지기 위해서 자신의 수행을 통제할 수 있어야 한다.
4. 고용인들은 제도가 운영되는 방식을 명확하게 이해하고 있어야 한다.
5. 수행 지표, 비용 효율성, 평정 등을 사용하여 수행을 정확하게 측정하는 것이 가능해야 한다.

이와 유사하게 라우러(1981)도 실적 임금 제도의 결과를 잘 요약하고 있다(〈표 8-2〉 참고).

많은 근로자들이 고용 안정성을 임금 수준보다 더 중요한 것으로 생각하고 있으며, 특히 비숙련직, 저임금 근로자, 그리고 비기술직의 가족 역사를 가진 근로자들이 그렇다. 안정적인 직업을 갖는 것은 가족뿐 아니라 지위 상

표 8-2	다양하고 바람직한 효과를 성취하는 데 있어서 실적 임금과 보너스 인센티브 제도의 효율성

보상 계획의 유형	사용된 수행 평가	바람직한 효과			
		임금과 수행 연결짓기	부정적인 부수 효과 최소화하기	협동 조장하기	수용하기
실적 임금 제도					
개인별	생산성	좋음	매우 좋음	매우 나쁨	좋음
	비용 효율성	보통	매우 좋음	매우 나쁨	좋음
	상사에 의한 평정	보통		매우 나쁨	보통
집단별	생산성	보통	매우 좋음	나쁨	좋음
	비용 효율성	보통	매우 좋음	나쁨	좋음
	상사에 의한 평정	나쁨	매우 좋음	나쁨	보통
전체 조직별	비용 효율성	나쁨	매우 좋음	보통	좋음
	상사에 의한 평정	나쁨	매우 좋음	나쁨	좋음
보너스 제도					
개인별	생산성	매우 좋음	보통	매우 나쁨	나쁨
	비용 효율성	좋음	좋음	매우 나쁨	나쁨
	상사에 의한 평정	좋음	좋음	매우 나쁨	나쁨
집단별	생산성	좋음	매우 좋음	보통	보통
	비용 효율성	보통	매우 좋음	보통	보통
	상사에 의한 평정	보통	매우 좋음	보통	보통
전체 조직별	생산성	보통	매우 좋음	보통	좋음
	비용 효율성	보통	매우 좋음	보통	보통
	상사에 의한 평정	나쁨	매우 좋음	보통	보통

출처 : Lawler(1981, p.94)에서 인용함.

징으로서도 중요하다. 고용 안정성에 대한 걱정은 컴퓨터로 인해 많은 직장을 빼앗긴 1990년대에 증가하였다. 이것이 현재 노동 현장의 주요 문제이다. 일본의 대기업들은 직원들에게 고용 안정성을 제공하는 데에는 성공하였으나, 자회사에 따라잡히게 되었다. 그리고 장려 임금 제도는 사람들이 일을 할지 안 할지에 영향을 준다. 과거에 이것은 어떤 사람들에게 있어서는 직업과 여가 생활간의 선택이었으나, 오늘날에는 직업과 사회 안전 보장간의 선택이다.

그러나 돈이 직무에 끼치는 효과에는 뚜렷한 한계가 있다. 어떤 사람들은 돈을 더 많이 버는 것에 관심이 적다. 이것은 친구와 이웃이 얼마나 많은 돈을 버는지, 가족이 얼마나 대가족인지, 집이나 자동차를 사고자 하는지 등에 따라 달라진다. 한편 이들은 금전에 대한 열망의 수준을 높이고, 더 큰 집이나 자동차를 원하거나, 사고 싶은 새로운 물건이 생길 수도 있으며, 혹은 돈을 성공의 지표로 생각할 수도 있다.

3. 노동자의 공정한 1일 작업량 : 공정성과 상대적 박탈감

합리적인 수준을 넘어서서 절대적인 임금의 양이 상대적인 양만큼 중요하지 않다는 증거들이 있다. 어떤 사회에서도 임금은 지위와 위신의 지표이며, 이러한 관계에 분명한 불평등이 있다. 임금은 사회적 승인의 한 형태이다. 낮은 임금은 대부분의 사람들에게 낮은 기술과 덜 중요한 직무를 나타낸다. 더 많은 임금을 위한 투쟁은 존중을 받고자 하는 욕구에 관련된 것이다 (Lindgren, 1991). 이혼 법정에서처럼, 돈은 상처받은 감정의 상징적인 보상이다. 마찬가지로 임금 차별은 많은 심리적 요인 및 경제적 요인과 관련된다 (Anikeeff, 1957).

부분적으로는 정신적 수입의 개념 혹은 더 단순하게는 내재적 동기로 설명되는 예외적인 것들이 있다. 성직자, 예술가, 소설가, 사회 사업가, 학자들은 낮은 보수를 받지만, 높은 정신적 수입을 가진 낮은 보수가 낮은 정신적 수입이나 정신적 수입이 전혀 없는 높은 보수를 받는 가치를 초과한다는 것이 일반적으로 받아들여진다. 즉, 종종 연기와 같이 보수는 적지만 내재적으로 만족스런 직업의 경우 지원자가 많다. 물론 내재적 보상과 외재적 보상 모두가 풍부한 직업이 가장 만족스러운 것은 당연하다.

심리학자들이 경제학에서 차용해 온 공정성 이론은 동기유발을 사람들이 만든 사회적 비교의 관점으로 본다. 여기서는 고용인이 공평하거나 '공정할 수 있는' 관계를 유지하도록 동기화되고, 불공평하거나 '공정할 수 없는' 관계를 변화시키고자 동기화된다고 제안한다. 공정성 이론은 일단 사람들이 사회적 비교의 과정에 참여하게 되면 자신의 직무에서 불공평하게 대우받는 결과로 갖게 되는 부정적인 감정을 회피하고자 하는 동기화에 관한 것이다.

공정성 이론은 사람들이 두 가지 변인인 결과와 투입과 관련해서 자신과 타인 간의 사회적 비교를 한다고 주장한다. 여기에서 결과는 근로자들이 임금, 부가 급부나 위신과 같은 것처럼 자신의 직무에서 얻는다고 믿는 것을 지칭한다. 투입은 근로자들이 근무한 시간, 소비한 노력의 양, 생산한 단위 수, 혹은 직업이 가져다 주는 자격과 같이 직장에 기여한 것을 일컫는다. 공정성 이론은 실제는 어떠한가가 아닌, 그 자체를 측정하는 것이 매우 어렵긴 하지만 관련된 사람들에 의해서 지각되는 결과와 투입이다. 그러므로 근로자들이 직무에서 공정성과 불공정성을 구성하는 것이 무엇인지에 대해서 불일치할 수 있다는 것은 놀랍지 않다. 즉, 공정성은 객관적이 아닌 주관적인 경험이며, 개인적 요소들에 더 많은 영향을 받기가 쉽다.

공정성 이론은 사람들이 자신의 투입산출을 타인의 것과 비율의 형태로 비교한다고 한다. 구체적으로, 이들은 자신의 투입산출 비율과 타인의 투입산출 비율을 비교하여, 다음의 세 가지 중의 하나를 산출할 수 있다.

- 초과 지불 불공정성은 개인들의 투입산출 비율이 이들이 비교하는 타인의 비율보다 클 때 발생한다. 임금을 더 많이 받은 사람들은 죄의식을 느끼게 된다. 그러나 이러한 입장에 처한 사람들은 거의 없다.
- 과소 지불 불공정성은 개인들의 투입산출 비율이 이들이 비교하는 다른 사람의 비율보다 더 적을 때 발생한다. 임금을 더 적게 받은 사람들은 분노를 느끼게 되며, 많은 사람들이 혜택을 덜 받고 있다고 느끼고 있다.
- 공정한 임금은 개인들의 투입산출 비율이 이들이 비교하는 다른 사람들의 비율과 똑같을 때 발생한다. 공정하게 보수를 받는 사람들은 만족감

을 느낀다.

공정성 이론에 따르면, 사람들은 분노나 죄의식과 같이 부정적인 정서상
태를 회피하고자 동기화된다. 공정성 이론은 불공정한 상태를 해결하는 두
가지 주요한 방법을 인정하고 있다. 공정성에 대한 행동적 반응은 사람들이
현존하는 투입과 산출을 변화시키기 위해서 할 수 있는 것들을 나타낸다. 예
를 들어, 투입을 증가시키거나 감소시키기 위해서 일을 더 열심히 혹은 더
적게 하고, 혹은 산출을 증가시키기 위해서 시간과 물건을 소모하는 일 등이
다. 또한 과소 지불 불공정성에 대한 행동적 반응에 추가해서 심리적 반응이
나타난다. 많은 사람들이 산출을 증가시키기 위해 고용주로부터 착취당하는
것을 부당하게 느끼거나 투입을 증가시키기 위해서 이들의 생산성을 제한하
는 것을 꺼리거나 임금 증가 요청을 꺼린다는 점을 고려할 때, 이들은 자신
의 상황에 관해 생각하는 방식을 변화시킴으로써 불공정성을 해결할 수 있
다. 공정성 이론이 공평성이나 불공평성에 대한 인식을 다루기 때문에, 불공
평한 상태가 단순하게 이들의 상황을 다르게 생각함으로써 효과적으로 치유

표 8-3 불공정성에 대한 반응

불공정성의 유형	반응의 유형	
	행동적 반응	심리적 반응
초과 지불 불공정 (죄의식) $1 > 0$	자신의 투입을 증가시키거나(더 열심히 일하기) 혹은 자신의 결과를 더 낮춘다(유급 휴가 동안 일을 하거나, 임금을 받지 않기).	자신의 수행 결과가 자신이 투입한 것에 기초한다고 확신시키기(자신이 다른 사람들보다 더 열심히, 더 잘, 더 똑똑하게 일을 한다고 합리화하며, 그래서 더 많은 임금을 받을 가치가 있다고 생각한다).
과소 지불 불공정 (분노) $1 < 0$	자신의 투입을 더 낮추거나(노력을 더 적게 하기), 결과를 증가시킨다(임금을 인상하려 하고, 장기 결근에 의한 시간 소모).	타인들의 투입이 자신보다 실제로 더 많았다고 확신시키기(비교 대상인 동료가 실제로 질적으로 더 우수하거나 더 나은 근로자임을 합리화하고 그래서 더 높은 결과를 받을 가치가 있다고 합리화한다).

된다고 기대하는 것이 합리적일 수 있다. 예를 들어 보수를 적게 받는 어떤 사람은 다른 사람들의 투입이 실제로 자신의 투입보다 더 많다는 사실을 합리화하고자 할 것이며, 그렇게 해서 다른 사람의 더 높은 결과가 당연하다고 자신을 확신시킬 것이다.

불공정에 대한 반응은 아주 다양하다. 사람들은 행동적인 방식과 심리적인 방식으로 과잉 혜택을 받는 것과 같은 초과 지불 불공정과 과소혜택을 받는 것과 같은 과소 지불 불공정에 반응할 수 있으며, 이것들은 지각된 불공정성을 공정한 상태로 변화시키도록 한다. 〈표 8-3〉은 불공정성에 대한 두 가지의 '고전적인' 반응을 보여 준다.

사람들이 불공정성에 반응하는 방식은 이들이 받는 임금의 양에 의존한다. 만약 이들이 그곳에 있었던 시간에 의해서 보수를 지급받는다면, 이들은 작업 비율을 감소시킬 수 있고, 만약 이들이 일당으로 일을 한다면 이들은 직무의 질을 저하시킬 수 있을 것이다. 유사하게 임금을 더 많이 받는다고 느끼는 봉급자는 더 열심히 일하거나 더 오랜 시간 일을 하거나 더 생산적이 됨으로써 자신의 투입을 증가시킬 수 있다. 또한 회사가 제공하는 부가급부의 혜택을 취하지 않음으로써 자신의 결과를 더 낮추는 고용인들은 초과 지불 불공정성을 시정하는 것으로 보일 수 있다. 임금을 더 많이 받는 사람들은 뛰어난 투입에 의해서 자신이 더 높은 결과를 받을 가치가 있다고 스스로를 심리적으로 확신시킬 것이다. 상당한 양의 보수를 받는 사람들은 임금 증가가 이들의 뛰어난 투입에 기초해서 보장된 것이라고 합리화하고, 그래서 불공정하지 않다고 합리화하기 때문에 전혀 고민하지 않을 것이다.

여러 연구들은 사람들이 앞에서 기술된 방식으로 초과 지불과 과소 지불 불공정성에 대해 반응할 것이라는 위 이론의 주장을 일반적으로 지지하여 왔다. 예를 들어, 프리차드와 동료들(1972)은 2주에 걸쳐 시간제 근무를 하는 남자 사무 직원을 고용하여, 고용인들이 받는 임금의 공정성이나 불공정성을 조작하였다. 초과 지불금 조건의 고용인들에게는 이들의 임금이 똑같은 일을 하는 다른 사람들의 것보다 높다고 말하였다. 과소 지불금 조건의 고용인들에게는 이들의 급료가 같은 일을 하는 다른 사람들보다 낮다고 말하였다. 공정한 임금 조건의 고용인들에게는 이들의 급료가 같은 일을 하고 있는 다른 사람들과 똑같다고 말하였다. 그 결과 초과 지불금 조건의 사람들은 공정한 임금 조건의 사람들보다 더 생산적이었으며, 과소 지불금 조건의 사람들은 공정한 임금 조건의 사람들보다 덜 생산적이었다. 또한 초과 지불금 조건과 과소 지불금 조건의 고용인들 모두 공정한 임금 조건의 사람들보다 자신의 직무에 더 많이 불만족한다고 보고하였다.

그러나 이러한 실험들은 모두 단기간에 걸친 것이었으므로 그 효과가 시간에 따라 얼마나 지속적인지는 의심스럽다. 왜냐하면 초과 임금을 받은 근로자들은 자신을 더 가치 있는 존재로 보게 되고, 과소 임금을 받은 근로자들은 가치가 적은 것으로 보게 되기 때문이다(Kanfer, 1990). 그럼에도 불구하고, 실제 생활에서 불공정성에 대한 지각은 행동에 영향을 끼친다. 섬머스와 헨드릭스(1991)는 365명의 관리자를 대상으로 한 연구에서 불공정한 임금을 받는 것은 직무 수행에 영향을 끼치지 않았지만 이직률에 영향을 끼쳤다고 하였다. 그리고 베르코비츠와 동료들(1987)이 미국에서 행한 연구에서 임금 만족도의 가장 강력한 예측 요인은 현재의 불공정성이라는 것을 밝혀냈다. 따라서 공정성 이론은 사람들이 수행된 일, 능력의 양 등을 포함할 수 있는 '투입량'과 관련해서 수당이 정당하게 분배되는 것을 원하며, 만약 이것이 성취될 수 없다면 불만을 가지게 되어 그 상황에서 떠나게 되고, 장기 결근이나 고용주로부터 훔치는 것과 같은 다른 방식으로 공정성을 증가시키려고 할 것이다. 공정한 것으로 여겨질 수 있는 것은 대개 비교에 의존하게 된다. 브라운(1978)은 산업체 근로자들이 만약 자신들이 경쟁 집단보다 봉급이 더 많다면 이것을 선택한다고 하였다.

불공정성의 효과를 다루는 독창적인 방법이 클라크와 오스월드(1993)에 의해 고안되었다. 이들은 10,000명의 영국 근로자들의 '비교 소득', 즉, 같은 직업, 교육, 연령 등을 가진 사람들의 평균 소득을 계산하였다. 이들은 소득이 직무 만족도에 영향을 거의 끼치지 못하는 반면, 비교 소득이 분명한 효과가 있어서 이것이 낮을수록 직무 만족도는 더 높음을 알아냈다(-.25 ～ -.30). 다른 말로 하면, 소득이 같다면 사람들이 기대하는 것이 적을수록, 직무 만족도가 더 크다는 것이다. 4,567명의 미국 고용인들을 대상으로 한 연구에서도 같은 결과가 나타났으며, 또한 공정한 소득을 확신하는 절차가 있다면 임금 만족도가 더 커짐을 발견하였다(Leicht & Shepelak, 1994).

여성은 남성보다 더 적은 보수를 받으며, 종종 이들이 자신의 임금을 다른 여성과 비교하기 때문에 더 낮은 수입도 만족하고, 남성보다 자격이 낮다고 느꼈다(Jackson, 1989). 그러나 여성이 남성과 똑같은 일을 할 때, 이들은 자신의 임금을 남성과 비교하기 시작하며, 더 이상 적은 임금에 만족하지 않았다 (Loscocco & Spitze, 1991). 펠란(1994)은 관리자와 전문가들을 대상으로 연구하여, 여성이 비록 더 낮은 임금을 받긴 하지만 남성만큼 만족하고 있음을 발견하였다. 몇몇 설명들을 검증한 결과 내재적 보상과 직무의 중요성을 고려한 후에도 임금이 만족도를 예측하지 못하였다.

공정성 이론은 그 나름대로 다음과 같은 문제점들을 가지고 있다. 그러나 부정적인 투입의 개념을 다루는 방법, 공정성이 불공정성이 되는 지점, 사람들이 평등성에 비해서 공정성을 선호하고 이를 더 가치 있게 생각하는 신념들 등이다. 그럼에도 불구하고 이 이론은 많은 연구를 자극하여 왔으며, 이 연구들은 동기화 문제와 동기화에 있어 돈의 역할을 부분적으로 설명해 주고 있다.

4. 내재적 동기와 외재적 동기

어떤 직업과 어떤 과업들은 내재적으로 만족스럽다. 이것들의 속성 때문에 흥미롭고, 하는 것이 즐겁다. 다양한 이유에서 즐거울 수 있으며, 많은 부분이 개인들의 선호, 편애 그리고 경향성에 의존한다.

내재적 만족도는 단순히 그 일을 하는 것 자체로 보상이 된다는 것을 의미한다. 그러므로 이러한 활동의 경우 어떠한 보상이나 어떠한 관리도 요구되지 않는다. 그러나 고지식한 관리자들은 이러한 이상적인 상태를 억지로 파괴할지도 모른다.

집에서 연구 보고서를 작성하고 있는 연구자의 경우를 생각해보자. 그의 연구실 근처에 있는 작은 공원에서 3일 동안 동네 아이들이 아주 시끄럽게 놀고 있으며, 모든 종류의 소음들처럼 이것은 크고, 통제 불가능하고, 예측 불가능하기 때문에 아주 많은 스트레스를 준다. 이 때 이 사람은 무엇을 할 수 있을까? 1) 이들에게 정중하게 좀 조용히 하거나 다른 곳으로 가라고 부탁할까? 2) 경찰이나 만약 이들을 알고 있다면 이들의 부모를 부를까? 3) 이들이 순응하지 않는다면 힘으로 위협할까? 4) 앞에서 얘기한 것들을 순서대로 모두 할까?

현명한 이 신사는 앞에서 언급한 것들 중 어느 방법도 사용하지 않았다. 아마 비 현실적으로 보이겠지만, 이 사람의 직업이 내재적 동기에 의존하는 것처럼 다른 원리를 적용하였다. 그는 넷째 날 아침 아이들에게로 가서, 어느 정도 거짓이었지만, 자신이 이들의 웃음소리와 게임의 스릴로 매우 즐거웠다고 말했다. 그는 이들 때문에 너무 기뻐서 계속 이렇게 하도록 돈을 지불하겠다고 하였다. 그래서 만약 이들이 이전처럼 행동한다면 매일 1파운드씩을 지불하기로 약속하였다.

아이들은 놀랐지만 당연히 기뻐했다. 이틀 동안 신사는 겉으로 보기에는 고맙게 여기는 듯하면서 이들에게 돈을 나누어 주었다. 그러나 셋째 날 그는 '현금 자금' 문제 때문에 이들에게 매일 50페니만을 줄 수 있다고 설명하였다. 그 다음날 그는 '현금 부족'임을 이야기하면서 오직 10페니만을 이들에게 건네주었다. 아이들은 아무도 받지 않고, 불평을 하며 이런 놀이를 계속하기를 거절하였다. 이들은 모두 이 공원에서 다시는 놀지 않기로 약속하면서 발끈 화를 내며 떠났다. 결국 그의 노력은 성공했으며, 이 신사는 고요를 탐닉하면서 자신의 연구에 몰두하였다.

이 일화는 관리자들의 문제를 보여준다. 만약 어떤 사람이 어떤 이유에서든지 특정 과업을 하는 것을 행복해하고 또한 분명히 보상받으며 '관리된다'면, 이 사람은 이러한 보상에 집중하게 될 것이고, 반드시 만족유지가 가속화될 것이다. 그러므로 이것은 역설이 된다. 내재적으로 동기화된 사람에게 외재적인 보상을 하면, 동기화 변화의 속성 때문에 이 사람은 덜 동기화된다. 관리자가 지속적인 임금 인상과 같이 외재적 동기 요소에 대한 증가된 욕구를 따라갈 수 없다면, 사람들은 보통 그 직무에 더 적은 열정을 보이기 시작할 것이다.

사람들에게 돈을 지불하는 것과 같은 강화요인의 사용은 그 과업이 내재적으로 흥미로울 때 생산을 제한시킨다. 즉, 내재적 동기화는 외재적 보상에 따라 감소한다. 그러나 데시와 리안(1985)은 점차 향상된 수행을 강화하는 것이 내재적 흥미를 전혀 손상시키지도, 유발시키지도 못했음을 증명하였다. 아이젠버그는 모든 직업과 과업이 내재적이고 외재적인 흥미로운 특성과 곤란도 수준이 혼합되어 있다고 주장하였다:

> 심지어 학생들이 학습 과목이 일반적으로 흥미로운 것을 안다고 하더라도, 그 과목 주제에 대한 이해를 습득하는 것은 어떤 주제들의 연구가 지루하고 반복적이며 비록 흥미롭더라도 다른 주제들은 숙달하기가 아주 어렵다는 것을 아는 것을 필요로 한다. 강도 높은 노력에 대한 증가된 2차 보상의 가치는 어려운 학습 과제를 선정하고 이를 인내하여 계속 하는 것을 조장할 것이다. 지루하고 반복적인 과업에 높은 노력을 강화하는 것은 내재적으로 흥미로운 과제들에서 계속적인 노력을 증가시키기 위해서 사용될 수도 있다. 예를 들어 단조로운 발음 과제에서 정확성에 대해 보상을 받았던 청년 전기 아동들은 단순하게 발음 과제를 완성한 경우에 보상을 했던 학생들보다 계속적인 그림 그리기와 이야기 하기에서 더 정확하게 하였다. 이러한 결과들은 일반화된 근면성의 2차 보상 이론의 발견적 가치를 입증하여 준다.
>
> (1992, p.263)

어떤 활동들은 호기심을 충족시키기 때문에 보상적이며, 어떤 것들은 증가된 각성 수준을 유발하기 때문에 보상적이다. 데시(1980)는 내재적 동기가 기술의 사용을 통해서 숙달감과 유능성을 제공함으로써 증가되고, 활동과 일이 수행되는 방식을 선택하는 자율성을 행사함으로써 통제감과 자결권이 증가함에 따라서 증가되었다고 주장하였다. 이러한 두 가지 요소는 동기를 증가시키는 것으로 나타났다. 유능성의 즐거움에 추가해서 여가 활동에 관한 연구들은 예를 들어, 사람들이 춤을 추고 음악을 듣거나 수영을 하는 것과 같은 단순한 활동을 즐김을 보여 주고 있다. 해크만과 올드행(1980)은 직무 수행을 동기화하는 다섯 가지 직무 특성을 제안하였다. 이것들은 기술 다양성, 과업 다양성, 과업 중요성, 자율성, 그리고 결과에 대한 지식이다. 이들은 또한 직무 특성들의 효과가 더 많은 '성장 욕구 강도'를 가진 개인들의 경우, 즉, 흥미롭고 큰 노력을 요하는 직무를 즐기는 사람들의 경우에 더 클 것이라고 주장하였다. 이러한 이론은 직무 만족도를 성공적으로 예측하지만, 동기에 관한 연구 결과들은 일관성이 없다.

아동을 대상으로 한 실험들은 아동에게 그가 원하는 어떤 것을 하도록 외적인 보상을 주었을 때, 내재적 동기화가 감소하였음을 보여 주었다. 그러나 성인 근로자를 대상으로 한 이후의 연구는 개인의 유능성의 증거로서 임금이나 다른 외재적 보상이 제공된다면 내재적 동기화를 증가시킬 수 있음을 보여 주었다(Kanfer, 1990).

우리가 5장에서 논의하였던 청교도 직업 윤리는 내재적 동기화의 또 다른 근원이다. 청교도 직업 윤리가 강한 사람들은 그 자체를 위해서 일을 즐긴다. 많은 실험에서 이들은 실험실 과제에서 더 열심히 일하였으며, 부정적인 피드백을 받은 후에도 자신의 수행도를 향상시켰다. 또한 이들은 작업 상황에서 결근율이 더 낮았으며, 조직에 더 많이 헌신하였다(Furnham, 1984). 일 중독자들은 청교도 직업 윤리의 극단적인 경우로 생각해 볼 수 있다. 이들은 매우 오랜 시간 일을 하며, 거의 여가나 휴가를 가지지 않고, 자신의 일을 매우 즐긴다(Machlowitz, 1980). 비경제적인 이유로 자신의 일을 즐기는 것은 오직 일 중독자들뿐이다. 이들은 은퇴하면 자신의 일을 그리워하고 자신의 직장 동료들을 그리워한다(Parker, 1982).

성취 동기는 직장에서 중요하다. 이것은 관리자들에게 주로 적용되지만, 과학자와 다른 학자들에게도 적용된다. 많은 연구들은 성취 욕구가 높은 사람들이 승진을 많이 하며, 많은 논문을 출판한다고 하였다[1]. 이것은 기업가나 작은 회사의 관리자들의 승진과 성공에 가장 잘 관련된다(McClelland, 1987). 승진이나 성공의 다른 측면들을 아주 중요하게 보는 것은 바로 관리자들과 경력이 있는 사람들이다. 관리자들은 성공에 몰두하며, 성공하지 못했을 때 매우 불만족해 한다. 허즈버그와 동료들(1959)은 인정과 성취의 경험들이 관리자의 경우 긍정적인 만족의 가장 큰 근원이라고 하였다. 직장에서 성취와 관련된 접근 방법은 칙센트미할리의 '몰입' 개념인데, 이것은 충분한 기술을 충족시킬 수 있는 강한 도전이 있을 때 획득되는 깊은 만족의 상태이다. 그는 몰입은 여가 활동보다는 직무에서 더 많이 경험된다고 하였다(Csikszentmihalyi & Csikszentmihalyi, 1988).[2]

조직에 대한 헌신은 직무 만족도의 또 다른 근원이며, 낮은 이직률과 결근율의 주 원인이다. 자신의 임금에 만족하는 사람(Cohen & Gattiker, 1994), 그리고 회사에서 재정적인 이윤을 가지고 있는 사람, 혹은 은퇴, 연금 계획과 같은 '투자'를 하고 있는 사람들의 경우에 조직에 대한 헌신이 가장 크다. 그러나 오랫동안 조직에 머물고, 의사결정에 참여하고, 책임감을 가지고 있는 것과 같이 조직에 헌신을 하는 비재정적인 이유도 있다(Argyle, 1987).

5. 일하고자 하는 경제적 동기

보수 없이 일을 하는 사람들이 있다. 자원 봉사는 돈이 노동의 유일한 이유가 아니라는 것을 명확하게 해 준다. 또한 일을 할 필요가 없지만 여전히 일을 하는 사람들이 있다. 복권에 당첨된 사람들 중에서 17%는 그 이후에도 전업제로 일을 하고 있다(Smith & Razzell, 1975). 좋은 직장에 다니는 많은 사람들이 과거보다 더 오랜 기간 일을 하고 있으며, 반면 평균 노동 시간은 감소하였다. 어떤 사람의 경우, 과학자와 다른 학자들의 경우처럼 자신의 일을 즐기기 때문에 그렇게 하지만, 이것이 유일한 이유는 아니다. 이미 큰 부자여서 돈을 더 많이 벌 필요가 없는 사람들이 전업제로 근무하고 있는 경우 이들은 다른 이유에서 일을 하는 것이다.

---

1) 옮긴이 註 : 심리학을 전공한 역자들이 국내 심리학계에서 아마도 처음이자 유일한 화폐 심리학을 출판하는 이유도 바로 성취 동기(n Ach)의 표현이라고 고백할 수 있다.
2) 관련 자료를 소개하면, 이희재 옮김(1999) 몰입의 즐거움(Csiszentmihalyi, M. Finding Flow), 서울 : 해냄.

    돈과 같은 인센티브는 대용화폐경제에서 성공을 하기 위해 사용되어 왔
다. 최근에는 직장에서 담배를 끊거나 안전 장비를 사용하도록 이 방법이 사
용되었다. 많은 실험들은 대용화폐경제가 행동에 영향을 끼치는 데 성공적
임을 밝혔다. 마약을 끊는 것만 예외였으며, 한 연구에서 9~11세 남아들은
아침 식사라는 즉각적인 보상에 의해서 더 많이 영향을 받았다. 특히 사회적
상호작용과 행복감 같이 목표하지 않은 행동에 끼치는 효과들이 있다. 그러
나 행동의 영속적인 변화에 있어서는 덜 성공적이었다(Lea et al., 1987).

    돈은 직업 선택에서 중요한 부분을 차지한다. 대부분의 사람들은 임금이
더 많은 직업을 선호하지만, 돈이 유일한 요인은 아니다. 많은 연구가 사람
들이 직업에서 추구하고 즐기는 '직업 가치'를 구성하여 왔다. 초기 연구에
서 로젠버그(Rosenberg, 1957)는 외적 보상 지향이 높은 학생들이 판매직, 호
텔 관리, 부동산업, 재무를 선택하였다고 하였다. 이들은 특히 돈을 가치 있
게 여긴 사람들이었다. 한편, 인간 지향적인 척도에서 높은 점수를 받은 학
생들은 사회 사업, 의사, 교사나 사회 과학을 더 많이 선택하였으며, 반면 자
기 표현 척도에서 높은 점수를 받은 학생들은 언론계, 예술이나 건축을 더
많이 선택하였다. 모르타이머와 로렌스(Mortimer & Lorence, 1989)는 세 가지
차원의 직업 가치를 발견하였다 : 1) 도전과 자율성, 2) 사람 다루기, 3) 높
은 임금이다. 이들은 또한 시간이 흐름에 따라 직업 경험이 이러한 가치들을
강화하였다고 하였다. 적어도 미국에서 성취 동기가 높은 사람들은 돈을 벌
기를 원하고, 기업가와 사업가들처럼 그렇게 하기 위해서 위험을 감수할 준
비가 되어 있다(McClelland, 1987).

    이후의 연구들은 직업 가치를 요인 분석하였고, 미네소타 중요도 설문
(Minnesota Importance Questionnaire; MIQ) 등으로 이것들을 검증하였다.
이러한 질문지에 의해 평가된 직업 가치 요인은 전형적으로 성취, 돈, 사람
들과 일하기, 창의성, 독립심, 위신과 흥미였다. 후속 연구들은 만약 사람들
이 자신의 직업 가치와 부합되는 직업을 가지고 있다면, 이들은 더 높은 직
무 만족도를 갖지만(r = .30~.50), 가치들이 직업 선택을 예측하는지는 아직
보여주지 못하였다(Davis, 1992).

또 다른 접근 방법은 과학, 사회 복지, 심미적 표현, 성직자, 사업, 상품 판매와 같은 영업부서의 외근, 신체적 충동, 모험 대 안전, 예술 평론에서처럼 '직무 관심'을 통해서이다. 이것들은 역시 스트롱의 직업 흥미 조사(Vocational Interest Blank)와 같은 검사로 측정되어 왔다. 이러한 관심 요인들 중에서 돈이 나타나지 않음에 주의를 기울이자. 직무가 관심 점수와 부합될 때, 직업 선택과 개인이 직장에 얼마나 오래 머무는지에 대해 직업 가치들보다 더 많이 예측하였으나, 직무 만족도는 잘 예측하지 못하였다(Davis, 1992).

직업 가치와 직무 관심에 대한 이러한 연구의 결과는 다음과 같다. 돈이 일곱 가지의 가치 요인들과 관련해서 직업 가치로서 제일 중요한 것으로 나타났고, 직업 가치는 직무 만족도를 예측하지만 직업 선택을 예측하는 측면에서는 덜 바람직하였다. 이것은 직무 관심에서 더 잘 나타났으며, 돈은 이러한 것 중 하나로 나타나지 않았다.

높은 임금을 받는 직업을 덜 추구하는 사람들은 이것이 자신의 가치나 자신의 성격과 부합되기 때문에 그렇게 한다. 어떤 경우 성직자, 수도사, 일부 교사들, 일부 간호사들과 같이 이것은 명확하게 '직업'의 문제이다. 여기에 대단한 희생은 없으며, 이들은 자신이 즐기는 직업을 선택함으로써 만족도를 최대화한다. 만약 개인이 너무 큰 노력을 요구하거나 너무 스트레스를 주는 직업을 가지고 있다면, 이 사람들은 낙심하게 되고 이 직업을 포기해야만 할 것이다. 이들은 '소형화'해야 하고, 더 적은 급료를 주고 더 적은 노력을 요구하는 직업을 더 많이 즐기게 될 것이다. 이 책의 두 번째 저자는 새롭고 권한이 낮은 직업에서 더 행복해하는 사람들을 알고 있다.

여성은 종종 직업에서 남성과 다른 어떤 것을 추구한다. 여성은 사람들과 함께 일하기를 원하고, 다른 사람들을 도와 주려고 하며, 자기 표현과 창의성에 관심을 가지고 있다. 반면 남성은 종종 더 많은 임금과 안전하고 위신을 세워 주는 직업을 원하며, 사물들과 함께 일하는 것에 행복해한다. 그 결과로서 많은 여성들은 비서, 간호사, 교사, 사회 사업가, 미용사, 상점 보조원 등이 되며, 이러한 직업 중 대부분은 남성의 직업보다 보수가 작다. 우리는 여성이 남성보다 적은 보수를 기대함을 보아 왔다.

또한 사람들이 직업에서 추구하는 것에는 계층 차이가 있다. 근로자 계층의 젊은이들은 돈을 추구하는 반면, 중류 계층의 젊은이들은 도전, 자율성, 직업 전망 혹은 타인에게 봉사하는 것을 추구하고, 더 낮은 봉급에서 시작할 준비가 되어 있으며, 보통 보수가 있는 직업을 갖는 것을 지연한다. 자율성, 자발성, 도전의 가치는 이러한 특성을 가진 직업을 가진 이들의 부모에게서 유래한 것이다(Kohn & Schooler, 1983). 많은 자녀들이 자신의 부모와 같거나 유사한 직업을 선택하는 것처럼, 부모는 자녀의 직업 선택에 더 직접적으로 영향을 준다. 물론 학교도 중요하며, 어떤 사회든지 개인이 속한 사회에서 정상적인 직업의 범위가 있다(Argyle, 1989).

6. 결 론

금전적 인센티브 제도는 사람들이 열심히 일한 결과로서 지불받을 때, 사람들을 더 열심히 일하게 하며, 직무 만족도에 영향을 준다. 돈은 결근과 이직률에 영향을 주지만, 직업 선택에 있어서는 그만큼 영향을 끼치지는 못한다. 임금의 절대적인 효과는 타인의 임금과 비교할 때보다 작으며, 고용인들이 자신이 부당하게 보상받는다고 느낄 때 불만족해하고 파업을 할 수 있으며, 자신이 기대한 것보다 더 많은 임금을 받을 때는 더 큰 직무 만족도를 갖게 된다. 그러나 돈과는 상관없이 직업에 대한 몇 가지 내재적인 동기가 있으며, 자원 봉사자 등은 무보수로 일을 한다. 장려 임금 제도의 효과는 얼마나 많은 개인 근로자들이 돈을 필요로 하는지에 의존하며, 이는 부분적으로 다른 사람들의 생활 양식과 비교하여 달라지게 된다.

기부 문화

1. 각 시대별로 살펴본 기부의 형태

이 주제는 화폐 심리학 중에서 가장 흥미로운 주제 중 하나이다. 사람들이 돈을 기부한다는 사실은 경제학과 심리학 두 측면 모두에서 설명을 필요로 한다. 이것은 인간은 자신의 이익을 추구하고 돈밖에 모르는 '탐욕스럽고', '합리적인' 경제적 인간이라는 경제학자들의 학설에 대한 도전을 의미한다 (Lea et al., 1987). 심리학자들에게도 역시 문제를 제기하는데, 상호교환과 공감처럼 가족과 친구들에게 돈을 주는 경우에 작용하는 이타성 이론은 자선이나 낯선 이에게 돈을 주는 것에는 적용되지 않는다. 한편, 자선 행위는 이러한 현상을 연구하기 위해 전기 쇼크를 주는 실험실 실험보다는 이타성에 관한 심리학 연구를 통해서 더 현실적인 결과를 제공한다. 우리는 기부에 관한 현장 실험뿐 아니라 자선 행위에 대한 조사로부터 상당한 증거들이 있다는 것을 살펴보고자 한다. 또한 마지막 부분에서는 팁에 관련된 현상을 논의할 것이다.

예전부터 가난한 사람들에게 돈을 기부하는 것은 생활의 중요한 부분이 되어 왔다. 원시 사회와 오늘날 제3세계 국가의 대부분에서 이것은 가족의 책임으로 여겨지며, 6촌 형제와 같은 먼 친척을 도와주는 것도 일반적이며, 가족은 사회 복지의 기본이 된다. 또한 부족의 다른 구성원들을 돌보는 의무도 있었다. 포틀래치 의식(Potlatch, 옮긴이 註: 미국 북서안 인디언들이 부·권력의 과시로 행하는 겨울 축제에서의 선물 분배 행사)을 가졌던 부족에서 종종 큰 선물은 자선을 위해서가 아니라 사회적 경쟁을 위해서, 평화를 유지하고 해악을 물리치기 위해서 주어졌다(Mauss, 1954). 그러나 주어진 선물의 양은 매우 다양하였으며, 지역의 문화적 규준에 의존하였다.

이집트, 그리스, 로마와 같은 고대문명 사회에서는 정의, 극기와 희생, 천국에서의 보상과 같은 도덕적 개념과 종교적 개념이 중요했다(Nightingale, 1973). 초기 유대인들은 돈을 제공할 여유가 있는 사람들은 자신의 소득의 1/5을 가난한 사람들에게 주어야 한다고 믿었다. 기독교인들은 가난한 사람은 축복을 받으며, 십일조를 실행하는 것을 천국으로 가는 구원의 방법으로 여겼다. 즉, 모든 종교는 자선 행위에 큰 중요성을 부여한다 : '네가 완전한 사람이 되고자 하거든, 가서 네 소유를 팔아서 가난한 사람에게 주어라. 그리하면, 네가 하늘에서 보화를 차지하게 될 것이다'(신약 성경. 마태복음 19장 21절). 중세시대 수도사들은 가난한 사람들을 돌보는 것이 사회 복지를 위한 주요한 의무였으며, 교회를 통해서 자선을 베풀었다. 봉건 시대의 상류 계층도 더 낮은 지위의 사람들을 위해서 많은 자선을 베풀었다.

도시가 성장하면서 가난한 사람들의 문제가 중세 시대보다 많아졌고, 엘리자베스 여왕 시대의 '구빈법'(the poor law)처럼 비종교적인 협정이 전 유럽에 걸쳐서 점차 발전하였다. 그러나 가난한 사람들의 비율은 적었으며, 실제로 긴급 상황에서만 일을 하였고, 여전히 자선, 종교와 비종교적인 측면을 위해서 필요하였다. 17, 18세기에 자선은 가난한 사람들로부터 고통당할 것이라는 두려움, 인구 감소에 대한 두려움때문에 부분적으로 동기화되었으며, 부자라는 사회적 지위를 나타내기 위해서 그리고 가난한 사람들이 그들의 위치를 지키도록 하기 위한 것이었다.

초기 산업혁명 시기에는 가난이 게으름에 기인한다고 믿었던 청교도 직업 윤리에 고취되어 열심히 일하는 사람들이 가난한 사람들에 대해 이중적인 태도를 취했다. 19세기 영국에서 여성 자선가의 이미지는 좋지 않은 의미를 가지기 시작했지만, 지역의 상류 사회 구성원들은 여전히 자기 마을의 가난한 사람들을 돌보기를 즐겼다. 중류 계층 사람들은 상류 계층보다는 덜 하였지만, 자원봉사기관을 설립하는 데는 적극적이었으며, 반면 주부들은 자원봉사에 적극적이었다. 초기 사회학자들은 자선이 곧 다가올 기본적인 개혁을 지연시킨다고 생각했기 때문에 적대적이었다.

복지 국가는 20세기에 영국을 필두로 하여, 오스트레일리아와 스칸디나비아에서 출현하였으며, 소득세를 걷어 이 가운데 상당한 양을 가난한 사람들에게 지불함으로써 이들의 즉각적인 욕구를 상당 부분 제거해 주었다(이들 대부분은 십일조로 소득의 10% 이상을 내고 있다). 그러나 여전히 자선을 필요로 하는 사람들이 많았으며, 많은 자선 단체들이 이러한 욕구를 충족시키기 위해 발전해 왔다. 이들은 부랑자, 다른 나라의 가난한 사람들, 환자들을 포함하여 국가가 도움을 주지 못한 사람들을 도와주고 있다(Ross, 1968; Nightingale, 1973).

기업체와 다른 조직들의 '기업 기부'도 상당히 발달하였다. 총액이 얼마나 되는지는 알지 못하지만, 영국에서 1992~1993년 동안 159개의 대기업을 조사한 결과 이들이 총 1억 4천 9백만 파운드를 기부한 것으로 나타났으며, 중소 기업들을 대상으로 한 조사 결과는 이들이 5억 파운드~10억 파운드를 기부한 것으로 나타났다(Lee, 1989; Charities Aid Foundation, 1993). 이것은 개인 자선보다는 그 총액이 더 적긴 하지만 상당한 양이었다. 또한 기업의 기부 행위는 자선 활동의 운용에 관여되어 있는 관리자들의 행정 활동을 포함한다. 특히 미국에서 이것은 사업가의 출세에 중요한 역할을 담당할 수 있다(Ross, 1968). 추가적으로 고용인들은 지불 급료를 공제함으로써 정기적으로 기여하고 있다.

다행히도 우리의 즉각적인 목적을 충족시킬 수 있는 개인 자선행위에 관한 조사 자료들이 많이 있다. 또한 사람들에게 돈을 기부하도록 설득할 수 있는 조건에 관한 사회 심리학 실험들이 많이 있으며, 사람들이 왜 이렇게 기부를 하는지를 설명해 주는 몇 가지 설명들이 있다[1]. 경제학자들은 돈을 기부하는 것에 경제적 이점들이 있다고 주장한다. 사회학자들은 기부 행위가 사회적 관계에 있는 개인들 간의 상호교환에 기초한다고 주장하여 왔다. 사회 심리학자들은 이타성이 공감과 다양한 종류의 사회적 동기에 의해 동기화됨을 밝혔다. 즉 돈을 기부하는 것은 기부자를 기분 좋게 하고, 따라서 어떤 의미에서는 받는 것보다 주는 것이 더 좋을 수 있다.

2. 얼마나 많은 돈이 기부되는가?

영국에는 기부 행위에 관한 두 가지의 정기적인 조사가 있다. 가구지출서베이(FES)는 정부사회서베이(GSS)에 의해 수행되고 있으며, 매해 13,000명의 성인들을 면접하고, 이들에게 2주 동안 기부 행위에 대해 일기를 쓰도록 한다. 그들은 피험자의 특성에 대한 광범위한 인구학적 자료를 가지고 있다. 국제기부서베이(1GS, 1994)는 자선원조재단(GAF)에 의해 수행되고 있다. 이것은 1,020명의 표본을 대상으로 실시되며, 할당 표본이다. 8개의 질문으로 구성되어 있으며, 좀더 상세한 질문을 하는데, 각각은 과거 한 달 동안의 기부 행위에 대한 17개 형태로 이루어져 있다. FES에 의해서는 알 수 없는 CGS(자선단체에서 운영하는 선물 가게)에서 물건을 구매하는 것과 같은 기부 행위들도 포함하고 있으며, 그 결과로 더 많은 사람들이 어느 정도의 기부를 하고 있으며, 기부 행위의 전반적인 수준이 다소 높다는 것을 밝혀 내고 있다(Lee et al., 1995).

미국인들의 기부 행위에 대해서는 소득세 신고에서 나중에 살펴볼 IRS(the Inland Revenue Service)까지 다양한 출처로부터 자료들이 있다.

---

1) 옮긴이의 생각으로는 더불어 살아야 하는 이웃, 빈곤한 국가의 국민에 대한 도덕적 · 윤리적 책무성과 노력이 중요한 요건이라고 본다. 인간의 얼굴을 한 자본주의란 바로 가난하고 궁핍한(일제 36년, 6.25 전후의 우리 국민의 생활모습이었음.) 이웃과 국가에 대한 인간적 배려가 필요하다는 말로 쓰이는 것이라고 본다. 부자들의 반란과 인간의 얼굴을 한 자본주의는 그 含意가 다르다고 생각된다.

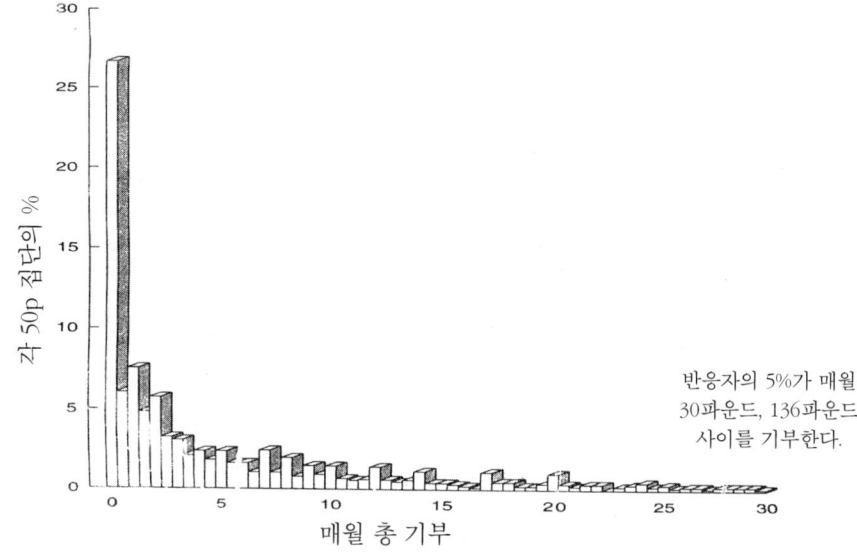

반응자의 5%가 매월
30파운드, 136파운드
사이를 기부한다.

매월 총 기부

출처 : Chaarities Aid Foundation, (1991)

〈그림 9-1〉 매월 총 개인 기부의 분포(모든 응답자들)

　　IGS 자료에 기초했을 때, 기부 행위는 〈그림 9-1〉에서 보듯이 아주 균등
하지 못한 분포를 이루고 있다. IGS 조사에 따르면, 1993년 영국에서 성인들
의 81%가 자선 단체에 기부를 하였다(FES에 따르면 이 수치는 73%였다). 1993
년에 구호금의 평균 액수는 두 조사 모두에서 매월 10파운드 정도였으나, 그
분포가 약간 편기되어서 정확한 정보를 알기 위해서는 중위수가 더 좋은 수
치이다. 중위수는 매월 2.50파운드였으며, 전체의 절반은 이보다 더 많은 돈
을 기부하였고, 나머지 절반은 이보다 더 적은 돈을 기부하였다. 기부자들의
상위 1%는 매월 100파운드 넘는 돈을 기부하였는데, 이것은 평균이 중앙치
보다 높은 이유의 한 가지이다. 이들을 제외하면, 평균 금액은 매월 7.35파운
드로 감소하게 된다. 이러한 수치는 과잉 추정된 것으로 보이는데, 이것의
42%가 기부자에게 분명한 이득이 되거나 혹은 어느 정도 그럴 희망이 있는
자선 상점, 추첨식 판매 등에서 구매하기 때문이다. 이것은 각 방법에 의해
서 돈을 기부한 응답자들의 비율이 제시되어 있는 〈그림 9-2〉에서 볼 수 있
고, 〈표 9-1〉은 이들이 기부한 액수를 제시하고 있다.

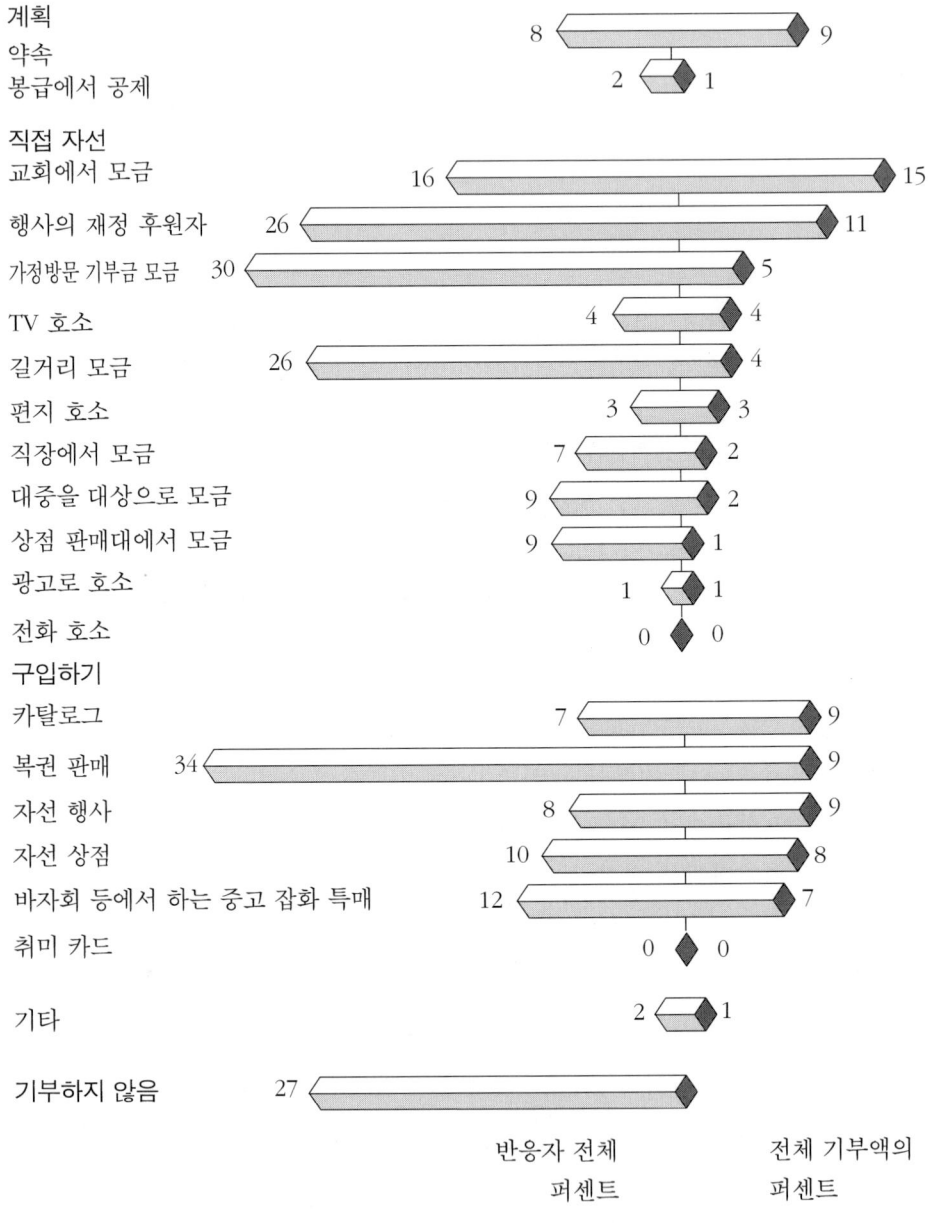

계획
약속 8 — 9
봉급에서 공제 2 — 1

직접 자선
교회에서 모금 16 — 15
행사의 재정 후원자 26 — 11
가정방문 기부금 모금 30 — 5
TV 호소 4 — 4
길거리 모금 26 — 4
편지 호소 3 — 3
직장에서 모금 7 — 2
대중을 대상으로 모금 9 — 2
상점 판매대에서 모금 9 — 1
광고로 호소 1 — 1
전화 호소 0 — 0

구입하기
카탈로그 7 — 9
복권 판매 34 — 9
자선 행사 8 — 9
자선 상점 10 — 8
바자회 등에서 하는 중고 잡화 특매 12 — 7
취미 카드 0 — 0

기타 2 — 1

기부하지 않음 27

반응자 전체   전체 기부액의
퍼센트   퍼센트

출처 : Petipher & Halfpenny(1991)

〈그림 9-2〉 과거 한 달 동안 기부를 한 방법과 전체 기부액의 비율
(기부액을 대답한 사람에 기초함)

표 9-1	매해 각 방법별 전형적인(중앙치) 기부(총 기부액을 구체화한 기부자들을 대상으로)

기부 방법	연간 기부금의 중앙치a	각 기부행위에서 중앙치b
세제 혜택	60파운드	
계약	77파운드	
임금대장 공제	24파운드	
증여 원조	300파운드	
비세제 혜택	55파운드	
(1) 자선 사업	24파운드	
편지로 호소		5파운드
TV 모금		5파운드
자선 단체가 파는 상품 구매		4.50파운드
광고 모금		4.15파운드
어떤 행사에서 재정 지원자		1파운드
교회 헌금		1파운드
직장 기부금		1파운드
가정 방문 기부금 모금		1파운드
일반 대중을 상대로 한 모금		70펜스
가두 모금		50펜스
상점 계산대에서 모금		25펜스
(2) 구입하기	60파운드	
기부 청약 / 회원 가입 입회금		6.75파운드
목록을 통한 구입		5파운드
자선 활동 참여		4.50파운드
바자를 통한 구입		3파운드
자선 상점을 통한 구입		2.50파운드
복권 구입		1파운드
모든 방법	60파운드	

출처 : Charities Aid Foundation(1994)

각주 : a) 1파운드에 가까우면 반올림함.

　　　b) 5펜스에 가까우면 반올림함.

　　　c) 전화 모금, 결연 카드 그리고 다른 방법들의 경우 중앙치는 이러한 방식으로 기부한 사람이 8명 이하였기 때문에 생략하였다.

이러한 개인 기부금의 액수는 작아 보이지만, 총 기부액은 매우 커서, 영국의 주요 자선 단체를 통해 기부된 돈은 연 50억 파운드 이상으로, 곳곳에 중요한 공헌을 하기에 충분히 큰 돈이었다(Charities Aid Foundation, 1994). 이들은 소득의 평균 1.4%를 기부하고 있으며, 대부분의 사람들은 자신의 가족 구성원들에게 이것보다 많은 대략 4%의 돈을 주며, 소득세를 통해서 많은 양을 기부하고 있다. 영국의 경우 소득세에서 지불되는 액수는 소득의 평균 17% 정도이다.

3. 누가 기부를 받는가?

상당한 양의 자선은 등록된 자선 단체에서 이루어지고 있으며, 영국에서 기부를 받은 상위 500곳이 〈그림 9-3〉에 나타나 있다.

가장 많은 기부액은 건강과 의료 방면에 지출되는데, 대략 1년에 5억 2천 5백만 파운드였다. 이 중에서 암 연구와 신체 장애인들과 시각 장애인을 위해 가장 많이 사용되었다. 두 번째로 자선을 많이 받은 집단은 아동, 노인들, 부랑자들과 같이 도움을 필요로 하는 사람들로, 가난한 사람들에게 준 전통적인 기부 행위와 가장 유사하다. 세 번째 집단은 전세계적인 자선 단체를 위한 것으로, 대개 기아 구호와 제3 국가의 피난민들과 관련되었다. 나머지 자선 단체 집단들은 동물, 환경, 선교 활동, 예술 등과 관련되었으며 더 적은 돈을 받았다.

이것은 미국에서 이들 기금의 주요 출처인 모교에 하는 기부는 포함하지 않고 있다. 또한 걸인과 같이 개인에게 하는 기부도 포함하지 않은 것이다.

기부 행위에는 개인차 요인들이 상당수 있다.

1) 소 득

흔히 많은 돈을 가지고 있는 사람이 더 많이 기부할 것이라고 예측한다.

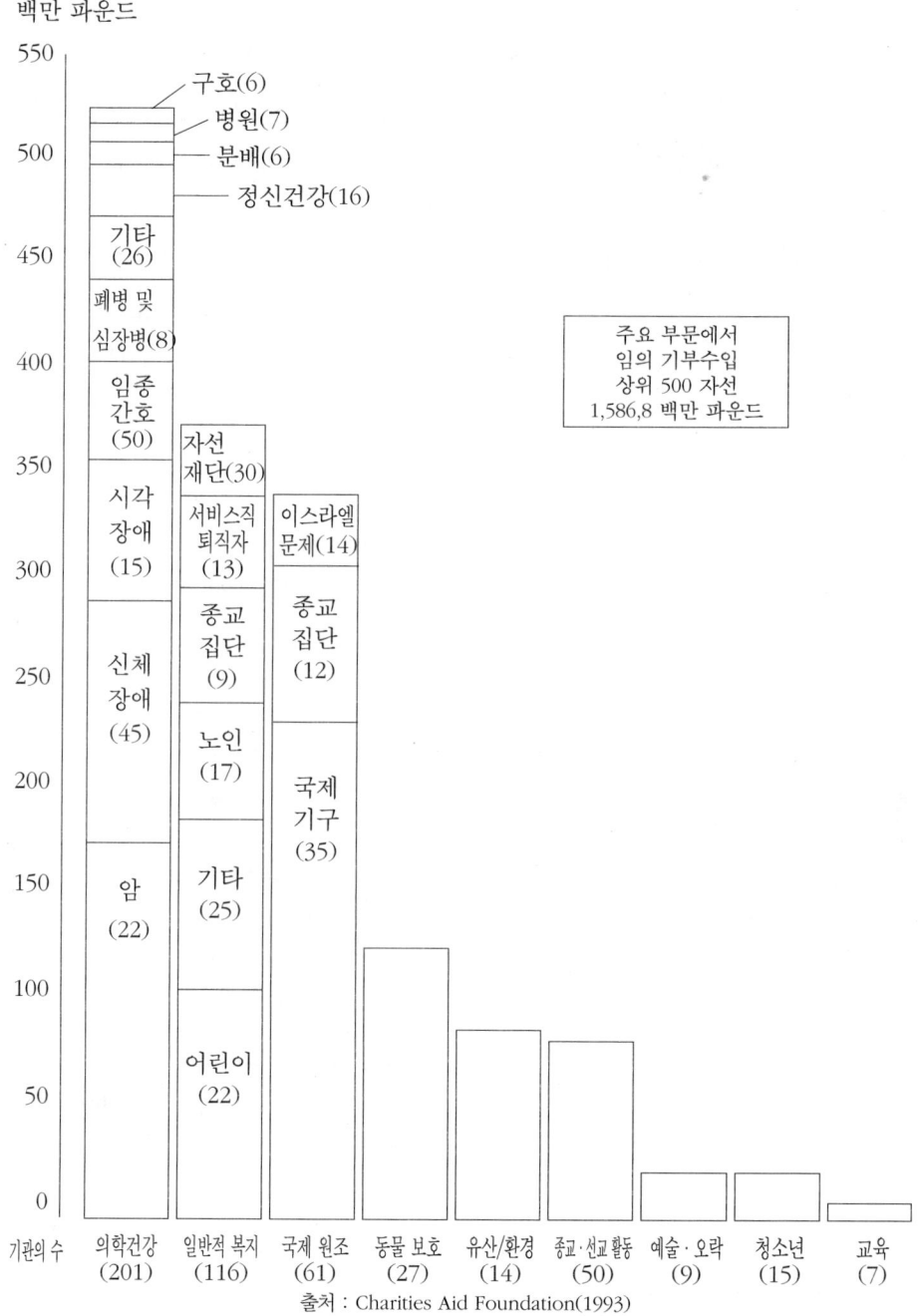

백만 파운드

구호(6)
병원(7)
분배(6)
정신건강(16)

기타
(26)

폐병 및
심장병(8)

임종
간호
(50)

자선
재단(30)

시각
장애
(15)

서비스직
퇴직자
(13)

이스라엘
문제(14)

주요 부문에서
임의 기부수입
상위 500 자선
1,586,8 백만 파운드

신체
장애
(45)

종교
집단
(9)

종교
집단
(12)

노인
(17)

국제
기구
(35)

암
(22)

기타
(25)

어린이
(22)

| 기관의 수 | 의학건강
(201) | 일반적 복지
(116) | 국제 원조
(61) | 동물 보호
(27) | 유산/환경
(14) | 종교·선교 활동
(50) | 예술·오락
(9) | 청소년
(15) | 교육
(7) |

출처 : Charities Aid Foundation(1993)

〈그림 9-3〉 주요 부문에서의 임의 기부수입

예전에는 가난한 사람들에게 돈을 기부하는 것이 부유한 사람의 역할 중의 하나였다. 식사를 겸한 자선 음악회는 돈을 기부하는 아주 공공연한 방식이었다. 영주나 이들의 부인들은 어느 정도 마을의 가난한 사람들을 돌보았다.

여전히 기부행위와 부 간에는 관련이 있다. 비록 소득과 기부 간의 상관계수가 겨우 .13 정도이긴 하지만 기부액은 부자의 경우에 더 많다. 어떤 것을 기부하는 부자들의 비율 또한 약간 더 많다. 소득 중에서 몇 %를 기부하는가? 가장 정확한 영국 자료인 FES의 1992년 자료에 따르면, 소득이 보통인 사람들의 경우 평균 1.4% 정도이긴 하지만, 이 수치는 일주일에 대략 80

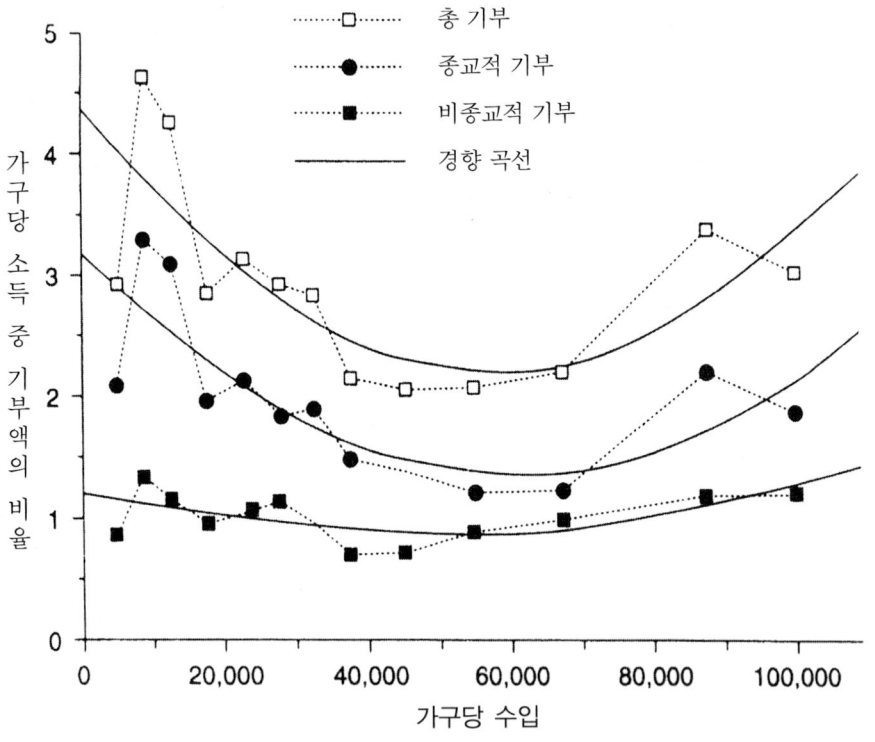

각 주 : 이 그림에서 제일 상단의 곡선은 조금이라도 기부를 한다고 보고한 가구의 경우, 소득 중 총 기부액의 비율을 나타낸 것이다. 중간과 제일 밑의 곡선은 각각 같은 가구의 소득 중에서 종교 기관과 비종교 기관에 기부한 비율이다.
출처 : Schverish & Havens, (1995).

〈그림 9-4〉 가구당 소득 중 기부액의 비율(총 기부, 종교적 기부, 비종교적 기부)

파운드를 버는 사람들의 경우 소득의 1.02%, 일주일에 475파운드를 버는 사람들의 경우에는 1.75%이었다. 영국에서 소득이 일주일에 275파운드 이상인 사람 중에서 11%는 아무 것도 기부하지 않았으며, 74%는 매월 30파운드 이상을 기부하였다. 소득이 일주일에 80파운드 이하인 사람들 중에서 42%는 아무 것도 기부하지 않았으며, 23%는 매월 30파운드 이상을 기부하였다. 기부 행위에 가장 많은 영향을 끼치는 것은 계층이 아니라 소득이다. 사회 계층과도 유사한 관련성이 있지만 그 관계는 더 약하며, 교육 수준과도 유사한 관계가 있지만 이것도 여전히 약하다(Halfpenny & Lowe, 1994).

자선에 대한 미국 조사는 아주 다른 패턴을 보여 주고 있다. 소득에 따른 기부 비율이 U자형 곡선을 이루고 있는데, 이것은 부자와 가난한 사람들 모두 소득이 중간 정도인 사람들보다 더 높은 비율로 기부를 한다는 것을 나타낸다. 이것은 〈그림 9-4〉에 나타나 있다.

모든 수준에서 얼마나 많은 돈을 기부하는지는 상당한 차이가 있지만, 특히 상위 집단에서 그러하였다. 〈표 9-2〉는 미국의 백만장자들의 경우, 가장 관대한 25%의 사람들이 평균 연간 132,000달러를 기부하는 반면, 가장 관대

표 9-2   5년 동안(1971~1975년)의 기부금 현황

경제적 소득 계층	납세자 수	평균 기부액($)	중위수 기부액($)	기부 행위의 분포	
				하위 25%($)	상위 25%($)
$4,000 ~ $10,000	1,313,848	403	245	164	572
$10,000 ~ $20,000	8,158,249	389	266	147	426
$20,000 ~ $50,000	4,543,156	639	467	246	753
$50,000 ~ $100,000	491,697	1,881	973	592	1,981
$100,000 ~ $200,000	114,689	4,920	2,409	760	4,969
$200,000 ~ $500,000	22,128	12,161	3,324	711	12,352
$500,000 ~ $1,000,000	3,649	34,256	6,682	2,211	39,678
$1,000,000 이상	1,032	124,351	43,808	6,821	132,487
총 액	14,648,448	562	321	172	572

출처 : Auten & Rudney(1990)

하지 않은 백만장자들의 경우 6,821달러만을 기부하여 그 비율이 22:1이었다. 가장 가난한 집단의 경우 그 비율은 3:1이었다. 다른 말로 하면, 가장 부유한 집단 중에서 가장 관대한 5%가 이 집단 기부액의 80%를 담당하고 있는 것이며, 상위 10%가 86%를 기부하고 있다는 것이다(Auten & Rudney, 1990).

미국인의 기부 행위가 U자형 곡선을 이루는 것에 대해 어떠한 설명을 할 수 있을까? 아직까지 일치된 설명은 없지만, 주로 교회에 기부하기 때문인 것으로 보이는데 특히 양극단 모두에서 가장 관대한 기부자들의 경우에 그러하였다. 젠크스(Jencks, 1987)는 부유한 사람들이 더 많이 기부하는 것은 '남는 것들을 기부하는' 때문이라고 하였다. 부유한 사람들은 자신보다 가난한 사람들과 조화시켜서 유사한 비율로 지출하며, 남는 부분은 부유한 사람들이 주로 기부하는 병원과 대학들에 기부한다.

부유한 사람들은 자신의 소득의 상당 부분에 해당하는 많은 양을 기부하기 때문에, 경제학자들에게는 자선 기부 행위가 '사치', 즉, 여유가 있을 때에 구매하는 불필요한 어떤 것으로 여겨진다(예: Garner & Wagner, 1991). 그러나 이것은 자선 기부 행위를 하는 사람들을 보석과 값비싼 의류를 구매하는 사람들로 오도하는 것 같다. 경제학적으로 볼 때는 이들이 유사하지만, 심리학적으로는 유사하지 않다.

2) 연령과 성

기부 행위와 연령 간에는 곡선적 관계가 있어서, 대부분 30~65세의 사람들이 기부하며, FES는 50~65세의 집단이 가장 많이 기부한다고 하였다. 노인들은 적게 기부하며 젊은이들은 더 적게 기부한다. 젊은이들과 노인들이 더 적게 기부하는 것은 이해할 수 있다. 은퇴한 사람들과 실직한 사람들 또한 기부하지만, 대부분의 환자들과 장애인들도 여전히 기부를 하고 있다.

기부 행위에 있어서 성 차이는 작지만, 여성이 약간 더 많이 기부해서, 미국 자료에 의하면 9% 정도 더 많이 기부한다(Jencks, 1987). 영국의 경우 여성의 25%는 기부를 전혀 하지 않으며(남성의 경우 33%), 43%는 매월 30파운드 이상을 기부하고 있다(남성의 경우 39%). 이것은 남성이 여성보다 더 많은 돈을 벌고 있는 상황을 고려할 때 놀라운 일이다. 자원 봉사에 대한 비교도 흥미로운데, 여성이 남성보다 상당히 더 많은 자원 봉사를 하고 있다(Pearce, 1993).

3) 가족 크기

미국 조사에 따르면, 결혼한 부부는 소득이 똑같은 독신들보다 20~40% 정도 더 많은 기부를 하고 있다. 또한 자녀가 있는 부부는 자녀가 없는 부부들보다 50% 더 많이 기부하고 있다. 두 경우 모두 1인당 소득이 더 적긴 하지만 돌볼 부양 가족에게 기부할 준비가 더 많이 되어 있다(Jencks, 1987). 영국 CAF 조사 결과도 이것들이 아주 크지는 않았지만, 유사한 차이가 난다고 하였다.

4) 종교의 중요성

미국과 영국의 조사 모두에서 종교가 기부 행위를 예측할 수 있는 가장 강력한 예측 요인 중의 하나로 나타났다. 1993년 영국 조사에서, 종교가 자신에게 '매우 중요하다'고 응답한 사람들은 매월 23.75파운드를 기부하였으며, 반면 종교가 별로 중요하지 않다고 응답한 사람들은 평균 7.94파운드를 기부하였다. 미국 조사에서는 매주 종교 기관에 다니는 사람들은 소득의 3.8%, 때로 참석하는 사람들은 1.5%, 그리고 종교 기관에 다니지 않는 사람들은 0.8%를 기부하였다고 보고하고 있다(Myers, 1992). 〈그림 9-2〉가 보여주듯이, 교회 기부는 이러한 총 기부액의 절반 이상을 구성하고 있으며, 바로 이것이 U자형 분포를 이루고 있다. 이 연구의 연구자들은 또한 U자형 패턴이 부분적으로 소수의 고액 기부자들 때문임을 밝혔다. 이들은 각 개인이 속한 소득 집단의 평균보다 2 표준편차 이상 더 많이 기부를 하는 사람들을 구분하였는데, 이들은 표본의 약 5%였으며, '십일조'라고 하여 교회에 소득의 10.42%를 기부하고, 또 다른 곳에 4.18%를 기부한다고 하였다. 미국인들의 U자형 곡선의 하위 극단은 많은 가난한 미국인들이 오순절 교회파나 교회에 기부하는 것을 포함하여 구성원들의 행동에 상당한 영향력을 가지고 있는 유사 교회에 속해 있는 것으로 설명할 수 있다. 또 다른 미국인들에 대한 연구는 복음주의의 교회 구성원들이 더 많이 자선을 베풀며, 이들은 그러한 기부가 '절대적으로 필요하며', '매우 중요하다'고 믿고 있고, 자원 봉사 활동에 적극적인 것으로 나타났다(Clydesdale, 1990).

영국에서는 교회에 기부하는 것이 다소 적으며, U자형 곡선을 이루지 않는다. 교회에 '기부'하는 것이 어떤 경우에든 모든 자선이 아니라고 지적되어 왔으며, 그 일부가 구성원들이 필요로 하는 편의시설들을 제공하기 위해서 어떤 다른 클럽에 내는 요금과 유사하기 때문이다. 아마도 교회 기부액의 70%는 이와 유사할 것이라고 추정되어 왔다(Schverish & Havens, 1995).

5) 자선행위와 관련된 성격

도와주기와 관대성에서 사람들이 어느 정도 지속성을 보인다는 증거가 있다. 이타적 행동은 공감과 같은 성격요소들과 관련되는 것으로 나타나지만, 아직 자선 행위와 관련된 성격에 대해서는 알려진 것이 거의 없다(Batson, 1991).

6) 국가별 차이

미국의 기부 행위 수준은 영국보다 아주 높다. 〈표 9-3〉은 북미와 몇몇 유럽 국가들의 기부 행위 수준들을 제시하고 있다. 북미의 기부 수준이 그렇게 높은 이유의 하나는 교회가 높은 수준의 기부를 기대하고, 그 일부는 자선 단체들로 가기 때문이다. 두 번째 이유는 미국에서 자선 기부는 세금이 공제되기 때문이다. 젠크스(Jencks, 1987)는 많은 연구로부터 기부금의 세금 공제

표 9-3	면접에 앞서 매월 개인당 총 기부액(모든 응답자들의 경우)

매월 기부된 총 금액	영국(%)	캐나다(%)	프랑스(%)	스페인(%)	미국(%)
전혀 기부하지 않음	35	38	73	29	45
구체화되지 않은 양	4	7	6	3	6
1p ~ £1	19	2	2	8	4
£1 이상 ~ £5 미만	22	15	5	25	11
£5 이상 ~ £10 미만	9	10	4	14	8
£10 이상	11	28	10	21	26
매월 1인당 평균 기부액	£7.20	£21.80	£5.40	£6.90	£17.10
매월 기부자별 전형적인 기부액	£2.00	£10.50	£10.10	£7.00	£12.00

출처 : Charities Aid Foundation(1994)

가 기부액의 25%를 증가시킨다고 결론내린다. 계약은 영국에서 인기가 있으며, 자선 단체에 더 많은 기부를 하는 효과가 있다. 그러나 기부자들에게 어떠한 혜택을 가져다 주는 것으로 인식되지는 않는다.

영국은 기부 행위 수준이 낮고, 기부 행위가 대개 소수의 기부액으로 구성된다는 점에서 〈표 9-3〉에 나타난 다른 4개 국가와는 다르다. 기부액은 자선 단체 활동, 자선 상점, 호별 방문 기부금 및 길거리 기부에 의해 거두어진다. 주로 의료와 사회 복지를 위해 기부되며, 국제적 관심과 동물을 위해서 기부되는 액수는 다른 국가들보다 더 많다. 영국에서는 혈액이 모두 무료로 주어지는 반면, 미국과 많은 다른 국가에서는 혈액을 사야 한다. 미국과 캐나다에서 기부금은 주로 교회를 통해서 그리고 교회를 위해서 모금되며, 미국의 경우 사회 복지나 의료를 위해서 기부되는 액수는 적다. 프랑스는 인구의 73%가 전혀 기부하지 않지만 소수의 사람들이 많이 기부한다는 점에서 이상한 분포를 이루고 있다. 이것은 라디오와 TV 모금과 편지호소, 교회를 통해서 기부되며, 대부분 의료를 위해서 기부된다. 스페인의 경우, 상당한 양의 기부금은 복권을 통해서 거둬들여지며, 주된 수익자는 사회 복지와 교회이다(Charities Aid Foundation, 1994).

가난한 사람들을 위한 복지 정책이 없는 다른 국가들에서 자선 기부액이 더 많을 것이라고 예측할 수 있다. 제 3세계 국가에는 실제로 가난한 사람들이 아주 많으며, 대부분의 사람들은 비록 그 액수가 정확하게 알려지지는 않았지만, 걸인들에게 자선 구호금을 주고 있다. 선사 시대에는 친족들뿐 아니라, 가난한 사람들과 낯선 이에게도 많은 기부를 하였다. 가난한 사람들에게 기부하는 것은 생활의 정상적인 부분으로 여겨졌으며, 부분적으로는 종교적 이유에서, 혹은 한 사회의 구성원이라는 강한 집단 정체성을 가지고 있었기 때문에 가능하였다. 혼트와 밴더빌(D'Hondt & Vandewiele, 1984)은 세네갈의 학교에서 840명의 16~20세 사람들을 조사하였다. 이들의 대부분은 자신들이 종교적 이유나 인간적인 관심에서, 또는 자신의 양심을 달래기 위해서나 사악한 마음을 피하기 위해서 자선 구호금을 준다고 말했다. 세네갈에는 독실한 신자들, 장애 등에 기인한 극빈층, 쌍둥이 어머니와 최근에 할례를 한 사람들과 같은 특별한 집단, 그리고 매우 게으른 사람 등 몇 종류의 걸인들이 있다. 학생들의 일부는 걸인을 일종의 직업이라고 생각했다.

중국과 아시아의 다른 나라들은 서구의 개인주의와 달리 집단적인 방식으로 행동한다는 것이 밝혀졌다. 집단주의 문화에서는 물질 자원을 공유하는 것에 큰 강조점을 둔다. 일련의 연구에서 후이와 트리엔디스(Hui & Triandis, 1986)는 중국인들이 아주 낯선 사람도 포함하여 다른 사람들에게 더 많은 기부를 한다고 하였다.

4. 언제 돈을 기부하는가?

우리는 전세계에서 다양한 방식으로 기부금이 모아지는 것을 살펴보았다. CAF 조사는 영국에서 다양한 모금 활동이 얼마나 성공적인지를 상세히 밝혀 왔다.

〈표 9-4〉에는 각 접근 방법에 의해서 기부할 것 같다고 대답한 사람들의 비율이 제시되어 있다. 기부 가능성이 가장 큰 접근 방법은 후원제의 경우로, '기부할 것 같음' 이상의 가능성 점수가 1.16이었다. 몇 가지 다른 방법

| 표 9-4 | 비세제 혜택 기부 방법별 기부 가능성(모든 응답자들을 대상으로 함) |

기부 방법	평균 점수
박애주의	
기부할 것 같음	
특정 인사가 어느 행사의 후원자가 된다.	1.16
호별 방문 기부금	0.66
거리 모금	0.54
기부할 것 같기도, 그러지 않을 것 같기도 함	
교회 헌금	0.22
직장 기부금	0.19
자선 단체의 상품을 구매	−0.06
상점 판매대에서 모금	−0.06
TV 모금	−0.08
대중 모금	−0.23
기부하지 않을 것 같음	
광고 모금	−0.61
우편 모금	−1.05
전화 호소	−1.46
구매.	
기부할 것 같음	
복권 구입	0.72
기부할 것도 같고 그러지 않을 것 같기도 함	
자선 활동 참여	0.42
바자를 통한 구입	0.40
자선 상점을 통한 구입	0.25
목록을 통한 구입	0.04
기부하지 않을 것 같음	
기부 신청 / 회비	−0.62
결연 카드(특수 유연(類緣)단체에서 제공되는 카드)	−1.09

출처 : Halfpenny & Lowe(1994)
각주 : 평균 점수는 다음과 같은 점수화에 의해서 산출되었음:
　　'매우 기부할 것 같음' = 2 , '기부할 것 같음' = 1 ,
　　'기부할 것 같기도 하고 기부 안 할 것 같기도 함' = 0 ,
　　'기부할 것 같지 않음' = −1 , '매우 기부할 것 같지 않음' = −2

| 표 9-5 | 매년 각각의 기부 방법으로 기부된 총 액수(자신이 기부한 금액을 구체화한 기부자들) |

기부 방법	모든 기부자들이 한 총 기부액(파운드)[a]	총 기부액 중 %
세제 혜택	15,700	13
계약	11,100	9
임금공제	800	1
증여 원조	3,800	3
비세제 혜택	105,900	87
(1) 자선 사업	51,100	42
교회 헌금	9,400	8
호별 방문 기부금	7,800	6
어떤 행사에 특정 인사가 재정 지원자	7,600	6
자선 단체의 상품 구매	4,800	4
가두 모금	4,400	4
광고 모금	4,300	4
TV 모금	4,100	3
편지 모금	2,900	2
대중 모금	2,600	2
직장 기부금	1,900	2
상점 판매대에서 모금	1,100	1
전화 모금	200	b
(2) 구매	53,800	44
자선 상점을 통한 구입	12,800	11
목록을 통한 구입	12,400	10
복권을 통한 구입	8,400	7
기부 신청/회비	6,900	6
바자를 통한 구입	6,600	5
자선 활동 참여	6,300	5
결연 카드	500	b
(3) 기타	900	1
총 합계	121,500	100

출처 : Charities Aid Foundation(1991)
각주 : a) 100파운드와 가까운 값은 반올림함.
b) 0~0.5% 사이의 값.

들은 성공 가능성이 아주 낮아서, 전화로 호소한 경우는 -1.46의 점수를 나타내어 '아주 기부할 것 같지 않다'에 가까웠다. 사회 심리학자들의 주된 관심은 이러한 모금 형태들의 대부분이 사회적 접촉이나 어떤 종류의 사회적 사건들을 포함한다는 연구 결과이다. 이것들 중 일부는 복권 판매와 후원제처럼 이미 알고 있던 다른 사람들로부터 기부받은 것이다. 〈표 9-1〉은 각 기부 방법에 따른 기부 금액의 중지수를 보여 주고 있다. 이러한 기부액들의 대부분은 아주 작아서 한 번에 1파운드 미만이었다. 〈표 9-5〉는 기부액의 10%가 계약상의 의무나 임금 공제에 의해 조달되며, 42%는 다양한 종류의 모금 활동을 통해서, 나머지 44%는 복권 판매와 다른 자선 판매를 통해서 조달됨을 보여 주고 있다.

그러나 가장 효과적인 모금 활동 방법은 각 나라들마다 다르다는 것을 기억해야 한다. 미국과 캐나다의 경우 대부분의 기부금은 교회를 통해서 조달되며, 스페인은 복권을 통해서, 그리고 프랑스는 TV와 라디오 모금과 우편 모금을 통해서 조달된다. 영국에서 복권은 자선의 주요한 근원이 되고 있어서, 다른 나라의 자선 활동이 만약 후원제와 영국에서 효과적인 다른 방법들을 사용한다면 더욱 효과적일 것이다.

1) 기부 요청자와 기부자 간의 관계

기부금을 요구하거나 '간청하는' 사람은 보통 자원 봉사자이다. 따라서 기부금은 목적한 대로 갈 것이고, 일부는 개인 수혜자들에게 지급될 것이다. 걸인들의 경우에만 요청자가 또한 수혜자가 된다.

(1) 기부 요청자의 매력과 다른 특성들

기부를 요청하는 사람에 따라 기부에 영향을 미치는 효과에 관한 연구들이 많지만, 주로 태도 변화에 관한 것들이며, 돈을 기부하는 것에 끼치는 효과에 대한 연구는 매우 적다. 연구 결과 신체적인 매력은 금전적인 결과를 가져오는 것으로 나타났다. 예를 들어, 남성과 여성 모두의 경우 매력적인 개인이 같은 직업을 가진 다른 사람들보다 더 많은 보수를 받는 것으로 나타나서, 남성들의 경우 18.5%, 여성들은 26.4% 정도 더 많이 받는 것으로 나타났으며(Quinn et al., 1968), 더 매력적인 외모의 피고인이 모의 실험 재판에서 더 적은 벌금형을 받는 것으로 나타난 연구도 있다. 많은 연구들은 매력적인 개인이 설득력 있는 메시지를 전달할 때 더 영향력을 가짐을 증명해 왔으며, 돈을 기부하도록 설득할 수 있는 가능성도 매우 많다고 하였다. 시알디니(1984)는 사회조사 면접을 하는 것처럼 가장한 '매력적인 젊은 여성'이 피험자 의지와 반대로 값비싼 클럽 회원권을 구매하도록 설득하는 데 성공한 방법을 보고하고 있다.

　유사성은 사회적 영향력에 중요한 것으로 나타났다. 엠스윌러와 동료들(1971)은 걸어가는 학생들을 멈추게 하고 이들에게 전화걸기 위한 돈을 달라고 요청하는 경우에 만약 요청하는 사람이 이러한 학생들과 같은 종류의 옷을 입고 있을 때 더 성공적이었다고 하였다.

　또한 전문직 기술, 권위, 그리고 신뢰성은 사회적 영향력에서 중요하다. 그러나 돈을 기부하는 것과 관련해서는 많이 연구되지 않았다. 크라우트(1973)는 2년 동안 장애 아동을 위해 일해 왔다고 설명하는 모금원들과 사무직종에 있었다고 말하는 모금원에 의한 호별 방문 모금을 비교하였다. 평균 기부액은 장애 아동과 관련된 모금원에게는 54센트, 다른 모금원들에게는 34센트였다. 위신 있는 의상, 유니폼 등이 설득에 미치는 효과[2]를 살펴본 연구들도 있으나, 모금을 하는 것과 관련해서는 연구되지 않았다.

(2) 비언어적 의사소통

　신체적 접촉 또한 사회적 영향력의 강력한 근원으로 나타났다. 기부 요청자가 목표 대상과 신체 접촉을 한 경우, 전화로 모금한 경우보다 10센트를 더 많이 기부하였고, 또한 다른 종류의 도움도 더 많이 제공하였다(Argyle, 1988). 여종업원이 손님과 접촉했을 때, 이들은 더 많은 팁을 받을 것이며, 손

---

[2] 후광 효과의 일종으로 대중에게 널리 인지되어 있는 의상을 입고 어떤 의도적인 행동을 하는 경우 대중이 호응하거나 열광적인 반응을 나타내는 사례.

을 만진 경우에 팁은 16.7% 증가하였다(Crusco & Wetzel, 1984).

시각적 응시는 신체적 접촉과 유사한 방식으로 기능한다. 분과 기브슨 로빈슨(1981)은 호별 방문 기부에 대해 연구하였다. 모금원들이 예비 기부자들의 눈을 응시한 경우, 모금가들이 모금통만 바라보았을 때보다 두 배나 더 많은 기부액을 받았다. 얼굴 찌푸리기의 효과에 관한 관련 연구에서, 응시의 효과는 덜 자명하였다. '얼굴을 찌푸린' 모금원들은 더 적은 기부금을 받았지만, 이것은 중류 계층 지역이 아닌 근로자 계층 지역에서만 적용되었다(Bull & Stevens, 1981).

비언어적 의사소통의 다른 측면들은 사회적 영향력에 효과를 갖는 것으로 나타났다. 얼굴 표정, 목소리 톤, 공간적 근접성, 그리고 몸짓 모두가 중요하지만, 기부 행위와 관련해서 연구되지는 않았다(Argyle, 1988).

(3) 상호교환

상호교환은 강력한 사회적 영향력을 유발한다. 우리는 '보답해야 할 의무가 있다'(Mauss, 1954). 우리는 앞에서 상호교환이 가족 내에서 그리고 친구들간에 선물을 하는 데 중요한 원리임을 살펴보았다. 레간(1971)은 실험 공모자가 실험을 하는 동안 일부 피험자들에게 코카콜라 한 병을 10센트에 사는 실험을 하였다. 실험이 끝날 무렵 공모자들은 피험자들에게 25센트짜리 복권을 살 수 있는지를 물어보았다. 콜라 한 병 값을 받았던 피험자들은 그렇지 않은 사람들보다 2배나 더 많이 복권을 구매하였다. 이 원리는 때로는 모금 활동에서도 사용된다. 크리슈나와 다른 종교 집단들의 구성원들은 공항에서 사람들에게 접근하여 이들에게 꽃 한 송이나 작은 종교 서적을 주며, 그 값을 지불받는 것을 거절하면서 이것이 선물이라고 말한다. 그리고 나서 이들은 기금을 위해 기부할 것을 요청한다. 수혜자들은 종종 '선물'을 주었다가 다시 사용하기 위해서 종파 구성원들이 모우기도 한다. 많은 사람들이 단순히 상호교환하지 않는 것보다 종파 구성원들을 피하거나 혹은 선물을 거절하여 이 상황을 모면하는 것이 더 쉽다는 것을 안다(Cialdini, 1984).

2) 수혜자들과의 관계

기부금을 받는 사람들은 걸인과 같은 개인일 수도 있고, 가난하고 병들고 늙은, 알려지지 않은 사람들로 구성된 더 큰 집단일 수도 있다. 이들은 학교나 대학의 미래 구성원일 수도 있다. 실제로 기부자 자신이 수혜자가 될 수도 있는데, 예를 들어 자신이 걸렸거나 후에 고통받을지도 모른다고 생각되는 질병을 위한 의료 자선활동에 기부하는 경우에 그러하다. 또한 고래나 다른 동물일 수도 있고, 환경이나 직접적인 수혜자가 전혀 없는 정치적 목적을 위해 자선 기금이 모아질 수도 있다.

도움을 주는 행동에 관한 연구들은 공감이 중요한 과정임을 밝히고 있다. 공감은 '타인의 고뇌를 이해하고 동정하는 것'이다(Sabini, 1995). 또한 공감은 타인의 위치나 관점을 보면서 이들이 어떻게 느끼고 있을지 생각하는 것이며, 똑같이 고뇌하는 것이 아니라, 타인의 고뇌를 상상하는 것이다. 밧슨(1991)은 공감을 느꼈을 때, 피험자들이 타인을 대신해서 전기 충격을 받는 일에 자원함을 보여 주었으며, 이 때 공감은 희생자가 같은 지역이나 같은 대학 출신인지를 말함으로써 느끼게 되었다. 그러나 공감은 금전적인 선물을 하는 데 아직까지 효과적이지 않은 것으로 나타났다. 예를 들어 워렌과 워커(1991)는 호주의 퍼스에 접근했던 2,648명의 사람의 일부에게 '그 상황에서 이들이 어떻게 느낄 것인지를 상상하도록' 요청함으로써 공감을 조작하였으나, 이것이 기부를 증가시키지 못했다. 공감할 실제 대상이 없는 이러한 방식으로는 공감이 거의 느껴지지 않는 것 같다. 거지와 만나는 것은 그 거지가 보통 대부분의 잠재적 기부자들과 아주 달라서 예외적인 경우를 제외하고는 공감을 유발시킬 수 있었다. 엠러와 러쉬톤(1974)은 7~13세 아동들을 대상으로 한 연구에서 관대함이 공감에는 영향받지 않음을 보여 주었다.

동정의 각성은 약간 다르다. 예를 들어 다른 나라의 장애 아동을 보는 것은 이 아동이 전적으로 친숙하지 않은 상황과 문화에 있기 때문에 공감을 유발시키지 않는다. 물론 일종의 동정의 형태로 또 다른 종류의 관심을 유발할 수는 있다. 기금 모금자들은 전형적인 수혜자들의 사진을 보여 줌으로써 이것을 각성시켜 왔다. 손톤과 동료들도(1991) 이러한 방식을 사용하였는데, 상점 카운터에 생기없는 사진을 전시하여 2배나 더 많은 기금을 모금했다. 그러나 호별 방문 모금에서 사진을 보여 줄 때에는 적용되지 않았다. 아이센과 눈베르크(1979)는 장애 아동들의 사진이 제시되었을 때 호별 방문 모금에서 더 적은 돈을 기부받았다고 하였다. 이러한 결과는 주의 산만에 기인한 것으로 생각되었다. 오히려 그들은 웃고 있는 아동의 사진을 보여 주었을 때 더 많이 기부하였다. 라드레이와 케네디(1992)는 다양한 종류의 도움이 필요한 수혜자들의 사진 12개를 피험자들에게 보여 주었다. 육체 노동자들은 특히 도움이 필요한 아동들이나 암 환자와 노인들을 동정하였다. 그러나 사업가와 전문가들에게는 이러한 방식이 동정에 영향을 끼치지 못하였다. 웨일즈 북부에서 수행된 연구에서 이르와 엘리스(1990)는 정신 장애가 있는 사람들을 위한 일부 포스터가 감정이입, 동정, 죄의식을 유발하였으며, 특히 두 명의 정신 장애 아동이 호소하는 듯한 애처로운 눈으로 쳐다보고 있을 때에 더욱 그러하였다고 하였다. 응답자들은 이러한 포스터에 반응해서 더 많이 기부하겠다고 말하였지만, 수혜자들이 유능하고 가치 있고 다른 사람들과 똑같은 권리를 갖는 것으로 생각하는 경우는 적었다.

도움 행동에 대한 연구들은 타인의 고뇌, 예를 들어 술에 취한 것과 같이 자신의 실수로 인한 것이 아니라 외적으로 유발된 경우에 더 많이 기꺼이 도움을 준다는 것을 밝히고 있다. 벤슨과 카트(1978)는 희생자가 처한 곤경의 외적 원인이 강조되었을 때 더 많이 기부하였다고 하였다.

오랫동안 집단간 연구들은 사람들이, 많은 기부금을 할당할 때처럼 집단 내 구성원들에게 특혜를 준다는 것을 밝혀 왔다. 이것은 실험실 연구들에서 밝혀졌으며, 또한 근로자 집단에서도 밝혀졌다(Brown, 1978). 이것은 은퇴한 사람들이 자신보다 더 나이가 많은 노인들을 위해서 식사를 제공하는 경우처럼 자원 봉사자들에게도 영향을 끼친다. 이러한 원리는 수혜자가 기부자들과 아주 다른 집단에 속하는 많은 자선 단체들에는 반하는 원리이다. 그러나 흔히 사람들은 모교에 큰 기부를 하며, 어떤 자선 활동은 힘들어 하는 사람들, 실직중인 음악가 등과 같은 사람들을 위해 기금을 마련하는 것처럼 집단 내 구성원들을 대상으로 하기도 한다. 미국 유대인들은 유대계 자선 단체에 매년 중위수 175달러를 기부하며, 비유대계 자선 단체에는 75달러를 기부한다. 더 큰 액수를 기부하는 사람들은 유대계 자선 단체에 더 많이 기부하였다. 이것은 500~1,000달러의 유대교 연회비를 포함한 것이 아니다(Rimor & Tobin, 1990). 흑인 미국계 교회들은 주로 자신의 교회 밖의 흑인을 위한 자선 단체와 기관에 많은 금액을 기부한다(Carson, 1990).

도움 행동에 관한 연구에 따르면 사람들이 좋아하고, 매력적이거나 자신과 유사한 타인들에게 더 많은 도움을 준다는 것을 밝히고 있다. 다시 말하면 수혜자가 알려지지 않았거나 자신과 아주 다를 때, 매력적이지 않을 때 등 대부분 돈을 기부하는 상황과는 반대되는 원리를 따른다. 그러나 이들은 대부분 도움을 필요로 하는 사람들이며, 이 점이 종종 이러한 주제의 종교적 논의를 불러 일으켰다.

3) 다른 기부자들과의 관계

(1) 모방과 동조성

모든 사회적 행동들은 모방과 동조의 과정에 영향을 받는다. 모방과 동조 간의 차이는, 모방은 집단 밖의 사람을 따르는 것이고, 동조는 집단의 다른 구성원들에게 승인받지 못하는 두려움에 기인하는 것이다. 카트와 벤슨(1977)은 호별 방문 모금에서 사람들이 이웃의 3/4 이상이 기부했다는 말을 들었을 때, 1/4 이하가 기부했다고 했을 때보다 더 많이 기부했다고 하였다. 또한 이들은 이웃의 3/4 이상이 1달러 이상을 기부하였다고 했을 때 1달러 이하를 기부했다고 했을 때보다 더 많이 기부하였다. 이것은 모방에 관한 실험처럼 기술되었지만, 기부자들에게 창문에 붙이는 스티커를 줄 것이라고 말했고, 그래서 이웃들이 알 것이라고 생각하게 만들었기 때문에 또한 동조에 관한 연구이기도 하다. 유사한 연구에서 라인겐(1982)은 기부하겠다고 말한 사람들의 목록의 길이를 보여 주었다. 5달러 이상을 기부한 사람이 12명이 있다고 말한 경우에는 65%, 정보가 없을 때는 40%가 기부하였으며, 평균 기부액은 4.2배나 많았다. 목록의 길이와 주장된 기부 액수는 모두가 기부 행위에 영향을 끼쳤다. 이것은 동조보다는 모방과 더 많이 유사해 보인다. 그러나 동조 행위는 불승인의 두려움에만 기인한 것이 아니라, 정보의 출처로서 규준들을 수용하는 것에 기인한다. 모방은 자녀들을 관대해지도록 학습시키는 경우에 더 명확하다. 그루섹과 동료들(1978)은 자녀들이 성인 모델을 관찰함으로써 관대해지는 데 영향을 받았으며, 뒤에 그 모델이 없었을 때에 관대하게 행동하였다고 하였다. 이 연구와 초기의 연구에서 양육적인, 즉 보상을 주는 모델이 더 영향력이 있었으며, 반면 이 모델이 말한 것이 수행되는 것보다 모델의 행동이 더 영향력이 있었다. 또한 실천은 설교보다 더 많은 효과가 있었다.

(2) 책임감의 혼란

책임감의 혼란이 종종 도움을 주지 않는 이유가 된다. 책임을 대신할 수 있는 다른사람이 있고, 많은 사람이 있을수록 개인은 도움을 더 적게 준다. 위젠탈과 동료들(1983)은 술집에서 집단에 접근하였을 때보다 한 명의 개인에게 접근하였을 때 더 많은 돈을 기부받았으며, 다양한 크기의 교실에 있는 1,346명의 학생들에게 접근한 경우 교실이 클수록 기부액은 적었다고 하였다.

4) 기부를 요구하는 여러 방식의 효과

(1) 큰 액수 대 적은 액수

이러한 종류의 정보는 자선활동을 위한 기금 모금에 관여한 사람들에게 아주 유용하다. 웨이안트와 스미스(1987)는 미국 암 협회를 위한 두 개의 호별 방문 모금 운동을 연구하였다. 한 연구에서는 6,000명의 사람들을 대상으로 하였다. 이 때 제안된 액수가 5달러, 10달러, 25달러로 아주 작았을 때는 35%의 사람들이 기부를 하였지만, 더 큰 액수를 제안했을 때는 오직 14%의 사람들만이 기부했으며, 평균 기부액은 적은 액수일 때 12.14달러보다 약간 작아서 12달러였다. 키알디니와 슈뢰더(1976)는 이 연구에서 한 단계 더 심화하여, 일부 잠재적 기부자들에게 '한 푼만이라도 도움을 주세요'라는 말을 추가하였다. 이러한 말을 추가한 경우 50%의 사람들이 암 기금에 기부하여, 평균적으로 개인당 1.44달러를 기부하였다. 반면, 이러한 말을 하지 않은 경우에는 29%의 사람들이 기부하였으며, 평균 기부액은 1.44달러였다.

그러나 토론토의 유사한 연구에서, 두브와 맥로린(1989)은 캐나다 시민 운동 기관에 기부를 요청했을 때, 적은 액수일 때는 36.89달러, 큰 액수일 때는 45.58달러로 적은 액수보다 큰 액수를 요청한 것이 더 많은 기부를 받았다고 하였다. 적은 액수에 대한 큰 액수 제안의 비율은 웨이안트와 스미스(1987)의 연구보다 이 연구에서 더 적었다. 그리고 두 경우 모두 5.5%라는 낮은 성공률을 가지고 있었으며, 이들이 대상으로 한 사람들이 예전에 기부를 했거나 그 지역사회 구성원이었고, 기부를 했을 때는 그 액수가 아주 컸다는 점에서 매우 다른 상황이었다. 적은 액수를 요청하는 것은 일반 대중에게 더 효과적으로 보이는데 이것은 적은 액수는 합법적이라고 느끼는 반면, 큰 액수의 요청은 강요한다는 부정적인 감정이 '저항'을 낳기 때문이다. 이미 기부를 했던 사람들의 경우, 더 많은 기부가 기대되며 이를 요청할 수 있다. 그러나 이것이 너무 큰 액수면 안 된다.

(2) 작은 요청부터 먼저 하기

프리드만과 프레이저(1966)는 만약 사람들에게 작은 요청을 먼저 한다면 뒤에 더 큰 요청에 더 많이 응하는 것을 보여 주었다. 이러한 현상에 관한 연구는 돈을 기부하는 것보다는 헌혈이나 투표와 같은 행동과 관련해서 수행되어 왔다. 벨과 동료들(1994)은 지역의 에이즈 기관을 위한 기금 모금에 이것이 미치는 효과를 연구하였다. 845명의 피험자 가정을 방문하여, 직접적으로 기부를 하라고 요청한 경우보다 먼저 청원하는 사인을 해 달라고 요청한 경우에 더 많은 돈을 기부받았다.

시알디니(1984)는 이것을 영향력의 근원으로서 헌신의 예로 보고, 또 다른 예로 종교 분파에 참여하기 위해 입회 의식으로 세뇌를 하는 것을 들고 있다. 우리는 앞에서 자신과 같은 집단의 사람이나 이전에 기부를 했던 사람들이 캐나다 시민 운동 기관에 많은 기부를 한 예를 살펴보았다. 그리고 이 장의 앞부분에서 영국에서 자선 기부금이 적어도 4년 동안 지불하기로 약속하는 계약상 의무의 형태일 때 더 많음을 보았다(〈표 9-1〉 참고).

(3) 상호적인 양보

시알디니와 동료들(1975)은 학생들에게 혜택받지 못한 청소년들과 상당한 양의 사회적 과제를 무보수로 봉사하도록 요청하기 위해 공모자를 보냈으나 모두 거절당했다. 그리고 나서 이들에게 똑같은 방식으로 매우 적은 양을 요청하도록 하였다. 원래 요청을 받아들이지 않았던 사람들의 비율이 11%인것에 비해, 50%의 학생들이 두 번째 제안에 동의하였다. 이러한 원리는 판매와 협상을 성공시키기 위해 사용되어 왔다. 예를 들어 벤톤과 동료들(1972)은 초기에 약간의 돈을 분배하는 방식에 대해 매우 강하게 양보를 한 사람이 처음부터 합리적인 요구를 받았던 사람들보다 결국에는 더 많이 요구를 받아들였다고 하였다. 시알디니(1984)는 처음에는 말 한 마리를 요구하고, '만약 내가 말 한 마리를 가질 수 없다면, 쿠키 한 개를 가질 수 있을까?' 하면서, 뒤에 '눈에 보이지 않는 말이 쿠키만큼의 가치가 있다는 것을 누가 믿을 것인가' 라고 반문한 Dennis the Menace를 인용하고 있다. 딜리아드와 동료들(1984)의 상호양보 현상에 대한 상위 분석은 처음에 큰 요청을 하는 것이 17% 더 많은 기부를 받아 냈다고 하였다. 아브라함과 벨(1994)은 그 효과가 요청자와의 미래 상호작용이 기대되었을 때 가장 컸다고 하였다. 시알디니가 제안한 설명은 피험자가 어떤 것을 기부함에 의해서 타인의 양보에 보답하는 것이라는 것이다. 그러나 아브라함과 벨은 또한 평판을 유지하는 것과 관련된다고 주장한다.

(4) 좋은 기분 만들기

많은 연구들은 사람들이 기분이 좋을 때 기부를 것을 포함하여 더많은 도움을 제공한다고 하였다. 예를 들어 커닝햄(1979)은 날씨가 좋을 때 여종업원이 더 많은 팁을 받았다고 하였다. 뒤에 커닝햄과 동료들(1980)은 기분이 좋으면 기부를 더 많이 하였고, 특히 '아동들이 계속 미소짓게 해 달라는' 요청과 함께 제공되었을 때 더 그러하였다고 하였다. 이것은 아동들에게도 역시 적용된다. 아이센과 동료들(1973)은 볼링 게임에서 계속 승리하도록 조작한 8세 아동이 패하게 한 아동들보다 가난한 아동들에게 3배나 더 많은 돈을 기부하였다고 하였다. 바우만과 동료들(Baumann et al., 1981)도 긍정적인 기분으로 유도한 아동들이 가난한 아동들에게 더 관대하였고, 더 자기 만족적이었으며, 더 많은 사탕으로 도와 주었다고 하였다. 이것은 좋은 기분이 관대함에 미치는 효과를 설명해 준다. 좋은 기분은 쾌락 욕구를 향상시키며, 다른 사람을 돕는 것은 쾌락의 근원으로 알려져 있다(Sabini, 1995).

(5) 나쁜 기분 몰아 넣기

나쁜 기분은 좋은 기분의 반대 효과를 가진다. 그러나 나쁜 기분 역시 종종 도움과 관대함을 향상시킨다. 시알디니와 동료들(1987)은 도움이 '부정적인 상태를 구제한다'고 하였다. 이들은 피험자에게 기분은 고정된 것이 아니라 변할 수 있다고 믿게 한다면 나쁜 기분일 때 더 이타적이었다고 하였다. 이러한 종류의 연구에서 사용되어 온 부정적 기분은 전형적으로 자아 존중감의 상실이나 죄의식이다. 해리스와 동료들(Harris et al., 1975)은 카톨릭 신자들이 고해성사를 한 후보다 하러 가는 동안에 자선 단체에 더 많이 기부하였다고 하면서, 이들이 고해성사 후보다 전에 죄의식을 더 많이 느낀다고 가정하였다. 커닝햄과 동료들(1980)은 또한 죄의식이 기부를 하게 하였고, 특히 '당신은 아이들에게 돈을 기부할 의무가 있다'는 의무 조항을 함께 제안했을 때 그러하였다고 하였다. 아이센과 동료들(1973)은 실패하도록 조작된 8세 아동들이 통제 집단보다 더 많이 기부하였으며, 이들이 실패하는 것을 본 실험자가 다른 사람의 눈에 비친 평판을 복원하기 위해 명백하게 노력한 경우 관대함을 보여 주었을 때에만 기부를 하였다.

그러나 도움과 관대함은 우울이나 비애를 느낄 경우에는 잘 적용되지는 않는다. 이것은 이러한 기분이 높은 수준의 자기 관심을 유발하기 때문이라고 하였다(Myers, 1993). 관대함은 아동에게서 나쁜 기분을 없애지 못하며, 분명히 어떤 종류의 사회화를 필요로 한다. 한 가지 이론은 도움과 관대함이 본질적으로 보상적이라는 것이다. 그러나 이것은 오직 주의가 다른 사람에게 지향될 때와 아동들이 이렇게 하도록 학습해야 할 경우에만 그러하였다(Sabini, 1995). 한편, 이들은 긍정적인 기분과 관련해서는 이것을 학습할 필요가 없다.

5. 자선 기부에 대한 태도

최근에 펀햄(Furnham, 1995)은 자선 기부 행위에 대한 태도 측정 도구를 개발하여, 거의 200여명의 영국 성인들에게 실시하였다. 〈표 9-6〉에는 관련 문항들이 제시되어 있다.

다섯 가지 요소가 이러한 태도의 기초를 이루고 있다. 문항 1, 3, 9, 11, 17의 첫번째 요소는 기부 행위의 비효율성을 반영하며, 문항 5, 10, 14, 16의 두 번째 요소는 이것과 완전히 반대의 경우를 반영한다. 문항 13, 15, 19의 세 번째 요소는 기부 행위에 관해 완전히 냉소적인 경우이며, 문항 2, 12의 네 번째 요소는 이타성과 관련된 경우이다. 문항 4, 7, 8은 마지막 요소로 자선의 목적과 관련된다.

펀햄(1995)은 또한 차별적인 자선 기부를 검증하는 질문지를 고안하였다 (〈표 9-7〉 참고). 아동, 의료, 그리고 동물 자선 단체는 분명히 가장 많은 기부금을 모금했으며, 종교 자선 단체가 가장 적었다.

펀햄(1995)의 연구는 다른 태도들이 자선 기부 행위와 분명하게 연관됨을 보여 주었다. 사람들은 세상이 공정하다고 믿을수록 자선 기부 행위를 더 적게 지지하였다. 운명을 향한 태도는 확실히 자선 기부의 중요한 예측 요인이다. 자선 기부 행위에 대한 태도 연구들은 직접적으로 적용되므로 중요하긴 하지만, 아직까지는 간과되고 있는 실정이다.

표 9-6 ■ **자선 기부에 대한 태도**

진 술 문	평균	표준편차
1. 자선 단체를 관리하는 데에 너무나 많은 돈이 낭비된다.	3.48	1.20
2. 우리 개개인은 자선 기부를 통해서 타인들을 도와줄 기독교적 의무(Christian duty)가 있다.	3.08	1.32
3. 너무나 많은 자선 단체들이 자선을 받을 가치가 있는 사람들과 가치가 없는 사람들을 구분하지 못한다.	2.82	1.02
4. 스스로 돕는 사람을 돕는다는 것은 자선 활동의 궁극적인 목적이다.	3.66	1.06
5. 자선은 돈을 분배하는 현명한 방법이다.	3.09	1.08
6. 자선 단체에 기부하는 것은 하느님에 대한 감사를 표하는 개인적인 방식이다.	2.88	1.14
7. 자선을 해야 할 필요가 없다: 정부가 세금을 통해 거둬들인 돈으로 도움이 필요한 사람들에게 지불해야 한다.	3.67	1.20
8. 대부분의 사람들은 수혜자에 대해 순수하게 감정 이입을 해서 기부를 하는 것이다.	3.16	1.11
9. 자선에 있어서 문제점은 의존성을 이끈다는 것이다.	2.83	1.14
10. 과세와 달리, 자선 기부 행위를 통해서 사람들은 돈의 흐름을 목표한 대로 정확히 가게 하거나 통제할 수 있다.	3.18	1.09
11. 자선 단체 모금과 분배에 있어서 상당한 부패가 있는 것 같다.	3.32	1.05
12. 자선 단체에 기부하고, 이들을 위해 일하는 사람들은 진정으로 이타적이다.	3.03	0.96
13. 자선 단체에 많은 돈을 기부하는 사람과 큰 조직들 이면에는 다른 동기가 있다.	3.40	1.09
14. 자선 기부는 도움이 필요한 사람들을 돕는 가장 효율적인 방법이다.	2.88	1.14
15. 대부분의 경우, 자선 기부는 단순한 탈세일 뿐이다.	2.75	1.04
16. 자선 활동은 정부가 할 수 없는 것들을 지원하기 위해 존재해야만 한다.	3.83	1.08
17. 자선 활동은 현실보다는 감상적인 생각에 너무 많이 의존한다.	2.75	1.03
18. 사람들은 자신이 동일시한 대의명분을 위해 더 많은 돈을 기부한다.	4.36	0.79

진 술 문	평균	표준편차
19. 많은 사람들이 자선 단체에 적은 액수의 돈을 기부함으로써 자신의 양심 문제를 해결하고자 한다.	3.70	0.95
20. 너무나 많은 조직들이 자선을 하는 가면(mask) 그리고 과세 혜택 뒤에 뭔가를 숨기고 있다.	3.11	0.93

출처 : Furnham(1995)
각주 : 5 = 동의함, 1 = 동의하지 않음.

표 9-7 도움을 주는 것을 목적으로 하는 자선 활동들

진 술 문	평균 순위
1. 우리 나라의 성인들(예: 장애 집단, 노인들 등)	5.66
2. 다른 나라의 교육(예: 제 3국가들의 문맹률 감소시키기)	8.06
3. 세계의 동물 자선 활동(예: 위험에 처한 종들을 구하고 보호하기)	10.88
4. 우리 나라의 종교 자선 활동(예: 특정 종교의 메시지 전파하기)	13.00
5. 우리 나라의 환경 문제들	7.22
6. 다른 나라의 아동들(예: 제 3국가의 개인 아동들이나 아동 자선 단체들 후원하기)	4.88
7. 가정에서 정치적 자선 활동(예: 반핵 운동, 반군국주의, 교도소 개혁)	10.79
8. 우리 나라에서의 교육 자선 활동(예: 특수한 관심을 받는 집단들이 교육을 받도록 도와 주기)	7.48
9. 우리 나라의 아동들(예: 아프거나 장애가 있거나 학대된 아동들을 치료하는 특정 병원이나 클리닉들)	2.79
10. 우리 나라에서 의료 자선 활동(예: AIDS, 암 등과 같은 특정 질병을 가진 환자들 돕기)	4.32
11. 다른 나라의 정치 자선 활동(예: 다른 나라의 평화 단체를 후원하면서 민주적인 과정들을 돕기)	12.23
12. 우리 나라의 동물 자선 활동(예: 특정한 종(새)을 보호하고 일반적인 감시 단체들을 돕기)	8.83
13. 다른 나라의 환경 자선 활동(예: 특별한 지역이나 영역을 보호하면서 생물의 다양성을 돕는 자선 활동)	9.37
14. 다른 나라의 종교 자선 활동(예: 특정한 믿음을 가지지 않은 사람들을 전도하기)	14.12
15. 다른 나라의 성인들(예: 혜택을 받지 못하고 차별되는 특정 집단)	8.62

진 술 문	표준편차
16. 다른 나라의 의료 자선 활동(예: 그 지역에 특수한 의료 문제들을 가진 사람들 돕기)	7.18

'위에 기술된 내용들은 16가지의 자선 활동들입니다. 이것들은 수혜자나 자선 기부를 받는 대상, 그리고 수혜 국가를 지칭합니다. 16개 문항을 모두 읽고 나서 당신이 가장 후원을 할 것 같은 것을 1로, 그 다음으로 후원할 것 같은 자선 활동을 2로, 최종적으로 당신이 가장 후원할 것 같지 않은 것을 16으로 순위를 매겨 주시기 바랍니다.'

출처 : Furnham(1995)
각주 : 표 아래 진술문은 질문지에 대한 소개임.

6. 자선 기부에 대한 설명

무엇이 자선 기부의 동기를 유발하는가? 그 보상은 무엇인가, 있다면 경제적인 것인가, 심리적, 혹은 그 밖의 것들인가? 경제학자들은 만약 심리적인 만족이 구매할 가치가 있다는 것을 받아들이고 이것이 자선 단체에 돈을 기부하는 결과를 낳을 수 있다면, 사람들이 항상 경제적으로 이로운 선택을 한다는 이론을 계속 유지할 수 있다. 더 심화된 단계는 A가 B에게 혜택을 줌으로써 어느 정도 만족을 얻을 수 있는, 이타성이 있을 수 있다는 것을 수용하는 것이다.

1) 기부 행위에 대한 경제적 보상

이것은 경제학자들이 우선적으로 자선 기부 행위를 설명하기 위한 방식이다. 때로는 그러한 보상이 있을 수 있다. 복권에 당첨되거나 복권에 당첨되기를 원하는 사람들은 이들이 기부하는 것보다 더 많은 돈을 벌기 위해 노력한다. 아마도 실제 보상은 만약 이들이 당첨된다면 무엇을 할 수 있을지에 대한 즐거운 상상을 즐기는 것이다. 영국에서 자선으로 집계한 대부분은 일반 상점들보다 값이 싼 자선 매장에서 지출하는 것이다. 일부 경제학자들에 따르면, 자선을 할 때 조세 경감의 혜택이 있다면 기부 행위가 17% 정도 증가한다고 한다.

돈을 기부하는 것은 사업을 위해서 좋을 수도 있다. 1988년에 조지 부시의 선거 캠페인으로 100,000달러 이상을 기부하였던 249명의 개인에 관한 연구 결과, 부시가 이들과 상의하고, 이들의 충고를 받아들였으며, 이것이 그들의 회사에 혜택을 주었다고 하였다(Denny et al., 1993). 사업가나 정치인들은 기부를 통해서 호의, 대중에의 노출과 평판, 그리고 전문가들과 접촉하는 등의 혜택을 얻게 된다(Johnson, 1982). 앞에서 검토해 본 것처럼, 자선 단체 운영에 참여하는 것은 사업 경력에 중요한 역할을 하며, 정치적 경력에도 중요한 역할을 한다. 기업 기부도 확실히 사업을 위해 유익하며, 예를 들어 스포츠 이벤트나 선수들을 후원하는 것은 광고의 주요한 유형이다. 또한 세금 공제도 가능하다.

자선 활동에 대한 많은 다른 보상들은 경제적이기보다는 위신을 세워 주고 환대를 받는 등의 형태로 주어진다. 그러나 경제학적 관점에서 기부에 대한 보답은 주로 사업가나 고위직 정치인들에게 한정된다고 여겨지며, 다른 사람들의 경우 그 보상은 작고 기부액보다 확실히 더 적다.

경제학자들은 다양한 합리적 모형과 관련지어 자선 활동을 설명하여 왔다(Collard, 1978). 게임 이론은 만약 사람들이 다른 사람들이 협동할 것을 확신할 수 있다면 그래서 다른 사람을 도와주면 얻는 것이 있다고 여길 때 작용할 것이다. 그러나 자선 활동의 경우에 협력할 가망은 없다. 그리고 기부 행위는 만약 사람들이 다른 사람의 이익의 일부분을 즐길 수 있다면 보상받을 수 있다. 만약 공감이 이루어진다면 이것이 가능할 것이다. 그러나 우리는 공감이 없다는 것을 보아 왔다. 그러므로 다른 종류의 만족이 있을 것이며, 이것들은 다음 부분에서 기술될 것이다.

2) 이타성(利他性, Altruism)

동물들은 서로서로 먹이와 다른 도움들을 제공한다. 동물들의 생물학적 모형이 자선 활동을 설명하는 데 도움을 줄 수 있을까? 이러한 모형 중 가장 인정받고 있는 이론은 동물들이 자신의 유전자의 생존을 조장하기 위해서 자신과 유사한 유전자를 가진 동물을 돕는다는 inclusive fitness나 이기적 유전인자 이론이다. 그러나 자선 활동은 자신과 아주 다른 사람들, 가난한 사람들, 장애인들, 그리고 제 3세계 국가들을 위해서 주로 행해진다. 이 모형에 들어맞는 유일한 경우는 모교나 자신과 유사한 집단 내 구성원에게 기부하는 것이다. 두 번째 동물 모형은 상호 교환적인 이타성으로, 교환이 가능한 경우에 다른 사람들을 도와주는 것이다. 그러나 이 역시 자선 기부 행위의 경우에는 거의 어떠한 상호교환도 없다.

사회 심리학에서 도움 행동을 설명하는 가장 잘 알려진 이론은 밧슨(Batson, 1991)의 두 단계 모형으로, 도움을 위해서 공감의 각성이 필요하지만, 우리는 공감이 자선 단체에 기부하는 것에 영향을 끼치지 않음을 알고 있다.

그러나 동정은 기부 행위에 영향을 주는 것으로 나타났다. 고통스럽고 애처롭게 쳐다보고 있는 장애 아동의 사진을 담고 있는 포스터들은 성공적이다. 이것은 공감과는 아주 다른데, 이것은 수혜자가 기부자와 다르고, 그러한 포스터들이 수혜자의 존재를 더 다르게, 예를 들어 부적절하게 보이도록 한다. 이러한 연구들에서 그림은 항상 아동이며, 이것은 연민의 반응을 유발하기 위해 필요하다.

우리는 사람들이 좋은 기분이나 어떤 부정적인 기분일 때 더 많이 기부하는 것을 보았다. 좋은 기분의 효과는 좋은 기분일 때 사람들은 쾌락을 증가시키려는 욕구를 가지며, 도움을 주고 자선을 베푸는 것이 즐거울 수 있다는 것을 알기 때문이라고 설명할 수 있다. 논쟁이 되고 있는 헌혈 행위는 이타적이라고 말하는 것이 합리적이며, 이들은 진정으로 단지 좋은 감정을 느끼고 있는 것이다(Hagen, 1982). 죄의식과 고뇌와 같은 부정적 기분의 효과는 아마도 이와는 다를 것이다. 이러한 감정을 가지고 있는 사람들은 타인에게 직접적인 주의를 돌리도록 학습할 필요가 있고, 관대성이 기분에 긍정적인 효과를 끼칠 수 있다는 것을 알 필요가 있다. 또 다른 부정적 기분인 자아 존 중감의 손실은 만약 관련된 타인들이 행위자를 관대한 사람으로 여긴다면 제거될 수 있다.

3) 종교와 도덕의 효과

우리는 종교를 믿는 사람들이 더 많이 기부함을 보았다. 이것은 기부가 부 분적으로는 천국에서 보답을 받을 것이며, 악한 마음을 피하게 하고, 혹은 가난한 사람들이 축복받아야 한다거나 자신의 종교적 의무의 일부분이라는 믿음, 좋은(공동선을 위한) 활동이 없는 종교는 무의미하다거나, 단순히 교화 가 기부를 하게 하는 데 매우 설득적이기 때문이다. 유대인들의 기부에 관한 연구들은 기부하는 것이 유대인들의 정체성의 중요한 부분임을 밝혔다 (Rimor & Tobin, 1990).

어떤 사람들은 다른 도덕적 고려 사항들에 의해 동기화된다. 래들리와 케 네디(Radley & Kennedy, 1992)는 전문가들이 근로자 계층의 사람들처럼 연민 이나 필요성 인식에 의해 동기화되지는 않지만, 추상적인 공정성이나 정당 성 원리, 그리고 오랜 기간 지녀온 사회 변화에 대한 관심에 의해 동기화된 다고 하였다. 엠러와 루시톤(Emler & Rushton, 1974)은 역할 수행 과제를 하고 있는 7~13세 아동들을 연구하였다. 그 결과 관대성은 공감에 의해 영향받 지 않는 반면, 분배 공정성에 관한 피아제의 두 가지 질문에 대한 대답으로 판단할 수 있는 도덕적 판단 능력에 의해 영향받았다.

사람들이 돈을 기부하는 여러 가지 원인들을 살펴보면서, 우리는 개인적 가치들이 중요하다는 것을 알게 된다. 어떤 사람들은 동물들을 위해서, 다른 사람들은 종교, 가난, 의료, 교육, 예술을 위해서, 또 다른 사람들은 환경을 위해서 돈을 기부한다. 이러한 것들은 모두 '가치들'로, 개인들이 중요하다 고 믿고 있는 목표나 목적이다. 버논-올포트-린제이(Vernon-Allport-Lindzey)

가 제작한 가치관 질문지와 같이 그러한 개인적 가치를 측정하는 다양한 도구들이 있다. 이것은 과학적, 경제적, 심미적, 사회적이거나 인본주의적이며, 정치적, 종교적 가치들을 평가하였다(Allport et al., 1951). 이러한 도구들의 문항은 피험자들이 여섯 가지 종류의 목표들간에 기부액을 배분하는 방식을 측정한다.

4) 집단적 관심

사람들이 사회 전체로서 다른 구성원에게 관심을 갖고 있는가? 아주 작은 규모의 사회였던 선사 시대에는 모든 구성원들에 대한 공동 책임을 수용하였다. 오늘날 제3세계 문화권과 아시아는 개인주의적이기보다는 집단주의적이지만, 더 넓은 사회로 확장되는 것이 아니라, 친족, 이웃, 친구 들과 같이 더 좁은 범위로 한정된다. 우리는 미국 유대인들과 흑인들이 각각 유대인과 흑인의 복지를 위한 기관에 기부하는 것을 살펴보았다.

그럼에도 불구하고, 근대 산업 사회에서 더 널리 관심을 가지고 있다는 증거가 있다. 사람들은 자신의 소득의 상당한 양을 세금으로 기꺼이 지불하며, 이러한 세금의 대부분이 가난한 사람들에게 주어진다. 재난이 있을 때 대부분의 사람들은 물자 부족 현상에서 이윤을 남기려 하지 않으며, 그렇게 하는 사람들에게 압력을 가한다. 즉각적인 관심은 친족에게 있지만, 낯선 이들을 포함하는 더 넓은 사회에도 관심을 갖는다(Douty, 1972). 역사가들은 가난한 사람들에게 기부하는 것이 부분적으로는 폭동을 막기 위한 것이었다고 보고 있다. 콜라드(Collard, 1978)는 1974년 영국 상업 조합이 임금 협상을 노년기 연금을 증가시키기 위한 것으로 제한한 결정을 인용하고 있다. 그리고 티트머스(Titmuss, 1970)는 영국에서 대가없이 낯선 이에게 자신의 피를 헌혈하는 개인들이 2~5%임에 주목하고 있다. 여러 조사에서 기부자들이 기부를 하는 주된 이유 중의 하나가 이타적인 관심 혹은 사회에 대한 의무감이라고 말하고 있다. 자원 봉사를 하는 사람들도 같은 이유를 말하고 있다.

앞에서 사회 심리학적 실험 결과, 동조 압력과 모델링이 기부 행위에 영향을 끼친다는 것을 살펴보았다. 헌혈을 하는 동기와 같은 다른 연구들에서도 같은 결과가 나타나서, 요청을 거절하기가 어려웠으며, 부모와 친구들이 영향력 있는 모델이었다(Hagen, 1982). 이것이 그 사회에 관심이 전수되는 방식이다.

7. 팁의 의미와 기능

팁이라는 용어는 8세기 영국에서 선술집 주인에게 단어가 적혀 있는 동전을 주는 전통에서 유래한 'To Insure Promptness'의 약자이다. 지금은 미국에서 웨이터, 짐꾼, 이발사나 미용사, 택시 운전사, 객실담당 종업원과 일련의 다른 '전문가'들에게 거의 100억 달러 이상이 팁으로 주어진다고 추정되고 있다.

팁을 주는 것의 의미와 기능은 무엇인가? 왜 이것이 존속하는가? 왜 재봉사들에게는 팁을 주지 않고 택시 운전사와 이발사, 미용사들에게만 팁을 주는가? 팁을 주는 결정 요인은 무엇인가? 그리고 가장 중요한 것은 팁을 주는 것이 봉사하는 사람과 수혜자 그리고 상대방의 관계에 어떠한 영향을 끼치는가? 펀햄(1996a)은 세 가지 학문 분야의 설명들을 제시하였다.

경제학자들은 팁을 주는 것이 합리적인 경제적 설명력을 가지고 있다고 주장한다. 팁은 정상적인 것으로 규정된 것들을 넘어서는 기타 봉사나 노력에 대한 지불이다. 대부분의 사람들은 측정하기 아주 어려워서 이들의 의무와 수행이 완전하게 통제될 수 없는 서비스에 팁을 제공한다. 그래서 팁은 독점적 편의가 비표준적이거나 측정할 수 없는, 고정된 시장 가격을 보완하는 기제이다. 만약 이것이 맞는다면 속도, 친절함과 같은 정상적인 의무를 넘어서서 제공되는 서비스의 정도와 팁의 액수 간에는 직접적인 관계가 있을 것이다. 경우에 따라서 팁은 그 액수가 정해지지 않았다면 파티의 크기, 청구 금액의 크기, 친구들에게 인상적이 되기 위한 계산자의 욕구에 따라 달라질 것이다. 그래서 어떠한 비율에 대한 경제학적 설명도 팁을 주는 것이 진정으로 이타적이라는 사실을 설명할 수 없으며, 경제학자가 아닌 필자가 알고 있는 한, 이것은 항상 이기심이다.

한편, 사회학자들은 팁을 선물로 본다. 서비스 수혜자들이 서비스 제공자에게 감사의 마음이나 신세를 졌다고 느끼기 때문에, 청구서에 추가해서 선물을 남긴다. 이러한 선물은 사회적 지위와 누군가에 대한 권력을 형성하고 유지하는 방식이 된다. 몇몇의 다양한 언어들에서 '선물'이라는 단어가 독을 의미한다는 사실도 중요하다. 서비스의 수혜자는 이들이 지불하는 것보다 더 많은 서비스를 받으며, 이것은 이들이 상호교환이 되거나 의무를 다하도록 동기화시키고, 그럼으로써 거래의 균형을 맞추게 된다. 이렇게 하지 않는다면, 이들은 사회적 승인이나 종속, 혹은 이 둘의 혼합과 같아야 할 압력을 받게 될 것이다. 더구나 만약 고객이 서비스 제공자가 받을 가치가 있는 그 이상의 팁을 준다면, 균형이 기부자쪽으로 기울어지기 때문에 우월감이 형성된다. 그래서 역설적으로, 팁은 감사의 표현이 아니라 감사한 마음에 대한 방어 기제이다. 팁을 주는 것은 일종의 사회적 통제이다.

그러나 팁을 주는 것이 지배와 우월성의 표시일 수 있는가? 어떤 언어에서는 팁이 음주나 다른 부도덕한 목적을 위해 사용될 것을 의미하는, 명예를 훼손하는 요인들을 담고 있다. 팁을 주지 않아서 굴욕당했다고 느낀 사람들을 만나본 결과, 웨이터와 택시 운전사들은 팁을 주는 것과 관련된 굴욕에 대해 자주 말한다.

사회학적인 설명과 경제학적인 설명 모두의 문제점은 팁을 '한 번만의' 만남이 아니라 '진행중인' 것으로 가정한다는 것이다. 우리는 분명히 자주 보지 않을 사람들에게 팁을 준다. 두 가지 설명 모두 사람들이 뒤에 있을 서비스에 투자하는 것으로 팁을 준다고 가정하지만, 연구들은 그 반대의 결과를 보여 준다. 정규적으로 반복 거래하는 고객들은 비정규적인 고객들보다 더 적은 팁을 준다. 또한 서열이나 권력의 표시로서 공공연하게 팁을 주지 않는다. 이것은 사생활과 다르게 특성지어진다. 많은 수혜자들은 거래가 있은 이후에 상당 기간 그 액수를 고의적으로 살펴보지 않는다.

한편, 심리학자들은 팁을 주는 것은 팁을 주는 사람들이 자기 이미지를 고양시키기 위해 계산된 자아 메시지의 일종이라는 데 동의한다. 또한 팁을 줌으로써 자신이 시장 세력에 완전히 사로잡히지 않았으며, 자발적이고 임의적인 행동을 취할 수 있음을 보여 준다. 팁은 때로 고객의 불안정이나 불안의 결과일 수 있다. 하녀나 미용사들은 고객의 공적 얼굴에 위협을 줄 수 있는, 고객의 사적 영토나 영역에 접근함으로써 팁을 받게 된다. 팁은 충성심이나 은혜를 돈으로 사는 것이기 때문에 서비스를 제공하는 사람들의 침묵을 살 수 있다. 심리학자들은 팁을 주는 것이 외적인 물질적 보상이나 사회적 보상을 위해서 수행된다기보다는 내적으로 동기화된 것이라고 강조한다.

린과 그래스만(Lynn & Grassman, 1990)은 팁을 주는 것에 대해 다음과 같은 세 가지 '합리적인' 설명을 상세히 제시하고 있다:

1. 사회적 승인 얻기 : 사회적 규준을 따르는 것은 청구액의 15%를 팁으로 주는 것과 같은 사회적 승인을 받기 위한 욕구나 혹은 승인을 받지 못할 것에 대한 두려움 때문이다.
2. 공평한 관계 유지하기 : 팁은 서비스를 제공하는 사람과 더 공평한 관계를 유지하도록 도움으로써 편안한 마음을 갖게 한다.
3. 미래의 서비스를 보장받기 : 팁은 '가는 말이 고와야 오는 말이 곱다'는 속담이 적용되기 때문에 미래에 더 나은 서비스를 받을 수 있음을 확인시킨다. 그러나 오직 고정(단골) 고객들에게만 적용된다.

연구를 통해서 세 번째 설명은 기각되고 처음의 두 설명은 지지되었다.

많은 사람들이 자신의 소득을 위해서 팁에 많이 의존하는데도 불구하고, 최근까지 호기심을 자아내고 널리 만연되어 있는 습관에 대한 연구가 거의 수행되지 않았다. 린과 라타네(Lynn & Latane, 1984)는 1970년대에 수행된 연구들을 다음과 같이 요약하였다 :

1. 미국 기준에 따르면 대부분의 팁은 15% 정도이다.
2. 전체 비용에 대한 팁의 비율은 한 테이블에 있는 사람의 수의 역함수이다.

3. 신체적으로 매력적이고 매력적으로 옷을 입은 웨이트리스는 덜 매력적인 웨이트리스보다 더 많은 팁을 받는다.

4. 팁은 현금 지불자와 비교해서 신용 카드로 지불될 때 더 많다.

5. 팁은 술을 마셨는지와 관련되지 않는다.

6. 팁은 웨이터와 웨이트리스가 직접적인 일과 관련되지 않은 '방문을 한' 수와 함께 증가하지만, 서비스에 대한 고객의 평가와는 관련되지 않는다.

7. 항상 그런 것은 아니지만 종종 남성이 여성보다 팁을 더 많이 준다.

과거 20년 동안 이 분야에서 많은 다른 변인이 고려되어 왔다. 미국의 두 연구에서, 린과 라타네(1984)는 레스토랑에서 팁을 준 비율이 집단의 크기, 고객의 성, 지불 방법 그리고 청구액의 크기와 관련됨을 밝혔다. 그러나 서비스의 질, 웨이터와 웨이트리스, 지각된 노력이나 성, 레스토랑의 분위기나 음식과는 관련되지 않았다. 팁이 서비스, 음식, 혹은 식당 분위기와 관련되지 않는다는 사실은 특히 놀라웠는데, 이는 팁이 관습, 집단 혼란이나 책임감 혹은 웨이터의 외모나 일과 관련되지 않은 방문과 같은 다른 요인들에 영향받는다는 것을 나타내는 것이다.

린(1988)은 술이 팁에 끼치는 효과를 매우 자세히 연구하였다. 그는 술이 기분을 향상시키고 판단을 흐리게 한다는 점에서 친사회적 행동에 분명한 영향을 미친다고 주장하였다. 그래서 음식과 함께 소비된 술이 팁을 주는 것과 양의 상관이 되어야 한다고 하였다. 예측한 대로 술은 팁의 중요한 예측 요인이었다. 그는 더 나아가 자신의 연구에서 두 개의 중요한 결과를 지적하였다. 첫째, 청구액의 크기가 거의 항상 팁의 액수를 예측하는 가장 강력한 요인의 하나이다. 둘째, 회귀 방정식을 사용하여 팁의 액수를 더 독립적으로 측정하여 계산할 필요가 있다(팁의 액수에 있어 청구액의 크기의 회귀로부터 잔차).

집단 크기 효과에 대한 다양한 설명들이 있다. 예를 들어 파티의 규모가 클수록 크기가 적은 경우보다 전체 청구액의 적은 비율이 팁으로 주어진다.

세 가지의 고전적인 설명은 다음과 같다:

1. 웨이터나 웨이트리스에 대한 책임감의 혼란이 있다. 즉, 책임감은 그곳
   에 존재하는 모든 사람들에 의해 심리적으로 나누어진다. 그러나 이것
   은 대부분 오직 한 사람이 청구액을 계산하기 때문에 옳지 않은 설명
   이다.
2. 큰 테이블에서 서비스를 할 때에 요구되는 1인당 서비스 노력이 작은
   테이블의 경우 공평하게 조정된다. 이러한 서비스 노력은 집단 크기가
   증가함에 따라 근사한 감소율로 증가하지만, 팁을 주는 것은 서비스와
   약하게 관련되는 것 같다.
3. 큰 파티로 인해 지불해야 하는 청구액은 조정이 많다. 따라서 만약 가
   격이 높다면, 팁은 감소될 것이다.

그러나 앞의 자료를 주의깊게 재분석하여, 린과 본드(Lynn & Bond, 1992)는
집단 크기가 팁에 끼치는 효과는 심리적으로 의미가 있는 결과라기보다는 통
계적인 가공물이라고 하였다. 린(1992)은 또한 팁을 주는 것과 평가된 서비스
의 질 간에 모호한 관계가 있다고 주장한 다양한 연구들도 통계적인 가공물
이 있다고 하였다. 11개 연구의 총괄 분석에서 서비스에 대한 고객의 평가와
팁 간에 분명하지만 작은 관계를 발견하였다.

최근의 연구들은 서비스 제공자의 행동에 초점을 두고 있다. 린드와 보르
디아(Lynn & Bordia, 1995)는 서비스 제공자와 식사하는 손님과의 상호작용이
팁의 액수와 관련되었음에 주목하였다. 이들이 고찰한 연구에서 다음과 같
은 행동들이 팁의 액수와 정적 상관되었다.

1. 서비스 제공자가 식사하는 손님을 만졌는지 여부
2. 서비스 제공자가 초기에 그냥 서 있는 것과는 반대로 손님과의 상호작
   용에서 눈높이로 앉았는지 여부
3. 이들이 초기에 미소진 정도

4. 서비스 제공자들이 자신의 이름을 소개했는지 여부
5. 테이블에 부수적인(과업과 관련없는) 방문을 한 횟수

이들의 연구에서 린드와 보르디아(1995)는 웨이터와 웨이트리스에게 다음의 세 가지 조건 중 한 방식으로 청구서를 제공하게 하였다. 즉, 아무 말도 적지 않은 경우, 계산서 뒤에 '감사합니다'라고 쓴 경우, '감사합니다'와 자신의 이름을 적은 경우이다. '감사합니다'의 효과는 팁의 비율을 유의하게 증가시켰으나 이름을 추가한 것은 아무런 효과도 없었다. 일주일 동안 11% 정도 팁이 증가하였다. 이러한 간단한 관리 기법은 유의한 긍정적인 결과를 가지는 것으로 보인다.

최근의 연구에서, 린드와 보르디아(1996)는 만약 여자 웨이터가 계산서를 주기 전에 계산서 뒤에 행복하게 미소짓는 얼굴을 그렸다면 이것이 친절함의 지각을 증가시키기 때문에 더 많은 팁을 받을 것이라고 예측하였으며, 역시 그러한 결과가 나타났다. 이들은 똑같은 행동이 남성에게는 적용되지 않으며, 남성들에게는 그러한 행동이 부적절한 것으로 보여지기 때문이라고 주장하였다.

해리스(Harris, 1995)는 고객의 속성과 팁에 초점을 맞추었다. 이 연구는 고객이 남성일 때, 신용카드로 계산할 때, 단골일 때 팁이 더 많다고 하였으며, 100명의 웨이터들을 대상으로 이들의 관점에 대해 조사하였다. 웨이터들에게 팁을 주는 것에 영향을 끼치는 것이 무엇인지 물어보았다. 이들은 '친절한 서비스, 웨이터로부터의 좋은 제안, 뛰어난 음식, 주요리의 빠른 서비스, 영수증의 신속한 전달, 값비싼 식당, 고객의 음주 상태, 웨이터들의 자신의 소개, 신용 카드고객계산 등이 더 많은 팁을 주는 것과 관련된다고 믿었다. 또한 음료를 가지고 오는 데 시간이 오래 걸리는 것, 나쁜 위치에 앉아 있는 것, 그리고 머리에 꽃을 꽂은 웨이트리스가 유의하게 더 적은 팁을 받았다고 보고하였다'(p. 731).

웨이터들의 믿음이 〈표 9-8〉에 제시되어 있다. 사실, 이러한 요소들 각각이 팁을 주는 데 영향을 끼친다는 경험적 증거들이 있다.

| 표 9-8 | 서비스 변인들이 팁의 액수에 끼치는 영향에 관한 웨이터들의 믿음 |

변 인	증가(%)	효과 없음(%)	감소(%)
친절한 서비스	88	12	0
뛰어난 음식	80	20	0
나쁜 장소에 앉음.	0	33	67
고객이 음주를 함.	50	29	21
웨이터가 고객의 손을 만짐.	11	75	14
웨이터가 자신을 소개함.	32	59	9
음료를 가져다 주는 데 오랜 시간이 걸림.	1	5	94
주요리가 빨리 나옴.	71	29	1
계산을 손님별로 나눠 주기.	26	53	21
비싼 식당	61	32	7
웨이터가 좋은 제안을 함.	85	15	0
고객이 신속하게 계산을 함.	61	39	0
웨이트리스가 머리에 꽃을 꽂음.	0	91	9
신용 카드로 지불하기	22	74	5
화창한 날씨	14	84	1

출처 : Harris(1995)

두 번째 연구에서는 웨이터와 고객들의 신념을 비교하고, 이 둘 간에 상당한 일치가 있음을 밝혔다. 고객보다 웨이터들이 좋고 빠른 서비스가 팁을 예측한다고 믿었다. 흥미롭게도 모든 응답자들은 자신이 평균적인 사람들보다 더 관대하게 팁을 준다고 느꼈으며, 웨이터들은 자신이 고객들보다 더 관대하게 팁을 주는 사람이라고(이것이 귀인 오류로 분명하게 설명될 수 있긴 하지만) 하였다.

해리스(Harris, 1995)는 개인 소득을 최대화하는 데 있어서 관리자들과 웨이터들 간에 상당한 충돌이 있다는 사실에 대해 중요한 시사점들을 지적하고 있다:

웨이터들은 고객들보다 상황과 연관된 개인들의 속성에 더 많이 동조되어 있을 것이다. 만약 이들의 믿음이 팁을 더 많이 줄 것이라고 생각되는 고객에게 더 나은 서비스를 제공하도록, 자신이 생각하기에 팁의 액수에 가장 큰 영향을 준다고 생각하는 서비스 측면들에 집중하게 한다면, 이것은 고객들뿐 아니라 식당 관리자들에게도 흥미로운 시사점을 제공할 것이다. 만약 관리자들이 계산된 액수, 방문의 속도, 방문의 빈도를 증가시킴으로써 식당의 총 수입을 최대화하길 바란다면, 반면 웨이터들은 팁의 액수를 최대화하고 고객들은 최대화된 서비스를 받기를 바란다면, 이러한 세 가지의 다양한 관점을 조화시키는 것은 어려울 것이다. 팁을 받는 다른 서비스 종사자들, 예를 들면 미용사, 택시 운전사, 호텔 여종업원 등도 고용주와 고객들 모두를 기쁘게 하기 위한 경제적 동기를 똑같이 가질 것이다(p. 742).

8. 결 론

우리가 확증한 첫번째 결론은 현대 사회에서 대부분의 사람들이 자선 단체에 돈을 기부한다는 것이다. 액수는 많지 않아서 영국의 경우 임금의 1.4% 정도인데, 이는 미국의 2배 정도의 액수이다. 부자는 가난한 사람들보다 더 많이 기부하며, 이들이 기부하는 비율이 약간 더 크다.

대부분의 경우 돈을 기부하는 데 있어서 경제적 혜택을 받지 않지만, 기부자들에게 약간의 비물질적인 방식으로 보상해 주기도 한다. 특히 부유한 사람들의 경우 조세경감이 있으며, 복권에서 당첨될 희망을 가질 수도 있다. 또한 기부를 조직하는 것이 직업의 일부인 기업 기부나 자선 단체 운영에 관련된 관리자들의 경우 약간의 물질적 보상이 있을 수 있다. 어떤 정치인들은 자선 단체와 연결하여 득표를 할 수도 있다.

그러나 사회적 동기가 자선 기부 행위의 근원으로서 더 중요할 것이다. 즐거워지고 영향력을 행사하고 싶은 욕구나 요청자들에게 거부되지 않고자 하는 욕구가 있으며, 이 결과 자아 존중감이 증가한다. 후원자의 경우처럼 기부 요청자들을 개인적으로 알고 있을 때 거절하는 것이 어렵다. 걸인들의 경우를 제외하고는 일상적으로 익명의 수혜자로부터 어떠한 보답도 없다. 비록 동정이 유발되긴 하지만, 알지 못하거나 기부자들과 아주 다른 수혜자들에게는 거의 공감을 하지 않는다. 기부한 것을 알고 있는 이웃이나 동료들로부터 오는 동조 압력이 있으며, 타인들의 관대함을 모방할 수도 있다. 기부 행위는 또한 기부 요청자의 사회적 기술, 요청이 이루어지는 방식에 의존하며, 문에 일단 발을 들여놓도록 하는 것과 같은 전략에 의해 영향을 받는다.

이타성은 교회 구성원이 되는 것, 도덕적 원리들, 기부의 가치에 강력한 영향을 받는 것으로 보여진다. 이것은 어떠한 공감도 없이 발생하는 이타성의 한 유형이다. 또 다른 종류의 이타성은 자신이 속한 집단이나 그 사회의 구성원에게 향하는 관대성에서 보여진다. 아마도 어느 정도의 공감은 낯선 이들에게로 확대되며, 이것은 단순히 이들이 더 넓은 공동 사회에 속하기 때문이다. 혹은 우리의 정체성이 부분적으로 집단의 특성에 의존하기 때문에 매우 가치 있게 되는, 집단내 구성원들에게 편파되어 있다는 사회 정체성 이론의 원리에 의해서도 설명될 수 있다. 집단주의적 문화에서는 이웃과 친족이라는 1차 집단 구성원들에게만 확대된다.

이타성의 두 가지 종류에 대한 설명은 도움 행동과 관대성이 기부자에게 보상적이라는 사실과 이들을 좋은 기분으로 만드는 것이 효과가 있다는 사실에 있다. 이것은 당연한 반응일 수도 있으며, 부분적으로 공감에 기인하고 부분적으로는 종교 원리나 공동 사회에 대한 관심을 갖도록 사회화된 것에 기인하는 것일 수 있다.

부자들의 유형분석과 경제패턴

1. 부의 불평등

거의 모든 사람들은 누가 부자인지, 이들이 어떻게 부자가 되었는지, 왜 부자가 되고 싶어했는지, 그리고 부자가 된 뒤에 돈으로 무엇을 하는지 등을 알고 싶어한다. 또한 이들이 사회적으로 유용한 사회적 기능이나 경제적 기능을 충족시키는지, 혹은 이들에게 세금을 아주 많이 부과해야 하는지와 같은 사회학적 질문들을 제기하고 있다.

〈표 10-1〉은 1994～1995년 동안 평균 32,000파운드를 번 가구들(이것은 소득이 가장 낮은 가구 10%의 7.62배이다)의 상위 10%의 소비 패턴을 보여 주고 있다. 이들은 꽤 부유하긴 하지만 지나치지는 않았다. 가난과 마찬가지로 부도 상대적인 쟁점이다. 우리는 사회조사 목적을 위해 사용하는 제 1사회 계층에 속하는 구성원들을 살펴볼 것이다. 주로 '전문직이나 상위 관리직'에 속하는 개인과 가족들이 계층에 속하며, 전체 인구의 약 5%에 해당한다. 평균적으로 이들의 소득은 국민 평균의 2, 3배 정도이다(Reid, 1989). 그러나 이 계층 안에는 이들보다 돈을 더 많이 버는 직종들도 속해 있다. 1995년에 국

민 평균 소득이 17,000파운드였을 때 의사들의 10%는 연간 60,000파운드 이상을 벌었고, 보험업자, 주식 중개인, 그 밖에 다른 금융업자의 10% 이상이 77,000파운드 이상의 돈을 벌었다(New Earnings Survey, 1995). 이에 추가해서 사회 과학자나 이웃에 의해서 계층 I의 구성원으로 정상적으로 수용되지 않는 다른 부유한 사람들이 있다. 예를 들어 원래 기술이 있는 육체 노동자 출신의 건축이나 제조업을 하는 중소 사업가, 기업가 들이다. 요즘은 또한 복권 당첨자들도 여기에 속해서 백만장자는 이제 영국에서 일주일마다 생긴다.

사회 계층 I 에 속하는 사람들은 부유하지만 모두 그런 것은 아니다. 이제 상위 1%, 상위 0.1%, 그리고 아주 많은 재산을 가지고 있는 몇 천 명을 더 자세히 살펴볼 것이다. 소득이 많은 사람들은 한 가지 이상의 종류가 있다. 영국에서는 국영 기업의 대표들이 받는 아주 많은 급여에 관해 대중들의 관심이 상당하다. 최근 영국에서는 이러한 임금이 상당히 증가하였다. 주식을 사고 팔거나, 새로운 기업에 투자하는 것과 같은 상업 활동에서 많은 수입을 얻는 사람들이 있으며, 또한 유산으로 물려받거나 스스로 자수성가한 사업으로 큰 수입을 버는 사람들도 있다.

임금 분포는 〈그림 10-1〉과 같다. 이러한 분포는 오른쪽 끝부분이 긴 꼬리를 이루고 있어 대칭적이지는 않지만, 지능과 다른 인간의 능력 및 특질에서와 같이 정상적인 종모양의 분포와 유사하다. 이 분포는 편기되어 있는데, 이는 주로 상위 집단에서 긴 꼬리를 형성하는 최고 경영자들의 급여 때문이다(몇몇의 변호사와 금융가들도 이 집단에 속하기는 한다). 이 척도의 상위 집단은 봉급이 연 62,000파운드 정도이다. 〈그림 10-2〉는 최고 경영자들이 농장 근로자들처럼 가장 낮은 급료를 받는 집단의 8~32배를 벌고, 이것은 평균 소득의 5~21배로서 이들이 300,000파운드 이상을 번다는 것을 보여 준다. 그러나 이러한 고소득의 대부분은 불로 소득이며, 웨지우드(Wedgwood, 1929)에 따르면 이것은 1920년의 상위 1% 소득의 68%였다.

이러한 불평등은 과거에는 더 컸다. 1688년에 주교가 아니었던 귀족들은 연 3,200파운드를 벌어들인 반면, 소농인들과 극빈자들은 6.50파운드를 벌

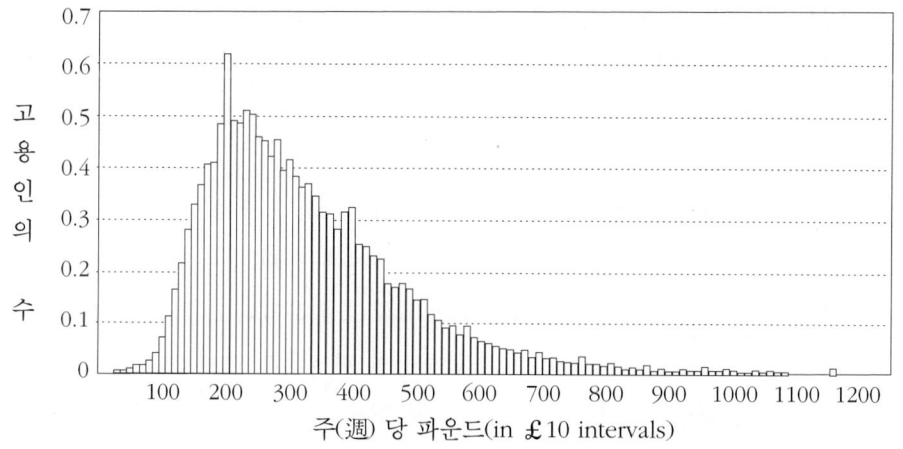

출처 : HMSO(1996)

〈그림 10-1〉 매주 총 소득 분포(성인 중 전업제 고용인들)

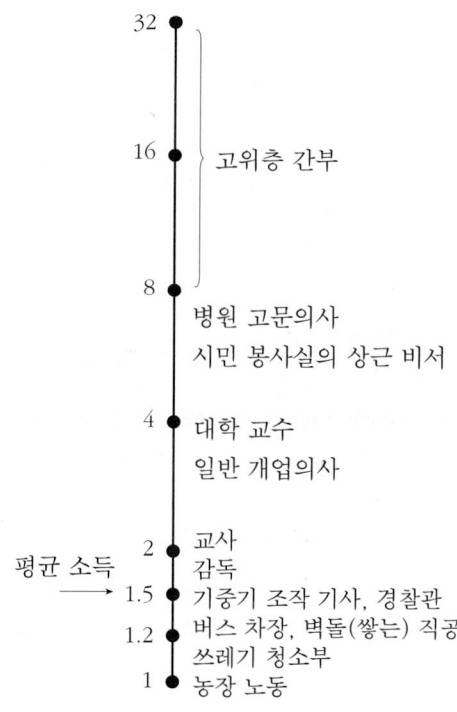

출처 : Atkinson(1983)

〈그림 10-2〉 소득나무(the earnings tree)(남성만)

어서 492:1의 비율이었으며, '유랑자, 걸인들, 집시들, 도둑과 매춘부' 들은 2
파운드를 받았다(Rubinstein, 1986). 이보다 이전 시기에 리차드 Ⅰ세와 존왕의
소득은 하루에 1페니를 벌었던 농노들 24,000명의 임금과 똑같았다(Lenski,
1966).

부의 불평등은 소득의 불평등보다 더 크다. 타운젠드(Townsend, 1979)는
소득의 측면에서 상위 1%는 1968~1969년에 전체 소득의 6.2%를 받았으나,
부와 관련해서 상위 1%는 전체의 26%를 소유하였다고 하였다. 1989년에 상
위 1%는 주택과 연금 권리를 포함하였을 때, 국가 전체 자산의 11%를 소유
하였고, 매매할 수 있는 자산만 계산하였을 때는 전체의 18%를 소유하였다.
전체 인구의 하위 50%가 평균 845파운드의 자산을 가지고 있는 것과 비교
해서, 이들은 개인당 190,000파운드를 소유하고 있었으며, 이는 225배나 많
은 것이다. 만약 상위 0.1%처럼 더 소수의 더 부유한 집단을 살펴본다면, 이
들은 국가 전체 자산의 7%를 소유하며, 하위 50%의 평균 자산의 867배나
된다. 갈브레이스(Galbraith)가 「풍요한 사회(The Affluent Society, 1984)」에서
말한 것처럼, 부유한 사람들이 존재하는 것은 바람직할 수는 있으나 너무나
많이 집중되어 있다. 1,000개의 대기업을 소유하고 통제하는 개인과 이들의
가족들로 이루어진 '기업 계층' 을 구성하고 있는 것은 바로 부의 측면에서
이러한 상위 0.1%의 사람들이다(Scott, 1982).

소득의 차이처럼, 부의 차이도 과거에 더 컸다. 1989년은 가장 부유한 1%
의 개인이 국가 전체 자산의 18%를 소유하였지만, 1911~1913년에는 69%
였다(Central Statistical Office, 1992). 1858년에 유언과 상속에 관한 연구는 남
성의 80% 이상과 여성의 90% 이상이 죽을 때 아무런 재산도 없었다고 하였
다. 그러나 440명의 토지 소유자들은 각각 53,000파운드의 유산을 남겼으며,
이들 중 13명은 개인당 570만 파운드를 남겼다(Rubinstein, 1986).

물론 소득의 재분배가 있긴 하다. 영국에서 1994~1995년에 가장 많은 급
료를 받은 사람들의 20%는 평균 16,720파운드를 받았으며, 세금과 수당을
제한 후에 15,570파운드가 되었다. 한편 가장 가난한 사람들 20%는 평균
2,040파운드에서 시작하여 7,720파운드로 증가하였다. 따라서 전체 인구 중

가장 가난한 사람들 1/5 대 부유한 사람들 1/5의 최종 소득의 비율은 2:1이었다. 재분배는 가난한 사람들의 소득을 아주 많이 올려 주고 부유한 사람들은 오히려 소득을 약간 줄이는 효과를 가진다.

어떤 사회에서나 이러한 분배가 공정한지 혹은 건전한지의 하는 것은 정치적이고 경제적인 열띤 논쟁 주제이다. 양 측면 모두 지지자들이 있어서, 불평등한 분배가 피할 수 없는 것이고 경제적으로 바람직하다고 믿는 사람들이 있는 반면, 이러한 계속되는 불공정한 상태를 예방하기 위해 정부의 중재가 있어야 한다고 믿는 사람들도 있다.

2. 부자가 되는 다양한 방법

루빈스타인(Rubinstein, 1987)은 최근 영국 역사에서 세 부류의 엘리트 집단의 발달사를 추적하였다. 먼저 작위가 있고 재산이 주로 영토였던 전통적인 귀족들이 있다. 또한 19세기 런던을 근거지로 한 금융업자와 대기업 소유주 및 관리자들이 중심인 상업 세력이 있는데 이들 대부분은 물려받은 돈을 가지고 있었다. 그리고 또 한 부류는 주로 영국 북부에서 더 작은 기업들을 창시한 기업가들로 이들은 대부분 제조업이나 섬유업과 관련되었다. 귀족과 상업 집단 간에 일반적으로 더 많은 연계가 있었는데, 이들 모두 영국 남부에 거주하고 있었으며, 영국 국교회에 속하고, 같은 학교와 대학을 다녔기 때문이었다. 자수성가한 사람들은 비록 자녀가 교육을 받고 지방의 대지주가 되어 재주문이라고 칭해지긴 했지만 문화적으로는 차이가 있었다. 1914년까지 이러한 세 부류의 엘리트 집단이 합쳐져서 통일된 소유 계층을 형성하였다. 18세기 이래로 부는 명예와 연결되었고 '명예를 돈으로 사는 것'이 계속되어 부자들도 작위를 받았다. 그러나 돈을 물려받았던 사람들은 종종 '오래된' 돈이 '벼락부자'의 돈보다 어쨌든 더 우월하다고 믿었다.

상업을 시작하려는 동기는 일반적으로 자신이나 자신의 후손들이 지주 사회에 들어갈 수 있게 하고, 지주 계급의 제도와 생활 양식에 참여하기 위해 일종의 부를 축적하기 위한 것이었다. 이윤 추구 행위는 목적이라기보다는 수단이었다.

(Scott, 1982, p. 61~62)

하뷰리와 히트첸스(Harbury & Hitchens, 1979)는 영국에서 부자를 두 종류로 새롭게 구분하였다. 자수성가한 사람들은 대개 작은 규모의 기업으로 성공할 수 있는 금속 관련업, 건설업, 화학업, 의류업, 인쇄업, 운송업, 금융업 등의 직종을 가졌다. 유산 상속인들은 농업, 섬유업, 식음료업, 금속 제조업, 유통업, 행정, 예술가 등의 직종을 더 많이 가졌다. 물론 나머지 귀족들은 여전히 토지로 돈을 벌었다. 여러 연구에서 유산은 부자가 되는 중요한 요소였으며, 이 연구에서 1956~1973년 동안 100,000파운드 이상의 유산을 물려받은 이들의 2/3 정도가 적어도 25,000파운드를 자손들에게 물려 주었으며, 이들의 1/3은 250,000파운드를 물려 준 것으로 나타났다.

자신의 사업으로 자수성가한 사람들은 어떠한 것도 물려받지 않고 부자가 된다. 예를 들어 환경 보호 우표의 창시자, 복사기와 랜드 카메라의 발명가, 포드와 로드 뉴필드는 모두 억만장자가 되었다. 사회적 유동성에 관한 연구들은 영국에서 제7 사회 계층에 속하는 가정에서 태어난 사람들의 7.1%가 결국에는 제1 사회 계층에 속하게 되었음을 보여 준다(Goldthrope et al., 1987). 어떤 사람이 이렇게 성공적으로 사회적 이동을 하는가? 지능이 한 요인이지만 이것은 좋은 교육을 받는 간접적인 역할을 한다(Heath, 1981, 〈그림 10-3〉 참고). 만약 지능이나 다른 능력들이 중요하다면, 소득이 지능의 분포와 같은 종류의 정상 분포를 가질 것으로 기대할 수 있다. 그러나 앞에서 살펴본 것처럼, 정상 분포가 아닌 긴 꼬리 형태를 띠며, 따라서 경제학자들이 이에 대해 다양한 설명을 하고 있다(Atkinson, 1983). 부의 차이는 돈이 시간에 따라 증가하며, 유산으로 물려받은 돈이 부분적으로 예리한 투자가 아니라 어떠한 추가적인 노력 없이도 증가한다는 사실로 설명될 수 있다. 소득의 큰 차이는 설명하기가 더 어렵다. 만약 일상적인 사업에서처럼 경쟁이 있다면, 승리자는 모든 것을 가질 것이다. 만약 기술적인 진보가 있다면, 라이벌

은 이러한 특정 경기에서 패배할 것이다. 만약 환경 보호 우표와 같이 상업
적으로 새로운 아이디어가 있다면 발명가들은 큰 부자가 될 것이다. 혹은 지
능, 사회적 기술, 동기화, 교육, 가족의 도움 같은 요소들의 단순한 조합은 어
떤 개인을 이러한 경주에서 선두로 달리게 할 것이다.

　교육은 중요하며, 따라서 학비는 좋은 투자임이 밝혀졌다. 영국에서는 똑
똑한 사람들이 시험에 통과하기 때문에 이것이 사회적 이동의 주요한 방법
이 된다. 고위 공무원, 주교, 대학 부총장뿐 아니라, 기업 대표 이사의 대다수
가 공립 학교 출신이며, 특히 이톤과 해로우와 같은 인물이 특정 공립 학교
출신이라는 것은 영국 사회학에서 친숙한 부분이다. 이들은 또한 옥스포드
나 케임브리지[1] 혹은 Christ Church and Trinity와 같은 특정 대학 출신이다.
루빈스타인(Rubinstein, 1987)이 지적한 것처럼, 성공한 개인 대다수가 학위를
받았다. 예를 들어 성직자나 교사와 같은 부모가 돈을 모아 교육을 시킴으로
써 사회적으로 이동이 가능하였다. 부유한 사람들의 자식들도 이러한 학교
와 대학에 다녔지만, 자주 지적되어 온 것처럼, '두 개의 옥스포드가 있다'.[2]

　성취 동기와 같은 동기는 지능처럼 사회적 이동의 좋은 예측 요인으로 밝
혀져 왔다. 〈그림 10-3〉에서 보여지듯이, 이는 캐시디와 린(Cassidy & Lynn,
1991)의 횡단적 연구에서도 나타났다. 이 그림에는 교육을 통한 지능의 간접
적 효과도 제시되어 있다.

　펀햄과 로즈(Furnham & Rose, 1987)는 이들이 '부에 관한 윤리' 라고 부르
는 돈을 벌고자 하는 동기가 있다고 주장하여 왔다. 이들은 척도를 개발하였
으며, 이 척도는 다음의 세 가지 요소로 구성되어 있다: 재정적 독립, 부에
대한 지위(유산으로 물려받은 돈이 더 많은 존경을 받는다), 그리고 돈을 가지지
않음으로써 발생하는 문제점들을 피할 수 있다는 부에 대한 만족감이다. 이
러한 문항의 일부는 자신을 위해서 돈이 필요한 것과 관련된 것으로, 매우
부유한 사람들의 동기이기도 하다.

---

1) 옮긴이 註 : 이 두 명문대학을 합쳐서 옥스브리지(Oxbridge)라고 불리우기도 하며 최근에 영
　국 역사에서 옥스브리지의 공과를 성찰하는 논의가 제기되고 있다.
2) 옮긴이 註 : 저자들이 이 내용에 관해서 상세한 설명이 없어서 그 의미가 이해가 않된다.

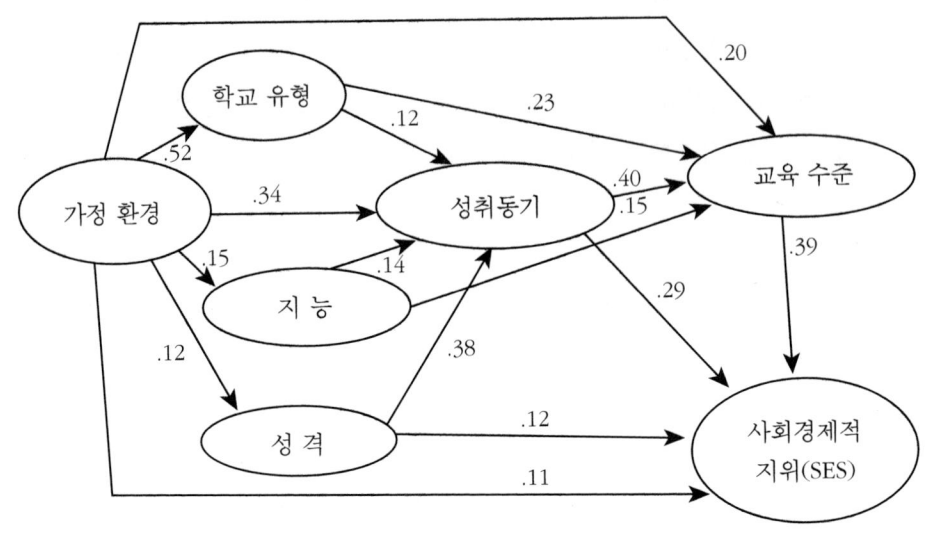

출처 : Cassidy & Lynn(1991)

〈그림 10-3〉 사회적 유동성에 있어 성취 동기와 다른 변인들의 효과에 관한 경로 분석

　대부분 자수성가해서 부자가 된 기업가들은 성취동기가 높고 청교도 직업 윤리가 높은 것으로 나타났다(McClelland et al., 1953). 또한 어느 정도 특이한 성품을 가지고 있는 것으로 나타났다. 사례 연구들은 이들이 종종 순응하지 않고, 반항적이고, 불신하며, 타인과 일하는 것을 꺼리고, 가족들에게 감사하지 않으며, 소수 집단 출신으로, 이러한 요소가 성공하려는 강한 동기와 새로운 정체성을 형성하도록 하였다고 밝히고 있다(Kets de Vries, 1977). 이들은 부에 관한 윤리 척도의 재정적 독립성 부분에서 높은 점수를 받는 것 같다.

　부자가 되는 또 다른 방법은 전문 직종이나 경영에서 성공하는 것이다. 우리는 이러한 방식으로 매우 많은 급여를 받는 사람들을 보아 왔다. 그러나 이들이 성공적으로 투자하지 않는 한 막대한 부의 소유주가 되지는 않는다. 평균 소득보다 3배 정도 많이 버는 사람들은 25~60세 동안 소득의 25%를 저축해야만(이 연령이 되기 전까지 매우 검소한 생활을 한 후에), 상위 0.1%에 속할 것이다(Atkinson,

1983). 룬시맨(Runciman, 1966)은 1972년에 62,388파운드를 남기고 죽은 버스 운전기사의 예를 들고 있다. 그는 자녀가 없었으며, 휴가를 간 적도 없었고, 단지 연명에 필요한 정도의 필수품들을 구매하였다.

부자가 되는 또 다른 방법이 있다. 복권에 당첨되는 사람은 운에 의해서 부자가 된다. 팝 가수는 젊은이들이 특정한 시기에 좋아하는 목소리와 외적 인격을 개발하여 부자가 된다. 테니스 선수, 프로 권투 선수들, 그리고 그 밖의 스포츠 선수들은 자기 분야에서 승리하면 매우 많은 보상을 받는 특정 기술을 개발해 왔다. 발명가들은 보물 탐험가들이 할 수 있는 것처럼 하루 아침에 큰 부자가 될 수 있다. 인기 있는 작가들은 부패한 정치인들과 마찬가지로 돈을 아주 많이 벌 수 있다. 합법적이건 불법적이건, 사회적으로 수용되건 그렇지 않건 간에, 부자가 되는 방법은 아주 다양하다.

3. 부자들이 돈을 지출하는 방법

소득이 상위 10%인 사람들이 자신의 돈을 어떻게 지출하는지에 대해 양적인 정보를 가지고 있지만, 진짜 부자인 사람들이 어떻게 돈을 지출하는지에 대해서는 그만큼 질적인 정보를 갖고 있지 못하다. 〈표 10-1〉은 저소득층 사람들, 소득이 평균 정도인 사람들, 그리고 상위 10%인 사람들이 돈을 지출하는 곳과 각 항목당 평균 대 상위 집단의 비율을 제시하고 있다.

상위 10%는 대부분 자신의 집을 소유하고 있어서 이것에 쓰는 비용이 적어야 하지만, 주택을 구입하는 데 평균 집단의 2배 이상을 지출한다. 이들은 더 큰 집에서 그리고 더 좋은 지역에서 살고 있으며, 진짜 부자인 사람들은 저택에서 살고 있다. 진짜 부자인 사람들은 자신의 집을 소유하고 있을 뿐만 아니라 보통 한 채 이상의 집을 소유하고 있다. 상위 집단은 또한 자신의 집에 더 좋은 설비를 하는 등 가재 도구에 평균 집단보다 2.33배를 더 지출하고, 유모나 정원사와 하인들을 고용하는 등 '가사 서비스'에 유사한 양의 돈을 지출하며, 개인 의사와 미용사와 같은 '개인 용품과 서비스'로 2배 이상

표 10-1	소득의 하위, 상위 10%가 매주 지출하는 가계비, 영국 1994~1995년			
지출 항목	하위 10%	평균	상위 10%	상위/평균
주택 구입	12.05	46.42	102.02	2.20
연료와 동력	8.96	12.95	18.51	1.43
음식, 주류를 제외한 음료	20.89	50.43	89.36	1.77
주류	3.11	12.32	26.54	2.15
담배	3.78	5.61	6.10	1.09
의류	3.60	17.13	40.26	2.35
가재 도구	6.92	22.66	52.89	2.33
가사 서비스	4.65	15.08	35.46	2.35
개인 용품과 서비스	2.86	10.78	22.60	2.10
자동차 여행	4.06	36.17	81.24	2.25
운임 및 기타 여행	2.50	6.64	20.07	3.02
레저용품	3.06	13.89	33.64	2.42
레저 서비스	5.35	31.20	90.11	2.89
기타	0.26	2.30	6.23	2.71
전체	82.05	283.58	625.03	2.22

의 지출을 한다.

식당, 호텔, 휴가를 포함하는 '레저 서비스'의 경우에는 차이가 더 커서, 그 비율이 2.89:1이다. 보트, 말, 이동 주택, 전기 장비를 포함하는 '레저용품'의 경우 그 비율은 2.42:1이다. '자동차 여행'의 경우 그 비율은 2.25:1이고, 다른 여행은 3.02:1이지만, 이것은 부분적으로 부유한 사람들이 원거리 교외에 살아서 출근하기 위해서는 더 오랫동안 운전해야 하기 때문이다.

공립 학교와 대학 교육은 많은 가구들의 주요한 지출 내역으로, 이 표에는 포함되지 않았다. 공립 학교의 수업료는 1996년에 연 14,000파운드였으며, 어떤 가족들은 동시에 몇 명의 자녀를 학교에 보내고 있다.

이러한 것들은 모두 왜 사람들이 부자가 되고 싶어하는지, 어떤 사람들이 부자가 되고 싶어하는지에 대한 아주 간단한 대답이 된다. 부자는 더 좋은 주택에서 살 수 있으며, 하인들의 시중을 받을 수 있으며, 식당과 호텔에 갈

수 있고, 삶을 확대시켜 주는 레저용품과 서비스를 이용할 수 있다. 보트를 산다는 것은 보트를 타러 갈 수 있음을, 말을 산다는 것은 승마를 하러 갈 수 있다는 것을 의미한다. 너무 바빠서 휴가, 말, 혹은 보트타기에 돈을 지출할 수 없는 부유한 사람들도 있다.

4. 돈이 개인의 생활에 끼치는 영향

앞에서 기술된 소비 패턴은 일부분일 뿐이다. 영국에서 매우 부유한 사람들에 관한 연구들은 이들이 다른 집단들과 구분되는 밀접한 사회적 집단을 형성하는 방식으로 밝혀 왔다. 이들은 친족과 결혼에 의해서 연결되며, 많은 임원을 겸직하고, 서로의 회사의 주식을 소유하고 있다. 외부에서 이 집단으로 들어가는 것은 어려운데, 이는 구성원들이 자신의 자녀들을 다른 부유한 가족들의 자녀가 다니는 학교와 대학에 보내어, 서로 알게 하고 동창생간의 연대를 형성하며 이들끼리 결혼하기 때문이다. 이 집단은 다른 집단과 구분되고 사치스런 문화와 생활 양식을 가져서, 무도회와 만찬 파티, 사격과 폴로경기 같은 값비싼 스포츠, 다양한 연중 행사들을 가진다. 비록 예전의 귀족 상류 계층과는 다르긴 하지만, 대부분은 저택에 살며, 자신의 토지를 소유하고 있고, 일부는 정치, 산업이나 자선 단체 기관과의 연계를 통해서 작위를 얻기도 한다(Argyle, 1994). 미국의 부유한 사람들의 지위도 이와 매우 유사하다. 상위 0.5%가 다른 사람들이 할 여유가 없거나 들어갈 수 없는 배타적인 클럽에 속해 있고, 젊은이들은 사교계에 소개되는 사교계 명사 인명록의 회원이며, 남학생 사교 클럽과 여학생 클럽에 속해 있다(Kerbo, 1983).

행복감에 영향을 끼치는 것은 무엇인가? 부가 사람들을 건강하게 하거나 행복하게 만드는가? 우리는 뒷부분에서 고소득이 소득 척도의 상위 50% 사람들의 행복감에 영향을 끼치지 않는 반면, 매우 부유한 사람들의 경우에는 행복감이 약간 증가함을 볼 것이다. 이것은 자신들이 통제 집단의 구성원들보다 더 행복하다고 말한 백만장자들의 연구에 의해서 확인되었다. 소득의 감소 효과에 대한 이유는 아마도 구매된 것들이, 음식과 비교되는 골동품들처럼 이점이 적은 것들이었다는 점일 것이다. 우리는 여전히 고소득의 효과를 설명해야 한다. 사회 계층이 더 높은 사람들의 경우 자아 존중감이 더 높은데, 이는 자신이 성공했다고 느끼거나 타인들로부터 존경과 존중을 받기 때문이다.

소득은 일반적으로 건강에 긍정적인 영향을 끼치는 것으로 알려져 있다 (Argyle, 1994). 그러나 영국에서 가장 광범위하고 주의깊은 연구들의 하나인, 건강과 생활 양식 조사(the Health and Lifestyles survey, Blaxter, 1990)에 따르면, 1984~1985년에 일주일에 250파운드 이상을 버는 사람들의 경우 소득이 건강에 부정적인 영향을 끼친 것으로 나타났다. 이것은 주로 좋지 않은 건강 습관에 기인한 것으로, 전문가나 기술직의 사람들은 아니었지만, 젊은 남자들, 관리자와 소기업의 소유주들이 특히 음주를 많이 하기 때문이었다. 영국에서 부유한 사람과 귀족의 자식들이 음주를 하거나 마약을 복용하는 것에 대한 많은 사례들이 보고되어 왔다. 이것은 돈에 쉽게 접근 가능하고, 일하고 경쟁할 동기가 결핍되어 있기 때문이며, 또한 부자들의 지루한 생활 양식을 가진 사람들과 관련을 맺기 때문일 것이다.

5. 소득과 부의 격차에 대한 공적인 관점

영국의 조사 결과, 비록 국민의 절반 정도가 소득과 부의 차이가 '어느 정도 옳다'(Marshall et al., 1988)고 생각하였으며, 48%는 부자들이 가지고 있는 것을 가질 가치가 없다고 생각했지만(Gallie, 1983), 71%는 현존하는 차이들이 불공정하다고 생각하였다. 보수당을 지지하는 사람들은 노동당을 지지하는 사람들보다 현재의 상태에 더 만족하였다. 가난한 사람들은 가난한 사람들을 위한 돈이 더 많아야 한다고 생각했지만, 에반스(Evans, 1992)는 이것이 평등주의보다는 도구적인 자기 이익을 나타내는 것이라고 결론내렸다.

호주에서는 국민의 80%가 더 평등할 것을 원하였지만, 이들은 실제 분배를 잘못 지각하고 있어서, 그것이 실제보다 더 평등하다고 생각하였다 (Headey, 1991). 지각한 사람의 소득과 지각된 소득 간의 차이가 컸을 때 오류가 더 컸으며, 그래서 가난한 사람들은 부유한 사람들의 임금을 과소 추정하였다. 대부분의 사람들이 더 평등해지는 것을 지지하였지만, 부유한 사람들은 높은 지위의 직업의 경우 더 많은 급여를 줘야 한다고 하였다.

미국에서 알베스와 로시(Alves & Rossi, 1978)는 피험자들에게 짤막한 영화를 보여 주고, 영화에 등장한 15명의 정당한 급여를 평가하게 하였다. 이 연구에서 피험자들은 더 많은 기술을 필요로 하는 직업이 더 많은 급여를 받아야 하며, 남성이 5,600달러를 더 많이 받아야 한다고 하였다. 또한 교육 수준은 매해 195달러의 가치가 있어서 총 1,379달러의 범위를 가지며, 자녀를 가진 사람들이 자녀 1명당 325달러씩 더 많이 받아야 하고, 아내가 있는 사람들은 1,700달러를 더 받아야 한다고 대답하였다. 이 연구와 다른 연구들에서 대부분의 사람들이 직업 지위를 보상받을 필요성을 인식하고 있었으며, 사람들의 욕구를 충족시켜 줄 필요성도 인식하고 있음이 명확하게 나타났다.

미첼과 동료들(Mitchell et al., 1993)은 연구 참여자들에게 다양한 소득 분배 중에서 선택을 하게 하였다. 그 결과 소득의 위계를 가지는 것 중에서 절충안이 지지되었으며, 특히 피험자들이 노력과 재능을 보상받는 능력주의 사회였다고 말하였을 때 사회가 경제적으로 혜택을 받는다고 믿었으며 혜택받지 못하는 사람들을 돌보아 줄 필요가 있다고 하였다. 그러나 이들에게 보상과 노력 간의 관계가 거의 없다고 말한 경우에는 최저 재산을 위해 최선을 다하는 정책을 선호하였다. 두 경우 모두에서 이들은 혜택받지 못한 사람들이 빈곤의 여부를 구분하는 최저 수입인 빈곤선 아래로 떨어지는 것을 원하지 않았다.

일부 사회학자와 대부분의 경제학자들은 사회에서 특정한 '기능'을 충족시킨다는 이유로 빈부 격차를 옹호하여 왔다. 경제학적 관점에서 볼 때, 이러한 기능 중 가장 중요한 것은 기업가들이 위험을 감수하고 돈을 벌고 투자하고, 열심히 일하는 것에 대해 보상을 하고 격려를 할 동기가 필요하다는 것이며, 이것이 특정한 직업에 영향을 끼치며 전체 경제에 혜택을 가져온다는 것이다. 또한 사회의 경제적 성공이 그러한 동기들의 존재에 의존한다고 믿는다. 기업가의 경제적 성공은 많은 다른 기업인들에게 영향을 미치고 자극한다. 이것은 왜 돈을 물려받은 사람들이 보상받을 필요가 있는지, 혹은 왜 비경제적인 영역에서 성공한 사람들이 보상을 받을 필요가 있는지를 설명하지는 못한다. 유인자극은 비자본주의 상황에서도 역시 필요하다. 공산주의 국가인 러시아에서 스탈린은 1930년대에 사람들이 기술을 획득하고 더 높은 관리직과 기술직의 책임감을 수용하도록 동기화하기 위해서 임금 차별제를 도입하였다. 그래서 기술 관리자들은 육체 근로자들보다 50%를 더 많이 벌었으며, 화이트 컬러 인텔리층의 상위 10%는 이보다 더 많은 돈을 벌었다(Parkin, 1971). 아프리카의 산업 성장은 모든 금전적인 재산을 가족 구성원들이 공유하도록 기대하는 관습에 의해서 저해되었다고 한다(Herskovitz, 1952). 청교도 직업 윤리는 사업에서 성공한 사람들이 자신을 위해서 돈을 지출하지 말아야 하며, 이익을 그 사업에 다시 투자해야 한다고 규정하고 있다. 이것은 새로운 기업의 초기에는 확실히 발생하는 것 같지만, 그 뒤 얼마까지 발생하는지, 재산이 누구에게 물려지는지는 의문이다.

부자들의 또 다른 가정된 기능은 재능이 있는 엘리트 집단이 사회 전체의 이익을 위한 리더십의 독립적인 근원이라는 것이다. 많은 미국 사회학자들이 이것을 주장한 반면, 다른 학자들은 부자들이 자신들, 자신의 가족들, 그리고 자신의 기업을 위해 좋은 결과를 산출하는 것에만 주로 이들의 영향력을 행사한다고 생각한다(Kerbo, 1983). 또한 부자들이 일종의 문화적 리더십을 행사한다고 주장해 왔으며, 이것은 이들이 처음으로 자동차, TV, 그리고 새로운 생산품과 같은 것들을 갖게 되기 때문이다(G. Richardson, personal communication). 이것은 외국 여행, 스키, 요트와 같은 새로운 형태의 레저와 럭비와 테니스 같은 몇몇 형태들에서 발생하였다. 그러나 이들 가운데 일부는 사회에 스며든 반면, 폴로와 요트 같은 것들을 하기에는 너무 많은 돈이 든다(Argyle, 1994). 그리고 TV와 세탁기 같은 새로운 생산품들은 부자들이 길을 안내할 필요가 없었다.

또한 부자들은 자선 단체에 기부를 하고 자선 단체를 장려한다는 측면이

첨단 기술이 빈부국 격차 키워

세계 3대 부자 개인 자산, 43개 최빈국 GDP 합보다 많아

미국 등 5개 선진국 국민의 평균소득이 5개 최빈국 국민 평균소득의 74배에 이르는 등 부국과 빈국의 불평등 격차가 커지고 있으며, 인터넷 등 첨단기술의 사용도 불평등하게 확산되고 있는 것으로 나타났다.

유엔개발계획(UNDP)이 12일 펴낸 '인간개발보고서'에 따르면, 선진국에 살고 있는 세계 인구의 20%가 전세계 총소득의 86%를 차지하고 있다.

10년 전보다 1인당 평균소득이 줄어든 국가도 80여 개 이상에 달했다.

또 빌 게이츠, 워렌 버펫, 폴 알렌 등 세계 3대 부호의 총자산은 187조 2천억 원으로 43개 최빈국 국가의 국민총생산을 합친 것보다 많았으며, 세계 부호 200 명의 자산은 98년 현재 약 1,204조원으로 4년 전에 비해 두 배나 불어났다.

인터넷 같은 첨단기술 이용도 부유한 국가에서만 확산되고 있으며, 이들 국가에서조차 주로 백인, 남성, 상위소득 그룹에만 국한돼 있다.

미국인이 컴퓨터 한 대를 사는 데는 한달 월급으로 충분하지만, 방글라데시인 은 8년간의 월급을 고스란히 쏟아 부어야 한다.

전화 보유대수도 캄보디아의 경우 100명당 1명에 불과한 반면, 모나코에서는 100명당 99명이 전화를 갖고 있다.

보고서는 또 선진국의 다국적 기업들이 개발도상국의 전통적 치료법을 가로 채 특허를 신청하고 있다며 지적 재산권과 특허권의 선진국 독점현상을 비난했 다. 예를 들어, 미국 미시시피 대학의 연구자 2명은 인도산 심황으로 상처를 치 료하는 방법으로 미국에서 특허를 받았다. 그러나 이것은 인도에서 수천 년 동 안 내려오는 '민간요법'으로, 인도사람이라면 누구나 알고 있는 것이다.

고대 인도의 산스크리트 경전에 명시적으로 치료법이 기록돼 있어 이들 연구 자들의 특허는 취소됐지만, 개발도상국의 '신토불이' 치료법을 이용해 약을 제 조한 다국적 기업 가운데 해당 국가에 로얄티를 지급한 '양심적인' 회사는 몇 개 되지 않는다.

보고서는 불평등 심화현상을 해소하기 위해 국제통화기금(IMF) 이외에 새로 운 국제금융조직이 필요하다고 주장하고, 인터넷 접근의 '평등한' 확산을 돕기 위한 재정적 수단으로 인터넷 사용에 '소액 세금'을 부과하자고 제안했다.

강조되고 있다. 자선 기부가 세금 공제 되는 미국에서 일년에 100만 달러 이상을 버는 사람들은 중앙치로 44,000달러를 기부하며, 상위 1/4은 132,000달러를 기부하는데, 이는 이들 소득의 10%를 넘는 것이다. 영국에서 기부는 세금 공제가 되지 않으며, 기부는 소득이 평균 정도인 사람들의 경우 소득의 1.4%를 기부하며, 부자인 경우에는 조금 증가하여 1.75%를 기부한다. 십일조를 하는 사람의 수는 더 적을 것임에 틀림없다. 그러나 몇몇의 부유한 사람들은 울프선, 뉴필드, Rowntree와 같은 교육과 건강을 위해 상당한 일을 하는 재단을 설립한다. Rowntree는 퀘이커 교도와 그 Rowntree의 경우와 같이 하였다. 이것은 유산 상속인들 간에 유산을 모두 나누는 대신에 재산을 그대로 유지하는 혜택을 가진다. 부자들은 자선 기관을 이끌고, 자신들이 상위 계층의 상징이 되는 '자선 무도회'에 가는 등 또 다른 방식으로 자선 단체를 후원한다. 19세기에 대부분의 자원 봉사는 하인들이 있는 여가가 있는 부인들이 담당하였다. 그러나 장원의 여성 자선가보다는 중류 계층의 부인들에 의한 자원 봉사가 더 많이 이루어져서, 근로자 계층의 아동들에게 주일학교에서 읽기를 가르치고 근로자 계층의 레저를 향상시키려 하였고, 많은 자선 단체를 창설하였다(Argyle, 1994).

예전에 일부 부유한 사람들은 학교와 대학에 돈을 기부하는 중요한 존재였고, 최근 영국 역사에서 울프선과 뉴필드 재단은 이러한 전통을 계속 이어나가고 있으며, 의료 및 다른 과학 연구들에도 많은 기부를 하고 있다. 그러나 대다수의 부유한 사람들은 교육 이외의 다른 관심은 알려지지 않고 있다. 유사하게, 과거의 부유한 사람들은 궁정 음악가들을 재정적으로 지원하고, 예술 작품을 구매하는 예술의 중요한 후원자였다. 새인스버리사는 최근에 두 개의 미술관에 기부하였다. 이들은 또한 영국의 유산이 망가지지 않도록 교회, 성, 궁전, 그리고 많은 저택들을 포함하여 주요한 건축 계획에 자금을 조달하였다. 그러나 그러한 계획들은 오늘날 주 정부나 큰 기관에 의해 주로 지불되고 있다.

6. 결 론

    일반적으로 금전적 보상이 동기로서 필요하다는 점에 동의하지만, 대부분의 사람들은 이 차이가 더 적어져야 한다고 생각하며, 많은 사람들은 부자들이 얼마나 부자인지를 인식하지 못하고 있다. 이들은 다양한 방법으로 부자가 되며, 대부분은 많은 급여를 받는 직업에서 성공함으로써, 혹은 성공적인 기업가가 됨으로써, 혹은 조상으로부터 유산을 물려받고 이를 투자함에 의해서 부자가 된다. 백만장자들의 2/3는 상당한 양의 재산을 물려받았다. 이 돈은 큰 저택, 하인들, 값비싼 자동차, 휴가와 사교 생활을 하는 사치스럽고 고급스런 생활 방식의 자금을 조달하는 데에 지출된다. 부자들은 자선 단체에 기부를 하고, 좋은 일을 하고, 예술과 교육을 후원하기 때문에 유용하다고 주장하고 있으나, 이것은 소수에게 적용되는 것으로 보인다. 부자가 되는 주된 동기는 이러한 상류 집단에 속하거나 머물기 위한 것으로 보이지만, 목적 그 자체로 돈을 추구하는 사람들도 있다. 이것을 비합리적인 것으로 여길 수 있는가? 만약 부가 지위를 위한 수단으로 추구된다면, 지위의 추구가 고려되는 한 이것은 합리적일 것이다. 일반적으로 유명한 물리학자가 더 재치 있고 확실히 물리학을 더 많이 아는 그의 동료들의 회사보다 대저택에 사는 공작 부인들을 위한 회사를 만들려 할 때 옥스포드에서는 오히려 우스운 것으로 여겼다. 사회적 이동의 대가로 사랑했던 사람들의 회사를 잃을 수도 있고, 즐겼던 활동을 하지 못할 수도 있으며, '더 높은' 계층의 구성원들에게 멸시받거나 거부될 수도 있다. 한편, 우리는 매우 부유한 사람들의 절반 이상이 많은 돈을 물려받았으며, 이들의 일부는 우월한 집단에 이미 속해 있었음을 보아왔다. 이들의 동기는 이 안에 머물러 있을 것이다.

'나만의 것 가진다' 부자들의 과시욕

왜 비쌀수록 잘 팔릴까 상품 대중화하면 더 이상 사지 않아

'최고급 호텔 앞에 최신형 벤츠가 한 대 선다. 샤넬 옷에 구치 핸드백을 든 중년 여인이 차에서 내린다. 옆에 있던 여성들은 부러운 눈으로 그녀를 쳐다본다. 그녀는 아랑곳하지 않고 바로 호텔의 고급 음식점으로 총총히 사라진다.

호텔 주변에서 흔히 볼 수 있는 일일 거예요.

그런데 이 중년 여인이 '최고급'만 쓰는 이유가 뭘까요?

그녀는 비싼 옷이나 차를 살 만큼 돈이 많다는 것을 내보이면서 다니는 것이지요. 물론 고급 브랜드의 상품은 비싼 만큼 질도 좋을지 몰라요. 하지만 값이 일반적인 물건의 8~9배라고 해서 질도 그만큼 좋은건 아니죠.

한번 생각해 봐요.

남대문 시장에서 옷을 살 때가 있지요?

그런데 백화점에서 비슷한 모양의 옷을 5~6배 비싸게 샀다고 해서 옷의 디자인이 그만큼 더 좋다고 느꼈거나 오래 입은 적이 있나요.

그렇지 않은 경우가 많을 거예요. 결국 고급 옷이 비싼 이유는 제품의 질보다 그 상표 자체를 보고 돈을 많이 냈기 때문이지요. 그 중년 여인은 "나는 부자다." 라고 알리려고 무척 많은 돈을 낸 셈이죠.

이렇게 '돈이 많다'는 것을 알리기 위해 어떤 상품을 소비하는 것을 경제학에선 '과시적 소비'라고 해요. 미국의 경제학자 베블렌은 '유한계급(leisure class)론'에서 대중사회에서는 누가 더 잘 사는지 알 수 없기 때문에 사람들은 자신을 알리려고 과시적 소비를 한다고 주장했어요.

사람들이 과시적 소비를 하기 위해 사는 상품은 값이 비쌀수록 더 잘 팔릴 거예요. 만약 구치 핸드백의 가격을 내린다면 누구든지 살 수 있기 때문에 오히려 수요가 줄어들 가능성이 크지요. 보석·밍크 코트에서 볼 수 있는 것처럼 어떤 물건의 값이 비싸다는 것 자체가 이를 사서 쓰는 사람에게 만족감을 높여주는 효과가 있어요.

이 경우 정도의 차이는 있지만 물건 값이 비쌀수록 사려는 사람이 많아지고 값이 내려갈수록 사는 사람이 줄어들 거예요.

물건 값이 비싸지면 사려는 사람이 줄어든다는 '수요의 법칙'에도 예외가 생기는 것이지요.

요즘 고급 상표의 옷만 사서 입으려고 하는 청소년들을 흔히 볼 수 있어요. 혹시 이들이 그러는 것도 질 좋은 옷을 입고 싶다는 생각보다 "난 이 옷을 입을 만큼 경제적 여유가 있어."라고 다른 사람에게 알리고 싶은 마음 때문은 아닐까요?

〈중앙일보, 2000. 2. 17. 제 10192호〉

벼락부자병

지금 한국을 비롯, 온 세상에 유행하고 있는 것은 인플루엔자뿐 만이 아니다. 벼락부자병인 앤플루엔자에도 병들고 있다. 얼마나 심각한지 벼락부자들의 돈을 관리하고 있는 은행들에서 이 벼락부자병을 예방하고 그로부터 치유하는 심리치료 부서를

(중앙일보 1995. 5. 21 제 10679호)

신설할 정도라는 외지 보도이다. 우리나라에도 장자병(長者病)이라 하여 살욕(殺欲), 살한(殺閑), 살치(殺侈)를 삼살(三殺)로 경계해 왔는데 그것이 작금의 벼락부자병의 대증(對症)치료와 흡사하여 선견지명에 탄복하게 된다.

어느 부자가 99마리의 소를 가지고 있었다. 한 마리만 늘리면 소원했던 100마리가 될 판이다. 이에 누더기 옷으로 갈아입고 멀리 외지에 사는 옛 친구를 찾아가 소 한마리만 있으면 곤궁을 면할 것 같다고 애원했다. 이 친구 서슴지 않고 보시하는 마음으로 소를 주었다. 속임수로 욕심을 채운 자와 가엾은 친구 하나 도와준 자 어느 쪽이 행복한가는 제쳐두자. 작정했던 100마리 욕심에 그치지 않고 150마리 200마리로 무한 연장되는 욕심이 장자병 증세의 하나요, 그 올가미에서 헤어나지 못하고 고생만 한다 하여 살욕(殺欲)이다.

둘째는 장자가 되면 일상으로 하던 일을 돈으로 대신해 여가를 극대화 한다. 그 빈터에 심신부전(心身不全)이 기생하게 마련이다. 80년대 미국의 백만장자

샘 월튼은 월마트의 세계적 체인을 가졌으면서도 낡은 픽업트럭을 손수 몰고 체인에 물건을 운반해 여가를 보냈고, 조선조 최고의 부자 변승업(卞承業)도 짚신을 한 짝씩 손수 삼아 신었고 이쑤시개도 손수 깎아 썼다.

연전 미국의 백만장자 100명을 대상으로 한 공통점을 추린 책을 보니 90%가 무일푼에서 시작한 자수성가요, 백만장자가 된 것은 60대에 들어서였다는 점이다. 곧 부자 2세의 재산유지는 극히 어려운 일이며, 벼락부자의 부는 영속하지 못한다는 진리의 나타남이다. 곧 사치와 부는 친화력이 없다는 살치(殺侈)의 구현이다. 벼락 부자병은 동서고금이 다르지 않음을 실감케 해주는 작금이다.

〈조선일보, 2000. 1. 14. 제 24579호〉

(제1장 관련 자료 참조)

돈이 사람을 얼마나 행복하게 하고, 얼마나 동기화시키는가? : 경제적 모형

1. 들어가는 말

이 장에서는 심리학과 경제학 간의 관계의 중심과 관련된 주제를 다루고자 한다. 경제학자들과 정부는 사람들이 원하는 것이 만족감을 제공하는 상품과 서비스이며, 이것들을 얼마나 많이 살 수 있는지의 척도가 돈이라고 가정하고 있다. 그렇다면 더 많은 소득은 사람들을 더 행복하게 해야 할 것이다. 그러나 이러한 주제에 관한 연구 결과들은 이러한 가정을 지지하지 않는다. 경제학자들은 어떤 의미에서 오직 하나의 동기만이 있다고 주장하는 반면, 프로이드를 제외하고 대부분의 심리학자들은 인간을 동기유발시키는 것으로 돈은 언급하지 않고 있다.

우리는 먼저 돈이 사람을 과연 행복하게 만드는지를 살펴본 후에, 돈으로 행복을 얼마나 많이 살 수 있는지를 살펴볼 것이다. 돈에 대한 심리적 욕구가 있는지, 만약 있다면 더 낫다고 알려진 다른 동기유발 체계들과 어떻게 관련되는지를 고려할 것이다. 마지막으로 이것들이 경제학자들의 가정인 '경제적 인간' 개념에 얼마나 잘 부합되는지를 살펴보기 위해서 이 책의 앞장에서 논의한 주제들의 주요 결과들을 요약하여 제시할 것이다. 아마도 여러 측면에서 이것들이 확실히 그렇지 않다는 것을 알 수 있을 것이다.

2. 돈은 사람을 행복하게 만드는가?

부자들은 가난한 사람들보다 행복한가? 우선, 임금은 만족감에 어떠한 영향을 끼치는가? 이러한 관계에 대해서 많은 연구가 수행되어 왔으며, 연구 결과 캠벨과 동료들(Campbell et al., 1976)이 연구한 '미국인들의 생활의 질'에는 대략 .25의 상관이 나타났다. 헤데이(Headey, 1993)는 가족의 소득에 대한 만족도를 예측하고(.36) 이것이 다시 행복감을 예측하는(.36) 인과 모형을 설정했으나, 행복감에 끼치는 소득의 직접적인 인과 영향은 거의 나타나지 않았다. 임금에 대한 만족도는 임금보다는 다른 변인들에 의해 영향을 받는다. 예를 들어, 고용인들이 직장의 다른 방식들에 만족한다면 임금에 대해 더 만족한다(Weitzel et al., 1977). 임금과 임금에 대한 만족도 간의 아주 작은 상관은 많은 사람들이 상대적인 급료가 절대적인 급료보다 더 중요하다고 생각하게 만들었다.

이러한 결론과 관련된 네 가지 이유를 제시하면 다음과 같다:

• 적 응 : 비록 모든 사람들이 임금 인상, 뜻밖의 횡재나 내기에서 이긴 이후에 '더 행복함'을 느끼긴 하지만, 곧 적응해서 그 효과는 매우 빨리 사라진다. 임금 인상에 대한 비교적 빠른 적응은 이것이 매우 정기적으로 일어나고, 특히 많이 인상된다면 효과적일 수 있음을 의미한다.

• 비 교 : 사람들은 스스로를 타인들과 비교함으로써 자신이 부자라고 정의내린다. 그러나 재산이 증가하면서 사람들은 보통 항상 자신들보다 더 부유한 누군가가 있는 '상위 시장'으로 더 많이 이동한다.

- 대 안 : 경제학자들이 말하는 것처럼, 감소하는 돈의 한계 효용은 현금을 많이 가지면서 자유와 진정한 우정과 같은 다른 것들이 더 가치 있게 되는 것을 의미한다.

- 격 정 : 증가된 수입은 금전적인 문제에서 자아 발달과 같은 통제 불가능한 생활의 요소로 관심이 전환되는 것과 관련되며, 이것은 아마도 돈이 자신의 운명에 대한 통제감과 관련되기 때문일 것이다.

경제학자들은 돈이 직업 동기 요인으로 작용하지만, 어느 정도 단기간 동안에만 작용하며, 어떤 근로자들은 다른 근로자들보다 더 많이 영향을 받아서 약간의 비용으로도 조직의 사기를 진작시킬 수 있다고 주장한다. 그러나 돈은 많은 행동 동기 요인들 중 하나일 뿐이며, 동기 요인으로서 돈의 위력은 단기간적이다. 더구나 과세율이 높은 국가에서 돈은 물보다 덜 매력적이

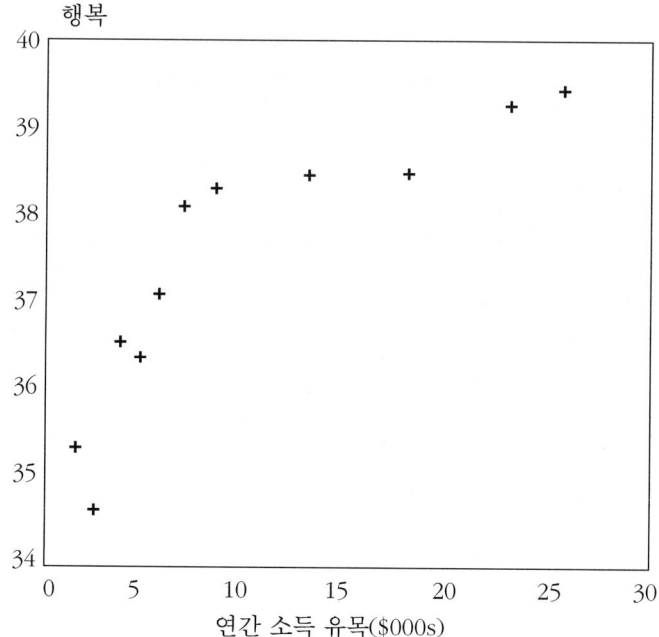

출처 : Diener et al. (1993)

〈그림 11-1a〉 미국에서 시기 1 동안 소득과 행복

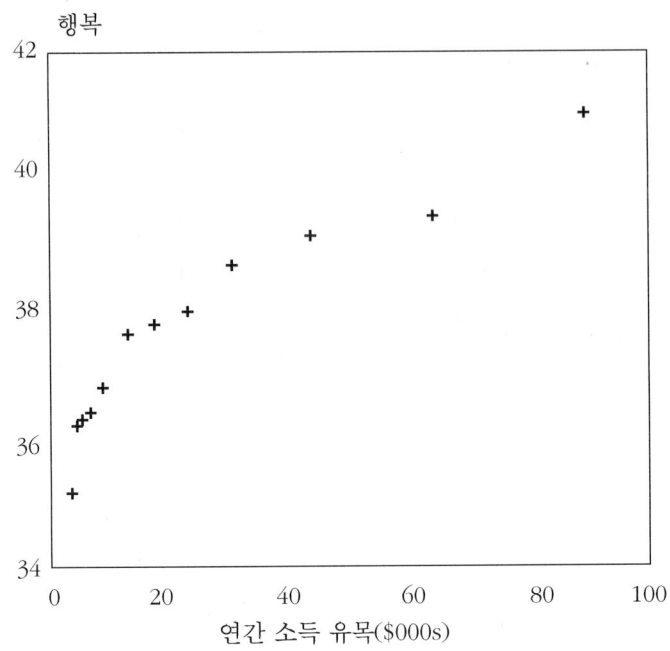

출처 : Diener et al. (1993)

〈그림 11-1b〉 미국에서 시기 2 동안 소득과 행복

다. 또한 사람들을 더 편안하게 하는 데에는 별로 효과가 없다. 그러나 정치
적, 경제적 불안정한 시기에 중요한데, 돈은 휴대가 가능하기 때문이다.

　소득과 행복 간의 관계는 어떠한가? 소득과 행복 수준 혹은 만족도를 측
정한 전 국 규모 정도로의 대단위 조사들이 많이 있었다. 이러한 연구들 대
부분은 대략 .15에서 .20의 작지만 양이고 유의미한 상관을 얻었다. 초기 미
국 조사에서 브래드번(Bradburn, 1969)은 소득이 부정적 효과보다는 긍정적
인 효과쪽으로 더 많은 차이를 만든다고 하였으며, 최근 연구들은 돈의 효과
가 소득이 낮은 경우에 더 강하고, 척도의 상위 집단의 경우 차이가 적다고
하였다. 다이너와 동료들(Diener et al., 1993)은 미국에서 1971~1975년에
6,913명의 응답자들을 대상으로 조사하고, 이 연구 대상자 중 4,942명을
1981~1984년에 다시 조사하였다고 보고하였다(〈그림 11-1a〉와 〈그림 11-1b〉

돈과 행복

이 지구상에서 가장 행복한 사람은 방글라데시 국민들이다. 두번째로 행복한 나라는 아제르바이잔이었고 그 다음은 나이지리아였다. 지난 1998년 영국의 한 대학연구소가 54개국 국민들이 느끼는 행복도를 조사한 결과 그렇게 나왔다. 더욱 재미있는 현상은 남들이 부러워하는 부자나라일수록 행복도가 낮았다는 사실이다. 스위스, 독일, 미국, 캐나다 등은 겨우 40위권에서 맴돌고 있었다. 그 이유로 이 보고서는 물질적 포만도가 일정수준을 넘어서면 소득상승이 더 이상 행복감에 영향을 주지 않기 때문이라고 설명했다. 참고로 한국인들이 느끼는 행복도는 조사 대상국 중 23위로 나타났다.

부자나라인 미국에서도 1년에 1백만달러를 벌어들이는 백만장자는 그리 흔치 않다. 그러나 요즘엔 백만장자가 흔해졌고 천만장자쯤 돼야 큰소리칠 수 있다고 한다. 지난 89년에 백만장자의 수자가 1백50만명을 넘어섰다는 통계도 있다. 그런가 하면 98년에는 백만장자가 83년에 비해 2배로 늘었다는 보도도 나오고 있다. 게다가 요즘엔 인터넷이나 증권 등으로 떼돈을 버는 신흥부자가 쏟아져 나오면서 부자들의 판도가 크게 달라지고 있다고 한다. 빈부격차도 날이 갈수록 심해져 1%에 해당하는 미국의 고소득층이 국민 총소득에서 차지하는 비율이 81년의 8.1%에서 86년엔 14.7%로 늘었다는 통계도 있다.

문제는 이들 부자가 행복해 하기는커녕 오히려 보통사람들보다 더 많은 근심·걱정 속에 싸여 산다는 점이다. 갑자기 많은 돈을 번 벼락부자는 더 말할 것도 없다. 어느날 갑자기 부자가 된 이들은 최고급 저택에 살면서 스포츠 카를 굴리지만 낯선 외계에 들어선 듯한 소외감을 떨칠 수 없다고 호소한다는 것이다. 요즘 세상에 '나물먹고 물마시고…' 식 안빈낙도(安貧樂道)의 가치관을 무조건 찬양할 수는 없지만 돈이 행복의 전부가 아니라는 것만은 분명한 것 같다. 돈보다 중요한 것은 역시 정을 나누며 인간답게 사는 길이라는 점을 새삼 깨닫게 된다.

〈경향신문 2000. 3. 18. 제 17012호〉

참고).

두 기간 모두 가난한 사람들은 소득과 행복감이 강하게 상관되었고, 부유한 사람들의 경우에는 그 상관이 완만해졌으며, 매우 부유한 사람들은 다시 상관이 강해졌다. 1981~1984년에 소득이 15,000달러 이상인 사람들은 행복감이 약간 증가하였다. 그러나 매우 부유한 사람들에 관한 연구 결과들은 1년에 1,000만 달러 이상을 버는 49명에 관한 또 다른 연구에서 확인되었다. 이 연구에서 이들은 이 기간동안 77%가 행복하다고 하였으며, 반면 비교 집

오염탓 매년 생물 500種씩 멸종

국내에서 매일 1종 이상의 생물이 사라지고 있다.

한국환경정책평가연구원(KEI)이 17일 내놓은 '국내 생물종의 다양성' 자료에 따르면 국내의 생물 종수는 모두 10만여 종으로 이 가운데 매년 500종 이상이 멸종되는 것으로 조사됐다. 매달 42종, 매일 1.4종의 생물이 사라지고 있는 셈이다. 이와 함께

'앉은뱅이 밀' 등 국내의 재래 작물품종 가운데 74%가 1985년 이후 15년 사이에 멸종된 것으로 파악됐다. KEI는 또 멸종위기 야생동물 43종의 위협요인으로는 밀렵 및 약용이 51.2%(22종)로 가장 많고, 다음은 갯벌·습지의 파괴 16.3%(7종), 수질오염 18.6%(8종) 등의 순이라고 밝혔다.

KEI는 특히 95년 경상가격을 기준으로 할 때 국내 생물 다양성의 총가치는 목재, 생태관광, 식물로부터 추출되는 의약품·화장품과 산림이 흡수하는 이산화탄소량 등 모두 연간 25조 6천 9백 15억 9천 4백만원에 달하는 것으로 분석했다. 이는 같은해 우리나라 국내총생산(GDP) 3백 51조 9천 7백 14억원의 7.3%에 해당한다.

KEI 박용하 박사는 "생물종수가 줄어드는 것은 그만큼 환경오염이 심각하다는 의미"라며 "체계적이고 장기적인 생태계 보전 대책이 시급하다"고 지적했다.

환경부는 이에 따라 보존가치가 있는 지역의 땅을 구입하거나 이곳에서 경작이나 축산을 하는 사람들에게 지원금을 제공, 이를 포기토록 해 생태계를 보전하는 방안을 검토 중이다.

단은 62%만이 행복하다고 하였다(Diener et al., 1988). 미국에서 소득의 효과
는 〈그림 11-1a〉에서 볼 수 있는 것처럼 평평한 반면, 대부분의 사람들이 가
난하고 소득 격차가 큰 인도와 브라질 같은 국가들에서는 소득과 행복 간에
더 강한 관련성이 있었다(Cantril, 1965). 사실, 경제학자들은 종종 '돈의 한계
효용이 감소'할 것이라고, 즉, 고소득자의 경우에 그 차이가 더 적을 것이라
고 가정한다.

　　그러나 이러한 전반적인 상관관계가 맞지 않는 두 집단이 있다. 아주 행복
해하고 자신의 운명에 만족하는 가난한 사람들이 많이 있으며, 이들은 돈을
벌기 위해 어떠한 시도도 하지 않는다. 이를 '만족 파라독스'라고 한다. 이
것은 자신의 상황을 통제할 수 없는 오랜 경험으로 생성된 적응과 학습된 무
기력감의 상태로 해석되어 왔다(Olson & Schober, 1993). 또한 불행한 부자들
이 있다. 이것은 돈과 행복감 간의 아주 약한 상관(r=.15〜.20)과, 뒤에 논의될
것이지만 행복감의 근원이 더 중요한 다른 데 있다는 사실에 비춰볼 때 아주
놀랍지는 않다.

　　만약 전체 국가들간의 평균 행복감이나 만족도가 비교된다면, 이와 유사
한 패턴이 나타날 것이다. 인켈레스와 다이아몬드(Inkeles & Diamond, 1986)
는 같은 직업 지위를 가진 개인들을 비교하여, 행복감과 국가의 경제적 성장
간에 .60의 상관이 있다고 하였다. 최근 일련의 다국가 연구들에서, 다이너
와 동료들(Diener et al., 1995)은 55개국의 소득과 행복감을 몇 가지 측정 도
구를 사용하여 측정하였다. 소득은 평균 GNP와 구매력으로 측정하였고, 기
본적인 심리적 욕구에 대한 만족도를 측정하였다. 소득과 행복감의 모든 측
정에서 .50 이상의 아주 높은 상관이 나타났으며, 이는 .15〜.20의 국가 내
상관보다 상당히 더 높은 수치였다(〈그림 11-2〉 참고).

　　최근 10년 동안 많은 나라에서 수행된 연구처럼, 국가별 평균 행복도는 전
반적인 경제 성장률이 증가함에 따라 증가할 것으로 기대되었다. 많은 국가
들에서 반복적으로 행복도와 만족도에 대한 조사를 해 왔다. 자신들이 '매우
행복하다'고 말했던 사람들에게 변화가 있었으며, 경제적 불황이 행복감에

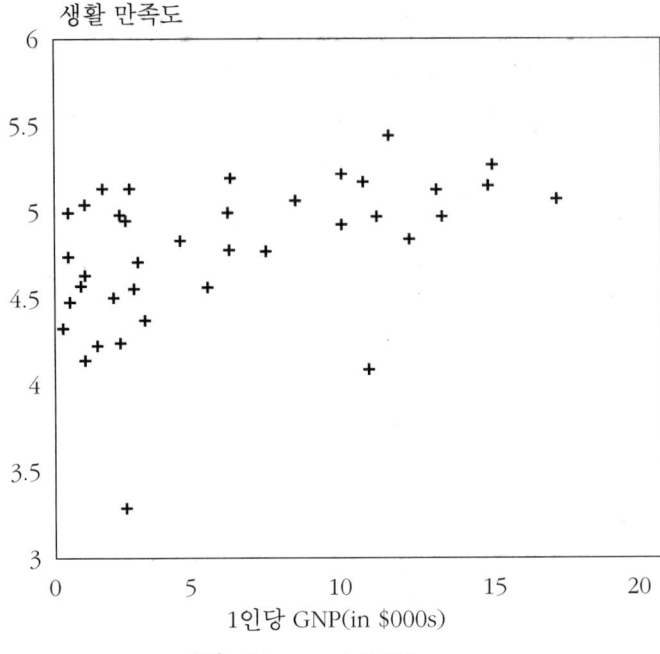

출처 : Diener et al. (1995)

〈그림 11-2〉 55개 국가의 1인당 GNP와 생활 만족도

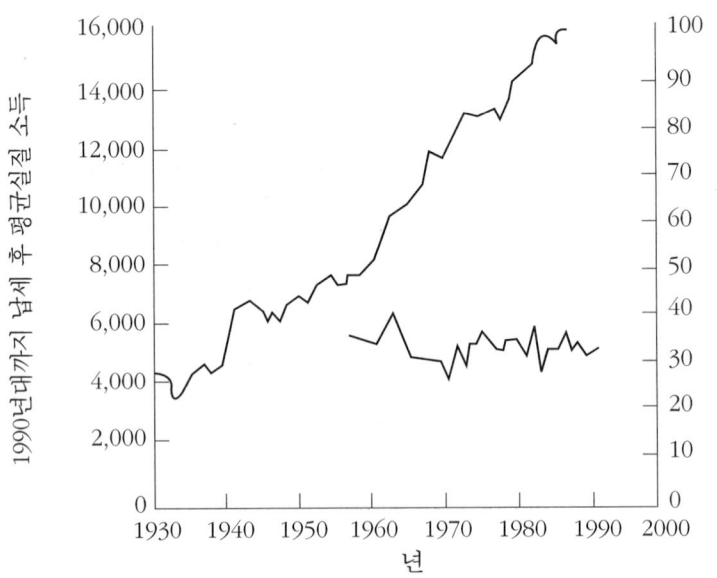

출처 : Myers & Dieners(1996)

〈그림 11-3〉 미국에서 1959~1990년 동안 소득과 행복

엔화 환율

2차 대전 이후 일본 엔화와 달러의 환율이 처음 결정된 것은 1949년이다. 전후의 혼란 속에서 일본 경제의 재건에 힘을 기울이던 미국은 엔화의 환율을 얼마로 할지 한동안 고심했다. 미일 양국 정부가 협의해 결정하면 좋겠지만 이것은 시간이 걸리기 때문에 미국이 단독 결정키로 했다. 당시 닷지 주일 미국공사가 엔은 한자로는 둥근 원을 뜻하는 「円」이라 쓰고, 원은 360도이니 360대 1로 하자고 제안, 채택됐다.

지금 생각하면 정말 어처구니없는 이야기지만 360대 1이란 환율은 당시 일본의 경제사정을 감안하면 적절했다는 후세의 평가이다. 이와 같은 환율은 70년까지 21년간 일본경제 재건의 한 상징이었다. 당시는 고정환율제였지만 현재 달러당 130~140엔대를 오르내리고 있는 환율을 생각하면 격세지감을 감출 수 없다. 일본이 360대 1이란 환율을 바탕으로 수출입국에 성공한 것은 잘 알려진 이야기이다.

「엔」과 달러의 환율 때문에 우리는 얼마나 웃고 우는가. 엔이 강세가 되면 우리의 수출이 살아난다고 좋아하고, 조금만 약세가 되면 금방 수출이 타격 받게 됐다고 걱정이 태산 같다. 엔 약세가 되면 그렇지 않아도 수출대국인 일본 상품의 수출경쟁력이 강해지고, 반대로 우리나라 수출품은 경쟁력이 떨어져 수출업계가 몸살을 앓기 때문이다. 이와 같은 상황은 IMF 사태 후 더욱 두드러지고 있다.

러시아가 모라토리엄을 선언한 후 세계의 시선은 금융시장이 불안정한 일본으로 쏠렸다. 엔화가 폭락하지 않을까 우려했기 때문이다. 예상과 달리 엔화는 강세를 보여 3일 달러당 135엔대까지 치솟았다. 일본의회가 3일 금융파국 시나리오까지 검토하고 있는 상황에서 엔화가 이정도나마 버티고 있는 것은 일본의 경제토대가 원처럼 빈틈없이 탄탄하기 때문이 아닐까. 우리 경제는 언제쯤이나 이처럼 끈질긴 생명력을 지니게 될지 안타깝기만 하다.

〈이병일 수석논설위원/ 한국일보, 1998. 9. 4. 제 15710호〉
저자의 허락을 받고 전재함.

1,050달러

새해의 1인당 국민소득은 천달러를 넘을 것이라는 경제지표가 예고되었다. 흔히 1천달러는 중진국가에 들어서는 청신호라고 말한다. 달러화의 실세(實勢)가 해마다 떨어지고 있는 것은 사실이지만, 우리 눈엔 1천달러가 무지개처럼 생각되던 시절도 있었다.

1천달러는 지금 수준으로 브라질·자메이카·멕시코·파나마의 소득과 비슷하다. 현재 우리나라 소득보다 5배나 앞서 있는 일본도 1천달러 선(線)을 돌파한 연대는 불과 10년 전이다. 66년의 일본 국민소득은 1천 29달러였다. 호주·이스라엘·이탈리아·핀란드 등이 1천 달러를 넘은 것도 60년대 후반인 1968년이었다. 이 가운데 호주나 핀란드와 같은 나라는 10년도 못 돼 6배의 성장을 기록하고 있다. 지난 해 7천 8백 65달러의 국민소득을 보여 주었던 미국이 1천달러를 돌파한 연대는 1945년이다.

어떤 사회학자는 소득 수준에 따른 생활방식의 변화를 재미있게 분석하고 있다. 1인당 국민소득이 3백달러에 이르면 TV붐이 일기 시작한다. 5백달러 선은 우선 식생활에 변화를 일으켜 쇠고기의 수요가 급증한다. 따라서 냉장고가 붐을 이룬다. 7백달러의 소득을 기록하게 되면 도시에 자동차가 눈에 띄게 늘어난다. 택시보다 마이카가 더 많아지는 것이 7백달러 때에 볼 수 있는 현상이다. 패션의 수요도 역시 이때부터 급격히 늘어난다.

그러나 1천달러 선에 접어들면 전에 볼 수 없던 색다른 현상이 벌어지기 시작한다. 샐러리맨이 사회의 중심세력으로 등장, 강력한 발언권을 갖게 된다는 것이다. 이른바 기업 불만과 같은 현상이 두드러진다. 따라서 사회보장의 문제가 중요한 과제로 클로즈업된다.

또 빈부의 격차도 심각한 문제로 제기된다. 저소득자들이 국민소득과의 언밸런스를 더 한층 절감하기 때문이다. 사회적인 욕구는 높아지는데 자신의 소득향상은 그를 뒤따르지 못하는 것을 더욱 절감하게 되는 것이다.

여기에 뒤따라 생활환경도 무지개의 세계와는 다른 것을 깨닫게 된다. 산업의 발달로 바다나 산과 전원이 파괴되고 맑은 공기도, 신선한 물도 마시기 힘들어지는 것이다. 국민소득의 향상이 인간생활에 있어서 지상의 목표는 아닌 것을 비로소 사람들은 알게 된다. 그때쯤엔 어린 시절에 노래했던 부세의 시(詩)가 생각날지도 모르겠다.

『저 산 넘어 幸福이 있다고 말하기에 모두들 어울려 찾아갔지만/ 아/ 눈물만 머금고 되돌아왔네.』

〈중앙일보〉

룩셈부르크 국민 '주머니 가장 두둑'

구매력을 기준으로 따져본 국민 1인당 생활수준은 96년을 기준으로 룩셈부르크가 가장 높다고 한다. 경제협력개발기구(OECD)가 회원국 · 옛 소련 및 동 · 중부 유럽 공산국가 등 52개국의 1인당 소득이 실제로 얼마만한 구매력을 가졌는지 비교 · 산정한 결과이다. 96년 이후에 OECD에 가입한 한국은 조사대상에서 제외됐다.

OECD의 구매력 지수는 각국의 상품 · 서비스 가격을 직접 비교함으로써 실질 국민소득을 계산한 뒤 이를 OECD 전체의 1인당 평균 실질소득 2만달러와 비교해 지수화 한 것이다.

조사결과 OECD 회원국들의 구매력 평균을 1백으로 했을 때 룩셈부르크는 지수 1백 60으로 1위, 미국은 1백 40으로 2위를 각각 차지했다. 일본은 지수 1백 21로 5위였으며, 러시아는 34위로 조사됐다.

유럽연합(EU) 15개 회원국의 평균지수는 99로 미국에 크게 떨어졌으며 RU 회원국들 중에는 덴마크가 117(7위)로 가장 높았다.

구매력 지수 상위 10개국

순위	국가	구매력 지수
1	룩셈부르크	160
2	미국	140
3	노르웨이	128
4	스위스	126
5	일본	121
6	아이슬란드	118
7	덴마크	117
8	캐나다	114
9	벨기에	112
10	오스트리아	111

※OECD평균=100　　　　(자료 : OECD)

〈중앙일보, 1999. 6. 14. 제10699호〉

끼치는 효과는 확실히 단기간이었다. 벨기에에서 1978~1983년에 보고된 행복감은 놀랄 만큼 감소하였으며, 이것은 그 나라의 경제 성장 감소와 상응하는 결과였다(Inglehart & Rabier, 1986). 벤호벤(Veenhoven, 1994)은 브라질, 아일랜드, 그리고 일본에서 국가의 평균 행복도가 유사하게 감소함을 보고하고 있다. 1980~1982년에 유럽의 불경기는 1년 동안 행복도를 조금 감소시켰다. 예전에 돈으로 살 수 있었던 것보다 더 적게 산다는 것은 단순히 특정 수준의 소득을 갖는 것 이상의 다른 문제로 일종의 좌절이다.

미국에서는 행복도 조사를 여러 번 하였다. 〈그림 11-3〉은 '매우 행복하다'고 말한 사람들의 비율 변화와 1950~1990년간에 평균 개인 소득을 보여 준다. 행복이 오르락내리락 한 반면, 소득은 증가하였다. 소득이 배가 되어도 행복은 두 배가 되지는 않았다. 이러한 결과는 1958~1987년 동안 GNP가 5배나 증가한 일본을 포함한 다른 나라에서도 나타나서, 이들 국가에서도 GNP가 행복도에는 어떠한 영향도 끼치지 못했으며, 1973~1989년간 유럽의 9개 국가들에서도 그러하였다(Easterlin, 1995). 경제적 변화가 행복감에 장기적인 영향을 끼치지 못하는 것은 아마도 사람들이 변화된 경제 수준에 익숙해지고, 더 이상 그것이 만족도를 증가시키는 근원이 못 되기 때문이다. 또한 미국에서는 기대와 모든 것이 나아질 것이라는 미국인들의 낙관주의적 믿음을 증가시키는 추가적인 요인이 있다. 또 다른 점은 만약 모든 사람들이 다 부유하다면 우리가 뒷부분에서 살펴볼 것이지만 행복의 중요한 근원인 타인과의 비교에서 오는 상승 효과도 없을 것이다(Lane, 1991).

소득 외에도 부가 행복에 영향을 준다. 뮬리스(Mullis, 1992)는 순수 재산이 너무 작긴 하지만 이것이 행복을 독립적으로 예측한다고 하였다. 행복이나 만족도의 더 나은 예측 요인은 부와 소득 모두를 고려한 조합된 측정에서 나올 것이다.

돈이 행복에 끼치는 가능한 효과에 관한 또 다른 정보 출처는 복권 당첨자에 대한 연구이다. 축구 도박에서 이겨서 160,000파운드 이상을 번 191명의 영국인들의 연구에서, 이들 모두는 이전보다 약간 더 행복해하였으나(Smith & Razzell, 1975), 복권 당첨자들에 대한 미국인들의 연구는 아주 작은 차이만

'인간 행위' 고찰이 사고력 배양의 기본

'부당한 계약' 비판 필요
자본주의 모순을 지적
법 존재 의미도 되새겨야

인간행위를 결정하는 요소는 무엇일까. 도덕적 이상이나 정치이념보다 '이익 동기'가 그 중심에 있다고 볼 수 있으며 현재의 자본주의 사회에서는 더욱 그렇다.

이 때문에 자본주의 등장 이후 이익을 얻기 위한 인간행위와 욕망을 어떻게 봐야 할 것인가는 중요한 철학적 · 정치적 주제가 됐다. 셰익스피어의 작품 '베니스의 상인'도 17세기 자본주의가 본격 발달하기 시작하면서 나타나고 있는 '비정한 인격'을 비판의 대상으로 삼고 있다.

'베니스의 상인'의 줄거리는 이렇다. 베니스의 상인 안토니오는 친구 바사니오로부터 포샤라는 처녀에게 구혼하는 데 드는 여비를 빌려달라는 부탁을 받는다. 만약 갚지 않을 경우 자신의 살 1파운드를 떼어 준다는 서약을 하고 안토니오는 고리대금업자 샤일록에게서 돈을 빌린다. 그러나 피치 못할 이유로 돈을 갚을 수 없게 된 안토니오는 샤일록의 독촉으로 궁지에 몰리게 됐고 처녀 포샤는 재판관으로 변장해 '살을 베되 한 방울의 피도 흘려서는 안 된다'는 선고를 내림으로써 이 문제를 해결한다.

이 같은 요지의 제시문에서 가장 쉽게 떠올릴 수 있는 논제는 '이 글을 읽고 자본주의 사회의 근본 모순을 지적해 보라'는 설명형 문제이다.

비록 제시문은 다르지만 95년 서울대에서 유사하게 출제한 이 논제의 경우 이익을 위한 행위의 동기, 이익의 충돌, 공동체의 파괴로 이어지는 일련의 자본주의 모순을 정확히 묘사하면 된다.

보다 높은 수준의 논제가 출제될 수도 있다. '도덕과 상식에 어긋나는 계약도 지켜야 하나'가 그것이다. '베니스의 상인'에서 심장 옆의 살 1파운드를 떼어 낸다는 것은 사실상 피고의 목숨을 요구하는 것과 같다. 그러나 '베니스의 상인'에선 계약서에 살 1파운드 이외의 피에 대해서는 언급돼 있지 않다는 이유를 들어 사태의 극적 반전을 가져온다. 부도덕적인 계약은 계약 내용에 따라 파기할 수 있다는 것이다.

> 한 걸음 나아가 법은 정해진 결과를 정당화하기 위한 수단인가, 아니면 도덕적 판단에 이르는 진리 찾기의 과정인가 하는 것도 흥미 있는 논제가 될 수 있다.
>
> 〈김창호 학술전문기자/ 중앙일보, 1999. 6. 9. 제 10695호〉
> 저자의 허락을 받고 전재함.

을 보고하였다. 이러한 결과는 사람들이 자신들의 새로운 상황에 아주 빨리 적응하고 이전의 만족, 수준으로 되돌아온다는 개념을 지지하였다. 그러나 영국 연구에서 약간의 심각한 문제들이 보고되었는데, 승리자들의 70%가 직장을 그만두고, 이에 따라서 직업 만족도와 동료를 잃게 되고, 어떤 사람들은 더 큰 집으로 이사갔으나 신사인 체하는 새로운 이웃들로부터 거부당하였으며, 또 어떤 사람들은 당첨금을 나누어 쓰기를 원하는 가족 및 친구들과 다툼을 하였다. 어떤 사람들은 정체성 문제를 가지게 되었으며, 오직 28%의 사람들만이 자신이 속했던 계층에 대해 확신을 가지고 있었다.

국민 복권에 당첨된 사람들에 대한 뉴스 인터뷰가 계속 있어 왔다. 슬펐던 뉴스는 1,375,000파운드를 받은 24세 여성에 대한 것이었다. 복권 당첨은 그녀의 생활을 거의 바꾸지 못하였다. 그녀는 여전히 실직한 상태였으며, 자동차를 한 대 샀으나 이를 운전할 수 없었고, 많은 옷을 샀으나 이것들을 옷장 속에 넣어 두었으며, 비싼 음식을 좋아하지 않았고 fish finger를 선호하였다. 그녀의 생활은 여전히 공허하고 불만족스러운 것처럼 보였다(Sunday Telegraph, 22 Feburary 1997).

돈이 행복에 끼치는 이러한 효과에 대해 어떻게 설명할 수 있는가? 긍정적인 효과가 있다는 분명한 근거가 있다. 우리는 돈으로 원하는 것, 기본적인 욕구, 여가 생활, 좋은 건강, 그리고 사회적 지위를 살 수 있다. 101개 국가들을 비교한 디에너(Diener & Diener, 1995)는 부가 32개의 생활의 질 지표들 중에서 26개와 상관이 있었다고 하였다. 예를 들면 생물학적 욕구의 만족뿐만 아니라 소득의 질, 시민의 권리, 환경의 보호, 문자 해득력과 지적 성취들이다. 이러한 결과는 돈의 효과가 적어도 국가들 내에서, 그리고 역사적 관점에서 볼 때 왜 그렇게 약한가 하는 점을 설명해야 할 것이다. 이것은 비교 소득이 절대 소득보다 더 중요하거나 단순하게는 행복의 다른 원인들이 더 중요하기 때문일 것이다. 이에 대해서는 다음 부분에서 구체적으로 살펴볼 것이다.

3. 비교와 기대

경제학자들은 오랫동안 절대적인 소득보다 상대적인 소득, 즉 타인의 소득과 비교한 자신의 소득이 더 만족을 준다고 생각해 왔다. 사회 비교 이론은 특히 국가 내에서 소득이 행복에 끼치는 작지만 분명한 효과를 설명해 왔다(.15~.20의 상관). 실수입이 생활의 물질적인 조건과 다른 조건들에 영향을 끼친다는 것은 의심할 여지가 없다. 그러나 지금의 관심은 소득이 일정할 때 행복의 정도가 비교 집단에 따라 다른가 하는 점이다. 우리는 9장에서 비교가 임금 만족도의 중요한 원인임을 살펴보았고, 룬시맨(Runciman, 1966)과 크라크와 오스왈드(Clark & Oswald, 1993)의 연구를 인용하였으며, 임금 협상에서 비교의 역할을 언급하였다.

미샬로스(Michalos, 1985)는 행복과 만족도가 '목표 성취간 차이' 즉, 현재 임금이나 다른 혜택들, 바라거나 기대한 것들 간의 차이에 따라 달라진다는 '미시간 모형'을 개발하였다. 이러한 차이는 두 가지 비교에서 기인하는데, 1) 과거 생활과 2) '보통 사람들'과의 비교이다. 이러한 불일치는 다른 영역이나 자원들에 대한 만족도보다 만족도를 더 잘 예측하는 것으로 나타났으며, '재정적인 안정성'은 전반적인 행복도를 가장 강력하게 예측하였다. 여기서의 비교는 과거와의 비교였으며, 이것은 다른 연구에도 작용하는 것으로 나타났다. 예를 들어, 스트랙과 동료들(Strack et al., 1985)은 피험자들에게 과거의 부정적인 사건과 유쾌하지 않았던 사건들에 대해 생각하라고 하여, 적어도 잠정적으로는 이것이 현재에 더 행복함을 느끼고 더 만족하게 하는 효과를 갖는다고 하였다. 이러한 틀 내에서 하우드와 라이스(Harwood & Rice, 1992)는 바랐거나 기대했던 임금과의 불일치는 자신과 동료의 임금과의 불일치보다 만족도와 더 강하게 상관되었다고 하였다. 그러나 이 연구는 제한된 직장 경험을 가진 학생들을 대상으로 수행되었다. 스미스와 동료들(Smith et al., 1989)은 사회적 비교가 최근의 변화들(.30)보다 만족도와 더 강하게 상관되었다고(평균 .64) 하였다. 최근의 변화들은 학과 과목과 학점에 가장 강력한 영향을 주었다. 피험자들이 학생들이었기 때문에 소득은 적용되지 않았지만, 생활 기준의 비교가 미치는 영향은 .27이었고 최근의 변화는 .06이었다. 그러나 폭스와 카네만(Fox & Kahneman, 1992)은 피험자들이 사회적 비교보다 최근의 변화들을, 특히 사적인 영역에서 더 중요한 것으로 평가했다고 하였다(돈은 공적인 영역이다).

디에너와 동료들(Diener et al., 1993)은 미국에서 가난하고 부유한 지역 각각에서 소득이 같은 사람들의 행복도를 비교하였다; 비교 이론은 사람들이 가난한 지역에서 더 행복해할 것이라고 예측하였지만, 이러한 결과는 나타나지 않았다. 이와 유사하게 디에너와 동료들(1995)은 주변에 부유하거나 가난한 이웃 국가가 있는 것이 국가의 행복도에 끼치는 효과를 살펴보았지만, 어떠한 차이도 나타나지 않았다. 그러나 우리는 이러한 비교가 어느 정도까지 이루어졌는지는 알지 못한다. 몇몇 연구에서 가난한 사람들은 부유한 사람들이 얼마나 부자인지를 인식하지 못하며, 그래서 아마도 정확한 비교를 하지 못할 것이라고 하였다(Headey, 1993). 비교는 예를 들어 주택의 크기, 차의 연식, 실내 장식, 휴가, 학교 등록금, 그리고 돈으로 살 수 있는 다른 것들과 같은 생활 양식을 기초로 한다.

사회 비교 이론은 실제로 이러한 비교를 한다면 국가 내에서 소득의 범위가 좁을 때 행복이 더 클 것이라고 기대하게 한다. 벤호밴(Veenhoven, 1994)은 적은 소득 분포를 갖는 스웨덴과 같은 국가에서 행복도의 평균이 더 크다고 하였다. 28개 국가의 경우 행복과 소득 불평등간의 상관은 -.45였다. 디에너와 동료들(Diener et al., 1995)은 또한 국가의 평균 행복 정도는 소득이 산포가 적을 때 더 커서, 벤호밴의 수치와 아주 유사하게 55개 국가의 경우 -

.43의 상관을 나타내었다고 하였다. 또 다른 비교 이론은 사람들이 자신의 소득이 어떠해야 한다는 기대를 가지고 있으며, 만약 이것보다 많이 번다면 만족할 것이고 적게 번다면 만족하지 않을 것이라고 주장한다. 사람들은 근로자들이 급료를 얼마나 받아야 하는지에 대한 기대를 가지고 있다. 엘브스와 로시(Alves & Rossi, 1978)는 짧막한 영화를 보여 주고, 여기서 기술된 개인이 급료를 많이 받는지 적게 받는지를 물었다. 남성의 경우 여성과는 5,600달러의 차이가 났으며, 교육은 교육받은 연수마다 195달러씩, 여기에 대학 졸업은 779달러를 추가하였고, 자녀는 각각 325달러, 결혼한 경우에는 1,700달러씩의 차이가 났다.

디에너와 동료들(1993)은 6,913명의 미국인들을 대상으로 교육의 마이너스 효과를 연구하였다. 이들은 임금 관련 연구에서처럼 소득이 일정할 때 교육이 마이너스 효과를 가질 것이라고 예측하였지만, 실제로 작은 양의 효과를 나타냈다. 또한 흑인이 기대가 더 낮기 때문에 양의 효과를 가질 것이라고 기대하였지만, 실제는 작은 마이너스 효과를 나타냈다. 두 가지 분석 모두 비교 이론으로 예측된 것들과는 반대 방향으로 작은 차이를 보여 주고 있다.

비교 이론은 영국 연구들에서 가장 성공적이었으며, 아마도 이것은 임금 협상과 노동 조합의 중요성 때문인 것 같다. 미국 연구에서는 덜 성공적이었으며, 국제 연구에서도 전혀 성공적이지 않았다. 국제 연구에서는 실수입과 실제 만족도가 더 중요한 것으로 나타났다.

4. 행복의 다른 근원들; 돈으로 이것들을 살 수 있는가?

돈은 행복과 행복의 다른 측면들에 영향을 끼치지만, 행복에는 수많은 다른 원인들, 그리고 아마도 더 중요한 원인들이 있을 것이다. 우리는 이들을 살펴보고, 이것이 돈에 얼마나 의존하는지를 고려할 것이다. 호주에서 수행된 헤데이와 와에링(Headey & Wearing, 1992)의 연구는 돈이 생활 만족도, 긍

정적인 정서, 그리고 불행의 두 가지 척도인 걱정 및 우울과 상관됨을 보여
주고 있다.

1) 여가 활동

여가 선용 활동은 행복의 중요한 근원이며, 행복해지기 위해서 가장 하기
쉬운 일 중의 하나이다[1]. 많은 연구들은 여가 만족도가 전반적인 생활 만족
도의 가장 강력한 예측 요인 중 하나라고 하였다(Argyle, 1996). 헤데이와 동
료들(1994)도 친구들과의 즐거운 활동들이 2년간에 걸쳐 행복도의 증가를 예
측하였다고 하였다. 다양한 종류의 여가 활동이 이러한 관점에서 연구되어
왔다. 스포츠와 운동은 사람들을 아주 급속하게 좋은 기분이 되게 하며, 행
복감을 향상시키고, 만약 정기적으로 수행된다면 우울증을 감소시킨다
(Biddle & Mutrie, 1991). 종교는 특히 나이가 든 사람의 경우에 행복감을 증진
시키며, 이는 부분적으로 교회 공동체의 사회적 지지를 통해서, 또한 신과
가까워졌다는 느낌을 통해서, 그리고 신이 우리를 도울 것이라는 신념의 낙
관적 영향을 통해서 행복감을 향상시킨다. 동료애와 여가 집단으로부터의
사회적 지지의 다른 측면들은 행복감의 주요한 근원이다. TV에서 연속 홈드

---

1) 옮긴이 註 : 현대인들은 여가 활용을 위한 활동의 대부분을 유희(play)라는 이름의 놀이를 즐
기는 데 사용한다. 사회심리학자인 Fromm(1968)은 이에 대해 다음과 같은 의견을 제시했다.
  인간은 호머 루덴스(homo ludens), 즉 유희인(man of play)으로서 유희란 직접적인 생존의
필요를 초월한 목적을 갖지 않는 활동을 말한다. 우리는 여가를 이용하여 등산, 낚시, 테니스,
바둑, 영화, 관광(여행), 스포츠, TV를 관람하는 등 많은 유희활동에 참여한다.
  일은 건전하고 생산적인 데 반해 놀이(유희)는 아까운 시간 낭비라는 고정관념을 시정하게
하는 데 기여한 호이징하는 "놀이와 문화에 관한 연구"에서 모든 "문명은 놀이에서 발생했으
며 문화 자체가 놀이의 성격을 갖고 있다. 이 놀이는 예의를 지키면서 상대방을 능가하려고 애
쓰고 증오심을 품지 않고 상대방과 공정하게 싸우는 것이다. 놀이에도 책임과 의무가 수반된
다"는 의견을 밝혔다. 놀이는 일상 생활에서 부딪치는 여러 가지 어려움에 맞서고 그것을 극
복하려는 능력을 증대시킴으로써 일종의 인생의 안내역 구실을 한다. 신(神)은 슬픔과 고통 속
에서 살아가야만 하는 인간으로 하여금 잠시 쉴 수 있게 하기 위하여 축제의 시간을 갖도록
허용했고, 이때 인간이 끊임없이 기쁨의 소음을 내면서 깡충깡충 뛰고 춤추고 노래부르는 행
위가 음악과 스포츠, 무용의 시작이라는 것이다.
  이것이 네덜란드의 역사학자인 호이징하의 놀이하는 인간론의 요지다(김정휘, 주영숙(1998)
교육심리학 탐구. 증보판. 서울 : 형설출판사. 29).

라마를 보는 것은 상상의 친구들을 제공받아 행복감을 향상시키는 것이며, 휴가는 안락감을 제공함으로써 기분을 더 좋게 만든다. 그러나 가장 깊은 만족감은 기술을 사용하고 도전과 눈에 보이는 성취를 하게 하는, 더 큰 노력을 요하는 활동들에서 나온다(Argyle, 1996). 여가 활동은 종종 건강을 위해서 좋다. 스포츠는 건강의 많은 측면들에 영향을 끼치며, 흡연과 음주를 금하고 다른 요구 사항들을 제시하는 엄격한 교회 신자들은 그러한 생활을 하지 않는 사람들보다 4년 정도 더 오래 산다. 그리고 앞에서 살펴본 것처럼 운동은 우울증 치료(해소)에도 유익하다.

  돈의 부족은 여가 활동을 제한할 수 있지만, 더 많은 여가 활동, 예를 들어 교회, 야간 수업, 산책, 공공 도서관, 그리고 자원 봉사 등은 무료이거나 거의 돈이 들지 않는다. 이러한 활동들이 즐거움에 끼치는 영향은 〈그림 11-4〉에 나타나 있다.

  많은 스포츠와 운동들은 특히 은퇴자와 실직자에게는 매우 저렴한 활동들

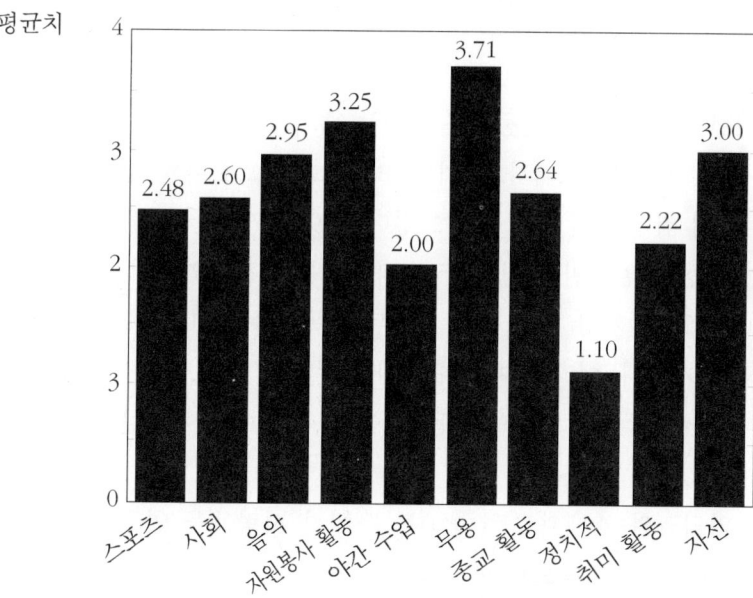

출처 : Argyle(1996)

〈그림 11-4〉 집단별 즐거움

표 11-1	여가 활동에 대한 지출(가계당 일주일, 단위 : 파운드)	
1	TV 구매와 임대료	7.59
2	라디오, 음악, 영화, 극장	1.62
3	도서, 잡지, 신문	3.84
4	외식, 음주	13.89
5	집안 보수 등	3.96
	취미 생활	0.07
	컴퓨터	0.61
6	스포츠	2.02
7	운동 경기장에 가서 운동 관람	0.24
8	교회(신자들의 경우에만)	3.00
9	자원 봉사	-
10	휴가	11.21
	전체	48.05

출처 : Argyle(1996)
각주 : 총 가계 지출 중에 여가 활동에 쓰여진 비율 = 17.7

이다. TV와 라디오 시청도 그렇다. 이러한 대부분의 활동들과 이에 대한 만족도는 스치토브스(Scitovsky, 1992)가 말한 것처럼, '시장 경제를 따르지'는 않는다. 어떤 종류의 여가 활동들은 즐기는 데에 돈이 더 많이 드는데, 휴가와 여행, 외식, 연극과 오페라, 스키와 요트, 그리고 승마와 같은 스포츠들, 그리고 약간의 취미 생활들이 특히 그렇다. 1994년 영국 국민들은 다양한 종류의 여가 활동에 일주일에 평균 45.04파운드를 지출하였으며, 이것은 이들 예산의 16.6%였다. 가장 많은 돈이 지출된 항목은 〈표 11-2〉에서 보듯이 외식, 음주와 휴가였다. 이러한 여가 활동의 대부분은 돈이 매우 적게 든다. 휴가는 예외지만 사람들의 기운을 북돋워 주며, 주로 매우 부유한 사람들이 많이 탐닉하고 있다.

　그러나 리딕크와 스테와르트(1994)는 은퇴한 사람들을 연구하여, 이들의 여가 생활 만족도는 소득으로 예측되지 않았으며, 사실 흑인의 경우 -.20의 상관이 있었다고 하였다(비록 여가 만족도가 건강과 여가 활동에 의해 예측되긴 하였지만).

표 11-2	친구와 관계에 의한 도움			
도움의 형태		중류 계층	사무직 종사자	근로자 계층
개인적인 문제에 대한 충고	친구	64	67	39
	친척	34	33	58
재정적 대부의 출처	친구	26	23	9
	친척	74	73	86
자녀 질병의 경우 도움의	친구	39	45	19
주요 근원	친척	56	55	77

출처 : Willmott(1987)

2) 사회적 관계

비록 여가 활동보다 더 어렵긴 하지만, 사회적 관계들은 행복감의 두 번째 중요한 근원이다. 사랑을 하는 것은 기쁨의 가장 큰 근원이지만, 친구들과 함께 하는 것 또한 부분적으로 즐거운 활동을 통해서 기쁨을 제공한다. 그리고 미소를 받고 타인들로부터 긍정적인 반응을 얻음으로써 즐거워진다. 결혼과 다른 친밀한 관계들은 대부분 행복감을 제공하며, 특히 결혼이 잘 이루어질 때 그렇다. 이것은 동료애, 정서적 지지, 그리고 물질적 도움을 통해서 주어지는 사회적 지원 때문이다. 친족은 특히 어려운 시기에 그리고 특히 근로자 계층의 경우에 도움의 중요한 근원이 된다. 이에 비해 중류 계층의 사

표 11-3	각 자원별 친구들의 수	
자 원		친구의 수
친구의 기본 수		5.85
교육 연한이 추가될 때		6.74
중류 계층의 직업이 추가될 때		4.59
한 대의 자동차가 추가될 때		2.36
두 번째 자동차가 추가될 때		2.36

출처 : Willmott(1987)

람들은 더 많은 친구들을 갖는다. 이러한 이유는 근로자 계층의 사람들이 같은 지역에 거주하는 경향이 있는 반면, 중류 계층의 사람들은 지리적으로 더 이동 가능하기 때문이다. 중류 계층 사람들은 교육과 직장을 위해 이동하며, 직장에서 더 많은 친구들을 사귀고 여가 활동 집단들과 연계하여 더 많은 친구들을 사귄다(Willmott, 1987).

돈이 결혼 관계를 돕는가? 좀더 부유한 중류 계층의 부부들은 더 오랫동안 결혼을 유지하며, 이혼율은 훨씬 더 낮다. 이러한 이유의 하나는 이들이 근로자 계층의 부부들보다 더 나이가 들어서 결혼을 하고, 신부들이 결혼하기 전에 임신할 가능성이 더 낮으며, 결혼과 첫 아이 출산간의 간격이 더 길기 때문이다. 중류 계층 부부들은 결혼을 더 쉽게 시작하고, 아마도 더 신중하게 선택하는 것 같다. 또한 이들은 금전적인 문제가 거의 없으며, 예를 들어 부모와 사는 대신에 자신들의 집을 소유하는 경우가 더 많다. 결혼은 부부간 갈등의 공통된 원인인 심각한 금전적 문제들을 갖지 않는 사람들에게는 스트레스를 더 적게 준다(Argyle & Henderson, 1985).

돈은 또한 친구들을 도울 수 있다. 윌모트(Willmott, 1987)는 친구 수를 예측하기 위해 회귀 방정식을 사용하여 〈표 11-4〉와 같은 결과를 얻었다. 놀랍게도, 한 대의 자동차를 소유하는 것은 2.36명이나 더 많은 친구를 갖게 했으며, 또 한 대의 차를 더 소유하는 것은 다시 같은 수의 친구를 더 갖게 했다. 이것은 친구를 만나러 가기가 더 쉽거나 친구들과 같이 외출하기가 더 쉽기 때문이며, 자동차가 태워 줄 수 있는 유용한 자원이기 때문일 것이다. 또한 음주, 식사나 다른 오락을 위해 돈을 지불하는 것이 필수적일 수도 있다. 실직한 사람들은 자신들이 어떤 것을 할 여유가 없다는 것에 불평하지만, 사실 이들은 종종 음주를 많이 한다(Argyle, 1996). 돈으로 우정이나 다른 관계를 살 수는 없지만, 돈은 그러한 것들을 더 쉽게 만들 수 있다. 그러나 바른 사회적 기술을 갖는 것이 더 필수적이다.

가난한 사람들이 부자들보다 많이 이용하는 두 가지 관계가 있다. 가난한 사람들은 친족들을 자주 만나며 이들로부터 많은 도움을 받는다. 근로자 계층의 사람들은 또한 이웃들을 아주 더 많이 만나서, 예를 들어 매일 잡담을

"수입 줄어도 여가 즐기겠다" 70%

商議 「근로자 의식 구조」 조사

직장 선택 - 안정성 · 성취 · 보수
"회사일로 가정 희생 못 해" 68%

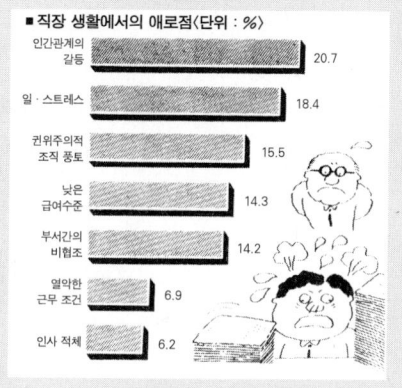

■ **직장 생활에서의 애로점** 〈단위 : %〉

항목	%
인간관계의 갈등	20.7
일 · 스트레스	18.4
권위주의적 조직 풍토	15.5
낮은 급여수준	14.3
부서간의 비협조	14.2
열악한 근무 조건	6.9
인사 적체	6.2

근로자들의 70.7%가 수입이 줄더라도 잔업을 피해 개인적 여가를 더 많이 갖기를 원하고 있으며, 89.4%는 임금을 많이 주는 기업보다는 인격적 대우를 해 주는 곳을 좋은 직장으로 꼽고 있다.

이와 같은 사실은 대한상공회의소가 1999년에 전국 6백 44개 업체의 사무실 및 생산직 종사자 4천 9백 49명을 대상으로 조사 · 분석한 「한국 기업 근로자의 의식구조」에서 나타났다.

이 조사에 따르면 산업화와 노사관계 변화 과정에서 우리나라 근로자들의 의식이 전통적 · 집단주의적 성향에서 개인주의적 · 합리적 성향으로 빠르게 바뀌고 있다.

예컨대 회사에서는 연장자의 의견을 따라야 한다는 데 40.6%, 상사의 지시에 복종해야 한다는 데 65.3%가 동의했는데 지난 79년 조사 때는 이를 당연하게 받아들였던 응답률이 각각 77.3%, 90.6%로 압도적이었다.

회사일 때문에 가정을 희생할 수는 없다는 응답이 68.6%나 된 것도 근로자들의 달라진 의식을 반영하고 있다.

주요 내용을 알아본다.

▲ 직업관 = 근로자들이 보는 직장의 첫째 조건은 안정성(31.6%), 다음으로 일의 성취감(20.6%), 높은 보수(18.8%), 능력의 발휘(15.4%)를 꼽고 있으며 승진 가능성(4.3%)이나 일의 중요성(8.8%)은 덜 고려되는 것으로 나타났다.

직장생활에서 가장 큰 고충으로는 인간관계로 인한 갈등(20.7%)과 일 스트레스(18.4%)를 지적하고 있다.

▲ 출세관 = 출세가 무엇보다 중요하다는 출세지상주의를 말한 근로자는 의

외로 46.1%에 그쳤다.

또 출세의 요인으로 운과 기회(37.9%)보다는 개인의 능력(62.1%)을 중요하게 보고 있다.

▲ 노조 및 노사관 = 임금 등 처우가 다른 회사보다 좋다 하더라도 노조가 반드시 필요하다가 63.2%였으며 노사문제가 생기는 이유로는 근로자들의 요구가 지나친 데 있다(24.1%)기보다는 사회변화에 따르지 못하는 기업인들의 인식 부족 때문(75.9%)이라는 견해가 강하다.

노사문제 중 심각한 것으로는 낮은 임금수준(23.4%)을 첫째로 꼽았고, 복지수행의 미비(16.2%), 사용자의 시대착오적 노조관(15.2%), 학력별·직종별 임금 격차(13.1%) 등도 지적하고 있다.

▲ 기업관 = 기업 및 기업인의 이윤추구를 부정적으로 보는 시각이 강하다. 기업인들이 정상적 경영보다는 탈세·뇌물 등 비윤리적 방법으로 돈을 번다고 생각한 사람이 71.9%였다.

하기 위해 이웃을 방문하기도 한다. 반면, 중류 계층 사람들은 더 잘 사는 선택된 이웃들만 인정하고, 이들의 실제 이웃들을 대부분 무시한다(Argyle, 1994). 그래서 친족과 이웃들의 경우에 돈은 전혀 필수적이 아니며, 실제로 돈은 이러한 관계들을 더 약화시킨다.

3) 건 강

행복과 좋은 건강이 어느 정도 관련된다는 것은 잘 알려진 사실이다. <표 11-1>은 호주에서 대단위 연구를 하여 상관 분석을 제시한 것이다. 많은 연구들을 총괄 분석한 결과, 전반적인 상관이 .32이었다(Okun et al., 1984). 이러한 상관은 여성의 경우 더 강하며, 이것은 건강을 주관적으로 측정했을 때 불행한 사람들이 자신의 징후를 과장하기 때문이다. 그러나 건강이 행복을 이끄는가, 아니면 행복이 건강을 이끄는가? 사실, 두 방향의 인과 관계가 모두 작용한다(Feist et al., 1995). 많은 연구들은 건강이 행복의 좋은 예측 요인이며, 연령과 사회적 지위 같은 다른 변인들이 통제될 때 건강이 지지된다고 하였다(Edward & Klemmack, 1973). 노인들의 경우에 건강은 종종 행복의 가장 강력한 예측 요인으로 나타났다(Willits & Crider, 1988).

건강이 행복에 끼치는 영향은 많은 설명을 필요로 하지 않는다. 사람들이 좋은 건강 상태에 있을 때 더 많은 것을 할 수 있으며, 실제로 이것이 건강의 기능적 정의이다. 그리고 이러한 사람들은 또한 단순하게 더 좋다고 느낀다.

부유한 사람들은 더 건강하거나 더 오래 사는가? 건강을 측정하는 방법에는 어려움이 있으나, 사망률은 확실한 측정 방법이다. 영국에서 1972년에 출생한 사람 중 부모가 I 사회 계층에 속하는 사람들은 V 사회 계층에서 태어난 사람들보다 7.2년 더 오래 살 것으로 기대되었다. 이러한 차이는 대부분 아동기 때의 다양한 위험들에 기인한 것으로, 15세까지 이 차이는 오직 4년이었다(Reid, 1989). 다양한 원인으로 인해 근로자 계층의 사망률이 더 높았는데, 특히 남아들의 죽음, 정신병, 상해와 독극물, 전염병, 호흡기 질환, 소화기 질병, 심장 질병과 암 등에 의해서였다(Occupational Mortality, 1990). 영국에서 근로자 계층의 사람들은 피부암, 소아마비, 뇌종양을 제외한 대부분의 질병에서 더 높은 사망률을 보였다(Black et al., 1988). 이러한 문제를 연구하는 또 다른 방법은 표본을 조사하여 건강에 대해 객관적으로 평가하는 것이다. 블랙스터(Blaxter, 1990)의 건강과 생활 양식 조사는 이런 방식으로 수행되었으며, 이 조사 결과는 〈그림 11-5〉에 나타나 있다. 소득이 두 개의 건강 측정에 상당한 영향을 끼쳤지만, 매우 부유한 사람들의 경우에는 역전 현상이 나타남을 볼 수 있다. 이 연구에서 건강은 계층의 다른 측정들보다 소득에 의해서 더 많은 영향을 받았다. 계층이 소득에 끼치는 이러한 효과는 국가별로 차이가 나서, 예를 들어 스웨덴에서는 하위 계층에서 상위 계층까지 장기간 지속되는 질병의 비율이 1.52인 반면, 영국에서는 2.65였다(Vagero & Lundberg, 1989).

주관적인 건강 즉, 사람들이 자신이 얼마나 건강한지 말하거나 느끼는 것

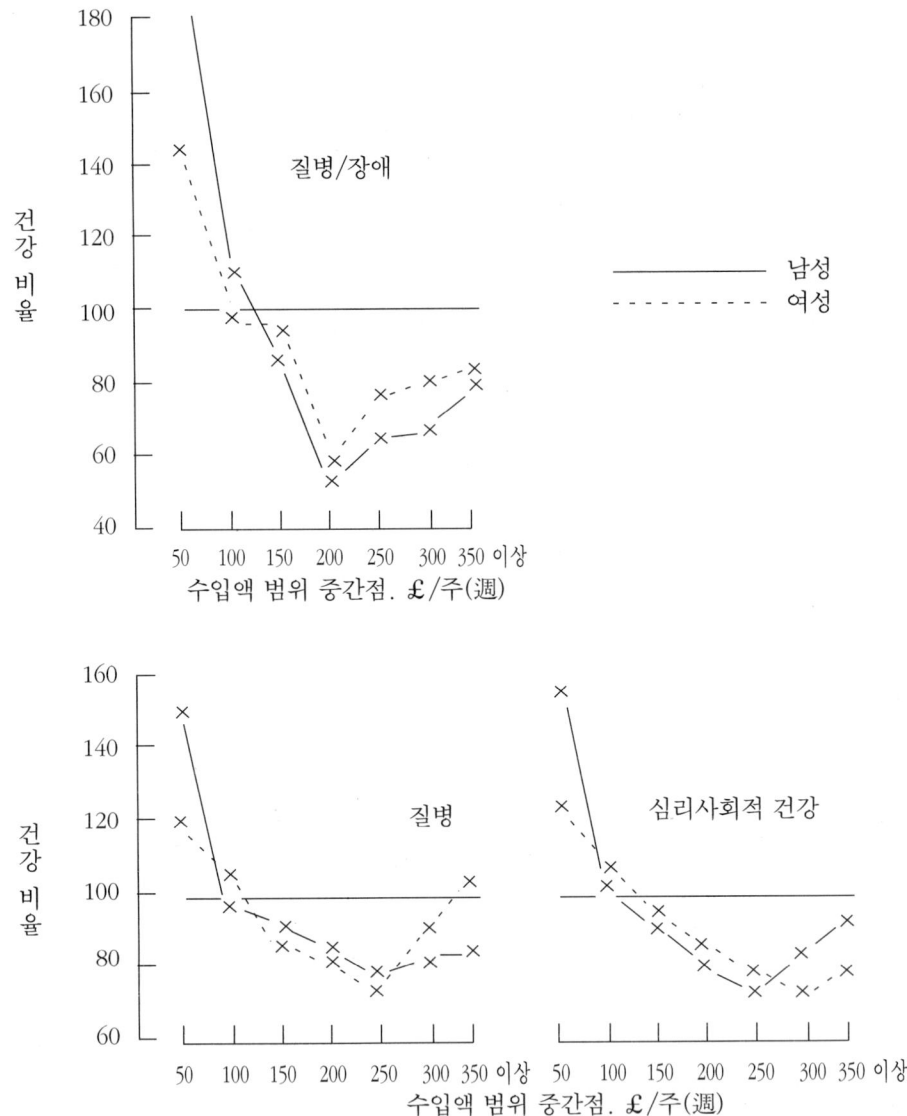

출처 : Blaxter(1990)

〈그림 11-5〉 소득과 건강 : 주급에 따른 연령-표준화된 건강 비율, 질병, 그리고
정신 사회적 건강. 주급은 가계 수입을 50파운드 단위로 구분하여 제시했으며,
여성과 남성들의 연령은 40~59세임(연령과 성을 모두 합하면 = 100임).

은 약간씩 달라서, 실제 건강과 항상 밀접하게 관련되는 것은 아니다. 예를 들어, 신경증적인 사람들은 자신의 징후를 과장하는 반면, 고혈압과 같은 징후들은 종종 간과된다. 그러나 여기서도 역시 계층간 차이가 있어서, 근로자 계층 사람들의 36%는 자신의 건강이 양호하거나 좋지 않다고 생각하며, I 사회 계층의 사람들은 12%만이 이렇게 생각하였다. 이러한 차이는 노인들의 경우에 더 컸으며, 근로자 계층의 사람들은 넓은 범위의 징후들에서 더 높은 비율을 보고하였다.

이러한 차이를 어떻게 설명할 수 있는가? 1) 주된 이유는 생활 양식의 차이에 있다. 서구 문화에서 근로자 계층의 사람들은 담배를 더 많이 피우며, 운동은 더 적게 하고, 지나치게 살이 많이 쪘으며, 고혈압과 콜레스테롤 수치가 더 높다. 이것은 다시 말하면, 전체 근로자 계층 문화의 좋지 않은 식습관과 스트레스, 그리고 좋지 않은 건강 교육의 영향에 기인한다. 마모트와 동료들(Marmot et al., 1984)은 17,530명의 영국 공무원들을 연구하여, 낮은 서열의 사람들이 가장 높은 등급의 사람들보다 심장병으로 인한 사망률이 3.6배나 높았다고 하였다. 연구자들은 낮은 서열의 사람들이 혈압이 더 높고, 흡연을 많이 하며, 혈당량과 콜레스테롤이 높고, 키가 더 작았다는 결과로부터 변량의 40%를 설명할 수 있었다. 또한 이들은 활동적인 여가 활동이 더 적었지만, 이것은 계량화되지 않았거나 이것의 효과가 검증될 수 없었다. 변량의 40%는 이러한 변인들에 의해 설명될 수 있지만 나머지 60%는 설명되어야 한다. 2) 중류 계층의 사람들은 더 나은 의료 보호를 받고 있으며, 이는 사설 병원으로의 접근이 가능하고 또한 건강 검진과 예방 처치 같은 국가의 건강 서비스를 더 많이 이용함으로써 가능하다. 심지어 의사들은 근로자 계층의 환자들보다 이들에게 더 오래 말을 건넨다. 3) 육체 노동자들은 종종 열, 소음, 먼지 혹은 다른 오염 물질과 같은 열악한 근로 조건속에 있으며, 혹은 광산과 같은 위험한 조건에 처하기도 한다. 4) 근로자 계층의 가정 환경은 좋지 않은 난방, 나쁜 공기, 습하고, 덜 청결하고, 자녀들을 위한 안전한 놀이 영역이 없고, 의사와 접촉하기가 어려운 등 건강 조건이 좋지 않다. 5) 사회적 지원은 건강에 중요하다. 친밀한 관계에서 사람들은 서로를 돌보아 줄 뿐만 아니라 이들의 면역 체계는 이 관계에 의해서 추가적으로 강화된다. 근로자 계층의 높은 이혼 가정 비율, 실직으로 인한 직장 관계들, 교회와 여가 활동 집단에 낮은 참석 등은 건강을 더 좋지 않게 만든다(Williams, 1990). 6) 건강 행동은 계층 차이들의 일부만을 설명한다. 단순한 지위나 단순한 부가 자아 존중감과 생성된 자기 만족을 통해서 건강에 영향을 끼치는 것도 가능해 보인다.

따라서 부유한 사람들은 평균적으로 더 나은 건강 상태에 있으며, 이것은 이들이 어떤 것을 살 수 있기 때문이라기보다는 더 다양하고 건강한 생활 양식의 결과로 인한 것이다.

4) 정신 건강

부유한 사람과 가난한 사람들의 생활 양식이나 생활 조건에 의하여, 유복한 것이 더 나은 정신 건강을 이끌고, 가난한 것이 정신병을 만드는가? 영국 정신 병원에는 많은 근로자 계층의 환자가 있다. 에이버덴(Aberdeen)의 연구에서 정신병 환자들의 20.5%가 Ⅴ사회계층에 속한 반면, 이 계층은 전체의 9%에 해당한다. 유사한 차이가 Ⅲ과 Ⅳ사회계층에서도 나타났다(Birtchnell, 1971). 이러한 계층들은 Ⅴ사회계층이 비숙련직 근로자로 구성되는 등 직업에 의해 정의되었지만, 직업 계층은 소득과 밀접하게 상관된다. 만약 다양한 정신병이 검증된다면, 계층 차이는 정신 분열증의 경우에 가장 커서, Ⅴ사회계층에 속한 사람들은 이 질병에 5배나 더 많이 걸릴 것으로 예상되며, 우울증의 경우에는 그 예상률이 2~3배였다.

이러한 이슈를 검증하는 또 다른 방식은 전체에서 정신 건강에 대한 조사를 실시하는 것이다. 건강과 생활 양식 연구에서 블랙스터(Blaxter, 1990)는 7,414명의 영국 성인들의 정신 건강을 평가하여, 이것이 〈그림 11-5〉에 나타나는 것처럼 소득과 관련됨을 밝혔다. 가난한 사람들이 부유한 사람들보다 훨씬 좋지 않은 정신 건강 상태에 있음을 알 수 있다. 그러나 아주 부유한 사람들의 경우에는 역현상이 나타났으며, 이는 이 집단의 과도한 음주

때문인 것으로 나타났다. 또한 소득이 정신 건강에 끼치는 효과는 나이가 많은 사람들의 경우에 더 컸다.

　미국 연구들도 가난한 사람들의 경우에 정신 건강이 더 나쁘다고 하였다. 케슬러(Kessler, 1982)는 1967년과 1976년 사이에 수행된 8개국의 조사 자료 (총 응답자 16,000명)를 재분석하여, 사회적 지위를 다양하게 구분하였다. 그는 남성들의 경우 소득 특히 근로 소득이 정신 건강의 가장 강력한 예측 요인이 었으며, 반면 여성의 경우에는 교육이 가장 강력한 예측 요인이었다고 하였 다. 남녀 모두 직업 지위는 소득이나 교육보다 약한 예측 요인이었다.

　소득의 이러한 효과들을 어떻게 설명할 수 있는가? 우선, 이것들이 영향 을 끼치는가? 아래에 기술한 네 가지 과정 중 첫번째에서 인과 관계는 나쁜 건강 상태에서 소득으로 가는 역방향이지만, 다른 세 가지는 소득에서 정신 건강으로 영향을 끼치는 것으로 가정되었으며, 더 많은 개념적인 의미들이 이것을 가능하게 하였다. 소득과 정신 건강에는 몇 가지 과정들이 작용한다. 1) 정신적으로 장애가 있는 사람들은 점진적으로 쇠퇴하거나 주로 발달장애 가 있을 수 있으며, 이것은 정신 분열증의 경우에 가장 중요하다. 다른 말로 하면, 사회적 지위와 소득은 정신적 장애의 결과들이다. 2) 근로자 계층의 사 람들은 실직, 법적인 문제들, 나쁜 주택, 자금의 부족, 주정뱅이 남편, 혹은 많은 어린 자녀 등 더 많은 스트레스를 받는것으로 보고한다. 이것은 우울의 중요한 요인으로 나타났으며(Brown & Harris, 1978), 이러한 현상은 금전 부족 에 기인한 것으로 설명될 수 있다. 3) 근로자 계층의 사람들은 스트레스에 더 많은 영향을 받기 쉬운데, 이것은 부분적으로 수동적이고 비효율적인 대 처 양식에 기인하며, 이것은 사건들을 통제할 수 없는 경험에 기인한다(Kohn & Schooler, 1983). 4) 부유한 사람들은 개인적인 정신 치료를 받을 여유가 있 으며, 이것의 가능한 혜택에 대해서는 다음 부분에서 논의할 것이다.

　건강의 경우에서와 마찬가지로, 부유한 사람들의 정신 건강 상태는 더 좋 지만, 이것은 주로 근로자들의 생활이 부분적으로 금전 부족에서 오는 스트 레스가 더 많기 때문이며, 덜 효율적인 대처 방식의 결과이다.

독일 국회의장의 사는 모습

독일인들의 근검 절약하는 생활은 세계가 다 아는 것이어서 새삼스러운 것이 못 된다.

헬무트 콜 정권 시절의 재무장관 바이겔이 자신의 승용차 BMW를 자그마치 50만km, 햇수로는 20년 가까이 타고서야 폐차시킨 얘기는 두고두고 화제가 되고 있다. 요즘 세계적으로 화제가 되고 있는 볼프강 티르제 국회의장의 '사는 모습'은 바이겔의 뺨을 치고도 남는다.

티르제는 지난해 사민당의 총선 승리와 함께 연방하원 의장 자리에 올랐지만 20년 전부터 살아오던 동베를린의 아파트를 그대로 고집해 살고 있다. 월세 500 마르크(30여만원)짜리라고 하니 초라하기가 짐작이 가고도 남는다. 서베를린 지역 고급주택가에 있는 의장 관저를 30여 억 마르크나 들여 수리해 이사하도록 했지만 "나는 안 간다"다.

흥미로운 것은 티르제 의장이 살고 있는 집을 둘러싼 집주인과 티르제 사이의 '신경전'이다. 집주인은 낡디 낡은 이 집에 색칠도 하고 난방시설도 현대화해 세를 올려 받고 싶어하지만 지금 그대로 만족한다는 티르제 의장의 고집으로 뜻을 이루지 못하고 있다. 집 창문만이라도 방탄용으로 바꿔 끼우자고 경찰이 나섰지만 이번엔 집주인이 반대이다.

집주인은 티르제 의장을 내쫓는 길이 없나 여러 가지로 궁리도 해보았으나 허사였다. 고성방가를 질러 이웃을 방해한다거나, 월세를 제때 내지 않을 경우 축출의 사유가 되지만 모두 티르제 의장과는 상관없는 얘기들이다. 그래서 집주인은 "이곳은 서민 주거용이지 국회의장처럼 월급 많이 받는 사람들이 사는 것이 아니다"라는 식의 상식(?)에 호소해 보기도 했다.

티르제 의장의 그 같은 '돌출행동'에 대해 독일 정계는 그렇게 호의적이지만은 않은 모양이다. 국회의장이면 그 직위에 걸맞은 품위도 생각해야 한다는 것이다. 그러나 온갖 돈줄을 찾아 눈알을 굴리는 우리 일부 정치인들과 비교하면 꿈만 같은 얘기들이다.

〈조선일보, 1999. 9. 18. 제24479호〉

5) 행복의 중요한 근원으로서의 직업

직업은 행복의 중요한 근원이며, 돈(소득)의 주요한 출처이다. 전통적인 경제 이론은 사람들이 일보다 아무것도 안 하거나 여가를 선호하기 때문에 일을 하는 것에 대해 보수를 받아야 한다고 가정하였다. 어떤 직업들은 불유쾌하거나 위험하기 때문에 보수를 받아야 하며, 그러한 직업들은 보수를 더 많이 받아야 한다. 그러나 우리가 9장에서 살펴본 것처럼 보수와 관계없이 일을 하는 다른 이유들이 있다. 많은 사람들은 자신의 일을 즐긴다. 직업 만족도는 행복의 주요 출처이지만, 역설적으로 말하면 그것은 지불하는 것에서 오는 만족도가 아니며, 지불받는 데에서 오는 만족감이다. 적어도 경제학자들의 공통된 가정들과 관련해서 볼 때 이것은 역설적이다. 많은 사람들의 경우에 직업은 생활에서 가장 중요한 것이다.

직업 만족도는 비록 이것의 원인이 전적으로 분명하게 규명되지는 않지만, 생활 만족도 및 행복과 관련되며, 이것들간에 양방향적인 인과 관계가 입증되어 왔다. 아마도 이것들의 기저는 모두 똑같을 것이다(Near et al., 1983). 직업 만족도는 몇 가지 다른 요인들로 구성되어 있다. 하나는 임금에 대한 만족도이며, 이것은 앞에서 논의되었다. 직업 만족도의 또 다른 부분은 '내재적인 직업 만족도'로, 이것은 활동, 기술, 그 직업 자체의 산물들에 대한 만족도이다. 이에 비춰볼 때 가장 만족스런 직업은 과학자와 전문가들의 직업이며, 가장 만족스럽지 못한 직업은 비숙련된 육체 노동자들의 직업이다. 여기에 큰 차이가 있어서, 만약 이들에게 같은 직업을 다시 선택할 것인지를 물어본다면, 수학자들의 91%, 변호사들의 83%, 언론인들의 82%가 그렇다고 대답할 것이지만, 비숙련 제강소 직원들의 16%와 비숙련 자동차 정비공들의 21%만이 그렇다고 대답할 것이다(Blauner, 1960). 이것은 단순히 임금 차이에 기인한 것은 아닌데, 가장 많은 임금을 받는 관리자들의 만족도가 과학자와 전문가들보다 아래에 있기 때문이다. 그러한 만족도의 일부분은 성취 경험과 직업에서의 성공 경험에 기인한 것으로, 이것들은 주로 그러한 경험들을 찾을 수 있는 직업들이다(뒤의 과학기술자의 직업만족도 관련자료 참조). 게카스와 세프(Gecas & Seff, 1990)는 직업이 자아 존중감에 영향을 끼치고, 그래서 행복감에 영향을 끼친다는 것을 발견하였지만, 가장 중요한 것은 임금이나 지위보다는 직업 복잡성과 직업 통제였다고 하였다.

직업 만족도의 또 다른 측면은 동료들에 대한 만족도로 우호적이고 협력적인 집단에 속하고, 직속 상사가 의견을 듣고 부하들을 돌보는 것을 의미한다. 종종 직장에서는 농담하고, 짓궂거나 가십들과 같이 재미있는 일들이 많이 있으며, 이것은 근로자의 관계를 강화시킨다(Argyle, 1989). 비록 사람들이 주로 보수를 받기 위해 일을 하지만, 대부분의 경우 이것이 유일한 이유는 아니며, 또한 일이 즐겁다는 것이 주된 이유도 아니다.

실직은 사람들을 매우 불행하게 만들 뿐만 아니라, 좋지 않은 정신 건강 상태에 빠지게 한다. 그러나 이러한 차이들은 소득이 일정할 때도 여전히 나타나기 때문에 전적으로 돈 때문만은 아니다(Campbell et al., 1976). 은퇴한 사람들은 종종 일 자체를 그리워하며, 임금뿐만 아니라 자신의 동료들을 그리워한다(Parker, 1982).

일은 건강에 영향을 끼친다. 만약 일이 스트레스를 받는 것이라면, 심장병, 위궤양, 관절염의 발병률이 높지만, 만약 직업 만족도가 높다면, 건강은 좋고, 근로자들은 더 오래 살 것이다(예 : Sales and House, 1971). 이것은 정신 건강에도 똑같이 적용되어, 학교를 중퇴하고 취직하는 사람들의 정신 건강이 향상된 반면, 실직한 사람들의 정신 건강은 나빠졌다(Banks & Jackson, 1982). 정신 건강은 스트레스에 의해서 나빠지지만, 직장 집단과의 상호적인 관계에 의해서 완충될 수 있다.

보수없이 일을 하는 사람들이 있다. '자원 봉사' 활동은 그 정의상 무보수이며, 영국 인구의 15%가 어느 정도의 자원 봉사 활동을 하고 있다. 자원 봉사 활동을 더 많이 하는 사람들도 있긴 하지만, 평균적으로 매월 5시간 정도 자원 봉사 활동을 한다. 중류 계층 사람들은 자원 봉사를 더 많이 하며, 여성이 남성보다 조금 더 많이 한다. 비록 모집단의 모든 부분에 자원 봉사자들이 속해 있긴 하지만, 35~44세 성인들이 자원 봉사 활동을 더 많이 한다. 자원 봉사 활동을 언제 하는지, 그리고 왜 즐기는지 물어 보았을 때, 타인에 대한 진정한 관심이 많다는 증거들이 있다. 대략 40%의 사람들이 '사람들을 돕거나 세상이 나아지기를 원한다'고 대답했으며, 28%는 '공동 사회에서 요구가 있었다'고 말했고, 50%의 사람들은 '누군가가 나에게 도와달라고 요청했기' 때문이라고 말했다. 자원 봉사자들은 진정으로 그것을 즐기며, 이들 중 72%는 자원 봉사를 하며 주로 그 결과를 보는 만족에서(67%), 사람들을 만나고 친구들을 사귀기 때문에(48%), 그리고 개인적 성취감을 맛보니까 (47%)라고 답하였다(Lynn & Smith, 1991).

무보수로 일하는 또 다른 사람들은 주부, 아동과 학생들이다. 이들은 실제로 급료를 받지 않지만 가족의 수입을 공유한다. 아동과 학생들은 나중에 임금을 주는 직장에 다니기 위해서 스스로 준비하기 위해 일을 한다. 이들은 실제로는 급료를 받지 않지만 가족들은 이들에게 일을 하는 것에 대해 보수를 지불한다.

그리고 일을 할 필요가 없지만, 여전히 일을 하는 사람들이 있다. 복권에 당첨된 사람들 중에 17%는 그 이후로도 여전히 전업제 취업을 하고 있다 (Smith & Razzell, 1975). 현재 좋은 직장에 다니는 많은 사람들은 과거보다 더 오랜 시간 일을 하고 있으며, 반면 평균 노동 시간은 감소하였다. 어떤 사람들의 경우 과학자나 다른 학자들의 경우처럼 자신들의 일을 즐기기 때문이지만, 이것이 유일한 이유는 아니다. 이미 부유하여 더 이상의 돈이 필요하지 않은 사람들이 전업제 직장에 여전히 다니고 있는 경우가 많은데, 아마도 이들은 다른 이유에서 일을 하고 있을 것이다.

노동의 특권에 대해서 보수를 지불하는 것은 일상적이지 않으며, 노동에 대해서 보수를 지불하는 것은 일상적이다. 그러나 어떤 여가 활동은 일과 아주 유사하다. 자원 봉사는 무보수로 수행되며, 예를 들어 정원 가꾸기와 같은 많은 취미 생활들은 힘든 노동을 포함하므로 어느 정도 보수를 받아야 한다.

일이 만족에 대한 대가를 지불해 주는 돈을 벌기 위해서 행해져야 한다는 전통적인 경제 모형은 직업 만족도가 매우 낮은 불유쾌하거나 지루한 직업의 경우에만 적용된다. 대부분의 직업들은 적절하거나 높은 수준의 직업 만족도를 생산하며, 고용인들은 돈과 노동의 다른 만족도에 의해서 이중의 보상을 받는다. 이들은 이러한 만족도에 대해 대가를 지불하지 않으며, 노동 자체로 대가를 지불받는다.

이것은 이들이 받는 것보다 더 낮은 소득을 받는 다른 사람들에 의해 인정되고 있는데, 이것은 이들이 선택한 직업을 즐기기 때문일 것이다. 이것은 학술, 성직자, 간호사, 농부들에게 적용될 수 있다. 이 사람들은 자신들이 이중으로 보상을 받을 필요가 없다고 결정내린 것이다.

6) 성격과 행복도

특정한 성격의 사람들은 오랜 기간 다른 사람들보다 더 행복해지는 경향이 있다. 행복은 부분적으로는 유전되며(Dienner & Lucas, 인쇄중), 타고나는 것으로 알려진 일반적인 특질들과 관련된다. 가장 강력한 성격 상관 요인은 외향성으로, 이것은 행복과 .40 이상의 상관을 갖는다. 이것은 외향적인 사람들이 사회적 기술이 우수하고, 팀과 클럽에 속하는 빈도가 많으며, 파티와 댄스를 즐기러 가는 일이 더 잦은 것으로 설명할 수 있다(Argyle & Lu, 1990). 헤데이와 동료들(1984)은 외향성이 친구들과의 즐거운 사건들을 예측한다고 하였다. 신경증의 일반적인 특질은 역상관을 가지며, 불행을 예측한다.

성격의 몇 가지 인지적 측면들도 행복과 관련된다. 관련된 인지적 측면들은 밝은 측면만 보려는 경향인 '지나친 낙천가 효과' [1], 비현실적 낙관주의를 포함하는 낙관주의, 내적 통제, 사건들이 자신의 통제하에 있다고 믿는 신념, 나쁜 사건들은 아니고 좋은 사건들이 발생하는 것에 대해서만 책임을 느끼는 긍정적인 귀인 양식, 그리고 욕망과 성취간에 큰 차이가 없는 것 등이다. 이러한 성격의 인지적인 측면들은 세상을 보는 방식이며, 이것이 행복

---

1) 옮긴이 註 : 낙천적 인생관을 갖고 인생을 살고 있는 사람들이 그렇지 않은 사람들보다 더 행복감을 느끼고 스트레스를 덜 받는 것으로 옮긴이들은 생각한다. 관련 참고 문헌을 소개한다. 박노용, 김혜성 옮김(1996) 낙관성 훈련. 상, 하(Seligman, M. E. P. *Learned Optimism*) 서울 : 오리진.

과 관련된다는 사실은 행복해지기 위한 다양한 종류의 인지 치료들을 가능하게 한다. 이러한 성격 측면 중 일부는 우리가 살펴보았던 것처럼, 부분적으로는 유전되지만 그 나머지는 환경적 경험에 기인한 것이다.

행복의 관점에서 볼 때 성격의 우호적인 측면들이 부에 기인하는가? 이것에는 무엇인가가 있을 것이다. 외향성과 사교적 기술은 전문직과 관리직의 사람들에게 더 많지만, 아마도 이러한 직업은 사람을 다루는 것을 요구하고 이러한 실제들을 더 많이 제공하기 때문일 것이다(Argyle, 1994). 내적 통제의 경우 계층 차이가 나는데, 이것은 아마도 중류 계층의 사람들이 자신이 사건들을 통제할 수 있다는 경험을 하기 때문이다.

돈으로 더 행복한 성품을 살 수 있는가? 어떤 사람들은 자신들이 이렇게 할 수 있다는 희망을 가지고 정신 분석이나 다른 형태의 치료에 상당한 양의 돈을 쓴다. 이들은 자신이 바라는 결과를 얻는가? 이것을 밝히기 위한 많은 연구들이 있었다. 스미스와 글래스(Smith & Glass, 1977)는 치료를 받은 집단과 치료를 받지 않은 통제 집단의 회복률에 대한 375개의 연구들을 재분석하였다. 그 결과 치료를 받은 환자들이 치료를 받지 않은 통제 집단보다 불안이 감소되고, 자기 확신이 증가하며, 직장에 적응하고 성취하는 등 평균적으로 어느 정도 더 많이 향상되었다고 결론내렸다. 환자가 아닌 사람들도 정신 치료나 상담에 돈을 지불했지만, 환자가 아닌 사람들의 경우 치료의 혜택에 대해서는 알려진 것이 적다. 그러나 행복한 성품을 얻는 다른, 그리고 더 값싼 방법이 있다. 호주에서 실시된 연구에서 헤데이와 동료들(Headey et al., 1984)은 친구들과 직장에서의 긍정적인 경험들이 성격의 변화, 예를 들어 행복의 가장 강력한 상관 요인인 외향성의 증가를 유발한다고 하였다. 결혼을 하는 것과 같은 다른 사회적 경험들도 유사한 결과를 나타낸다.

자아 존중감은 행복감의 중요 근원이며, 때로 행복감의 일부분으로 여겨진다. 그러나 자아 존중감이 돈에 의존하는가? 아동과 학생들의 경우 부와 자아 존중감 간에는 .15~.20 정도의 약한 상관이 있으며, 이것은 주로 더 많은 교육적 성공을 성취하는 더 부유한 가정의 자녀들에 의해 설명된다. 그러나 로젠버그와 펄린(Rosenberg & Pearlin, 1978)은 시카고 성인 2,300명을 대상

정신과 약물치료 빠를수록 좋아

빌려 준 돈 못 받은 아내, 매사에 자신이 없어요

문》마흔 살 된 아내가 지난해 말 믿었던 사람에게 돈을 빌려 주고 아직까지 못 받자 갑자기 불안해할 때가 많습니다. 그 사람에 대한 배신감이 컸던 것 같아요. 늘 넘치던 자신감을 잃고 때론 넋 나간 사람처럼 생활합니다. 특히 날씨가 흐리거나 궂을 땐 증상이 더 심해요. 어떻게 도와 줘야 하나요(대전 P).

답》믿었던 사람에 대한 배신감과 경제적 손실로 부인께선 크나큰 정신적 충격을 받으신 거예요. 삼풍백화점 붕괴사건처럼 큰 재난을 겪은 분들은 외상 후 스트레스 장애를 겪기 쉽습니다. 부인의 지금 상태가 이와 비슷하다고 여겨집니다. 이 병은 감당하기 어려운 큰 충격 때문에 처음엔 자율신경이 예민해져 주변의 조그마한 소리에도 놀라다가 차츰 자신을 보호하려는 반동적 메커니즘이 작용해 신경이 둔해지면서 주의집중을 못하고 멍한 상태가 되는 겁니다. 또한 불안·우울 등으로 낮에도 신체적 기능을 제대로 못하죠.

날씨가 궂은 날 증상이 심하시다죠? 우울 증상은 특히 날씨 변화나 밤낮에 따라 증상이 좋아졌다 나빠졌다 한답니다. 이런 상태는 짧게는 반년에서 1년, 길게는 몇 년이 지나면 좋아지지만 그때까지 정상적인 일상생활이 불가능하므로 저절로 좋아지길 기다릴 순 없어요. 다행히 이 병은 신경안정제 등의 정신과 약물치료로 효과가 매우 좋아요. 정신과 전문의 치료는 빠를 수록 좋습니다. 부인과 자주 대화를 나누며 함께 하는 사람이 있다는 것을 느끼게 하세요. 가벼운 운동이나 잠시 몰두할 수 있는 일도 권해 보세요.

〈중앙일보, 1999. 정보과학부〉

으로 한 연구에서 주로 소득이 중요하다고 생각하는 사람들의 경우에는 부
와 자아 존중감간의 상관이 .52였던 반면, 직업을 더 많이 가치 있게 평가한
사람들의 경우에는 겨우 .25였다고 하였다.

성격은 더 나은 건강 상태를 이끌어 간접적으로 행복에 영향을 끼칠 수 있
다. 예를 들어, 심장병과 관련이 있는 것으로 알려진 A유형의 성격의 경우
혹은 적대적인 성격을 가진 사람들, 암에 걸릴 확률이 더 많은 C유형의 성격
의 경우 또는 순응적이고 수동적인 대처자들, 그리고 신경증적인 사람들의
경우에 건강이 더 나쁘다. 그래서 면역 체계를 강화시키는 강한 친화적 경향
성을 가진 사람들이 있으며, 스트레스를 이겨낼 수 있는 강한 개인들이 있
다. 그러나 이러한 것보다 더 중요한 것은 운동을 하고, 담배를 피지 않고 음
주를 절제하고 영양가 있는 식사를 하고, 비만해지지 않는 것과 같은 바른
생활 양식을 갖는 것이다. 다시 말해서 이러한 차이들은 진정으로 생활 양식
의 차이에 기인하며, 돈의 효과라기보다는 부모들의 자녀 양육 방법에 기인
한다(Argyle, 1992).

7) 긍정적인 생활 사건들과 분위기 유도

행복은 긍정적인 생활 사건들에 의해 향상된다. 이것은 긍정적인 생활 사
건의 강도보다는 빈도와 더 많이 상관된다(예. Kanner와 동료들[1981]의 경우
.33과 .25, Diener와 동료들[1991]의 경우 .50과 .25). 사람들을 가장 긍정적인 기
분으로 만든다고 하는 사건들은 친구들과의 만남, 성 관계, 식음료, 여가 활
동과 성공이다(Scherer et al., 1986). 실 생활에서 성공의 경험들은 비록 어떤
경우 스포츠 게임에서 이기는 것과 같이 여가 활동에서 얻기도 하지만, 대부
분 직장에서 얻는다. 유머는 또 다른 근원이며, 인기 있는 오락의 정기적인
재료이다. 행복은 친구의 수, 성 관계의 빈도, 파티에 가는 것 등과 상관되며,
이러한 상관들은 연령, 교육 등을 통제하고도 나타난다. 그러나 이러한 효과
가 인과적인가, 혹은 이것들이 친구들과 더 많은 시간을 보내는 것 등을 선
택하는 행복한 사람에 기인할 수 있는가? 분위기 유도에 대한 실험실 연구

행동 특징과 스트레스

사람에 따라서 스트레스에 반응하는 양태가 다르다.

의사들은 심장마비와 같은 심장 계통에 관련된 질환에 걸리기 쉽고 스트레스에 민감하게 반응하는 행동 특징을 A형으로, 이와 대조되는 유형을 B형으로 구분했다. 각 유형별 특징을 참고로 예시(例示)한다.

어떤 사람이 스트레스를 더 잘 받는가?

A형	B형	C형
• 경쟁욕에 강한 집착 • 강인하고 원기왕성한 성품 • 만사를 신속하게 수행(처리) • 직장에서 업무 처리시에 승진을 의식하고 사교적 관계 · 출세에 대한 노력 • 노력 · 수행에 대한 공적의 인정을 원한다(수단 · 목적지향적이다.) • 강제에 의하여(예 : 휴일, 휴가, 가사, 사고관계로) 일을 안 하게 되면 안절부절못한다. • 말을 빨리 하고 식사도 빨리 한다. • 업무 마감시간을 엄수한다. • 안면근육이 굳어 있고 근엄하다. • 서두르고 조바심을 내고 안달한다(바가지형). • 과업 지향적(일벌레)(동시에 여러 가지 일을 추진하는 왕성한 정력의 소유자)	• 일하거나(업무 처리) 유희(놀이)에서 비경쟁적이다. • 안이한(쉽고 편한) 해결 방안을 선호한다. • 조직적이고 서두르지 않으며 침착하게 업무 처리 • 직장이나 사회적으로 현재 위치에서 충분히 만족(야망이 없다) • 그의 수행(노력)에 대해서 공적 인정을 원치 않는다. • 과정 지향적이다 • 분노 표현(각성)이 느리다. • 휴식시간(휴일)을 한가롭게 즐긴다. • 말을 천천히 한다. • 식사할 때 · 움직일 때 · 운전할 때 서두르지 않음 • 업무처리가 다소 늦어도 당황하지 않고 끈기 있게 기다린다. • 안면 근육의 긴장이 이완되어 있고 친근감을 준다. • 한번에 한 가지 일만 처리할 때 매우 만족해한다.	• 일 중독증과 조급형인 A형과 세월아, 네월아(이런들 어떠리 저런들 어떠리)형인 B형의 중간형 • 스트레스에 대한 자신의 이해와 노력으로 스트레스를 잘 관리하고 해결, 이용할 줄 아는 상당히 이상적인 성격의 소유자이나 이런 사람은 극히 소수이다. • 심리학자들은 인간의 행동 양식(A · B · C)에 따라서 스트레스가 다르게 표출된다고 밝히고 있다. • A형은 보스형이 아니라 참모형이라고 한다. 심장병, 위장병, 신장병, 당뇨, 변비, 요통, 뇌졸중, 심장마비로 쓰러질 확률이 매우 높다. • B형은 무사안일, 복지부동형, 인생을 즐길 줄 알고 스트레스에 둔감형이다. • A형은 심장병, C형은 암에 걸릴 확률이 높다고 알려져 있다.

김정휘 : (1994). 敎師의 Stress. 한국교육학회 강원지회에서 발표한 미 출판 유인물에서 인용.
(김정휘, 주영숙(1998) 교육 심리학 탐구, 서울 : 형설출판사. 772에서 재인용.)

일상생활속에서의 나의 행동

　아래에 14개의 문항이 있다. 각 문항을 읽고 일상생활속에서 당신 자신이 행동하는 방식을 가장 잘 반영한다고 생각되는 숫자에 동그라미를 하시오. 예를 들어, 문항 1에서 당신 자신이 항상 약속시간을 잘 지키는 편이라면 그 정도에 따라 7에서 11사이의 숫자에 동그라미를 하고 그렇지 않은 편이라면 1에서 5점 사이의 해당 숫자에 동그라미를 치시오.

약속시간을 안 지킨다.	1234567891011	절대 늦지 않는다.
경쟁적이지 않다.	1234567891011	경쟁적이다.
남의 말을 경청한다.	1234567891011	남의 말하는 중간에 껴들어 말을 자른다.
절대 서두르지 않는다.	1234567891011	항상 서두른다.
참을성 있게 기다릴 수 있다.	1234567891011	한번에 여러 가지 일을하며 다음에 무슨 일을 할 것인지를 생각한다.
느리고 신중하게 말한다.	1234567891011	격정적이고 빠르게 말하다.
남이 어떻게 생각하든 스스로 만족하게 일한다.	1234567891011	남들이 좋게 보는 방향으로 일처리를 한다.
무슨 일이든 늦다.	1234567891011	빠르다(식사, 걸음걸이 등).
느긋하게 일을 한다.	1234567891011	서두른다(자신과 남을 독촉한다).
감정을 표현한다.	1234567891011	감정을 숨긴다.
밖의 일에 관심이 없다.	1234567891011	업무나 집 이외의 일에 관심이 없다.
야심이 없다.	1234567891011	야망이 크다.
태평하다.	1234567891011	열심히 노력한다.

과학 기술자?

남들은 "창의적이고 멋있다." 당사자는 "배고프고 재미없다."

과학기술자들의 직업 만족도

우리나라 일반 사람들은 과학기술자를 매우 중요한 일을 하는 존경할 만한 직업인으로 인식하고 있으나, 정작 과학기술자들은 스스로를 매우 비하하고 있는 것으로 나타났다. 과학기술자들은 직업 만족도가 다른 직업에 비해 매우 낮았으며, 스스로 경제적 보상도 제대로 받지 못하고 있다고 인식하는 것으로 나타났다.

서강대 김학수 교수가 전국의 20세 이상 일반인 1,161명과 과학기술자 206명을 대상으로 한 조사(2000) 결과, '과학기술자들의 인간적 특성'에 대해 "창의적이며 멋있고 능력있고 진보적이다."는 등의 긍정적 평가(20.3%)를 내린 것으로 나타났다. 또 성과나 업적에 대해서도 "삶의 질을 바꾸거나 편리한 제품을 만들어낸다."는 등 긍정적 평가(20.8%)가 부정적 평가(2.0%)보다 압도적으로 많았다.

이 조사(2000)는 과학기술자들이 떠올리는 긍정, 부정적인 인상과 이미지 등을 정교한 설문에 따라 주관식으로 기술토록 해, 이를 영역별로 분석하는 방식을 취했다.

김학수 교수는 "사람을 평가하는 데 단순히 똑똑하다거나 좋다, 나쁘다 등 특성이나 감정적인 평가를 내리는 것보다는 '일', '성과'를 중심으로 평가하는 것이 매우 바람직한 이미지를 형성하게 된다."며 "일반인들은 과학자들이 뭘 바꾸고 변화시키고 만들어 내는 사람으로 생각하고 있다."고 말했다.

김 교수는 또 "그러나 정작 과학기술자들 스스로는 자신들의 위상을 매우 비하하고 있는 것으로 나타났다."고 말했다. 과학기술자들이 사회적으로 존경받고 있다고 응답한 직업인으로는 의사(66.1%), 법조인(54%), 예술가(47%)의 순이었으며, 이들에 비해 과학기술분야에서는 물리학자(30.6%), 화학자(19.7%)는 높게 나왔으나 공학분야에선 컴퓨터공학자(21.3%)를 제외하면, 기계공학자(10.9%), 전기공학자(8.2%), 건축가(9.8%) 등 대부분이 낮았다.

들은 긍정적인 분위기가 유쾌한 음악, 즐거운 영화보기, 실험실 과제에서 '성공하기', 약간의 돈을 발견하거나 받는 것에 의해서 생산될 수 있음을 보여 주고 있다. 그러나 이 효과는 종종 단기간적이며, 10분에서 15분 정도만 지속된다. 그러나 앞에서 살펴본 것처럼, 운동은 더 지속적인 효과를 가질 수 있는데, 예를 들어 활기찬 10분간의 산책이 두 시간 동안 기분을 고양시킨다. 또한 사람들이 스스로 좋은 사건과 나쁜 사건을 창출한다는 증거가 있다. 헤데이와 동료들(Headey et al., 1984)에 따르면 외향적인 사람들은 친구들과 직장에서 그러한 사건들을 더 많이 경험한다고 하였다.

주요 생활 사건들은 다양하다. 우리는 복권에 당첨되는 것이 복잡하고 종종 부정적인 효과가 있음을 보아 왔다. 마찬가지로 아기를 임신하거나 출산하는 것, 승진을 하는 것과 같은 다른 주요한 긍정적인 사건들에도 그 효과는 적용된다. 시간이 지남에 따라 퇴색되어 가는 즉각적인 부정적인 효과가 있으며, 생활 사건의 필수 불가결한 변화의 결과로서 더 심층적인 영향을 끼칠 수도 있다.

긍정적인 생활 사건들은 행복감 고양의 수단으로 사용되어 왔다. '즐거운 활동 치료'를 받은 내담자들은 한 달 동안 일기를 쓰면서 매일 했던 좋은 일들과 하루를 마감하는 기분을 기록했다. 이러한 활동 중 대부분이 여가 활동의 형태임이 입증되었다. 이러한 평가는 활동 각각이 대부분 즐거워서 자주 활동하게 조장한다는 것을 보여 준다. 이것은 우울한 환자들과 정상인 모두에게 성공적인 것으로 나타났다(Lewinsohn et al., 1982).

긍정적인 생활 사건들은 돈으로 더 가능해지는가? 만약 좋아하는 사건들이 외식을 하거나 오페라를 보러 가는 것과 같이 돈이 많이 드는 것이라면, 부분적으로 그럴 수도 있다. 그러나 친구 만나기, 성 관계, 그리고 대부분의 여가 활동 형태 등 상당한 부분은 돈이 들지 않는다. 돈을 포함하는 분위기 유도에 관한 유일한 실험 형태가 동전을 '찾는 것'이었지만, 좋아하는 음악과 즐거운 영화와 같은 다른 방법들이 더 효과가 있었다.

5. 돈이 인간을 동기화시키는가?

프로이드를 제외하고 매슬로우(Maslow, 1970)와 카바노프(Kabanoff, 1982)와 같은 심리학자들이 인간을 동기화시키는 돈에 대한 욕구나 욕망을 결코 포함시키지 않았음은 매우 이상한 일이다. 인간을 동기화시키는 것에 관한 이들이 작성한 목록 중 어느 것에도 돈이 인간 동기화의 한 가지 형태로 언급되지 않는다. 그럼에도 불구하고 많은 사람들에게 그러한 욕구가 있다는 증거가 있다. 경제학자들은 사람들이 만족을 주는 자원을 많이 사기 위해서 더 많은 돈을 원한다고 가정한다. 그러나 이들은 또한 여가 활동이 만족스럽고, 이것이 돈을 벌 시간을 뺏어간다는 것도 인정한다.

대부분의 사람들은 더 많은 돈을 벌고 싶다고 말한다. 초기의 미국 조사에서 중류 계층에 속한 사람들은 자신들이 지금보다 60% 정도 더 많이 번다면 만족할 것이라고 대답했으나, 가난한 사람들은 이것보다 더 많은 돈을 원해서 162% 정도 더 많이 번다면 만족할 것이라고 대답했다(Centers & Cantrill, 1946). 한편 미국인들의 12%만이 행복을 '돈, 충분한 돈, 좋은 임금과 부'와 관련해서 생각했으며, 프랑스인들은 52%가 그렇다고 대답했다(Cantril, 1951). 로케치(Rokeach, 1974)는 미국인들은 9가지의 다른 가치보다 돈의 가치를 더 낮게 평가했다고 하였다. 가장 상위의 가치는 평화, 그 다음은 가족의 안전, 자유, 평등이었다. 다른 조사들은 아주 적은 수의 사람들만이 돈이 인생의 중요한 목표라고 생각한다고 하였다(Lane, 1991). 이것은 사람들이 물질주의적이고 정치적으로 옳지 못한 사고 방식을 시인하는 것을 꺼리기 때문인 것 같다.

물론 돈은 다른 욕구들, 적어도 몇몇의 다른 욕구들을 만족시킬 수 있으며, 그래서 돈은 목표로 가는 수단이다. 돈과 유사한 유인 자극은 '대용화폐' 경제에서 성공하기 위해 사용되어 왔으나, 이것은 내담자들이 사용된 플라스틱 대용화폐에 대해 어떠한 '욕구'도 없다고 가정한다. 이것은 원래 정신적으로 장애가 있는 환자들이나 학습 장애가 있는 환자들의 행동을 변화시키기 위한 체계였다. 이들이 바람직한 방식으로 행동하면 금속이나 플라스틱 대용화폐를 주었으며, 이 대용화폐들은 뒤에 음식, 특권이나 돈으로 전환될 수 있었다. 그것이 무엇이든 어떠한 행동도 이러한 방식으로 보상받을 수 있었으며, 다양한 행동이 개인들의 목표가 될 수 있었다. 뒤에 이 방법은, 금연을 하거나 사람들이 안전한 장비를 사용하게 하기 위해서 직장에서 이용되었다. 많은 실험들이 대용화폐 경제가 행동에 영향을 끼치는 데 있어 성공적이라고 하였다. 유일한 예외는 약물 사용에 관한 것이었으며, 한 연구에서는 9~11세 남아들이 아침 식사라는 즉각적인 보상에 더 많은 영향을 받았다. 또한 목표 대상이 아닌 행동, 특히 사회적 상호작용과 행복감에도 영향을 끼쳤음이 밝혀졌다. 그러나 영속적인 행동 변화를 일으키는 데에는 덜 성공적이었다(Lea et al., 1987). 여기서 욕구는 대용화폐가 아니라 아침 식사였지만, 대용화폐에 대한 새로운 욕구가 시간이 지남에 따라 창출되지 않을 수 있었는가?

예를 들어, 심리학에서는 어떤 것을 성취했을 때 이것이 음식이나 사랑으로 자주 보상받는 것처럼, '이차적 욕구'가 일차적인 생물학적 욕구에서 유발될 수 있다는 것은 친숙한 현상이다. 똑같은 경우가 돈에서도 발생할 수 있을까, 그래서 돈이 돈으로 할 수 있는 그 어떤 것과 독립적인 새로운 욕구가 되는가?

어떤 사람들은 돈을 가치 있게 생각한다. 그것도 아주 많이 가치 있는 것으로 여긴다. 펀햄(1984)은 영국에서 돈에 대한 태도를 요인분석하여 여섯 가지 요인이 관여한다는 것을 발견하였다. 첫번째 요인은 돈에 대한 욕구나 돈의 가치를 가장 분명하게 평가한 것으로, '나는 내 재정 상태에 대해 자주 걱정한다', '나는 돈이 나의 모든 문제들을 해결할 수 있다고 확고하게 믿는다', '나는 돈을 충분히 벌 수 있기만 한다면 실제로 돈을 위해서 그 어떤 것도 할 것이다', '나는 쾌락보다 돈이 우선이다'와 같은 문항들이 포함되었다. 린(Lynn, 1991)은 국제적 조사에서 이 척도의 간편형을 사용하여, 영국인들이 미국(10.69)과 일본(11.01)인들과 비교해서 더 낮은 점수(6.11)를 받았다고 하였다. 더 가난한 나라의 국민들이 더 높은 점수를 나타내었으며(GNP와의 상관이 -.52), 경제적 성장률은 돈을 더 가치 있게 여기는 나라에서 더 높았다. 남성은 여성들보다 점수가 더 높았으며, 돈에 대한 욕구가 청교도 직업 윤리와 관련되었다.

그러나 금전적 목표를 추구하는 것은 다른 목표에 부정적인 영향을 끼치는 것으로 나타난다. 카세르와 라이엔(Kasser & Ryan, 1993)은 경제적 성공을 가치 있게 여기거나 이를 기대하는 사람들은 다른 사람들보다 행복감과 자기 실현화가 더 낮았으며, 우울과 불안이 더 높았다고 하였다. 자기 수용, 공동체 정신, 교제에 대한 열망이 높은 사람들은 행복감이 더 컸다. 이러한 연구자들은 돈과 같은 외적 목표가 피상적인 만족감만을 줄 뿐이며, 중요한 욕구들을 충족시키지 못하거나 개인적 성장이나 행복감을 조장하지 못한다고 주장한다. 우리는 소유물의 추구가 이와 유사한 방식으로 작용함을 6장에서 살펴보았다.

또한 경제학자들에게는 돈이 논의된 동기화의 유일한 종류라는 것도 이상하다. 그러나 이 장에서 고찰한 여러 연구 결과들에서 볼 때, 적어도 선진국에서는 돈에 대한 욕구가 만연되어 있다는 것은 의심할 여지가 없다. 또한 다른 욕구들이 있다는 증거들도 많이 있으며, 종종 이것들이 더 중요할 수 있다는 증거들도 많다. 또한 돈이 살 수 있는 것을 위해서만 필요하지 않다는 증거도 있다.

6. 돈이 행동하는 방식에서의 변차들

경제학자들은 이제는 '경제적 인간' 이론에 대해서 언급하지 않는다. 이 이론은 정교하게 이론화되지 않았으며, 검증하기도 어렵고, 아마도 진실됨을 입증하지 못할 것이다(Sen, 1977). 그럼에도 불구하고 경제학자들은 '합리적인 경제적 인간'의 행동을 다루는 효과에 대한 작업 가설들을 세우고 있다. 이러한 가설들은 다음과 같다. 1) 개인이나 가족은 자기 이익을 추구한다, 2) 이들은 그것들에 대해 대가를 지불함으로써 효용성, 즉 만족을 최대화하려고 노력한다, 3) 이들은 완전하지는 않지만 자신의 만족을 현실화하는 방법에 대한 좋은 정보를 가지고 있다, 4) 돈은 이러한 효용이 획득되는 유일한 방법이며, 그래서 돈은 동기화의 기본 형식이다, 5) 대부분의 사람들은 일을 함으로써 돈을 얻으며, 이것이 일을 하는 이유이다.

이러한 개념들은 과거에 많은 비판을 받아 왔으며(Furnham & Lewis, 1996, 참고), 이들의 주장을 여기서 반복하지는 않을 것이다. 본서에서 우리는 다양한 영역의 화폐 행동들을 살펴보았고, 인간 활동의 이러한 영역들에서 발생하는 것들을 기술하였다. 우리가 여기서 해야 할 것은 합리적인 경제적 인간의 관점에서 이러한 인간들이 살아가는 방식을 보기 위해서 주된 연구 결과들을 취합하는 것이다.

1) 돈의 상징적 가치

1장에서 우리는 돈 그 자체를 살펴보았고, 돈의 화폐적 가치에 의존하지 않는 돈의 의미와 가치를 살펴보았다. 주화, 은행권, 수표, 그리고 상품권 들은 아주 다르게 작용하며, 그 의미도 다양하다. 예를 들어, 현금은 일반적으로 선물로서 수용 가능하지 않지만, 상품권은 가능하다. 다양한 출처에서 나온 돈은 '자신의 소유임이 표시' 되며, 그래서 오직 특정한 개인만이 그것을 지출할 수 있고 혹은 특정한 종류의 지출에만 사용될 수 있다.

2) 돈에 대한 다양한 태도들

돈에 대한 태도를 연구한 통계적 분석 결과 많은 요인이 산출되었고, 이 중 어떤 것은 합리적인 경제적 인간의 개념을 반영하지만 대부분의 것들은 그렇지 않았다. 어떤 사람들은 돈이 해롭거나 성공의 상징이라는 태도를 가지고 있었으며, 어떤 사람들은 진정으로 돈을 쓰는 것을 즐겼다. 또 어떤 사람들은 돈에 대해 걱정이 아주 많았으며, 어떤 사람들은 돈에 강박적이 되고, 어떤 사람들은 다른 사람들에게 영향력을 행사하기 위해서 돈을 지출하였다. 이것은 사람들이 합리적인 경제적 인간으로서 행동해야만 한다는 것을 의미하는 것은 아니다.

3) 사회화와 돈

아동이 돈에 관해 학습하는 방식과 관련된 연구들은 아동이 학습하고 이해 하는 것이 상당하다는 것을 보여 주며, 아동이 합리적인 경제적 인간으로서 행동하기 위한 어떠한 지위에도 있지 않음을 보여 준다. 대부분의 성인이 이러한 주제들을 예를 들어 투자, 과제, 연금과 같은 영역에서 부분적으로 간과해 왔기 때문에 이들에게도 똑같은 것이 적용된다.

4) 저축, 소비, 도박과 과세

저축은 부분적으로는 은퇴를 대비하고, 주택을 구입하는 등 미래를 위한 합리적인 준비이지만, 부분적으로는 그것이 소용없을 때처럼 자신을 위한 것이다. 절약가들은 합리적인 경제적 인간들이 하는 것처럼, 금리가 높을 때 더 많이 저축하거나 인플레가 높을 때 적게 저축하지 않는다. 도박가들은 대부분 자신의 돈을 잃게 될 것이다. 강박적인 도박가들은 자신의 인생도 역시 황폐화시킨다. 대부분의 도박가들이 얻게 되는 것은 모두 승리에 대한 꿈이다.

5) 돈의 병리학

사람들이 돈에 대해 느끼는 것을 조사한 결과는 많은 사람들이 모두 합리적인 것은 아님을 밝혔다. 예를 들어, 세 명 중에 한 명은 자신이 '불안하고, 지루하고, 기분이 상하고, 우울하거나 화가 난다고' 느꼈을 때 물건을 구매했다고 말했으며, 19%는 '대 바겐세일' 기간에 구매했기 때문에 자신이 진정으로 필요하지 않았던 물건을 구매했다고 응답하였다. 구두쇠, 낭비가, 도박가, 돈을 버는 것에 몰두한 '실업계의 거물', 강박적으로 할인 상품만을 찾아 다니는 '세일중독자'와 같은 몇 가지 종류의 화폐 병리가 있다. 또한 더 합리적인 사람들도 있다.

6) 소 유

의복, 자동차, 주택 같은 소유물들은 욕구를 분명하게 충족시킨다. TV, 보트와 같은 소유물들은 인생을 확장시켜 준다. 소유물들은 또한 상징이 되기도 하는데, 예를 들어 부와 최신 유행의 상징이 되며, 이것은 유행의 지속적인 변화를 이끈다. 가족의 가보와 사진들 같은 가장 가치 있게 여기는 어떤 물건들은 경제적 가치가 전혀 없기도 하다. 그러나 물질적인 것을 가치 있게 여기는 사람들은 인생에 덜 만족한다.

7) 가족에서의 돈

경제학자들은 때로 가족을 소비의 기본 단위로 여겼지만, 가족 내에서 돈에 관한 흥미로운 특성들이 있다. 아내는 가사의 대부분을 담당하지만, 어떠한 급료도 받지 않는다. 아동은 용돈을 받지만, 이것은 어떠한 일에 대한 보답이 아니다. 이들에게는 종종 20대까지 식대와 숙박비를 받지 않는다. 노인들도 이와 유사하다. 주된 생계 담당자의 임금이 가족들을 부양하지만, 다른 가족들은 이 돈을 지출하는 것이 자유롭다고 느끼지 못한다. 그러나 주택과 가재 도구들은 함께 소유하는 것으로 느끼며, 친한 친족들에게 물려받는다. 크리스마스와 생일 선물은 주로 가족 구성원들에게, 특히 자녀들에게 주어진다. 선물은 경제적 가치와는 아주 다른 의미를 전달하며, 돈은 종종 선물로는 부적당한 것으로 여겨진다.

신세 망친 240억원 복권

사치생활 즐기다 11년 만에 빚더미

거액의 복권 당첨이 항상 행복만 가져다 주는 것은 아닌 모양이다. 때에 따라서는 신세를 망치게 하는 불씨가 되기도 한다. 미국 언론들에 따르면 무려 2천 71만 달러(현재 환율로 약 2백 40억원)의 복권에 당첨된 남자가 11년만에 당첨금을 모조리 날리고 최근 5백만달러의 빚까지 진 채 파산하고 말았다. 주인공은 조지아 주의 평범한 자동차 수리공이던 폴 쿠니(37).

그는 88년 봄 모친이 사다준 복권이 특등상에 당첨돼 26세의 나이에 일약 거부가 됐다. 쿠니는 당첨금을 받자마자 맨 먼저 자신이 일해 오던 자동차판매회사의 경영권을 사들였다. 수리공에서 단번에 사장이 돼 전날까지만 해도 굽신굽신 모시던 상사에 대해 큰 소리로 땅땅거리기도 했다.

도너츠 가게 종업원으로 맞벌이하던 부인 도나 쿠니도 사치에 눈을 돌리기 시작했다. 도나는 당첨 직후 인터뷰에서 "복권에 당첨됐어도 전과 변함없이 일을 계속하겠다"며 조신하게 말해 주위의 칭찬을 들었다. 그러나 언론의 관심이 수그러들자 곧바로 도너츠 가게를 때려치우고 사치스런 생활을 즐기기 시작했다.

많은 사람들이 쿠니의 복권당첨을 '불행의 끝, 행복의 시작'으로 부러워했으나 사실은 '불행의 시작'이었다. 쿠니의 회사는 방만한 경영으로 1년도 안 돼 문을 닫았다.

3년 뒤에는 원만했던 부부관계에도 금이 갔고, 쿠니는 이혼 위자료로 당첨금의 3분의 1인 6백 90만달러를 도나에게 떼줘야 했다. 쿠니는 쉽게 재혼했으나 결국 돈만 떼이고 또 갈라섰다.

새로 시작한 중고차 판매 사업이 기울면서 슬슬 빚을 지기 시작한 쿠니는 고리(高利)의 사채를 끌어썼고, 결국 빚 독촉을 견디다 못해 법원에 파산신청을 냈다.

⟨중앙일보, 1999. 9. 6. 제 10772호⟩

8) 자선 단체에 기부하기

영국 사람들은 평균적으로 자선 단체에 자신의 수입의 1.4%를 기부하며, 미국인들은 2%를 기부하는 반면, 미국에서 어떤 사람들은 10%까지 기부하기도 한다. 이것은 대부분 주요 자선 단체에 익명으로 기부된다. 비록 미국에서 과세상의 특권이 있긴 하지만 어떠한 경제적 보상도 없으며, 공감을 하기 때문이라는 증거도 없다. 자선 기부를 하는 것은 사회의 구성원들에 대한 관심과 함께 혜택을 받지 못한 사람들에 대한 이타적인 관심에 기초하는 것으로 보이며, 요청하는 사람들과의 관계에 의해서도 영향을 받는다.

9) 직 업

직업에서 경제적 모형은 어느 지점까지는 아주 잘 적용되어서, 근로자들은 만약 성과에 의해 지불받는다면 더 열심히 일할 것이며, 임금이 인상된다면 더 오래 직장에 머물 것이다. 한편, 고용인들은 임금의 절대적인 양보다는 다른 근로자들의 임금과 비교하여 자신이 얼마나 많이 받는가에 더 많이 영향을 받는다. 임금은 직업 선택에 영향을 끼치는 아주 작은 요인이며, 많은 근로자들의 경우 돈보다 더 중요한 다양한 종류의 내재적 동기가 있다. 직업 만족도는 임금보다는 기술의 사용, 성취와 인정, 직장 동료에 더 많이 의존한다. 돈은 사람들이 일을 하는 유일한 이유는 아니며, '자원 봉사자'들처럼 아무런 보수 없이도 일을 하는 사람들이 많이 있고, 은퇴 후에도 일을 계속하는 사람들도 있다.

10) 부 자

아주 부유한 사람들의 일부는 재산을 물려받았으며, 아주 열심히 일하는 사람들도 있고, 돈을 지출하는 대신에 자신의 소득의 상당 부분을 투자하는 사람들도 있다. 이들은 큰 저택과 하인들, 사치스런 생활 양식의 측면들에 돈을 지출하며, 아마도 사회의 더 높은 지위로 수용되고자 하는 바램에서 그러한 것 같지만, 그 이전의 목표와 사회적 집단들을 포기하는 희생을 치러야 한다.

11) 돈과 행복

소득 척도상에서 소득이 낮은 사람들보다는 부유한 사람이 더 행복하지만, 중류 이상의 경우에는 돈이 행복에 끼치는 어떠한 효과도 없다. 그리고 증가된 국가 번영이 행복에 영향을 끼친다는 역사적 증거도 없다. 그러나 사람들이 다른 사람보다 혹은 예전의 자신보다 더 낫다고 생각한다면 더 행복하다는 증거는 있다. 따라서 여가 활동, 직무 만족도, 사회적 관계, 성격들과 같은 행복감의 다른 출처들이 더 중요하다. 돈은 이러한 것들에 아주 적은 영향만을 끼친다. 많은 사람들은 부자가 되거나 더 부유해지기를 원하며, 많은 사람들이 복권을 사고 여기에서 당첨되는 것이 이들을 더 행복하게 할 것이라는 믿음은 의심할 바 없다.

7. 결 론

어떤 사람들은 돈을 아주 고귀하고 가치 있게 생각하며, 돈에 대한 욕구를 가지고 있다. 돈 즉, 재물이 비록 다른 욕구의 만족을 이끌기는 하지만 인간의 동기를 유발하는 유일한 방법은 아니다. 한편, 돈을 가장 가치 있게 여기는 사람들의 대부분은 덜 만족하며 정신 건강 상태는 더 나쁘다. 이것은 돈이 피상적인 종류의 만족만을 제공하기 때문일 것이다. 돈은 인간 동기 유발의 유일한 종류는 아니며, 다른 종류의 동기 유발은 직장에서, 놀이에서, 가족에서, 그리고 돈을 기부할 곳에서의 행동에 영향을 끼친다.

'합리적인 경제적 인간'의 모형은 오직 부분적으로 성공적이며, 우리는 이것이 실패하는 많은 것들을 보아왔다. 이것은 경제적 요소뿐 아니라 심리학적, 사회학적 요소들이 돈과 관련된 행동에 영향을 끼치기 때문이다. 경제적 행동은 감정적이고, 합리적이며, 경제적인 고려사항의 영향을 받지만, 동시에 성격, 태도와 신념, 다른 동기화, 가족과 친구와의 관계, 사회적 계층, 때로는 망상과 성격 장애에 의해서 영향을 받는다. 시장 경제와는 별도로 가족 내에서의 돈의 움직임과 같이 구매와 판매가 없고 임금도 없는, 그러나 이에 관련된 금액은 아주 큰 다른 경제 체계가 있다.

참고문헌

Abrahams, M. F. and Bell, R. A. (1994). Encouraging charitable contributions: an examination of three models of door-in-the-face compliance. *Communications Research, 21,* 131-153.

Abramovitch, R, Freedman, J. and Pliner, P. (1991). Children and money: getting an allowance, credit versus cash, and knowledge of pricing. *Journal of Economic Psychology, 12,* 27-46

Adams, B. N. (1968). *Kinship in an Urban Setting.* Chicago: Markham.

Agnew, J.-C. (1993). Coming up for air: consumer culture in historical perspective. In J. Brewer and R. Porter (eds), *Consumption and the World of Goods* (pp. 19-39). London: Routledge.

Allingham, M. and Sandmo, A. (1972). Income tax evasion: a theoretical study. *Journal of Public Economics, 1,* 323-328

Allport, G. W., Vernon, P. E. and Lindzey, G. (1951). *Study of Values.* Boston, MA: Houghton Mifflin.

Alves, W. M. and Rossi, P. H. (1978). Who should get what? Fairness judgments of the distribution of earnings. *American Psychologist, 84,* 541-564.

Anand, P. (1993). *Foundation of Rational Choice Under Risk.* Oxford: Oxford University Press.

Anderson, M. (1980). *Family Structure in Nineteenth Century Lancashire.* Cambridge : Cambridge\University Press.

Anikeeff, A. (1957). The effect of parental income upon attitudes of business administrators and employees. *Journal of Social Psychology, 46,* 35-39.

Argyle, M. (1987). *The Psychology of Happiness.* London: Methuen.

Argyle, M. (1988). *Bodily Communication* (second edn). London: Methuen.

Argyle, M. (1989). *The Social Psychology of Work* (second edn). London: Penguin.

Argyle, M. (1991). *Co-operation.* London: Routledge.

Argyle, M. (1992). *The Social Psychology of Everyday Life,* London: Routledge.

Argyle, M. (1994). *The Psychology of Social Class.* London: Routledge.

Argyle, M. (1996). *The Social Psychology of Leisure.* London: Penguin.

Argyle, M. and Henderson, M. (1985). *The Anatomy of Relationships.* Harmondsworth: Penguin.

Argyle, M. and Lu, L. (1990). The happiness of extraverts. *Personality and Individual Differences, 11,* 1011-1017.

Arocas, R., Pardo, I. and Diaz, R. (1995). *Psychology of Money: Attitudes and Perceptions within Young People.* Valencia, Spain: UPPEC.

Atkinson, A. B. (1983). *The Economics of Inequality.* Oxford: Clarendon Press.

Auten, G. and Rudney, G. (1990). The variability of individual charitable giving in the U.S. *Voluntas, 1,* 80-97.

Ayllon, T. and Azrin, N. (1968). *The Token Economy.* New York: Appleton-Century-Crofts.

Aylton, T. and Roberts, M. (1974). Eliminating discipline problems by strengthen- ing academic performance. *Journal of Applied Behaviour Analysis, 7,* 71-76.

Babin, B. and Darden, W. (1996). The good and bad shopping vibes: Spending and patronage satisfaction. *Journal of Business Research, 35,* 201-206.

Bailey, W. and Gustafson, W. (1991). An examination of the relationship between personality factors and attitudes to money. In R. Frantz, H. Singh and J. Gerber (eds), *Handbook of Behavioral Economics* pp. 271-285. Greenwich, CT: JAI Press.

Bailey, W. and Lown, J. (1993). A cross-cultural examination of the aetiology of attitudes toward money. *Journal of Consumer Studies and Home Economics, 17,* 391-402.

Bailey, W., Johnson, P., Adams, C., Lawson, R., Williams, P. and Lown, J. (1994). An exploratory study of money beliefs and behaviours scale using data from 3 nations. *Consumer Interests Annual* pp. 178-185. Columbia, MO: ACCZ.

Banks, M. H. and Jackson, P. R. (1982). Unemployment and risk of minor psychiatric disorder in young people: cross-sectional and longitudinal evidence. *Psychological Medicine, 12,* 789-798.

Batson, C. D. (1991). *The Altruism Question.* Hove: Erlbaum.

Baumann, D. J., Cialdini, R. B. and Kenrick, D. (1981). Altruism as hedonism: helping and self-gratification as equivalent responses. *Journal of Personality and Social Psychology, 40,* 1039-1046.

Beaglehole, E. (1931). *Property: A Study in Social Psychology.* London: Allen & Unwin.

Beggan, J. K. (1991). Using what you own to get what you need: the role of possessions in satisfying control motivations. *In To Have Possessions: A Handbook on Ownership and property, Special issue of Journal of Social Behavior and Personality, 6,* 129-146.

Behrend, H. (1988). The Wage-Work bargain. *Managerial and Decision Economics, 18,* 51-57.

Belk, R. W. (1984). Three scales to measure constructs related to materialism: reliability, validity, and relationships to measures of happiness. In T. C. Kinnear (ed.), *Advances in Consumer Research,* Vol. 11 (pp. 291-297). Provo, UT: Association for Consumer Research.

Belk, R. W. (1991). The ineluctable mysteries of possessions. *In To Have Possessions: A Handbook on Ownership and Property, Special issue of Journal of Social Behavior and Personality, 6,* 17-55.

Belk, R. and Wallendorf, M. (1990). The sacred meaning of money. *Journal of Economic Psychology, 11,* 35-67.

Bell, R. A., Cholerton, M., Fraczek, K. E. and Rohlfs, G. S. (1994). Encouraging donations to charity: a field study of competing and complementary factors in tactic sequencing. *Western Journal of Communication, 58,* 98-115.

Bellack, A. and Hersen, M. (1980). *Introduction to Clinical Psychology.* Oxford: Oxford University Press.

Beloff, H. (1957). The structure and origin of the anal character. *Genetic*

Psychology Monograph, 55, 141-172.

Benson, P. L. and Catt, V. L. (1978). Soliciting charity contributions: the parlance of asking for money. *Journal of Applied Social Psychology, 8,* 84-95.

Benton, A. A., Kelley, H. H. and Liebling, B. (1972). Effects of extremity of offers and concession rate on the outcome of bargaining. *Journal of Personality and Social Psychology, 24,* 73-82.

Berdyev, M.-S. and Il' yasov, F.-N. (1990). When a wedding partner is bought. *Sotsiologicheskie-Issledovaniya, 17,* 58-65.

Bergler, E. (1958). *The Psychology of Gambling.* London: Hanison.

Bergstr m, S. (1989). Economic phenomenology: Naive economics in the adult population in Sweden. Conference Paper.

Berkowitz, L., Fraser, C., Treasure, F. P. and Cochran, S. (1987). Pay, equity, job qualifications, and comparisons in pay satisfaction. *Journal of Applied Psychology, 72,* 544-551.

Bertaux, D. and Bertaux-Wiame, I. (1988). The family enterprise and its lineage: inheritance and social mobility over five generations. *Récits de Vie, 4,* 8-26.

Berti, A. and Bombi, A. (1979). Where does money come from? *Archivio di Psicologia, 40,* 53-77.

Berti, A. and Bombi, A. (1981). The development of the concept of money and its value: a longitudianl analysis. *Child Development, 82,* 1179-1182.

Berti, A. and Bombi, A. (1988). *The Child s Construction of Economics.* Cambridge: Cambridge University Press.

Berti, A., Bombi, A. and Beni, R. (1986). Acquiring economic notions: profit. *International Journal of Behavioural Development, 9,* 15-29.

Berti, A., Bombi, A. and Lis, A. (1982). The child's conception about means of production and their owners. *European Journal of Social Psychology, 12,* 221-239.

Biddle, S. and Mutrie, N. (1991). *Psychology of Physical Activity and Exercise.* London: Springer-Verlag.

Binder, L. and Rohling, M. (1996). Money matters: a meta-analytic review of the effects of financial incentives on recovery after closed-head sugery. *American Journal of Psychiatry, 153,* 7-10.

Birdwell, A. E. (1968). A study of the influence of image congruence on consumer choice. *Journal of Business, 41,* 76-88.

Birtchnell, J. (1971). Social class, parental social class, and social mobility in psychiatric patients and general population controls. *Psychological Medicine, 1,* 209-221.

Black, D. (1976). *The Behaviour of Law.* New York: Academic Press.

Black, D. (1988). *Inequalities in Health.* Harmondsworth: Penguin.

Black, S. (1966). *Man and Motor Cars.* London: Secker & Warburg.

Blauner, R. (1960). Work satisfaction and industrial trends in modern society. In W. Galenson and S. M. Lipset (eds), *Labor and Trade Unions.* New York: Wiley.

Blaxter, M. (1990). *Health and Lifestyle.* London: Tavistock/Routledge.

Blood, R. O. (1995). *The Family* (fifth edn.). Fort Worth TX: Harcourt Brace.

Blood, R. O. and Wolfe, D. M. (1960). *Husbands and Wives: The Dynamics of Married Living.* Glencoe, Ill: The Free Press.

Blumberg, P. (1974). The decline and fall of the status symbol: some thoughts on status in a post-industrial society. *Social Problems, 21,* 490-498.

Borneman, E. (1973). *The Psychoanalysis of Money.* New York: Unrizen.

Bradburn, N. (1969). *The Structure of Psychological Well-being.* Chicago: Aldine.

Brenner, M. (1973). *Mental Illness and the Economy.* Cambridge, MA: Harvard University Press.

Brephy, M. and McQuillan, J. (1993). *Charity Trends 1003.* Tonbridge: Charities Aid Foundation.

Brown, G. W. and Harris, T. (1978). *Social Origins of Depression.* London: Tavistock.

Brown, R. (1978). Divided we fall: an analysis of relations between sections of a factory workforce. In H. Tajfel (ed.), *Differentiation between Social Groups.* London: Academic Press.

Bruce, V., Gilmore, D., Mason, L. and Mayhew, P. (1983a). Factors affecting the perceived value of coins. *Journal of Economic Psychology, 4,* 335-347.

Bruce, V., Howarth, C., Clark-Carter, D., Dodds, A. and Heyes, A. (1983b). All change for the pound: human performance tests with different versions of the proposed UK one pound coin. *Ergonometrics, 26,* 215-221.

Bruner, J. and Goodman, C. (1947). Value and need as organizing factors in perception. *Journal of Abnormal and Social Psychology, 42,* 33-44.

Bull, R. and Gibson-Robinson, E. (1981). The influences of eye-gaze, style of dress, and locality on the amounts of money donated to a charity. *Human Relations, 34,* 895-905.

Bull, R. and Stevens, J. (1981). The effects of facial disfigurement on helping behaviour. *Italian Journal of Psychology, 8,* 25-33.

Burgard, P., Cheyne, W. and Jahoda, G. (1989). Children's representations of economic inequality: a replication. *British Journal of Developmental Psychology, 7,* 275-287.

Burgoyne, C. B. (1990). Money in marriage: how patterns of allocation both reflect and conceal power. *Sociological Review, 38,* 634-665.

Burke, P. (1993). Conspicuous consumption in the early modern world. In J. Brewer and R. Porter (eds), *Consumption and the World of Goods* (pp. 140-161). London: Routledge.

Burris, V. (1983). Stages in the development of economic concepts. *Human Relations, 36,* 791-812.

Burroughs, W. J., Drews, D. R. and Hallman, W. K. (1991). Predicting personality from personal possessions: a self-presentational analysis. In F. W. Rudmin (ed.), *To Have Possessions: A Handbook on Ownership and Property, Special Issue of Journal of Social Behavior and Personality, 6,* 147-163.

Campbell, A., Converse, P. E. and Rogers, W. L. (1976). *The Quality of American Life.* New York: Sage.

Campbell, C. (1992). The desire for the new. In R. Silverstone and E. Hirsch (eds), *Consuming Technologies.* London: Routledge.

Canter, D. (1977). *The Psychology of Place.* London: Architectural Press.

Cantril, H. (ed.). (1951). *Public Opinion 1935-1946.* Princeton, NJ: Princeton University Press.

cantril, H. (1965). *The Pattern of Human Concerns.* New Brunswick, NJ: Rutgers University Press.

Caplow, T. (1982). Christmas gifts and kin networks. *American Sociological Review, 47,* 383-392.

Caplow, T. (1984). Rule enforcement without visible means: Christmas gift giving in Middletown. *American Psychologist, 89,* 1306-1323.

Carrier, J. G. (1995). *Gifts and Commodities.* London: Routledge.

Carruthers, B. and Babb, S. (1996). The colour of money and the nature of value: greenbacks and gold in post bellum America. *American Journal of Sociology, 101,* 1556-1591.

Carson, E. D. (1990). Patterns of giving in Black churches. In R. Wuthnow and V. A. Hodgkinson (eds), *Faith and Philanthropy in America.* San Francisco: Jossey-Bass.

Casey, J. (1989). *The History of the Family.* Oxford: Blackwell.

Cassidy, T. and Lynn, R. (1991). Achievement motivation, educational attainment, cycles of disadvantage and social competence: some longitudinal data. *British Journal of Educational Psychology, 61,* 1-12.

Catt, V. and benson, P. L. (1977). Effect of verbal modeling on contributions to charity. *Journal of Applied Psychology, 62,* 81-85.

Centers, R. and Cantril, H. (1946). Income satisfaction and income aspiration. *Journal of Abnormal and Social Psychology, 41,* 64-69.

Central Statistical Office (1984). *Social Trends.* London: HMSO.

Central Statistical Office (1987). *Social Trends.* London: HMSO.

Central Statistical Office (1992). *Social Trends.* London: HMSO.

Central Statistical Office (1993). *Family Spending.* London: HMSO.

Central Statistical Office (1994). *Family Expenditure Survey.* London: HMSO.

Central Statistical Office (1995). *Family Spending.* London: HMSO.

Central Statistical Office (1996). *Social Trends.* London: HMSO.

Certo, S. (1995). *Human Relations Today.* New York: Austen Press.

Charities Aid Foundation (1990). *International Giving and Volunteering.* Tonbridge: Charities Aid Foundation.

Charities Aid Foundation (1991). *Individual Giving Survey 1990-1991.* Tonbridge: Charities Aid Foundation.

Charities Aid Foundation (1993). *Charity Trends 1993.* Tonbridge: Charities Aid Foundation.

Charities Aid Foundation (1994). *International Giving and Volunteering.* Tonbridge: Charities Aid Foundation.

Cheal, D. (1988). *The Gift Economy.* London: Routledge.

Chizmar, J. and Halinski, R. (1983). Performance in the Basic Economic Test (BET) and 'Trade-offs' *Journal of Economic Education, 14,* 18-29.

Chown, J. (1994). *A History of Money*. London: Routledge.

Cialdini, R. B. (1984). *Influence*. New Youk: Quill.

Cialdini, R. B. and Schroeder, D. A. (1976). Increasing compliance by legitimizing paltry contributions: when a penny helps. *Journal of Personality and Social Psychology, 34,* 599-604.

Cialdini, R. B., Houlihan, D., Arps, K., Fultz, J. and Beaman, A. L. (1987). Empathy-based helping: is it selflessly or selfishly motivated? *Journal of Personality and Social Psychology, 52,* 749-758.

Cialdini, R. B., Vincent, J. E., Lewis, S. K., Catalan, J., Wheeler, D. and Danby, B. L. (1975). Reciprocal concessions procedure for inducing compliance: the door-in-the-face technique. *Journal of Personality and Social Psychology, 31,* 206-215.

Clark, A. E. and Oswald, A. J. (1993). Satisfaction and comparison income, University of Essex, Dept of Economics Discussion Paper. Series No. 419.

Clark, M. S. (1986). Evidence for the effectiveness of manipulation of communal and exchange relationships. *Personality and Social Psychology Bulletin, 12,* 414-425.

Clark, M. S. and Reis, H. T. (1988). Interpersonal processes in close relationships. *Annual Review of Psychology, 39,* 609-672.

Clydesdale, T. T. (1990). Soul winning and social work: giving and caring in the evangelical tradition. In R. Wuthnow and V. A. Hodgkinson (eds), *Faith and Philanthropy in America*. San Francisco: Jossey-Bass.

Cohen, A. and Gattiker, U. E. (1994). Rewards and organisational commitmint across structural characteristice: a meta-analysis. *Journal of Business, 9,* 137-157.

Cohen, J. (1972). *Psychological Probability*. London: Allen & Unwin.

Collard, D. A. (1978). *Altruism and Economics*. Oxford: Martin Robertson.

Conger, R. D. Ge, X., Elder, G. H., Lorenz, F. O. and Simons, R. L. (1994). Economic stress, coercive family process, and developmental problems of adolescents. *Child Development, 65,* 541-561.

Cordes, J., Galper, H. and Kirby, S. (1990). Causes of over-withholding: Forced saving, transaction costs? Unpublished paper. Economics Dept, George Washington University.

Cornish, D. (1978). *Gambling: A Review of the Literature.* London: HMSO.

Corrigan, P. (1989). Gender and the gift: the case of the family clothing economy. *American Journal of Sociology, 23,* 513-534.

Coulborn, W. (1950). *A Discussion of Money.* London: Longmans, Green & Co.

Couper, M. and Brindley, T. (1975). Housing classes and housing values. *Sociological Review, 23,* 563-576.

Cowell, F. (1990). *Cheating the Government.* Cambridge, MA: MIT Press.

Cox, C. and Cooper, C. (1990). *High Flyers.* Oxford: Blackwell.

Cram, F. and Ng, S. (1989). Children's endorsements of ownership attributes *Journal of Economic Psychology, 10,* 63-75.

Croome, H. (1956). *Introduction to Money.* London: Methuen.

Crosbie-Burnett, M. and Giles-Sims, J. (1991). Marital power in stepfather families: a test of normative-resources theory. *Journal of Family Psychology, 4,* 484-496.

Crusco, A. H. and Wetzel, C. G. (1984). The Midas touch: the effects of interpersonal touch on restaurant tipping. *Personality and Social Psychology Bulletin, 10,* 512-517.

Csikszentmihalyi, M. and Csikzentmihalyi, I. S. (eds) (1988). *Optimal Experience.* Cambridge: Cambridge University Press.

Csikszentmihalyi, M. and Rochberg-Halton, E. (1981). *The Meaning of Things: Domestic Symbols and the Self.* Cambridge: Cambridge University Press.

Cummings, S. and Taebel, D. (1978). The economic socialization of children: A neo-Marsist analysis. *Social Problems, 26,* 198-210.

Cunningham, M. R. (1979). Weather, mood, and helping behavior: quasi-experiments with the sunshine Samaritan. *Journal of Personality and Social psychology, 37,* 1947-1956.

Cunningham, M. R., Steinberg, J. and Grev, R. (1980). Wanting and having to help: Separate motivations for positive mood and guilt-induced helping. *Journal of Personality and Social Psychology, 38,* 181-192.

Dahlb ck, O. (1991). Saving and risk taking. *Journal of Economic Psychology, 12,* 479-500.

Dalton, G. (1971). Economic theory and primitive society. *American Anthropologist, 63,* 1-25.

Daly, M. and Wilson, M. (1988). Evolutionary social psychology and family homicide. *Science, 242,* 519-524.

Danziger, K. (1958). Children's earliest conceptions of economic relationships. *Journal of Social Psychology, 47,* 231-240.

Davidson, O. and Kilgore, J. (1971). A model for evaluating the effectiveness of economic education in primary grades. *Journal of Economic Education, 3,* 17-25.

Davies, E. and Lea, S. (1995). Student attitudes to student debt. *Journal of Economic Psychology, 16,* 663-679.

Davis, J. (1972). Gifts and the UK economy. *Man, 7,* 408-429.

Davis, J. (1992). *Exchange.* Buckingham: Open University Press.

Davis, K. and Taylor, R. (1979). *Kids and Cash.* La Jolla, CA: Oak Tree.

Davison, J. P., Sargent Florence, P., Gray, B. and Ross, N. S. (1958). *Productivity and Economic Incentives.* London: Allen & Unwin.

Dawson, J. (1975). Socio-economic differences in size-judgements of discs and coins by Chinese Primary VI children in Hong Kong. *Perceptual and Motor Skills, 41,* 107-110.

Deci, E. L. (1980). *The Psychology of Self-determination.* Lexington, MA: D. C. Heath.

Deci, E. L. and Ryan, T. (1985). *Intrinsic Motivation and Self-determination in Human Behavior.* New York: Plenum Press.

Delphy, C. and Leonard, D. (1992). *Familiar Exploitation.* Cambridge: Polity Press.

Denny, J., Kemper, V., Novak, V., Overby, P. and Young, A. P. (1993). George Bush's ruling class. *International Journal of Health Services, 23,* 95-132.

Devereux, E. (1968). Gambling in psychological and sociological perspective. *International Encyclopedia of the Social Sciences, 6,* 53-62.

D'Hondt, W. and Vandewiele, M. (1984). Beggary in west Africa. *Journal of Adolescence, 7,* 59-72.

Dickins, D. and Ferguson, V. (1957). Practices and attitudes of rural white children concerning money. Technical report No. 43. Mississippi State College.

Dickinson, J. and Emler, N. (1996). Developing ideas about distribution of wealth. In P. Lunt and A. Furnham (eds), *Economic Socialization* (pp. 47-68). Cheltenham: Edward Elgar.

Diener, E. and Diener, C. (1995). The wealth of nations revisited: income and quality of life. *Social Indicators Research, 36,* 275-286.

Diener, E. and Lucas, R. E. (in press). Personality and subjective well-being. In D. Kahneman, E. Diener and N. Schwarz (eds), *Understanding Well-being: Scientific Perspectives on Enjoyment and Suffering,* New York, Russell Sage.

Diener, E., Diener, M. and Diener, C. (1995). Factors predicting the subjective well-being of nations. *Journal of Personality and Social Psychology, 69,* 851-864.

Diener, E, Horwitz, J. and Emmons, R. A. (1988). Happiness of the very wealthy. *Social indicators Research, 16,* 263-274.

Diener, E., Sandvik, E. and Pavot, W. (1991). Happiness is the frequency, not the intensity, of positive versus negative effect. In F. Strack, M. Argyle and N. Schwarz (eds), *Subjective Well-being,* Oxford, Pergamon.

Diener, E., Sandvik, E., Seidlitz, L. and Diener, M. (1993). The relationship between income and subjective well-being: relative or absolute? *Social Indicators Research, 28,* 195-223.

Dilliard, J. P., Hunter, J. E. and Burgoon, M. (1984). Sequential request persuasive strategies: meta-analysis of foot-in-the-door and door-in-the-face. *Human Communication Research, 10,* 461-488.

Dismorr, B. (1902). Ought children to be paid for domestic services? *Studies in Education, 2,* 62-70.

Dittmar, H. (1992). *The Social Psychology of Material Possessions.* Hemel Hempstead: Harvester Wheatsheaf.

Dittmar, H. (1994). Material possessions as stereotypes: material images of different socio-economic groups. *Journal of Economic Psychology, 15,* 561-585.

Dittmar, H. and Pepper, L. (1994). To have is to be: materialism and person perception in working-class and middle-class British adolescents. *Journal of Economic Psychology, 15,* 233-251.

Dodd, N. (1994). *The Sociology of Money.* New York: Continuum.

Doob, A. N. and McLaughlin, D. S. (1989). Ask and you shall be given: request size and donations to a good cause. *Journal of Applied Social Psychology, 19,* 1049-1056.

Dooley, D. and Catalano, R. (1977). Money and mental disorder: toward behavioral cost accounting for primary prevention. *American Journal of Community*

Psychology, 5, 217-227.

Douglas, M. (1967). Primitive rationing. In R. Firth (ed.), *Themes in Economic Anthropology.* (pp. 119-146) London: Tavistock.

Douglas, M. and Isherwood, B. (1979). *The World of Goods: Towards an Anthropology of Consumption.* Lodon: Allen Lane.

Douty, C. M. (1972). Disasters and charity: some aspects of cooperative economic behavior. *The American Economic Review, 62,* 580-590.

Downes, D., Davis, B., David, M. and Stone, P. (1976). *Gambling. Work and Leisure.* London: Routledge.

Duesenberry, J. (1949). *Income, Saving and the Theory of Consumer Behaviour.* Cambridge, MA: Harvard University Press.

Dunn, P. (1983). *The Book of Money Lists.* London: Arrow Books.

Easterlin, R. (1973). Does money buy happiness? *The Public Interest, 30,* 3-10.

Easterlin, R. A. (1974). Does economic growth improve the human lot? Some empirical evidence. In P. A. David and M. Abrovitz (eds), *Nations and Households in Economic Growth.* New York: Academic Press.

Easterlin, R. A. (1995). Will raising the incomes of all increase the happiness of all? *Journal of Economic Behavior and Organization, 27,* 35-47.

Eayrs, C. B. and Ellis, N. (1990). *British Journal of Social Psychology, 29,* 349-366.

Edgell, S. (1980). *Middle-class Couples.* London: Allen & Unwin.

Edgell, S. and Duke, V. (1982). Reactions to the public expenditure cuts: occupational class and part realignment. *Sociology, 16,* 431-435.

Edgell, S. and Dule. V. (1991). *A Message of Thatcherism.* London: Harper-Collins.

Edwars, W. (1953). Probability-preferences in gambling. *American Journal of Psychology, 66,* 349-364.

Edwards, J. N. and Klemmack, D. L. (1973). Correlates of life satisfaction: A reexamination. *Journal of Gerontology, 28,* 497-502.

Eisenberg, N., Haake, R. J. and Bartlett, K. (1981). The effects of possessions and ownership on the sharing and proprietary behaviors of preschool children. *Merrill-Palmer Quarterly, 27,* 61-68.

Eisenberger, R. (1992). Learned Industriousness. *Psychological Review, 99,* 248-267.

Ellis, L. (1985). On the rudiments of possessions and property. *Social Science Information, 24,* 113-143.

Elston, M. A. (1980). Medicine: half our future doctors? Cited in I. Reid and E. Stratta, *Sex Differences in Britain*. Aldershot: Gower.

Emler, N. and Anderson, J. (1985). Children's representation of economic inequality: the effects of social class. *British Journal of Developmental Psychology, 3,* 191-198.

Emler, N. and Dickinson, J. (1985). Children's representation of economic inequality. *British Journal of Developmental Psychology, 3,* 191-198.

Emler, N. P. and Rushton, J. P. (1974). Cognitive-developmental factors in children's generosity. *British Journal of Social and Clinical Psychology, 13,* 277-281.

Emswiller, T., Deaux, K. and Willits, J. E. (1971). Similarity, sex, and requests for small favours. *Journal of Applied Social Psychology, 1,* 284-291.

Evans, G. (1992). Is Britain a class-divided society? A reanalysis and extension of Marshall et al.'s study of class consciousness. *Sociology, 26,* 233-258.

Evans-Pritchard, E. E. (1940). *The Nuer.* Oxford: Clarendon Press.

Eysenck, H. (1976). The structure of social attitudes. *Psychological Reports, 39,* 463-466.

Eysenck, M. and Eysenck, M. (1982). Effects of incentive on cued recall. *Quarterly Journal of Experimental Psychology, 34,* 191-198.

Faber, R. and O'Guinn, T. (1988). Compulsive consumption and credit abuse. *Journal of Consumer Policy, 11,* 97-109.

Fank, M. (1994). The development of a money-handling inventory. *Personality and Individual Differences, 17,* 147-152.

Feather, N. (1991). Variables relating to the allocation of pocket money to children: Parental reasons and values. *British Journal of Social Psychology, 30,* 221-234.

Feist, G. J., Bodner, T. E., Jacobs, J. F. and Miles, M. (1995). Integrating top-down and bottom-up models of subjective well-being: a longitudinal investigation. *Journal of Personality and Social Psychology, 68,* 138-150.

Felson, M. (1978). Invidious distinctions among cars, clothes and suburbs. *Public Opinion Quarterly, 42,* 49-58.

Fenichel, O. (1947). The drive to amass wealth. In O. Fenichel and O. Rapoport (eds), *The Collected Papers of O. Fenichel.* New York: Norton.

Ferenczi, S. (1926). *Further Contributions to the Theory and Techniques of Psychoanalysis.* New Youk: Norton.

Fischer, L. (1983). Mothers and mothers-in-law. *Journal of Marriage and the Family, 45,* 187-192.

Fixcher, E. and Arnold, S. J. (1990). More than a labor of love: Gender roles and Christmas gift shopping. *Journal of Consumer Research, 17,* 333-345.

Fletcher, R. (1966). *The Family and Marriage in Britain.* Harmondsworth: Penguin.

Foa, U. G., Converse, J., Tornblom, K. V. and Foa, E. B. (1993). *Resource Theory: Explorations and Applications.* San Diego: Harcourt Brace Jovanovich.

Forman, N. (1987). *Mind over Money: Curing your Financial Headaches with Money Sanity.* Toronto, Ontario: Doubleday.

Formanek, R. (1991). Why they collect: collectors reveal their motivations. *In To Have Possessions: A Handbook on Ownership and Property, Special Issue of Journal of Social Behavior and Personality, 6,* 275-286.

Forsythe, S. M. N., Drake, M. F. and Hogan, J. H. (1985). Influence of clothing attributes on the perception of personal characteristics. In M. R. Solomon (ed.), *The Psychology of Fashion.* Lexington: Heath.

Fournier, S. and Richins, M. L. (1991). Some theoretical and popular notions concerning materialism. *In To Have Possessions: A Handbook on Ownership and Property, Special issue of Journal of Social Behavior and Personality, 6,* 403-414.

Fox, C. R. and Kahneman, D. (1992). Correlations, causes and heuristics in surveys of life satisfaction. *Social Indicators Research, 27,* 221-234.

Freedman, J. L. and Fraser, S. C. (1966). Compliance without pressure: the foot-in-the-door technique. *Journal of Personality and Social Psychology, 4,* 195-202.

Freedman, R., Moots, B., Sun, T. -H. and Weinberger, M. B. (1978). Household composition and extended kinship in Taiwan. *Population Studies, 32,* 65-80.

Greud, S. (1908). *Character and Anal Eroticism.* London: Hogarth.

Freud, S. (1928). Dostoevsky and parricide. In J. Strachey (ed.), *The Standard Edition of the Complete Psychological Works of Sigmund Freud, 21,* 177-196. London: Hogarth.

Friedman, H. (1957). *A Theory of the Consumption Function.* Princeton, NJ: Princeton University Press.

Furby, L. (1978). Possessions: toward a theory of their meaning and functions throughout the life-cycle. In P. B. Baltes (ed.), *Life Span Development and Behavior* (pp. 297-336). New York: Academic Press.

Furby, L. (1980a). The origins and development of esrly possessive behaviour. *Political Psychology, 1,* 3-23.

Furby, L. (1980b). Collective Possession and ownership. *Social Behaviour and Personality, 8,* 165-184.

Furnham, A. (1982). The peception of poverty among adolescents. *Journal of Adolescence, 5,* 135-147.

Furnham, A. (1983). Inflation and the estimated sizes of notes. *Journal of Economic Psychology, 4,* 349-352.

Furnham, A. (1984). Many sides of the coin: the psychology of money usage. *Personality and Individual Differences, 5,* 95-103.

Furnham, A. (1985a). A short measure of economic beliefs. *Personality and Individual Differences, 6,* 123-126.

Furnham, A. (1985b). The perceived value of small coins. *Journal of Social Psychology, 125,* 571-575.

Furnham, A. (1985c). Why do people save? *Journal of Applied Social Psychology, 15,* 354-373.

Furnham, A. (1990). *The Protestant Work Ethic.* London: Routledge.

Furnham, A. (1992). *Personality at Work.* London: Routledge.

Furnham, A. (1995). The just world, charitable giving and attitudes to disability. *Personality and Individual Differences, 19,* 577-583.

Furnham, A. (1996a). *The Myths of Management.* London: Whurr.

Furnham, A. (1996b). Attitudinal correlates and demographic predictors of monetary beliefs and behaviours. *Journal of Organizational Behaviour, 17,* 375-388.

Furnham, A. (1997). *The Psychology of Behaviour at Work.* London: Psychology Press.

Furnham, A. and Bochner, S. (1996). *Culture Shock.* London: Methuen.

Furnham, A. and Cleare, A. (1988). School children's conceptions of economics: prices, wages, investments and strikes. *Journal of Economic Psychology, 9,* 467-479.

Furnham, A. and Jones, S. (1987). Children's views regarding possessions and their theft. *Journal of Moral Education, 16,* 18-30.

Furnham, A. and Lewis, A. (1996). *The Economic Mind.* Brighton: wheatsheaf.

Furnham, A. and Lunt, P. L. (1996). *Economic Socialization.* Cheltenham: Edward Elgar.

Furnham, A. and Rose, M. (1987). Alternative ethics. *Human Relations, 40,* 561-574.

Furnham, A. and Stacey, B. (1991). *Young People's Understanding of Society.* London: Routledge.

Furnham, A. and Stringfield, P. (1994). Congruence of self and subordinate ratings of managerial practices as a correlate of supervisor evaluation. *Journal of Occupational and Organizational Psychology, 67,* 57-67.

Furnham, A. and Thomas, P. (1984a). Adult perceptions of the economic socialization of children. *Journal of Adolescence, 7,* 217-231.

Furnham, A. and Thomas, P. (1984b). Pocket-money: a study of economic education. *British Journal of Developmental Psychology, 2,* 205-212.

Furnham, A. and Weissman, D. (1985). Children's perceptions of British coins. Unpublished paper.

Furth, H. (1980). *The World of Grown-ups.* New York: Elsevier.

Furth, H., Baur, M. and Smith, J. (1976). Children's conceptions of social institutions: A Piagetian framework. *Human Development, 19,* 351-374.

Fussell, P. (1984). *Caste Marks: Style and Status in the USA.* London: Heinemann.

Gabraith, J. K. (1984). *The Affiuent Society* (4th edn). Boston, MA: Houghton Mifflin.

Gallie, D. (1983). *Social Inequality and Class Radicalism in France and England.* Cambridge: Cambridge University Press.

Garner, T. I. and Wagner, J. (1991). Economic dimensions of household gift giving. *Journal of Consumer Research, 18,* 368-379.

Gecas, V. and Seff, M. A. (1990). Social class and self-esteem: psychological centrality, compensation, and the relative effects of work and home. *Social Psychology Quarterly, 53,* 165-173.

Gianotten, H. and van Raaij, W. (1982). Consumer credit and saving as a function of income and confidence. Paper at 7th Economic Psychology Conference.

Gibbins, K. (1969). Communication aspects of women's clothing and their relation to fashionability. *British Journal of Social and Clinical Psychology, 8,* 301-312.

Gilovitch, T. (1983). Biased evaluation and persistence in gambling. *Journal of Personality and Social Psychology, 6,* 1110-1126.

Godfrey, N. (1995). *A Penny Saved: Teaching your Children the Values of Life Skills they will Need to Live in the Real World.* New York: Fireside.

Goffiman, E. (1956). *The Presentation of Self in Everyday Life.* Edinburgh: Edinburgh University Press.

Goffman, E. (1961). *Asylums.* Garden City, NY: Doubleday Anchor.

Goldberg, H. and Lewis, R. (1978). *Money Madness: The Psychology of Saving, Spending, Loving and Hating Money.* London: Springwood.

Goldthorpe, J. H., Llewellyn, C. and Payne, C. (1987). *Social Mobility and Class Structure in Modern Britain.* Oxford: Clarendon Press.

Gouldner, A. W. (1960). The norm of reciprocity: a Preliminary statement. *American Sociological Review, 25,* 161-178.

Graham, H. (1987). Being poor: perception and coping strategies of lone mothers. In J. Brannen and G. Wilson (eds), *Give and Take in Families: Studies in Resource Distribution.* London: Allen & Unwin.

Gresham, A. and Fontenot, G. (1989). The different attitudes of the sexes toward money: and application of the money attitude scale. *Advances in Marketing 8,* 380-384.

Grusec, J. E., Kuczynksi, L., Rushton, J.-P. and Simutis, Z. M. (1978). Modelling, direct instruction, and attributions: Effects on altruism. *Developmental Psychology, 14,* 51-57.

Grygier, T. (1961). *The Dynamic Personality Inventory.* Windsor: NFER.

Gulerce, A. (1991). Transitional objects: a reconsideration of the phenomenon. In F. W. Rudmin (ed.), *To Have Possessions: A Handbook on Ownership and Property. Special Issue of Journal of Social Behavior and Personality, 6,* 187-208.

Guzzo, R., Jette, R. D. and Katzell, R. A. (1985). The effects of psychologically based interventions programs on worker productivity: a meta analysis. *Personnel Psychology, 38,* 275-291.

Hackman, J. R. and Oldham, G. R. (1980). *Work Redesign*. Reading, MA: Addison-Wesley.

Hagen, P. J. (1982). *Blood: Gift or Merchandise*. New York: Alan R. Liss.

Haines, W. (1986). Inflation and the real rate of interest. *Journal of Economic Psychology, 7,* 351-357.

Halfpenny, P. and Lowe, D. (1994). *Individual Giving and Volunteering in Britain* (7th ed). Tonbridge: Charities Aid Foundation.

Halfpenny, P. and Petipher, C. (1994). *Individual Giving and Volunteering in Britain* (7th edn). Tonbridge, Kent: Charities Aid Foundation.

Hamid, P. N. (1968). Style of dress as a perceptual cue in impression formation. *Perceptual and Motor Skills, 26,* 904-906.

Hanf, C. and von Wersebe, B. (1994). Price quality and consumers' behaviour. *Journal of Consumer Policy, 17,* 335-348.

Hanley, A. and Wilhelm, M. (1992). Compulsive buying: An exploration into self-esteem and money attitudes. *Journal of Economic Psychology, 13,* 5-18.

Hansen, H. (1985). The economics of early childhood education in Minnesota. *Journal of Economic Education, 16,* 219-224.

Hanson, J. (1964). *Money.* London: English Universities Press.

Harbury, C. D. and Hitchens, D. N. W. M. (1979). *Inheritance and Wealth Inequality in Britain*. London: Allen & Unwin.

Harp, S. S., Stretch, S. M. and Harp, D. A. (1985). The influence of apparel on responses to television news nachor women. In M. R. Solomon (ed.), *The Psychology of Fashion*. Lexington: Heath.

Harris, M. (1995). Waiters, customers and service: some tips about tipping. *Journal of Applied Social Psychology, 25,* 725-744.

Harris, M. B., Benson, S. M. and Hall, C. L. (1975). The effects of confession on altruism. *Journal of Social Psychology, 96,* 187-192.

Harwood, M. K. and Rice, R. W. (1992). An examination of referent selection processes underlying job satisfaction. *Social Indicators Research, 27,* 1-39.

Haste, H. and Torney-Purta, J. (1992). *The Development of Political understanding*. San francisco: jossey-Bass.

Haynes, J. and Wiener, J. (1996). The analyst in the counting house: money as a symbol and reality in analysis. *British Journal of Psychotherapy, 13,* 14-25.

Headey, B. (1991). Distributive justice and occupational incomes: perceptions of justice determine perceptions of fact. *British Journal of Sociology, 42,* 581-596.

Headey, B. (1993). An economic model of subjective well-being: integrating economic and psychological theories. *Social Indicators Research, 28,* 97-116.

Headey, B. and Wearing, A. (1992). *Understanding Happiness.* Melbourne: Longman Cheshire.

Headey, B. W., Holmstrom, E. L. and Wearing, A. (1984). Models of well-being and ill-being. *Social Indicators Research, 17,* 211-234.

Heath, A. (1976). *Rational Choice and Social Exchange.* Cambridge: Cambridge University Press.

Heath, A. (1981). *Social Mobility.* London: Fontana.

Heer, D. M. (1963). The measurement and bases of family power: an overview. *Marriage and Family Living, 25,* 133-139.

Henley Centre for Forecasting (1985). *Leisure Futures,* London: Quarterly.

Henry, H. (1958). *Motivation Research.* London: Lockwood.

Herskovitz, M. J. (1952). *Human Problems in Changing Africa.* New York: Knopf.

Herzberg, F., Mausner, B. and Snyderman, B. B. (1959). *The Motivation to Work.* New York: Wiley.

Hill, A. (1976). Methodological problems in the use of factor analysis. *British Journal of Medical Psychology, 49,* 145-159.

Hill, R. (1970). *Family Development in Three Generations.* Cambridge, MA: Schenkman.

Hinchcliffe, T. (1992). *North Oxford.* New haven, CT: Yale University Press.

Hitchcock, J., Munroe, R. and Munroe, R. (1976). Coins and countries: the valuesize hypothesis. *Journal of Social Psychology, 100,* 307-308.

HMSO (1996). Labour market trends. *Employment Gazette,* November, 480.

Hobhouse, L., Wheeler, G. and Ginsberg, M. (1915). *The Material Culture and Social Institutions of the Simpler Peoples: An Essay in Correlation.* London: Chapman & Hall.

Hoffman, S. W. and Manis, J. D. (1982). The value of children in the Uited States. In F. I. Nye (ed.), *Family Relationships.* Beverly Hills, CA: Sage.

Homans, G. (1961). *Social Behaviour: its Elementary Forms.* New York: Harcourt

Brace Jovanovitch.

Horrell, S. (1994). Household time allocation and women's labour force participation. In M. Anderson, F. Bechhofer and J. Gershuny (eds),. *The Social and Political Economy of the Household,* (pp. 198-224). Oxford: Oxford University Press.

Howarth, E. (1980). A. test of some old concepts by means of some new scales: Anality or psychoticism, oral optimism or extraversion, oral pessimism or neuroticism. *Psychological Reports, 47,* 1039-1042.

Howarth, E. (1982). Factor analytic examination of Kline's scales for psycho-analytic concepts. *Personality and Individual Differences, 3,* 89-92.

Hui, C. H. and Triandis, H. C. (1986). Individualism-collectivism: a study of cross-cultural researchers. *Journal of Cross-Cultural Psychology, 17,* 225-248.

Hurlock, E. B. (1929). Motivation in fashion. *Archives of Psychology, 3,* 18-27.

Hyman, H. (1942). The Psychology of status. *Archives of Psychology, 269,* 147-165.

Inglehart, R. and Rabier, J.-R. (1986). Aspirations adapt to situation - but why are the Belgians so much happier than the French? A cross-cultural analysis of the subjective quality of life. In F. M. Andrews (ed.), *Research on the Quality of Life,* (pp. 45-46). Ann Arbor, MI: Institute for Social Research, University of Michigan.

Inkeles, A. and Diamond, L. (1986). Personal development and national development: a cross-cultural perspective. In A. Szaliai and F. M. Andrews (eds), *The Quality of Life: Comparative Studies,* (pp. 73-109). Ann Arbor, MI: Institute for Social Research, University of Michigan.

Isen, A. M. and Noonberg, A. (1979). The effect of photographs of the handicapped on donations to charity: when a thousand words may be too much. *Journal of Applied Social Psychology, 9,* 426-431.

Isen, A. M., Horn, N. and Rosenhan, D. L. (1973). Effects of success and failure on children's generosity. *Journal of Personality and Social Psychology, 27,* 239-247.

Jackson, K. (ed.) (1995). *The Oxford Book of Money.* Oxford: Oxford University Press.

Jackson, L. A. (1989). Relative deprivation and the gender wage gap. *Journal of Social Issues, 45,* 117-133.

Jahoda, G. (1979). The construction of economic reality by some Glaswegian children. *European Journal of Social Psychology, 9,* 115-127.

Jahoda, G. (1981). The development of thinking about economic institutions: The bank. *Cashiers de Psychologic Cognitive, 1,* 55-73.

Jencks, C. (1987). Who gives to what? In W. W. Powell (ed.), *The Nonprofit Sector.* New Haven: Yale University Press.

Johns, G. (1991). *Organizational Behavior: Understanding Life at Work.* New York: HarperCollins.

Johnson, D. B. (1982). The free-rider principle, the charity market and the economics of blood. *British Journal of Social Psychology, 21,* 93-106.

Joshi, H. (1992). The cost of caring. In C. Glendinning and C. Millar (eds), *Women and Poverty in Britain: The 1990s* (pp. 110-125). London: Harvester Wheatsheaf.

Judge, D. S. and Hardy, S. B. (1992). Allocation of accumulated resources among close kin: inheritance in Sacramento. California, 1890-1984. *Ethology and Sociobiology, 13,* 495-522.

Kabanoff, B. (1982). Occupational and sex differences in leisure needs and leisure satisfaction. *Journal of Occupational Behaviour, 3,* 233-245.

Kaiser, S. B. (1990). *The Social Psychology of Clothing and Personal Adornment* (second edn). London: Macmillan.

kamptner, N.L. (1991). Personal possessions and their meanings: a life-span perspective. In F. W. Rudmin (ed.), *To Have Possessions: A Handbook on Ownership and Property. Special Issue of Journal of Social Behavior and Personality, 6,* 209-228.

Kanfer, R. (1990). Motivation theory and industrial and organisational psychology. In M. D. Dunnette and L. M. Hough (eds), *Handbook of Industrial and Organizational Psychology,* (pp. vol 1, 75-170). Palo Alto, CA: Consulting Psychologists Press.

Kanner, A. D., Coyne, J. C. and Lazarus, R. S. (1981). Comparison of two methods of stress measurement: hassles and uplifts versus major life events. *Journal of Behavioural Medicine, 4,* 1-39.

Kasser, T. and Ryan, R. M. (1993). A dark side of the American dream: correlates of financial success as a central life aspiration. *Journal of Personality and*

Social Psychology, 65, 410-422.

Katona, G. (1960). *The Powerful Consumer.* New Youk: McGraw-Hill.

Katona, G. (1975). *Psychological Economics.* New York: Elsevier.

Kelman, H. (1965). Manipulation of human behavior: An ethical dilemma for the social scientist. *Journal of Social Issues, 21,* 31-46.

Kemp, S. (1987). Estimates of past prices. *Journal of Economic Psychology, 8,* 181-189.

Kemp, S. (1991). Remembering and dating past prices? *Journal of Economic Psychology, 12,* 431-445.

Kennedy, L. (1991). Farm succession in modern Ireland: elements of a theory of inheritance. *Economic History Review, 44,* 477-499.

Kerbo, H. R. (1983). *Social Stratification and Inequality.* New York: McGraw-Hill.

Kessler, R. C. (1982). A disaggregation of the relationship between socioeconomic status and psychological distress. *American Sociological Review, 47,* 752-764.

Kets de Vries, M. (1977). The entrepreneurial personality: a person at the cross-roads. *Journal of Management Studies, 14,* 34-57.

Keynes, J. (1936). *The General Theory of Employment, Interest and Money.* London: Macmillan.

Kinsey, A. C., Pomeroy, W. B. and Martin, C. E. (1953). *Sexual Behavior in the Human Female.* London: Saunders.

Kirton, M. (1978). Wilson and Patterson's Conservatism Scale. *British Journal of Social and Clinical Psychology, 12,* 428-430.

Kline, P. (1967). *An investigation into the Freudian concept of the anal character.* Unpublished Phd, University of Manchester.

Kline, P. (1971). *Ai3Q Test.* Windsor: NFER.

Kline, P. (1972). *Fact and Fantasy in Freudian Theory.* London: Methuen.

Kohler, A. (1897). Children's sense of money. *Studies in Education, 1,* 323-331.

Kohler, W. (1925). *The Mentality of Apes.* London: Kegan Paul, Trench & Trubner.

Kohn, M. L. and Schooler, C. (1983). *Work and Personality.* Norwood, NJ: Ablex.

Kourilsky, M. (1977). The kinder-economy: A case of kindergarten pupil's acquisition of economic concepts. *The Elementary School Journal, 77,* 182-192.

Kourilsky, M. and Campbell, M. (1984). Sex differences in a smaller classroom economy. *Sex Roles, 10,* 53-66.

Kraut, R. E. (1973). Effects of social labelling on giving to charity. *Journal of Experimental Social Psychology, 9,* 551-562.

Lambert, W., Soloman, R. and Watson, P. (1949). Reinforcement and extinction as factors in size estimation. *Journal of Experimental Psychology, 39,* 637-671.

Lane, R. E. (1991). *The Market Experience.* Cambridge: Cambridge University Press.

Langford, P. (1984). The eighteenth century. In K. O. Morgan (ed.), *The Oxford Illustrated History of Britain.* Oxford: Oxford University Press.

Laslett, P. (1983). *The World We Have Lost: Further Explored* (third edn). London: Methuen.

Lassarres, D. (1996). Consumer education in French families and schools. In P. Lunt and A. Furnham (eds), *Economic Socialization* pp. 130-148. Cheltenham: Edward Elgar,

Lawler, E. (1981). *Pay and Organization Development.* Reading, MA: Addison-Wesley.

Lea, S. (1981). Inflation, decimalization and the estimated size of coins. *Journal of Economic Psychology, 1,* 79-81.

Lea, S. and Webley, P. (1981). Th orie psychologique de la Monnaie. Paper presented at 6th International Symposium on economic psychology. Paris.

Lea, S., Webley, P. and Walker, C. (1995). Psychological factors in consumer debt: money management, economic socialization, and credit use. *Journal of Economic Psychology, 16,* 681-701.

Lea, S. E. G., Tarpy, R. M. and Webley, P. (1987). *The Individual in the Economy.* Cambridge: Cambridge University Press.

Leahy, R. (1981). The development of the conception of economic inequality. *Child Development, 52,* 523-532.

Lee, N. (ed.) (1989). *Sources of Charity Finance.* Tonbridge: Charities Aid Foundation.

Lee, N., Halfpenny, P., Jones, A. and Elliot, H. (1995). Data sources and estimates of charitable giving in Britain. *Voluntas, 6,* 39-66.

Legal and General (1987). *The Price of a Wife.* London: Legal & General Press Office.

Leicht, K. T. and Shepelak, N. (1994). Organizational justice and satisfaction with economic rewards. *Research in Social Stratification and Mobility, 13,* 175-202.

Leiser, D. (1983). Children's conceptions of economics-the constitution of the cognitive domain. *Journal of Economic Psychology, 4,* 297-317.

Leiser, D. and Ganin, M. (1996). Economic participation and economic socialization. In P. Lunt and A. Furnham (eds), *Economic Socialization* pp. 93-109. Cheltenham: Edward Elgar,

Leiser, D., Sevón, G. and Lévy, D. (1990). Children's economic socialization: summarizing the cross-cultural comparison of ten countries. *Journal of Social Psychology, 12,* 221-239.

Lenski G. E. (1966). *Power and Privilege: A Theory of Social Stratification.* New York: McGraw-Hill.

Leonard, D. (1980). *Sex and Generation.* London: Tavistock.

Lewinsohn, P.M., Sullivan, J. M. and Grosscup, S. J. (1982). Behavioral therapy: clinical applications. In A. J. Rush (ed.), *Short-term Therapies for Depression.* New York: Guildford.

Lewis, A. (1982). *The Psychology of Taxation.* Oxford: Martin Robertson.

Lewis, A., Webley, P. and Furnham, A. (1995). *The New Economic Mind.* London: Harvester.

Lindgren, H. (1991). *The Psychology of Money.* Odessa, FL: Krieger.

Linquist, A. (1981). A note on determinants of household saving behaviour. *Journal of Economic Psychology, 1,* 39-57.

Livingstone, S. (1992). The meaning of domestic technologies: a personal construct analysis of familial gender relation. In R. Silverstone and E. Hirsch (eds), *Consuming Technologies* (pp. 113-130). London: Routledge.

Livingstone, S. and Lunt, P. (1993). Savers and borrowers: strategies of personal financial management. *Human Relations, 46,* 963-985.

Loscocco, K. A. and Spitze, G. (1991). The organizational context of women's and men's pay satisfaction. *Social Science Quarterly, 72,* 3-19.

Lozkowski, T. (1977). *Win or Lose: A Social History of Gambling in America.* New York: Bobbs Merril.

Luft, J. (1957). Monetary value and the perceptions of persons. *Journal of Social Psychology, 46,* 245-251.

Lula, R. and Quintanilla, I. (1996). *Attitudes towards money: influence in consumption patterns*. Research Paper. University of Valencia, Spain.

Lunt, P. (1996). Introduction: Social aspects of young people's understanding of the economy. In P. Lunt and A. Furnham (eds), *Economic Socialization* (pp. 1-10). Cheltenham: Edward Elgar.

Lunt, P. and Furnham, A. (eds) (1996). *Economic Socialization: The Economic Beliefs and Behaviours of Young People*. Cheltenham: Edward Elgar.

Lunt, P. and livingstone, S. (1991a). Everyday explanations for personal debt: a network approach. *British Journal of Social Psychology, 30,* 309-323.

Lunt, P. and Livingstone, S. (1991b). Psychological, social and economic determinants of saving. *Journal of Economic Psychology, 12,* 621-641.

Lunt, P. K. and Livingstone, S. L. (1992). *Mass Consumption and Personal Identity*. Buckingham: Open University Press.

Lynn, M. (1988). The effects of alcohol consumption on restaurant tipping. *Personality and Social Psychology Bulletin, 14,* 87-91.

Lynn, M. (1991). Restaurant tipping: A reflection of customers' evaluations of a service? *Journal of Consumer Research, 18,* 438-448.

Lynn, M. and Bond, C. (1992). The group size effect on tipping. *Journal of Applied Social Psychology, 22,* 327-341.

Lynn, M. and Grassman, A. (1990). Restaurant tipping: an examination of three 'rational' explanations. *Journal of Economic Psychology, 11,* 169-181.

Lynn, M. and Latane, B. (1984). The psychology of restaurant tipping. *Journal of Applied Social Psychology, 14,* 551-563.

Lynn, M. and Grassman, A. (1990). Restaurant tipping: an examination of three 'rational' explanations. *Journal of Economic Psychology, 11,* 169-181.

Lynn, P. and Smith, J. D. (1991). *Voluntary Action Research*. London: The Volunteer Centre.

Lynn, R. (1994). *The Secret of the Miracle Economy*. London: Social Affairs Unit.

McClelland, D. C. (1987). *Human Motivation*. Cambridge: Cambridge University Press.

McClelland, D., Atkinaon, J., Clark, R. and Lowell, E. (1953). *The Achievement Motive*. New York: Appleton-Century-Crofts.

McClure, R. (1984). The relationship between money attitudes and overall pathology. *Psychology, 21,* 4-6.

McCracken, A. (1987). Emotional impact of possession loss. *Journal of Geronto-logical Nursing, 13,* 14-19.

McCracken, G. (1988). *Culture and Consumption.* Indianapolis: Indiana University Press.

McCracken, G. (1990). *Culture and Consumption.* Indianapolis: Indianapolis University Press.

McCurdy, H. (1956). Coin perception studies in the concept of schemata. *Psychological Review, 63,* 160-168.

McDonald, W. (1994). Psychological associations with shopping. *Psychology and Marketing, 11,* 549-568.

McKenzie, R. (1971). An exploratory study of the economic understanding of elementary school children. *Journal of Economic Education, 3,* 26-31.

McLuhan, M. (1964). *Understanding Media.* New York: Barton Books.

Machlowitz, M. (1980). *Workaholics.* Reading, MA: Addison-Wesley.

Marnot, M. G., Shipley, M. J. and Rose, G. (1984). Inequalities in death-specific explanations of a general pattern. *The Lancet, 1,* 1003-1006.

Marriott, R. (1968). *Incentive Payment Systems.* London: Staples.

Marsh, P. and Collett, P. (1986). *Driving Passion.* London: Cape.

Marshall, G., Newby, H., Rose, D. and Vogler, C. (1988). *Social Class in Modern Britain.* London: Hutchinson.

Marshall, H. (1964). The relation of giving children an allowance to children's money knowledge and responsibility, and to other practices of parents. *Journal of Genetic Psychology, 104,* 35-51.

Marshall, H. and Magruder, L. (1960). Relations between parent money education practices and children's knowledge and use of money. *Child Development, 31,* 253-284.

Marx, K. (1977). *Selected Writing.* Oxford: Oxford University Press.

Maslow, A. H. (1970). *Motivation and Personality.* New York: Harper.

Maton, K. I. (1987). Patterns and psychological correlates of material support within a religious setting: the bidirectional support hypthesis. *Journal of Community Psychology, 15,* 185-207.

Matthaei, J. (1982). *An Economic History of Women in America.* New York:

Schocken.

Matthews, A. (1991). *If I Think about Money so much, Why Can't I Figure it out.* New York: Summit Books.

Mauss, M. (1954). *The Gift.* New York: W. W. Norton.

Mead, M. (ed.). (1937). *Cooperation and Competition among Primitive Peoples.* New York: McGraw-Hill.

medina, J., Saegert, J. and Gresham, A. (1996). Comparison of Mexican-American and Anglo-American attitudes towards money. *Journal of Consumer Affairs, 30,* 124-145.

Merton, R. and Rossi, A. (1968). Contributions to the theory of reference group behaviour. In K. Merton (ed.), *Social Theory and Social Structure.* New Your: Free Press.

Michalos, A. C. (1985). Multiple discrepancies theory. *Social Indicators Research, 16,* 347-414.

Micromegas, N. (1993). *Money.* Paris: Micromegas.

Millenson, J. S. (1985). Psychosocial strategies for fashion advertising. In M. R. Solomon (ed.). *The Psychology of Fashion.* Lexington: Heath.

Miller, J. and Yung, S. (1990). The role of allowances in adolescent socialization. *Youth and Society, 22,* 137-159.

Miner, J. (1993). *Industrial-Organizational Psychology.* New York: McGraw-Hill.

Mitchell, G., Tetlock, P. E., Mellers, B. S. and ordonez, L. D. (1993). Judgements of social justice: compromises between equality and efficiency. *Journal of Personality and Social Psychology, 65,* 629-639.

Modigliani, F. and Brunberg, R. (1954). Utility analysis and the consumption factor: an interpretation of the data. In K. Kurihara (ed.), *Post-Keynesian Economics.* New Brunswick, NJ: Rutgers University Press.

Morgan, E. (1969). *A History of Money.* Harmondsworth: Penguin.

Morris, L. (1990). *The Working of the Household.* Oxford: Polity Press.

Morsbach, H. (1977). The psychological importance of ritualized gift exchange in modern Japan. *Annals of the New York Academy of Science, 293,* 98-113.

Mortimer, J. and Shanahan, M. (1994). Adolescent experience and family relation-ships. *Work and Occupation, 21,* 369-384.

Mortimer, J. T. and Lorence, J. (1989). Satisfaction and involvement: disentangling a deceptively simple relationship. *Social Psychology Quarterly, 52,* 249-265.

Mullis, R. J. (1992). Models of economic well-being as predictors of psychological well-being. *Social Indicators Research, 6,* 119-135.

Munro, M. (1988). Housing wealth and inheritance. *Journal of Social Policy, 17,* 417-436.

Murdoch, G. P. (1949). *Social Structure.* New York: Macmillan.

Myers, D. G. (1992). *The Pursuit of Happiness.* New York: Morrow.

Myers, D. G. (1993). *Social Psychology* (fourth edn). New York: McGraw-Hill.

Myers, D. G. and Diener, E. (1996). The pursuit of happiness. Scientific American, May, 54-56.

Near, J. P., Smith, C., Rice, R. W. and Hunt, R. G. (1983). Job satisfaction and nonwork satisfaction as components of life satisfaction. *Journal of Applied Psychology, 13,* 126-144.

New Earnings Survey (1995). London: HMSO.

Newlyn, W. and Bootle, R. (1978). *Theory of Money.* Oxford: Clarendon Press.

Newson, J. and Newson, E. (1976). *Seven Year Olds in the Home Environment.* London: Allen & Unwin.

Ng, S. (1983). Children's ideas about the bank and shop profit. *Journal of Economic Psychology, 4,* 209-221.

Ng, S. (1985). Children's ideas about the bank: a New Zealand replication. *European Journal of Social Psychology, 15,* 121-123.

Nightingale, B. (1973). *Charities.* London: Allen Lane.

Nimkoff, M. F. and Middleton, R. (1960). Types of family and types of economy. *American Psychologist, 66,* 215-225.

Oakley, A. (1974). *The Sociology of Housework.* Oxford: Martin Robertson.

O'Brien, M. and Ingels, S. (1987). The economic inventory. *Research in Economic Education, 18,* 7-18.

O'Neill, R. (1984). Anality and Type A coronary-prone behaviour patterns. *Journal of Personality Assessment, 48,* 627-628.

O'Neill, R., Greenberg, R. and Fisher, S. (1992). Humour and anality. *Humour: International Journal of Human Research, 5,* 283-291.

Occupational Mortality. (1990). *The Registrar General s Centennial Supplement.* London: HMSO.

Okun, M. A., Stock, W. A., Haring, M. J. and Witten, R. A. (1984). Health and subjective well-being. *International Journal of Aging and Human Development, 19,* 111-132.

Olmsted, A. D. (1991). Collecting: leisure, investment or obsession? In F. W. Rudmin (ed.), To Have Possessions: *A Handbook on Ownership and Property. Special issue of Journal of Social Behavior and Personality, 6,* 287-306.

Olson, G. I. and Schober, B. I. (1993). The satisfied poor. *Social Indicators Research, 28,* 173-193.

OPCS (1996). *Living in Britain.* London: HMSO.

Oropesa, R. S. (1995). Consumer possessions, consumer passions, and subjective well-being. *Sociological Forum, 10,* 215-244.

Osborne, K. and Nichol, C. (1996) Patterns of pay: results of the 1996 New Earnings Survey. *Employment Gazette, 104,* 477-485.

Pahl, J. (1984). *Divisions of Labour.* Oxford: Blackwell.

Pahl, J. (1989). *Money and Marriage.* London: Macmillan.

Pahl, J. (1995). His money, her money: Recent research on financial organisation in marriage. *Journal of Economic Psychology, 16,* 361-376.

Pahl, R. E. (1984). *Divisions of Labour.* Oxford: Blackwell.

Parker, S. (1982). *Work and Retirement.* London: Allen & Unwin.

Parkin, F. (1971). *Class Inequality and Political Order.* London: MacGibbon and Kee.

Pearce, J. L. (1993). *Volunteers.* London: Routledge.

Petipher, C. and Halfpenny, P. (1991). The 1990/91 individual giving survey. In S. K. E. Saxon-Harrold and J. Kendall (eds), *Researching the Voluntary Sector.* Tonbridge: Charities Aid Foundation.

Phelan, J. (1994). The paradox of the contented female worker: an assessment of alternative explanations. *Social Psychology Quarterly, 57,* 95-107.

Pierce, A. (1967). The economic cycle and the social suicide rate. *American Sociological Review, 32,* 457-462.

Pieters, R. G. M. and Robben, H. S. J. (1992). Receiving a gift: evaluating who gives what when. In S. E. G. Lea, P. Webley and E. M. Young (eds), *New Directions in Economic Psychology.* Aldershot: Elgar.

Pliner, P., Freedman. J., Abramovitch, R. and Darke, P. (1996). Children as consumers : in the laboratory and beyond. In P. Lunt and A. Furnham (eds), *Economic Socialization*. Cheltenham: Edward Elgar, pp. 35-46.

Poduska, B. E. and Allred, G. (1990). The missing link in MFT training. *American Journal of Family Therapy, 18,* 161-168.

Pollio, H. and Gray, T. (1973). Change-making strategies in children and adults. *Journal of Psychology, 84,* 173-179.

Prentice, D. A. (1987). Psychological correspondence of possessions, attitudes and values. *Journal of Personality and Social Psychology, 53,* 993-1003.

Prevey, E. (1945). A quantitative study of family practices in training children in the use of money. *Journal of Educational Psychology, 36,* 411-428.

Price, M. (1993). Women, men and money styles. *Journal of Economic Psychology, 14,* 175-182.

Pritchard, R. D., Dunnette, M. D. and Jorgenson, D. O. (1972). Effects of perception of equity and inequity on worker performance and satisfaction. *Organizational Behavior and Human Performance, 10,* 75-94.

Quinn, R., Tabor, J. and Gordon, L. (1968). *The Decision to Discriminate.* Ann Arbor, MI: Survey Research Center, University of Michigan.

Radley, A. and Kennedy, M. (1992). Reflections upon charitable giving: a comparison of individuals from business, manual and professional backgrounds. *Journal of Community and Applied Social Psychology, 2,* 113-129.

Rakddick, C. C. and Stewart, D. G. (1994). An examination of the life satisfaction and importance of leisure in the lives of older female retirees: a comparison of blacks to whites. *Journal of Leisure Research, 26,* 75-87.

Ramsett, D. (1972). Toward improving economic education in the elementary grades. *Journal of Economic Education, 4,* 30-35.

Randall, M. (1996). *The Price You Pay: The Hidden Cost of Women' s Relationship to Money.* London: Routledge.

Regan, D. T. (1971). Effects of a favour and liking on compliance. *Journal of Experimental Social Psychology, 7,* 627-639.

Reid, I. (1989). *Social Class Differences in Britain* (third edn). London: Fontana.

Reid, I. and Stratta, E. (1989). *Sex Differences in Britain.* Aldershot: Gower.

Reingen, P. H. (1982). Test of a list procedure for inducing compliance with a request to donate money. *Journal of Applied Psychology, 67,* 110-118.

Rendon. M. and Kranz, R. (1992). *Straight Talk about Money.* New York: Facts on File.

Rex, J. and Moore, R. (1967). *Race, Community and Conflict.* London: Oxford University Press.

Rkchardson, J. and Kroeber, A. L. (1940). Three centuries of women's dress fashions: a quantitative analysis. *Anthropological Records, 5,* 111-153.

Richins, M. and Davson, S. (1992). Materialism as a consumer value: measure, development and validation. *Journal of Consumer Research, 19,* 303-316.

Rkchins, M. and Rudrin, F. (1994). Materialism and economic psychology. *Journal of Economic Psychology, 15,* 217-231.

Riddick, C. C. and Stewart, D. G. (1994). Am examination of the life satisfaction and importance of leisure in the lives of older female retirees: a comparison of Blacks and Whites. *Journal of Leisure Research, 26,* 75-87.

Rim, Y. (1982). Personality and attitudes connected with money. Paper given at Economic Psychology Conference, Edinburgh.

Rimor, M. and Tobin, G. A. (1990). Jewish giving patterns to Jewish and non-Jewish philanthropy. In R. Wuthnow and V. A. Hodgkinson (eds), *Faith and Philanthropy in America.* San Francisco: Jossey-Bass.

Rind, B. and Bordia, P. (1995). Effect of server's 'thank you' and personalization on restaurant tipping. *Journal of Applied Social Psychology, 25,* 745-751.

Rind, B. and Bordia, P. (1996). Effect of restaurant tipping of male and female servers drawing a happy, smiling face on the backs of customers' checks. *Journal of Applied Social Psychology, 26,* 218-225.

Robben, H. and Verhaller, T. (1994). Behavioral costs as determinants of cost perception and preference formation for gifts to receive and gifts to give. *Journal of Economic Psychology, 15,* 333-350.

Robertson, A. and Cochrane, R. (1973). The Wilson-Patterson Conservatism scale: a reappraisal. *British Journal of Social and Clinical Psychology, 12,* 428-430.

Rohling, M., Binder, L. and Langhinmchsen-Rohling, J. (1995). Money matters. *Health Psychology, 14,* 537-547.

Rokeach, M. (1974). Change and stability in American value systems, 1968-1971. *Public Opinion Quarterly, 38,* 222-238.

Roland-Levy, C. (1990). Economic socialization: basis for international comparisons, *Journal of Economic Psychology, 11,* 469-482.

Rosenberg, M. (1975). *Occupations and Values.* Glencoe, Ill: Free Press.

Rosenberg, M. and Pearlin, L. L.(1978). Social class and self-esteem among children and adults. *American Psychologist, 84,* 53-77.

Ross, A. D. (1968). Philanthropy. *Encyclopedia of the Social Sciences, 12,* 72-80.

Rubinstein, W. D. (1981). Survey report on money. *Psychology Today, 5,* 24-44.

Rubinstein, W. D. (1986). *Wealth and Inequality in Britain.* London: Faber & Faber.

Rubinstein, W. D. (1987). *Elites and the Wealthy in Modern British History.* Brighton: Harvester.

Rudmin, F. W. (1990). Cross-cultural correlates of the ownership of private preperty. Unpublished MS, cited by Dittmar (1992).

Runciman, W. G. (1966). *Relative Deprivation and Social Justice.* London: Routledge & Kegan Paul.

Rusbult, C. E. (1983). A longitudianl test of the investment model: the development (and deterioration) of satisfaction and commitment in heterosexual involvement. *Journal of Personality and Social Psychology, 45,* 101-117.

Sabini, J. (1995). *Social Psychology,* (second edn). New York: W.W. Norton.

Sales, S. M. and House, J. (1971). Job dissatisfaction as a possible risk factor in coronary heart disease. *Journal of Chronic Diseases, 23,* 861-873.

Scanzoni, J. (1979). Social exchange and behavioral interdependence. In R. L. Burgess and T. L. Huston (eds), *Social Exchange in Developing Relationships.* New York: Academic Press.

Scherer, K. R., Walbott, H. G. and Summerfield, A. B. (1986). *Experiencing Emotion.* Cambridge: Cambridge University Press.

Scherhorn, G. (1990). The addiction trait in buying behaviour. *Journal of Consumer Policy, 13,* 33-51.

Schoemaker, P. (1979). The role of statistical knowledge in gambling decisions. *Organizational Behaviour and Human Performance, 24,* 1-17.

Schug, M. and Birkey, C. (1985). The development of children's economic reasoning. Paper given at American Educational Research Association, Chicago.

Schverish, P. G. and Havens, J. J. (1995). Exlplaining the curve in the U-shaped curve. Voluntas, 6, 203-225.

Scitovsky, T. (1992). *The Joyless Economy,* (revised edn). New York: Oxford University Press.

Scott, J. (1982). *The Upper Classes*. London: Macmillan.

Scott, J. W. and Tilly, L. A. (1975). Women's work and the family in nineteenth century Europe. *Comparative Studies in Society and History, 17,* 36-64.

Scott, W.D., Clothier, R. C. and Spriegel, W.R, (1960). *Personnel Management*. New York: McGraw-Hill.

Seeley, J., Kajura, E., Bachengana, C., Okongo, M., Wagner, U. and Mulder, D. (1993). The extended family and support for people with AIDS in a rural population in South West Uganda: A safety net with holes? *AIDS-Care, 5,* 117-122.

Sen, A. (1977). Rational fools: A critique of the behavioral foundations of economic theory. *Philosophy and Public Affairs, 6,* 317-344.

Sevon, G. and Weckstrom, S. (1989). The development of reasoning about economic events: A study of Finnish children. *Journal of Economic Psychology, 10,* 495-514.

Shefrin, H. and Thaler, R. (1988). The behavioural life-cycle hypothesis. *Economic Inquiry, 26,* 609-643.

Sherman, E., and Newman, E. S. (1977-8). The meaning of cherished personal possessions for the elderly. *International Journal of Aging and Human Development, 8,* 181-192.

Simmel, G. (1957). Fashion. *American Journal of Sociology, 62,* 541-558.

Simmel, G. (1978). *The Philosophy of Money*. London: Routledge & Kegan Paul.

Smelser, N. (1963). *The Sociology of Economic Life*. Englewood Cliffs, NJ: Prentice-Hall.

Smith, A. (1975). *An Inquity into the Nature and Causes of the Wealth of Nations*. New York: Modern Libras.

Smith, H., Fuller, R. and Forrest, D. (1975). Coin value and perceived size: a longitudinal study. *Perceptual and Motor Skills, 41,* 227-232.

Smith, K. and Kinsey, K. (1987). Understanding tax paying behaviour. *Law and Society Review, 21,* 639-663.

Smith, P. M. and Glass, G. V. (1977). Meta-analysis of psychotherapy outcome studies. *American Psychologist, 32,* 752-760.

Smith, R. H., Diener, E. and Wedell, D. H. (1989). Intrapersonal and social comparison determinants of happiness: a range-frequency analysis. *Journal of Personality and Social Psychology, 56,* 317-325.

Smith, S. and Razzell, P. (1975). *The Pools Winners.* London: Caliban Books.

Smithback, J. (1990). *Money Talks: A Glossary of Idioms, Terms and Standard Expressions on Money.* Singapore: Federal Publications.

Snelders, H., Hussein, G., Lea, S. and Webley, P. (1992). The polymorphous concept of money. *Journal of Economic Psychology, 13,* 71-92.

Sonuga-Barke, E. and Webley, P. (1993). *Children's Saving: A Study in the Development of Economic Behaviour.* Hove: Lawrence Erlbaum Associates.

Stacey, B. (1982). Economic socialization in the pre-adult years. *British Journal of social Psychology, 21,* 159-173.

Stacey, B. and Singer, M. (1985). The perception of poverty and wealth among teenagers. *Journal of Adolescence, 8,* 231-241.

Stanley, T. (1994). Silly bubbles and the insensitivity of rationality testing: an experimental illustration. *Journal of Economic Psychology, 15,* 601-620.

Staub, E. and Noerenberg, H. (1981). Preperty rights, deservingness, reciprocity, friendship: the transactional character of children's sharing behavior. *Journal of Personality and Social Psychology, 40,* 271-289.

Steers, R. M. and Rhodes, S. R. (1984). Knowledge and speculation about absenteeism. In P. S. Goodman, R. S. Atkin and associates (eds), *Absenteeism.* San Francisco: Jossey-Bass.

Stokvis, R. (1993). Entrepreneurs, markets and environment: The fate of the Model T Ford. *Sociologishe-Gids, 40,* 34-48.

Stone, E. and Gottheil, E. (1975). Factor analysis of orality and anality in selected patient groups. *Journal of Nervous and Mental Diseases, 160,* 311-323.

Strack, F., schwarz, N. and Gschneidinger, E. (1985). Happiness and reminiscing: the role of time perspective, affect, and mode of thinking. *Journal of Personality and Social Psychology, 49,* 1460-1469.

Strauss, A. (1952). The development and transformation of monetary meaning in the child. *American Sociological Review, 53,* 275-286.

Strickland, L., Lewichi, R. and Katz, A. (1966). Temporal orientation and perceived control as determinants of risk-taking. *Journal of Experimental Social Psychology, 2,* 143-151.

Summers, T. P. and Hendrix, W. H. (1991). Modelling the role of pay equity Perceptions: a field study. *Journal of Occupational Psychology, 64,* 145-157.

Sutton, R. (1962). Behavior in the attainment of economic concepts. *Journal of Psychology, 53,* 37-46.

Swift, A., Marshall, G. and Burgoyne, C. (1992). Which road to social justice. *Sociology Review, 2,* 28-31.

Tajfel, H. (1977). Value and the perceptual judgement of magnitude. *Psychological Review, 64,* 192-204.

Takahasi, K. and Hatano, G. (1989). Conceptions of the Bank: A Developmental Study. JCSS Technical Report No. 11.

Tang, T. (1992). The meaning of money revisited. *Journal of Organizational Behaviour, 13,* 197-202.

Tang, T. (1993). The meaning of money: extension and exploration of the money ethic scale in a sample of University students in Taiwan. *Journal of Organizational Behaviour, 14,* 93-99.

Tang, T. (1995). The development of a short money ethic scale: attitudes toward money and pay satisfaction revisited. *Personality and Individual Differences.* ′*19,* 809-816.

Tang, T. (1996). Pay differentials as a function of rater′s sex, money, ethnic, and job incumbent sex: a test of the Matthew effect. *Journal of Economic Psychology, 17,* 127-144.

Tang, T. and Gillbet, P. (1995). Attitudes towards money as related to intrinsic and extrinsic job satisfaction, stress and work-related attitudes. *Personality and Individual Differences, 19,* 327-332.

Tang, T., Furnham, A. and Davis, G. (1997). A cross-cultural comparison of the money ethic, the Protestant Work Ethic and job astisfaction. Unpublished paper.

Thaler, R. (1990). Saving, fungibility and mental accounts. *Journal of Economic Perspectives, 4,* 193-205.

Thibaut, J. W. and Kelley, H. H. (1959). *The Social Psychology of Groups.* New

York: Wiley.

Thornton, B., Kirchner, G and Jacobs, J. (1991). The influence of a photograph on a charitable appeal: a picture may be worth a thousand words when it has to speak for itself. *Journal of Applied Social Psychology, 21,* 433-445.

Thurnwald, A. (1932). *Money.* London: Methuen.

Titmuss, R. M. (1970). *The Gift Relationship,* London: Allen & Unwin.

Townsend, P. (1979). *Poverty in the United Kingdom.* Harmondsworth: Penguin.

Turkle, S. (1984). *The Second Self: Computers and the Human Spirit.* New York: Simon & Schuster.

Vagero, D. and Lundberg, O. (1989). Health inequalities in Britain and Sweden. *The Lancet,* July 1st, 35-36.

van Raaij, W. and Gianotten, H. (1990). Consumer confidence, expenditure, saving and credit. *Journal of Economic Psychology, 11,* 269-290.

Veblen, T. (1899). *The Theory of the Leisure Class.* New York: Viking.

Veenhoven, R. (1994). Is happiness a trait? Tests of the theory that a better society does not make people any happier. S*ocial Indicators Research, 32,* 101-160.

Veenhoven, R. (1996). Developments in satisfaction research. *Social Indicators Research, 37,* 1-46.

Veenhoven, R. and co-workers (1994). *World DataBase on Happiness.* Rotterdam: Rotterdam University Press.

Vlek, C. (1973). A. fair betting game as an admissible procedure for assessment of subjective probabilities. *British Journal of Mathematical and Statistical Psychology, 26,* 18-30.

Vogel, J. (1974). Taxation and public opinion Sweden. *National Tax Journal, 27,* 499-513.

Vogler, C. (1994). Money in the household. In M. Anderson, F. Bechhofer and J. Gershuny (eds), *The Social and Political Economy of the Household,* (pp. 225-266). Oxford: Oxford University Press.

Vogler, C. and Pahl, J. (1994). Money, power and inequality within marriage. *Sociological Review, 42,* 263-288.

Waite P. (1988). Economic awareness: context, issues and concepts. *Theory and Practice, 4,* 16-29.

Walker, M. (1995), *The Psychology of Gambling.* London: Butterworth-heinemann.

Walls (1991). *Pocket-money Monitor*. Walton-on-Thames: Bird's Eye Walls.

Walstad, W. (1979). Effectiveness of a USMES in service economic education programme for elementary school teachers. *Journal of Economic Education, 11*, 1-20.

Walstad, W. and Watts, M. (1985). Teaching economics in the schools: a review of survey findings. *Journal of Economic Psychology, 16*, 135-146.

Wapner, S., Demich, J. and Redondo, J. P. (1990). Cherished possessions and adaptation of older people into nursing homes. *International Journal of Aging and Human Development, 31*, 219-235.

Ward, S., Wackman, D. and Wartella, E. (1977). *How Children Learn to Buy*. London: Sage.

Warren, P. E. and Walker, I. (1991). Empathy, effectiveness and donations to charity: social psychology's contribution. *British Journal of Social Psychology, 30*, 325-337.

Weatherill, L. (1993). The meaning of consumer behaviour in late seventeenth and early eighteenth century England. In J. Brewer and R. Porter (eds), *Consumption and the World of Goods*. London: Routledge.

Webley, P. (1983). Growing up in the modern economy. Paper at 6th International Conference on Political Psychology.

Webley, P. (1996). Playing the market: the autonomous economic world of children. In P. Lunt and A. Furnham (eds). *Economic Socialization* (pp. 149-60). Cheltenham: Edward Elgar.

Webley, S. E. G. and Lea, S. (1993). The partial unacceptability of money as repayment for neighbourly help. *Human Relations, 46*, 65-76.

Webley, P. and Wilson, R. (1989). Social relationships and the unacceptability of money as a gift. *Journal of Social Psychology, 129*, 85-91.

Webley, P., Lea, S. E. G. and Portalska, R. (1983). The unacceptability of money as a gift. *Journal of Economic Psychology, 4*, 223-238.

Webley, P., Levine, M. and Lewis, A. (1991). A study in economic psychology: children's saving in a play economy. *Human Relations, 44*, 127-146.

Wedgwood, J. (1929). The Economics of Inheritance, London: Routledge.

Weigel, R., Hessing, D. and Elffers, H. (1987). Tax evasion research. *Journal of Economic Psychology, 8*, 215-235.

Weitzel, W., Harpaz, I. and weiner, N. (1977). Predicting pay satisfaction from non pay work variables. *Industrial Relations, 16,* 323-334.

Wells, W. D., Andriuli, F. J., Goi, F. J. and Seader, S. (1957). An adjective check list for the study of 'product personality'. *Journal of Applied Psychology, 41,* 317-319.

Wernimont, P. and Fitzpatrick, S. (1972). The meaning of money. *Journal of Applied Psychology, 56,* 248-261.

Weyant, J. H. (1978). Effect of mood states, costs, and benefits of helping. *Journal of Personality and Social Psychology, 36,* 1169-1176.

Weyant, J. M. (1984), Applying social psycholgy to induce charitable donations. *Journal of Applied Social Psychology, 14,* 441-447.

Weyant, J. M. and Smith, S. L. (1987). Getting more by asking for less: the effects of request size on donations. *Journal of Applied Social Psychology, 17,* 392-400.

Whitehead, D. (1986). Students' attitudes to economic issues. *Economics, 4,* 24-32.

Wkcklund, R. A. and Gollwitzer, P. M. (1982). *Symbolic Self-Completion.* Hillsdale, NJ: Erlbaum.

Wiesenthal, D. L., Austrom, D. and Silverman, I. (1983). Diffusion of responsibility in charitable donations. *Basic and Applied Social Psychology, 4,* 17-27.

Williams, D. R. (1990). Socioeconomic differentials in health: a review and redirection. *Social Psychology Quarterly, 53,* 81-99.

Willits, F. K. and Crider, D. M. (1988). Health rating and life satisfaction in the later middle years. *Journal Of Gerontology, 43,* 172-176.

Willmott, P. (1987). *Frindship Networks and Social Support.* London: Policy Studies Institute.

Willmott, P. and Young, M. (1960). *Family and Class in a London Suburb.* London: Routledge & Kegan Paul.

Wilson, E. O. (1975). *Sociobiology: The New Synthesis.* Cambridge, MA: Harvard University Press.

Wilson, G. (1973). *The Psychology of Conservation.* London: Academic Press.

Wilson, G. and Patterson, J. (1968). A new measure of conservatism. *British Journal of Social and Clinical Psychology, 7,* 264-268.

Winocur, S. and Siegal, M. (1982). Adolescents' judgement of economic arguments. *International Journal of Behavioral Development, 5,* 357-365.

Wiseman, T. (1974). *The Money Motive,* London: Hodder & Stoufghton.

Witryol, S. and Wentworth, N. (1983). A paired comparisons scale of children's preference for monetary and material rewards used in investigations of incentive effects. *Journal of Genetic Psychology, 142,* 17-23.

Wolfe, J. (1936). Effectiveness of token-rewards for chimpanzees. *Comparative Psychological Monographs, 12,* No.5.

Wosinski, M. and Pietras, M. (1990). Economic socialization of Polish children in different macro-economic conditions. *Journal of Economic Psychology, 11,* 515-529.

Wyatt, E. and Hinden, S. (1991). *The Money Book: A Smart Kid s Guide to Savvy Saving and Spending.* New York: Somerville House.

Yamauchi, K. and Templer, D. (1982). The development of a money attitude scale. *Journal of Personality Assessment, 46,* 552-558.

Yang, H. and Chandler, D. (1992). Intergenerational grievances of the elderly in rural China. *Journal of Comparative Family Studies, 23,* 431-453.

Young, M. and Willmott, P. (1973). *The Symmetrical Family.* London: Routledge & Kegan Paul.

Zabukovec, V. and Polic, M. (1990). Yugoslavian children in a situation of rapid economic changes. *Journal of Economic Psychology, 11,* 529-543.

Zelizer, V. (1985). *Pricing the Priceless Child: The Changing Social Value of Children.* New York: Basic Books.

Zelizer, V. (1989). The social meaning of money: 'Special monies'. *American Journal of Sociology, 95,* 342-377.

Zinser, O., Perry, S. and Edgar, R. (1975). Affluence of the recipient, value of donations, and sharing behaviour in pre-school children. *Journal of Psychology, 89,* 301-305.

Zweig, F. (1961). *The Worker in an Affluent Society.* London: Heinemann.

찾아보기

baby boom / 289

homo economicus / 116

homo sociologicus / 116

Kwakiutl 인디안 / 305

MES / 86

가격 / 122

가난과 게으름 / 338

가난과 부 / 128

가난한 사람들을 위한 복지 정책 / 351

가사 노동 / 278

가족 경제학 / 275

가족 재정 / 295

가족에서의 돈 / 449

갈등 / 228

감정이입 / 359

강박적인 도박가들 / 448

건강 / 426

건강에 긍정적인 영향을 끼치는 소득 / 394

경제 교육 / 146

경제 변동 / 236

경제 심리학 / 66

경제 인류학 / 49

경제-가치 항목표 / 146

경제생활 주도성 척도 / 283

경제적 믿음 측정하기 / 104

경제적 믿음과 행동의 유관성 / 113

경제적 사고의 발달에 대한 연구 / 119

경제적 사회화 / 135

경제적 인간 / 403, 446

공감 / 128

공동 관계 / 294

공정성 이론 / 324, 327

과시적 소비 / 400

교환 이론 / 281

구두쇠 / 229

구빈법 / 338

구조주의 / 196

국가의 번영과 국민의 행복간의 관계 / 452

근무 평정 / 318

금은통화론 / 30

금전적 보상 / 399

금전적 학대 / 57

긍정적 생활 / 443

기부 요청자와 기부자 간의 관계 / 355

기부 요청자의 매력과 다른 특성들 / 355

기부 행위에 대한 경제적 보상 / 368

기부 행위와 연령간의 곡선적 관계 / 348

기부문화에 있어서 종교의 중요성 / 349

기부행위에 영향을 주는 동정 / 370

낭비가 / 229

내재적 동기 / 328

내재적 만족도 / 328

내적인 직무 만족도 / 85

너무 많은 빚을 지는 것 / 161

뇌 해부학 / 25

누가 기부를 받는가? / 344

느껴진 만족감 / 64

단체도급 / 315

당좌 대월 / 35

대가족 관계망 / 293

대용 화폐 / 35, 44, 444

대용화폐경제 / 333

대칭적 가족 / 277

대표 화폐 / 35

도구적 물질주의 / 257

도박 / 187

도박과 과세 / 448

도박꾼 / 229

독일 국회의장의 사는 모습 / 432

돈과 결혼 관계 / 424

돈과 관련된 아동과 부모 교육 / 154

돈과 행복 / 407, 437, 452

돈에 대한 다양한 태도들 / 447

돈에 대한 태도 / 445

돈에 대한 태도를 측정하는 것 / 89

돈에 대해 낮은 기대 / 85

돈에 대해 매우 긍정적인 태도 / 86

돈으로 이것들을 살 수 있는가? / 419

돈으로 행복을 살 수 있는가 / 403

돈은 금기시되는 주제 / 156

돈은 사람을 행복하게 만드는가? / 404

돈을 관리하기 위한 완전한 기술 / 154

돈을 버는 방법에 대해 조언 / 154

돈을 소비하는 가장 인기있는 방식 / 153

돈을 얻고 지출하는 방식에 대한 논의 / 145

돈의 병리학 / 448

돈의 상징적 가치 / 447

돈의 의미 / 80

돈의 의미와 중요성 / 121

돈이 개인의 생활에 끼치는 영향 / 393

돈이 사람을 행복하게 만드는가 / 403

돈이 성취를 의미한다 / 88

돈이 신성되거나 특수한 의미 / 81

돈이 인간을 동기화시키는가? / 444

돈이 행동하는 방식에서의 변차들 / 446

동기 요소 / 314

동기 유발 / 452

동기 / 314

동기화 / 313

동정 / 359
동조 / 360

레저 윤리 의식이 높은 집단 / 85

만족 파라독스 / 409
많은 소득과 행복 / 403
모방 / 360
몰입 / 332
문학에서의 화폐 / 60
문화적 혼란 / 254
물가상승 인플레 / 160
물물교환 거래 / 37
물물교환 / 30
물질적 소유물 / 253
물질주의자 / 245
美 남편보다 돈 잘버는 여성 급증 / 59

발달 심리학자 / 24
법정 불환 지폐 / 35
법정 화폐 / 54
법화 / 35
베블렌 원리 / 256
베블렌의 이론 / 269
벼락부자병(앤플루엔자) / 401
병리적 현상 / 211
복 본위제 / 41
복권 당첨자의 불행 / 450
복권에 당첨된 사람과 일 / 435
본능적 / 247
부모가 자녀에게 용돈 / 145
부자 / 383, 451
부자가 되고자 하는 꿈 / 28

부자가 되는 다양한 방법 / 387
부자가 되는 방법 / 391
부자가 되는 주된 동기 / 399
부자들은 가난한 사람들보다 행복한가? / 404
분배 체계 / 118
불행한 부자들 / 409
불환 지폐 / 43
브랜드 / 173
비공식적 경제 / 292
비교와 기대 / 417

사건과 행복감 / 443
사람들이 돈에 귀인시키는 의미들에 대한 통찰
　　력 / 171
사람들이 돈을 기부하는 원인들 / 371
사람들이 돈을 원하는 주된 이유 / 242
사치 규제법 / 254
사회 비교 이론 / 418
사회 생물학 / 296, 309
사회 심리학 / 26, 65, 301
사회 심리학자 / 32, 111
사회에서 화폐의 유효성 / 30
사회적 가치 / 128
사회적 계층 / 261
사회적 관계 / 423
사회적 권력 / 169
사회적 변화 / 283
사회적 이동 / 389
사회화 / 281
사회화와 돈 / 448
산업 자본주의 / 50
삼본위제 / 41
상업적 연구 / 150

상징적 소유물 / 248

상품 화폐 / 35

상호교환 / 301

상황주의 / 196

생산성 보너스 / 315

생활 만족도 및 행복과의 관련성 / 433

생활 만족도 / 422

생활을 향상시키기 위해 사용되는 소유물 / 249

선물 경제 / 306

선물 / 295

선물의 의미 / 302

성 차별 / 284

성격 / 436

성격과 행복도 / 436

　행복과 지나친 낙천가 효과 / 436

　낙천적 인생관 / 436

성장 욕구 강도 / 331

성적 학대 / 57

성취동기 / 390

세 부류의 엘리트 집단 / 387

세금 / 199

세일족 / 229

소득-저축 이론 / 179

소득 / 344

소득과 부의 격차에 대한 공적인 관점 / 394

소득과 정신 건강에 작용하는 요인 / 431

소득과 행복간의 관계 / 405

소비 심리학 / 27

소비 / 448

소비 / 저축의 심리학 / 171

소비자 만족과 여론 조사 / 62

소비자 만족도 / 64

소비자 만족지수 / 63

소비자의 생활양식 측정기술 / 171

소유 / 449

소유물 / 241, 246

소유물이 필요한 이유 / 247

소유와 소유권 / 126

소유의 차원 / 251

쇼핑치료 효과 / 59

수당 / 314

수용초과 인플레 / 160

수입과 지출의 통제 / 283

수표 / 45

수혜자 / 358

시장 경제 / 306

신경증적인 사람들 / 439

신교도 윤리 의식이 높은 집단 / 85

신교도 직업 윤리 의식 / 88

신교도 직업윤리가치를 가진 사람들 / 86

신용 경제 / 164

신용 대부 / 35

신용카드 / 47

신용확장 / 48

신체적 안전 / 218

실업계의 거물 / 229

실직과 정신건강 / 434

심리 치료자 / 225

심리학 패러다임 / 31

심장병과 A 유형의 성격 / 437

십일조 / 338

아동과 청소년들이 돈과 경제 원리에 대해 이해
　하기 시작하는 방식과 시기 / 164

아동의 경제 개념 발달 / 114

아동이 돈에 관해 학습하는 방식 / 448

아이들과 현금 / 157
안전 / 218
애플루엔자 바이러스 / 76
약화된 합리성 모형 / 27
여가 활동 / 420
외재적 동기 / 328
외적인 직무 만족도 / 86
요인 분석 / 89, 173, 231
욕구-위계 이론 / 88
용돈 제도 / 158
용돈 / 135, 142
원시 화폐 / 49
원시적 욕망(id) / 225
위험 회피 / 205
유동 화폐 / 44
유산 체계 / 309
유산 / 307
유언과 상속에 관한 연구 / 386
유치원-경제학 / 147
유형학 / 65
은퇴자와 일 / 434
은행 화폐 / 35
은행 / 44
은행업 / 124
이기적 유전인자 / 370
이성적인 자아(ego) / 225
이윤 / 122, 124, 160
이윤추구 행위 / 387
이익 분배제 / 315
이타성 이론과 기부(자선 행위) / 337
이타성 / 370
인간개발보고서 / 397
인과 모형 / 404

인사 고과 / 315
인생 주기 가설 / 181
인생 주기 모형 / 180
인지 심리학자 / 24
인지발달 모형 / 129
인지발달 / 115
인지적 과정 / 105
인지적 동기화 / 119
인지적 / 192
일과 건강 / 434
임금 / 314
임금에 대한 만족도 / 404
임금은 만족감에 어떠한 영향을 끼치는가? / 404
임상 심리학자 / 24

자금 / 35
자기 주장 훈련 / 235
자녀가 집을 떠나는 연령 / 289
자녀의 경제학 / 287
자선 구호금 / 352
자선 기부 행위와 자아 존중감 / 380
자선 기부 / 365
자선 기부에 대한 설명 / 368
자선 기부에 대한 태도 / 365
자선 단체에 기부하기 / 451
자선과 부자 / 338
자선을 필요로 하는 사람들 / 339
자선을 할 때 조세경감의 혜택 / 368
자선행위와 관련된 성격 / 350
자수성가한 사람 / 387
자수성가해서 부자가 된 기업가 / 390
자아 실현 / 169
자아 존중감 / 100, 169, 394, 437

자아 존중감과 행복 / 437
자원 이론 / 281
자원봉사 활동과 일 / 434
자유 구매자 / 223
자유 투쟁자 / 223
장려 임금 제도 / 317
장자법 / 401
재능이 있는 엘리트 집단 / 396
저축 프로파일 / 179
저축 / 448
저축과 소비를 이해하는 똑똑한 아이들을 위한
    안내서 / 154
저축하기 / 131
적응 / 404
전방영역 / 265
전이 시기 / 122
점포카드 / 48
정서적 안전 / 218
정신 건강 / 430
정신분석학 / 191, 217
정신적 수입 / 323
정준 상관 / 233
정체성 / 253, 281
조직 스트레스 / 86
조직에 대한 헌신 / 332
조폐 / 49
종교와 도덕의 효과 / 371
종교와 자선행위 / 338
종교적 가치 / 86
좋은 기분의 효과 / 370
좋은 화폐의 특성 / 36
죄의식 / 359
주화 / 42

주화와 지폐에 대한 실험 연구들 / 106
준거 집단 / 178
지폐 / 34, 43
지폐통화론 / 30
직무 관심 / 334
직무 만족도 / 86, 331
직무 평가 / 315
직불 카드 / 47
직업 가치 요인 / 333
직업 가치 / 334
직업 동기 요인 / 405
직업 만족도 / 433
직업 만족도와 동료들에 대한 만족도 / 434
직업 윤리 / 233
직업 / 433, 451
집단사고 / 228
집단적 관심 / 372

채무 / 185
책임감 / 361, 377
청교도 윤리 / 217
청교도 직업 윤리 / 331
청교도주의 / 216
초기 산업혁명 시기 / 338
초자아(superego) / 225
친족 / 424

탈세 / 203
태환 지폐 / 43
탤런트 / 39
토큰 경제 / 32
통제력 / 250
통화 / 35

통화론자 / 160

트리클 다운 이론 / 268

팁을 주는 이유 / 375

팁의 의미와 기능 / 373

판별 접근방법 / 89

편기 / 384

퓨비 이론 / 263

필수품 / 242

합리성 모형 / 27

합리적인 경제적 인간 / 446, 452

항문기 척도 / 215

항문기적 성격 / 213

항문기적 속성 / 215

행복감 / 409

행복감과 경제적 성장간의 상관 / 409

행복감에 영향을 끼치는 요인 / 393

행복감의 근원 / 409

행복과 좋은 건강 / 426

행복도 / 414

행복의 다른 근원들 / 419

행복의 중요한 근원으로서 직업 / 433

현금 / 35, 42

화폐 건전성 척도 / 229

화폐 건전성 / 232

화폐 병리 / 216, 228, 231, 449

화폐 사회학 / 53-57

　-화폐의 순기능과 역기능 / 53

화폐 신경증 / 235

화폐 심리학 / 25, 28, 168, 171

화폐 윤리 의식을 가진 사람 / 86

화폐 윤리 / 111, 233

화폐 윤리학 / 85

화폐 이론 / 32

화폐 태도의 구조 / 89

화폐 / 31, 34, 119

화폐란 무엇인가? / 31

화폐를 지칭하는 다양한 전문 용어 / 35

화폐에 관한 심리학 이론 / 67

화폐에 관한 여성학적 관점 / 57

화폐에 대한 사회학적 개념 / 56

화폐에 대한 인류학적 연구 / 51

화폐에 대한 정신 병리학적 태도 / 58

화폐에 대한 태도를 결정짓는 많은 변인 / 155

화폐유통 / 79

화폐윤리척도 / 85, 87

화폐의 기능 / 36

화폐의 기원 / 52

화폐의 비사회적인 측면 / 51

화폐의 사회 심리학 / 65

화폐의 사회적 의미 / 55

화폐의 심리학 이론 / 69

화폐의 역사 / 37

화폐태도척도 / 94

효용 지수 / 178

효용·이익 극대화 모형 / 27

후방영역 / 265

▨ 역자 약력 ▨

◈ **김정휘**

약 력 : 중앙대학교 문리과대학 심리학과 졸업, 서울대학교 학생지도연구소 연구생과정
수학(상담심리학 전공), 서울대학교 교육대학원(석사), 한국 교원총연합회 재직,
중앙대학교 대학원(박사), 국민대학교 대학원 박사과정 수료(교육심리학), 강원
대 · 서울여대 · 한림대 · 덕성여대 · 한림전문대 출강 · 이화여대 객원 교수, 춘
천교육대학교 재직(현재)

저 서 : 교육심리학 탐구(공저, 1998), 교사의 전문성(공역, 1979), 영재 학생을 위한
교육(공저, 1986), 학교 · 학생 · 교사 · 교육(1990), 정서와 행동문제 및 학습
장애를 갖고 있는 아동과 청소년의 이해(1996), 영재 학생, 그들은 누구인가
(1993), 영재 학생의 발달에 영향을 끼치는 필요 · 충분 조건들 : 가정, 영재 자
신, 학교의 영향(편저, 1996), 노인 심리학(역서, 1993), 남성의 폭력성에 관하
여(공역, 2002)

◈ **박재홍**

약 력 : 서울대학교 공과대학 자원공학과 졸업, 한국과학기술원(KAIST) 경영과학과
석사 · 박사 학위 취득, 한국품질경영학회 회장 역임, 국민훈장 석류장 수훈,
한국품질대상 심사위원장 등 산학협동활동, 이화여자대학교 경영대 교수(현
재), 신품질 포럼 포상위원장(현재)

저 서 : 통계학(1977), 경제, 경제학, 경제학자(1982), 경영통계학(1985), PERT
CPM(1985), 생산관리론(1987) 외 다수

논 문 : 지속상태 경제성장에 관한 연구(영남대학교 대학원, 1975)
노동제약하의 최적설비대체정책(영남공업전문대학논문집 7집, 1979)
외국인 투자기업과 국내투자기업의 경쟁력 비교분석(사회과학논집 6집, 1986,
산학재단지원연구)
Cost-Benefit Analysis of Industrial Accident(E놈 Journal of Social Science
No.6, 1986) 외 다수

◆ **백영승**

　약 력 : 중앙대학교 문리과대학 심리학과, 중앙대학교 대학원 심리학과(석사), 중앙대
　　　　 학교 심리학과 산업심리 전공(박사), 현 중앙대학교 · 강원대학교 · 홍익대학
　　　　 교 · 춘천교육대학교 강사

　저서 및 논문 : 사회 · 행동과학 연구방법의 기초(공역, 1988), 가격에 대한 구매자의 반
　　　　 응 경향성에 따른 제품의 외적 단서와 제품평가의 관계성

◆ **김정인**

　약 력 : 중앙대학교 문리과대학 심리학과, 중앙대학교 대학원 심리학과(석사), 중앙대
　　　　 학교 심리학과 산업심리 전공(박사), 현 중앙대학교 · 강원대학교 · 춘천교육
　　　　 대학교 강사

　저서 및 논문 : 심리학 개론(공저, 1994), 여성은 남자와 무엇이 어떻게 다른가?(공저,
　　　　 1995), 노사관계 심리학(공저, 1998), 직무스트레스와 심리적 반응과의 관계(중
　　　　 앙대학교 석사학위 논문, 1988), 부적 정동과 사회적 기대가 직무 스트레스와 그
　　　　 결과에 미치는 영향(중앙대학교 박사학위 논문, 1997), 성적 괴롭힘에 대한 심리
　　　　 학적 접근(2000)

◆ **이재일**

　약 력 : 중앙대학교 문리과대학 심리학과, 중앙대학교 대학원 심리학과(석사), 중앙대
　　　　 학교 대학원 심리학과 박사과정 수료(산업심리학 전공), 춘천교육대학교 조교

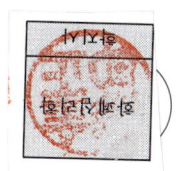

화폐 심리학

2003년 7월 1일 1판 1쇄 인쇄
2003년 7월 5일 1판 1쇄 발행

지은이 • 아드리안 편함 · 미첼 아질레
옮긴이 • 김정휘, 박재홍, 백영승, 김정인, 이재일
펴낸이 • 김진환
펴낸곳 • 도서출판 **학지사**
120-193 서울시 서대문구 북아현3동 187-10 혜전빌딩 2층
전화 • 363-1333(대표)/363-8661(편집부)/팩스 • 365-1333
등록 • 1992년 2월 19일 제2-1329호

ISBN 89-7548-880-2 93180

정 가 18,000원